帝國的野心

十九世紀英俄帝國中亞大競逐

The Great Game

The Struggle for Empire in Central Asia

Peter Hopkirk

彼德・霍普克

李易安 譯

目次

中繼

高潮

推薦序

從「大競逐」到「新大競逐」：中亞地緣政治與「中國西進」策略

侍建宇（國家安全研究所副研究員）

「大競逐」作為一個國際地緣政治詞彙，用以描述十九世紀在大英帝國與俄羅斯帝國指使下，兩個政權派遣的冒險家、軍官和外交官前仆後繼，情蒐與爭奪歐亞大陸上當地政權的過程。這個歐亞的地緣政治包含的範圍囊括現在的五個中亞國家、中國的新疆（書中稱作中國突厥斯坦，或東突厥斯坦）、西藏與東北、蒙古、阿富汗、伊朗（當時稱作波斯）、俄羅斯韃靼、印度與巴基斯坦（書中稱作英屬印度）、甚至也提及整個遠東的北亞區域。

十九世紀歐亞大陸上的「大競逐」

「大競逐」展示的是大英帝國擔心其他強權威脅到他們在印度的利益，而最主要的威脅來源則是來自俄羅斯帝國。[1]後來從沙皇俄國到蘇聯，事實上也併吞了幾乎整個中亞與北亞。當時的交通當然飽受地理環境限制，一方面君主與政權握有者常常會有不切實際的遐想，另一方面搜集與獲取情報變得十分困難，也不精確，因此。在十九世紀初期法國拿破崙四處擴張之際，英國也曾經擔心沙俄帝國與法國聯手併吞英屬印度。

歐洲強權入侵英屬印度的路線只有兩條，一是從北往南，穿過中亞與阿富汗，另一是從西往東，跨過土耳其與伊朗。當時人們對這兩條路線經過的人文與自然地理幾乎完全處於無知狀態。倫敦的政治人物與派駐印度的總督（或稱「副王」），開始派出人員偵察該地區高山冰川出入口，穿過沙漠繪製地圖，調查當地部落和酋長國統治者。這些執行官方任務的人員有些偽裝成商人、或宗教人士、或探險家，不僅有來自英國的軍官，也有印度當地訓練出來的菁英。他們隨時可能被囚禁、或成為犧牲品以酷刑處死。

英國當時的政策粗分為「前進政策」與「退後政策」（也就是書中所稱的「精明無為」（masterly inactivity）政策）。「前進政策」強調積極進取去兼併或掌控印度邊境，甚至往北前往阿富汗建立緩衝。但是這樣的政策則需耗費極大成本，部署更多的軍隊、或對附庸緩衝政權提供金援物資的補貼，這常常都是大英帝國不願意面對的問題，也造成兩次在阿富汗的失敗，數萬人喪生（百年後在一九八〇年代蘇聯入侵阿富汗的戰爭中，紅軍也面臨同樣過萬傷亡的窘況）。但是「精明無為」則強調守勢，英屬印度北有喜馬拉雅山脈作為天險，俄羅斯入侵的可能性極低。認為只要掌握充分情資，理解俄羅斯在中亞與比鄰地區活動的情況，就足夠應變。

經過十八與十九世紀的鯨吞蠶食，沙俄帝國的確逐漸向中亞與北亞進兵。沙俄帝國在爭戰的過程中，大約在十九世紀中葉開始逐漸佔上風，主要的原因是現代的軍隊與武器裝備。一八四七年哈薩克汗國完全被擊垮並被廢除。一八六五年塔什幹被佔領，一八六八年布哈拉和撒馬爾罕緊隨其後。一八七三年希瓦被擊敗，一八七六年浩罕也被擊敗。土庫曼游牧民族於一八八一年在 Geok Tepe 被擊敗。浩罕、希瓦和布哈拉原本還被「間接統治」，成為沙俄帝國保護的附庸國，但是先後最終在俄國大革命時，這些中亞附庸國就被完全併入蘇聯。

英俄之間競逐的最後妥協是在一九〇五年日俄戰爭不久後。沙俄帝國意圖併吞中國東北，但受到日本的強力阻撓，也因此間接促成一九〇七年的《英俄協約》。《英俄協約》等於是瓜分中亞，確立勢力範圍的協定。沙俄帝國得到波斯北部，而波斯南部則為英國勢力範圍，同時併入鄰近波斯灣的俾路支斯坦。至於中間地帶，則成為兩大帝國的緩衝區，其中包括阿富汗，以及承認大清帝國對西藏擁有宗主權。彼德．霍普克對十九世紀英俄百年在這個地區的擴張競逐有非常細緻的敘述。

「中部歐亞」與大競逐過程中的中國／大清帝國

濮德培（Peter C. Perdue）認為「中部歐亞」（Central Eurasia）並不是一個自然或政治地理的概念，不是透過山脈海洋，也不是依照國界劃分，這個區域的文化和領土邊界是變動的，是由不同的強勢宗教、帝國、文化群體不斷互相衝擊與競爭來定義出來的。[2] 如果我們撇開現代中國民族主義的論述，不要強調某種原生論或持續論，所謂「自古以來」或現代透過政經發展所想像建構的「中華民族」，把中國當成是一個「中部歐亞」的國家，就會很容易發現中國政權（也包括大清帝國晚期）嘗試用中原的官僚體制和經濟結構來編配或納入蒙古、新疆、西藏。行政管控的形式因時因地而異，所以可以是「改土歸流」、或著「民族區域自治」、當然也可以是強迫同化的「再教育營」。換句話說，「中部歐亞」就是帝國勢力接壤的緩衝區；現代中亞五國所在地、阿富汗、巴基斯坦、伊朗、滿洲、蒙古、西藏和新疆都可以被包括在緩衝區內。十九世紀「大競逐」主要是英、俄兩大帝國接觸較勁，但是在蘇聯解體後，「新大競逐」轉瞬變成美、俄、中，甚至還包跨歐盟、印度、全球伊斯蘭主義互相角力之處。

彼德·霍普克在書中隱約暗示當時大清帝國在英、俄角力時的「被動」姿態，但是沒有深刻的討論；中國當時不是一個競逐勢力，反而自己身更像是另一種「中部歐亞」的緩衝區，也就是所謂的「半殖民地」。當時在大英帝國的設想裡面，必須避免中國成為沙俄帝國的衛星國，最好可以被利用充當英俄之間的緩衝。[3]於是英俄都承認大清帝國對中國突厥斯坦（也就是現在的新疆）、以及蒙古、青海陝甘、西藏的宗主權，一直持續保有大清帝國軀殼直到辛亥革命。

大清帝國以降的現代中國是帝國主義的受害者，但是也可說是某種程度的獲利者，一種「非典型」帝國主義。大清帝國在盛清之際，乾隆帝的十全武功，四處征討，也發展各種帝國治術，繪製地圖，建立同文志來管理邊疆地區。尤其是針對蒙古、新疆（或稱回部）、西藏，中國西進卻未能在經濟上讓這些地區自給自足，並進行政治上的收編，[4]困境一直延續到現在。一八四二年鴉片戰爭後，對於沙俄帝國來說，這場戰事的意義在於大英帝國在「中部歐亞」逆轉，取得優勢。俄羅斯擔心貿易與帝國安全，更加想確定在新疆與西藏的主導地位。彼德·霍普克對英俄爭奪阿古伯的支持，書中有一番有趣的描述。

一八七一年俄羅斯沿著伊犁河谷進入中國突厥斯坦，當時大清帝國陷於海防與塞防之爭。左宗棠獨排眾議，最後進軍擊敗阿古伯的哲德沙爾汗國（Yettishar），並於一八八一年簽訂《聖彼得堡條約》。當時大清帝國的重臣都認為將邊疆改制行政區，也就是設省，才能納入中國中原正式行政體系進行有效管理。大約在同時期，新疆、台灣和滿洲都改制行省。事後看來，其實這是異想天開。二十世紀的新疆，民族混雜，中共又將新疆省改制為新疆維吾爾自治區，冀望以名義上的自治來彌平不同的民族與政治認同，但是依然失敗。海外的維吾爾離散依然要求民族自決，中共之所以在新疆推動「再教育營」政策，不都顯示這個區域依然沒有脫離「中部歐亞」的緩衝功能。只不過原來的英俄「大競逐」，變成「新大競逐」，從北京的角度來看就變成是打擊「三股勢力」（分裂主義、極端主義、恐怖主義），或說「境外勢力」的干涉稍擾，問題是：這些主義或勢力不就是參與「新大競逐」的玩家嗎？

新大競逐下的「中國西進」策略[5]

帝國間競逐不見得一定要戰爭和流血暴力，更重要的是帝國有野心、有意願和與鄰近帝國的互動並競爭。英俄對中國的首要目標應該都是貿易特權，並因此發動戰爭或吞併領土。而十九世紀的大清帝國卻對這些帝國的圖謀感到焦慮，因為這破壞了北京與中亞遊牧草原、以及綠洲政權間的現狀。今天，被沙俄帝國吞併的中亞各個汗國已經成為獨立共和國，印度已經獨立成為歐亞大陸上的一個區域大國。美國在阿富汗發動的反恐戰歷時二十年，依舊鎩羽而歸。曾經構築的「大中亞」與「新絲路倡議」[6]，構想通過經濟和能源走廊連接南亞和中亞，一方面重建並活絡阿富汗經濟，另一方面推動印度和巴基斯坦大和解，也已經煙消雲散。俄羅斯依舊把中亞當成自己的勢力範圍，透過集體安全條約組織意圖在軍事安全上主導整個區域的運作。至於中國，依然困擾於新疆、西藏、內蒙古的地緣政治安全問題。但是突然在二〇一三年九月中國領導人習近平到訪哈薩克時，大膽提出建設「絲綢之路經濟帶」的倡議。頗有正式宣佈以經濟投資作為開端，來參與、建構、甚至主導歐亞大陸「新大競逐」

的意味，嘗試改寫這個區域的國際政經規則。

中國西進策略的出現其實經過蘇聯瓦解後二十多年的醞釀，其中主要奠基在三個因素上：那就是：第一，如何理解與沙俄／蘇聯的歷史互動經驗，以及具體的邊界劃定問題；第二，新疆因素；第三，中國繞開美俄在安全上的競逐，希冀以經濟聯繫和影響力重塑中亞地區秩序。

第一、歷史經驗與劃界

中共當然從民族主義的觀點去理解大清帝國在中亞的沒落，對於蘇聯介入新疆經濟與民族政治，也有切身經驗。一九三〇年代和一九四〇年代在新疆發生的兩次東突獨立運動都涉及俄羅斯的干預。中蘇解體後，一九六二年新疆突厥族裔的維吾爾族、哈薩克族五萬餘人越境逃往中亞。一九六四年中蘇邊界談判失敗，之後並發生小規模軍事衝突。中蘇關係惡劣，這種生疏恐懼一直到中國與俄羅斯，以及其他中亞三個國家劃定西北邊界，才開始有轉機。

中國與俄羅斯，以及中亞國家的關係在一九九〇年代進入探索期。新獨立的中亞國家謹慎行事，而中國在解決雙邊邊界劃定和非軍事化問題時態度溫和。一九九六年，中國、哈薩克斯坦、吉爾吉斯斯坦、俄羅斯和塔吉克斯坦在上海簽署了《關於在邊境地區軍事領域建立信任的協議》，強調軍事和安全對話的多邊性，停止敵對軍事演習。中國與哈薩克、吉爾吉斯的邊界分別於一九九四年和一九九六年完成，與塔吉克的邊界線於一九九九年完成。

劃界過程只是一個試煉，北京真正擔心的是新疆安全。因此，中國面對中亞林國領導人願意放軟姿態，以換取對方合作共同加強對新疆的管控，例如協助監控，甚至遣返當地的維吾爾「分裂分子」。

但是領土劃界的具體條約內容從未公佈，中亞各國社會底層其實對自己的政治領袖也有懷疑，不確定中國未來的意圖，擔心中國向中亞的擴張。中國或許一定程度成功籠絡中亞當地政治菁英，但是中亞當地社會對中國卻知之甚少，深感不安全。

第二、新疆因素

習近平掌權後，意圖從內外兩個層面一勞永逸的解決新疆境內突厥族裔的政治認同問題。蘇聯解體，中亞五國獨立建國，北京未免激發新疆突厥族裔的民族自決訴求，在成功劃界後，組建上海合作組織。當前維吾爾民族主義的武裝鬥爭可以追溯到一九九二年的巴仁鄉武裝襲擊，然後不斷有汽車爆炸與小型的武裝攻擊事件，中國當時的做法就是切斷中亞鄰國維吾爾「分裂分子」的支持。二〇〇一年哈薩克、吉爾吉斯、塔吉克、烏茲別克與中國、俄羅斯共同成立上海合作組織，強調打擊「三股勢力」。二〇〇二年美國九一一恐攻事件發生後，上海合作組織在塔什幹組建共同區域反恐辦公室（RATS），交換信息，並定期就邊境安全和反恐問題舉行多輪軍事演習。

二〇〇九年七月五日發生在新疆首府烏魯木齊的民族仇殺事件，標誌著新疆民族政治的一個分水嶺。為了解決維吾爾民族主義訴求，到底要堅持原有的民族自治形式，還是強制同化（即第二代民族政策辯論），爭論不休。二〇一三至二〇一四年間，新疆和中國內地連續發生恐襲事件，其中最令人震驚的是二〇一三年天安門廣場車禍和二〇一四年昆明火車站砍殺案。面對新疆治理困境，開始傳出一種陰謀論，那就是對新疆採取兩條社會淨化政策路線；一方面鼓勵維吾爾穆斯林外逃被允許通過南方省份的邊界秘密非法離開中國，並沿著走私路線進入越南、柬埔寨和泰國。步行抵達馬來西亞後，取得偽造的土耳其護照，飛往土耳其。大約兩到三萬維吾爾人成功逃脫，其中一些人後來也轉往敘利亞和伊拉克的戰場。另一方面對於留在新疆的突厥族裔進行「再教育營」洗腦，強制監控並同化，過百萬維吾爾人、哈薩克人開始接受愛國教育、學習「國家通用語言」（也就是普通話）、培養愛國主義精神以放棄伊斯蘭宗教信仰。

第三、中國經貿西進

俄羅斯在二〇一〇年與白俄羅斯、哈薩克合作，啟動關稅同盟，二〇一五年與吉爾吉斯、亞美尼亞一起轉型為組建「歐亞經濟聯盟」（簡稱：歐亞盟）。「歐亞盟」幾乎完全模仿歐盟模式，統合成員國的貿易貨物、人員、資本和服務的自由流動。但是，面對中國後來在二〇一三年提出的「絲綢之路經濟帶」，就難以揮灑。中國的版本不僅鼓吹消除貿易壁壘、提高當地貨幣可兌換性、提高通關效率問題，更強調投機地區的基礎建設，甚至融入中國與該地區的產業鏈。換句話說，中亞國家的政治菁英開始對中國高過對俄羅斯「歐亞盟」的期望，希望獲得大筆的中國外資。

經過幾年的實踐後，當前「絲綢之路經濟帶」運作的風險明顯來自對中國經濟和資金的過度依賴。中國企業在當地的投資當然是服膺於中國國家政策，這樣的經濟依賴很可能已經轉化為中國在當地的政治影響力；儘管中國的投資不見得能真正直接使當地社會人民受益，但是中國現在已成為吉爾吉斯、塔吉克和土庫曼最大的貸款提供者，甚至已經淪落到類似中國附庸國的地位。

「中國西進」策略著重經貿所帶動的政治影響效應，過去三十年從確立邊界，嘗試完全「同化」新疆突厥族裔，到開始向中亞擴張。隨著俄烏戰爭，「中國西進」策略的發展未來更值得關注。隨著美國撤出阿富汗，俄羅斯經濟欲振乏力，中國一方面西出中亞，進入俄羅斯，直達歐洲（或稱「西部歐亞」（West Eurasia））。另一方面嘗試拉攏阿富汗塔利班政權，確保中巴經濟走廊的安全，進入印度洋。然後，更可能經過伊朗與土耳其，進入地中海。中國這種大膽角逐「新大競逐」的姿態，在未來會遭遇什麼樣的反制，值得持續留意。

譯註

1 把沙俄帝國當成威脅的說法在十九世紀的英國不見得是共識。在十九世紀，英國的經濟遙遙領先，擁有強大的造船業和各種資源，有著長期進行衝突的能力，影響力擴及全球。相比之下，俄羅斯處於邊緣地位，工業革命緩慢且不均帶來經濟疲軟，但是在地緣政治卻不斷擴張。也有評論者認為俄羅斯是英國的夥伴，共同塑造亞洲文明，認為倫敦根本不需要阻擋俄羅斯併吞英國不感興趣的領土。參見例如 Seymour Becker, "The 'Great Game': the History of an Evocative Phrase," Asian Affairs Vol.43 Issue 1 2012, pp.61-80.

2 Peter C Perdue, *China Marches West: The Qing Conquest of Central Eurasia.* (Cambridge, MA: Belknap Press of Harvard University Press, 2005) pp.19-32.

3 James L Hevia, "An Imperial Nomad and the Great Game: Thomas Francis Wade in China," *Late Imperial China,* Vol.16 No.2, 1995, pp.1-22.

4 大清帝國在新疆統治的經驗充分反映治理態度與能力的問題，可參見 James Millward, *Beyond the Pass: Economy, Ethnicity, and Empire in Qing Central Asia, 1759–1864* (Stanford: Stanford University Press, 1998).

5 當前「中國西進」策略最早的開端可參見王緝思，〈「西進」：中國地緣戰略的再平衡〉，《環球時報》，二〇一二年十月十七日。

6 「大中亞」與「新絲路倡議」的討論，可參見 S. Frederick Starr 的一系列文章，像是 "A Partnership for Central Asia," *Foreign Affairs,* Vol.84, No.4, July/Aug. 2005, pp.164-178; "A 'Greater Central Asia Partnership' for Afghanistan and Its Neighbors," *Silk Road Paper,* Central Asia- Caucasus Institute, March 2005; 以及侍建宇，〈半途而廢的美國「新絲路倡議」及其啟示〉，《歐亞研究季刊》，第十一期（二〇二〇年四月），國立中興大學，頁二七—三三。

推薦序

大國政治的悲劇：為何身處二十一世紀要了解十九世紀的衝突？

孫超群（香港國際問題研究所中亞事務研究員）

彼德．霍普克被公認為優秀的中亞歷史學家和記者，他努力不懈地把兩世紀前列強在中亞博弈的起承轉合，栩栩如生地呈現於讀者眼前。相距三十二年，此著作中譯版本橫空出世，確實是適合的時機，讓大家思考大國衝突與戰爭的議題。此著作可貴之處，就是作者強調「人」的因素並不卑微。英俄「大競逐」時代的冒險家並非大國政治中的一顆齒輪，而是參與競賽的主角。如果沒有像他們般勇敢的冒險家，我們今天就不能透過此著作增進對中亞的認識。

「大競逐」（The Great Game，或譯作大博弈）此一政治術語，對於近代中亞歷史及國際關係愛好者來說並不陌生。兩個世紀前，英國著名軍官兼探險家柯諾里首創這術語，後來被作家吉卜林發揚光大。「大競逐」即是大國爭奪地緣政治利益的比賽，過程之中機關算盡，爾虞我詐，甚至不惜一切大動干戈。

《帝國的野心：十九世紀英俄帝國中亞大競逐》一書譜寫了傳統意義的英俄「大競逐」時期，由一八〇一年俄羅斯沙皇保羅一世萌生入侵英治印度的念頭依始，直到一九〇七年英俄結盟結束（當然，確實開始時間眾說紛紜）。作者彼德・霍普克被公認為優秀的中亞歷史學家和記者，他努力不懈地把兩世紀前列強在中亞博弈的起承轉合，栩栩如生地呈現於讀者眼前。二〇一四年，彼德・霍普克以八十三歲之齡與世長辭，一些著名中亞研究學者及記者均對這位巨人萬分致敬，其中一位就是筆者最敬重的中亞事務資深記者潘尼爾（Bruce Pannier），這無疑是肯定作者個人成就及地位。除了這本著作，筆者還有幸拜讀作者的《新大博弈：一戰中亞爭霸記》（編按：此為簡體中文版的書名），此著書寫一戰時期大國如何在土耳其、波斯和阿富汗爭奪影響力，內容同樣精彩。

三十二年後此著作中譯版本橫空出世，確實是適合的時機，可以讓大家思考大國衝突與戰爭的議題。

十九世紀初，亦即法國大革命至拿破崙戰爭的時期，俄羅斯與英國結為盟友，共同抵抗法國這個威脅歐洲的大敵。但當時俄羅斯正在醞釀中的帝國夢，早為日後英俄關係惡化埋下伏線。雖然亞歷山大一世沒有前任沙皇的澎湃野心，計劃進攻英屬印度，但其實他曾嘗試拉攏拿破崙，不只覬覦鄂圖曼帝國，更把目光投向東方的高加索、波斯，甚至中亞地區，勢必與英國爆發地緣利益衝突。「歐洲協調」過後，英俄漸漸變得各懷鬼胎，日積月累的不信任，令日後兩國交惡，更曾頻臨開戰邊緣。

近日因俄羅斯和烏克蘭戰爭再次被人提起的「進攻現實主義」（Offensive Realism）國際關係大師米爾斯海默（John Mearsheimer），他的理論或許驗證了英俄之間命中注定的衝突：國際社會處於霍布斯所說的無政府狀態，在弱肉強食、缺乏安全感之下，每個國家為了自保，必定會加強自身政治、經濟、軍事等實力，繼而進行侵略行為。另一方面，米爾斯海默相信權力平衡（Balance of Power）原則，只有大國之間互相制衡，才能達致和平穩定的局面。

回到英俄「大競逐」時期，當時列強參與殖民地競賽，逐漸成為海洋霸權的大英帝國，大幅拓展海外版圖，包括印度；以陸上霸權自居的俄羅斯帝國，除了向廣闊的西伯利亞擴張，亦兼併高加索和今日的中亞五國地區。兩強最後去到阿富汗終於相遇，到了這裡，就是英俄「大競逐」的高潮。

但幸運的是，全靠權力平衡的現實計算，英俄兩強並未爆發全面戰爭，最多只是利用外交及有限度的軍事手段，在中亞擴大政治影響力，例如透過和小國互通款曲（喀布爾政權、赫拉特政權、阿古柏的哲德沙爾汗國及喀什米爾諸國），或是與彼此勢力範圍的緩衝地帶發動戰爭（一九三七年俄羅斯支持波斯攻打赫拉特、兩次英國—阿富汗戰爭）。這一發展十分符合「現實主義」理論。

誠然，國際關係理論終究只從「結構」方面解釋衝突根源及本質，但若要了解為何有些大國會選擇戰爭，就需要從理解「脈絡」方面著手。在了解英俄「大競逐」時，不少論者都會思考一些問題：究竟俄羅斯是否真的劍指印度、威脅英國？英俄兩國是否終需一戰？

彼德．霍普克在書中切入不少角度，讓讀者了解箇中脈絡。最常看到的觀點是俄羅斯難以克服地理及天氣的客觀條件限制。除了中亞可怕的沙漠，俄軍在攻打印度前要先克服高聳的山脈、狹窄的山口以及充滿敵意的部族。究竟不諳當地形勢的士兵如何扛著大炮及重裝備，大規模地跨越複雜陡峭的地理環境呢？

的確，俄羅斯能夠在一八六〇至八〇年代順利征服布哈拉酋長國、希瓦汗國、浩罕汗國以及土庫曼部落，幾乎把整個中亞地區控制。但當應付前進印度必經之路的阿富汗，其天然屏障和難纏的普什圖部落，也足以令俄羅斯束手無策。如同安薩利（Tamim Ansary）在《無規則遊戲：阿富汗屢被中斷的歷史》書中的描述，阿富汗山頭林立，沒有大台，部落能屈能伸的抵抗意志，連英國都只能以慘勝姿態，對其略加短暫的影響力。

此外，英俄兩國對中亞政策的變化，很大程度受國際局勢影響。此著雖然以中亞地區為軸心，但亦詳細解釋其他地方的局勢，如何影響英俄在中亞的算盤。俄羅斯一直對伊斯坦堡及德黑蘭虎視耽耽，在拿破崙戰爭後，英國國內疑俄派日益警惕，此派以曾在俄羅斯駐守、有疑俄派之父稱號的羅伯特·威爾遜爵士為代表。自從在一八二〇年代俄羅斯先後擊倒鄂圖曼帝國和波斯卡扎爾王朝，並取得對方大量土地之後，英國政府內部對俄羅斯的不安和猜忌與日俱增，反之戰爭亦助長俄羅斯征服中亞、取下印度的自信。

然而，英俄分別經歷一八三〇年代末至一八四〇年代初阿富汗及希瓦戰事失利的打擊後，雙方開始把角力場轉移到近東及鄂圖曼帝國。直到一八五〇年代，俄羅斯在克里米亞戰爭中吃了敗杖，決定重返中亞，幸運的是取得了不錯的成績。反觀英國受制於民選政府，當時對中亞實施「精明無為政策」，擁護「前進政策」的鷹派一直不受重視，倫敦及加爾各答更對俄羅斯的擴張啞忍。然而，一八七〇至一八八〇年代英國決定回應俄羅斯的進取行為，轉而先發制人控制阿富汗，令俄羅斯在中亞擴張出現瓶頸。自從俄羅斯在一八八〇年代取下土庫曼後，擴張步伐便停頓下來。

直到一九〇五年日俄戰爭，俄羅斯終嚐敗杖，其陸上強權的地位被漸漸崛起的德國所取代，英國也不再將俄放在眼裡。此局面促成英俄兩國冰釋前嫌，在一九〇七年組成同盟，劃定中亞勢力範圍，結束了長達一百年的中亞「大競逐」。可悲的是，英俄兩國雖避過終戰，但逃不過修昔底德陷阱，歐洲列強打破勢力均衡局面，使全面戰爭終於爆發。

「大競逐」並沒有因為英俄停止在中亞地區的角力而結束，而是一直傳續下去。事實上，英俄在中亞的明爭暗鬥只屬當時「大競逐」的一部分。無論列強在中亞、中國、鄂圖曼帝國或是非洲殖民地的爭奪戰，均屬於「大競逐」。因此在一九〇七年英俄結盟以後，不等於「大競逐」戛然而止。就如米爾斯海默的理論，世界處於列強之間的衝突狀態中，並且永遠不會結束。彼德·霍普克也在書中寫道：「這場競賽注定會以新的樣貌、新的力道再次開打。」

到底彼德·霍普克所說的新樣貌是什麼一回事呢？以國際關係的語言來說，一戰前後「多極體系」下列強之間的衝突，走到去二戰結束後「兩極體系」下美蘇的冷戰，便是「大競逐」的新面貌——大英帝國海上霸權的地位逐漸被美國取代，而歐陸一眾列強則被蘇聯取代，成為可與美國分庭抗禮的勢力。兩強以北約組織及華沙公約組織的兩大陣營亮相，讓「大競逐」以新的力道在中東、越南、阿富汗開打。

即使到冷戰結束，法蘭西斯·福山（Francis Fukuyama）提倡以「自由主義」（Liberalism）獲得最終勝利的「歷史終結論」並沒有實現，而美國領導下的「一超多強」霸權體制走到今時今日，已面臨不少逐漸狀大的反撲力量——中國的迎面挑戰，俄羅斯的帝國遺夢，宗教極端主義勢力，每一天都在考驗「自由主義」陣營。根據亨廷頓（Samuel P. Huntington）在《文明的衝突與世界秩序的重建》中所言，分屬東正教文明的俄羅斯和西方文明的歐美國家，必定因為意識形態發生衝突。處於兩大陣營之間文明斷層線的烏克蘭，近日就爆發了戰爭。就算以地緣政治的角度出發，不論是麥金德（Halford Mackinder）的心臟地帶理論（The Heartland Theory）、斯皮克曼（Nicholas J. Spykman）的爭奪邊沿地帶論述，或是布熱津斯基（Zbigniew Brzezinski）的大西洋主義，都預示了海權勢力（歐美國家）及陸權勢力（俄羅斯）最終會因為爭奪地緣政治利益而爆發衝突。

究竟彼德・霍普克此著作今天給予我們什麼啟示?米爾斯海默曾說過一句說話,令筆者特別印象深刻。他說,歐美國家與俄羅斯(以及中國)之間最大的分野,就是前者是二十一世紀的國家,後者是仍然是十九世紀的國家。這裡指的不是國家發展程度,而是政權對國際關係的信仰。

十九世紀「大競逐」中的英俄兩強,較傾向信奉「現實主義」的勢力均衡原則,亦相信若僭越對方底線的話,戰爭會是處理衝突的普遍手法。這可解釋英俄兩強到競賽最後,為何沒有爆發正面戰爭,是因為他們的勢力能夠互相制衡,並意識到交戰將會弊多於利。

當時中亞汗國地區並非屬於英國或任何一方的勢力範圍,俄羅斯能無後顧之憂,隨心所欲地征服與其力量懸殊的小國。但是,當一八八〇年代俄羅斯取下梅爾夫,對赫拉特摩拳擦掌的時候,英國向俄羅斯展現捍衛「印度門口」赫拉特的堅定決心,強硬警告俄羅斯若進犯英國的「勢力範圍」,就等同向其宣戰。就是這樣,兩強避免了一場大戰,而俄羅斯下一次入侵阿富汗,已經是一個世紀後的事情了。

這場十九世紀的英俄「大競逐」,聖彼得堡的政治目標十分現實,並非想與身為強權的英國正面交鋒,顯然是想延遲任何關於訂立邊界的協議,直到佔領所有想要的地區為止,透過博弈而非戰爭獲取最大利益。畢竟,俄羅斯清楚與英國正面戰爭的高昂代價,當接近打破勢力均衡的邊緣,俄羅斯能夠退而求其次。當然,俄羅斯疑英派好戰分子不缺土壤,但「正常情況」下,他們並非主流聲音,政府多循「現實主義」計算。例如,一八七八年俄土戰爭後,俄羅斯突厥斯坦總督考夫曼(Konstantin Kaufman)欲借勢進攻英屬印度,卻被沙皇亞歷山大三世叫停(諷刺的是,三十年後列強之間秘密的集體安全聯盟,讓大家不自覺地捲入一戰的漩渦,這是「多極體系」的失算的問題了)。

回到二十一世紀的烏克蘭危機，雖然未能與世界大戰相提並論，歐美國家並沒對俄羅斯正式宣戰出兵，但卻已頻臨三戰的邊緣——歐美國家向烏克蘭提供資金及軍備，各國自願者親赴戰場作戰，俄烏戰爭某程度上已成為代理人戰爭。

俄烏戰事對歐美國家來說是始料不及的，究竟出現了什麼問題呢？米爾斯海默明確指出，問題出於歐美國家使用二十一世紀的方法，對付十九世紀的對手（普京治下的俄羅斯）。十九世紀與二十一世紀國家在國際關係信仰上的最大分別，就是後者相信「自由主義」外交政策，重視推廣自由民主意識形態，而輕視「現實主義」的權力平衡原則，更不相信俄羅斯會因為安全被威脅而發動戰爭。

另一重點，就是歐美國家在烏克蘭問題上表現「戰略模糊」，不斷給予烏克蘭可加入西方陣營的幻想（加入北約及歐盟），但實際上又沒有擁護烏克蘭安全的決心。這舉棋不定的態度，壯大了俄羅斯要用武力捍衛勢力平衡及其勢力範圍（烏克蘭）的決心。結果，到二〇一四年前烏克蘭危機爆發時，歐美國家對俄羅斯的行動感到錯愕，無可適從。這八年過去，烏克蘭危機未得到妥善解決，到今日終於升級為一場戰爭。

回溯昔日英俄「大競逐」，在一九〇七年歷史性的英俄條約（Anglo-Russian Convention）中得以實現劃分勢力範圍，平衡各方利益，使英俄「大競逐」得以落幕，結成戰略聯盟。如果歐美國家重歸十九世紀「現實主義」的信仰，拋棄二十一世紀「自由主義」的浪漫及優柔寡斷，在烏克蘭問題上能否更能有效回應俄羅斯的挑戰呢？目前已有不少論者思考，烏克蘭接受「芬蘭化」的命運，似乎比起國家東西分裂或停戰無期已是很好的「妥協」，但問題依然是俄烏其中一方在戰場上能否取得壓倒性優勢，令兩國各自的談判底線變得現實。

借古鑑今，亂世中閱讀《帝國的野心：十九世紀英俄帝國中亞大競逐》來得及時。除了思考大國衝突與戰爭的議題，此著作可貴之處，就是強調「人」的因素並不卑微。英俄「大競逐」時代的冒險家並非大國政治中的一顆齒輪，而是參與競賽的主角。不論是死於布哈拉殘暴埃米爾手下的英國軍官史多達特和柯諾里，或是探索興都庫什山和喀喇崑崙山的羅伯特．蕭和海沃德，他們都不是籍籍無名。如果沒有像他們般勇敢的冒險家，今天我們就不能透過此著作增進對中亞的認識。

推薦序

俄羅斯帝國再現？十九世紀帝俄與今日普丁入侵烏克蘭的歷史連結

趙怡翔（前駐美國代表處政治組組長）

二〇二二年二月二十四日，俄羅斯入侵烏克蘭，成為第二世界大戰後，歐洲最大規模的戰爭。為了滿足俄羅斯總統普丁（Vladimir Putin）的帝國夢，這場戰爭已導致數千名官兵及平民喪生，以及數百萬民眾被迫遷離家鄉，成為國際難民。烏克蘭的抗戰精神，已重新奠定各民主國家對其價值的堅持與承諾，包括台灣在內。

這場戰爭未如普丁的期待，分化西方國家的團結，甚至提供俄羅斯、中國等威權國家勢力擴展的機會。而普丁達到的結果則為相反，過去曾被冷落的北大西洋公約組織（NATO）突然被賦予新的任務與目的，歐洲各國開始重新檢視過去對俄羅斯的能源依賴，將俄羅斯視為世界和平的最大威脅。

要瞭解今日的普丁，就必須清楚昔日的俄羅斯。要看懂現代俄羅斯的擴展主義，更必須閱讀當年沙皇統治下的俄羅斯帝國：它的企圖、期待與恐懼。這是我們避免歷史悲劇重演的共同責任。

許多分析師將俄羅斯總統普丁比喻為現代版的史達林，認為他們兩位共同認為，唯透過權力與控制才能確保自己的歷史定位。但事實上，更切實的比喻可能落在十九世紀，而當時在一八二五至一八五五年當權的尼古拉一世（Nicholas I）。擴展主義、民族性及專制政權，這些象徵正反映尼古拉一世統治下的俄羅斯帝國。

尼古拉一世是在改革派的亞歷山大一世（Alexander I）辭世後成為沙皇，而他所倡議的則被形容為「專制、東正教、民族特性」的官方民族理論，以強力對比法國大革命使用的「自由，平等，博愛」。而在這個理論下，尼古拉一世限縮了外來資訊及知識分子的學術自由，並強力要求其人民必須尊崇沙皇、東正教，及俄羅斯的語言及文化。

此外，在外交上尼古拉一世推動激進的外交政策，在其統治下，看到與波斯、鄂圖曼帝國，及克里米亞的戰爭發生。而最終在克里米亞戰爭下，俄羅斯最終輸給鄂圖曼、法國、英國及薩丁尼亞的聯合軍隊，被迫簽下《巴黎條約》（Treaty of Paris），放棄對黑海西北面兩地的控制權。而尼古拉一世卻在戰爭的壓力下，於《巴黎條約》簽署前一年病逝。

尼古拉一世以及當代歷史與背景下的俄羅斯與英國的權力競爭，正是《帝國的野心：十九世紀英俄帝國中亞大競逐》這本書所敘述的歷史情節。著名作者彼德．霍普克透過不同的歷史角度及人物觀點敘述當年世界兩大帝國正在進行的「大競逐」。

在人類的歷史中，中亞是決定許多帝國命運的關鍵地域，而英國與俄羅斯也並不例外。這場「大競逐」除了重新劃分了無數國的邊界及改變人類歷史的進程外，更導致英、俄兩國的軍隊、財富與政治勢力陷入一場代價高昂且致命的遊戲中。這個過程及其中的故事在《帝國的野心：十九世紀英俄帝國中亞大競逐》一書中有清楚的敘述。

霍普克將複雜的歷史背景輕鬆呈現，人物與戰爭過程栩栩如生。他並未省略細節，每個主要人物的故事、動機與淚水，都被詳盡地描述。而在人物的觀點外，作者也對當時各方的政治與戰略考慮做出客觀的評論，甚至直接引用了第一手資料、當代記述以及後續英國和俄羅斯歷史學家的分析。

這本書不僅是一部歷史課本，讓我們認識當年的故事與情結，也讓我們睜開眼界，多認識我們所屬的亞洲。包括台灣許多人談到亞洲的時候，腦中浮現的畫面是東亞地圖，只包含了日本、韓國、台灣、中國與東南亞，卻忘記相隔千里之外的中亞國家們，也同樣牽動著世界局勢與台灣的命運。

有部分專家學者認為「大競逐」是在一八九四至一八九六年，英俄兩國簽下阿富汗邊界條約後結束，另有人認為一直到一九〇七年的《英俄條約》（Anglo-Russian Convention）簽署後才終結，但事實上，從近期的俄烏戰爭及美國數十年下來在中東參與的戰爭來看，這場競賽依然繼續中。不同民族、治理方式及宗教認同所導致的權力角逐，這些故事難以中斷。

正如馬克思所言：「歷史會重演，第一次是悲劇，第二次是鬧劇。」（History repeats itself, first as tragedy, second as farce.）對比本書中的故事，以及普丁入侵烏克蘭的軍事行動，我們可以體會這句話的真諦，特別是當一邊閱讀本書，一邊看著新聞播報烏克蘭的烽火連天時，那種過往歷史的既視感更顯強烈。

譯者序

在我身為譯者的職業生涯裡，這本彼得．霍普柯克的經典著作，是我私心最喜歡的一本。在讀者跟隨彼得．霍普柯克的文字回到十八、十九世紀，開啟這趟迷人的紙上旅行前，請容我用簡短篇幅和讀者們分享，這本書對我來說特別有意思的幾個看點與巧趣。

首先，相信不少人都同意，彼得．霍普柯克筆下幾位探險家和外交官的「遊記」，就是本書最驚心動魄也最生動躍然的部分；翻譯這本書的時候，熱愛旅行的我也常覺得，如果自己生在十九世紀的英國，大概也會前往印度、中亞探勘吧？

很有意思的是，在源於西方國家的圖書分類法裡，「地理」此一類別，和「遊記」歸在同一類別中，這在一定程度上反映了西方人的地理知識傳統：「殖民者每到一個地方，就會有各式各樣的探險家、旅行家，前往進行地理探勘、地圖測繪；這些滿載而歸的旅行家回到母國後，還會獲得『地理學會』的獎章。」換言之，雖然今日觀光客不一定知道，但在西方知識體系的傳統裡，旅行、殖民事業與地理學，三者其實是相生相隨的。

另一件有趣的事情，也同樣要放在地圖上進行。彼得．霍普柯克在本書裡，爬梳了當年英國人想像之中，其他歐洲強權入侵印度時可能途經的路線，而我一邊翻譯，也一邊在地圖上把路線畫了出來。

由於英國是海上強權，又控制著歐洲通往亞洲的幾條重要航道，因此英國人一般認為，其他歐洲強權若想入侵印度，只有陸路最可行，而其中一條路線，就是從土耳其或敘利亞的地中海沿岸登陸，接著再途經阿富汗、巴基斯坦，最後才抵達印度——然而，有天我突然發現，這條路線居然和另一條極具歷史意義的「嬉皮之路」（hippie trail）幾乎完全重合。

今日我們提及「嬉皮」，經常會聯想到大麻、放蕩不羈的生活方式，但其實該群體還有個很重要的面向，那便是對東方文化的高度興趣與探索；而嬉皮之路，就是一九五〇至七〇年代期間，西歐年輕人前往東方的背包旅遊路線。

不過這條嬉皮之路，後來卻在一九七〇年代因為黎巴嫩內戰、伊朗革命、蘇聯入侵阿富汗而逐漸式微；這條嬉皮之路的中斷，就是當年中東動盪、社會氣氛變化的一個縮影。直至今日，這條路線都仍未復原：「阿富汗人依然活在戰亂的陰影中，而本書裡對英國探險家來說特別危險的俾路支地區，至今也依然是背包客最難踏足的地方。」

社會科學領域有個名為「路徑依賴」（path dependence）的有趣概念，一般指一個社會或體系的決策，經常受到過往決策的影響，也可以解釋成歷史的延續性；而歐洲人入侵印度的路線與「嬉皮之路」的重合，則為「路徑依賴」提供一個「字面上」的例子：「這條入侵路線始終沒有消失，甚至還曾以迷幻浪漫的方式，為嬉皮背包客所繼承。」

另一點讓我在翻譯過程中玩味再三的趣味，則是人類對於「國家」、「國土」的想像——這點相對幽微，卻也是影響中亞地緣政治的重要因素。比方說，作者在書中提及，英國曾在一八四〇年一月遣使中亞地區的希瓦汗國，希望說服汗王釋放俄羅斯奴隸，以免俄國以此為藉口出兵希瓦。據說這位汗王接見亞伯特時，對英國的版圖和國力感到十分好奇，於是便問亞伯特：「你們的國王擁有幾個城鎮呢？」今日回看，該問題似乎隱含一件事：「對希瓦汗王而言，一個國家的規模、實力，是用『擁有幾個城鎮』來計算的——換句話說，城鎮以外的『化外之地』或荒漠，似乎都不是其關注的重點。」

這種只關注「城鎮數量」而不論「整體面積」的概念，除了透露出中亞地區多沙漠，綠洲城鎮點綴其間的地理特性外，很可能也反映了一個現象：「在前現代的『國家』裡，『國土』並不是均質的，只有效忠於汗王、會對汗王納稅的城鎮，才是真正所謂的『領土』」。

這和現代國家的「國土概念」非常不同，因為在現代國家裡，只要是國界以內的每一寸土地，就「主權」而言都是均質的，不會因為哪一寸土地在城鎮裡，就更「屬於某國的領土」，也不會因為在不毛的荒漠裡，「屬於某國領土」的程度就比較低。也因此，這段對話或許正反映出前現代對「國家」的想像，與「現代國家」概念之間的差異與流變。

照這個角度來看，其實中亞地區的「大競逐」，就不只是英俄之間的角力或俄羅斯對中亞的兼併，或許也可以看作「現代國家體系」對「前現代國家」的一次「收編」；而眾所皆知，這個交鋒、收編的結果，就是中亞被納入俄羅斯的勢力範圍，而蘇聯解體後，中亞人也依循西方人帶來的那套「現代民族國家」概念，成立了一個個「國土均質」的獨立國家。

最後值得一提的是，本書的中譯版出現得也正是時候：「就在二〇二一年八月，美軍正式從阿富汗撤出，而塔利班則趁勢進軍首都喀布爾，重新在阿富汗全境掌權，讓阿富汗一時之間，再次成為國際矚目的焦點。」

然而，這並非阿富汗第一次被不確定性的迷霧籠罩著。這本書的原文版出版時，美蘇冷戰剛落幕，而包括阿富汗在內的整個中亞地區，當時也同樣陷入前途不明的真空中。時至今日，除了俄羅斯外，中國、土耳其、伊朗以及美國也都嘗試將影響力伸入中亞。有些評論者甚至認為，冷戰結束後，中亞地區將再次成為「新的大競逐」的角力場。

二〇一七年我在塔吉克的帕米爾高原旅行時，便曾體驗過大國勢力在中亞的滲透與經營。當時我岔出帕米爾公路、去了瓦罕谷地一趟，卻在路邊搭上一位巴基斯坦家具商的便車；他當時接到一筆訂單，將家具運來高原上一所新成立的大學。我和他聊了許久、查了資料，才知道那所大學的資金，竟然來自美國一個帶有官方色彩的外援機構，以及一個屬於什葉派的跨國伊斯蘭組織。

不過看完本書後，讀者大概也會發現，瓦罕走廊在大競逐的歷史中，也是一個非常重要的地理名詞；它在地緣政治上的意義，在地圖上一目了然：「細細長長的瓦罕走廊，就像阿富汗向東伸出的一隻手指頭，直直通往中國邊境、和中國的新疆接壤。」

這只手指頭其實大有來頭。近代以前，瓦罕走廊其實是中國通往中亞的一條商貿動脈，直到十九世紀前，都由一個相對獨立的部族統治，範圍橫跨噴赤河兩岸。然而，到了十九世紀，英、俄在經歷一系列角力後逐漸取得共識，雙方都決定不兼併阿富汗，藉此將阿富汗作為緩衝——以北，是俄國勢力範圍；以南，則是英國勢力範圍。也因此，瓦罕走廊這條細長的河谷，便在英國和阿富汗確認以「杜蘭德線」為邊界後，被併入阿富汗的領土、延伸到中國邊境；而其中一個目的，便是為了將英、俄領土隔開，確保英、俄雙方不會直接接壤。

很有趣的是，英國人當年為了防止俄國越過開伯爾山口、入侵印度，因而在印度西北方布置了一條東北—西南走向的「防線」或「緩衝」，位在今日的巴基斯坦；然而，時至今日，巴基斯坦這條「防線」，卻搖身一變成了中國通往印度洋的一條「走廊」，讓中國能突破美國的圍堵。

更有意思的是，巴基斯坦這種「從屏障變走廊」的區位變化，和瓦罕走廊於十九世紀「從商貿走廊變成屏障」的變化正好顛倒過來；也再次證明了，歷史總是充滿弔詭的巧趣和揮之不去的即視感。

究竟美軍離開阿富汗、再次在中亞騰出一道縫隙後，這場新的大競逐會如何進行？隨著中國鋪展一帶一路，而土耳其也想在中亞建立「突厥國家聯盟」，這次的競賽者，恐怕會比兩百年前更多。不過可以確定的是，本書關於地緣政治的梳理、外交戰略的攻防，今日回看依然十分精采，不論是國際關係的研究者，或是熱愛歷史的一般讀者，絕對都能從中得到啟發與樂趣。

前言

自從我寫完這本書之後，大競逐涉及的國家又發生了一些重大的事件，大幅加深了這本書敘事的重要性。幾近完全沉寂這麼多年之後，中亞和高加索地區突然再次成了新聞版面的主角，一如十九世紀時那樣。製作地圖的人，也都在忙著跟上快速變動的圖面。隨著共產政體倒台，有超過六個全新的國家從莫斯科在亞洲的「邪惡帝國」廢墟之中冒了出來，這些國家分布的範圍，從西邊的高加索地區，一路延伸到東邊的中國邊界。幾場地方型的戰爭爆發了、俄羅斯的地名從地圖上被抹除了，而外國大使館則在各個全新的首都裡開張。

與此同時，一場新的角力也正在進行中，各個彼此敵對的外部勢力，都在競相填補莫斯科驟然離去之後所留下的政經真空狀態。政治分析家和擬定新聞標題的人，已經開始將這波為了鞏固長期優勢而進行的軍事行動稱為「新的大競逐」。因為儘管今日的賭注更高了，參賽者也幾乎都是新面孔，但他們認為今天的大競逐依然是過去那場角力的延續。正因為這樣，接下來所描述的故事才顯得更加重要：因為它是坊間第一本包含完整、生動細節的書，述說了前後幾位沙皇和無情的將軍，是如何鎮壓了中亞地區的穆斯林居民，並佔領了他們的土地。英國人擔心俄羅斯人如果不併吞印度不會善罷甘休，於是派出了年輕軍官向北穿越山口、進行監視。這場大競逐有時會波及到阿富汗、波斯、中國和西藏——如果我們放任情勢升高，這種現象今日也可能會再次上演。

今日的大競逐中最強大的參賽者，就是最後一個崛起的強權：美國。華盛頓將這個長期處於未定狀態的地區視為中東的延伸，認為那裡有著相同的風險和問題。他們擔心，如果某個個性急躁、握有核武的伊斯蘭神學家掌控了那裡，便會為整個世界帶來可怕的後果，因此正試著讓這個變動中的地區穩定下來。其他同樣積極想在中亞的未來之中參一腳的，還包括伊朗、土耳其、沙烏地阿拉伯、巴基斯坦以及利比亞。這些國家全都在忙著於該地區的各個新首都裡設立大使館和領事館，至於清真寺和經學院就更不用說了。長期覬覦當地原物料和市場的日本和韓國，也都積極地在中亞尋求立足之地。

此外，本書的大競逐裡最初的參賽者之一，也就是莫斯科，今日也依然存在著。蒙古征服者為他們帶來的創傷至今依然揮之不去，他們決定不能再讓任何一個亞洲鄰國，對他們造成同樣的威脅，尤其現在所有國家都能自由取得大規模毀滅性武器，也讓情勢變得愈來愈危險。莫斯科和其新盟友美國一樣，都非常想確保這種武力不會落入該地區不負責任的領導人手中。俄羅斯也非常關切居住在該地區的許多俄羅斯人的安危。

然而還有另一個憂心忡忡的參賽者——那便是鄰近該地區的中國。該國境內的中亞穆斯林居民，現在正欽羨地看著邊界另一邊的穆斯林弟兄，在哈薩克、塔吉克、吉爾吉斯、烏茲別克、土庫曼以及亞塞拜然享受著他們剛剛獲得的自由（至少現在是如此）。對於本來就已經有難以控制的藏人要面對的北京來說，蘇聯中亞共產政權的瓦解是個令人擔憂、也令他們備感威脅的發展，可能會危害到他們在該地區的存在。

在這本書寫作的當下，我無法猜測這些穆斯林的共和國會如何發展，也無法猜測今日大競逐中的各個參賽者最後誰會勝出，因為蘇聯的垮台已經把中亞丟回到了那個歷史的大熔爐裡。那裡幾乎什麼事都可能發生，只有勇敢或愚蠢的人才會去試著進行預測。但有件事似乎是確定的：不論好與壞，中亞再次回到了新聞版面之中，而這個狀態，看起來也將會持續好一段時間。

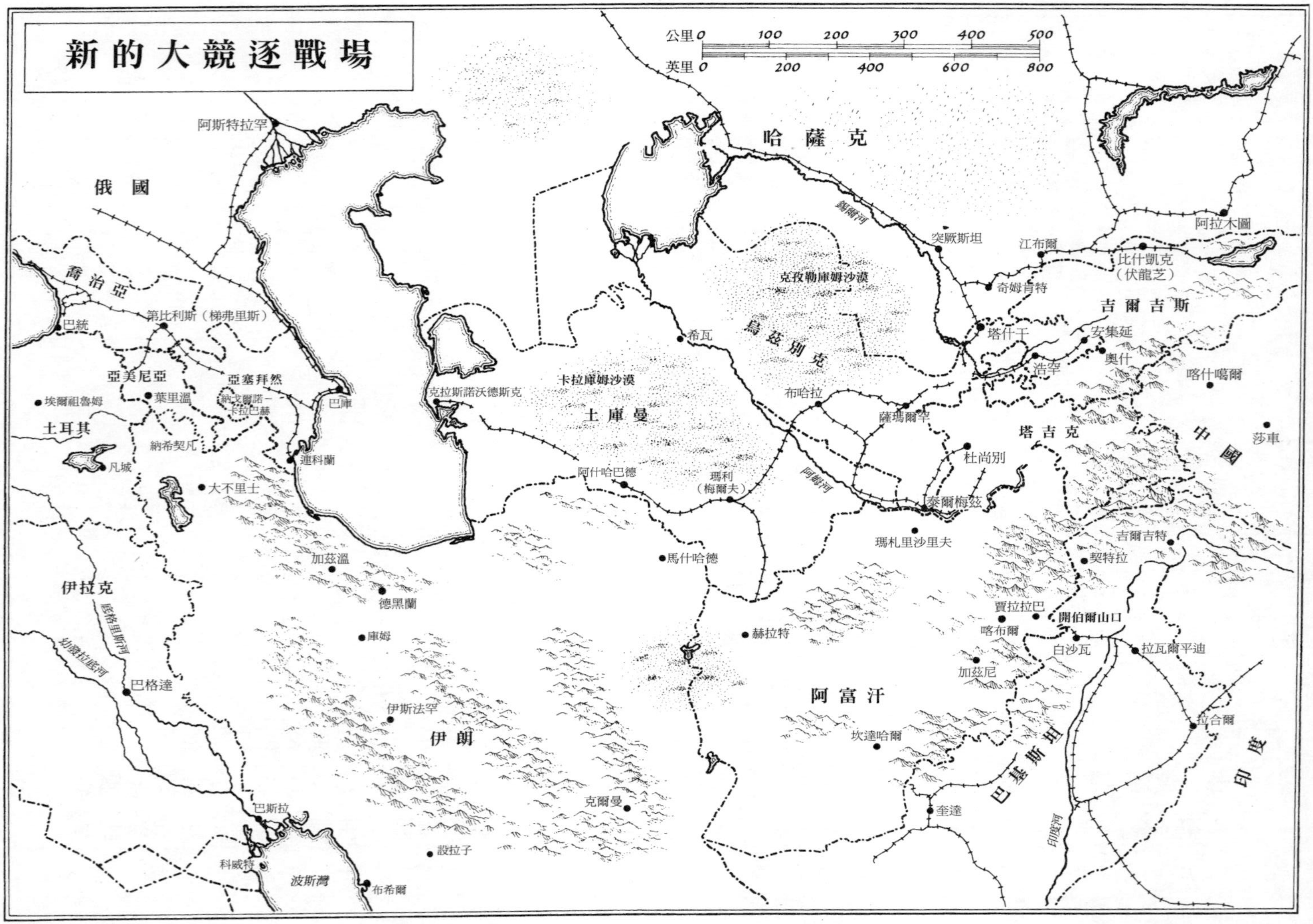
新的大競逐戰場
公里 0 100 200 300 400 500
英里 0 200 400 600 800
俄國
哈薩克
阿斯特拉罕
喬治亞
巴統
第比利斯（梯弗里斯）
亞美尼亞
亞塞拜然
葉里溫
納戈爾諾－卡拉巴赫
納希契凡
巴庫
埃爾祖魯姆
土耳其
凡城
連科蘭
大不里士
克拉斯諾沃德斯克
卡拉庫姆沙漠
土庫曼
希瓦
烏茲別克
克孜勒庫姆沙漠
錫爾河
突厥斯坦
江布爾
阿拉木圖
比什凱克
（伏龍芝）
奇姆肯特
吉爾吉斯
塔什干
安集延
浩罕
奧什
喀什噶爾
布哈拉
薩瑪爾罕
塔吉克
杜尚別
中國
莎車
阿什哈巴德
瑪利
（梅爾夫）
阿姆河
泰爾梅茲
瑪札里沙里夫
吉爾吉特
契特拉
加茲溫
德黑蘭
馬什哈德
伊拉克
底格里斯河
幼發拉底河
巴格達
庫姆
赫拉特
賈拉拉巴
開伯爾山口
喀布爾
白沙瓦
拉瓦爾平迪
加茲尼
阿富汗
伊斯法罕
伊朗
拉合爾
坎達哈爾
巴基斯坦
印度
奎達
印度河
克爾曼
巴斯拉
科威特
波斯灣
布希爾
設拉子

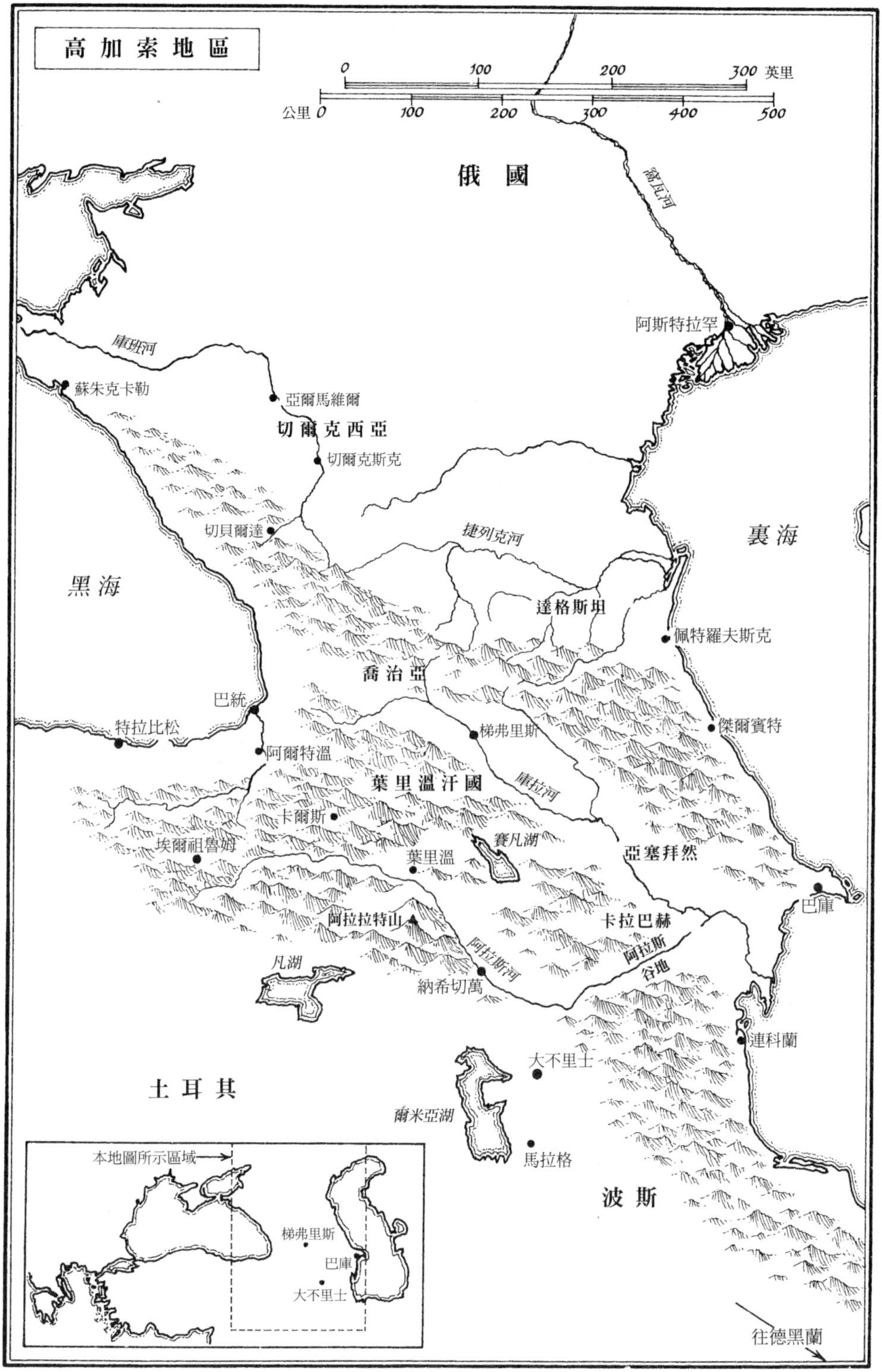
高加索地區
0
100
200
300 英里
公里 0
100
200
300
400
500
俄國
窩瓦河
阿斯特拉罕
庫班河
蘇朱克卡勒
亞爾馬維爾
切爾克西亞
切爾克斯克
切貝爾達
捷列克河
裏海
黑海
達格斯坦
佩特羅夫斯克
喬治亞
巴統
特拉比松
梯弗里斯
傑爾賓特
阿爾特溫
葉里溫汗國
庫拉河
卡爾斯
賽凡湖
埃爾祖魯姆
葉里溫
亞塞拜然
巴庫
阿拉拉特山
卡拉巴赫
阿拉斯
谷地
阿拉斯河
凡湖
納希切萬
連科蘭
大不里士
土耳其
爾米亞湖
馬拉格
本地圖所示區域
梯弗里斯
巴庫
大不里士
波斯
往德黑蘭

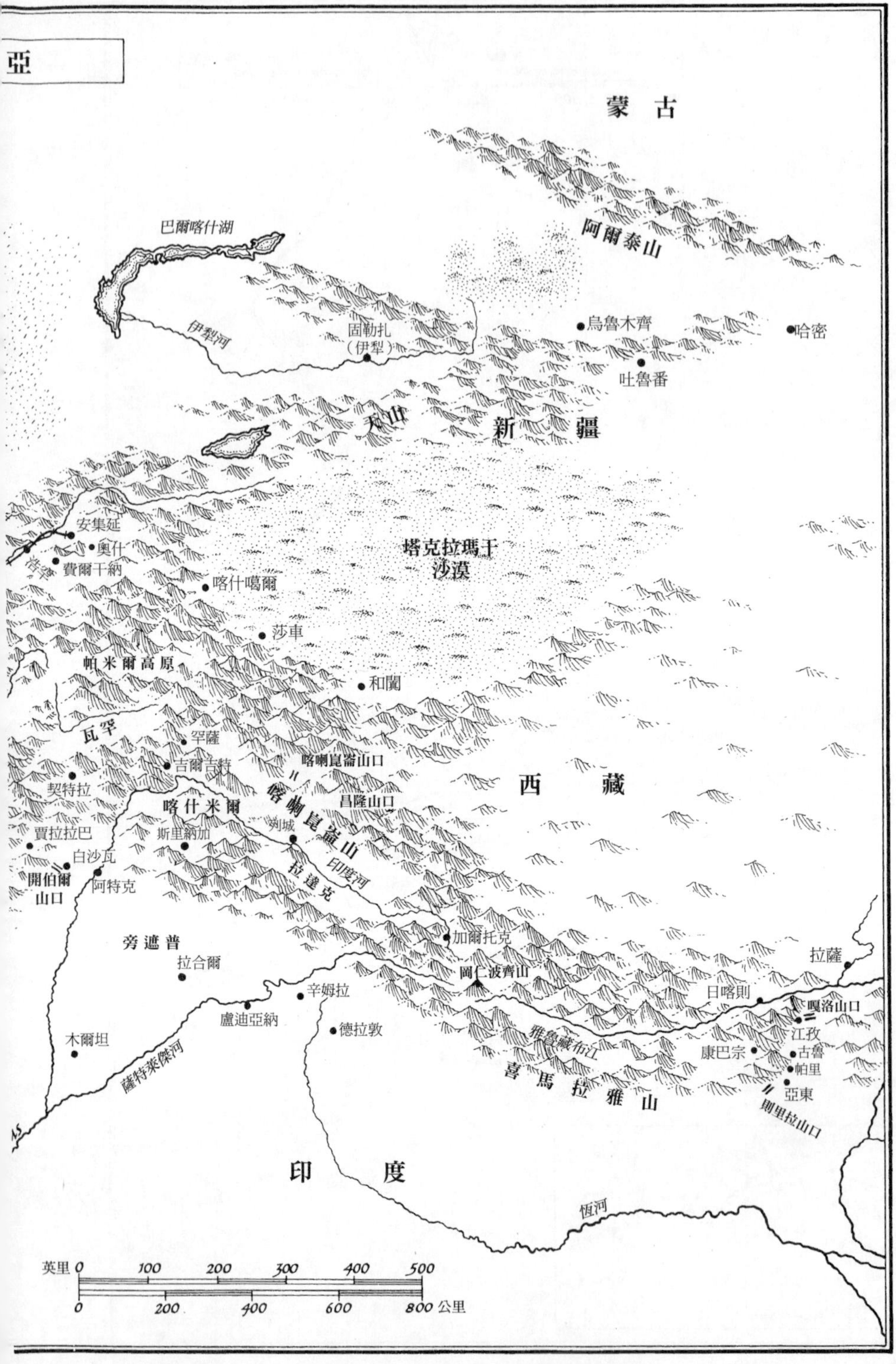
亞
蒙古
阿爾泰山
巴爾喀什湖
伊犁河
固勒扎
（伊犁）
烏魯木齊
哈密
吐魯番
天山
新疆
安集延
奧什
費爾干納
喀什噶爾
塔克拉瑪干
沙漠
莎車
帕米爾高原
和闐
瓦罕
罕薩
吉爾吉特
喀喇崑崙山口
契特拉
喀什米爾
昌隆山口
喀喇崑崙山
西藏
斯里納加
列城
賈拉拉巴
白沙瓦
開伯爾
山口
阿特克
拉達克
印度河
加爾托克
旁遮普
拉合爾
岡仁波齊山
拉薩
日喀則
嘎洛山口
江孜
辛姆拉
盧迪亞納
德拉敦
雅魯藏布江
康巴宗
古魯
帕里
亞東
則里拉山口
喜馬拉雅山
木爾坦
薩特萊傑河
印度
恆河
英里 0 100 200 300 400 500
0 200 400 600 800 公里

中
奧倫堡
烏拉爾河
伊爾吉茲沙漠
古里耶夫
哈薩克大草原
卡扎拉
錫爾河
鹹海
亞歷山
德羅夫斯克堡
阿克梅切特
突厥斯坦
奇姆肯特
裏海
克孜勒庫姆沙漠
塔什干
希瓦
佩特羅亞力山卓夫斯克
巴庫
克拉斯諾沃德斯克
烏尊阿達
阿姆河（奧克蘇斯河）
布哈拉
薩拉夫珊谷地
卡拉庫姆沙漠
薩瑪爾罕
卡希
大不里士
格克切佩
阿什哈巴德
莫罕瑪達巴德
特真德
梅爾夫
泰爾梅茲
赫瓦加
薩拉
巴爾赫
巴達赫尚
阿斯特拉巴德
薩拉赫斯
德黑蘭
馬什哈德
呼羅珊
喀布爾
波斯
赫拉特
加茲尼
伊斯法罕
克爾曼
沙漠
赫爾曼德
沙漠
阿富汗
坎達哈爾
哈爾克島
設拉子
克爾曼
奎達
努希奇
波倫山口
布什爾
克拉特
雷干
巴斯曼
庫魯干
穆格西
古爾
俾路支斯坦
普赫拉
班普爾
波斯灣
信德
馬克蘭
海德拉巴
卡拉奇
阿拉伯海

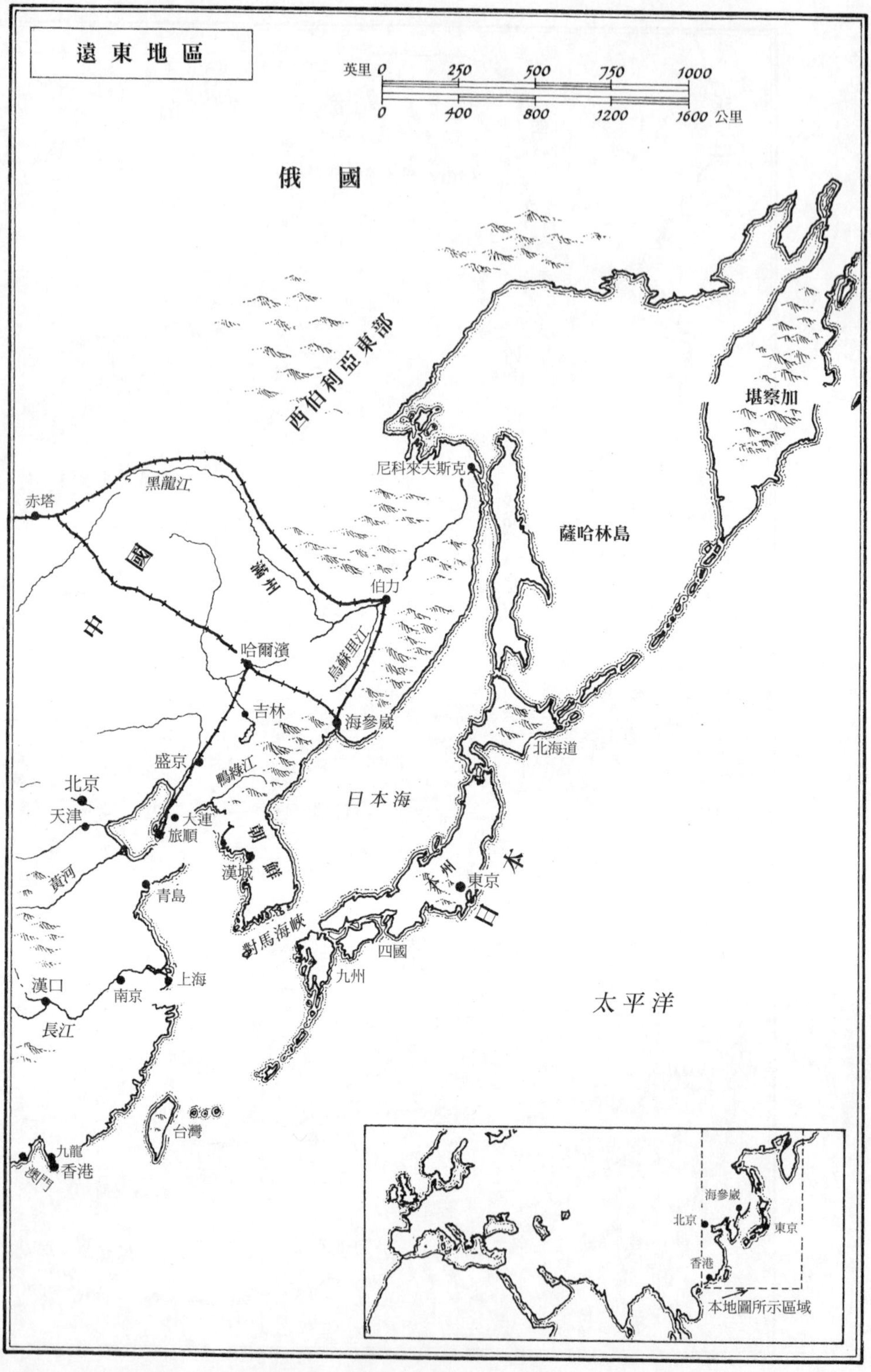
遠東地區
英里 0 250 500 750 1000
0 400 800 1200 1600 公里
俄 國
西伯利亞東部
堪察加
尼科來夫斯克
薩哈林島
赤塔
黑龍江
中 國
伯力
哈爾濱
烏蘇里江
吉林
海参崴
北海道
盛京
鴨綠江
北京
天津
大連
旅順
日本海
朝 鮮
漢城
黃河
青島
東京
日 本
對馬海峽
四國
九州
上海
漢口
南京
長江
太平洋
台灣
九龍
香港
澳門
海参崴
北京
東京
香港
本地圖所示區域

序章

一八四二年六月某天早晨，兩名衣衫襤褸的人影，跪在中亞城鎮布哈拉（Bokhara）皇宮前大廣場的沙塵中。他們雙臂緊緊地被綁在背後，一副黯然落魄的樣子。他們又髒又餓，身上布滿膿瘡，蝨子爬滿頭髮、鬍鬚和衣服。而就在不遠處，兩個墓坑才剛剛挖好。一小群布哈拉的居民，則在旁靜靜地看著。在這座充滿中世紀氛圍的偏僻驛站城鎮裡，行刑通常不會引起過多的關注，因為在埃米爾兇狠暴戾的統治下，處決早已是家常便飯。不過這次不同，在那裡頂著正午烈日、跪在劊子手腳邊的，是兩名英國軍官。

好幾個月以來，他們都被埃米爾囚禁在土夯堡壘下又暗又臭的地牢裡，僅與老鼠蝨子為伴。查爾斯．史多達特上校（Colonel Charles Stoddart）以及亞瑟．柯諾里上尉（Captain Arthur Conolly），正要在離家四千英里遠的地方一齊赴死。今日外國觀光客在此從俄製巴士上魚貫下車，卻對這裡曾發生過往事渾然不知。史多達特和柯諾里兩人，將會為涉入這場被冒險家稱為「大競逐」（the Great Game）的歷史付出代價。諷刺的是，創造「大競逐」此一說法的人，正是柯諾里。不過這個詞彙一直要到多年後，才會在吉卜林（Kipling）的小說《基姆》（*Kim*）中發揚光大。。

那天早晨，先行赴死的是史多達特，而柯諾里則在旁看著。由於俄國對中亞的進逼，讓東印度公司對俄國未來的意圖感到非常擔憂，因此他們派出了史多達特前往布哈拉，試圖和埃米爾結盟反俄，結果卻弄得灰頭土臉。柯諾里自告奮勇前來解救同袍，卻在抵達布哈拉後，也一起被囚禁於埃米爾陰森的地牢裡。史多達特人頭落地後不久，柯諾里隨即也被處決。他們的遺體和今日許多其他遭埃米爾殺害的人一樣，都被遺棄在某個被世人遺忘的恐怖墓穴中。

在將近一百年的歷史裡，數不盡的軍官和探險家都參加了這場大競逐，其中有英國人、也有俄國人，而史多達特和柯諾里只是其中的兩位。本書的敘事，就是由那些軍官和探險家的冒險經歷與不幸遭遇所構成。這副在檯面之下搬演爭霸角力的大棋盤，西起白雪皚皚的高加索山，東至中國突厥斯坦和西藏，橫跨了中亞廣袤的沙漠和山脈。在這場競賽之中，既讓倫敦和加爾各答（Calcutta，譯按：亦即英國在印度的殖民政府所在地，常作為英屬印度的代稱）無比擔憂，也讓英屬印度成為駐紮在亞洲的俄國軍官殷切期盼的終極獎品。

一切得從十九世紀初說起。當時的俄國軍隊開始向南征戰，穿過彼時由殘暴的穆斯林和基督徒居住的高加索地區，直逼波斯北部。一如俄國兩個世紀前向東橫越西伯利亞的大長征，俄國的這場南征，起初似乎沒有嚴重威脅到英國的利益。的確，凱薩琳大帝（Catherine the Great）並沒有真的想要攻打英屬印度，倒是他的兒子保羅在一八〇一年出兵了，只是隔沒多久，俄軍便因為保羅過世而被倉促召回。不過總而言之，當時其實不太有人把俄國看在眼裡，因為即便是距印度最近的俄軍據點離印度都還是太遠了，難以對東印度公司的領地造成真正的威脅。

一八〇七年傳抵倫敦的一些消息，為英國政府和東印度公司的董事們帶來了不小的警訊。拿破崙．波拿巴（Napoléon Bonaparte）受到自身在歐洲所向披靡的激勵，向保羅的繼任者亞歷山大一世（Tsar

Alexander I）提議一起從英國手中奪取印度的計畫；他還告訴亞歷山大一世，如果他們進行軍事合作，也許就能一起征服、瓜分整個世界。拿破崙對印度覬覦已久，這在倫敦和加爾各答早就不是什麼祕密，而他也渴望為當年法國與英國爭奪印度時的落敗一雪前恥。

在他偉大的計畫裡，預計派出五萬名法軍穿越波斯和阿富汗，在那裡和亞歷山大一世的哥薩克（Cossack）騎兵會師，再一舉橫越印度河（River Indus）向印度挺進。然而，中亞並非歐洲，沒有現成的補給、道路、橋樑，也沒有合宜的氣候，而拿破崙對法軍一路上要克服的艱苦障礙更是一無所悉。事實上，他對乾燥沙漠、高山屏障等地形阻礙的無知，和英國人不相上下。起初循海路抵達印度的英國人，往往更在意維持海路的通暢，因而直到那時，都仍不甚留意陸路通往印度的戰略路線。

英國人的自滿，在一夕間便消失殆盡。光是俄國也許還稱不上威脅，但拿破崙和亞歷山大一世合兵一處則不同——尤其如果是由軍事奇才拿破崙領軍的話，法俄聯軍就更不容小覷。於是東印度公司倉促地下達指令，徹底探勘和測繪法俄聯軍可能用以進攻印度的所有路線，以便東印度公司的軍事指揮官決定能在何處阻擋、殲滅拿破崙。同時，由於波斯和阿富汗都可能成為法俄聯軍入侵時的必經之地，東印度公司還派出了外交使團前往拜見波斯的沙阿（Shah）和阿富汗的埃米爾，希望能阻止他們和法軍或俄軍結盟。

然而，法俄聯軍的威脅後來並未實現，因為不久後，拿破崙和亞歷山大一世就先鬧起內鬨；當法軍席捲俄國、殺進水深火熱的莫斯科時，入侵印度的計畫便被暫時擱在了一旁。當拿破崙才剛在慘敗下被迫退回歐洲時，新的威脅隨即又出現在英屬印度眼前——這回對手輪到滿懷自信和野心的俄國，而且這次他們將不會半途而廢。剛經過戰爭洗禮的俄軍，再次啟程向南挺進，穿越高加索地區，印度的安危於是亮起紅燈。

雖然在高加索地區遭遇到漫長和艱苦的抵抗（有些英國人也前去參與了抵抗），但俄國人在橫掃高加索地區的部族後，便將他們貪婪的目光轉向了東方，開始虎視印度以北的希瓦（Khiva）、布哈拉、浩罕（Khokand）等古老的穆斯林汗國，這讓倫敦和加爾各答愈來愈感到不安。而英國與俄國野心勃勃的年輕軍官與探險家們，則正如火如荼地對軍隊在戰時必經的隘口和沙漠進行測繪。這片政治上的無主之地，即將成為他們的冒險樂園。

到了十九世紀中葉，古絲路上的驛站城市和汗國一個接一個落入俄國手中，此時中亞成了新聞頭條上的常客，幾乎每週都有新聞報導那些騎術精湛、擔任先鋒的哥薩克騎兵，正不斷逼近防禦薄弱的印度邊境。一八六五年，堅城塔什干（Tashkent）被俄軍攻陷；三年後，薩瑪爾罕（Samarkand）和布哈拉亦相繼陷落；又過了五年，俄國人在兩輪進攻下奪得希瓦。在俄國現代化的槍砲面前，那些有勇無謀的抵抗者們經歷了駭人的大屠殺，一位俄國將軍解釋道：「在亞洲……你打得越用力，他們就會安靜越久。」

儘管聖彼得堡不斷保證對英屬印度並無敵意，也保證每次出兵都是最後一次，但對許多人來說，這似乎全是某個偉大計畫的一部分，目的是將整個中亞納入俄國沙皇手中。他們擔心，這個計畫一旦完成，矛頭恐怕便將會開始對準印度，而在所有帝國的餽禮之中，印度就是最美好的一個。因為大家都知道，沙皇最驍勇的將軍們早已擘畫了侵略計畫，而俄軍也都迫不及待地隨時準備出征。

隨著兩條戰線間的距離逐漸收窄，大競逐也越演越烈。儘管充滿敵意的部族和君主讓危險四伏，但驍勇的年輕軍官卻不在少數。他們在前線冒著生命危險，渴望填補地圖上的空白之處、回報俄軍動靜，並嘗攏絡可能倒向敵人的汗王。一如我們將會看到的，史多達特和柯諾里絕非唯二無法從變化莫測的北方安全歸來的人。在這場難以捉摸的角力中，參與其中的大多是專業的英屬印度軍官或政治特務，他們被加爾各達的長官派來蒐集各種情資。此外，還有一群業餘的人同樣能幹，這些人通常是財源獨立的旅行家，自願加入這場被沙皇某位大臣稱作「影子競賽」（tournament of shadows）的賽局。他們有些人會進行偽裝，有些則毫不避諱自己的官方身分。

有些地區對歐洲人來說，因為環境險惡或政治敏感而不宜冒險進入。但如果欲守住印度，便仍需對這些區域進行探勘和測繪。於是，歐洲人很快就發現一個巧妙的解決之道：他們將才智優異、資源充足的印度山區居民，偽裝成穆斯林聖人或前去朝聖的佛教徒，讓他們在接受測繪技術的祕密特訓之後越過邊境。這些山民經常得冒著極大的生命危險，才能精準地測繪出幾千平方英里的未勘之地。至於俄國人，則是派出信奉佛教的蒙古人，讓他們深入這些對於歐洲人而言太過危險的地區。

不論今日歷史學家對俄國當時對印度造成的威脅提出了何種說法，似乎都不足為奇，因為任何人只要瞧一眼地圖便能輕易找到相關的證據進行支撐。四百年來，俄國不斷以每天約五十五平方英里，亦即一年約兩萬平方英里的速度擴張。十九世紀初，大英帝國在亞洲的領土，尚距離俄國超過兩千英里；至十九世紀末，兩者距離僅剩幾百英里，而在帕米爾部分地區甚至不到二十英里。難怪許多人擔心，俄國若不奪得印度絕不善罷甘休。

除了專職投入大競逐的人之外，還有一群業餘謀略家在家鄉旁觀局勢變化，並在洪流般的各種書籍、文章、慷慨激昂的小冊子和報紙投書中恣意發表建言。這些評論家大多憎恨俄國，觀點也十足鷹派。他們主張，唯有透過「前進」政策（'forward' policies）才能阻止俄國進逼。「前進」政策的意涵是：

藉由侵略他國、或者創造傀儡式附庸國的方式，率先搶占敵人可能入侵的路線。在這些「前進」派之中，還包含許多英屬印度軍和政治局的年輕軍官，他們正摩拳擦掌準備在世界屋脊的沙漠和山口上投入這場精采賽事。這場競賽為他們提供了冒險、升遷，以及在帝國歷史中青史留名的機會。如果不參與這場大競逐，他們就只能在悶熱的印度平原上過著乏味的軍旅生活。

但並非所有人都相信，俄國真的有意嘗試、或有足夠軍力入侵英屬印度。反對「前進」政策的人認為，印度被高聳的山系、湍急的河流、缺水的沙漠，以及好戰的部落圍繞著，其獨特的地緣背景就已經是最好的防護。他們堅稱，就算俄軍真能克服這些障礙進入印度，也早就已經孱弱到無法與守株待兔的英軍相抗衡。因此，與其由英軍自己拉出長長的補給線，還不如把這苦差事留給敵軍還更為明智。這種被稱作「退守」（backward）派或「精明無為」（masterly inactivity）的政策還有另一個好處：比「前進」政策來得便宜許多。然而，在接下來的時間裡，前進派和退守派都有各自占上風的時候。

我會盡可能地，以英俄雙方曾參與帝國角力的人物為中心，而非透過歷史驅力或地緣政治進行敘事。本書並不企圖成為一部該時期英俄關係的歷史著作，這個主題已經有安德森（Anderson）、葛里森（Gleason）、英格蘭姆（Ingram）、馬力奧特（Marriott）以及雅普（Yapp）等歷史學家，進行過透澈的處理，他們的著作也都是我的參考書目。這本書也沒有太多空間能深入探討倫敦和加爾各答之間複雜而持續變動的關係，那本身就足以構成一個主題，而且已被許多關於英屬印度的歷史著作細緻探討過；最晚近的其中一本，即為本德雷爾．文爵士（Sir Penderel Moon）關於英屬印度長達一千二百三十五頁的重要研究《英國對印度的征服與統治》（*The British Conquest and Domination of India*，譯按：應為 *The British Conquest and Dominion of India* 的誤植）。

既然主要和人物有關，這個故事的角色當然非常多，總數不下一百個，並橫跨三代人。本書起於一八一〇年，由璞鼎查爵士（Henry Pottinger）和查理士．克里斯地（Charles Christie）開場，並結束於近一個世紀之後的法蘭西斯．楊哈斯本（Francis Younghusband，譯按：中文有時譯作法蘭西斯．榮赫鵬）。在任何方面都與英國人不遑多讓的俄國人，當然也沒有缺席，我們將從勇敢的穆拉維耶夫（Muraeviev）和難以捉摸的維特克維奇（Vitkevich）講起，最後結束於可敬的格隆姆切夫斯基（Gromchevsky）和狡詐的巴德瑪耶夫（Badmayev）。儘管現代的蘇聯學者對這些事件採取不同的觀點，但他們也對俄國人在其中的事蹟開始感到興趣（而沒有一丁點驕傲）。由於他們自己對於這場國際角力沒有適合的稱呼，有些學者甚至乾脆將其稱作「Bolshaya Igra」（**большая игра**，譯按：即俄文對英文「the Great Game」的直譯）。描述英國人和俄國人的行為時，我會盡可能地嘗試保持中立，讓人物的行為替自己發聲，並將價值判斷的工作留給讀者。

就算這個故事沒能給我們太多啟示，至少也能顯示一件事：在過去的一百年裡，這個世界其實並沒有改變太多。瘋狂的群眾依然會衝撞大使館，外交人員依然會遭到殺害，而軍艦也仍被派往波斯灣。這些事件，對生活在維多利亞女王時代的人來說也並不陌生。今日的頭條新聞，確實經常和一個世紀、甚至更久以前的沒什麼分別，但人們卻沒有從慘痛的歷史學到教訓。如果俄國在一九七九年十二月時，還記得英國於一八四二年曾在阿富汗面臨過相似的處境、以及當時他們慘痛的經驗的話，那麼俄國也許就不會落入相同的陷阱，而犧牲一萬五千名士兵的性命——更不用說無辜受害的無數阿富汗人。莫斯科太晚才發現，阿富汗人其實是難纏的敵人，他們不只依然保持高昂的戰鬥力（尤其是在他們挑選的地形之上），還快速地學會了最新的戰略部屬。過去他們曾使用槍管修長、殺傷力極強的傑撒伊步槍（jezail），屠殺了不少英國士兵，今日則有史丁格（Stinger）機槍，用以對付俄國的武裝直升機。

有些人說大競逐從未真正落幕，而且只是當代冷戰的前奏曲，兩者都被同樣的恐懼、猜忌和誤解所驅動。的確，像柯諾里和史多達特、像璞鼎查爵士和榮赫鵬爵士那樣的人，也許輕易就能辨識出，二十世紀的角力在本質上和他們當年經歷的，其實沒有什麼不同，儘管今日的賭注和風險絕對更高了。

雖然本書的故事發生在中亞，但在啟程前往中亞、跨越雪封的山口和變化莫測的沙漠之前，我們必須先回溯七百多年前的俄國歷史。就在那時，一場鉅變將在俄國人的性格上留下難以抹除的印記，不只賦予俄國人對於被敵人包圍的恆久恐懼（不論包圍他們的是遊牧民族或核彈設施），也將驅使他們不斷向東、向南進逼亞洲，最後與英屬印度發生衝突。

THE BEGINNINGS

開端

「剝開一個俄羅斯人，你就會發現裡頭藏著一個韃靼人。」
——俄國諺語

The Great Game

The Struggle *for* Empire *in* Central Asia

第一章
黃禍

據說你在聽見他們達達的馬蹄聲之前，就會先聞到他們的味道了。然而，等到這時往往也為時已晚。幾秒鐘內，第一波箭雨就會傾盆而至，將太陽徹底遮住，把白天變成黑夜。然後他們便會開始向你襲來，燒殺擄掠、姦淫婦女。他們像熔岩一樣，摧毀路上遇到的一切。在他們身後留下的是一條滿目瘡痍的景象，沿途滿是慘遭摧殘的城鎮，以及慘白的骨骸，一路綿延至他們在中亞的故鄉。十三世紀一位學者曾經如此形容這些蒙古遊牧民族：「他們是反基督的士兵，前來收割最後一波作物。」

他們熟諳弓馬之道，加上敵人前所未見的高明戰術，往往讓對手毫無招架之力。長久以來在部落戰爭中使用的古老戰術，使他們能夠在自身損失微乎其微的情況下擊潰人數眾多的軍隊。他們往往佯裝敗北，而後引誘經驗豐富的軍官自投羅網。為了快速攻破原本堅不可摧的軍事要塞，他們會使用極其殘忍的方式：在開戰之前，把俘虜聚在一起（有男有女，也有小孩），然後用他們的身體，在壕溝上搭成一座人肉橋樑。倖存的俘虜，一部分會被趕上蒙古人的攻城梯，爬上堡壘的城牆；一部分則被迫在猛烈的砲火之中立起攻城器。守軍通常會在那些俘虜之中看見自己的親朋好友，而拒絕對敵軍開火。

蒙古人在橫越亞洲、摧殘一個又一個王國，向瑟瑟發抖的歐洲進軍之前，他們令人髮指的殘忍行徑，早已先傳到歐洲人的耳裡。據說吃人肉是他們眾多惡習之一，而被俘虜處女的乳房，只有蒙古高階指揮官有權享用。在蒙古大軍面前，唯有即刻投降，才能有一絲倖存的機會。戰役結束後，被擊敗的敵軍首領，會被放在木板下慢慢壓死，而贏得勝仗的蒙古人則會在木板上吃喝慶祝。如果不需要俘虜的話，被攻陷的城鎮裡的居民通常會被全部處決，以防他們未來造反。有時他們則會全部被賣為奴。

一二〇六年一位名為鐵木真的軍事奇才向世界刮起了這股可怕的蒙古旋風。鐵木真原本只是一個小部落的無名首領，但他的名聲注定在不久後甚至會讓亞歷山大大帝黯然失色。鐵木真後來被人們稱為成吉思汗，而他的夢想則是征服世界——他相信這就是他被上天選中要完成的任務。在接下來的三十年裡，他和他的繼承者們幾乎實現了此一目標。在全盛時期裡，他們的帝國從太平洋沿岸一路延伸到波蘭邊境，包括整個中國、波斯、阿富汗、今天的中亞，以及印度北部和高加索地區的部分地區。但更重要且關鍵的是，他們的版圖還包括俄國和西伯利亞的大部分地區。當時的俄國由十幾個彼此經常征戰的公國組成。從一二一九年至一二四〇年間，這些公國由於未能團結一致抵抗蒙古人而相繼被併吞。在今後很長一段時間裡，他們都會為此感到遺憾。蒙古人每次征服一個地區之後，都會透過冊封親王的方式進行統治。只要能收到足夠的納貢，他們其實很少干涉親王在地方的統治。但如果納貢達未達要求，他們也不會手下留情。如此一來，不可避免親王暴政，以及地方長期的貧困和落後，這些問題至今仍深深影響著俄國。

在長達兩個多世紀的時間裡，俄國人在蒙古人的統治下停滯不前，並飽受折磨俄國——由於蒙古帝國西部的本陣是一座擁有金色柱子的大帳篷，因此他們稱自己的國家為金帳汗國。除了在物質上令人毛骨悚然的破壞之外，蒙古人掠奪性的統治方式，也使俄國的經濟陷入一片荒蕪，不只商業和工業陷入停擺，也讓俄國人淪為一群農奴。俄國人將其受蒙古人統治的歷史俄國稱為韃靼支配時期（years of Tatar domination）。在這段時期裡，俄國在政治上深受亞洲王權傳統的影響，文化上則在原本已經存在的，屬於西方的拜占庭文化傳統中，融入許多東方的習俗。俄國此外，由於與西歐國家隔絕，人們的觀念和文化變得越來越東方化。於是有人說，「剝開一個俄國人，你就會發現裡頭藏著一個韃靼人。」

與此同時，俄國在歐洲的鄰國，例如日耳曼的各個公國、立陶宛、波蘭以及瑞典等國，開始利用俄國人在政治、經濟與軍事等方面的孱弱，恣意地奪取他們的領土。由於蒙古人統治重心在亞洲，因此只要能持續收到進貢，他們其實並不在意那些歐洲鄰國對俄國的侵略。他們還有薩瑪爾罕、布哈拉、赫拉特（Herat）和巴格達（Baghdad），這些城市的財富和輝煌程度，大大超過俄國人主要由木造房屋組成的城鎮。俄國因此，被夾在歐洲人與蒙古人之間的俄國人，對入侵和包圍產生了一種偏執的恐懼，這種恐懼從那時起一直困擾著他們的對外關係。

很少有哪個民族的經驗，能像俄國人一樣，在自身的民族精神上留下如此深刻、持久的疤痕。這些經驗在很大程度上解釋了為什麼他們在歷史上會這麼排外（尤其是針對東方人）、為何對外政策通常都具有侵略性，以及為何他們在自己的國家裡能夠接受專制統治。拿破崙和希特勒後來對俄國的侵略，儘管並沒有成功，卻進一步強化了俄國人的這種恐懼。俄國人這種刻印在骨子裡的歷史創傷俄國，一直到今日才終於有逐漸擺脫的跡象。儘管成吉思汗驍勇的草原騎兵已被擊敗超過四百年，並已逐漸淡出俄國的歷史舞台，但他們依然是造成上述那些現象的根本原因。

伊凡三世（Ivan III）是讓俄國人擺脫蒙古人統治的首要功臣，俄國當時是莫斯科大公的他，又被稱作伊凡大帝。蒙古人征服莫斯科的時候，那裡還只是一個無足輕重的小城，並臣屬於周遭其他強大的公國。然而，就納貢給蒙古統治者這件事而言，卻沒有哪個大公比莫斯科大公還要更加殷勤。因此，蒙古人不疑有他，逐漸對他們賦予更多權力和自由。多年下來，莫斯科公國養精蓄銳，實力愈發強盛，最終支配了所有比鄰的其他公國，成為莫斯科大公國。由於蒙古人正忙著處理內政，起初並沒有察覺莫斯科公國已成為一個威脅，等他們發現時早已為時已晚。

一四八〇年，雙方的矛盾日漸白熱化。據說伊凡大帝在盛怒下將金帳汗國首領阿黑麻汗（Ahmed Khan）的畫像踩在腳下，並將他派來的使者處死。但其中一位使者後來成功逃脫，並將這個意想不到的違抗行為告知阿黑麻汗。阿黑麻汗決定要給莫斯科大公國一點顏色瞧瞧，於是揮軍直逼莫斯科大公國。但令他驚訝的是，在距離莫斯科兩百四十公里左右的烏格拉河（Ugra River）畔，有一支規模龐大、裝備精良的軍隊枕戈待旦的迎接他。幾個星期以來，兩支軍隊僅在河的兩岸虎視對方，雙方似乎都不願意率先渡河。但冬季即將來臨，氣溫也開始變得愈來愈冷，一場激戰看來勢不可免。

就在此時，發生一件耐人尋味的是。在沒有任何預兆下，彷彿同時感到恐懼一般，雙方軍隊突然開始潰散。儘管陣前膽怯著實令人不恥，但俄國人知道，他們幾個世紀以來的苦難即將畫下句點。昔日令人聞風喪膽的蒙古鐵騎不再所向披靡，已失去打仗的勇氣。蒙古帝國西方的版圖逐漸崩解，最終只留下三個彼此相距遙遠的汗國，分別位於喀山、阿斯特拉罕（Astrakhan）和克里米亞（Crimea），成為昔日強大的成吉思汗及其繼承者們的遺跡。雖然整體而言，俄國人已經突破蒙古人的掌控，但這三個殘餘的汗國依然是個威脅，如果想高枕無憂的話，就必須摧毀這些汗國。

伊凡三世的繼任者，亦即恐怖伊凡（Ivan the Terrible）統治期間，莫斯科奪下了喀山和阿斯特拉罕兩個汗國，並將它們併入莫斯科快速擴張的帝國之中。渴望復仇的恐怖伊凡的軍隊於一五五三年向上伏爾加（Upper Volga）地區的喀山堡壘進軍，並在破城後進行屠城，正如蒙古人當年夷平俄國人的城市一般。俄國兩年之後，位於伏爾加河流入裏海（Caspian）處的阿斯特拉罕汗國，也遭遇到了相同的命運。只有克里米亞這個韃靼人最後的堡壘依然挺立，而那其實只是因為鄂圖曼帝國將之視為抵禦俄國人的珍貴屏障，因而對其提供保護的緣故。因此，除了克里米亞的韃靼人偶爾發動的突襲外，蒙古人的威脅可說已永遠被消除了。至此，再也沒有什麼勢力能夠阻止俄國向東深入亞洲進行大規模殖民活動。

俄國向東擴張之初，是讓莫斯科的探險家、軍人和貿易商旅行橫越六千公里的西伯利亞地區。那裡有湍急的河流、冰凍的荒野，以及難以穿越的森林。就許多方面而言，他們的行動和早期美國的西部拓荒者非常類似，整個過程花了一百多年的時間，直到俄國人抵達太平洋沿岸，在那裡建立永久定居點後才告一段落。雖然他們征服西伯利亞的過程，是人類史上最偉大的史詩之一，但這個過程並不在本書討論範疇裡。西伯利亞地區對於其他強權來說都太遙遠了（除了印度的英國政府之外），所以很難會因而覺得受到威脅。然而，針對西伯利亞的殖民行動，只是俄國擴張的第一階段而已。俄國將會持續擴張，直到成為世界上最大的國家為止，而他們對印度的威脅，也將會不斷增加（至少英國人是這樣認為的）。

第一個將目光投向印度的沙皇，是彼得大帝（Peter the Great）。他痛苦地意識到自己的國家有多落後，以及多麼容易遭受外來的侵略（從蒙古西征進軍路線即可瞭解）。因此，俄國不只要在經濟和社會上向歐洲國家看齊，軍事力量也要能和其他強權並駕齊驅。然而，要做到這點需要一筆資金，但俄國已經因為同時和瑞典以及土耳其開戰而耗盡國庫。但巧合的是，大約就在此時，中亞開始傳來在奧克蘇斯河（Oxus River）沿岸發現豐富金礦的消息，但那裡是個對他們危機四伏的偏遠地區，很少有俄國人或其他歐洲人涉足過。彼得大帝也從俄國旅行者的記述中意識到，在中亞的沙漠和高山的後面，就是印度這個傳說中的富饒之地。他知道印度的那些豐富資源，早已被他們的歐洲對手（尤其是英國人）經由海路大量運走了。於是他聰明的腦袋，想到了一個既可獲得中亞的金礦，同時又可瓜分到印度資源的計畫。

幾年前，希瓦這個橫跨奧克蘇斯河兩岸的沙漠王國，其穆斯林汗王曾經前來請求彼得大帝出兵協助鎮壓國內幾個難以控制的部族，並願意在事成後成為俄國的附庸。俄國由於彼得當時將重心放在俄國國內的建設與對歐洲的事務上，且對中亞不感興趣，因此他完全忘了那位汗王所提出的請求。此時彼得突然想到，如果能取得希瓦的話，無疑可以提供一個俄國通往印度的中繼站。如此一來，他的地質學家可以從希瓦出發探勘金礦，而該處也可以成為俄國商貿隊的中轉點俄國——他希望趕緊看到那些商貿隊可以從印度滿載各種異國奢侈品回來，供應給俄國和歐洲市場。如果能利用這條陸上的直達路線，那麼他就能破壞英國掌控的海上貿易，因為從印度到英國如果走海路的話，最長可能需要一年的時間。此外，一位友好的汗王甚至可以為商隊提供武裝保護，從而為他節省雇傭俄國軍隊的龐大開支。

彼得決定派遣一支全副武裝的遠征隊前往希瓦接受汗王先前的提議。作為回報，汗王可以獲得俄國永久的保護，而他的家族也可以獲得世襲王權的權利。如果他們去了之後，發現汗王已經改變心意，或是因為目光短淺而拒絕他們派出的遠征隊的話，那麼隨行的大砲也能在頃刻間將希瓦的中世紀土造建築化為灰燼。一旦取得了希瓦（最好是在不費一兵一卒的情況下），就能開始探勘奧克蘇斯河沿岸的金礦，也能開創一條前往印度的商貿路線。被選中帶領遠征隊的是亞歷山大．別科維奇（Alexander Bekovich），一位來自高加索地區，原本是穆斯林的王子，後來皈依基督教，當時是菁英近衛隊（Life Guards regiment）的正規軍軍官。由於別科維奇的出身，使其成為與東方人打交道的理想人選。遠征隊由四千人組成，其中包括步兵、騎兵、砲兵，以及一些俄國商人，並有五百頭馬匹和駱駝隨行。

除了荒野上滿懷敵意的土庫曼（Turcoman）部族外，別科維奇面臨的主要障礙是裏海東岸和希瓦之間一片寬達八百公里的危險沙漠。不只遠征隊，未來滿載貨物的俄國商隊從印度返回時，也必須跨越這片沙漠。幸好，遠征隊在這裡遇上一位友善的土庫曼部族首領。他告訴彼得，早在多年前，奧克蘇斯河原本是注入裏海，而非流入鹹海（Aral Sea），但後來當地的部族以築壩的方式改變了河道的方向。彼得心想，若真是如此的話，那麼讓工程師摧毀那些水壩，將河道恢復為原本的樣子應該不會太難才是。如此一來，來往於印度和俄國之間的貨物就可以用船運的方式完成大部分的路程，從而避免穿越危險的沙漠。由於遠征隊在距離裏海岸不遠處的沙漠裡，似乎也發現了奧克蘇斯河的舊河床，因此這個想法也開始變得愈來愈可行。

別科維奇和他的團隊，在慶祝完俄國復活節之後，於一七一七年四月從裏海北端的阿斯特拉罕啟程。他們搭乘一支由近一百艘小船組成的船隊，橫越了這座廣大的內陸湖，隨行帶著足夠使用一年的物資。但他們耗費的時間比原本預期的還要長，直到六月中才終於進入沙漠，向東往希瓦進發。此時遠征隊開始飽受極端高溫和口渴的折磨，許多隊員死於中暑和其他疾病。雪上加霜的是，他們還不得不抵禦那些決心阻止他們前進的沙漠部落的攻擊。但他們別無選擇，他們不能就此掉頭，否則沙皇可能會勃然大怒，於是他們只能繼續艱難地向遙遠的希瓦前進。最後，他們花了兩個多月的時間才成功穿越沙漠，至八月中旬，遠征隊離希瓦僅剩數天路程。

由於別科維奇並不確定他們會不會受到希瓦的歡迎，因此他派出了一位信使，帶著大量的禮物先前往覲見汗王表達善意。當汗王親自出城迎接沙皇的使者時，遠征隊的任務似乎很有機會成功。等他們對彼此噓寒問暖，一起聆聽了特使團樂隊的演奏之後，別科維奇便和汗王騎著馬前往希瓦，而別科維奇精疲力盡的軍隊則是隔著一段距離跟在後頭。當他們接近城門時，汗王向別科維奇解釋，希瓦無法容納與接待這麼多人。他建議將遠征隊俄國分成幾組，以便在城外的村莊妥善安置和招待他們。

由於別科維奇擔心會觸怒汗王，因此他同意了汗王的提議，並要求弗蘭肯堡（Frankenburg）少校將遠征隊拆成五組，然後將他們送往汗王分配給他們的住處。弗蘭肯堡由於擔心分兵可能對他們造成不利，因而拒絕了這個要求；但別科維奇反駁了弗蘭肯堡的意見，堅持進行分兵。同時，別科維奇警告他，如果不聽從命令，等他們返回莫斯科後將會對他以軍法論處。於是遠征隊被汗王拆成了幾組後被分別帶走，而這正是希瓦人一直等待的良機。

於是不疑有他的俄國人，在被拆散之後都遭到了襲擊。最先遇害的是別科維奇本人。希瓦人將他抓了起來、脫去他的軍服，並在汗王的旁觀之下殘忍地將他處決。最後他的頭顱被砍下、塞進稻草，並和弗蘭肯堡以及其他高階軍官的頭顱一起被遊街示眾。與此同時，與軍官分離的遠征隊俄國則是遭到了系統性的屠殺。大約有四十名的俄國人倖免於難，但後來汗王依然下令要他們在廣場上列隊，並打算在全體人民面前處決他們。就在此時，有個人跳出來拯救了他們。這個人，便是希瓦的阿訇（Akhund，譯按：源自波斯語，原意為老師、學者，在一些伊斯蘭地區則引申為「教長」或「德高望重的宗教學者」之意），也就是當地的宗教領袖。他提醒汗王，他的勝利是通過背叛贏得的，並警告他，在真主眼中，屠殺囚犯只會加重他的罪行。

這位阿訇的行為非常勇敢，但也讓汗王留下了深刻的印象，倖存的俄國人最後獲得了釋放。有些人後來被賣為奴，而其餘的人則被允許離開。於是他們再次橫越沙漠，往裏海的方向踏上艱難的歸途。由於他們在出發前往希瓦之前，曾在路上興建了兩個小型的木造要塞，因此最後那些捱得過旅途的人，便將他們可怕的遭遇，告訴給駐守在要塞裡的同袍。最後這個消息，便從那裡傳回到剛完工的新首都聖彼得堡（彼得大帝正位於聖彼得堡）。與此同時，希瓦的汗王為了炫耀自己戰勝俄國人，於是將別科維奇的頭顱（這位將自己的靈魂出賣給身為異教徒的沙皇的穆斯林王子）送去給附近同在中亞地區的布哈拉埃米爾，而剩下的軀體則依然放在希瓦公開示眾。但這個可怕的戰利品被匆匆退回，布哈拉的埃米爾還說，他可不想和背信棄義的人站在同一陣線。更有可能的是，他害怕俄國人的復仇大軍向他開進。

希瓦的汗王並不知道自己其實非常幸運，因為彼得大帝並未對其進行報復。他並不了解這個位在北方的鄰國，其領土與軍事力量究竟有多龐大。由於希瓦實在太過遙遠，而彼得也正在為了擴展其他疆域而忙得不可開交（尤其是高加索地區），所以並未出兵為別科維奇為首的遠征隊復仇。事實上，俄國人一直要到好幾年之後，才會再次嘗試侵略希瓦。雖然汗王背信棄義的行為沒有受到懲罰，但至少也沒有被忘記，並讓俄國人再次確認了東方人有多麼不可信賴。他們還確定了另一件事：在征服中亞和高加索地區穆斯林部族的過程中（若以當代的脈絡而言，則是征服阿富汗的聖戰士，不過這個就沒那麼成功），他們不會也不需手下留情。

後來彼得再也沒有追尋打開通往印度的黃金之路的夢想，在他原本的想像裡，這條路可以為他帶來難以想像的財富。他試圖開創的事業，已經比任何一個人在一生中能完成的都還要多，而他也的確完成了許多計畫。但他在一七二五年過世之後的很長一段時間裡，歐洲一直流傳著一個奇怪的故事，內容則是關於彼得的遺願和遺囑。據說他臨終前躺在床上時，曾私底下命令他的子嗣和繼任者，要繼續追求他認為的俄國歷史使命，亦即「主宰整個世界」。俄國其中，取得印度和君士坦丁堡（Constantinople），就是達到這個目標的兩個關鍵。他敦促他們必須不斷努力，直到俄國人能穩固掌控這兩個地方為止。沒有人看過這份遺囑，大多數史學家也都認為這份遺囑並不存在。但由於人們對彼得大帝的敬畏之情，相信這種說法的人並不少見，甚至還出現了各種被認為是他的遺囑的文件。畢竟，這的確很像這位永遠不會感到滿足、野心勃勃的奇才，會用來囑咐後嗣的命令。對許多人來說，俄國隨後對印度和君士坦丁堡的野心似乎足以證實這一點，而且直到最近，人們還強烈認為俄國的長期目標便是統治全世界。

俄國再次開始對印度表現出興趣，已經是四十年之後，也就是凱薩琳大帝統治期間了。當時英國的東印度公司，已經逐漸壓制了法國，在印度持續穩健的發展。事實上，早在凱薩琳大帝統治之前，耽溺於享樂的安娜女王（Anne），便已將彼得大帝在高加索地區辛苦取得的領土，全都還給了波斯的沙赫[1]（她顯然沒有遵從那個傳說中彼得的遺囑），而理由則是因為她認為那些領土正在消耗她的國庫。

但凱薩琳和彼得一樣，也是個積極對外擴張的君主。眾所周知她夢想將土耳其人趕出君士坦丁堡以恢復拜占庭的統治（不過也得在她的嚴密掌控之下）。如此一來俄國的艦隊，就能從當時依然被土耳其人掌控的黑海，進入被英國人掌控的地中海。

到了一七九一年，也就是凱薩琳在位末期，她曾謹慎地考慮過一項計畫：將印度從英國人愈來愈緊密的掌控之中搶奪過來。或許不太令人意外的是，她的這個想法，來自一個有點神秘、名叫聖傑尼先生（Monsieur de St Génie）的法國人。他曾向凱薩琳提議，她的軍隊應該要循陸路，經由布哈拉以及喀布爾（Kabul）進軍，一邊前進、一邊宣布要恢復蒙兀兒人治下的穆斯林政權的榮光。他主張，這樣便能將他們進攻路線上的那些穆斯林汗國的軍隊，都吸引到凱薩琳女皇的麾下，並在印度境內煽動反對英國人的大規模起義。雖然這個計畫後來並沒有進展——她那只剩一隻眼睛的首席大臣兼前情人波坦金伯爵（Count Potemkin），對這個計畫進行了勸阻——但俄國的統治者在接下來的幾百年裡，依然不時會考慮入侵印度。

雖然凱薩琳沒有成功兼併印度或君士坦丁堡納入，但她還是持續朝著這個目標邁進。他不只把安娜女皇丟失的高加索領土，從波斯人的手上奪了回來，還取得了克里米亞這個蒙古帝國殘留的最後一個據點。三百年來，由於土耳其人認為克里米亞是一個很有價值的屏障，可以用來抵禦俄國這個來自北方、愈來愈有侵略性的強權，因此克里米亞一直都享有土耳其人的保護。然而，到了十八世紀末，曾經非常好戰的克里米亞韃靼人，軍事力量卻變得大不如前。凱薩琳利用她在黑海北岸從土耳其人手中取得的領土，以及韃靼人內部的紛爭，因而得以不費一兵一卒，便成功兼併克里米亞的汗國。套句她的說法，她只不過是「在重要的地點張貼了幾張海報，告訴克里米亞人他們已經成為了我們的臣民」，就拿下了克里米亞。這群成吉思汗的後裔認為，他們遇到的麻煩都是土耳其人造成的，於是順從地接受了他們的命運。

黑海現在不再只受土耳其人掌控，而那不只是因為俄國人將可以在塞瓦斯托波爾（Sebastopol）建立新的大型海軍基地，也是因為他們的戰艦，現在距離君士坦丁堡只要兩天的航程。但對土耳其人來說很幸運的是，在那之後不久，一場詭異的暴風雨徹底摧毀了俄國的整支黑海艦隊，俄國暫時化解了威脅。雖然直到凱薩琳去世時，君士坦丁堡這座橫跨博斯普魯斯（Bosporus）海峽、凱薩琳一直都很想從穆斯林治下奪取的偉大城市，都仍然緊緊地掌握在土耳其人的手裡，但經過凱薩琳的努力，俄國與君士坦丁堡的距離的確縮短不少。俄國在近東以及高加索地區愈來愈頻繁的活動，第一次讓東印度公司的高階官員開始備感威脅。最早開始意識到俄國的威脅的是東印度公司新設的監管部（Board of Control）部長亨利·頓達斯（Henry Dundas）。他警告一旦讓俄國在這些地區取代土耳其人和波斯人的地位，情況就會變得非常危險，萬一當時倫敦和聖彼得堡之間的友好關係出現惡化或完全決裂，也可能會為他們帶來長期的威脅。

然而，接下來發生的事情，卻讓他們暫時忘卻了這種擔憂，因為另一個新的隱憂突然出現了，而這個隱憂，對於英國在印度的地位，也帶來了更直接的威脅。當時才二十多歲的拿破崙（Napoleon Bonaparte），急著想要為法國在印度的落敗雪恥，於是將他侵略的目光轉向了東方。由於印度就是英國國力和財富的來源，因此當時剛在歐洲大獲全勝的他，便發誓要切斷傲慢的英國人和印度之間的聯繫，藉此挫挫他們的銳氣，最後再將英國的勢力從印度徹底清除，讓他們失去印度這個最閃耀的帝國瑰寶。他相信，達成這個目標的第一步，就是在近東地區先取得一個戰略據點，他宣稱：「為了征服印度，我們首先必須要能掌控埃及。」

拿破崙沒有浪費一分一秒，馬上便開始著手計畫，大肆蒐羅關於該地區的書籍，並在每個引起他興趣的段落做了記號。他在很久之後曾經如此解釋：「我腦子裡充滿了夢想」、「我想像自己正在建立一個新的宗教，騎著一頭大象準備向亞洲邁進；我的頭上纏著頭巾，手裡還拿著一部新的古蘭經，而裡頭的內容，則是我根據自己的需求撰寫。」到了一七九八年春天，一切準備就緒，一支滿載法國士兵的艦隊，分別從土倫（Toulon）和馬賽（Marseilles）秘密啟程。

譯註

1 原文為Shah，亦即波斯的君主頭銜。

第二章 拿破崙帶來的夢魘

一位孟加拉人從紅海畔的吉達（Jeddah）搭乘一艘阿拉伯往加爾各答（Calcutta）的快船，第一次將拿破崙帶著四萬大軍在埃及登陸此一駭人聽聞的消息，傳達給新任印度總督韋爾斯利侯爵（Lord Wellesley）。一個星期後，另一位搭乘英國軍艦抵達孟買的情報人員，正式確認了此一消息。英國方面之所以延遲一段時間才確認法軍入侵的消息，其中一個原因便是英國駐地中海的軍隊無法充分掌握法軍的動向，因此有好幾個星期的時間，他們不知道法軍究竟要前往埃及，還是準備繞過好望角前往印度。

拿破崙率軍出征的消息讓倫敦提高了警覺，尤其是印度監管部的頓達斯和其他官員。他們之所以擔心，是因為雖然英國當時在印度是最強大的歐洲強權，幾乎壟斷了印度的商貿活動，但東印度公司在印度的地位仍然很不穩固。和法國以及其他國家的戰爭讓英國財政負擔遽增，而且東印度公司也沒有能力抵禦拿破崙的大軍。因此，當英國得知拿破崙抵達埃及後並沒有繼續進軍時，都感到鬆了一口氣，不過威脅依然沒有解除。人們開始對拿破崙下一步行動進行廣泛猜測，並逐漸出現兩派觀點。其中一派主張，他將通過敘利亞或土耳其從陸路推進，並從阿富汗或俾路支斯坦（Baluchistan）進攻印度；另一派則認為他會由海路進發，從埃及及紅海岸的某處進軍。

頓達斯很確定拿破崙會走陸路，甚至還要求政府雇用俄國軍隊攔截拿破崙。東印度公司內部的軍事專家則認為，雖然船隻在紅海一年到頭有很長時間因為逆風而無法出航，但如果拿破崙真的發起侵略行動的話，應該會選擇走海路。為了抵禦拿破崙由紅海進軍，英國匆忙派出了一支軍隊繞過好望角，封鎖紅海的出口，並從孟買派出了另一支軍隊。加爾各答並沒有忘記紅海航線的戰略意義。幾年前，英國和法國之間爆發戰爭的消息，就是因為這條路線，得以以破紀錄的速度傳到印度，使東印度公司的軍隊能夠搶占先機，向毫無防備的法國人發動奇襲。雖然當時紅海和埃及尚未存在固定航班，但十萬火急的信使或趕時間的旅客，有時已經會改走這條路線，而不是走繞經好望角的一般路線，因為如果繞行好望角，航程可能要九個月以上的時間，而且長短視風向和天氣而定。然而，拿破崙占領埃及，卻會讓這條捷徑中斷。

與倫敦政府和東印度公司的高階官員不同的是，韋爾斯利並未因為得知拿破崙佔據埃及而輾轉難眠。老實說，不論從陸路或海路進軍，他都不相信拿破崙可以從埃及對印度發動侵略。但這並不妨礙他恣意操弄倫敦人的恐懼。韋爾斯利是前進政策的堅定支持者，他非常希望拓展東印度公司在印度的疆域，這點與東印度公司高階長官希望維持現狀的政策相違背。高階長官主要對東印度公司的股東負責，而股東只想持續從印度獲利，對於需要花費鉅資擴張領土的行為並沒有太多興趣。然而，東印度公司也發現，他們正捲入印度莫臥兒帝國解體所造成的真空中，因此愈來愈需要花費大量時間與金錢處理統治和行政的事務。最後造成東印度公司債務高漲，面臨破產，長官亦無法繼續提供股東每年的保證分紅。東印度公司非常清楚，就算能成功抵禦拿破崙入侵，也是兩敗俱傷，因為當時正和法國交戰正酣的英國政府，是不可能對他們提供多少援助的。

這場危機卻給了韋爾斯利所需要的機會。法國的情報人員當時在印度依然非常活躍，因此這起事件給了他一個藉口，讓他可以鎮壓、處置那些看似和法國人交好的印度政權。此外，他並沒有就此甘休，當時的倫敦不得不放手，讓他保護英國在印度的利益，而韋爾斯利則善加利用了這個機會，近一步將印度境內的大片領土，都收歸於英國的控制之下。由於韋爾斯利對英國政府的報告要花不少時間才會送抵倫敦，加之他常會在報告中故意含糊其辭，因此得以在七年的總督任期裡，持續擴張英國在印度的控制範圍。於是等他於一八〇五年被召回英國時，東印度公司的領土、附屬其下的國家，以及由東印度公司部分控制的地區，已經從原本的加爾各答、馬德拉斯（Madras，譯按：亦即今日的清奈，Chennai）和孟買等三個沿海城市，迅速擴張到今日印度的大部分地區，只有今日位於巴基斯坦東南方的信德（Sind）、印度西北部的旁遮普（Punjab）和喀什米爾（Kashmir）依然維持獨立。

拿破崙進軍印度的傳言，使韋爾斯利得以利用職權在印度大肆擴張英國的領地。但事後證明，拿破崙雖然在倫敦造成不小的恐慌，但他帶來的威脅其實是非常短暫的。為了彌補自己之前無法在法軍艦隊抵達埃及之前，就先找到並攔截法軍的失誤，霍雷肖．納爾遜將軍（Admiral Horatio Nelson）於一七九八年八月一日包圍並襲擊了停泊在阿布基爾灣（Aboukir Bay）的法軍艦隊，大部分法軍艦隊在這次襲擊中慘遭摧毀，只有兩艘軍艦得以逃脫。失去海軍的拿破崙斷絕與法國之間的聯繫和補給線，迫使拿破崙只能撤回歐洲。即使拿破崙因為失去海軍而班師回朝，讓東印度公司高層獲得喘息的機會，但這並不代表拿破崙放棄將英國勢力逐出印度，將法蘭西帝國的影響力拓展至東方的夢想。的確，拿破崙後來完全沒有因為在埃及的挫敗而氣餒，實力不減反增，更在歐洲取得一連串輝煌的勝利。

在拿破崙展開一連串征途之前，他卻先收到一份來自聖彼得堡的驚人提議：一八〇一年初，凱薩琳大帝的繼任者保羅一世沙皇（Tsar Paul I）提議，俄國可以為他提供一個對英國人復仇與在東方擴張的機會。一樣厭惡英國人的保羅決定恢復十年前被凱薩琳大帝拒絕的入侵印度的計畫，這起計畫同樣需要俄國軍隊穿越中亞向南長驅直入。但他有個更好的主意：俄國與法國應該組成聯軍共同進攻印度，如此便可擊敗東印度公司的軍隊。當時的保羅非常欣賞拿破崙，欣賞到幾近癡迷的程度，他將組成聯軍進攻印度的構想秘密地告知拿破崙，並等待他的回覆。

保羅的計畫是派出三萬五千名哥薩克人穿越突厥斯坦（Turkestan），並在那裡招募驍勇善戰的土庫曼部族，同時承諾如果他們幫忙進攻印度的話，就會允許他們進行掠劫，讓他們獲得超乎想像的財富。與此同時，一支同樣規模的法軍沿多瑙河而下，乘坐俄國船隻渡過黑海，並以同樣的方式經頓河（Don）、伏爾加河和裏海，最後抵達位於裏海東南岸的阿斯特拉巴德（Astrabad）。隨後法俄雙方在阿斯特拉巴德會師，然後向東穿過波斯和阿富汗直抵印度河，並開始對英國人發起大規模進攻。保羅幾乎無時無刻都在計畫著法俄聯軍的進攻計畫。根據他的計算，法國人要花二十天才能抵達黑海，接著再過五十五天，就可以和俄軍一起進入波斯，然後再過四十五天，聯軍就能進入印度河——總計只需四個月的時間。由於聯軍必須經過波斯人和阿富汗人的領土，為了取得他們的支持與合作，聯軍必須先派出使節前往知會。使節可以如此告知對方：「印度人民所受的苦難，法國和俄國都感到非常同情」，因此法俄兩強決定聯合起來，而他們的目標只有一個：解放印度千千萬萬的人民，「讓他們從英國殘暴野蠻的枷鎖中解脫出來。」

但拿破崙卻對保羅的計畫感到不以為然。他反問保羅：「就算我們的聯軍能在阿斯特拉巴德會合好了，你要如何讓他們穿越一千六百公里未曾開發的不毛之地，而後進入印度？」保羅則在信件中回覆道，拿破崙所說的那個地區，既不貧瘠、也非不毛之地，他堅決表示：「那裡有著寬敞而暢通的道路」、「水源充足，馬匹等牲畜的飼料不餘匱乏，且五穀豐登……」事實上，沒有人知道保羅對於該地區的美好想像是從何得知的，也許保羅僅僅是被自己的熱情沖昏頭，因為法俄聯軍在抵達印度之前必須穿越的這個地區，明明布滿沙漠、山嶺。保羅在信件結尾處，為了說服拿破崙而如此寫道：「法軍和俄軍都渴望榮耀，他們都是勇敢、堅毅、孜孜不倦的軍人，他們的毅力和指揮官的智慧將使他們能夠克服一切障礙。」即便如此，拿破崙仍然不以為然，並拒絕了保羅的邀請。然而，正如我們在歐洲史將會看到的，拿破崙心裡其實早已有個類似的計畫悄然成形。另一方面，保羅在失望之餘並不氣餒，決定獨自行動。

一八〇一年一月二十四日，保羅命令邊境城鎮奧倫堡（Orenburg）的哥薩克首領，徵召一支人數龐大的軍隊，準備向印度出征。但最終只徵集到兩萬兩千名士兵，遠遠低於保羅的幕僚最初認為出兵印度所需的人數。在砲兵的陪伴下，俄軍將經由希瓦和布哈拉前往印度河，保羅估計這趟路程大約需要三個月的時間。抵達希瓦與布哈拉後，他們將釋放在那裡被奴役的俄國人。然而，他們主要的任務是將英國的勢力逐出印度，並將印度連同其貿易一起置於俄國的控制之下。保羅命令哥薩克首領：「你必須和平地對待那些反對英國人的人，確保他們和俄國維持友好的關係。」並在最後說道：「印度的一切財富就是你的回報，這次行動將會讓你獲得永垂不朽的榮耀，而我也將會友善地對待你，保你富貴終身，為我們的商貿開道，並給予敵人致命的一擊。」

很顯然地，保羅和他的幕僚對於印度、前往印度的路線，以及英國在當地的部署狀況，幾乎一無所知。保羅在寫給遠征軍指揮官的指示信中，也確實承認了這點，他寫道：「我的地圖最遠只畫到希瓦和奧克蘇斯河而已。在那之後，英國人掌控的地區資訊，以及被他們統治的當地人口狀況，就要靠你取得了。」保羅建議他先派出偵查兵踏查路線，並確保進軍路線暢通，但他並未提到，為什麼他會認為這片杳無人煙的不毛之地，存在明確的道路。就在最後一刻，保羅將一份剛剛取得的「全新、詳盡的印度地圖」交給了遠征軍的哥薩克首領，並承諾只要一有餘裕便會派出步兵前往支援。

從前文可知，保羅對印度發動侵略前，顯然沒有經過審慎評估與縝密的研究。除此之外，生性暴躁的保羅，正在迅速失去理智（拿破崙很有可能早就發現了這點）。然而，盡忠沙皇、曾在俄國征服西伯利亞（以及接下來的中亞）過程中擔任先鋒的哥薩克人，從未想質疑沙皇的智慧，遑論質疑沙皇的精神狀態。身負重任的哥薩克人，在裝備、補給都不齊全的情況下，最後依然在深冬從奧倫堡啟程，向距離奧倫堡以南一千六百公里處的希瓦進發。事後證明，即使是堅韌不拔的哥薩克人，也會覺得前往印度的路程非常痛苦。他們帶著大砲、四萬四千匹馬（因為要為每位士兵準備一匹備用的馬），以及幾個星期的糧食補給，歷經艱辛地穿越冰凍的伏爾加河，進入冰天雪地的吉爾吉斯（Kirghiz）草原。人們對哥薩克人這趟征途所知甚少，因為英國人一直要到很久之後才會知曉此事，但哥薩克人在一個月內，便快馬加鞭前行了約六百公里，抵達鹹海北方的位置。

某天早晨一位哨兵發現，有個渺小的人影出現在遠方的雪地裡。幾分鐘後，一位騎著馬的男子疾行而來。精疲力竭的他，日以繼夜地不停趕路只為了告訴他們保羅沙皇慘遭暗殺的消息。三月二十三日半夜，一群憂心保羅會變得愈來愈狂妄自大的朝臣，進到了他的寢室試著強迫他簽署退位書（在那不久之前，保羅才剛下令逮補皇后和嗣子亞歷山大）。隨後保羅從自己的床上跳起，並試著從煙囪逃脫，卻因為腳被抓住而被拽下來。保羅由於拒絕簽署退位書，最後被朝臣粗魯地勒死。而亞歷山大（被外界懷疑是這起計畫的密謀者），則在隔天宣布繼位。由於亞歷山大不想因為父親愚蠢的計畫讓俄國無端捲入和英國的戰爭中，因此繼出之初即下令將遠征隊召回。

亞歷山大派遣一名信使不惜一切代價阻止遠征隊繼續前進，因此他無疑阻止了一場可怕的災難，因為那兩萬兩千名哥薩克人，原本幾乎是必死無疑的。儘管他們都既勇敢、又守紀律，但依然不太可能在前往印度河的半路上不遇到任何劫難。遠征隊當時已經連餵飽自己和馬匹都有困難了，過不了多久，凍傷和疾病也會開始為他們帶來死傷。就算能夠安然度過這些危機，他們眼前還有充滿敵意的土庫曼人要面對——那些土庫曼人，隨時都在準備攻擊任何踏進他們領地的外人，更不用說希瓦和布哈拉的軍隊了。如果遠征隊中的任何一人奇跡般地度過重重危難，騎著馬抵達第一個英國前哨站，那麼將不得不在那裡面對最可怕的敵人。亦即由歐洲人和印度人組成的東印度公司軍隊，他們不只訓練有素，且有大砲作為後盾。多虧亞歷山大的當機立斷，遠征隊才能即時掉頭，繼續見到明天的太陽。

在印度的英國人完全不知道這一切，也不知道聖彼德堡對印度的野心，但英國人確實也已逐漸意識到印度容易受到外來侵略。無可避免地，一旦將邊界推得愈遠，就會變得愈難防守。拿破崙的威脅隨著他在埃及兵敗而煙消雲散，但幾乎所有人都認為，拿破崙遲早會再將眼光投向東方。確實，據傳他的情報人員當時已經在波斯活躍行動。一旦拿破崙染指波斯，其對印度造成的威脅便會比他在埃及駐兵還來得嚴重許多。另一個潛在的侵略者是鄰國阿富汗，當時英國人對這個好戰的國家所知甚少，只知道阿富汗過去曾對印度發動過幾次毀滅性的襲擊。韋爾斯利決定，他要一次解決這兩個威脅。

一八〇〇年夏天，一支由韋爾斯利手下最優秀的年輕軍官——約翰・馬爾孔姆上尉（Captain John Malcolm）所帶領的英國使節團抵達了德黑蘭的皇宮。馬爾孔姆在年僅十三歲的時候就被授與軍階，不只會說流利的波斯語，騎馬技術也非常好，由於受到總督的賞識，後來被調往東印度公司的政治部門。馬爾孔姆帶著許多禮物，以及聲勢浩大的隨從團（人數約五百人，其中包括一百名印度騎兵和步兵，以及三百名傭人和侍者），從波斯灣上岸之後，便一路跋涉前往波斯的首都。韋爾斯利對馬爾孔姆下達不惜一切代價，也要贏取波斯沙赫的友誼（如果有必要的話，甚至還可以用錢收買）的命令，而且與波斯的友誼不能只是口頭上承諾而已，必須以防禦性條約的形式將其書面化。這個條約的目標有兩個：首先，英國人希望確保波斯人拒絕讓法國人進入波斯；其次，他們也希望在條約中載明，一旦阿富汗對印度做出敵對行動，沙赫便會對阿富汗這個長期以來的宿敵宣戰。相對地，如果法國人或阿富汗人進攻波斯，那麼英國也會對沙赫提供必要的「武器和裝備」，讓他們將入侵者逐出波斯。此外，如果法國入侵波斯，英國將會出兵相助。換言之，如果與波斯達成防禦條約，英國將能夠在波斯的領土和領海內攻擊試圖穿越波斯到達印度的法軍。

由於馬爾孔姆深諳東方人的奉承之道，且帶來了一系列珍奇的禮物，因此沙赫在接見馬爾孔姆之後心情大悅。馬爾孔姆帶來的每樣禮物都是精心挑選的，主要目的是希望能迎合貪財的波斯人，其中包括雕鏤華美的槍枝、鑲滿寶石的手錶和其他器具、性能強大的望遠鏡，以及為沙赫皇宮準備的鍍金鏡子。為了讓此次外交任務順利推展，英國使節團甚至為沙赫的高階官員準備了豐富的禮物。一八〇一年一月，馬爾孔姆在波斯人熱情而盛大的歡送下離開了德黑蘭，此次使節團亦成功取得英國希望與波斯達成的外交互助關係。馬爾孔姆和沙赫的首席官員，分別代表各自的政府簽署了兩份條約，一份的內容和政治有關，另一份則與商貿有關。然而，由於這些條約並未正式獲得批准，因此倫敦有些人對於它們的約束力感到懷疑。這種法律上的細節，雖然對波斯人來說沒有太大影響，卻正好切中了英國人的需求。就沙赫而言，他的鄭重承諾除了讓他獲得豐厚的禮物之外，其實對他並沒有太多好處，而他自己很快也會發現這個事實。

英國使節團離開波斯後不久，在波斯北部邊疆地區發生的軍事衝突，讓沙赫開始慶幸自己獲得了英國這個強大的盟友和保護國（或者說，至少他是這麼認為的）。但這場軍事衝突，並不是來自拿破崙或阿富汗，而是來自俄國人在高加索地區的侵略行動，而荒涼的高加索山區，正是波斯和俄國的交界處。一八〇一年九月，亞歷山大沙皇兼併了歷史悠久、主權獨立的喬治亞王國，一方面波斯將喬治亞王國視為自己的勢力範圍，另一方面此舉亦使俄軍離德黑蘭相當近，這些都令沙赫開始感到不安。不過儘管波斯人非常不安，但這兩大強權之間正式開戰，則必須一直等到一八〇四年六月才會真正爆發——當時俄軍進一步向南推進，包圍了屬於波斯，且居民多為基督徒的亞美尼亞（Armenia）首都葉里溫（Erivan）。

於是沙赫緊急地對英國人提出了請求，提醒英國人他們曾經簽過條約：一旦波斯遭到攻擊，英國人答應會對他提供協助。但當時的局勢早已有了變化，為了共同對抗拿破崙在歐洲日益增長的威脅，此時英國已經和俄國結盟。一八〇二年，拿破崙推翻了自法國大革命以來、便一直統治法國的的五人督政府（five-man Directory），並自命為第一執政（First Council），又在兩年之後稱帝即位。當時的拿破崙正處於權力的頂峰，很顯然地，除非稱霸整個歐洲，否則他是不會輕易罷休的。於是英國人決定忽略沙赫提出的請求，沒有派兵前去支援波斯抵抗俄國人。不過英國人確實有權利這麼做，因為馬爾孔姆簽訂的條約裡並沒有提到俄國，只出現了法國和阿富汗。不過波斯人卻覺得深受其辱，他們原本以為英國人是盟友，卻在需要幫助的時候被英國背叛了。不論這件事情誰對誰錯，背棄沙赫的行為，很快就會讓英國人付出高昂的代價。

一八〇四年初，拿破崙從情報人員那邊得知英國人拒絕援助波斯的消息之後，便開始和沙赫進行接觸，提出可以幫助波斯驅逐俄國人，但希望波斯允許法軍在入侵印度的途中借道波斯。沙赫起初猶豫了，因為英國人畢竟距離他們更近，馳援波斯比法國容易且方便許多，因此沙赫開始拖延時間，對拿破崙派來的特使置之不理。但沙赫逐漸發現，不論是加爾各答或是倫敦都不太可能會對他伸出援手，因此在一八〇七年五月轉而和拿破崙簽訂了條約，同意切斷和英國的一切政治和商貿關係，並對英國宣戰，同時也允許法軍取道波斯前往印度。與此同時，沙赫也同意法國派出一支規模龐大、由將軍統帥的軍事和外交團，協助波斯建立以當時歐洲為標準的現代化軍隊。就官方的說法而言，這份條約是為了讓波斯沙赫能取回他被俄國侵佔的領土，但對於負責戍守印度的英國人來說，這份條約似乎毫無疑問地，就是要讓波斯軍隊在重振士氣之後，加入拿破崙的麾下一起對抗他們。

這是拿破崙的一次精彩出擊，但對英國人來說更糟的還在後頭。一八〇七年夏天，在征服奧地利和普魯士之後，拿破崙又在弗里德蘭（Friedland）擊敗了俄國人，迫使他們求和並加入所謂的大陸體系（Continental System），亦即拿破崙用來讓英國臣服的封鎖計畫。他們在提爾希特（Tilsit）一艘停泊於尼門河（River Niemen）中央、有許多旗幟裝飾的大型竹筏船上，秘密地進行了和談。之所以會將和談安排在如此奇怪的場所，便是為了確保俄、法兩國皇帝的對話內容不會被別人聽見，尤其是被英國人聽見，因為眾所皆知英國人的間諜無所不在。但儘管如此謹慎，英國的特務單位似乎還是偷偷地讓自己的人馬混進了船上——據說一位背叛自己祖國的俄國貴族，當時雙腳泡在水裡躲在船艙下，竊聽拿破崙與俄國沙皇交談的每一句話（英國的特務單位每年花費十七萬英鎊，其中多數用以進行賄絡）。

不論這個說法是否屬實，倫敦很快便發現了一件事：法、俄兩國為弭平彼此間的分歧，當時正準備聯手瓜分世界。法國將會獲得西方，而俄國則會獲得包括印度在內的東方。當亞歷山大提到，希望將君士坦丁堡此一東西方交會處據為己有時，拿破崙搖了搖頭並說道：「絕對不行，那樣你就是這整個世界的皇帝了。」不久之後情報傳抵倫敦，正如亞歷山大的父親曾對拿破崙提出過入侵印度的計畫，而現在顛倒過來，變成拿破崙對俄國此一新盟友提出了類似的提議，而且拿破崙的提議還進行了大幅度的改進。第一步是取得君士坦丁堡，並共同統治這座城市，然後再穿過被法俄雙方擊敗的土耳其，以及對法國友好的波斯，而後聯合進攻印度。

這一消息和強大的法國使節團抵達德黑蘭，都令英國人感到非常震驚，因此英國迅速採取行動——或者不如說是「火速」。倫敦和加爾各答在沒有和彼此商量的情況之下，都派出斡旋人員前往波斯嘗試說服沙赫將法國人驅逐出境，套句敏多勳爵（Lord Minto，在韋爾斯利卸任後繼任印度總督）的說法，那些法國人就是「法軍的前哨兵」。首先抵達波斯的是馬爾孔姆，為了讓他能在面對沙赫時顯得更有份量，當時他還被倉促地升為准將。一八〇八年五月，馬爾孔姆在相隔八年之後，又再度踏上了位於波斯灣畔的布什爾（Bushire）。波斯人讓他在那裡等待許久，拒絕讓他繼續前進，這讓他感到非常生氣（他相信波斯人是在法國人的施壓下才如此怠慢）。然而，波斯人之所以沒有及時接待他的真正原因，其實是因為沙赫剛剛得知了拿破崙和亞歷山大的秘密協議，而他也逐漸認清，法國人就像之前的英國人一樣，其實沒有辦法幫助他抵抗俄國人。拿破崙派出的使節則漸漸意識到，自己能待在德黑蘭的日子不多了，他們試著說服搖擺不定的沙赫，由於他們現在不再和俄國人處於敵對狀態，而且已經成為盟友了，因此也更能約束亞歷山大的行為。

對於自己必須在布什爾等待，而法國人卻可以在首都德黑蘭享受沙赫接見一事，讓馬爾孔姆愈來愈不悅，於是他寄了一封措辭嚴厲的信給沙赫，警告如果不立即將法國人的使節團驅逐出境，將會有嚴重後果。畢竟，根據之前英國與波斯協商而得的條約，波斯人理應不該和法國人有任何接觸不是嗎？但沙赫早已撕毀與英國人簽訂的條約，並沒有被馬爾孔姆蠻橫霸道的最後通牒所激怒。於是沙赫依然沒有朝見馬爾孔姆，因此馬爾孔姆便沒有機會親自為英國辯護。於是他決定立即返回印度，並將沙赫頑固的態度全盤向總督通報，同時強烈建議只有出兵波斯，方能讓沙赫搞清楚狀況，並認清法國人已經正在前來的路上了。

在馬爾孔姆離開波斯不久後，倫敦派出的使節哈爾福德・瓊斯爵士（Sir Harford Jones）也抵達了波斯。幸運的是，他抵達的時候，沙赫也正好開始認清若想讓俄國人撤出高加索地區，光靠法國的協助是不夠的。於是波斯人決定再次來個政策大轉彎。法國的使節團在拿到自己的護照後被迫走人，而瓊斯和隨行的官員見狀後則樂不可支。沙赫當時非常需要盟友，也十分樂意忘記兩國的外交摩擦——尤其瓊斯還帶來喬治三世（George III）送給沙赫的禮物，亦即一顆他有生以來見過最大的鑽石。儘管沙赫可能對兩個英國使節接連到訪感到有點疑惑（而且一個怒氣沖沖，另一個卻帶著禮物滿懷善意前來），但處事圓滑的沙赫當然沒有提到這件事。

雖然英國和波斯之間的關係再次重修舊好，但倫敦和加爾各答之間的關係卻不融洽。眼見倫敦派出的使節輕易便說服沙赫，而加爾各答的使節卻沒有成功，為此敏多勳爵十分不滿，他下定決心奪回英國和波斯外交往來的主動權。於是倫敦與加爾各答間的關係逐漸惡化，導致英屬印度和英國政府在接下來一個半世紀裡，關係都不太融洽。為了保持印度利益至上的原則，總督希望派出自己的手下馬爾孔姆和沙赫協商擬定一份新條約，卻遭到倫敦反對。最後倫敦與加爾各答達成一個折衷且可保留雙方顏面的辦法：瓊斯爵士這位經驗豐富的外交官，將會繼續留在波斯完成協商工作，而馬爾孔姆則會被臨時升為總督，前往德黑蘭確認波斯人履行條約內容。

在新協議中，沙赫承諾不會讓任何強權的軍隊以攻擊印度為目標通過波斯領土，而他自己也不會參與任何有損英國或印度利益的行為。作為回報，英國答應波斯受到侵略和威脅時出兵相助。如果英國無法出兵，至少也要提供足夠的武器和顧問，讓波斯能夠抵禦外來侵略，即使英國與侵略者之間未處於交戰關係也必須如此。很顯然地，這裡暗指的侵略者就是俄國，沙赫不會再重蹈覆轍。此外，沙赫每年還會收到十二萬英鎊的補貼，而英國也將取代法國替沙赫訓練軍隊，並對軍隊進行現代化，馬爾孔姆則會負責監管軍隊的訓練工作。但敏多勳爵之所以會急著讓馬爾孔姆回到德黑蘭，其實還有另一個重要原因。

對法俄進攻印度的憂心使負責印度防務的人意識到，他們對於敵軍在前往印度路上必須經過的地區其實知之甚少。他們必須盡快採取行動補救這個問題，因為世界上沒有哪個條約，能夠阻止像拿破崙這樣意志堅定的侵略者。在敏多的心目中，沒有人比馬爾孔姆更適合處理這件事，因為他對波斯的了解已經比任何一個英國人都還要多。一八一〇年二月，馬爾孔姆再次抵達布什爾，並成功前往波斯的首都德黑蘭，跟著他一起前去的還有幾位精心挑選的軍官。表面上看來，馬爾孔姆一行人前去的目的是以歐式的戰爭技術訓練沙赫的軍隊，但其實同時要盡可能地搜集波斯的軍事地理資訊——正如拿破崙的軍官之前所做的那樣。

但事情不僅如此而已，當時其他的英國軍官已經開始在更東邊一些的俾路支斯坦和阿富汗的荒野之中進行探勘，秘密地為馬爾孔姆偵查該地區。這些區域，就是敵軍在通過波斯前往印度途中也必須經過的地方。這是一場危險的競賽，參與者必須擁有沉著冷靜的個性，以及一顆冒險犯難的心。

第三章 大競逐的預演

如果你在一八一〇年的春天穿過俾路支斯坦北部的話，可能會發現一小隊騎著駱駝的武裝人員正在離開努希奇（Nushki）這個偏遠的綠洲村莊，準備前往阿富汗的邊界。在他們前面的遠處，閃電照亮了黑暗的夜空，雷聲也偶爾會從附近的山區傳來。一場激烈的風暴似乎迫在眉睫，而這群騎在駱駝上、正往沙漠前進的人們，則不自覺地拉了拉身上的披風。

其中有個男子特別突出，他的膚色明顯比其他人還要白。和他同行的其他人相信他是一位韃靼馬商，因為他就是這麼和他們說的，而且他們本來就沒看過韃靼馬商，所以也沒有理由去懷疑他的說法。這名男子正從努希奇，前往赫拉特這座位在西北方六百多公里處、座落在阿富汗和波斯邊界上的古城，而他之所以雇用他們，則是為了請他們護送他穿越途中危機四伏、盜匪流竄的區域。這名男子解釋道，他想要幫自己在遙遠的印度的有錢老闆購買馬匹，而赫拉特就是中亞地區其中一個以馬匹聞名的商城。巧合的是負責印度防務的部門，當時對馬匹也很有興趣。

這名男子在幾天前，和另一個膚色相似的男子一起抵達努希奇，他和別人介紹那個男子是他的弟弟，在同一個印度商人手下工作。他們先是從孟買搭乘一艘當地的小船上岸，接著從俾路支斯坦充滿土造建築的首府克拉特（Kelat）出發前去努希奇。整趟行程花了他們將近兩個月的時間，因為一路上他們向周遭的人問了許多問題，卻又極力避免表現得像在刺探消息。他們兩人在努希奇之後分道揚鑣：年紀較大的男子帶著保鑣前往赫拉特，而另一人則向西前往波斯南部的克爾曼（Kerman）。據他的說法，他之所以要去克爾曼，也是為了幫老闆買馬。

他們在分道揚鑣前，先在他們於努希奇短期租下的房子裡向彼此道別，並小心翼翼地確認沒有人在暗處窺視他們。假設有好奇的人剛好看到他們的行徑的話，可能也會對自己目睹，以及聽到的事情感到疑惑，因為很顯然地，那不只是一對兄弟正在和彼此道別。事實上，他們根本就不是馬商，更不是韃靼人，甚至不是一對兄弟，他們其實是兩位年輕的英國軍官，正在為馬爾孔姆將軍進行一場秘密的偵查活動，準備要穿越一個從未被探索過的化外之地，一旦他們的真實身分曝光的話，隨時可能面臨殺身之禍。因此，他們兩人當時一邊警戒地盯著門看，一邊壓低聲音討論著各自要走的路線細節，以及萬一發生意外的話有哪些緊急措施。此外，他們還討論了其他的事情，如果旁人偷聽到了，大概也很難理解他們在說什麼。

他們分別是查理士．克里斯地上尉以及璞鼎查少尉，兩位都來自孟買第五步兵團（the 5th Bombay Native Infantry），現在他們即將要展開這趟任務裡最危險（但對派他們出來的長官而言，也是最有價值）的一段路程。雖然他們這趟旅程看似頗為悠閒，但其實已經取得大量關於地方部族的情報，比如他們的首領，以及擁兵數量的多寡。同時，在沿途經過的地區裡，他們也會特別留意哪些地方是便於防守的險地。雖然他們自稱是韃靼穆斯林，但畢竟還是外來人士，因此所到之處都會被人用猜疑的態度看待。他們曾經不只一次遇到麻煩，最後都靠說謊以及隨機應變方才逢凶化吉。如果被堅決不願降服的俾路支人發現英國人正在探勘他們的領土，那麼他們估計會認為英國準備發動侵略。克里斯地和璞鼎查非常幸運，因為努希奇的居民們，從來就沒看過歐洲人長什麼樣子。截至當時為止，至少從表面上來說都沒有人拆穿他們。

他們約定好如果一切順利，等各自的偵查行動結束後，要在相對安全的波斯境內聚首，雖然他們和彼此告別、祝對方好運的同時，都意識到這可能是他們最後一次見到對方。如果他們之中其中一人到了約定時間遲遲未出現的話，那麼另一個人便會假定他已被迫中止行程，或者已經遭到殺害，便會獨自一人繼續前往德黑蘭向馬爾孔姆進行彙報。如果其中一人發現自己陷入困境，也會試著將訊息傳達給另一個人，或是讓駐德黑蘭的英國使節團知道，好安排救援行動。

馬爾孔姆給璞鼎查的任務是探勘位於西邊幾處可為屏障阻擋敵軍進犯的大沙漠。克里斯地於三月二十二日和他的人馬離開後，璞鼎查為了準備自己的小車隊，又繼續待在努希奇一陣子。三月二十三日，幾位璞鼎查和克里斯地在俾路支斯坦首府克拉特認識的朋友指出，有幾名來自鄰近信德地區的男子奉命前來逮捕他們兩人。這些信德地區的男子告訴克拉特的汗王，克里斯地和璞鼎查不過是以馬商之名作為掩護，實際上準備對他們的國家進行軍事勘查，對信德和克拉特的人民將造成嚴重威脅。

因此，他們必須抓到克里斯地和璞鼎查，將兩人帶回信德地區的首府海德拉巴（Hyderabad）進行發落。此外，璞鼎查和克里斯地的朋友還警告，信德的武裝人員正在前來努希奇的路上，只要穿越沙漠約八十公里就能抵達。他們建議璞鼎查和克里斯地應該趁還有時間盡快離開，因為信德人已經表明他們絕對會將克里斯地和璞鼎查毒打一頓。璞鼎查知道如果自己真的被帶往海德拉巴，下場很可能不只會被毒打一頓而已，於是他決定立刻動身離開。隔天早上，璞鼎查在五名俾路支保鑣的護送下匆忙地向西出發。璞鼎查非常感謝在克拉特的朋友，為了保護他和克里斯地，甚至也讓自己的生命陷入危險之中。

與此同時，克里斯地並不知道信德人來勢洶洶，在和同伴來到阿富汗邊界附近時，他們遇上了另一件危險的事情。在離開努希奇沒多久，一位態度友好的牧羊人提醒他們有三十個武裝阿富汗人，正埋伏在前方某個溪谷裡計劃對他們進行打劫。讓克里斯地感到更不安的是，自離開努希奇一直醞釀的暴風雨現在終於開始落下，在風雨之中他們每個人和隨身攜帶的家當都被淋濕了，逼得他們不得不在荒蕪的環境裡找尋為數不多的遮蔽。這場難以想像的孤單旅程，在剛啟程的時候就遇上暴風雨，很難稱得上是振奮人心的事情。暴風雨在隔天早晨便逐漸退去，而武裝阿富汗人據說也散去了。不過，和接下來所有曾參與過大競逐的人們一樣，在這個法外之地遭人劫掠的風險，仍將會持續考驗著克里斯地和璞鼎查。

克里斯地為了讓自己免受盜匪攻擊而決定不再假扮成馬商，他改扮成一位虔誠的哈吉（hadji），也就是曾經去過麥加的穆斯林。關於這件事的細節，他並沒有在自己的旅程紀錄中詳述，但這種從馬商到哈吉的身分轉變，似乎是在一位印度商人的幫助之下進行的（克里斯地曾經寄過一封秘密信件給他），而且是在他更換隨行保鑣時發生的。但喬裝為哈吉也為克里斯地帶來新的問題和危險，而他也很快就遇到了某位穆拉（mullah，譯按：亦即受過神學教育的穆斯林，是對伊斯蘭教士或清真寺領導者的尊稱）想要和他進行神學討論，但他只能支吾其詞，非常尷尬。為了避免自己的身分被揭穿，他和對方解釋自己是一位遜尼派穆斯林，而不像那位穆拉是什葉派。克里斯地一定是個非常機智的人，因為他有次甚至還取得了一份偽造的通行證，據說是由當地一位專制的汗王頒發的，上頭還真的蓋有汗王的印章。在那張通行證的幫助下，他獲得鄰近區域汗王的熱情招待，對方甚至還在自己的皇宮裡款待他。

此時克里斯地距離目的地，亦即赫拉特這座神秘的城鎮，只剩不到四天的路程，在當時仍在世的歐洲人中，只有一人曾經勇敢地造訪過。赫拉特位在阿富汗和波斯東部接壤的地區，正好處在橫越亞洲的商貿路線網絡上。赫拉特的市集有來自浩罕、喀什噶爾、布哈拉、薩瑪爾罕、希瓦和梅爾夫（Merv）的商品，向西則能通往波斯古老的商隊城鎮，比如馬什哈德（Meshed）、德黑蘭、克爾曼和伊斯法罕（Isfahan）。但對於在印度的英國人來說，赫拉特正座落於歷來入侵印度的其中一條傳統路線上，侵略者可以藉由這條路線，抵達印度兩個門戶，亦即開伯爾山口（Khyber Pass）與伯倫山口（Bolan Pass）。更糟的是，在這個擁有廣袤沙漠、險峻山脈的地區裡，在印度的人們認為赫拉特正好位於一個富饒肥沃的谷地裡，能為軍隊提供補給和飲水，而克里斯地的任務便是前來證明此一說法是否屬實。

四月十八日，也就是克里斯地和璞鼎查從孟買登船啟程的四個月後，克里斯地騎著馬穿過赫拉特這座城鎮的主城門。他當時已重新偽裝成馬商，而非哈吉的身分，因為他帶著一封介紹信要前去見一位住在城裡的印度商人。克里斯地會在赫拉特待上一個月的時間，小心地記錄下在當地的所見所聞。他觀察到「赫拉特這座城鎮位在一個谷地裡，被高聳的群山環繞著。」這座東西向、農業發達的谷地，長約五十公里，寬則約二十多公里，水源來自一條源於高山的河流，到處散佈著村莊，觸目所及都是農園綠地。城鎮本身佔地約十平方公里，周遭被壯觀的城牆和護城河圍繞著，城鎮北端的一座山丘上，則立著一座用燒結磚建造的堡壘，每個牆角都設有一座高塔，堡壘周圍還設有第二層護城河，河面上則有一座吊橋。在這層護城河的後面，還有另一座高牆，以及第三層護城河（儘管當時處於乾涸狀態）。這一切看似壯觀的城防，克里斯地僅以片言評論：「整體而言，此處作為一個防禦要塞是非常可鄙的。」

儘管克里斯地對赫拉特具備抵禦拿破崙或亞歷山大沙皇的現代砲兵的能力並不感到驚奇，但他對那裡明顯可見的繁榮和富饒倒是留下頗為深刻的印象，而且正因如此，一旦赫拉特落入想入侵印度的敵人手裡，確實便能為他們的軍隊提供支持和補給。周圍的鄉間地區能提供優良的牧草、數量豐沛的馬匹和駱駝，以及大量的小麥、大麥和各種新鮮水果。克里斯地估算，赫拉特和周邊地區的人口約有十萬人，其中有大約六百名印度富商。

克里斯地覺得已經取得一切重要情報，於是於五月十八日宣布，他將會先前往位於西北方三百多公里的波斯聖城馬什哈德朝聖，並在那裡短暫停留，然後才會把替老闆購買的馬匹帶回印度。如此一來，他就能為自己喬裝為馬商卻沒有購買任何一匹馬的奇怪行徑自圓其說。克里斯地在隔天終於進入波斯東部地區，過去幾個月來，他一直都在想辦法說謊、尋找說詞，現在終於感到如釋重負。因為英國當時和波斯的關係良好，就算被人發現他的真實身分是東印度公司的軍官，他也能確定自己不會受到太大的威脅。九天後，克里斯地離開前往馬什哈德朝聖的古老道路，準備穿過沙漠轉而前往西南方的伊斯法罕。克里斯地估算，璞鼎查中尉當時應該已經抵達那裡了。

自從克里斯地與璞鼎查在努希奇分道揚鑣後的兩個月內，璞鼎查也遇到了許多事情。這名才二十歲的中尉，在沒有地圖的情況之下（當時還不存在該地區的地圖），穿越俾路支斯坦和波斯等地，展開一場長達近一千五百公里的旅程。璞鼎查所選擇的是一條再過一個世紀也沒有其他歐洲人嘗試的路線，儘管早期確實有其他侵略者走過這條路。這趟耗時三個月的旅程，將會帶領他穿越兩座危險的沙漠，只有在當地人的帶領下，才能找到水井和避開恐怖的土匪繼續前進。

儘管璞鼎查染上了些疾病，還得面對艱難的旅程，但他每天還是偷偷記錄那些對入侵者軍隊來說可能有利的資訊，例如水源、農作物、植被、降雨與氣候等。同時璞鼎查亦標註了防守要地、描述了沿路村莊的防禦工事，也詳述了幾位當地汗王的習性，以及他們之間的同盟關係。甚至記錄了沿途經過的廢墟和遺址（璞鼎查不是研究古文物的專家，因此必須仰賴當地人的神話故事進行認識，故而他所記錄的年份和歷史未必正確）。此外，他也偷偷地在手繪地圖上標示出自己的路線，而那張地圖後來也成為第一張描繪從西邊通往印度路線的軍事地圖。雖然璞鼎查對旅程的紀錄非常詳細，但他並沒有寫到是如何在沒有被發現的情況之下畫出這份地圖的，而這可能是因為他希望日後還能繼續使用這個神祕的方法取得情報。

璞鼎查等五人，先是繞過廣闊的赫爾曼德沙漠（Helmund desert）的東南側，確認並標示出它大致的位置，接著他們在三月三十一日正式進入旅程被迫穿越的兩座沙漠的第一座。璞鼎查知道，負責守衛印度的部門如果聽到有這麼巨大的天然屏障擋在入侵者的路線上，一定會感到非常的高興。他自己很快也會發現，這些沙漠為什麼對俾路支人來說如此惡名昭彰，因為他們在幾公里之內，就能遇上一連串幾近垂直、由精細紅沙組成的沙丘，有些沙丘高達六公尺。他描述道：「大多數的沙丘，都在逆風側垂直聳立著……如果隔著一段距離看，就像一座新砌的磚牆似的。」但沙丘卻會在順風側緩緩地漸趨平坦，通向下一座沙丘的底部，從而在沙丘之間留下了一條路徑。他補充道：「只要那些路徑和我想要前往的方向大致符合，我就會盡量選擇走在這些路徑上，但有時候我們還是必須越過那些沙丘，這時想讓駱駝乖乖聽話、翻過沙丘，就是個非常困難且累人的事情——尤其是在我們必須攀爬上沙丘背風側的時候，我們就失敗過好幾次。」情況在隔天變得更糟，套用璞鼎查的說法，他們與沙丘之間的不斷搏鬥，「跟漂浮在空氣中的沙子所帶來的困擾比起來，根本就不算什麼，而且不是只有我自己和其他人這麼覺得，連駱駝也都很痛苦。」那裡總有一層刺人的紅沙籠罩在沙漠上，沙塵會不斷吹進眼睛和口鼻，讓他們感到非常的不舒服，更不用說口渴了，強烈的日照更加劇了這種不適。

璞鼎查一行人在不久後便抵達了一處寬約四百多米的乾涸河床，河邊還有一座近期才剛剛廢棄的村子，裡頭的村民因為河水乾旱而被迫離開了那裡。他們在這裡歇息，並在努力挖掘後成功找到兩層水源，沙漠裡原本都是沙子，現在被堅硬的黑礫石所取代了。過沒多久，空氣開始變得非常悶熱，隨後出現了沙塵爆和旋風，緊接著便是猛烈的暴風雨。璞鼎查回憶道：「在我的記憶裡，那是我看過下的最大的一場雨。」「天色完全暗了下來，能見度不到五公尺。」但璞鼎查的嚮導告訴他，和盛夏的沙漠會遇到的暴風雨相比，當時那場風雨其實算是溫和的了，在盛夏時節裡旅人是無法經過這個路段的。伴隨暴風雨而來強勁的風就像烤爐一般炎熱，俾路支人把這種風稱之為「火焰」或「瘟疫」，這種風威力之大，不但能導致駱駝死亡，沒有進行防護的人類也會被活活剝掉一層皮。璞鼎查雇用的嚮導裡有些人宣稱自己曾親眼見過那些風的威力，根據他們的說法，「如果有人不幸地遭遇到這種熱風，肌肉就會變硬，皮膚也會變得又乾又皺，那感覺非常痛苦，就像是肉體著了火，全身骨頭都被火吞噬了一般。」他們跟璞鼎查保證，受害者的皮膚會「深深裂開導致大量出血，而受害者也將命在旦夕」，但有時候，受害者可能也會在痛苦掙扎好幾個小時、甚至幾天之後才死去。（今日聽起來，這種說法顯然是過度誇飾，但在璞鼎查所處的十九世紀裡，人們對於沙漠旅行所知不多，而且在那樣從未有人探索過的地區裡，不論什麼事情似乎都是可能的。）

由於沙漠裡並沒有任何地標，嚮導會透過遠方的山脈來規劃他們的行進路線。但有一次，璞鼎查為了避開白天令人難受的熱浪而決定在半夜啟程，卻很快發現自己迷失了方向，完全不知道該往何處前進。由於璞鼎查在身上藏了一個指南針，因此他在其他人不知情的情況下，偷偷地拿出了指南針，並將指南針上的玻璃罩拿掉，用拇指感覺指針的方向，從而找到他們應該前進的方向。隔天日出之後，其他人發現璞鼎查選擇的方向是正確的都感到非常驚訝，接下來幾天裡，璞鼎查不斷地提及這件事，還說「那證明了我的智慧」。璞鼎查通常只有在為地圖測定方向的時候，才會偷偷地拿出指南針，但有一兩次，他還是讓其他人看到了那個指南針。他解釋道，那是一個用來指出麥加方向的儀器，能告訴他基卜拉（kiblah，譯按：亦即穆斯林做禮拜時必須朝向的方向）或穆罕默德陵寢的方向，這樣他在做禮拜的時候，就能對著正確的方向跪拜。

那天他們花了了十九個小時，一共前進了近八十公里，不論是人或駱駝都精疲力盡。非常危險的是，他們的食物和飲水儲備愈來愈少，但璞鼎查為了尋找水源而想繼續前進，直到抵達山區為止。然而，其他人已經累到走不動了，所以他們後來在夜裡停下來休息，彼此分著剩下的飲水，但什麼都沒吃。隔天下午，他們開始接近庫魯干村（Kullugan），這個村子位於一個惡名昭彰、漫無法紀，被人們稱作馬克蘭（Makran）的地區。結果璞鼎查的其中一位嚮導正好是村子首領的女婿，他堅持要由他先進入村子，並解釋道，在這個危險的地區裡，陌生人如果要進入村子，按照慣例就必須這麼做。不久之後，那位嚮導回來告訴璞鼎查，首領歡迎他們進入村子，但為了璞鼎查的人身安全，首領下令要他偽裝成去過麥加的哈吉，否則就無法為他的安全負責，即使是在他家裡亦然。

那位嚮導向璞鼎查解釋道：「你現在已經離開克拉特汗王的領土了。」，不能期待這裡會像克拉特一樣井然有序，也無法保證人身安全。「我們現在在馬克蘭了，以種姓制度來說，這裡的每個人天生就是強盜，而且他們連自己的兄弟和鄰居都會搶。」如果繼續假裝自己是名受僱於印度富商的馬商，璞鼎查的處境將會非常危險，因為大家會認為這名馬商身上一定帶著很多錢，不管那些錢是不是他自己擁有的。努希奇的首領也曾經警告過璞鼎查，馬克蘭地區的名聲並不好。綜合以上所述，璞鼎查當機立斷，認為偽裝成去過麥加的哈吉會是更好的選擇。

璞鼎查一進入村子便在清真寺旁停留下馬，並在那裡接受首領和其他長老的正式接待。隨後，璞鼎查一行人被帶往有兩個房間的簡陋茅屋，那便是他們下榻的地方，裡面還有為他們準備的食物。由於他們已經三十個小時沒有進食，所以紛紛興致勃勃地吃了起來，並表示感謝。但當他們想為接下來的旅途添購糧食時，村民卻解釋道，由於乾旱，當地的糧食非常短缺，價格飛漲。唯一能提供的僅剩首領自己的幾顆椰棗，以及一些大麥麵粉而已。

庫魯干村的村民還提醒璞鼎查，前往克爾曼的路途大約是一千一百公里，而下一個村莊正和庫魯干村處於交戰狀態，三個禮拜前其居民才剛前來對他們進行劫掠，試圖前往那裡不僅無異於自殺，他們也建議璞鼎查如果沒有多請幾個武裝人員隨行，最好不要繼續向西走。的確，璞鼎查的嚮導也告訴他，如果沒有額外的武裝人員隨行的話，他並不打算繼續前進，只願意護送他返回努希奇。於是璞鼎查心不甘情不願地，又雇用了六名配有火繩槍的男子隨行，並找出另一條能避開與庫魯干村交戰村莊的路線。

當天晚上，村裡的長老們（包括首領本人）都前去璞鼎查下榻的地方和他討論各種話題，其中也包括宗教議題，因此讓他非常緊張。因為作為一位去過麥加的聖人，村民們都非常看重他的看法，也都崇敬地想聽他開示。雖然璞鼎查對穆斯林的神學不甚瞭解，但他還是在沒有引起他們懷疑的情況下成功地矇混過去。他不僅避免一些基本的錯誤，而且還解決了一些有爭議的課題。比方說有個爭議是關於太陽和月亮的本質，其中一位村民認為太陽和月亮是同一個東西，但另一位村民提出了質疑：「如果它們是同一個東西，那為什麼有時又能同時看見太陽和月亮呢？」第一位村名則回覆道：「啊，那是因為，太陽和月亮不過是彼此的倒影而已。」於是人們此時轉向璞鼎查，希望能聽取他的意見。他開始被這位不請自來的聽眾給激怒了，而且也想休息睡覺了，於是他表明自己贊同第二位村民的看法，從而終結了這場他擔心可能會持續好幾個小時的辯論，因為村民們在漫漫長夜根本無所事事。

第二天，村子首領建議璞鼎查在離開之前應該去清真寺參加禮拜。璞鼎查後來寫道，那就是「我截至當時一直都在逃避的事情，因為那就是一種欺騙的行為。」然而，他別無選擇，因為首領當時還前去他們下榻的地方接他，璞鼎查描述：「我意識到自己沒有別條路能走了。」、「所以我便進行了穆斯林的跪拜動作，眼睛注視著首領，然後低聲喃喃自語。」神奇的是，似乎沒有人對他起疑。建議璞鼎查使用哈吉身分偽裝的人，其實就是那位友善的首領，因此他心知肚明璞鼎查根本就不是什麼聖人，但他並不知道璞鼎查其實是名基督徒，而且還是名英國軍官，只以為他是一名虔誠的穆斯林而已。這也不是璞鼎查最後一次，因為要偽裝成聖人而感到非常焦慮。騎了一整夜的馬，璞鼎查一行人終於抵達古爾村（Gull），璞鼎查在那裡受到穆拉熱情的歡迎，對方還邀請他共進早餐，璞鼎查如此描述道：「我看見四到五個衣裝得體、看起來非常體面的男人，正坐在一個樹蔭下的地毯上，他們面前還擺著幾個裝有麵包和酪乳的木盤。」他們站起身來迎接璞鼎查，隨後他便被分配到穆拉右手邊的位子。等他們吃完飯之後，其中一位男子便請璞鼎查誦念一段禱詞感恩這頓早餐。璞鼎查回憶：「這個要求來得非常突然，而且來得真不是時候，讓我愣了一會。」幸好璞鼎查在離開孟買前，曾花了些時間跟一位僕人學過一兩句穆斯林做禮拜的禱詞，但他從沒想過這個技能會在後來讓他逃過一劫。如果他和克里斯地進行任務時，佯裝的是穆斯林聖人而不是馬商的話，他可能會花更多時間把穆斯林做禮拜的方式學得更加透徹。璞鼎查努力回想禱詞後起身，不安地注意到所有人的眼睛都盯著他看，璞鼎查回憶：「我擺出了一副嚴肅的樣子，別有深意地捋了捋鬍子，然後喃喃地唸了幾個句子。」他小心翼翼、特別清晰地，說出像阿拉、先知和感謝這些字的發音，因為他覺得那些就是最常出現在這類禱詞中的字眼。這種充滿風險的矇混方式再次奏效，因為不疑有他的穆拉和其他人，都對著璞鼎查這位虔誠的訪客露出了慈藹的笑容。

璞鼎查下一個有驚無險的經歷，則發生在隔天的另一個村子裡。他當時正在市場裡買鞋（因為他其中一隻鞋在夜裡被一隻豺狼給叼走了），而圍著他的群眾裡，有一位老男人指著他的腳說，他肯定不是那種習慣勞動或貧窮生活的人。璞鼎查如此描述道：「我只好趕緊把鞋穿上，因為儘管我已經努力讓腳盡量曬到太陽了，但它們依然無法和我的手與臉一樣，曬出那種飽經風霜的顏色。」為了避免被人追問，他回到了自己的駱駝上（而那個男人還在後頭緊跟著他），然後匆促地離開了那個村莊。

兩天過後，璞鼎查一行人進入一個有泥土牆圍繞，名為穆格西（Mughsee）的小村莊，他們原本打算在那裡停留過夜，但等他們發現那裡正在發生的事情後，他們決定不再停留。他們被告知在幾天前，一群武裝強盜集團殺害了村子裡的首領，以及首領的家族，然後接管了這座村子。有人告訴璞鼎查一行人，首領的其中一名兒子雖然逃過一劫，但卻被那群盜匪圍困於一間房子中。由於首領之前拒絕讓那群盜匪在村子附近的土地上耕種，他們現在要那位不幸的年輕人出來和他的家人一樣乖乖受死，否則他們也會將其活活餓死。沒有一位村民膽敢前去解圍，而璞鼎查小小的團隊亦沒有能力介入，他們別無選擇，只能繼續上路，任憑那名年輕人自生自滅。

三天後，璞鼎查開始懷疑自己的死期是不是到了。他當時抵達了普赫拉（Puhra）這座村莊，身上還帶著前一個村莊首領為他寫的介紹信。他將那封信上呈給普赫拉的汗王，而汗王則要他的書記官大聲將信件內容唸出。但令璞鼎查非常尷尬的是，那封信的內容其實是前一位汗王在表達懷疑，說他不確定璞鼎查這位正在通過他們領土的聖人，到底是不是真的來自不凡的家庭，也不確定他是否真是一位王子，卻甘願拋棄尊貴身分，選擇成為一位地位卑微的聖者。璞鼎查可以確定，那封信確實是出於善意而寫的，希望能確保他受到良好的接待。不過，那封信卻也直接且戲劇性地拆穿他偽裝成朝覲者的說法，還讓普赫拉的村民發現他其實是名信基督的異教徒，而且還是名英國人。但這起導致他真實身分曝光的插曲，完全在他的意料之外。

那封信被唸出來之後，圍在璞鼎查旁邊的村民開始對他感到更好奇了。就在此時，一個介於十到十二歲的男孩，突然拉高嗓音地說道：「如果他不說自己是名聖人，我敢說他一定是去年來過班普爾（Bampur）的那名歐洲人葛蘭特（Grant）的兄弟……」這位眼光精準的小男孩，幾乎就要猜中事實了。就在去年，來自孟加拉本土步兵團（Bengal Native Infantry）的葛蘭特上尉（Captain W.P. Grant），也曾被派來探勘馬克蘭地區的海岸線，目的是為了得知那裡是否可能成為敵軍入侵印度的路線（他在報告中認為這個可能性的確存在）。在葛蘭特的偵查過程中，他曾經走過一些較為內陸的路線，因而去過波斯東部的班普爾鎮，而璞鼎查當時也正好位處這一帶。璞鼎查的運氣真的不太好，這個男孩也許是當時在場的人裡頭唯一一個親眼見過歐洲人的人，而他也一定看過葛蘭特，所以才看得出璞鼎查和葛蘭特在外表上的相似之處。

震驚的璞鼎查於是開始試著掩飾自己的驚慌情緒，他如此寫道：「我花了好多力氣想讓那個小伙子講的話不被人們注意到，但我臉上慌亂的表情卻洩露了我的心思。」汗王見狀後便問他是否真的是歐洲人，讓他鬆一口氣的是，汗王和璞鼎查說，如果他是歐洲人的話也沒有必要害怕，因為他不會傷害他。璞鼎查意識到自己已經沒有必要再繼續偽裝了，於是他坦承自己的確是歐洲人，但在為一位印度富商工作。如果璞鼎查在這趟旅程前半段說出這種話可能早就小命不保，因為人們馬上就會認為他是英國間諜，但他現在的位置已經很靠近波斯邊界了，因此他覺得自己已經安全許多（儘管事實並非全然如此）。此外，他偽裝的身分其實只有一部分被拆穿而已，人們還沒發現他的職業，以及他真正的目的。

幸運的是，那位汗王覺得他的偽裝行為很有意思，並不覺得異教徒裝扮成穆斯林聖人是什麼嚴重的褻瀆。但璞鼎查的嚮導由於一直被蒙在鼓裡，因此感到非常生氣。起初嚮導還拒絕接受璞鼎查坦承的內容，甚至把他和璞鼎查這位聖人進行過的神學辯論告訴給汗王以及其他群眾聽。那位嚮導還描述，璞鼎查甚至還曾因為一些和宗教相關的論點而批評過他，但搞了半天才知道，原來璞鼎查根本就不是穆斯林，汗王聽到這裡也不禁哈哈大笑。璞鼎查帶來的另一位隊員則說，他一直都知道璞鼎查並不是什麼聖人，但他並沒有猜到他是名歐洲人，而那位嚮導聽了這番話後則變得更加憤怒和困惑。

於是璞鼎查一行人爆發了一場激烈的爭執，那名嚮導指控那名隊員在璞鼎查精心設計的騙局裡根本就是一名共犯，幸好最後汗王表示「包括他在內的所有人其實都上當了」，得以用幽默化解了這場爭執，而且就在兩天後他們離開村莊時，璞鼎查發現他的嚮導也已經原諒他了。在普赫拉停留期間，璞鼎查成了一位名人，而他下榻的住處則開始被當地人圍繞著，他形容那些人就是「一群無所事事、吵吵鬧鬧的俾路支人，不斷用各種可笑的問題和評論來騷擾我。」好在那天下午，有名真正的聖人（這次是一位印度苦行僧）也抵達了普赫拉，才讓璞鼎查得以卸下「娛樂所有村民的任務」。

五天後，璞鼎查騎著馬進入單調無趣的巴斯曼村（Basman），亦即俾路支斯坦最後一個有人居住的地方，再往西就是一大片沙漠，但為了進入比較安全的波斯，他別無選擇必須穿過這座沙漠。在巴斯曼村停留一夜後，璞鼎查一行人於四月二十一日向沙漠進發，並在隔天早晨進入沙漠。那裡既沒有水源，也沒有任何植被，璞鼎查描述道，那裡炙熱的程度，「是我自從離開印度以來，經歷過最嚴峻也最難受的一次。」同時他們也被海市蜃樓捉弄過好幾次（套用俾路支人的說法，那些海市蜃樓被他們稱為「suhrab」，意思是「沙漠裡的水」）。

璞鼎查就像當年常見的旅行者一樣，在提到旅途上的危險和不適時，總是喜歡輕描淡寫，但他在描寫橫越這座沙漠的旅程時，卻難得和讀者分享了那種口乾舌燥的地獄感受。他寫道：「一個人或許可以藉由毅力和希望，來忍受疲憊、飢餓或高溫、低溫的天氣，甚至或許還能忍受長時間缺乏真正休息這件事。」然而，如果一個人的喉嚨「因為太過乾渴，連呼吸都感到困難，因為害怕窒息而連舌頭都不敢動，而且也沒有辦法減緩這些恐怖感覺的話，那真的是……一個旅人所能遇到最慘的事。」

璞鼎查一行人為了躲避高溫只好在夜裡趕路。經過兩天艱苦騎行，他們終於抵達一座位於波斯邊境沙漠上，名叫雷干（Regan）的小村莊。這座村莊每一側均被長度兩百三十米左右的高牆圍繞，牆體的基座大約厚一米半，且修繕的極佳。璞鼎查得知那裡的村民一直生活在對俾路支部落的恐懼之中，「那些俾路支人幾乎每年都會掠奪雷干或波斯的其他地區一兩次。」除了戍守在唯一的城門前的衛兵之外，城牆上每隔一段距離也都駐紮哨兵通宵警戒周圍——「他們經常會發出喊叫聲為彼此打氣，並藉此警告城外的人，讓外人知道他們正在戒備中。」

璞鼎查從沙漠中突然到訪引起了雷干一陣緊張，他如此寫道：「因為沒有人知道我們如何在不被察覺的情況下進到雷干的。」雷干的汗王熱情地接待璞鼎查一行人，並對俾路支人願意讓他們安全通過表示驚訝。但即便如此，璞鼎查一行人依然必須在城外過夜，因為雷干嚴格規定城內不能讓任何外人留宿。

璞鼎查現在要繼續往這個省份的首府克爾曼前進了，該城是一座由波斯王子統治的堅城，並以品質優良的圍巾和火繩槍聞名中亞地區。更重要的是，克爾曼是璞鼎查和克里斯地之前約定各自完成任務後的會合地。離開沙漠之後，璞鼎查一行人沿途經過幾座整齊的村莊，一路欣賞白雪皚皚的山景，在八天後抵達克爾曼，隨後璞鼎查在城裡市中心附近的旅店下榻。璞鼎查抵達克爾曼的消息很快便流傳開來，於是那些好奇的民眾（這次的人數有好幾百人）很快便聚集在他下榻的旅店前，並開始用各種問題糾纏他。雖然璞鼎查沒有必要繼續掩飾自己的身分，但他依然盡量保持低調，頭戴褪色的藍色頭巾，身穿粗糙的俾路支衫，以及一條原本應該是白色現在卻破爛骯髒的褲子。璞鼎查描述道，那天晚上在擺脫好奇的民眾，花錢吃完幾個星期以來最美味的一餐後，「我躺了下來，然後睡了三個月以來最沈穩的一覺。」

抵達克爾曼後，璞鼎查給波斯王子發了書信尋求接見。與此同時，由於璞鼎查誤以為上司馬爾孔姆將軍當時位處設拉子（Shiraz），因此他也派了一位信使前往那裡，企圖通知將軍自己已經安全抵達克爾曼，並成功完成任務的消息。王子隔天回信璞鼎查，信中除了表明對璞鼎查的歡迎之意外，也邀情他在隔天前往宮殿。為了體面的與王子會晤，璞鼎查向住在旅店附近的一位印度商人借了一套衣服，並於隔天早晨十點如期抵達宮殿大門前。

在穿過幾個宮廷內院後，璞鼎查在烏爾茲比吉（Urz Begee，典儀官）的帶領下前往覲見王子。王子長相英俊、留著鬍子，頭戴黑色羊皮帽，坐在大約三米高的窗台上，向下望著一個中央設有噴泉的小院子。璞鼎查敘述道：「我們深深地鞠了躬，然後向前幾步之後，又鞠了一次躬，接著是第三次鞠躬。我們每次鞠躬，王子都會微微點頭作為回應。」璞鼎查原以為會受邀入座，「但我的服裝不夠得體，因此我猜我可能不夠資格獲得那樣的殊榮，因而被要求與其他官員一同站在院子的牆邊，亦即王子的對面。」王子接著非常大聲地問我：「這些日子都去過了哪裡，為什麼要進行這趟旅程，以及我怎麼能夠安全度過這趟危機四伏的旅程。」

雖然璞鼎查現在可以安心承認自己是名歐洲人，也能坦承自己是一位英國軍官，但就算是面對波斯人也不能透露此行真正的目的。於是璞鼎查告訴王子，他和另外一位軍官被派往克拉特為印度軍隊買馬。他的同伴從另一條路回去了，而他則走陸路經過俾路支斯坦，希望能在波斯和馬爾孔姆會合。王子似乎接受了璞鼎查的說法，然後在半小時之後便將他打發走。由於璞鼎查還沒收到任何關於克里斯地的消息，因此他決定在克爾曼多停留一些時候，然後再試圖向馬爾孔姆進行匯報。王子也同意此一決定，而璞鼎查則好好利用這段時間，盡可能地記錄波斯人的特徵和習慣，尤其探查堅城克爾曼的防禦工事。

由於璞鼎查在克爾曼待了數天，因此有機會目睹波斯人進行司法審判的過程。王子當時坐在接見璞鼎查時的那個窗台，對幾名被控謀殺僕人的嫌犯進行審判。當天城門緊閉，所有商業活動也被迫停止，整座城市處於一種極度興奮的狀態。嫌犯當場便依照審判結果，在璞鼎查站著的那個庭院裡遭到處決，而王子則在上面滿意地看著眼前恐怖的景象。璞鼎查寫道：「有些嫌犯的眼球被挖出來，耳朵、鼻子和嘴唇都被削掉，舌頭也被切開，有些嫌犯則是一隻手被砍掉，甚至兩支手都被砍掉。還有些嫌犯的生殖器被切掉，而手指、腳趾也都被砍掉。最後所有受刑人都被丟到街上示眾，警告民眾不得幫助他們，或和他們有任何往來。」璞鼎查得知王子在執法的時候，會穿上一種名為「復仇衣」（Ghuzub Poshak）的特殊黃袍。

不久之後，璞鼎查也親身體驗了一回王子的恐怖狡猾。當時有位宮廷裡的中年官員偷偷地前去拜訪他，要求和他私下談話。等璞鼎查關上門後，他便開始長篇大論地讚揚基督教的優點，最後宣稱自己想要改信基督。璞鼎查聽了之後認為這個人很可能是王子派來引誘他犯罪的誘餌，於是便告訴他，很遺憾地自己對基督教所知不多，也沒有權力指引任何人信仰基督教或其他宗教。於是那位訪客又開始嘗試其他方法：他表示很確定當時在克爾曼城中，有六千人非常希望英國人能夠前來將他們從王子的暴政之中解救出來，並問道英國人的軍隊何時前來？璞鼎查並不想被捲入這場危險的對話，於是只好假裝自己聽不懂對方的問題。此時剛好也有另一位訪客前來拜訪，於是那名男子便匆忙地離開了。

三個星期後，璞鼎查依然沒有收到克里斯地的消息，但他聽說有個車隊當時準備前往伊斯法罕，於是決定加入他們。十一天過後，璞鼎查抵達設拉子，又過了十六天，他終於抵達伊斯法罕，卻得知馬爾孔姆當時其實位於伊朗西北部的馬拉格（Maragheh）。璞鼎查在伊斯法罕歇息時，愜意地住在波斯人為貴賓準備的一座宮殿裡，某天晚上他被通知有個人想要和他談話。他後來寫道：「於是我下了樓，但當時天色太暗，我認不出他的樣貌。」璞鼎查和那位陌生人交談數分鐘後，才突然發現那個邋遢骯髒、風塵僕僕的人竟然就是克里斯地。克里斯地一抵達伊斯法罕，就聽說有另一名歐洲人也在城裡，於是便要人帶他去找那名歐洲人。克里斯地和璞鼎查一樣，起初也認不出眼前穿著波斯服裝、皮膚曬得黝黑的好友，但過了一陣子在認出彼此後，他們兩人隨即相擁，看到對方都還活著，他們都高興地鬆了一口氣。璞鼎查如此寫道：「那是我這輩子最開心的其中一個時刻。」

那天是一八一〇年六月三十日，距離克里斯地和璞鼎查從努希奇啟程，已經過了三個多月。自從踏上俾路支斯坦之後，克里斯地穿越了幾處全世界最危險的區域，一共騎行約三千六百公里的路程，而璞鼎查則比他多騎行約兩百六十公里。他們兩人都在各自的旅程中證明了自己的勇敢和堅毅，同時經由實地探勘取得了珍貴的資訊。如果他們的旅程再晚個二十年，也就是皇家地理學會（Royal Geographic Society）創立的那年，他們可能就會因為這趟勘查之旅而獲頒人人稱羨的金牌——因為許多後來在大競逐之中踏上同樣危險旅程的人，後來都獲得了這項殊榮。

克里斯地和璞鼎查長途跋涉執行探勘任務，冒險蒐集珍貴的情報，充分展現了冒險犯難的精神和勇氣，這些都被他們的上司馬爾孔姆看在眼裡，他們兩人現在都被認為是年輕有為的傑出軍官了。當時還不到二十一歲的璞鼎查中尉注定在往後會平步青雲，在接下來的中亞大競逐中長期扮演重要的角色，最後甚至還獲得爵位。除了和克里斯地準備關於他們旅行的軍事和政治方面的秘密報告外，璞鼎查也寫了一本書記錄他們的冒險故事，出版後在家鄉大受讀者歡迎，時至今日仍被稀有和重要探險作品的收藏家所追捧。克里斯地和璞鼎查名垂青史的原因，除了完成偉大的旅程外，更重要的是因為他們是藉由喬裝為朝覲者深入禁區的先驅，這比使用同樣方法進入該地區，並因此家喻戶曉的理查德．伯頓爵士（Sir Richard Burton）還要早了半個世紀。

令人難過的是，克里斯地沒有像璞鼎查那樣幸運。當璞鼎查被召回印度時，克里斯地接受了馬爾孔姆將軍的請託而留在波斯，同時根據新條約的內容對波斯沙赫的軍隊進行訓練，以抵禦俄國或法國的入侵。但兩年後，在帶領自己訓練的波斯步兵於南高加索地區對抗哥薩克人時，克里斯地因為一個戲劇性的狀況陣亡了，但我們不會這麼快談到那裡，因為在那之前還發生了很多事情。一八一二年初，拿破崙和亞歷山大之間令英國人緊張的同盟關係瓦解了，而這也讓倫敦和加爾各答都鬆了一口氣。該年六月，拿破崙並沒有攻擊印度，反而將矛頭指向俄國，但讓全世界大吃一驚的是他遭遇了史上最慘痛的挫敗。於是拿破崙對印度造成的威脅就這樣解除了——至少在欣喜若狂的英國人眼裡似乎是這樣沒錯。

第四章
俄國的崛起

一八一二年夏天，拿破崙的軍隊路過波羅的海地區的城鎮維爾紐斯（Vilnius），而後一步步走向末日。今日有個簡單的紀念碑在那座城鎮裡，上頭只有兩塊牌子，如果把那兩塊牌子合在一起看，就是一個完整的故事。背向莫斯科的那面寫著：「一八一二年，拿破崙帶著四十萬人經過此地。」而另外一面則寫著：「一八一二年，拿破崙帶著九千人經過此地。」

當拿破崙的大軍一片混亂，從俄國的雪地中落荒而逃的消息傳到英國時，英國人起初還不敢相信。畢竟法軍擁有壓倒性的優勢，拿破崙可說是穩操勝券，而且莫斯科被拿破崙攻陷、陷入火海的消息，似乎也證實了這一點。但各種彼此矛盾的傳言此時卻開始到處流傳，直到幾星期後人們才漸漸知道事情的原委。原來在莫斯科放火的是俄軍而不是法軍，因為他們不希望拿破崙從莫斯科獲得食物和其他補給物資。接下來發生的事情所有人都知道了，因此我不必在此重述。由於冬天逼近加上軍糧極度短缺，法軍先是退到斯摩棱斯克（Smolensk），最後則是從俄國完全撤離。

由於不斷被哥薩克人和游擊隊騷擾，拿破崙的軍隊為了維生開始被迫食用自己的馬匹。法軍很快便潰不成軍，士兵很快開始因為凍傷、疾病和飢餓等因素相繼死亡，喪生人數高達數萬人，傷亡不亞於作戰。內伊元帥（Marshal Ney）的後衛部隊在橫越結冰的聶伯河時，河面上的冰又突然破裂，導致他們失去了三分之二的士兵。於是拿破崙曾經立志要征服東方、遠征印度的大軍，最後只剩下一批精疲力竭、士氣低落的殘兵逃出俄國。此時亞歷山大認為自己是天之驕子，視消滅拿破崙為己任，因此對他來說只將法軍驅逐出境是不夠的。於是他不遠千里乘勝追擊法軍，並在一八一四年三月三十日以勝利者之姿攻進法國首都巴黎。

和其他地區一樣，英國人同樣為拿破崙的落敗感到欣喜，彷彿都忘記亞歷山大之前欺騙英國人，與拿破崙聯手對抗英國的事情，因為又有什麼比拿破崙的勁旅潰敗更讓人如釋重負的呢？於是報紙開始爭相讚揚俄國人，其中有些是事實，但也有些是英國人自行想像出來的。普通俄國士兵的英勇和犧牲（尤其是戰功輝煌的哥薩克人），都讓英國大眾非常神往，一些感人的故事也從歐洲傳到了倫敦，比如那些兇猛的哥薩克人，是如何寧願睡在馬旁邊的草蓆上，也不願意睡在高級旅館舒適的床上，又比如他們在民家借宿的時候，還會幫忙婦女做家事。一位當年春天抵達倫敦的哥薩克士兵便獲得了倫敦人熱情的歡迎，而那場景簡直就像十四年前哥薩克首領在保羅沙皇的命令之下，帶領手下進行過的那場短暫的印度遠征行動一樣，如果還有人記得這件事的話，他們也不會多說什麼。那位哥薩克人後來被英國授予許多榮譽，甚至獲得了牛津大學的榮譽學位，最後帶著滿滿的禮物回到俄國。

然而，英國和俄國之間的友好注定不會維持太久，一些觀察敏銳的人已經開始感覺不安了，因為他們意識到一個新的強權已然誕生，且正在取代拿破崙的地位，其中一位這麼想的人是英國的外務大臣卡蘇里子爵（Lord Castlereagh）。為了對歐洲國界進行重劃，歐洲各國於一八一四年舉行了維也納會議

（Congress of Vienna），而亞歷山大則在會議中提出要求，希望能將整個波蘭都置於自己的控制之下，但卡蘇里認為俄國在歐洲的版圖已經很龐大，因而強烈反對這個要求。但亞歷山大對此非常堅持，還導致英俄兩國幾乎為此開戰，直到亞歷山大同意和奧地利、普魯士一起瓜分波蘭後，危機才獲得解決，但俄國還是瓜分了波蘭大部分領土。不過，俄國趁著拿破崙被囚禁在聖赫勒拿島（St Helena）時於歐洲取得的邊界，在接下來的一百年裡也將會是俄國向西擴張的極限。但在亞洲，由於沒有維也納會議可以抑制俄國的野心，因此那裡的情況很快將會與歐洲大不相同。

英國名將羅伯特．威爾遜爵士（Sir Robert Wilson），可說一手打造了俄國這個強權。威爾遜以個性急躁聞名，參與過許多戰役，而且長期對俄國事物懷抱興趣。亞歷山大於一八〇七年，在提爾希特的船上所說的那句名言就是透過他傳開的——當時威爾遜的一個線人在船上聽到亞歷山大說：「我和你一樣都很討厭英國人，而且也已經準備好要幫助你對抗他們了。」威爾遜一開始就非常欣賞俄國人，甚至在聽到亞歷山大的說詞後依然與他們保持良好關係。在拿破崙開始進攻俄國之前，威爾遜就已被派往俄國擔任亞歷山大軍隊的英國官方觀察員。雖然當時並非戰鬥人員，但他依然盡可能地對戰爭提供協助對抗外來的入侵者。這種英勇行為為他贏得了沙皇的欽佩和友誼，同時也獲得俄國的爵位（在此之前，他也曾獲得過奧地利、普魯士、薩克森和土耳其的爵位）。威爾遜見證了莫斯科被燒毀的過程，也是第一個將拿破崙戰敗的消息傳回英國並引起轟動的人。

威爾遜返回倫敦後，一改此前對俄國的友好態度，開始力排眾議主張對抗俄國人，此舉引起了官方對他的不滿，因為當時在多數人眼中，俄國不只是英國的盟友，還因為擊敗拿破崙而解救了全歐洲。威爾遜除了打破一般人對俄國士兵（特別是哥薩克人）騎士精神的浪漫想像外，更指控俄軍對法軍俘虜的殘暴行為（那些行為以歐洲軍隊的標準來看都是非常恐怖且難以接受的）。大量手無寸鐵的法軍俘虜被活埋，或是赤身裸體的排成一排被手持棍棒的農民活活打死，其中尤以俄國婦女下手極為兇殘。

在英國很少有人能挑戰威爾遜的言論，因為他除了是一位經驗豐富的老兵外，更曾親眼目睹這些俄軍的殘暴行為（包括食人）。威爾遜也不喜歡當時仍沈浸在勝利榮耀中的將軍們，他指控俄軍將軍因為能力不足、怠忽職守，未能在法軍撤退時一口氣將其剿滅，才會讓法軍殘兵（包括拿破崙）成功逃脫。綜合威爾遜在報告中的認知，是俄國的冬天而非俄軍本身擊敗法軍的。他當時在日記裡寫道：「換作是我手握一萬精兵，甚至五千即可，我就不會讓拿破崙再次坐上法國的王位。」威爾遜甚至宣稱沙皇曾經和他透露自己對於指揮官庫圖佐夫元帥（Marshal Kutuzov）的能力沒有信心，但又礙於其擁有龐大黨羽而無發將之開除。

威爾遜從俄國歸來的四年後，一八一七年順利選上國會議員，在此之後他以匿名的方式（雖然沒有誰會懷疑此書的作者是誰）出版了名為《描繪俄國的軍事和政治力量》（*A Sketch of the Military and Political Power of Russia*）此一專門挖苦俄國的書籍，這本書很快便成為暢銷書，在短短的時間內便連續印了五刷。威爾遜在書中宣稱，因為突然崛起而躊躇滿志的俄國人，正在計畫進行彼得大帝傳說中的遺願：征服全世界。君士坦丁堡是俄國的第一個目標，接著是兼併奄奄一息的鄂圖曼帝國，再來則是侵略印度。為了支持此一聳動的說法，威爾遜更指出俄國正在擴軍與不斷對外擴張領土。他警告：「亞歷山大手上握有的兵力不斷在增加，甚至已經超過俄國防線以及財政所能負擔的規模。」

根據威爾遜計算，亞歷山大在位的十六年裡，俄國新增將近五十二萬平方公里的領土，以及一千三百萬名的新子民。為了強調俄國對外擴張的野心，書中還收錄了一張地圖摺頁，上頭用紅線標出了俄國的最新國界，至於之前的國界則用綠線畫出。這張地圖呈現出一件事：亞歷山大的軍隊現比鄰西歐各國首都，且正虎視君士坦丁堡，而君士坦丁堡是通往搖搖欲墜的鄂圖曼帝國、印度的直接門戶。鄂圖曼帝國的首都君士坦丁堡可以說是三面受敵，俄國人可以從三個方向入侵，其中一路是從今日的羅馬尼亞，沿黑海西岸一路南下，另一路是從克里米亞橫越黑海，而第三路則是從高加索地區出發，向西穿越安納托利亞（Anatolia）。一旦亞歷山大掌控了鄂圖曼帝國在近東的領土便能進攻印度；或者經由波斯（來自拿破崙的一些文件也顯示他認為這條路線是可行的）；或者從波斯灣出發走海路，航程不到一個月。

威爾遜寫道，十年前沙皇擁兵八萬，到了現在沙皇已擁兵六十四萬，且還不包括二線軍隊、民兵，以及韃靼騎兵等兵力。此外，恐怕沒有一國軍隊比一般的俄國士兵「還要勇猛」，他國士兵或許也很殘忍，但很難像俄國人那樣「行軍、捱餓，或忍受物質上的匱乏」。威爾遜認為，英國的短視是俄國之所以能快速崛起的罪魁禍首。他宣稱：「歐洲正因為法國大革命、拿破崙戰爭等一系列問題而產生諸多紛擾，但俄國卻受益於這些問題，因而得以接下稱霸世界的權杖。」於是威爾遜認為「正陶醉於權力」的俄國沙皇，對英國利益造成的潛在威脅比之前的拿破崙更大。至於沙皇將如何運用軍隊擴張俄國早已非常廣袤的領土，這只能留待時間檢驗了。威爾遜總結道：「我們有證據可以證明，亞歷山大一直都打算實踐彼得大帝的遺願。」

由於威爾遜曾和俄國沙皇熟識（沙皇畢竟曾授其爵位），在戰場上又對俄軍非常了解，因此《描繪俄國的軍事和政治力量》一書具備無人能及的權威性。不論這本書可能會激怒多少英國的鴿派人士，威爾遜這種危言聳聽的說法，都確保他能在媒體上和其他國會議員間獲得廣泛的關注。有些社論和評論樂見他所提出的警告，認為他做了及時的提醒，有些人則譴責他，認為他抵毀了一個對英國友好的強權，並且散播了不必要的恐慌。當時立場親俄的《季刊評論》（*Quarterly Review*），在一篇長達四十頁以上的評論中表示：「我們現在以及未來很有可能受益於俄國，不要因為俄國有天會變得太危險而破壞與之的同盟關係。」這篇評論還使用了今日可能會在關於英俄關係的社論上看到的說法，主張英俄之間的對抗，應該被限制在「避免兩敗俱傷」的基礎上。

雖然威爾遜在知識分子、自由派人士裡飽受歡迎（他們都很厭惡亞歷山大的專制統治），有些和他抱持類似觀點的報紙和記者也都對他頗為支持，但威爾遜的言論依然受到不少反對的聲浪。不過《描繪俄國的軍事和政治力量》（裡頭有許多論點都是建立在錯誤的假設之上）依然催生了英俄兩國互動的辯論，而這場辯論也將會在接下來的一百年、甚至更久的時間裡，長期出現在媒體上、國會裡、政見中和宣傳手冊上。俄國是個擁有充沛資源、無盡人力的國家，但人們對於這個國家卻又所知不多，伴隨《描繪俄國的軍事和政治力量》的出版，第一顆疑俄論的種子在英國社會中被種下了，對於這個新強權的恐懼和懷疑，已然被穩固、永久地植入英國人的心中，並在之後很長時間裡一直揮之不去。

威爾遜並不是唯一一位害怕俄國將高加索地區當作跳板，藉此入侵君士坦丁堡，甚至德黑蘭的人。土耳其人和波斯人長久以來也都有類似的憂慮，而在一八一一年的夏天，也就是拿破崙即將入侵俄國之際，土耳其人和波斯人也都曾同意將彼此長期以來的恩怨放一邊，先一起對抗俄國。當亞歷山大開始將軍隊從高加索地區撤回到俄國本土作戰、留在當地剩餘的俄軍開始出現大量傷亡之後，局勢看起來對土耳其人和伊朗人其實是有利的。波斯人曾在一場戰役中迫使一整個俄國軍團投降、交出國旗，這對俄國人來說是前所未聞的奇恥大辱。某位評論者如此寫道：「你可以想像波斯皇宮裡有多開心。」、「俄國人再也不是堅不可摧的了。」至少對波斯沙赫來說，情況似乎確實如此，而且他還期望能乘勝追擊，取回之前失去的所有領土。

然而，波斯沙赫的期望很快就會破滅，當時亞歷山大因為與拿破崙的戰事陷入膠著而難以抽身，因而和土耳其蘇丹單獨簽署了一個和平協議（雖然土耳其原本其實是波斯的盟友）。俄國與土耳其於是達成停戰，為了回報土耳其，俄國同意歸還過去從土耳其人手中取得的大部分領土。對於亞歷山大來說，這是一個痛苦的決定，但那能讓他在高加索地區陷入苦戰的軍隊獲得休整的機會，並能將重心都放在與波斯人的戰事上。對於之前敗給波斯軍隊這件事情，俄國人當時依然懷恨在心，恨不得能親自雪恥（當時波斯之所以能擊敗俄國，顯然是馬爾孔姆將軍的英國軍官從旁協助的緣故），而他們也很快便迎來報仇的機會。

一八一二年某個沒有月亮的夜裡，年僅二十九歲的年輕軍官科特里亞雷夫斯基（Kotliarevsky），帶著一小支俄國軍隊偷偷地橫越阿拉斯河〔Aras River，這條河在古希臘的亞歷山大大帝時期，被稱作阿拉克西斯河（Araxes）〕，今日則是伊朗和亞塞拜然（Azerbaijan）之間的邊界。在河的對岸，駐紮著一支由沙赫剛愎自用的子嗣阿巴斯．米爾札（Abbas Mirza）帶領，規模龐大但戒備鬆弛的波斯軍隊。由於之前阿巴斯．米爾札曾擊敗實力已被削弱的俄軍，而且又聽說俄軍非常怕他（這個傳聞很可能是俄國人自己散播出去的），因此當時已經沾沾自喜地放鬆戒備。因為太過自信，阿巴斯．米爾札甚至沒有把兩位隨軍的英國顧問的警告放在心上，因而沒有設置崗哨監視河面，甚至還把原本設置的崗哨給撤回了。他的顧問分別是克里斯地上尉（也就是之前和璞鼎查少尉一起執行探勘任務的英國人，後來以步兵專家的身分對波斯人提供協助），以及亨利．林賽（Henry Lindsay）中尉。林賽是一位身材壯碩的騎兵軍官，身高約兩百一十公分，波斯人總喜歡把他比擬作波斯史詩的傳奇英雄人物羅斯坦（Rostam，譯按：波斯史詩中的一位英雄人物，以體格巨碩聞名）。

由於英國和俄國此時是共同對抗拿破崙的盟友，因此在波斯軍中的英國軍事顧問收到馬爾孔姆的命令，要他們避免在戰時成為戰鬥人員，以免在政治上陷入尷尬處境。然而，俄軍的襲擊實在來得太快，而克里斯地和林賽又不希望波斯人誤以為他們想逃跑，因此決定不顧上級命令，和已經高度效忠於他們的波斯人一起奮戰。於是克里斯地和林賽努力地嘗試重整軍隊，並成功擋下俄軍在第一天的猛烈攻勢，甚至還讓俄軍不得不撤退。但當天晚上，科特里亞雷夫斯基的軍隊在黑暗中再次發動襲擊，導致波斯人在慌亂中誤傷友軍。認為大勢已去的阿巴斯．米爾札於是下令撤軍，然而克里斯地並不理會他的命令，於是阿巴斯快馬加鞭、收起軍旗繼續命軍隊撤退。最後，在一片槍林彈雨中俄軍射穿了克里斯地的頸部，導致他重傷落馬。

根據馬爾孔姆使節團的另一位成員——威廉．蒙特斯中尉（Lieutenant William Monteith）的記述：「克里斯地徵召訓練的軍隊裡，有一半以上的士兵之所以陣亡或受傷，都是為了要將他從戰場上帶往安全的地方」由此可以看出他的部下們對他有多忠誠，但他們的努力依然無力回天。蒙特斯在報告中描述：「克里斯地已經下定決定，不能讓自己活著被俄軍俘虜。」，同時克里斯地曾冒著違抗命令可能受軍法審判的風險表示：「我們應該是來打仗的，不是來逃跑的。」因此，當隔天早上一位俄軍偵察兵發現身受重傷的克里斯地躺在地上，並試圖營救他時，迅速地被重傷的克里斯地殺死了。

克里斯地負傷拒降的消息很快傳到科特里亞雷夫斯耳裡，於是他命令不論多危險都要卸下克里斯地身上的武器，並確保他的人身安全。蒙特斯述說：「克里斯地盡全力進行了抵抗。」、「據說克里斯地在殺害六名俄軍後，最後才被一位哥薩克人開槍射殺。」克里斯地的遺體後來被使節團的英國醫生找到，並在現場就地掩埋。蒙特斯最後總結：「克里斯地是最勇敢的軍官，也是最友善的人。」——儘管俄國人在和他短暫交手的過程中，應該不會覺得他是位友善的人。阿巴斯的懈怠導致波斯軍慘遭突襲，根據統計，波斯軍死傷一萬，而俄軍只犧牲了一百二十四名士兵和三名軍官。除了擊敗波斯軍外，科特里亞雷夫斯基還繳獲了十二把林賽中尉的珍貴火槍（林賽原本擁有十四把），每一支火槍上頭都華麗地刻著（至少俄國人是這麼說的）：「來自萬王之王，贈與沙赫之最。」（From the King of Kings to the Shah of Shahs.）至此，俄國人終於一雪前恥了。

阿拉斯河一役後，科特里亞雷夫斯基橫越雪地繼續向東進軍，目標是位於裏海地區，距離德黑蘭大約只有五百公里，雄偉的波斯據點——連科蘭（Lenkoran），近期才由英國工程師依據現代標準進行重建。連科蘭的波斯守軍不惜犧牲擊退俄軍的第一次進攻後相信此城堅不可破，因此拒絕科特里亞雷夫斯基的勸降。經過五天血戰，在科特里亞雷夫斯基的帶領下，俄軍還是成功攻破連科蘭。儘管俄國人要求波斯人光榮投降，但波斯人卻拒絕了這個要求，最後被屠殺到只剩下一人。此役雖勝，但科特里亞雷夫斯基也犧牲了將近三分之二的兵力，且被人發現頭部受到重傷，呈現半昏迷狀態，於俄軍工兵在牆上炸出的缺口下方，倒在俄國人和波斯人組成的屍堆中。後來，科特里亞雷夫斯基躺在醫院的病床上向亞歷山大稟報：「由於士兵對守軍的頑強抵抗感到非常憤怒，因此他們最後把那四千名波斯人屠殺殆盡，不留活口。」

科特里亞雷夫斯基將軍由於傷勢過重已無法從軍，於是很遺憾地，雖然沙皇想要任命其為高加索地區的俄軍統帥（這對任何一位軍人而言，都是至高無上的榮譽），但他最後只能放棄這個機會。儘管付出高昂代價，但科特里亞雷夫斯基依然帶領俄軍凱旋，因此獲得了沙皇最高級的獎賞，亦即許多俄軍夢寐以求的聖喬治勳章（Order of St George），此一勳章相當於英國的維多利亞十字勳章（Victoria Cross）。這是科特里亞雷夫斯基第二次獲頒聖喬治勳章，以他當時年紀之輕，此一紀錄可以說是前所未見。多年後當科特里亞雷夫斯知道自己不久於人世時，曾把家人找來，在他們面前解開一個小盒子的鎖，而那個鎖的鑰匙他一直都隨身攜帶。科特里亞雷夫斯激動地說：「這個東西就是我之所以無法為沙皇服務，無法至死都為他和國家打仗的原因。」接著他打開盒子從裡頭一一拿出至少四十塊骨頭，那些都是多年前俄國軍醫從他受傷的頭顱中取出的。

波斯人在大敗於科特里亞雷夫斯基兩次後已經無心繼續作戰，因此當急著想盡可能透過外交手段阻止俄軍繼續挺進的英國人，提議要為俄國和波斯進行調停時，沙赫便欣然接受了。此時俄國也希望與波斯停戰以休整兵力，而且作為戰勝國，俄國握有擬定條約的主導權，能夠保有從波斯取得的多數領土。於是根據一八一三年的《古利斯坦條約》（Treaty of Gulistan），沙赫必須割讓阿拉斯河以北幾乎所有領土，其中包括對喬治亞和巴庫（Baku）的主權，並放棄在裏海駐紮海軍的權力。最後這點等同於將裏海變成一座俄國的湖泊，並讓沙皇的軍隊又向印度北部邊界靠近了約四百公里。如果沒有《古利斯坦條約》，俄軍很可能會繼續大開殺戒，進一步向波斯內陸挺進，此條約除了促成俄國與波斯達成停戰外，沙皇更承諾沙赫，萬一有天出現爭議，沙皇願意支持他的兒子兼法定繼承人阿巴斯·米爾札登上波斯王位。

至於波斯其實並沒有打算遵守《古利斯坦條約》，認為那不過是阻止俄國繼續進攻的權宜之計罷了。在英國持續的協助下，波斯希望加速重建現代化的軍隊，然後在適當時機重新奪取失去的領土。畢竟波斯人曾經是一四處征戰的強權，而近期和俄國作戰時在初期取得的勝利，也表明他們仍有能力做到這一點。然而，波斯不知道的是，英俄為了共同對付拿破崙，此時已然正式結盟，而且成功透過和平手段阻止俄國繼續進軍的英國，是不會為了波斯與俄國結仇的。因為俄國在高加索地區的軍事擴張，在英國還未被廣泛視為對印度的嚴重威脅，至少在政治圈中人們的確還未這麼認為，就連羅伯特·威爾遜爵士，以及其他立場和他相近的人，都被認為只是在危言聳聽而已。

由於拿破崙對印度的威脅不再，英國大幅縮編派往波斯的軍事顧問團，同時下達嚴令要求英國軍官今後不得在對俄作戰中帶領波斯軍隊，這件事情讓沙赫感到非常失望。克里斯地的事件，雖然後來因為歐洲又發生了其他大事而被人淡忘，且俄國亦未對此提出抗議，但不論是倫敦或加爾各答的英國人，都不希望看到類似的事件再次重演。沙赫也沒有立場表示不滿，因為英國當時畢竟還是世界上最強的國家，與英國簽署的任何防禦性條約都是聊勝於無。波斯曾提出希望派遣軍官前往印度受訓的要求，但就連這個要求也被英國回絕了，根據印度總督未公開的說法，他們害怕波斯軍官的「傲慢、放蕩和墮落」，會破壞東印度公司本地軍人的紀律和士氣。不過，雖然害怕俄國此一新興強權會變成下一個拿破崙的威爾遜和其他疑俄論者，無法在英國國內獲得太多支持，但駐德黑蘭的英國使節團成員，也已經逐漸對俄國在東方日漸崛起的力量感到擔憂。

有些使節團的成員已經開始感受到俄國此一來自北方的強權所帶來的壓迫感，在那些曾以顧問身分，在波斯軍中協助抵禦俄軍的人裡面，有一位名為約翰．麥克唐納．金尼爾（John Macdonald Kinneir）的年輕印度軍上尉。他後來捨棄了金尼爾這個名字，並將麥克唐納當作自己的姓氏，但為了行文簡明，我會繼續使用他的原名（金尼爾）。在從馬德拉斯本土步兵隊（Madras Native Infantry）被調往東印度公司的政治部門之前，他曾在波斯服役過幾年，而馬爾孔姆將軍在波斯分配給他的頭幾個任務，便是將克里斯地、璞鼎查，以及團隊裡的其他軍官所取得的地理情報，統整彙編成一本書。這本名為《波斯帝國的地理備忘錄》（*A Geographical Memoir of the Persian Empire*）的書在一八一三年出版，在接下來的多年裡，這本書將會一直是該類情資的主要來源。此外，金尼爾也曾在這些地區廣泛旅行，因此針對俄國對英國在東方的利益所造成的潛在威脅，他也很有資格發表一些看法。很快地，金尼爾就會在他第二本著作的附錄裡，以不算短的篇幅就此進行評論，而該書的主題則是關於他在東方旅行的經歷，旅行時間則似乎是威爾遜之後的一年左右。

如果克里斯地和璞鼎查是這場大競逐最早的參與者（儘管當時還是拿破崙的年代），而威爾遜是第一位為大競逐開啟論戰的人，那麼金尼爾應該可說是第一個認真分析大競逐的人，他當時提出的疑問是：「印度到底有多容易被入侵呢？」

第五章

條條大路通印度

印度光彩奪目的財富一直吸引著人們覬覦的目光，早在英國初抵那裡之前，印度的統治者就已經知道，他們會一直生活在被外敵入侵的威脅之中。在東印度公司將其他歐洲對手逐出印度的大約三千年前，一波波雅利安人（Aryan）便已越過印度西北部的山口，迫使原本住在印度次大陸上的居民向南遷徙。此後又有多位侵略者入侵印度，規模有大有小，例如公元前五〇〇年左右的波斯帝王大流士（Darius），以及兩個世紀後的亞歷山大大帝，但他們都沒有在印度進行長期統治。從公元九九七至一〇二六年，加茲尼王朝（Ghaznavid Dynasty）的馬哈茂德（Mahmoud of Ghazni），就曾對印度北部進行十五次以上的入侵（加茲尼現今為阿富汗的一部分），並從印度掠奪許多珍品。古爾的穆罕默德（Mohammed of Gor）（古爾位於今巴基斯坦北部）則是在征服加茲尼後，於一一七五年至一二〇六年間，對印度進行了六次入侵，而他的其中一位將軍還成為了德里的統治者。就在帖木兒（Tamerlane）的軍隊於一三九八年對德里進行劫掠後，另一位中亞戰士——突厥人巴布爾（Babur the Turk），也從喀布爾啟程，將矛頭指向印度，於一五二六年建立了偉大的蒙兀兒帝國（Mogul Empire），並定都德里。但巴布爾還不是最後一位來自亞洲的入侵者，一七三九年波斯野心勃勃的納迪爾沙（Nadir Shah）曾派出一支軍隊，由一萬六千名帕坦（Pathan）騎兵領軍，短暫地攻下了當時依然是蒙兀兒帝國首都的德里，並搶走了世界知名的孔雀寶座（Peacock Throne）和一顆名為「光之山」（Koh-i-noor, Mountain of Light）的鑽石，用以為自己的首都增添光彩。最後，一七五六年，阿富汗的統治者艾哈邁德沙·杜蘭尼（Ahamd Shah Durrani）從印度北部入侵，後對德里進行掠奪，帶走了所有能越過山口搬回阿富汗的珍奇寶物。

上述侵略者每一位都是走陸路前往印度，直到葡萄牙的航海家於十五世紀末開啟了一條從歐洲通往印度的海上路線後，蒙兀兒帝國的統治者才開始擔心入侵者從海上前來的可能。由於英國人也是經海路進入印度的，因此約翰·金尼爾很自然地率先對敵人從海上入侵印度的可能性進行一系列風險評估。畢竟印度長達約五千公里的海岸線防守起來相當困難，難以輕易抵擋、警覺來自海上的突襲，同時不只英國人，葡萄牙人、荷蘭人和法國人都是循海路進入印度。此外，一支由六千人組成的阿拉伯軍隊也曾於公元七一一年沿波斯灣南下，征服信德地區。回顧過往歷史，威爾遜警告道，俄國人可能也會採取類似的路線。

然而，曾經前往波斯灣地區，對該地區瞭若指掌，而且能獲知最新情報的金尼爾卻主張（他甚至曾在波斯灣和阿拉伯海盜發生一些小衝突），欲經海路前往印度必須面對各種障礙，光是這些就足以讓侵略者打退堂鼓，金尼爾寫道：「我們不用過於擔心敵人從海路進入印度的可能性」。首先，任何敵人若欲經海路入侵印度，必須先在印度附近取得良港作為船艦庇護、停泊的據點，只有紅海或波斯灣能夠滿足這個條件。此外，還必須建立艦隊，但這點很難不引起英國皇家海軍注意。再者，建造艦隊的原料從哪裡來呢？金尼爾寫道：「不論是紅海還是波斯灣，岸上都很難找到木材或建造船舶所需的材料。」、「如果沒有取得我們允許，沒有人能經海路載運造船所需的材料前往紅海、波斯灣，或是集結一支艦隊。」紅海、波斯灣水道的入口都非常狹窄，如果有必要的話，英國人可以輕易封鎖這些水道的入口。

從金尼爾提出各種極具說服力的分析看來，金尼爾與其同僚在波斯進行了詳實的考察。他在報告中提到，雖然波斯的西南部確實找得到大量的橡木林（他本人就曾親眼看過），但尺寸卻不足以用來造船。此外，它們生長在相當遠的內陸地區，欲將其運至波斯灣沿岸，除了所費不貲外，途中還須「越過巨大的岩石和可怕的懸崖」。他還提及，雖然橡木也能在衣索比亞的紅海岸上找到，但品質甚至比波斯的還差。因此他補充道，這也是為何所有阿拉伯和波斯的單桅帆船，不是在印度生產，便是使用印度的木材建造而成的原因。

除了上述原因外，印度之所以不需擔心敵人經海路入侵的根本原因，便是英國具備稱霸海上的英國皇家海軍。金尼爾寫道：「就算敵人能克服萬難、耗費鉅資成功運用從敘利亞內陸，或地中海沿岸運來的材料建立一支艦隊……即便如此，他們也找不到港口保護這支艦隊不被我們的巡洋艦攻擊。」此外，金尼爾補充：「就算他們真的找得到港口為艦隊尋求庇護，也必然在離開港口前往印度途中，面臨英國海軍混滅性的打擊。」

金尼爾於是將注意力轉向入侵者可能採取的幾條陸上路線，經陸路進入印度的路線主要有兩條——一條是直接穿過中東地區向東前進，一條則是經由中亞地區往東南方前進。第一條是歐洲侵略者（金尼爾稱之為「某個拿破崙」）最有可能採取的路線；第二條則是俄國最可能選擇的路線。如果入侵者直接向東前進，從君士坦丁堡往印度邊界進發，則有以下可能路線：第一，穿過土耳其和波斯；第二，繞過土耳其穿過黑海直抵土耳其東北部；第三，通過地中海到達敘利亞沿岸，而後進入波斯。金尼爾指出，如果入侵者選擇第三條路線，那麼將遇上英國地中海艦隊的猛烈攻勢，但如果選擇第二條路線，那麼敵人的軍艦便能安全地避開英國海軍。

入侵者與其一路上過關斬將，還不如試著和途經的國家進行協商，不過英國人也不可能袖手旁觀讓這樣的事情發生。然而，即使入侵者真能和途經國家進行協商，他們在前往印度的路上還必須面對一連串難以克服的障礙（金內爾根據自身在該地區對地形的經驗而做出此一判斷）。那些障礙包括高聳的山脈、砲兵無法通過的狹窄山口、缺乏水源的沙漠、民不聊生的貧瘠地區（更遑論支援遠征的軍隊）、充滿敵意的部族，以及嚴峻的寒冬。綜觀史上案例，嚴冬幾乎可在一夜之間殲滅一支軍隊，即使是軍事天才如亞歷山大大帝，亦都曾在跨越興都庫什山結冰的山口時幾乎全軍覆沒（那座山口便是因為被認為無法在冬天通行，才會沒有駐兵防守），當時亞歷山大大帝的軍隊有數千人被活活凍死，其中不少人是在零下的低溫中被黏在石頭上，或是因為凍瘡而喪生。據說他在翻越興都庫什山山口時犧牲的士兵人數，比在中亞地區所有戰役中失去的人數還多。

侵略者會遇到的最後一個天然屏障是湍急的印度河及其支流。印度河全長約兩千兩百公里，任何想征服印度的侵略者都必須先跨越這條河流，此前許多侵略者已經證明跨越印度河並非不可能。但此前的侵略者並不像現在，必須面對一支紀律嚴明、由歐洲軍官訓練領軍的軍隊（而且那些歐洲軍官都熟習最先進的防禦戰術）。防守方可以守株待兔，在精神抖擻、糧食充足、補給規律的情況下應戰，而入侵方則會因為遠道而來、彈盡援絕而成為一支疲兵。金尼爾提到，如果敵軍成功抵達印度河畔，將可能從兩點橫渡：第一，如果入侵者經喀布爾和開伯爾山口前往印度（之前也有入侵者循該路線），那麼最可能的渡河地點是阿特克（Attock）。他指出，印度河在此處的「河面很寬、河水呈現黑色、流速湍急，而且散佈著許多容易防守的沙洲」。然而，阿特克附近還是有幾處可以涉水而過的淺灘。第二，如果入侵者由更靠南邊一點，採取經阿富汗、坎達哈爾，以及伯倫山口此一重要門戶進入印度的話，那麼他們可能在木爾坦（Multan）附近橫渡印度河，那裡位在阿特克下游約五百公里處。當年蒙古人的軍隊便是在這裡泳渡印度河，而金尼爾則指出，那裡「或許就是我們最脆弱的邊界」。其實再往南一些，還有另一條通過俾路支斯坦的路線，但金尼爾似乎沒有將其考慮在內，因為他並沒有提到太多關於該路線的資訊，而或許是因為根據璞鼎查和克里斯地的報告，不論何等規模的軍隊都無法通過那裡，且沿著海岸線前進對入侵者而言，太容易受到來自海上的攻擊，因此一般不會考慮該路線（儘管亞歷山大大帝曾走過這條路線）。

不論入侵者採取哪條路線，都必須穿過阿富汗，即使是俄國人（金尼爾此時將行文重點轉向他們）也不例外，不論他們從高加索地區，或是哈薩克草原邊上的奧倫堡（Orenburg）出發，都必須經過阿富汗方能抵達印度邊境。金尼爾警告，如果俄軍從高加索地區出發，便可以經由當時已經在俄國控制下的裏海繞過波斯，將軍隊向東運送到裏海對岸，之後俄軍可以向奧克蘇斯河進軍，然後乘船沿著河道往上游推進，最後抵達阿富汗北部的巴爾赫（Balkh），越過阿富汗之後，俄軍便可以經由開伯爾山口前往印度。上述俄軍的進軍路線，其實就是彼得大帝曾經希望可以用來和印度的蒙兀兒王朝進行接觸的路線，儘管這個夢想後來因為俄軍在遠征希瓦時遭到屠殺而破滅。金尼爾顯然不知道這條路線的可怕與困難之處在哪裡，因為關於這次遠征以及遠征隊必須克服何種困難的詳細紀錄，一直要到一八七三年，亦即他逝世很久後，才會從俄文翻譯成英文。事實上，只要討論到的地區不在波斯人和土耳其人的帝國境內，金尼爾其實和其他人一樣都所知不多，而他也必須承認，針對裏海東岸和奧克蘇斯河之間的地區，自己「並未能夠獲得可靠的資訊」。

金尼爾也承認，想為一支想跨越中亞地區的軍隊提供補給，會是一個非常大的問題，他寫道：「來自韃靼平原欲向南侵略的軍隊，一般每位士兵會隨軍攜帶軍糧，且他們沒有現代戰爭所需的重裝備，因此可以進行現代化軍隊無法完成的行軍跋涉。

俄國人入侵印度的最後一個可能路線是從奧倫堡出發，奧倫堡建於一七三七年，以此處為基地，俄國人可以控制總在南側和東側的廣袤草原上移動，且十分好戰的哈薩克人。奧倫堡距布哈拉約一千六百公里（根據金尼爾的說法，這段路「據說要走四十天」，但實際所需時間數倍於此），抵達布哈拉後，軍隊還需長途跋涉穿過沙漠和奧克蘇斯河才能抵達巴爾赫。根據金尼爾的說法（還算正確的說法），這條路線上充滿危險的部族，他們均對俄國人抱持著敵意，金尼爾寫道：「俄國人若欲循此路線侵略印度，首先必須打倒韃靼人的勢力。」他認為直到俄國人完成這件事之前，印度都不太可能受到來自北邊的攻擊。令人好奇的是，金尼爾似乎沒有把橫越阿富汗這件事，視為最危險的障礙。但事實上，走這條路線的侵略者不只要將疲憊的軍隊，以及大砲和彈藥運過興都庫什山，還得經過極度排外，而且好戰的阿富汗人的領土。然而，當時的人們，對於環繞印度北部的廣袤山系和居民幾乎完全無所知悉，即使是像金尼爾這樣見多識廣的人也不例外，因為喜馬拉雅山大探險的年代，得再過好一陣子才會開始。

金尼爾和威爾遜認為俄國欲侵略印度不同，他認為比起印度，君士坦丁堡更有可能是亞歷山大的目標：「我猜俄國人不會侵略印度，俄國已然是個領土廣大的強權，而且可能在不久後，便會因為過於龐大難以治理而逐漸分崩離析。」再者，如果沙皇真的想襲擊在印度的英國人，又想將風險和代價降到最低，金尼爾認為他更有可能採取另一個方案——「等年邁的波斯沙赫過世後，扶植新的傀儡政權。」

金尼爾寫道，沙赫的四十個子嗣全都對王位虎視眈眈，這些子嗣有將近一半都是手握雄兵的地方總督，金尼爾認為如果俄國支持其中一位想要角逐王位的王儲（雖然俄國已經承諾支持法定王位繼承人——阿巴斯．米爾札），便無可避免地造成局勢混亂，這時「俄軍就能……將自己屬意的對象推上王位。」，一旦俄國控制了沙赫，那麼想煽動以熱愛劫掠聞名的波斯人出兵印度就不是什麼難事了。畢竟，現任沙赫的祖先——納迪爾沙，當年不就是這樣取得孔雀寶座和光之山鑽石的嗎？俄國甚至可以兵不血刃單純進行策畫，再指使波斯出兵侵略印度，如此沙皇便可擺出一副事不關己的姿態。

金尼爾是第一位對侵略印度路線進行謹慎而仔細研究的人，在他之後也會有許多人進行類似的評估，有些是官方的正式研究，有些則不是。儘管後來的人們開始能將周邊地區在地圖上空缺的資料補上，但大多數他思考過的路線，也都會在後來的研究裡一再地出現，儘管可能有些微的差異。但隨著人們對拿破崙的記憶逐漸模糊、對俄國人帶來的危險愈來愈害怕，他們強調的重點，也開始跟著逐漸往北移動，從波斯移往了中亞，而對於負責防衛英屬印度的部門來說，阿富汗作為入侵印度的必經之地，也開始變得愈來愈重要。然而，以上所述都要等到之後才會發生，儘管威爾遜的警世文章激起了一些激烈的辯論，但大多數人依然不願相信作為英國正式盟友的俄國，會對英國懷有惡意，或意圖侵略印度。

不論如何，俄國向南侵略波斯的意圖，還是暫時因為英國的外交手段而受到阻礙，倫敦當局對此感到十分滿意。然而，當金尼爾尚在書寫著作的時候，俄國在高加索地區的軍事指揮官亞勒希斯·葉爾摩洛夫（Alexis Yermolov），其實已經開始在將目光向東望向裏海對岸的突厥斯坦了，正好一百年後，俄國人將會在那裡中了希瓦人的計謀而落敗。在接下來的五十年裡，中亞各個偉大的汗國和商貿城鎮，將會一個個落入沙皇的掌控中，而緊接著發生的事情，就是這個過程試驗性的第一步。

第六章
大競逐的第一位俄國參與者

一八一九年夏天，喬治亞的首都梯弗里斯〔Tiflis，譯按：現在一般稱第比利斯，（Tbilisi）〕，當時是俄軍在高加索地區的軍事總部，人們也許曾看過一位穿著制服的年輕軍官正在新建的東正教堂裡某個安靜的角落禱告著，他當時會在教堂裡禱告不是沒有原因的，因為他確實有很多問題想要詢問上帝。時年二十四歲的尼可萊·穆拉維耶夫上尉（Captain Nikolai Muraviev），正準備展開一場所有人都認為和自殺無異的任務。在葉爾摩洛夫將軍的命令下，他即將偽裝成土庫曼部族的成員，循著一七一七年那場以悲劇收場、危機四伏的遠征路線，試著前往位於東邊約一千三百公里的希瓦。

如果穆拉維耶夫能成功橫越荒涼的卡拉庫姆沙漠（Karakum desert），且沒有被充滿敵意、不受控制的土庫曼人殺害或變賣為奴的話，他將親自向希瓦汗王遞交葉爾摩洛夫的友好訊息，同時遞上大量的珍品。已有一百年未曾與希瓦汗國進行任何接觸的俄國，因此藉由此次行動開啟和希瓦建立同盟關係的機會。葉爾摩洛夫想用商貿吸引希瓦與俄國結盟，讓汗王不但可以取得來自歐洲的奢侈品，更可以取得俄國的最新科技。在大競逐中，這是一種很常見的策略，俄國人後來也會一再使用此一策略，而葉爾摩洛夫的長期目標，便是在適當時機兼併希瓦。

因此，和希瓦汗王建立友誼只是穆拉維耶夫上尉的其中一項任務而已，但此一任務已足夠危險，因為眾所皆知希瓦汗王是名暴君，不只他的子民，就連周遭的土庫曼部族也對其退避三舍。然而，穆拉維耶夫還被賦予了另一項更加危險的任務，亦即盡可能地對希瓦的防禦工事進行謹慎觀察與紀錄，例如一路上水井的位置和深度，以及汗王的擁兵數量與戰力。同時亦需盡可能地搜集有關希瓦經濟的情報，藉此判斷希瓦擁有大量財富的傳說是否屬實。

俄國對希瓦此一興起於中世紀的遙遠國度還抱持另一個興趣。許多年來大量俄國人（包括男人、女人和小孩）都被變賣到希瓦和布哈拉為奴，這些俄國奴隸最初來自一七一七年遠征行動的倖存者，但今日大多數都是被奧倫堡附近的吉爾吉斯部落綁架或俘虜的士兵與開墾者，或是在裏海沿岸被土庫曼人擄走的漁民及其家屬。沒人知道這些俄國人面臨的慘況為何，因為想逃脫幾乎是不可能的事情。因此，嘗試探尋這些俄國奴隸的狀況，便是穆拉維耶夫的最後一項任務。

葉爾摩洛夫是在深思熟慮之後才選擇穆拉維耶夫進行該任務，首先其為將軍之子，其次他的四位兄弟也都在軍隊裡擔任軍官，再者穆拉維耶夫年僅十七歲便任少尉，且曾在對抗拿破崙的戰役中五次被列入殊勳名單，這些軍功足以證明他是位非常有能力且善於應變的軍人，不過他還具備其他適合這項任務的特質，穆拉維耶夫不只是位受過訓練的軍事偵察員，還進行過幾次秘密任務，比如有次他曾使用假造的證件，並偽裝成穆斯林朝覲者在波斯的防線後方進行探勘。因此，他不只擁有軍人對地形觀察的敏銳度，亦非常清楚自身將暴露在何種危險中。

即便如此，葉爾摩洛夫還是提醒穆拉維耶夫萬一任務失敗，被希瓦人囚禁、成為奴隸，甚或遭到處決，俄國政府也會極力撇清，國家沒有任何方法能解救他，沙皇也不可能願意為了希瓦盡失顏面。葉爾摩洛夫曾告訴穆拉維耶夫，不要羞於將其具備無比魅力的特質使用在汗王身上。此外，他還精通當地語言，葉爾摩洛夫對他說道：「你討人喜歡的能力，再加上你對韃靼語言的熟悉，可以變成很大的優勢。不要用歐洲人的觀點來看待恭維的藝術，亞洲人經常行此方法，你也不用害怕表現得太過阿諛奉承。」

啟程前穆拉維耶夫在教堂裡禱告，而在當時看來他能活著回來的機會及其渺茫，因為幾年前俄國和希瓦最後一次有所接觸時，希瓦汗王便已警告任何靠近希瓦的俄國使節都不會有什麼好下場。但葉爾摩洛夫相信，如果有人可以挑戰成功的話，那個人一定就是聰明而年輕的穆拉維耶夫。

離開梯弗里斯一個月之後，穆拉維耶夫搭上一艘俄國戰艦離開巴庫，在沿海堡壘連科蘭稍作停留後，才開始航向荒涼的裏海東岸。他將會在那裡停留數週，並與幾個分散各地的土庫曼聚落聯繫，同時那裡還駐有俄國海軍與軍隊能為其提供保護。起初土庫曼聚落還對他抱有疑懼，但在向他們首領贈送禮物後，得以逐漸贏得各部落的信任。最後，土庫曼聚落同意讓穆拉維耶夫以四十枚金幣的代價，跟隨一支即將前往希瓦的商隊一同穿越變化莫測的卡拉庫姆沙漠。穆拉維耶夫在啟程時會先支付二十枚金幣，等他平安歸來並登上俄國戰艦後，才會支付剩餘的金幣。儘管商隊裡的人都知道穆拉維耶夫其實是名帶著禮物和重要訊息要給希瓦汗王的俄國人，但為了保護他（當然還有禮物）不被潛藏在沙漠裡的盜匪和奴隸商販襲擊，土庫曼聚落建議他最好偽裝成一位來自賈菲爾貝伊（Jafir Bey）部族的土庫曼人〔亦即穆拉德伯克（Murad Beg）的子民〕。即便如此，穆拉維耶夫還是在自己的衣服裡藏了兩把子彈上膛的手槍和一把匕首。

這支由十七隻駱駝組成的商隊（其中四隻駱駝是穆拉維耶夫的）於九月二十一日正式往卡拉庫姆沙漠的方向前進，一路上還有其他商人陸續加入他們的行列，最後整個商隊擴大到四十個人和兩百隻駱駝的規模。穆拉維耶夫寫道：「天氣很熱，但並非不能忍受。」、「那片沙漠呈現出的……就是一幅死亡的景象，沒有任何一絲生命的跡象……只有偶爾會出現的矮小灌木叢仍努力地試圖在沙漠裡存活下來。」雖然他一路上都很害怕遇上奴隸商，但那趟旅途其實頗為順遂，直到抵達希瓦前五天才遇到些狀況。當時商隊必須停下來等一支擁有一千頭駱駝和兩百個人的大型商隊通過，然而就在此時，大型商隊突然有人指著穆拉維耶夫，此舉讓他非常恐慌，緊接著那群人將他包圍，並向他的同伴詢問其來歷。商隊其他人知道穆拉維耶夫的偽裝此時已被揭穿，於是沉著冷靜地回覆道，穆拉維耶夫是他們抓到的俄國人，而他們當時準備將其帶往希瓦變賣，大型商隊的成員聽到後紛紛向穆拉維耶夫所在的商隊道喜，並說他們才剛在希瓦以不錯的價格賣掉三名俄國人。

當商隊距離希瓦只剩約五十公里左右路程時，穆拉維耶夫先派出兩人前去傳信。其中一人被派往希瓦通知汗王穆拉維耶夫即將抵達，而另一人則帶著類似的訊息前去晉見最近的軍事指揮官。因為穆拉維耶夫不希望任何扭曲、不符事實的謠言先他一步抵達希瓦，當中最不利的傳言便是認為他是俄軍的先遣人員，準備為一七一七年的屠殺事件報一箭之仇。就在商隊騎著駱駝離開沙漠、進入包圍首都的綠洲時，穆拉維耶夫注意到那些村子非常富饒，他寫道：「田地裡鋪滿大量的作物，和昨天貧瘠的沙地迥然不同。」他還謹慎地在筆記本中補充道，即使是在歐洲也沒看過如此精心耕種的土地：「我們行經上頭佈滿果樹的廣袤草地，鳥兒正在樹林間甜美地歌唱著。」

穆拉維耶夫計畫在隔天早晨進入希瓦，但進城不久便被一位氣喘吁吁的騎士攔截下來，那位騎士接著以汗王之名命令他不得再繼續前進，必須在原地等待即將前來的兩位宮廷官員。不久過後，兩名宮廷官員在侍衛陪同下到來，年紀較大的那位官員被稱為「阿特・恰帕爾」（Att Chapar），意思是「奔馳的快馬」，因為其職責是前往全國各地發布汗王詔令，根據穆拉維耶夫的描述：「他的臉像猴子一樣……以極快的語速喋喋不休……每句話都透露出一種卑鄙的性格」。另一名官員則是一位身型高大、留著短鬍、有些貴族氣息的男人，後來證實他是一位希瓦軍方的高階軍官。恰帕爾向穆拉維耶夫保證，汗王會在隔天早上接見他，但又解釋道，在此期間必須在幾公里外的一處小堡壘等待。

堡壘呈正方形，城牆約六公尺高、四十五公尺長，由石頭與泥土夯成，每個角落都有一座瞭望塔。穆拉維耶夫觀察道：「堡壘只有一個由掛鎖鎖著的進出口。」他被分配到的房間既陰暗又骯髒，但確實能夠有效阻隔外頭窒人的熱氣。守衛為穆拉維耶夫送來食物和茶，而他也可以自由在堡壘裡走動，但總有位守衛會隨時跟著他。但不久後，穆拉維耶夫便意識到自己已被監禁，有人在他不知情的情況之下看到他偷偷地在做記錄，而關於這件事的風聲也很快便傳到汗王耳裡。一位俄國使節到來本身就已經夠擾人了，而穆拉維耶夫很顯然還是名間諜，如果放任其重獲自由，他必率軍而返。事實上，穆拉維耶夫的到來在汗王宮中引起不小的驚訝與錯愕，大汗的顧問們對如何對其進行處置亦產生了分歧。

汗王憤怒地咒罵帶領穆拉維耶夫前來的土庫曼人，因為他們沒有在沙漠裡直接將他洗劫一空並將其殺害，如今穆拉維耶夫已來到希瓦，該如何對其處置的難題便落到汗王身上。汗王的宗教顧問，亦即卡迪（Qadi，譯按：伊斯蘭教的宗教法官）建議，應該將穆拉維耶夫帶到沙漠裡直接活埋，但汗王指出如果這個消息傳回俄國國內，他們必定會興兵報復。大部分朝臣都同意穆拉維耶夫已經知道太多希瓦的底細了，因此必須以某種方式將其除掉。但該如何做呢？如果有辦法可以在神不知鬼不覺的情況下除掉穆拉維耶夫，汗王肯定不會多加猶豫馬上執行，依照往例而言，希瓦人十分擅長執行此類行動，但卻在此時遇上困難。

穆拉維耶夫在堡壘中飽受精神折磨七星期後，汗王終於決定接見他以釐清其前來的動機。當穆拉維耶夫已對活著離開希瓦不抱任何期望，甚至開始策劃騎行橫越沙漠前往波斯邊界的逃脫計畫時，汗王決定接見他的消息於此時傳來。隔天，穆拉維耶夫在層層護送下被帶往希瓦，他後來如此描述希瓦：「這座城市非常美麗。」城牆外是富人的宮殿和精心打理的花園，前方隔著一段距離可以看見一座宏偉的清真寺，屹立在城裡高約十二公尺的城牆上，而清真寺的頂端有一顆巨大的金球，在陽光中閃閃發光。

穆拉維耶夫的到訪在希瓦民眾間引起一陣騷動，許多人紛紛前來一睹該位身著俄國軍官制服的異國人物，一大群群眾跟著他穿過狹窄的街道前往為其準備的優雅住所，有些人甚至還強行加入隊伍緊跟在後，必須依靠希瓦的護衛才能將之驅離。當時穆拉維耶夫第一次注意到，在以不可置信的眼神盯著他看的群眾中，居然也有俄國人——他們都是淪為奴隸的可憐受害者。他後來寫道，這些俄國人當時都摘下帽子向他致意：「並低聲請求我幫助他們恢復自由。」關於這些奴隸的記憶後來不斷地縈繞在穆拉維耶夫的心頭揮之不去直到他過世，但當時穆拉維耶夫尚且自身難保，更遑論拯救他們於水火，而諷刺的是，穆拉維耶夫似乎很快便會遭遇與他們類似的處境，儘管他現在的處境已然好轉，但行動依然受到嚴密的監控，而且門口總是有人在監聽他的談話。

就在穆拉維耶夫將葉爾摩洛夫將軍的信件和禮物送進皇宮的兩天後，他便收到當晚覲見汗王的傳喚。於是穆拉維耶夫換上全套軍服（他被告知配劍前去有失禮節），並在護衛的帶領下前往皇宮，那些護衛身上都配有粗重的棍子，一路粗暴地驅離群眾為他開路。就連屋頂上也都擠滿了看熱鬧的群眾，而穆拉維耶夫也再次在群眾之中聽見俄國人「哀求的聲音」。他在經過希瓦貼滿磁磚的雄偉清真寺和伊斯蘭學校，以及有頂棚遮蔽的市集和浴場後，終於抵達皇宮大門。進到皇宮後，穆拉維耶夫穿過三重內院，第一重內院有六十名來自鄰近地區的使節，他們全都是來向汗王致意的。最後，他被帶領走下幾階階梯，然後發現自己身處第四重內院。庭院中央有點違和地設置了一座皇室的遊牧帳篷（亦即中亞地區常見的圓形帳篷），而汗王本人則盤腿坐在帳篷門口處一張美麗的波斯地毯上。

正當穆拉維耶夫為如何接近大汗而猶豫不決時，他突然發現自己被一位穿著骯髒羊皮大衣的男子從背後抓住。有那麼一瞬間，他以為自己上當了。穆拉維耶夫寫道：「有個念頭閃過我的心頭：我被騙了嗎？我卸下了武器、被帶來這裡，不是為了要協商什麼，而是被帶來處決的嗎？」他甩開了那個男子並做好奮力一搏的準備，但他們向穆拉維耶夫解釋，這其實是希瓦一項古老的傳統：「所有使節都會被拖到汗王面前以示自願服從。」於是穆拉維耶夫穿過內院走向帳篷，然後在門口處停下，並用當地的習俗向汗王行禮，之後站在一旁等待汗王開口。汗王頭上包著頭巾，身著紅色長袍，令穆拉維耶夫感到高興的是，那件長袍是用他帶來的禮物中的材料新製成的，穆拉維耶夫後來寫道：「汗王的面貌非常突出，肯定有一百八十多公分高……他紅色的鬍子短短的，聲音非常悅耳，而且說起話來既清晰又流暢，語氣非常莊嚴。」

汗王先是捋了幾分鐘鬍鬚，並仔細地端詳穆拉維耶夫後問道：「這位使節，你為何而來，又想從我這裡得到什麼呢？」自從離開梯弗里斯後，穆拉維耶夫一直在等待這一刻到來，他回答道：「派我前來的是統轄黑海和裏海之間的俄國領土的總督，他管轄的範圍包括梯弗里斯、占賈（Ganja）、格魯西亞（Grusia）、卡拉巴赫（Karabagh）、舒沙（Shusha）、納卡（Nakha）、社欽（Shekin）、施爾萬（Shirvan）、巴庫（Baku）、庫賓（Kubin）、達格斯坦（Daghestan）、阿斯特拉罕、連科蘭、薩爾占（Saljan），以及所有透過武力從波斯人手上取得的堡壘和省份。他派我前來表達對您深深的敬意，並將一封信呈交給您。」

汗王說：「我已經仔細讀過那封信了。」

穆拉維耶夫：「他還命令我傳達幾句話給您，我正恭候您的命令，不知您想要現在聽，還是想要等待另一個更適當的時間再聽？」

汗王說：「現在就說吧。」

穆拉維耶夫於是解釋道，俄國沙皇希望與希瓦建立正式的商貿往來，以促進雙方的共同利益和福祉。在當時，兩國之間的商貿活動並不多，因為所有的商隊都必須在充滿盜匪、缺乏水源的沙漠裡走上三十天。然而，他們其實有條更短的路線可以選擇，亦即位於希瓦和俄國計畫在裏海東岸的克拉斯諾沃德斯克（Krasnovodsk）興建的新港口之間。穆拉維耶夫告訴汗王，他的商隊可以在克拉斯諾沃德斯克找到滿載俄國珍品，以及希瓦臣民所需商品的船舶。此外，希瓦和克拉斯諾沃德斯克之間只需十七天路程，相當於現行路程的一半多一些而已。但汗王聽完穆拉維耶夫的提議後卻搖了搖頭，雖然這條路線確實縮短兩國的商貿路程，但分布於該地區的幾個土庫曼部族卻均受波斯人統治，他補充道：「所以我的商隊很有可能會被洗劫一空。」因此這條路線行不通。

這便是俄國人一直等待的機會，於是穆拉維耶夫建議：「陛下，如果您願意和我們結盟，您的敵人就是我們的敵人。因此，為何不派出一位希瓦代表以沙皇賓客的身分前往梯弗里斯，藉此和葉爾摩洛夫將軍就共同利益的重要事項（比如這件事）進行討論呢？更何況葉爾摩洛夫非常期待能與您建立友誼。」這個建議顯然吻合汗王心裡所想，因為他答應穆拉維耶夫將派出一位官員與其一同返回，並說道：「我本人也希望我們兩國之間能建立堅實、真摯的友誼。」透過這句話，同時也間接告訴穆拉維耶夫他們對話到此結束。穆拉維耶夫看事情進展如此順利，而且自己似乎也不再命在旦夕，於是鬆了一口氣並對汗王鞠躬後便退下了。

此時穆拉維耶夫擔憂能否在冬季來臨前離開希瓦，因為奉命等待他返回的軍艦可能被困於冰層直到隔年春天方能移動。當汗王的官員和穆拉維耶夫準備返回梯弗里斯時，幾位俄國奴隸偷偷地在穆拉維耶夫送修的槍管裡塞了一則短訊，講述他們悲慘辛酸的命運，上頭寫道：「我們冒著風險想通知閣下，這個國家裡有三千名俄國奴隸，必須忍受前所未聞的苦痛，比如飢餓、寒凍、過量工作，以及各種羞辱。請您同情我們並將這件事告訴沙皇陛下，我們這些可憐的奴隸將感激不盡，也會為上帝祈求您的安康。」

這則訊息，深深觸動了原本已小心觀察奴隸狀況的穆拉維耶夫，他在事後寫道：「那讓我深刻地意識到自己蒙受了上天的恩寵，才能從危險之中全身而退。」但當時穆拉維耶夫無法為俄國同胞幫上任何忙，只能盡可能地探知有關他們的情況，再轉告給聖彼得堡的政府知道。他如此補充：「我下定決心一回到俄國，就會盡一切努力解救他們。」

當時曾和穆拉維耶夫簡短交談的一位俄國老人已淪為奴隸三十年了，他在結婚一週後便被吉爾吉斯人俘虜，接著被賣到希瓦為奴，為了攢夠積蓄為自己贖身，多年來他一直長時間在惡劣的環境下工作，但他的主人卻騙走了他所有積蓄，接著又把他賣給其他人。他告訴穆拉維耶夫：「我們把您看做我們的救星，也為您向上帝禱告，我們會多忍受折磨兩年等待您回來。如果您沒有回來的話，我們有些人就會試著一起逃跑，穿越吉爾吉斯草原。如果上帝認為我們該死，那就讓我們死吧，但我們不會活著落入折磨我們的人手中。」穆拉維耶夫得知在希瓦的奴隸市場裡，年輕俄國男性的價格最好，波斯男性的價格則便宜不少，至於庫德人（Kurds）的價格則最低，不過另一方面，波斯女性奴隸的價格卻又遠比俄國女性來得高。試圖逃跑的奴隸如果被抓獲，耳朵就會被釘在門上，因為他們的價格都很昂貴，直接處死太不划算了。

此時汗王派出的官員已經準備隨穆拉維耶夫返回梯弗里斯，於是穆拉維耶夫在抵達希瓦兩個多月後再次踏入沙漠，在前來目送他離開的大批群眾裡，他注意到有一小群愁眉苦臉的俄國奴隸正向他揮手，其中有名看起來出身顯赫的男子跑到穆拉維耶夫的身旁，乞求他不要忘記「在希瓦可憐的俄國奴隸們」。在酷寒的天氣下橫越沙漠後，穆拉維耶夫最後在一八一九年十二月十三日抵達裏海，看見之前載他往返的輕軍艦尚停在岸邊，心裡不由鬆了一口氣，隨後穆拉維耶夫高舉帽子示意後，軍艦隨即派出一艘船前來接他。船上的人看見穆拉維耶夫平安歸來都非常高興，但船員們也告訴他自從五個月前從巴庫出發之後，他們的日子就過得非常艱辛，原本的一百二十人裡只剩下二十人能繼續工作，當中五人已經過世，三十人罹患壞血病，至於其他人則是因為太過衰弱，連在甲板上活動都有困難。

他們在耶誕節前一天抵達巴庫，穆拉維耶夫在巴庫得知葉爾摩洛夫將軍當時在傑爾賓特（Derbent），也就是裏海沿岸更靠北一點的地方，於是他立刻出發前往和長官報告自己已經安全歸來的消息。葉爾摩洛夫將軍則發來命令，要求將來自希瓦的特使們送往梯弗里斯，而他則會在那邊接見他們。與此同時，穆拉維耶夫也坐了下來，開始準備關於這場任務的完整報告，以及為解救身陷希瓦為奴的俄國人的相關建議。那份報告涵蓋的範圍很廣，包括汗王的軍力、防禦的弱點、武器的多寡、進軍攻打的最佳路線，以及經濟、政府體制、犯罪、懲罰、刑求和處決的方式（希瓦人最喜歡使用刺刑）。穆拉維耶夫還描述了汗王「駭人聽聞的殘忍事蹟」，以及他樂於嘗試新的刑求、懲罰方法的嗜好。希瓦汗王在決定戒掉菸酒後，也禁止人民飲酒抽菸，為警惕世人，違者嘴巴將被刀劃破到耳朵的位置，此生將都咧嘴笑著。

穆拉維耶夫激昂地主張，俄國應該儘早征服希瓦，此舉不只可解救俄國奴隸們，還可終結希瓦汗王的暴政。此外，俄國如果取得希瓦，便可打破英國人對珍貴的印度貿易的壟斷，因為一旦希瓦落入俄國掌控中，「亞洲的所有貿易，包括和印度的貿易，就可以改經希瓦直達裏海，接著再沿伏爾加河往上游走，送往俄國和歐洲的市場——這是一條比通過好望角更短、更便宜的路線，將嚴重削弱並最終摧毀英國在印度的統治，同時為俄國商品在印度和中亞提供亟需的新市場。」

穆拉維耶夫還認為攻陷希瓦既不困難，也不需耗費鉅資，他相信只要有意志堅定的指揮官，以及至少「三千名勇敢的士兵」便能完成此項任務，因為他們可以利用對汗王暴政不滿的群眾達到裡應外合的策略。首先，如欲前往希瓦，必須先通過分布驍勇善戰的土庫曼部族的沙漠，根據他自身的經驗，可以確定土庫曼部族和希瓦臣民一樣都非常懼怕汗王，有很高的機率會支持前來推翻汗王的俄軍，而在希瓦城裡規模龐大的第五縱隊亦蠢蠢欲動。此外，除了三千名俄國奴隸（他們許多人原本都曾是軍人）外，希瓦城裡還有三萬名波斯人和庫德人奴隸，他們全都是願意放手一搏，一無所有的男人。

儘管年輕的穆拉維耶夫為了替長官收集情報經歷諸多危險，但他兼併希瓦以及解救俄國人和其他奴隸的偉大計畫卻不受重視。出兵希瓦的絕佳時刻已經不再，因為葉爾摩洛夫已經開始失寵，甚至最後失去高加索地區軍事總督的職銜。此外，亞歷山大沙皇自己在俄國國內也有更急迫的問題需要解決，因為其地位正因眾叛親離而受備受威脅。由於穆拉維耶夫的英勇事蹟，沙皇將他召往聖彼得堡進行表揚，而他則藉機向沙皇講述俄國奴隸在希瓦所受的苦難，雖然穆拉維耶夫沒無法讓他們重獲自由，但由於揭露此事，不只完成了對在希瓦的俄國奴隸們的承諾，也為俄國後來出兵中亞穆斯林地區找到一個絕佳的理由。因此總體而言，穆拉維耶夫的希瓦之旅注定開啟中亞各獨立汗國的滅亡。

其中一名清楚預見此事的人，便是名為威廉・穆克羅夫特（William Moorcroft）的東印度公司官員，他曾在印度最北端與突厥斯坦接壤的地區進行過多年的旅行，亦曾在印度河上游的遙遠營地裡（從來沒有歐洲人踏足該地區），力勸自己位於加爾各答的長官在中亞地區採取前進政策，如此才能搶在俄國人之前先發制人。穆克羅夫特不斷提醒東印度公司，俄國人不只會奪取整個突厥斯坦和阿富汗，以及那些地區尚未開發的廣大市場，也很有可能入侵英屬印度。大競逐中的第一位參賽者——穆拉維耶夫，後來受到俄國重用，官拜高加索地區總指揮官，相較之下，穆克羅夫特的長官卻與其斷絕關係，而他最後也只能在奧克蘇斯河河畔一處寂寥、不起眼的墓地裡辭世長眠。

第七章
兩隻狗的啟示

在喜馬拉雅山口以北，經常暴風肆虐的西藏高原上，矗立著神聖的岡仁波齊山（Kailas）。海拔約六千六百公尺的岡仁波齊山，總是被各種神秘的故事、迷信傳說和終年不化的積雪覆蓋著，不無論是佛教徒或印度教徒，都相信此處便是世界的中心。因為自從人類有記憶以來，佛教徒或印度教徒不惜冒著生命危險也要到達這座遙遠的山峰，因為傳說只要轉山一圈便能洗去一輩子的罪惡。對於信徒而言，岡仁波齊山周邊的荒涼地景充滿了宗教上的聯想，比如有些人認為那裡有釋迦牟尼本人的腳印，此外你可以在那裡的聖湖裡沐浴、探訪聖人的墓塚、在神聖的洞穴裡沉思拜禱，而疲憊的旅人也可以在寺院裡休息。

遠道而來朝聖的人，有些來自蒙古、尼泊爾、印度、錫蘭、中國、日本，也有些來自西藏本地。長久以來許多人在冰凍的山口上喪生，飽受凍瘡、飢餓、雪崩或盜匪的襲擊。然而，阻礙人們穿過山區，踏上這趟前往岡仁波齊山的危險之旅，不只是對死亡的恐懼而已，直到今天他們仍會帶著自己的轉經筒和護身符前來，有些人還會在繞山一圈的艱辛過程中扛著沈重的石頭，以此進行苦行。不過時至今日，這些衣衫襤褸的朝聖者，也開始必須和一車車的西方遊客共享這座聖山，因為此山已被列入了他們的異國旅遊清單之中。

直到最近，岡仁波齊山都是世界上最難抵達的地方之一，只有少數幾名歐洲人曾經踏足該地——創下先例的是兩位耶穌會的教士，他們在一七一五年經過此處，並將此山描述為「恐怖、貧瘠、陡峭，而且極度嚴寒」，隨即他們便匆匆前往拉薩了。一直要到一百年後，才會有下一位歐洲人看見岡仁波齊山，這次是一位英國獸醫，當時正在印度偏遠的北部以及更北的地區旅行，為東印度公司的騎兵尋找馬匹，同時進行一些非正式的勘查行動。這位獸醫的名字是威廉．穆克羅夫特（William Moorcroft），在東印度公司的邀請下，於一八〇八年前往印度擔任種馬場的負責人。不久後他開始相信在北方的某處，亦即中亞地區或西藏的野外，存在一種奔跑速度極快且耐力十足的馬匹，可用以重振東印度公司的純種馬血脈。為了尋找此種馬匹，穆克羅夫特前後一共進行三次長時間旅行，其中在第二次旅程中（在西藏的岡仁波齊山一帶），曾發生一些令他此生難忘的事。

事件發生在一位西藏官員的家裡，穆克羅夫特在那裡驚訝地發現兩隻奇特的狗，而他立刻就發現兩隻狗都來自歐洲——其中一隻是　犬，另一隻則是巴哥犬，均是當時亞洲不存在的品種，那麼這兩隻狗從何而來呢？穆克羅夫特很快便猜到答案，那兩隻狗顯然認出他是歐洲人，於是撲了過去興奮地又舔又叫，就在搖尾乞憐後，牠們開始頗有架勢地模仿起軍事演習的樣子，在穆克羅夫特看來，這只意味著一件事：兩隻狗的主人曾是一名軍人。村民們告訴他，這兩隻狗來自一名俄國商人，但穆克羅夫特並沒有被他們的說法說服。然而，不論事實為何，兩隻狗都證明了一件事：俄國人曾經到訪此處。從那時起一直到穆克羅夫特於一八二五年過世為止，他將不斷地向駐加爾各答的長官提出措辭激昂的警告，要他們留意俄國人對中亞的意圖。

穆克羅夫特相信俄國當時想取得中亞地區此一尚未開發的廣大市場，他寫道：「東印度公司必須決定，是要讓突厥斯坦和西藏的當地人『穿俄國的衣服，還是英國人的衣服』、『跟俄國還是跟英國購買鋼鐵製品』」。此外，他相信俄國人存在「先征服中亞地區各汗國，之後征服印度」的野心。穆克羅夫特在一封寫給長官的信中解釋道，只要幾名英國軍官帶領幾名當地的非正規兵，就能透過從高處滾下巨石的方式，擊敗經由山口向南進軍的俄軍。

然而，穆克羅夫特提出此呼籲的時機不對，當時不論在英國（英國政府）或印度（東印度公司），疑俄論者依然只是不受支持的少數論調罷了。的確，雖然羅伯特．威爾遜爵士此位疑俄論者之父和穆克羅夫特的立場十分相似，但他們兩人應該不太可能聽聞彼此的名字，更不可能有過書信上的往來。此外，東印度公司的高層也不太相信，當時還是英國正式盟友的俄國，居然可能對印度懷抱非分之想。俄國的首要目標是鞏固、保護已經取得的領土（光是完成這點便已所費不貲），而不是像穆克羅夫特呼籲的，在喜馬拉雅地區，甚至更遠的地方取得新的領土。因此，穆克羅夫特的上司忽視他的警告，認為他之所以會有此一看法只是過於熱心，並非來自合理的判斷。穆克羅夫特的信件後來被塞進東印度公司的檔案櫃裡乏人問津，直到穆克羅夫特過世之後才有可能重見天日。

為了找尋東印度公司需要的種馬，穆克羅夫特長期以來夢想能拜訪中亞最富裕的汗國的首都、商隊雲集的城市——布哈拉。他相信可以在那裡的市集找到需要的種馬。穆克羅夫特夢想的種馬便是傳奇的土庫曼駿馬，他在印度北部的市集裡早已聽聞有關此馬的速度、耐力和可駕馭性。一八一九年春天，穆克羅夫特的堅持不懈終於有了回報，上級批准他長達三千多公里的考察之旅，並答應提供經費，而那場旅行便是他這輩子第三次，也是最後一次的考察行動。但和俄國的穆拉維耶夫出使希瓦一樣，穆克羅夫特不會被賦予任何官方身分，一旦陷入麻煩或是因為前往的城市距離印度邊界太遠而被俄國人抗議時，東印度公司也能撇清和他的關係。

買馬只是穆克羅夫特的其中一個目的而已，他也計畫搶在俄國之前為英國商品打開在遙遠北方的市場（他相信俄國人也有類似目標）。於是，穆克羅夫特和夥伴們於一八二〇年三月十六日離開受東印度公司控制的領土，隨行跟著一支規模龐大、速度緩慢的車隊，滿載精心挑選的英國商品，當中包括從瓷器到手槍，從刀具到棉花均有，希望能讓次級的俄國貨相形失色。除了眾多馬伕和傭人外，跟著穆克羅夫特準備一起跨越奧克蘇斯河踏上長征的人，還有一位名為喬治·特雷貝克（George Trebeck）的年輕英國人，以及一位名為喬治·古斯里（George Guthrie）的英國與印度混血男子。後來的旅程證明這兩人不只很有能力、值得信任，在情況變得艱難時，也是非常堅定的好友。雖然穆克羅夫特一行人當時都沒預料到，此一未知旅程將會因為長時間且頻繁的延誤，而必須花上至少六年方能完成，而且最終將以悲劇收場。

由於穆克羅夫特之前曾在北方旅行過，因此知道前往布哈拉最直接的路線是穿越阿富汗。但不幸的是，當時阿富汗正在發生內戰，儘管他們有一小支由廓爾喀人組成的護衛隊，但阿富汗的情勢依然會讓考察隊暴露在極大的危險中，尤其是萬一人們得知他們的駱駝滿載準備賣給突厥斯坦市場的寶貴商品時。因此，穆克羅夫特決定試著繞過阿富汗，並從東邊前往布哈拉，也就是從中國的突厥斯坦境內的喀什噶爾（Kashgar）出發。欲前往喀什噶爾最簡單的方式是從拉達克（Ladakh）的首府列城（Leh）

穿越喀喇崑崙山（Karakoram）的幾處山口。此外，經由這條路線前往布哈拉，穆克羅夫特也希望能為英國商品打開中國突厥斯坦的市場。一八二〇年九月，就在他們於旁遮普（Punjab）歷經無數次延誤、踏上旅程一年多後，穆克羅夫特一行人終於抵達列城，而他也是第一位踏足此處的英國人。他們立刻試圖聯繫位於喀喇崑崙山另一側的莎車（Yarkand）的中國當局，希望能獲得入境許可，但一如穆克羅夫特很快將會發現的，這件事並沒有這麼容易。

首先，莎車位在將近五百公里遠的北方，必須越過世界上最艱難的幾處山口方能抵達（尤其是在冬季），而且由於中國官方行事效率低落，可能需要幾個月的時間才能得到莎車中國官方的答覆。不過，雖然穆克羅夫特花了一些時間才瞭解此事，但其實上仍有其他因素試圖阻止他進入中國的突厥斯坦——亦即今日被稱為新疆的地區。好幾世代以來，列城和莎車之間的商貿都被勢力強大的當地商人壟斷，他們並不希望將這筆生意拱手讓給英國人，即使穆克羅夫特答應任命其中最知名的一位商人成為東印度公司的代理人，依然未能改變他們的心意。穆克羅夫特後來才得知，當他們被允許通過山口時，那些商人也通報中國官方，英國人攜帶軍隊前來的消息。

穆克羅夫特抵達列城後不久，便發現他最害怕的一件事情——該處存在來自俄國的競爭者。那位俄國人名為阿迦．梅赫迪（Aga Mehdi），表面上看來只是一名經營列城和中國突厥斯坦貿易的本地商人，但穆克羅夫特很快便發現他其實是一位波斯猶太人，也是一位很受尊敬的沙皇代理人，平常都在為聖彼得堡的長官進行機密的政治和商貿任務。梅赫迪起家於一個微不足道的小販，之後開始經營喀什米爾披巾的生意，這種披巾因為既保暖又美觀，在全亞洲都非常知名，由於他的事業愈做愈大，接著便跨越中亞地區抵達聖彼得堡，他的披巾也吸引了亞歷山大沙皇本人的注意，讓沙皇表明希望和這位富可敵國的商人見面。

亞歷山大對梅赫迪留下深刻的印象，並派他回到中亞地區嘗試和拉達克與喀什米爾建立商貿往來，後來梅赫迪完成此項任務，成功讓一些俄國商品打進那裡的市場。有次他回到聖彼得堡，沙皇欣喜之餘給賜其一面金牌和金鍊，以及一個俄國名字——梅克提．拉費羅夫（Mehkti Rafailov，以下以拉費羅夫稱呼阿迦．梅赫迪）。俄國人後來又為他規劃了另一項更具野心、兼具政治與商業考量的任務——將版圖向更南的地方擴展，進入旁遮普地區錫克教徒的獨立王國（編按：指錫克帝國〔Sikh Empire〕），嘗試和年邁但極為精明的統治者蘭季德．辛格（Ranjit Singh）建立友好關係，因為眾所皆知蘭季德．辛格和英國人的關係非常好。拉費羅夫帶著沙皇的介紹信前往錫克帝國，上面附有外交部長涅謝爾羅德伯爵（Count Nesselrode）的簽名，信件表面看似非常單純，只表明俄國希望能和錫克帝國建立貿易，同時非常歡迎蘭季德．辛格拜訪俄國。

穆克羅夫特不久後便發現此事，透過自己的特務，甚至還取得一份沙皇信件的複印本，這似乎證明了他對俄國覬覦印度的一系列猜測。穆克羅夫特也發現拉費羅夫當時正準備前往錫克帝國首都拉合爾（Lahore），而且不久後便會抵達列城。穆克羅夫特在日記中寫道：「我非常想親眼看看他，因為這樣一來，我或許就更能確認拉費羅夫，以及野心勃勃的俄國的真正意圖。」穆克羅夫特也得知拉費羅夫不只攜帶一筆巨資，還帶著為數不少大尺寸、價值連城的紅寶石和綠寶石。由於這些寶石價值高昂，不像準備在一般市場販賣或交換的商品，穆克羅夫特猜測那些寶石可能便是沙皇要送給錫克帝國朝臣的禮物。

穆克羅夫特也從剛越過山口從北邊回來的旅人口中聽說，拉費羅夫正在喀什噶爾此一主要由穆斯林組成的地區進行一些見不得光的地下活動。據說拉費羅夫在喀什噶爾已私下承諾當地領袖，只要把喀什噶爾的合法王位繼承人送往俄國，俄國便會出兵協助他們掙脫滿清的統治與收復祖先的失土。穆克羅夫特注意到，不管拉費羅夫的承諾是否屬實，當地的百姓似乎都非常相信沙皇是他們的盟友。很顯然地拉費羅夫是一位非常棘手的競爭者，他對喀什噶爾人民和語言的了解，加上聰明的才智和積極的態度，都讓他非常適合接下「將俄國的影響力擴展到英屬印度」，以及收集介於俄國和英屬印度之間地區的政治情報和地理情報的任務。

穆克羅夫特對遠在一千七百多公里外，位於加爾各答的長官發送信件告知所有這些情報。他還寫到拉費羅夫已經在哥薩克騎兵的護送下，穿越了危險而慢無法紀的哈薩克草原。此時穆克羅夫特更加確信俄國拓展印度北疆市場的背後，其實隱藏一個被他稱為「恐怖的崛起」的計畫，因為俄國商隊可以抵達的地方，哥薩克人當然也能隨後跟上，拉費羅夫形同一名偵察兵，藉由商貿之名探索前來的道路，為俄軍出征進行準備。由於穆克羅夫特一行人都相信印度北部的命運掌握在其手裡，他們必須以某種方式擊退詭計多端，此時距離他們不過兩星期路程的拉費羅夫，因此穆克羅夫特一行人都興奮地等待拉費羅夫抵達列城。

然而，拉費羅夫最後並未抵達列城，我們無從得知他的死因，只知其最後葬身於喀喇崑崙山口的某個高海拔地區，而其遺骸也成為後來被人稱作「這條苦路」（this via dolorosa）的通道上，數以千計人類和動物骨骸的一部分。穆克羅夫特並未提及太多拉費羅夫死亡的細節，只說他「因為突如其來的激烈症狀」而過世。後世只能猜測拉費羅夫死於突然心臟病發或高原反應，因為其所經路線海拔高達五千七百公尺。雖然穆克羅夫特是一位經驗豐富的醫療人員和獸醫，但他並不知道拉費羅夫的死因，又或者答案被深埋在其厚達一萬頁，由報告和通信組成的手稿裡。我們幾乎可以確信拉費羅夫之死和穆克羅夫特沒有任何關係，穆克羅夫特不只品行高尚，而且還極度慷慨大方，根據為他書寫傳記的作者蓋瑞．阿爾德博士（Dr Garry Alder）對穆克羅夫特簡短而唯一的說法（他也許是唯一完整考察過穆克羅夫特文件的人），穆克羅夫特還確保拉費羅夫遺留下來的幼子能獲得妥善的照顧和教育。或許等到俄國關於該時期的秘密檔案能對西方學者公開之後，關於拉費羅夫的確切死因才能真相大白。但穆克羅夫特依然真心相信拉費羅夫是一位深受俄國信任的代理人——就像今日的蘇聯學者，也認為穆克羅夫特是英國為了併吞中亞而派去的頭號間諜一樣。穆克羅夫特在一封寫給倫敦某位朋友的信中主張，如果拉費羅夫再多活幾年，那麼「他可能會在亞洲挑起一些讓歐洲各國政府大驚失色的事件。」

拉費羅夫意外從歷史舞台消失，並沒有減緩穆克羅夫特近乎偏執的想像——他依然認為俄國正對印度北部的國家虎視眈眈。他在沒有事先和加爾各答長官商量，也沒有獲得授權的情況下，便以「英國商人」的身分和拉達克的統治者協商一份商貿條約。穆克羅夫特相信簽署那份條約是一個高明的手段，最後能幫英國的製造商打開中亞地區的市場——直到當時，英國製造商都仍未從拿破崙戰爭所造成的經濟損傷中復原。然而，穆克羅夫特的上司卻無法認同此一熱心之舉，因為當他在未經授權情況下簽署條約的消息傳回印度後，加爾各答便立即發布聲明，撇清和此一條約的關係。加爾各答不只不相信俄國正對中亞地區圖謀不軌（對印度就更不用說了），作為英屬印度重要盟友和鄰邦的錫克帝國，加爾各答的官員亦深知蘭季德．辛格在兼併喀什米爾後便一直覬覦拉達克，穆克羅夫特私下與拉達克簽訂貿易條約無疑可能冒犯，甚至與錫克帝國為敵。

然而，加爾各答當時已來不及阻止蘭季德．辛格得知穆克羅夫特簽訂的非正式條約了，因為穆克羅夫特已經寫信給錫克帝國，警告拉達克是一獨立國家，要蘭季德・辛格不要干涉拉達克的事務，而且拉達克的統治者也願意拉達克接受英國的保護。於是加爾各答火速地發出一份措辭卑微的信件給蘭季德・辛格，為穆克羅夫特犯下的過錯致歉，並完全撤銷那份與拉達克的非正式條約。但加爾各答發出的信件似乎仍未能及時消除蘭季德・辛格對穆克羅夫特的怒氣（至於加爾各答的長官對穆克羅夫特的不滿就更不用說了，而且他們還得繼續和穆克羅夫特來往），因為不久後，穆克羅夫和他的兩名搭檔，便開始受到一連串攸關生命安全的攻擊。

第一起攻擊是某天晚上，有名身分不明的槍手隔著窗戶對他們開槍，差一點便擊中正坐在桌前寫作的喬治・特雷貝克，那位槍手可能誤認特雷貝克為經常會花上幾個小時在案前準備報告、書寫日記的穆克羅夫特了。接下來的兩起刺殺行動則發生在穆克羅夫特身上，而刺殺者也都是在夜間闖入，甚至其中一位刺殺者最後還被穆克羅夫特射殺，於是不斷失敗的刺殺計畫至此開始出現新手法。不久後，穆克羅夫特和他的兩個搭檔便開始感到沒來由的疼痛，他們認為那是某種熱病造成的結果，不過雖然他們觸犯到蘭季德・辛格（更不用說威脅到壟斷商貿的本地商人的利益），但他們依然交到很多拉達克的朋友，其中有些人顯然知道他們的疼痛是起因為何。某天晚上，當穆克羅夫特絞盡腦汁思考疼痛的病因時，兩名蒙面人突然前來拜訪，他們透過手勢斬釘截鐵地告訴他，穆克羅夫特與其夥伴的疼痛起於被下毒，於是穆克羅夫特趕緊丟掉一些可疑的茶葉，結果他們身上的疼痛果然消失了。更離奇的是，刺殺行動在那之後也隨即停止。

不過雖然穆克羅夫特逃過敵人的報復計畫，但他依然要面對上司的不滿情緒。令人意外的是，穆克羅夫特的上司截至當時為止都對種馬場主管，以及他為了尋找新種馬而耗費鉅資的行為非常寬容，即使在兩次考察之旅最後均無功而返，他們還是願意讓穆克羅夫特進行第三次考察，亦即此次目的地為布哈拉的考察。毫無疑問地，一方面加爾各答確實非常需要馬匹，另一方面穆克羅夫特在考察途中亦會送回大量和地形、政治相關的珍貴情報。甚至穆克羅夫特愈來愈高漲的疑俄情緒也沒有為其帶來太多困擾，加爾各答不過是當耳邊風罷了。然而，穆克羅夫特干預東印度公司和鄰國之間高度敏感的關係，此事就沒這麼簡單了。

加爾各答的第一項措施便是發信通知穆克羅夫特被停職的消息，並且不再對其發放薪餉，不久後又發送另一封信命令他返回加爾各答。但穆克羅夫特似乎只收到了自己被停職的消息，但沒有收到將他召回加爾各答的信件，即便如此他依然感到顏面盡失。穆克羅夫特抗議道：「我將我國的影響力延伸到一個位在英國邊界上的國家，這個國家的商貿中心，可以幫助英國商人將市場拓展到突厥斯坦和中國，同時還能提供強大的軍事屏障抵禦北面的敵人。」這種被同袍切割的羞辱感，他實在無法嚥下。此外，穆克羅夫特也無法挑起長官對中亞仍未開發的廣大市場的興趣，更無法說服加爾各答或倫敦的任何人，讓他們認同自己預感俄國對英國在亞洲的利益將造成威脅的認知。

一般人如果沒有像穆克羅夫特這樣意志堅定的話，或許早就在失望中放棄了，畢竟他大可回到倫敦當一位成功的獸醫。然而，穆克羅夫特並沒有忘記遠赴中亞尋找種馬的初衷，如果經由中國的突厥斯坦前往布哈拉的路線行不通，他們就必須採取另一條更危險的路線：穿越阿富汗。穆克羅夫特沒有意識到的是，雖然他在拉達克花了好幾個月的時間試著和山脈另一邊的中國人進行協商，但其實打從一開始這種做法就是沒有意義的，因為狡詐的拉費羅夫（雖然穆克羅夫特對他抱持很高的敬意）在踏上翻越山口的死亡之旅前，便已經成功地說服中國當局對穆克羅夫特一行人抱持疑心。

穆克羅夫特一行人此時得嘗試彌補浪費的時間，在將他們召回的信件抵達之前趕緊離開列城。一八二四年春末，他們在途經喀什米爾和旁遮普（他們小心地走在拉合爾的北邊，繞過了錫克帝國的首都）後，橫越了印度河，接著進入開伯爾山口。那個山口的後面便是阿富汗，而在阿富汗之後，就是布哈拉了。

第八章
奧克蘇斯河上之死

帶著一支滿載貴重商品（據說還攜帶黃金）但武裝護衛不足的車隊越過阿富汗的核心地帶，即使是在最安全的時期裡都是件極其危險的事。如果在阿富汗陷入動盪，處於無政府狀態的內戰邊緣時嘗試此行為，無疑是一件極為勇敢或愚蠢的行為，但這就是穆克羅夫特一行人當時想要大膽嘗試的事情，他們能活著出來以及帶著貨物安全抵達奧克蘇斯河的機會看來微乎其微。此外，早在他們出發前，關於他們的傳聞便已傳開了，因此實在很難讓人相信他們能全身而退。

其中一個傳聞指出，穆克羅夫特一行人其實是英國軍隊的秘密先遣隊，準備在英國入侵阿富汗前先行偵查。也許阿富汗人真的可以看穿穆克羅夫特內心所想，因為不久後他還真的寄信前去加爾各答，提議英國入侵阿富汗。穆克羅夫特還警告，如果英國人不先入侵阿富汗的話，幾乎可以肯定俄國人一定會採取行動，既然當前阿富汗陷入兩派爭奪王位的內戰，此時不出手更待何時？穆克羅夫特亦主張，只需要一個英國軍團便可平息內戰並建立聽命英國的魁儡政權。但和往常一樣，他的建言並未引起太多重視。不過在那不久後，將會有另一群更有影響力的人提出與穆克羅夫特相同的呼籲，並宣稱此一想法起源於他們。因為阿富汗注定在大英帝國歷史中占有重要地位，而穆克羅夫特只是比當時的人們更有先見之明而已。

另一個讓穆克羅夫特一行人十分尷尬的傳言，是他們準備支付大筆費用給途經地區的各部族，藉此保障安全通行。他們一直害怕遭到攻擊或遇上危險，但也因為穆克羅夫特的獸醫技術而結交到不少朋友，因為在此一幾乎所有人都依賴畜牧業維生的地區裡，獸醫是眾人十分需要的職業。阿富汗酷熱的夏日對他們來說是非常艱辛的挑戰，甚至連隨行的狗都受不了，其中兩隻更因為中暑而暴斃。穆克羅夫特描述道，那熱浪「就像是從鐵匠的火爐裡吹出來的。」和往常一樣，當穆克羅夫特在旅途期間，詳盡地記錄當地的居民、地形、野生生物、家畜、農業和古蹟。在巴米揚（Bamian）此一壯觀的佛教遺跡裡（穆克羅夫特一行人是史上第一批親眼目睹此遺址的歐洲人），他們充滿敬畏地仰望從崖壁雕刻出的巨大佛像，當時他們估算較高的那座佛約四十五公尺，但實際高度比估算的還高了約九公尺。此外，他們還用木炭在一個洞穴裡寫下自己的名字，直到一百五十年後，穆克羅夫特的名字依然健在。

最後，他們克服一連串令人精疲力竭的障礙，終於在進入開伯爾山口將近八個月後抵達奧克蘇斯河的河畔，成為史上第一批踏足那裡的英國人，考量到他們面對的危險和困難，這真的是一個非常需要勇氣和決心的事。即使是今日，也很少有歐洲人看過奧克蘇斯河，因為它的河道位置實在太過偏遠，而看過的人則多數是從中亞的塔什干飛往喀布爾的飛機上看到的。穆克羅夫特當然知道這條大河在戰略上的重要性，甚至能想像有天哥薩克人帶著馬匹泅渡那裡的景象。他提到：「河流的流速比我預期的還要慢一點，時速不到兩英哩，河岸的高度不高，土質也鬆軟，就像恆河那樣，而且河水也因為泥沙而非常混濁。」

在赫瓦加薩拉（Khwaja Salah）此一主要渡河點，奧克蘇斯河看起來就和查令十字（Charing Cross）一帶的泰晤士河（Thames）差不多寬（但奧克蘇斯河其他河段其實比泰晤士河還要寬許多）。奧克蘇斯河的源頭位於帕米爾高原，據說每到春天，當帕米爾的積雪開始融化時，這條河的寬度在有些地方甚至可達三公里以上。赫瓦加薩拉有三艘平底木船提供擺渡服務，每艘能搭載二十隻駱駝或馬匹。

當時已經進入冬季，而冬雪也讓穆克羅夫特一行人的旅程變得更難熬，整片沙漠此時像是沼澤一般，泥沼深及膝蓋，讓車隊難以前行。他們在跨過奧克蘇斯河的五天後抵達卡希（Kashi），那裡是布哈拉王國的第二大城，統治該城的是年約十六歲的托拉．巴哈達爾（Tora Bahadar）王子，亦即布哈拉王國埃米爾的第二名兒子。為了向他致意，在前往其宮殿前，穆克羅夫特一行人必須先努力穿過一條條泥沼帶，那些泥沼下方都暗藏從上面看不見的洞穴，一旦不小心踩上去將難以脫身。穆克羅夫特記錄道，覲見巴哈達爾的過程氣氛友善但短暫，同時認為：「看來我們在布哈拉應該也能受到歡迎。」但當時他並不知道，巴哈達爾「臉上一直掛著的笑容」的背後，其實隱藏殘忍的野心和凶險的性格，他在父親過世後殺害自己的哥哥登上布哈拉的王位，後來還將兩名英國軍官送入鼠滿為患的地牢裡，然後在宮殿前方的廣場上將其斬首。

一八二五年二月二十五日，穆克羅夫特一行人從遠方便看見了喚拜塔和清真寺圓頂的清晰輪廓，他們知道布哈拉此一中亞地區伊斯蘭的聖城終於到了。由於布哈拉太過神聖，據說世界上其他地方陽光都是從天空灑下的，只有布哈拉會放射出光芒照耀天堂，對疲憊的穆克羅夫特一行人而言，那一定是幅令人感到幸福的景象，讓他們在離開加爾各答之後所經歷的一切值回票價。穆克羅夫特當晚在日記裡寫道：「站在城門前，過去五年來我們四處流浪、受苦冒險，就是為了抵達那裡啊。」令人難過的是，他們的興奮之情並沒能維持太久，隔天早晨進城之後，他們發現小孩都興奮地對他們喊「俄國人、俄國人」，穆克羅夫特當下便知道那些孩子一定都看過歐洲人了，而來自北方俄國人早已先他一步抵達布哈拉了。

穆克羅夫特很快便得知，原來俄國人在四年多前就來過布哈拉，但在廣袤的亞洲核心腹地裡，消息流通得非常慢，因此不論是在印度北疆的穆克羅夫特，或是在加爾各答的英屬印度當局都不知道這件事，對俄國人來說樂於見到這種狀況持續下去，因為他們認為居住著穆斯林的中亞地區位於俄國勢力範圍內。當時前來的使節團，是一八二〇年十月份從俄國奧倫堡出發的，官方名義是一個外交和商貿團，隨行帶來一封沙皇寫給埃米爾的信，雖然那封信有些冒犯，但在布哈拉本地人的協調下，埃米爾還是同意收下那封信。為了讓事情進展更順利，俄國人帶來豐富的禮物，包括槍砲、毛皮，手錶和歐洲的瓷器，他們希望藉由這些東西勾起布哈拉富人的購買慾，因為當時俄國的工廠愈來愈亟需尋找新市場（當時俄國已有五千多家工廠，總計雇用二十萬名勞工）。

俄國國內的市場太小，消費力也不足，無法消化快速增長的工廠製品，而英國人使用的機器由於更加先進，使英國商品在歐洲或美洲比俄國商品有更大的市場競爭力。但中亞就在俄國自家門口，那裡有潛在的廣大市場，且直到當時都沒有任何競爭者，因此不論需要多少代價，俄國都不能讓英國染指中亞地區，古絲路上的市集只能出現俄國商品。對聖彼得堡而言，大競逐在商貿突破上的意義，就和政治、軍事擴張一樣重要，尤其當年處於大競逐前期，不過無可避免地，俄國的雙頭鷹旗幟總會和俄國商人的商隊一起前進，這個不間斷的過程在英國方面，當時只有穆克羅夫特率先預料到了。而在遙遠的布哈拉，穆克羅夫特自己也是第一次親眼目睹當地市場充斥俄國商品的景象。

無可避免地，俄國於一八二〇年派出的使節團當然不只為了進行商業上的探查，而穆克羅夫特一定也早就猜到了。我們後來得知，俄國使節團其實也是為了帶回關於布哈拉的城防資料，並且盡可能地取得軍事、政治和其他方面的情報。在俄國使節團裡，有位名為艾佛斯曼（Eversmann），出生於德國的醫生，曾進行過一場幾乎等同自殺的行動：艾佛斯曼在偽裝身分後潛入布哈拉，並和埃米爾的子民攀談，藉此搜集能取得的一切資訊，因為他原本以為使節團和護衛人員會被阻擋在城外。雖然埃米爾最後同意接見俄國使節團，但他們並沒有忘記之前出使希瓦的使節團在慘遭埃米爾欺騙後被屠殺的前車之鑑，因此這次除了有騎兵和步兵護衛外，俄國使節團還帶了兩門威力強大的大砲，如果有需要的話可用以摧毀布哈拉的土牆、宮殿和清真寺。

橫越草原和沙漠的路程長達一千六百公里，對人類和動物來說都是非常艱苦的旅行，因此早在俄國使節團踏入埃米爾的領土前便已失去許多馬匹。他們首先必須通過哈薩克人的領地，雖然哈薩克人並沒有給他們帶來任何威脅，但有次俄國使節團在沙漠裡目睹一百多具來自布哈拉商隊的遺體，他們均因途中遭遇盜匪襲擊葬身此地，那些遺體無情地提醒俄國使節團，如果沒有先制伏掠奪成性的哈薩克人，那麼將可能遭遇與布哈拉商隊類似的威脅。俄國使節團在出發後兩個多月抵達第一個布哈拉的據點，並在隔天遇到一個車隊，那個車隊是貼心的埃米爾派來的，上頭載著新鮮水果、麵包，以及供應給他們馬匹的飼料，可惜這並非俄國使節團當時希望看到的東西。四天後，俄國使節團便在首都布哈拉的城外紮營，等待埃米爾的接見。

於是艾佛斯曼醫生的機會來了，當時「俄國人」（Ooroos）的到來在當地造成不小的轟動，於是他便偽裝成商人，在市民興奮混亂的掩護下偷偷地潛入城裡，並下榻於一間客棧中。當俄國使節團的其他成員和護衛被安置在城外的某個村子時，這位如幽靈般沒人認識的醫生，便已開始在城裡搜集包括軍事、生活（甚至包括性事）等有關布哈拉的資訊。艾佛斯曼針對性事如此寫道：「如果不是因為羞於啟齒，我其實可以描述許多令人難以置信的細節。」、「連在君士坦丁堡都被視為禁忌的事情，居然都能在布哈拉看到。」艾佛斯曼指出，儘管被抓到沈溺於這些他未明說的「滔天大罪」的話會受到非常嚴厲的懲罰，但布哈拉人依然沒有「高雅情感」的概念，滿腦子只想著滿足性慾，就連埃米爾本人也不例外。艾佛斯曼寫道，埃米爾除了有自己的後宮外，在城裡還享有「四、五十個墮落女子」的服務，進行「索多瑪和蛾摩拉（Sodom and Gomorrah，譯按：典故出自聖經，索多瑪和蛾摩拉是迦南地區的兩座城市，城裡的人違反了耶和華的戒律）令人厭惡的恐怖犯行」。

我們並不知道艾佛斯曼到底是如何偽裝的，但他應該具備高操的偽裝技巧，因為儘管埃米爾手下的秘密警察到處都有眼線，但艾佛斯曼待在布哈拉的三個月裡，居然都沒被察覺有何可疑之處，但他其實知道自己正在進行一場非常危險的行動。艾佛斯曼寫道，向別人問問題，甚至只是散步，都足以引起別人的懷疑和注意，而這是他亟欲避免的，所有在白天取得的情報都必須在夜裡偷偷地記錄下來。然而，艾佛斯曼不可能一直如此幸運，有天他不幸地被一位布哈拉人認出來，那人記得曾在奧倫堡看過他，並向秘密警察進行舉報。艾佛斯曼原本計畫將自己的所有筆記都交給使節團的某位成員後，再獨自加入一個準備前往中國突厥斯坦的喀什噶爾商隊（艾佛斯曼似乎曾提議前往喀什噶爾，為長官搜集類似布哈拉的情報），但他卻收到警告：一旦離開布哈拉，少了俄國人的保護，立刻便會面臨生命危險。

雖然埃米爾發現艾佛斯曼的詭計，但也不願在台面上損害剛剛和俄國建立的友好關係，而這應該就是埃米爾欲等到艾佛斯曼和使節團分開後才打算收拾他的原因。艾佛斯曼於是立刻改變計畫，決定和當時已經完成任務（這些任務包括偷偷畫下城牆的平面圖）、等待嚴冬結束的俄國使節團一起返回奧倫堡。

一八二一年三月十日，俄國使節團在友誼長存的聲明中告別布哈拉，埃米爾在這座首都裡統治著面積和不列顛群島差不多大的王國。十五天後，俄國使節團離開布哈拉王國境內，和穆拉維耶夫在希瓦時一樣，他們心裡都暗藏無法拯救布哈拉的俄國奴隸於水火的遺憾，有些俄國奴隸因為在布哈拉被奴役太久，連俄語都幾乎不會講了。使節團的某位成員曾回報道：「他們一看到我們就無法止住淚水。」但不論使節團成員的感受為何，他們都無法為那些可憐的俄國奴隸做什麼，最多只能和之前的穆拉維耶夫一樣，將其可憐經歷公諸於世，並祈禱俄國有天能統治中亞，永遠禁絕這種殘忍野蠻的行徑。

就算俄國當時曾想用武力攻下布哈拉，但這個想法也沒有真正實現。的確，中亞地區還要再過四十年，才會進入沙皇的統治範圍。然而，對於穆克羅夫特而言，俄國似乎極有可能出兵征服布哈拉，他在布哈拉的時候雖然受到埃米爾的熱烈歡迎，但也發現兩個令其非常不安的事實。首先，雖然俄國商品的品質不如英國商品，但布哈拉人更偏愛俄國商品。此外，讓穆克羅夫特同樣失望的是，在布哈拉的市場中，並未找到長久以來朝思暮想的土庫曼駿馬。

由於穆克羅夫特無法找到土庫曼駿馬，決定趕在印度北部的山口因冬季積雪封閉前返回加爾各答。於是穆克羅夫特一行人帶著在當地取得的少數幾匹馬沿路折返，但就在他們跨越奧克蘇斯河後，穆克羅夫特突然決定再做最後一次嘗試，前往西南邊一個遙遠的沙漠村莊買馬，因為他聽說那裡還能找到土庫曼駿馬。於是穆克羅夫特將特雷貝克和古斯里留在巴爾赫，自己帶著幾人前往那座沙漠村莊，而那也將是他們最後一次見到穆克羅夫特。

穆克羅夫特一行人的最終命運將永遠是個謎團。首先，官方紀錄穆克羅夫特死於一八二五年八月二十七日前後，死因為熱病，穆克羅夫特當時年近六十歲，就印度的標準而言已經是位老人，而且幾個月來，他也一直抱怨自己的健康狀況不佳，穆克羅夫特的遺體由於腐化得太嚴重，因此難以分析其真正死因，不久過後便被同伴帶回巴爾赫就地埋葬。古斯里與特雷貝克在穆克羅夫特死後不久亦相繼逝世，兩人看來都是自然死亡的。與此同時，穆克羅夫特一行人的翻譯（他長期以來擔任穆克羅夫特的翻譯）也過世了。由於穆克羅夫特一行人接連過世實在太過巧合，因此在印度很快便有了關於他們死因的傳言。有人說他們可能是被俄國特務下毒殺害的，另一個版本的傳言則沒有這麼戲劇性，說他們是因為遭人劫財而被殺害的。穆克羅夫特傳記的作者阿爾德則認為，穆克羅夫特一行人幾乎可以確定死於某種熱病，而穆克羅夫特或許是在發現那個沙漠村莊並沒有土庫曼駿馬，最終喪失生存意志一命嗚呼，因為他把那裡當作尋找馬匹任務最後的一線希望。

穆克羅夫特一行人的故事在巴爾赫似乎已畫下句點，但最後還存在一個轉折。正當眾人以為穆克羅夫特已逝世的二十多年後，兩位法國教會的探險家抵達了拉薩，雖然拉薩位於穆克羅夫特過世的沙漠村莊以東約兩千四百公里處，但這兩位探險家在被西藏人趕走前，卻聽聞一則奇怪的故事。有人言之鑿鑿地告訴他們，有位名為穆克羅夫特的英國人假裝自己是喀什米爾人，曾在那裡住了十二年。這件事一直要到他在前去拉達克的路上過世後才終於公諸於世，因為有人在他的家裡找到了拉薩這座禁城（the forbidden city，譯按：由於拉薩擁有不少宗教建築，又是達賴喇嘛的居住的地方，因此在英文語境中，拉薩有時會被冠上這個稱號）的地圖和平面圖，而那些地圖看來就是這位神秘的外地人所繪製的。那兩位法國傳教士在此之前都沒聽過穆克羅夫特，但根據他們所述，有一位喀什米爾人自稱是他的僕人，並證實了西藏人告訴他們的故事。兩位法國傳教士的遊記後來於一八五二年初次以英文出版，並在書中揭露此則特別的故事，因而在英國引起一陣小規模騷動，因為那本書提出了一個問題：埋葬在巴爾赫所謂的穆克羅夫特遺體，真的是他本人嗎？還是那其實是別人的遺體呢？

穆克羅夫特傳記的作者雖然沒有排除穆克羅夫特無顏面見加爾各答的長官因而假死的可能，但他認為這種可能性很小，因為「許多證據和概率」都不支持此一說法。阿爾德博士總結道，只有暫時的精神錯亂（或許是受到發高燒的影響），才能解釋穆克羅夫特當時怪異、反常的舉止。關於法國傳教士聽聞的故事，一個可能的解釋是：當穆克羅夫特的車隊因為穆克羅夫特本人與重要夥伴相繼身亡解散後，其中一位喀什米爾隨從可能使用穆克羅夫特的地圖和文件找到前往拉薩的道路。或許那位隨從後來在返回喀什米爾的途中過世了，而那些寫有穆克羅夫特名字的地圖和文件才會在其家中被發現。由於那些天真的西藏人原本就一直懷疑這位外地人（喀什米爾隨從）的意圖，當時可能會假定那些地圖畫的就是他的母國，並以為那位過世的喀什米爾隨從之名便是出現在地圖上的那個名子（穆克羅夫特），而且這麼多年來他顯然一直都在暗中監視西藏人。

不過，雖然穆克羅夫特是在活著時被長官撤職，而且只有死亡能將他從官方譴責的羞辱中解救出來，但他在之後依然獲得不少補償。由於他在找尋種馬的艱辛過程中對中亞地區進行大量對後世貢獻良多的調查，因此今日受到地理學家的讚譽，並被許多人視為喜馬拉雅山探索之父。根本沒人在乎穆克羅夫特最後是否找到合適東印度公司的種馬，也沒人在乎他為英國商人開啟了布哈拉的市場，儘管這些對穆克羅夫特而言都是非常重要的事情。但就我們所知，穆克羅夫特真正讓自己獲得平反的原因，其實是對地緣政治領域的貢獻，因為就在他過世不久後，他不斷提出卻一直被忽略的警告真的實現了——俄國對中亞的野心終於浮上檯面。穆克羅夫特的警告，以及在那些即將捲入大競逐的中亞國家中的精彩旅程，很快便會讓他一躍成為英國年輕軍官的偶像，而他們也注定追隨穆克羅夫特的腳步。

或許穆克羅夫特對自己最終的平反，就是位於巴爾赫的偏遠墓地。最後一次有人看見那座墓地，是亞歷山大．伯恩斯（Alexander Burnes）於一八三二年時看到的。伯恩斯也是英國人，而且也是中亞大競逐的參與者，當時正在向北前往布哈拉的途中，他花了一番力氣在月光下於巴爾赫小鎮的外頭，終於發現了穆克羅夫特沒有任何標記且被一座土牆半掩著的墓地。由於穆克羅夫特的同伴們是異教徒，因此他們當時無法在小鎮裡將其埋葬。於是穆克羅夫特的長眠之處，正好便位在蘇聯軍隊和裝甲車一百五十年後向南挺進，跨過奧克蘇斯河進入阿富汗的位置附近——大概沒有別的地方比那裡更適合作為他的墓地。

第九章
氣壓急轉直下

俄國和波斯在高加索地區達成的停戰協議，讓哥薩克人停下了進軍的腳步，卻也使得聖彼得堡將貪婪的目光望向中亞，不過此一停戰協議並沒能夠維持太久。《古利斯坦條約》是一八一三年英國在俄國與波斯之間居中協調出來的產物，但不論是俄國沙皇或波斯沙赫，都認為那紙條約不過是可以讓他們養精蓄銳準備再戰的權宜之計。沙赫的目標是取回根據條約割讓給俄國的領土，而俄國則希望在時機成熟時拓展並鞏固在南方和波斯的邊界。就在穆克羅夫特死後不到一年，俄國與波斯又再次進入交戰狀態，讓英國擔心俄國最終將推翻波斯。

俄國與波斯之所以會再起戰端，直接原因是對於條約用詞的詮釋出現分歧，因為該條約並沒有明確規範葉里溫和塞凡湖（Lake Sevan）之間的地區歸屬於哪方。為了解決此一爭議，俄國在高加索的總督葉爾摩洛夫將軍，和波斯王儲阿巴斯·米爾札進行了幾次談判，但談判最終均以失敗收場，而葉爾摩洛夫的軍隊則在一八二五年十一月直接佔領了葉里溫和塞凡湖之間的地區。為此，波斯要求俄國撤軍，但葉爾摩洛夫回絕了此一要求，導致波斯全國上下異常憤慨，紛紛加入對抗俄國異教徒的聖戰中，從全國各地湧向阿巴斯．米爾札的麾下。

波斯人知道當時俄國人並沒有準備好開戰，俄國當時不只捲入希臘人抵抗土耳其追求獨立的戰爭中（俄國支持希臘人），而且由於亞歷山大沙皇突然於一八二五年十二月駕崩，因此他們也必須面對國內嚴重的混亂情勢（尤其軍隊內部）。由於阿巴斯．米爾札才剛擊敗土耳其，因此決定在俄國人防備不足的情況下乘勝追擊。於是波斯在沒有事先預警的情況下突然命三萬名波斯大軍跨越俄國邊界，最後俘虜一整個俄國軍團，並收復幾處原本屬於波斯的重要城鎮，而波斯的非正規軍則繼續向北劫掠，兵鋒直抵葉爾摩洛夫在高加索地區的總部——梯弗里斯的城下。此外，勢如破竹的波斯軍還成功收復裏海沿岸雄偉的連科蘭堡壘。

被譽為「高加索雄獅」的葉爾摩洛夫在漫長而傑出的軍旅生涯中，還是第一次如此措手不及，顏面盡失的聖彼得堡於是指控倫敦不斷煽動波斯發動攻擊，因為所有人都知道，阿巴斯．米爾札的軍隊裡有英國軍官擔任顧問，有些甚至擔任波斯砲兵的指揮。新任沙皇尼古拉一世（Nicholas I）馬上決定將葉爾摩洛夫撤職，並換上俄國其中一位優秀的年輕將軍——帕斯克維奇伯爵（Count Paskievich）。儘管葉爾摩洛夫失去上級的信任，但其手下的士兵依然非常尊敬、仰慕他，並將這次慘敗歸咎於俄國政府，當他坐上馬車離開梯弗里斯時（馬車甚至還是他自費雇用的），許多俄軍士兵在眾目睽睽之下紛紛落淚。

由於俄國進行增兵，帕斯克維奇成功扭轉頹勢，不久後阿巴斯．米爾札開始遭遇一連串敗仗，而俄軍最終也攻佔了葉里溫，亦即今日亞美尼亞的首都。為了紀念這場勝利，尼古拉將帕斯克維奇任命為「葉里溫伯爵」，而此一動作也是其精心設計的結果，希望藉此激怒波斯人。帕斯克維奇還上呈一把從某波斯將軍那裡取得，據說原來屬於帖木兒本人的劍。波斯沙赫於是緊急要求英國此一盟友依據他們近期簽署的防禦條約出兵協助，這讓倫敦方面非常尷尬，從軍事的角度來說，英國其實沒有辦法提供協助，因為英國在高加索地區並沒有駐軍。此外，英國也不願和俄國發生衝突，因為俄國當時依然是英國的正式盟友。

就英國而言，英國和波斯簽訂條約原本目的是為了保護印度，避免侵略者經由波斯入侵印度。雖然威爾遜和其他人早已提出疑俄論，但當時似乎不太可能立即成真，不過幸運的是，英國與波斯的條約中有一項退出條款，根據該條款，英國只需在波斯被攻擊的時候出兵協助，但如果波斯本身是侵略者，英國便沒有提供協助的義務。就法理而言，雖然波斯受到俄國的挑釁和羞辱，但發動攻擊的一方卻是波斯，因為最初跨越俄國邊界的是沙赫的軍隊，而沙赫亦在《古里斯坦條約》中同意那條邊界。於是英國就這樣在二十二年之內，第二次躲掉為波斯出兵的義務，但這麼做卻也讓英國在波斯乃至整個東方的信譽大打折扣。眾人開始認為英國過於懼怕俄國以至於不敢出兵幫助自己的盟友，更令人擔心的是，就連俄國也開始這麼認為了。

由於原本預期的英國援軍沒有前來，波斯人別無選擇只能再次向俄國求和。好在俄國當時正忙於和土耳其交戰，否則一八二八年波斯在土庫曼恰伊（Turkmanchi）簽署的《土庫曼恰伊條約》（Treaty of Turkmenchay）可能更加嚴苛。最後的結果是尼古拉沙皇將葉里溫、納希切萬（Nakitchevan）等富庶的省份永遠併入了自己的帝國中。至於波斯人則是學到一次慘痛的教訓，也學會強權的政治，並終於發現英國人有多不可靠，因為英國知道波斯戰敗後急需資金，還想藉由提供資金說服波斯免除英國未出兵相助的責任。截至當時為止，英國都是在波斯最有影響力的外國勢力，但此事發生後，英國在波斯的影響力卻開始逐漸消失，並由俄國取而代之。波斯人開始發現俄國此一北方強權已幾乎成為自己的宗主國，並獲得在波斯境內任何地方派駐領事的權利，而俄國商人也被賦予各項特權。

一八二八年冬季，俄國派往沙赫皇宮的新任大使——亞歷山大・格里伯耶朵夫（Alexander Griboyedov）抵達德黑蘭，儘管波斯對他和俄國政府都懷抱敵意，但仍以正式禮節和儀典迎接他。格里伯耶朵夫是一位知名的文人，具有強烈的自由派傾向，還擔任過葉爾摩洛夫的政治秘書，波斯投降後負責協商《土庫曼恰伊條約》的人也是他。格里伯耶朵夫現在的任務是確保波斯對條約內容的實踐（例如：支付鉅額戰爭賠款），而對於比較狂熱的宗教分子而言，格里伯耶朵夫的現身無疑像在狂牛眼前的一塊紅布。此外，格里伯耶朵夫在一八二九年一月抵達德黑蘭時，不幸地正好遇上神聖的伊斯蘭新年，那是個氣氛高漲的時節，有些虔誠的信徒還會用刀劍猛砍自己，甚至把灼熱的煤灰倒在自己頭上。於是針對俄國異教徒的恨意在當時也到達一觸即發的臨界點，不過最後的導火線其實是格里伯耶朵夫自己。

根據《土庫曼恰伊條約》，居住在波斯的亞美尼亞人如果願意，可以返回已是俄國領土的故鄉，因此也可以生活在基督徒的統治下。其中，一名在沙赫後宮服侍的宦官，以及沙赫女婿後宮裡的兩名年輕女孩，他們三人逃進了俄國駐德黑蘭的公使館，而格里伯耶朵夫則為他們三人提供庇護，同時也開始著手安排他們返鄉。但沙赫得知此事後，立刻要求格里伯耶朵夫將那三人送回，格里伯耶朵主張只有俄國外交部長涅謝爾羅德才能決定是否可以違抗和約條款，斷然拒絕沙赫的要求，同時將沙赫的要求轉呈涅謝爾羅德決定。這是非常勇敢的決定，因為格里伯耶朵其實大可為了促進俄國與波斯的關係把那三人交還給沙赫，但格里伯耶朵夫知道一旦這麼做那三人會有什麼下場。

格里伯耶朵夫羞辱波斯主權的行為很快便在德黑蘭傳開，在穆拉的命令下，眾人關閉了市集並被召集到清真寺裡，穆拉要求波斯人前往俄國公使館示威，追捕那三名在俄國使館裡尋求庇護的叛徒。於是數千名群眾快速地聚集到俄國使館並將之包圍起來，更吶喊著要殺死俄國人。格里伯耶朵夫知道，公使館人數不多的哥薩克守衛根本抵擋不住逐漸增加的示威群眾，命在旦夕的格里伯耶朵夫最終只好不情願地將那三名亞美尼亞人交出。但此時已經太遲了，不久後示威群眾便在穆拉的煽動下衝進公使館中。

一開始哥薩克人還試圖將人數眾多的示威群眾抵擋在外，但只維持了一個多小時便開始向後退守，他們先是從庭院撤退，接著又從一個房間退到另一個房間。第一位被群眾殺害的是那名宦官，他先是被逼到角落，接著慘遭殺害，我們不知道那兩名女孩最後的結局為何。俄國人最後退守到格里伯耶朵夫的書房裡，他和哥薩克人成功抵擋了一陣子，但群眾當時已經爬上屋頂準備拆除屋瓦，並從天花板侵入使館攻擊下方的俄國人。直到最後一刻都還緊握著劍的格里伯耶朵夫，最後還是不敵群眾慘遭殺害，遺體從窗戶被丟到街上，頭顱則被一位烤肉販砍下放在烤肉攤上示眾，群眾看了無不歡騰，剩餘沒有頭顱的遺體則被丟到垃圾堆裡。後來人們之所以能辨識出格里伯耶朵夫的遺體，是因為他變形的小指頭——那是他年輕時與人決鬥留下的特徵。在這段期間，沒有任何俄國軍對前來驅離群眾，或解救格里伯耶朵夫等使館人員。

隔年六月，身為格里伯耶朵夫好友的詩人普希金（Alexander Pushkin），在南高加索地區旅行期間遇到幾位牽著牛車的男子，他們當時正要前往梯弗里斯。普希金問他們：「你們從哪裡來？」他們回道：

「德黑蘭。」接著普希金指著牛車問道：「那裡面裝著什麼？」於是他們回答：「裡面是格里伯耶朵夫。」於是格里伯耶朵夫的遺體便葬於今日喬治亞首都提比里斯〔梯弗里斯自從被俄國統治後便改名為提比里斯（Tbilisi）〕附近一座山丘上小小的聖大衛修道院（monastery of St Davis）裡。在此期間，擔心受到俄國報復的沙赫，則是倉促地從德黑蘭派出自己的孫子前往聖彼得堡，表達這件事帶給他的震撼，並對俄國致上最深的歉意。那位年輕的王子一見到尼古拉沙皇便立刻拿出佩劍對著自己，表明要以死謝罪，但沙皇卻命令他將劍收回劍鞘中，並告訴他只要那些殺害格里伯耶朵夫的人能受到嚴厲的懲罰便足夠了。

事實上，當時俄國和土耳其戰況陷入膠著，並不希望激怒高深莫測，脾氣火爆的波斯人，擔心他們會做出輕率的反應——尤其是加入土耳其的陣營對抗俄國。聖彼得堡的一些人還認為，這起公使館攻擊事件背後的主謀是正面對極大壓力的土耳其蘇丹派出的特務，而土耳其的目的是讓俄國和波斯再次開戰，藉此減輕土耳其的壓力。自從俄國和波斯停戰後，帕斯克維奇將軍的部隊已經成功地迫使土耳其人從南高加索地區僅存的據點撤出，而俄軍也已經開始向土耳其的領土進軍。聖彼得堡有些人在聽到格里伯耶朵夫被殺害的消息後，則是立刻懷疑當時名義上依然是俄國盟友的英國，認為英國是這起事件背後的主謀，直至今日，一些蘇聯的歷史學家依然抱持這樣的想法。

就在英國開始對俄國在高加索的活動感到擔憂之際，帕斯克維奇向西進軍土耳其的行動也讓英國更加緊張，他們擔心尼古拉的終極目標其實是君士坦丁堡和土耳其海峽。至一八二九年夏季，埃爾祖魯姆（Erzerum）此一重要的要塞城鎮也落入了尼古拉的掌控中，導致從土耳其東邊的門戶洞開。與此同時，俄軍也開始從土耳其於歐洲境內的領土（經由今日的羅馬尼亞和保加利亞），朝著君士坦丁堡的方向揮軍南下。就在埃爾祖魯姆投降後兩個月，土耳其位於歐洲境內的埃迪爾內（Edirne）也遭到俄軍攻佔，短短幾天後，俄國的騎兵便挺進到距離土耳其首都君士坦丁堡不到六十公里的位置。俄軍的將軍們不斷向聖彼得堡施壓，希望獲准進軍君士坦丁堡大開殺戒，於是古老的鄂圖曼帝國似乎來日無多了，而此一場景和羅伯特·威爾遜爵士在十二年前曾提出的警告何等相似。

君士坦丁堡現在已經是俄國的囊中物了，尼古拉一定亟欲攻取，但不論是聖彼得堡或是其他歐洲強權，都有人提出更明智的忠告，呼籲尼古拉必須謹慎行事。一些駐君士坦丁堡的外國使節警告，如果俄國對君士坦丁堡發動攻擊，那麼城裡的少數的基督徒可能會被大規模屠殺，而尼古拉也曾宣稱自己代表這些基督徒的利益。同樣令人擔憂的還有進攻君士坦丁堡在地緣政治上將帶來的結果，如果鄂圖曼帝國解體，而俄國又佔領君士坦丁堡，控制土耳其的海峽，那麼包括英國、法國和奧地利在內的其他歐洲強權，也一定會爭相前去搶奪土耳其剩餘的領土。如此一來不但可能引發全面的歐洲戰爭，俄國南部也會不斷受到威脅，因為英國和法國在東地中海地區都擁有各自的據點。如果將以上情境納入考量，那麼讓蘇丹繼續統治搖搖欲墜的鄂圖曼帝國（儘管他也必須為此付出代價）其實反而是個更明智的選擇。

因此，令帕斯克維奇和其他俄國指揮官深感失望的是，第八次俄土戰爭（Russo-Turkish War，一八二八——一八二九）倉促在一年內結束了，但歐洲各強權也因此避免一場大型衝突，因為英國和法國當時都已準備派遣艦隊前往土耳其海峽，以防土耳其海峽落入俄國手中。不消數日，各方便談妥土耳其投降的條約草案，並在一八二九年九月十四日於埃迪爾內〔當時稱為哈德良堡（Adrianople）〕簽署《亞得里亞堡和約》（Treaty of Adrianople）。根據該條約俄國將可確保商船在土耳其海峽的通行權（這個權利只比在地中海取得不凍港差一些而已），不過條約並沒提到軍艦的通行權，至於俄國商人則可以自由地在鄂圖曼帝國全境進行貿易。此外，鄂圖曼帝國必須放棄對喬治亞以及之前在南高加索地區領土（包括黑海上兩個重要港口）的主權。不過相對地，俄國也會歸還埃爾祖魯姆和卡爾斯（Kars）這兩處要塞城鎮，以及在歐洲境內佔領的大部分土耳其領土。

雖然危機落幕了，但當時由威靈頓公爵領導的英國政府依然非常擔心，俄國人不只在短時間內接連擊敗亞洲的兩個主要強權（波斯和土耳其），並因此大幅強化在高加索地區的勢力外，甚至幾乎便要攻佔君士坦丁堡此一關乎能否在近東稱霸、通往印度最直接路線的關鍵城市。因此俄國的將軍們當時都感到意氣風發，據說傑出的帕斯克維奇曾公開表示俄國和英國可能即將開戰，儘管當時的措辭有些模糊。英國和俄國之間的關係此時開始急轉直下，眾人都在問，彼得大帝在臨終前期許後代征服世界的遺言，是否終會成真？

喬治．德萊西．埃文斯上校（Colonel George de Lacy Evans）便是其中一位堅信俄國野心的人，和羅伯特．威爾遜爵士一樣，他作為一位傑出的軍人，也加入了這場辯論中，不斷針對時事書寫評論。當時埃文斯已出版一本頗具爭議性，名為《俄國的意圖》（*On the Designs of Russia*）的書籍，他在書中主張聖彼得堡正計畫在短期內對印度和其他英國領地發動攻擊。不過這本書是在一八二八年問世的，當時能支撐其論點的理由並不多（第八次俄土戰爭於一八二九年結束），但就在俄國人擊敗土耳其人後，他立刻又出版了另一本名為《英屬印度遭入侵的可行性》（*On the Practicability of an Invasion of British India*）的書籍。相較於《俄國的意圖》遭到不少批評，《英屬印度遭入侵的可行性》因為抓準出版時機，因而獲得讀者廣大迴響（尤其在政府高層中）。

埃文斯在《英屬印度遭入侵的可行性》中引用英國和俄國旅行家提供的證據和意見（雖然引用的資料頗為偏頗），其中包括璞鼎查、金尼爾、穆拉維耶夫和穆克羅夫特，藉此論證俄國對印度發動襲擊的可行性。埃文斯相信聖彼得堡當時的目標更可能是擾亂英國在印度的統治，而非真欲對其進行征服。如果有什麼是比破產更讓東印度公司害怕的，那便是和印度的本地人發生糾紛，因為後者的人數比住在印度的英國人多非常多。埃文斯接著檢視俄國可能採用的幾條進軍路線，雖然波斯當時已是沙皇囊中物，但他並不認為俄軍會選擇波斯此一路線，因為如此一來俄軍的側翼與後方聯絡線便很容易遭到英軍攻擊，因為英軍可以從波斯灣的頂端登陸，埃文斯認為俄軍更可能沿著金尼爾十一年前預想的進軍路線。他引用一些俄國的資料，主張聖彼得堡可以從裏海東岸將三萬大軍調往希瓦，然後從希瓦沿奧克蘇斯河逆流而上直抵達巴爾赫，接著再經由喀布爾前往開伯爾山口。

埃文斯附上大量具備說服力的細節，讓俄國入侵印度這件事聽起來似乎非常簡單——對於像他這樣紙上談兵，對當地地形毫無所知的人而言尤其如此。確實，除了俄國人外，沒有人對中亞有過第一手經驗。然而，埃文斯依然認為橫越卡拉庫姆沙漠前往希瓦的路程並非無法克服的難題，因為英軍和法軍都曾成功橫越埃及和敘利亞這類缺水的地帶。不過俄軍該如何讓軍隊沿奧克蘇斯河逆流而上呢？針對這個問題，埃文斯說鹹海上「有很多當地人在使用的大型漁船」，可以徵用來進行此事。埃文斯也建議英國應該要詳細探勘地位重要、橫亙在北方侵略者和開伯爾山口之間的興都庫什山口，同時也要在布哈拉派駐「某些種類的特務」，一旦俄軍進犯就能及早提出警訊。此外他還提議英國應該派遣政治特務常駐喀布爾和白沙瓦，因為埃文斯認為政治特務常駐此二地比駐在德黑蘭更有價值。

雖然《英屬印度遭入侵的可行性》存在種種缺陷（儘管那些缺陷在當時並不如現在明顯），但當中對倫敦和加爾各答的決策者還是造成深遠的影響，被一整個世代的大競逐參與者奉為圭臬，直到該書的缺陷開始浮現之後，其地位才有所下降。儘管該書沒有什麼新的資訊，且裡頭提及的資訊都是威爾遜、金尼爾和穆克羅夫特早就論述過的，但俄國當時侵略性的行為讓這本書被賦予一種急迫與現實感，而這種急迫與現實感便是威爾遜、金尼爾和穆克羅夫特所缺乏的東西。就在該書於一八二九年秋天出版之際，聖彼得堡剛好也宣布，一位阿富汗的部族領袖，以及被英國人視為盟友的錫克帝國統治者蘭季德·辛格前去向尼古拉沙皇致敬的消息，這些都讓英國人開始感到不安，也加劇前述的急迫與現實感。

其中一位對埃文斯的論點留下深刻印象的重要人物便是葉倫波勳爵（Lord Ellenborough），他是首相威靈頓公爵的內閣成員，並在近期成為印度管理委員會主席。葉倫波原本就對俄國在近東的意圖感到焦慮，因此《英屬印度遭入侵的可行性》一方面讓他感到非常不安，一方面又讓他覺得很有說服力，於是他馬上寄發幾本給東印度公司駐德黑蘭的公使約翰·金尼爾（當時已成為爵士），以及曾經擔任過金尼爾上司，時任孟買總督的約翰·馬爾孔姆爵士。此外，葉倫波還在自己的日記裡寫道：「我有信心，我們應該會需要和俄國人針對印度河短兵相接。」八個星期後，他又加上這句話：「我害怕的是，俄國會在我們不知情的情況下佔領希瓦……如此一來，敵軍在離開希瓦後的三至四個月內，便可抵達喀布爾。我很確定我們可以打敗他們的軍隊。我們應該要在敵軍抵達印度河前就先擊敗他們。萬一有兩萬名俄國士兵抵達印度河，那將會變成一場非常激烈的戰役。」當英國在對抗拿破崙時，俄國原本還是英國的盟友，但現在英國卻無法繼續信任俄國了，而且這次是真的要攤牌了。

葉倫波本來就屬於鷹派，非常支持對聖彼得堡發出最後通牒，警告俄國任何對波斯的侵略都將被視為對英國具有敵意的行為。不過這個想法卻被內閣的其他閣員拒絕了，他們認為除非英俄開戰，否則無法執行此一最後通牒。至於威靈頓公爵此一熟悉印度的老手則很有信心地認為：「一旦俄軍經由阿富汗進軍印度，不論他們是從波斯還是從希瓦出發，都會在抵達印度河之前就先被殲滅。」不過他確實也擔心，一支「前來解放人民」的軍隊（指俄軍），也可能會煽動印度當地居民裡應外合。因此，如何快速且在遠離印度邊界的地方擊敗俄軍，便成了一件非常重要的事情，但如此一來他們需要敵軍進犯路線的詳細地圖。葉倫波在調查後很快便發現現存的地圖都非常不準確，而且大多都是根據傳聞繪製而成的，自從二十年前克里斯地和璞鼎查的探勘結束後，英國政府便再也沒有試圖填補印度邊界以外的未勘之地。

此時葉倫波準備彌補英國此前浪費的時間，盡可能地從各種文獻收集關於印度周邊國家在軍事、政治、地形和商貿上的情報，他希望收集到的資訊能面面俱到，包括俄國海軍在裏海上的規模，以及和中亞地區穆斯林汗國間的貿易量，他想知道俄國商隊行進的路線，以及那些商隊的規模和往來頻率。葉倫波仔細研究關於希瓦、布哈拉、浩罕和喀什噶爾的所有已知資訊，以及這些汗國抵禦俄軍的能力，如果穆克羅夫特還在世的話，他一定可以針對這些問題提供許多答案，事實上，俄國當時對於中亞地區資訊的掌握遠比英國全面。英國駐聖彼得堡的大使海茨伯里勳爵（Lord Heytesbury）便在那裡雇用了一名間諜，負責為英國取得俄國最高機密文件，他告訴倫敦當局，根據那些文件，俄國不論是在軍事上或經濟上都無法對印度發動攻擊。但葉倫波認為海茨伯里是親俄人士，因為眾人都知道他對俄國懷有好感，因此葉倫波對他的說法並未照單全收。

葉倫波決定，不論如何他都要盡可能地透過自己的人馬獲取第一手情報。截至當時，由於俄國在希瓦和布哈拉駐有公使，因此在情報工作上一直都佔上風，一如穆克羅夫特的觀感，英國其實並不鼓勵個人勘查行動。但在葉倫波主政之下，此一情況將會有所改變，一連串年輕的印度軍官、政治特務、探險家和測繪人員，將會開始前往中亞這片廣袤的土地，他們將會在那裡繪製山口和沙漠的地圖、追溯河流的源頭、記錄具有戰略價值的地形特徵、觀察哪些路線可供大砲通行、研究各部族的語言和習俗，並試圖取得部族首領的信任和友誼。他們會留意政治情報和部族間的流言蜚語，比如哪個首領正準備與誰開戰，誰又正策劃著推翻掉誰。但他們最想留意的，其實是俄國有沒有顯露出一絲絲跡象要侵佔英俄兩國之間這一大片未勘之境。他們透過各種方式在中亞取得的資訊最後都會上報給上司，而他們的上司也會繼續將那些資訊散佈給其他人知曉。

於是，這場大競逐就這樣正式揭開序幕了。

THE MIDDLE YEARS

中繼

邊境據點裡的混戰傾軋
某條暗路裡的馬蹄達達
兩千英鎊的教育
敗給了十盧比的土製火槍
驕傲的火藥填充者，光榮的全連士兵
飛快如兔地將子彈射出

——魯德亞德·吉卜林（Rudyard Kipling）

The Great Game

The Struggle *for* Empire *in* Central Asia

第十章 「大競逐」

一八三一年一月十四日，一名滿臉鬍子、頭髮凌亂，穿著本地服裝的人從沙漠中走來，出現在印度西北邊疆一處名為提比（Tibbee）的村子裡。此一村子從很久以前就從地圖上消失了，但在當時那裡依然是英屬印度和西邊幾個當時被統稱為信德的獨立小國之間的邊境據點。抵達東印度公司領土的安全範圍，看見駐守邊疆的印度軍人後，那位外地人鬆了一口氣。他當時已經旅行一整年，經常暴露在危險中，偶爾會懷疑自己能否活著回來，因為儘管幾個月以來都在太陽底下幾乎曬成黑炭，但撇除曬黑的膚色，他的樣貌顯然還是歐洲人。

事實上，他是來自第六孟加拉本土輕騎兵隊（the 6th Bengal Native Light Cavalry）的英國軍官，名為亞瑟．柯諾利（Arthur Conolly），掛階中尉，也是葉倫波勳爵派往偵查高加索地區和開伯爾山口之間未勘之地（亦即俄軍入侵印度時可能會行經的地區）的第一位年輕新血。柯諾利是名勇敢、機敏，且很有抱負的軍官，也是大競逐參與者的原型，而且發明「大競逐」此一詞彙的人正是他本人——他是在寫信給朋友時發明這個便於記憶的詞彙的。柯諾利帶回了非常精彩的故事，對那些即將追隨其步伐進入荒涼混亂的中亞地區的人，提供非常多的建議，而這些建議也是當時未滿二十四歲的柯諾利少尉將對上司彙報的情報。雖然柯諾利的軍階不高、資歷不深，但在英俄雙方開始於亞洲角力的初期，他的看法極受重視，對上級長官也很有影響力。

柯諾利的父母在其十二歲時便在幾天內相繼離世，他的五位兄弟中有兩位和他一樣，後來都因為在東印度公司服役而壯烈犧牲。在拉格比（Rugby）完成學業後，柯諾利在一八二三年（時年十六歲）搭上前往印度的船，以少尉的軍階加入第六孟加拉本土輕騎兵隊。雖然眾人通常形容柯諾利是位害羞、敏感的人，但他接下來的軍旅生涯卻證明他是一位格外堅強而果斷的軍官，至於他的勇氣就更不用說了，從他的肖像來看他也是一位體格健壯、長相俊俏的男子。不過柯諾利還有另一項特質，對他接下來的職涯帶來許多影響，他和當時其他的許多軍官一樣，也是一位虔誠的基督徒。不過柯諾利其實是在前往印度的漫長船程中才逐漸虔信基督教的，因為他當時在船上遇見了雷金納德．赫伯（Reginald Heber）這位個人魅力十足、名聲響亮的基督教讚美詩作詞者，當時赫伯剛被任命為加爾各答的主教。

柯諾利和那個世代大多數人一樣，都相信基督教有散播文明的任務，也相信基督教徒有義務將救世的神旨傳遞給比他們不幸的人，英國以基督教原則為基礎進行的統治方式，便是最適合送給那些野蠻人的東西。即使是俄國，只要不覬覦印度邊界，怎麼說都比穆斯林暴君來得好，因為俄國人信仰的東正教至少還是基督宗教的一支，柯諾利也非常贊同俄國企圖將基督徒（和信仰其他宗教的）奴隸從中亞解救出來的計畫。就是這些信念，以及對探險的渴望，讓柯諾利願意冒著生命危險在這些（對他來說）異教徒的內陸部落間遊走。

柯諾利在一八二九年秋季離開莫斯科前往高加索地區，根據官方的說詞，他當時剛結束休假，打算經由陸路返回印度。英俄兩國在當時依然是正式盟友，因此儘管雙方的關係已日趨緊張，但柯諾利在梯弗里斯依然受到俄國軍官的熱情接待——他們甚至還為柯諾利提供了一位哥薩克士兵，護衛他穿越高加索地區前往波斯邊界的旅程中最危險的一段。柯諾利解釋道：「俄國人還無法在高加索地區自由無礙地通行，因為他們必須時時警惕可能會被行蹤飄忽不定的切爾克斯人（Circassian）襲擊，那些切爾克斯人依然非常憎恨他們。」然而，柯諾利也嚴重低估了切爾克斯人，他原本以為俄軍在征服「這些殘暴的山民」時不會遇到太多困難，因為和切爾克斯人友好的土耳其人當時已經被逐出高加索地區了。不論是柯諾利或是接待他的俄國人，當時都沒想到一場激烈的聖戰很快便會撼動此一偏遠、多山的沙皇領地。

柯諾利一邊騎著馬向南前進，一邊用他專業的銳眼竭盡所能地觀察俄國的軍隊、估算軍官和士兵的人數，同時也觀察其裝備、訓練方式和士氣。畢竟如果有天俄軍真對印度發動侵略，出現在戰場上的將是這些人。進入波斯北部後，柯諾利對看到的景象留下深刻印象，他驚訝地發現那些吃苦耐勞的軍人，在隆冬裡居然可以不用帳篷直接睡在雪地上，而且也不把任何阻礙或苦難當作一回事。柯諾利身為騎兵軍官，曾拜訪過一重騎兵軍團，他對波斯重騎兵能在敵人關上城門前，快馬殺進敵軍堡壘一事感到相當震撼。

由於有俄國人的保護，柯諾利截至當時為止都不需隱藏或偽裝自己的身分，但接下來希望橫越廣袤的卡拉庫姆沙漠前往希瓦的提議沒這麼簡單了，而且外人很難想像居然有英國軍官做出這樣的提議，柯諾利這麼做的其中一個目的便是想觀察俄國人都在希瓦偷偷做些什麼，為此他將進入世界上最危險的幾個國家裡，且不再有哥薩克人在旁護衛，同時也開始必須偽裝自己的身分。以上這些都是柯諾利必須仔細思考課題，他後來寫道，作為一名歐洲人，不論如何熟悉當地語言都很難混在亞洲人之中旅行而不被發現。「他講話的方式，和坐著、站立、騎馬的方式……都和亞洲人很不一樣。」越是試著模仿亞洲人就愈可能引起他人注意。柯諾利如果被人發現其真實身分，那跟被判死刑沒兩樣，因為任何一名出現在該地區的英國人（或俄國人也一樣），一旦被抓到以偽裝的身分旅行，就會自動被認為是為敵軍入侵做準備的間諜。

柯諾利指出，對英國人而言，喬裝成當地人還不如喬裝成醫生，而且最好是法國或義大利的醫生，他寫道：「我有時會遇到這些四處流動的醫業人士，而且人們也不會對他們報以懷疑的眼光。」、「很少有人會質疑你。」雖然醫生是異教徒，但疾病纏身的人依然會歡迎他們，光是這點就已提供充分的理由偽裝成醫生，因為那可以讓柯諾利免去許多考驗和麻煩，不用一直被質問為什麼出現在這些敏感的地區。此外，柯諾利還指出，面對那些居民的時候，他其實只需要一些基本的醫學知識便可成為一位良醫，他自己就治療過幾名病患，「只要最基本的藥物就能治好他們大多數的病痛，就算遇到你無法解決的病患，也可以直接告訴他們病情已無藥可救。」

然而，柯諾利也建議，如果欲偽裝成當地人在該地區旅行，也應該偽裝成一位窮人。因為在這些漫無法記的地區裡，搶劫和敲詐一直都是主要的威脅來源，就連他自己也將為此付出極大代價。但當時柯諾利既沒有藥物，也沒有醫療器具，實在很難佯裝成歐洲來的醫生，因此他決定在前往希瓦的路上偽裝成一位想去希瓦市集販賣絲巾、圍巾、毛皮、胡椒和其他香料的商人。於是他雇用了嚮導、僕人和駱駝，便往希瓦的方向啟程，從位於裏海南岸的阿斯特拉巴德出發，希瓦便位在沙漠另一端的東北邊，距離阿斯特拉巴大約八百公里。柯諾利在啟程前先進行些安排，和一位正前往希瓦的大型商隊約好在路上碰面，他的一位波斯友人當時和他說：「我不喜歡那些你帶的狗。」但柯諾利並沒有把他的警告放在心上，只猜想或許這位波斯友人也想欺騙他。

起初，柯諾利一行人試著追上主要商隊而不斷趕路，一切進行得非常順利，主要商隊可以為他們在橫越卡拉庫姆沙漠的時候提供保護，因為柯諾利一行人知道商隊和朝覲者行走的路線經常會受到土庫曼奴隸商的劫掠。柯諾利記錄道：「土庫曼人通常會在天剛亮的時候等待朝覲者。」剛經過漫漫長夜旅程的旅人，在這個時候通常會一邊處於半睡半醒的狀態，一邊做著禮拜，老年人和抗拒者會率先被殺掉，而強壯語與面容姣好的人，則會被帶往各汗國的奴隸市場變賣。柯諾利非常清楚當時的處境有多危險，但希瓦對他的吸引力大過一切。

柯諾利一行人當時已努力騎行好幾天，深信自己距離前往希瓦的主要商隊已非常接近，然而卻在此時突遇麻煩。某天清早當他們準備拆解帳篷時，有四名看似兇惡的男子騎在馬背上快速地向他們飛奔而來，柯諾利見狀後連忙抓起暗藏的武器。不過那群男子的首領卻忽略他，直接與柯諾利的本地嚮導對談，柯諾利寫道，那名男子說話的樣子「非常嚴肅，聲調也壓得很低」，而且不時會用一種顯然不是很友善的方式望向他。最後，那名男子用波斯語向柯諾利說，他們是被派來保護他的，因為當時有人正準備前來殺害他。對柯諾利來說，這很明顯是編造出來的謊言，但他不知道這群男子的意圖為何。不過柯諾利知道抵抗這四名武器精良的男子沒有勝算，而且自己顯然已被他們俘虜了，現在要趕上主要商隊的機率可說微乎其微。

柯諾利很快便發現，那四名男子是附近一位首領派來逮捕他的，因為當時有傳言說他其實是波斯沙赫派來的俄國特務，因為波斯未來打算出兵該地，所以先行對土庫曼人的領土進行偵查，同時傳言還說柯諾利帶著大量黃金，準備用以策反心存叛變的部族。柯諾利告訴俘虜他的男子，此一傳言完全子虛烏有，並堅持自己只是來自印度的商人，當時準備前往希瓦進行買賣，還建議他們可以搜索他的行李，以證明自己根本就沒有攜帶黃金。於是四名男子搜遍了柯諾利攜帶的家當，除了銅製的星盤外（他們似乎覺得那些星盤可能就是黃金做的）並沒有發現什麼特別的東西，俘虜他的男子們似乎有點不確定接下來該如何，只是漫無目的地虜著他到處遊走。

一開始柯諾利以為四名男子可能正等待首領進一步的命令，後來才發現他們其實是彼此的意見相左，無法決定該如何處置他。四名男子有兩個選擇：第一是先搶劫然後殺掉柯諾利，第二是將柯諾利變賣為奴。但他們知道柯諾利在波斯國界的另一端有一些有錢有勢的朋友，因此有點猶豫，不知該不該就地處置柯諾利。於是，他們放出風聲對外說柯諾利已經被殺害了，希望藉此試探後果為何，如果他們沒有受到任何威脅，便能安心地殺掉柯諾利。幸運的是柯諾利被俘虜的消息早已傳到他朋友的耳裡，於是柯諾利的友人派出一支搜救隊進到沙漠裡找尋他的下落。最後柯諾利雖然失去許多物品和大部分財物，但依然安全地回到阿斯特拉巴德，雖然他因為無法抵達希瓦而感到非常失望，但至少沒有受到太大的傷害，也慶幸自己能活著歸來。

雖然柯諾利沒有成功抵達希瓦，但依然成功獲得許多關於卡拉庫姆沙漠與裏海之間地區的寶貴資訊，敵軍在入侵印度時可能行經的其中一條主要路線便會經過該地區，但倫敦和加爾各答的官員當時對於該地區仍幾乎一無所知。此外，柯諾利還得知幾件事：儘管英國非常擔心，但俄國當時仍未掌控裏海東岸，更不用說希瓦。柯諾利從這次恐怖的旅程歸來後，決定更改路線前往約五百公里以東的馬什哈德，那裡非常靠近波斯和阿富汗的邊界，他希望可以從馬什哈德進入阿富汗，並前往戰略要地赫拉特。自從克里斯地二十年前暗地拜訪赫拉特後，再也沒有英國軍官踏足該地，而且許多人都認為赫拉特可以提供充足的補給，是理想的軍事集結點。

柯諾利在一八三〇年九月抵達赫拉特，當他穿過城門時，心裡夾雜著恐懼和興奮之情，因為赫拉特當時由恐怖的卡姆蘭沙赫（Kamran Shah）統治，他是中亞地區最殘暴無情的統治者之一。柯諾利後來以智者的身分在赫拉特待了三個星期，並偷偷記錄下一切重要的情報，其中尤其重要的是赫拉特的城防，以及肥沃的谷地為軍隊提供補給的能力，但柯諾利並沒有告訴我們，他是如何在未被卡姆蘭的秘密警察察覺的情況下進行這些記錄的。柯諾利下一階段的勘查行動是一趟長約五百公里的危險旅程，而目的地則是坎達哈爾，有人警告他這趟旅程將會經過盜匪流竄的鄉間地區，那裡的奴隸商甚至會把俘虜的耳朵割下來讓他們無顏回家，藉此減少俘虜逃跑的動機。柯諾利很幸運地找到一群穆斯林聖徒一同前往，這些聖徒非常受人尊敬，不只可以學到很多他感興趣的事物，還能為他提供至少一定程度的保護，使其不至於遭到搶劫、殺害，或是被俘虜變賣為奴。

雖然途中經歷一些風險，但柯諾利最後依然安全地抵達坎達哈爾，但不久後便病倒了。柯諾利一度變得非常虛弱，讓他覺得自己大概大限已到，好在後來在其中一位親切聖徒的照顧下，身體得以慢慢康復。然而，就在柯諾利逐漸康復之際，一個危險的傳言也開始流傳：有人說柯諾利其實是名英國人，但偽裝了自己的身分，正為卡姆蘭搜集情報（當時卡姆蘭和坎達哈爾處於交戰狀態）。雖然柯諾利剛抵達坎達哈爾九天，但由於這個傳言，他不得不拖著病體離開這座城鎮。後來柯諾利跟著幾位馬商一起旅行，在十一月二十二日抵達奎達（Quetta）此座位於波倫山口入口處的城鎮，波倫山口位於開伯爾山口南邊，此二山口便是外敵入侵印度時的主要門戶。接著，柯諾利騎馬沿著長約一百三十公里的山路下山，並在兩個星期後抵達印度河畔，並在隔天一早雇用船夫載他過河，順道將橫越印度河的航程需時八分鐘一事一併記錄下來。橫渡印度河後，柯諾利從莫斯科到印度，全程超過六千四百公里的旅程此時幾乎即將抵達終點。

光是能活著走完這趟旅程就已是非常了不起的成就了，換作是其他人可能沒這麼幸運，但柯諾利完成的事情可不只如此，由於他走的路線是俄軍萬一入侵時很可能採取的路線，因此葉倫波動爵和主掌印度防衛事務的部門有疑問的問題他都能提供解答，至於較敏感的軍事和政治觀察，則顯然只能讓自己的上司知道。柯諾利旅程歸來後三年，在一八三四年出版了名為《前往印度北方的陸上之旅，從英國途經俄國、波斯與阿富汗》（*Journey to the North of India, Overland from England, Through Russia, Persia and Affghaunistan*）的書籍，完整講述了這趟冒險之旅和意外遭遇。柯諾利在書中收錄了篇幅極長的附錄，文中詳細分析了俄國正針對入侵印度進行整體計畫的可能性，以及成功攻下印度的機率。

柯諾利認為俄軍的規模必須足夠龐大方能攻佔印度，而且只有兩條可能路線，簡單言之，第一條路線必須先取得希瓦，然後是巴爾赫，接著再像亞歷山大大帝一般，跨越興都庫什山抵達喀布爾，接著經由賈拉拉巴（Jalalabad）和開伯爾山口前往白沙瓦，最後於阿特克橫渡印度河。柯諾利推測俄軍一開始若欲取得希瓦，最好的選擇是從奧倫堡出發而非裏海東岸，因為這條路線雖然較長，但沿路上的水源比卡拉庫姆沙漠多，而且沿途經過的部族也比危險的土庫曼人容易征服。此外，待俄軍抵達鹹海北岸後，也可以用船隻或筏將軍隊運往奧克蘇斯河河口，然後再繼續往希瓦前進。不管是攻下希瓦或是接下來進軍印度，都是極具野心的計畫，可能需要一系列需時兩到三年的征戰才能完成。

對俄軍而言，第二條可行的路線是先攻下赫拉特作為軍隊集結點，接著從赫拉特出兵，可經由坎達哈爾和奎達前往波倫山口——柯諾利便是走這條路線進入印度的。前往赫拉特有兩條路線，第一條是藉陸路經過對俄國百般順從的波斯，第二條則是橫越裏海到阿斯特拉巴，一旦赫拉特落入俄國掌控或是被波斯兼併，俄軍便可長期駐守該地，並獲得源源不絕的補給。俄軍光是出現在赫拉特，就足以煽動印度本地人起事，裡應外合下讓俄軍入侵印度變得更加容易。

柯諾利指出，如果俄國真下定決心入侵印度，甚至可能會同時沿著上述兩條路線進軍，但不論俄軍選擇哪條路線，都會遇到一個重大阻礙，亦即均須經過阿富汗。柯諾利寫道：「對阿富汗人來說，讓俄國人進到自己的國家沒有什麼好處，反而還要擔心很多事情。」此外，阿富汗人十分敵視俄國人仰賴極深的波斯人。柯諾利認為：「如果阿富汗人作為一個民族決心抵抗入侵者的話，那麼俄軍將遭遇激烈抵抗而無法順利通過阿富汗。」阿富汗人將戰至最後一兵一卒，持續從山上的據點騷擾俄軍、摧毀後勤補給，並切斷俄軍和後方的聯絡線和撤退路線。

然而，當時阿富汗依然處於四分五裂的狀態，如果此一狀態持續下去，俄國便可用承諾或其他引誘的方式來離間各派系。柯諾利寫道：「如果單獨行事的話，一個小國的首領是無法有效對抗歐洲人的入侵的，而且如果想要對其進行拉攏也不難，只要鼓動其野心剷除國內其他政敵即可，或者也可以使其轉向對抗印度，一舉兩得。」因此，如果阿富汗能被一位強勢的領導人統一、收束在喀布爾的統治下的話，對英國人來說會相當有利。柯諾利宣稱：「我們需要提供大量誘因吸引皇儲和我們建立堅定有利的同盟關係，同時也要鼓勵其投入一些無十分把握的行動，如果行動失敗也會使其自取滅亡。」如果俄國成功拉攏王儲，那麼英國方面也可以提高籌碼，或者直接將其推翻。

柯諾利向上司呼籲，英國必須支持赫拉特的卡姆蘭沙赫成為阿富汗首領，雖然其名聲不好，但他和英國有一項事情是共通的，那便是赫拉特此一「中亞糧倉」絕不能落入波斯人或俄國人的手中（而且波斯人長期以來都宣稱赫拉特是他們的領土），此外，眾人也知道赫拉特的卡姆蘭非常希望能和英國結盟。柯諾利警告：「如果卡姆蘭必須自己抵抗波斯人，那麼擁有優勢軍力的波斯人遲早會擊敗赫拉特，而通往印度的道路，也將會在俄國人面前敞開。」

柯諾利人不在英國幾年中，不論是倫敦或加爾各答政府都愈來愈懷疑俄國的野心，其中又以威靈頓內閣裡的鷹派尤盛，他們並不贊成前任保守黨政府的被動政策，他們尤其擔憂土耳其和波斯可能成為受俄國的保護國，因為這兩國當時早已因條約而被俄國壓制與束縛。當時威靈頓幾乎將印度全權交由好友葉倫波勳爵處理，而葉倫波勳爵也愈來愈相信俄國懷抱擴張的企圖，他相信沙皇將偷偷地將軍隊調往印度附近，等波斯逐漸衰弱後，俄國便可在波斯全境施展影響力、在當地駐軍，而俄軍也能以保護商人為由，跟著商人的腳步出兵四方。因此，只要監測俄國貿易據點的擴張範圍，就能監控俄軍向印度推進的路線。但葉倫波認為，英國人也能以其人之道還治其人之身，而且英國商品的品質比俄國的更優良，可以用來阻止俄國商人的侵略。這也是穆克羅夫特曾向長官呼籲的策略，只是當年並沒有遭到採納，卻在五年之後成為英國的官方政策。

穆克羅夫特一直希望有朝一日能看見印度河被用以將英國商品運往北方的中亞邊境，然後再由商隊運過山區送往舊絲路上的市集，但穆克羅夫特熱情的建言卻一如往常一樣，沒有獲得採用。當時葉倫波開始重拾穆克羅夫特的想法，而東印度公司的高層也熱衷地接受此一提議，由於人們對雄偉的印度河所知甚少，因此必須先對其進行勘查，確保河流是可供船隻運行的。此事說來容易，做起來卻很難，因為印度河流經的廣大流域並不屬於東印度公司，尤其是南端的信德地區，以及北端的旁遮普地區，這些地方的統治者肯定都會反對他們的探勘計畫，於是葉倫波動爵想到一個聰明但有點狡猾的解決方法。

錫克帝國統治者蘭季德・辛格當時才剛贈送幾條華麗的喀什米爾披巾給大英帝國國王，而英國現在的問題是英國元首威廉四世（William IV）可以以何物作為回禮？眾所皆知蘭季德・辛格此位年邁的頭摩訶羅闍（maharajah，譯按：源自梵語，意思為「偉大的統治者」，也是蘭季德・辛格等幾位君主的頭銜）最喜歡的消遣便是女色，但英國顯然必須排除此一選項。蘭季德・辛格另一項嗜好是騎馬，這讓葉倫波想到一個點子，英國可以送五匹馬給蘭季德・辛格作為回禮。這五匹可不是普通的馬，而是英格蘭的重型挽馬（dray horse），其中包含四匹母馬和一匹種馬——牠們都將成為人們在亞洲看過體型最大的馬匹。英國認為，這些馬匹對最近才派特使前往聖彼得堡的蘭季德・辛格而言，會是非常可觀的禮物，足以讓他留下深刻印象。與此同時，孟買總督馬爾孔姆爵士也下令打造一輛鍍金的御用座駕，搭配英格蘭的重型挽馬拉車，讓蘭季德・辛格可以既氣派又舒適地在錫克帝國裡四處巡視。

然而，事情可沒如此簡單，英國方面和蘭季德・辛格解釋道，由於馬匹和御用座駕的體積太大，而且又無法適應當地的氣候和地形，因此無法承受前往拉合爾（亦即錫克帝國的首都）約一千一百公里的旅程，必須用船沿著印度河運送過去，如此一來，英國方面便可對印度河進行秘密探勘，並確認河道是否可供船隻航行至拉合爾。被選中帶領這場特別間諜活動的人是名為亞歷山大・本恩斯（Alexander Burnes）的年輕中尉，這位軍官因為天資優異，近期才剛從孟買第一輕步兵隊（the 1st Bombay

Light Infantry）調往印度政治服務組此一菁英部門。當時二十五歲的本恩斯是東印度公司前景看好的年輕軍官，聰明、機敏又勇敢，且很有語言天份，能說流利的波斯語、阿拉伯語和印度斯坦語，甚至還會說一些不太知名的印度方言。雖然本恩斯身材瘦小，外型也很溫和，但他其實是名堅毅、自信的人，擁有一種特別的魅力，在亞洲人或歐洲人之間都很吃得開。

不過，葉倫波想偷偷探勘印度河的計畫卻未能獲得加爾各答所有人的同意，其中最嚴厲的批評來自查爾斯．梅特卡爾夫爵士（Sir Charles Metcalfe），他是權力強大的最高行政委員會（Supreme Council）的成員，之前在機密政治局（Secret and Political Department）擔任秘書，往後則成為加拿大總督。梅特卡爾夫抱怨道：「以送禮物作為掩護、對印度河進行探勘的計畫根本就是個詭計……不值得我們的政府這麼做。」他還說這種見不得人的把戲是英國人經常被無理指控的源由，而且也很可能會被人發現，坐實錫克帝國的蘭季德．辛格對英國的疑慮。梅特卡爾夫和約翰．馬爾孔姆在印度都是非常有權力的人物，但在當時盛行的戰略思路裡，他們兩人又正好分別位在光譜的兩端。梅特卡爾夫當時認為應該鞏固東印度公司既有的領土和邊界，而馬爾孔姆則和在倫敦的葉倫波一樣，認為英國需要實行前進政策。

然而，威靈頓的政府卻在此時倒台了，導致葉倫波也離開了內閣，而輝格黨（Whigs）則掌權上台。由於馬爾孔姆等人擔心印度河的探勘計畫將被取消，因此要求本恩斯盡快啟程（雖然後來他們發現此一擔憂是多餘的），於是非常期待展開探險行動的本恩斯馬上就出發了，最後在一八三一年一月二十一日和一位測繪員、一小團護衛隊，以及那輛金碧輝煌的馬車和五匹英格蘭重型挽馬，一同從庫奇（Kutch）上船。

第十一章
進入「布哈拉」

據說有位聖徒看到亞歷山大・本恩斯一行人在印度河上從其身邊駛過時，曾經說道：「哎呀，信德要完蛋了啊。」、「英國人已經看到了這條河了，他們現在可以走這條河來征服我們了。」某士兵也呼應聖徒的恐懼，告訴本恩斯：「邪惡之事已鑄成，你們已經看過我們的國家了。」一如查爾斯・梅特卡爾夫爵士警告過的，所有人都看得出這場考察的真正目的。有些埃米爾甚至起了疑心，反對東印度公司的船隻以及船上載著的馬車、馬匹等事物通過他們的領地，英國人除了送禮打發他們外，也會恐嚇如果敢阻撓送給蘭季德・辛格的禮物，將會有非常嚴重的後果，於是他們只能心不甘情不願地讓本恩斯一行人繼續前進。本恩斯一行人偶爾會遇到有人用槍從河邊對著他們掃射，但除此之外沒有遇到其他麻煩——不過那些埃米爾也強調，萬一本恩斯一行人在緩慢北上的過程中遇到什麼危險，他們是不會負責的。

只要情況允許，本恩斯一行人便會在夜裡前進以免引起當地人的敵意。最後，他們在進入印度河河口的五個月後終於抵達錫克帝國的首都——拉合爾。為了繪製印度河的地圖，他們還偷偷測量了河底污泥的深度，此外，抵達拉合爾也證明印度河河道可供船隻航行（儘管只有像本恩斯一行人搭乘的平底船才辦得到）。只要蘭季德．辛格同意，英國商品就可以在拉合爾下船後，走陸路運往阿富汗，然後再越過奧克蘇斯河，抵達突厥斯坦的市場。

那五隻英格蘭重型挽馬奇蹟似地熬過了炙熱的天氣，以及其他長途旅行的不適，而前去邊界迎接本恩斯一行人的錫克帝國宮廷官員們對那些馬匹亦感到非常驚艷。本恩斯記錄道：「有史以來第一次，重型挽馬將會在那裡的大地上馳騁，並繼續繁衍世上最敏捷的馬匹。」錫克帝國官員在檢視馬匹粗壯的腳時更吃驚了，他們發現馬匹的蹄鐵竟比當地馬匹的蹄鐵重三倍，於是向本恩斯問道能否先將其中一隻馬送往拉合爾。本恩斯寫道：「這個稀奇的禮物立刻就被送過去，還順道附上每匹馬的詳細尺寸供蘭季德．辛格參考。」那輛帶有藍色絲絨內襯的氣派馬車，同樣也獲得錫克帝國官員的欣賞，在那五隻巨馬的拉動下（當地人把那些馬稱為「小象」），馬車便往首都進發了。

本恩斯在拉合爾受到盛大而隆重的歡迎儀式，不只英國人想取悅強大的錫克帝國，當時的蘭季德其實也非常希望和英國人維持友好關係。加爾各答的官員們相信，蘭季德訓練有素、裝備齊全的軍隊，和東印度公司自己的軍隊實力不相上下，儘管雙方都不希望一較高下。唯一讓倫敦和加爾各答擔心的是蘭季德的健康狀況，他如過世，一場權力鬥爭勢不可免。本恩斯的其中一項任務便是匯報蘭季德的健康狀況，以及錫克帝國當時的政治氛圍。

本恩斯後來寫道：「我們穿過城牆的下方，從皇宮的大門進入拉合爾，騎兵、砲兵和步兵在街道兩旁列隊，當我們經過時，所有人都對著我們敬禮。聚集的人群非常多，他們大多坐在房子的陽台上帶著敬意靜默不語。」在對方的帶領下，本恩斯一行人接著穿過皇宮外院，前往通向王座大殿的大門，他記錄道：「當我彎下腰拖鞋時，突然有名身材矮小的老人緊緊地抱住我。」他驚訝地發現，原來權力龐大的蘭季德·辛格居然親自前來迎接賓客，這真是前所未見的殊榮，蘭季德·辛格接著牽起本恩斯帶領他進入皇宮，並讓他坐在王座前的一張銀椅上。

本恩斯將一封來自葉倫波勳爵的信呈交給蘭季德·辛格，那封信被緘封在一個用織金錦製成的信封裡，上頭印有英國皇室的徽章，信的內容是威廉四世想傳達給錫克帝國統治者的訊息。蘭季德命人將信件內容唸出來，葉倫波勳爵在信裡寫道：「國王特令我向殿下通知，他非常滿意能看到英國政府和殿下之間多年來維繫的友誼，並祈禱上天能讓雙方持續友好。」蘭季德·辛格顯然龍心大悅，還沒等信唸完便命人前去發射禮砲（一共有六十座大砲，每一座都發射了二十一響），好讓全拉合爾的居民都能分享他的喜悅。

接著，蘭季德在本恩斯的陪同下前往檢視在外頭拉車的五匹重型挽馬，蘭季德顯然非常喜歡這份來自英國元首的大禮，當那些馬一匹匹地經過面前時，他還興奮地叫喚他的宮廷官員。隔天早晨，本恩斯一行人參加了一場閱兵儀式，現場共列有五個步兵團，蘭季德邀請本恩斯前去檢閱他的部隊，那些士兵都穿著白色的軍服搭配黑色的斜束帶，並配備本地產的步槍。士兵們接著為本恩斯一行人進行操演，本恩斯記錄道：「他們的動作就和我們的印度軍隊一樣精準到位。」蘭季德問了本恩斯許多關於軍事上的問題，尤其想知道英國軍隊能否抵禦大砲的攻擊。

本恩斯一行人以蘭季德賓客的身分在拉合爾待了近兩個月，他們經歷了永無止盡的閱兵、宴會和其他娛樂活動，包括長時間和蘭季德一起喝一種當地的蒸餾酒（「地獄般的味道」，但蘭季德非常喜愛這種酒）。本恩斯還欣賞了一團四十人組成的喀什米爾舞女表演，全都穿著男性服裝，而蘭季德這位獨眼統治者（他因為天花而失去了一隻眼睛）似乎也很喜歡這種表演，他眼睛發亮地對本恩斯吐露：「這也是我的其中一支部隊，但這也是唯一一支我不能訓斥的部隊。」等那些漂亮的舞女結束表演後，她們便騎著大象快速離開現場——這讓年輕的本恩斯很失望，因為他也同樣癡迷那些美麗的舞女。

本恩斯與蘭季德花了很多時間討論關於政治和商貿的嚴肅課題，而那也是本恩斯一行人前來的真正目的。本恩斯對於蘭季德這位年邁的錫克教徒留下了非常深刻的印象：雖然他身材矮小、長相並不好看，但他驍勇善戰的子民們卻非常尊敬而效忠他（蘭季德每位子民的身材都比他高出不少）。本恩斯寫道：「上天的確虧欠了這位偉大的統治者不少東西，他失去了一隻眼睛，臉上都是天花留下的疤痕，身高又不超過一百六十公分。」但蘭季德卻有獨特的個人魅力。此外，本恩斯亦記錄錫克帝國宮廷的情況：「每個人在交談前都會打手勢，但官員更像在一市集裡，而非蘭季德的宮廷裡。」

和所有亞洲君王一般，蘭季德有時也會變得非常無情，儘管他曾宣稱在其統治期間從未處決過任何一人，本恩斯寫道：「狡猾和調解，是蘭季德最大的兩項外交利器。」此外，本恩斯亦關心蘭季德的身體健康，本恩斯寫道：「蘭季德還能掌權多久呢？」、「他身為統治者的生涯很可能就快結束了，他的胸膛已經凹陷，背也駝了，四肢也沒什麼力氣。」本恩斯擔心蘭季德每晚都要拚酒的習慣已經超出常人所能承受的程度，但他最愛的酒（「比最烈的白蘭地還要強烈」）似乎對他完全無害。蘭季德．辛格在本恩斯拜訪錫克帝國後八年才逝世，這讓東印度公司十分欣慰，因為蘭季德是印度外圍防禦關鍵的一環，也是抵抗俄國入侵的絕佳盟友。

本恩斯一行人最後在一八三一年八月，帶著滿車禮物和餽贈啟程前往盧迪亞納（Ludhiana）此一東印度公司位於印度西北部邊疆的要塞城鎮。本恩斯在那裡短暫地和一位命運即將和他緊密連結的男子見了面，那名男子便是流亡國外的阿富汗君主——舒賈沙赫（Shah Shujah），他希望能奪回失去的王位，推翻當時佔據王位的多斯特．穆罕默德（Dost Mohammed）。本恩斯並不喜歡看來有些憂鬱、當時已開始發福的舒賈沙赫：「在我看來，我不認為舒賈沙赫有足夠的能力取回喀布爾的王位。」本恩斯覺得舒賈沙赫看來也不像擁有個人特質或政治才智，能團結動盪的阿富汗民族的人。

本恩斯在一個星期後抵達加爾各答的夏季首都——辛姆拉（Simla），他在那裡針對自己的任務成果向總督威廉．本廷克勳爵（Lord William Bentinck）進行了匯報。本恩斯證明了一件事：不論是軍艦或貨船，只要是平底船都可在印度河上航行，且最北可達拉合爾，由於此一發現，加爾各答決定開啟水路運輸，讓英國商品可以在突厥斯坦以及中亞其他地方和俄國商品競爭。於是本廷克派出璞鼎查（當時已經在政治作戰部門官拜上校）與信德的埃米爾協商讓英國貨物通過信德領土一事，根據本恩斯的匯報，蘭季德．辛格對此不會有任何異議，因為蘭季德不只對英國人友善，自己也能從此一過境貿易中獲得利益。本恩斯的上司對其初次任務的成果非常滿意，而其中最開心的莫過於當初在馬爾孔姆爵士的推薦下，挑選本恩斯出馬的總督本人。本廷克稱讚本恩斯是名「充滿熱忱、勤奮向上，而且非常聰明」的人，而他也憑藉這些特質完成了此一棘手的任務，當時不過二十六歲的本恩斯，正在邁向人生的巔峰。

本恩斯在取得總督的信任與重視後，主動提出第二個更具野心任務的想法。這次的計畫是針對位於亞瑟．柯諾利前一年探勘過的路線的北側，另一條通往印度的路線進行勘查，因為截至當時，那些路線都仍屬於未勘之地。本恩斯提議先前往喀布爾試圖和蘭季德．辛格的死對頭——多斯特．穆罕默德建立友好關係，同時估算其軍隊規模和實力，並調查阿富汗首都喀布爾是否容易進攻。離開喀布爾後，本恩斯希望能穿越興都庫什山的幾處山口，接著再橫越奧克蘇斯河前往布哈拉。抵達布哈拉後，繼續進行和在喀布爾一樣的任務（調查軍備與城防），然後再經裏海和波斯返回印度，如此一來可為長官帶回大量軍事和政治情報。這是個非常有企圖心的計畫，因為大多數人只會在喀布爾和布哈拉之間擇一前往，不會兩個都去。

本恩斯原以為他的提議會受到強烈反對，尤其他的軍階不高，而該地區又非常敏感，因此當他在一八三一年十二月，接到總督通知他的計畫已被核准後，心裡感到又驚又喜，本恩斯很快便會知道，這是由於他提出的計畫正是時候的緣故。當時倫敦由葛雷（Grey）領導的輝格黨內閣執政，他們和托利黨一樣也開始對俄國在歐洲和中亞地區漸增的勢力和影響力感到坐立難安。本恩斯曾在寫給姊姊的一封信中提到：「倫敦的政府已經開始擔心俄國正在進行的計畫，因此希望派出幾名情報官前往奧克蘇斯河和裏海附近的國家搜集資訊……而我則在不知情的情況下剛好在此時挺身而出，毛遂自薦去做一件他們正好想做的事情。」

於是本恩斯立刻開始計劃旅程、挑選合適的同伴，最後選出一位英國人和兩位印度人。那位英國人是名為詹姆士·傑拉德（James Gerard）的孟加拉軍軍醫，生性喜歡冒險，也去過喜馬拉雅山區。至於那兩位印度人，其中一位名為默漢·拉爾（Mohan Lal），是名頭腦聰明、受過良好教育的喀什米爾人，能流利使用多種語言，在需要遵守東方禮節時，他便能派上用場，此外，此次任務蒐集到的多數資訊也都會交由他記錄。另一位印度人名為穆罕默德·阿里（Mohammed Ali），是東印度公司一位經驗豐富的測繪員，本恩斯上次沿著印度河進行探勘時他也曾隨行在旁，證明了自己的能力。除了以上三人外，本恩斯也帶上自己的個人隨從，自從十一年前抵達印度後，這位隨從便幾乎一直隨侍本恩斯左右。

一八三二年三月十七日，本恩斯一行人在享受蘭季德．辛格的熱情款待和保護後，便從阿特克跨越印度河離開錫克帝國，準備進入阿富汗。本恩斯後來寫道：「從現在起我們必須拋棄幾乎所有原本屬於我們的東西，也必須改掉許多習以為常的習慣。」他們脫掉了歐式的衣著換上阿富汗的服裝，同時剃光頭髮、纏上頭巾，他們在飄逸的長袍上繫著印度式的腰帶，並在腰際掛著佩劍。但他們並沒有想隱瞞自己歐洲人的身分，而是對外宣稱，他們想要走陸路返回英國。本恩斯一行人的目的是試著融入當地避免引起他人關注，他解釋道：「我之所以會採取這個方式，是因為我覺得我們根本不可能假裝成當地人，而且我從來沒看過有哪個歐洲人可以在這些國家裡旅行而不被懷疑或不被發現。」

本恩斯認為此行最大的危險是遇上搶劫，於是他們把為數不多的財物分散開來，平均分散在每個人身上。本恩斯寫道：「我左手臂上繫著一封五千盧比的信用證，看起來就像亞洲人會在手臂上配掛的護身符。」他的另一支手臂則綁著護照和介紹信，長袍底下的束帶繫著一袋金幣。同時，他們認為傑拉德不應隨便提供他人免費藥物，以免讓人覺得他們很有錢。阿富汗是一個所有人都會隨身攜帶武器且會貪圖陌生人錢財的地方，必須時時繃緊神經戒備。

本恩斯一行人也曾被警告，如果他們想進入開伯爾山口的話很有可能無法活著出來，於是他們在跨越山脈時選擇另一條距離更長、更艱辛的路線。他們安全通過賈拉拉巴後，沿著主要的商貿路線繼續向西前往喀布爾，沿途周圍都是山頭被白雪覆蓋的山脈，遠方則看得見興都庫什山雄偉的山峰。雖然本恩斯一行人在出發前非常擔憂，但實際上路後才發現其實並沒有碰到太多威脅，有次他們遇到一個特別寒冷的夜晚還在清真寺借住一宿（儘管村民們都知道他們是異教徒），本恩斯寫道：「他們對基督徒似乎沒有任何偏見」，而不論是本恩斯或傑拉德，都沒想過隱瞞自己的宗教信仰。但他們依然非常謹慎，尤其不希望冒犯他人，本恩斯後來寫道：「他們有時會問我吃不吃豬肉，而我當然會厭惡地說只有被遺棄的可憐人才會做出這種不道德的行為。希望上天原諒我！其實我明明就很喜歡培根，寫下這些的時候口水都要流下來了。」

本恩斯一行人在四月三十日的半夜抵達通往喀布爾的山口，並在隔天下午進到喀布爾城中，他們在進城後去的第一個地方便是海關，他們的行李在那裡經過一番檢查，這讓他們冷汗直流，因為這是意料之外的事，但幸好對方並未仔細檢查。本恩斯記錄道：「我的六分儀和書籍，以及醫生的幾個瓶子和器材都被一字排開等待檢查，雖然他們沒有破壞那些東西，但在看到那些難以理解的器具後，肯定都把我們當成巫師了。」

他們在跨越印度河六週後，終於抵達第一個目的地，本恩斯一行人將會在此一多斯特．穆罕默德的據點裡正式展開他們的任務，等到九個月後完成任務時，他獲得的讚賞將會和七十五年後阿拉伯的勞倫斯（Lawrence）不相上下。

雖然亞歷山大．本恩斯的名字將會永遠和布哈拉聯繫在一起，但他的名字其實更應歸屬於喀布爾，因為他的命運將與這座阿富汗的首都和統治者多斯特．穆罕默德交織在一起。本恩斯在一八三二年春天初次拜訪喀布爾時便愛上這座城市，甚至將那裡形容成天堂，喀布爾有許多花園，裡頭到處是果樹和啁啾的鳥兒，讓他想起了英格蘭。他寫道：「你可以在一個果園裡找到桃子、梅子、杏桃、梨子、蘋果、榲桲果、櫻桃、核桃、桑椹、石榴和葡萄樹。每棵樹上都有夜鶯、畫眉鳥、鶇鳥和鴿子……以及不斷鳴囀的喜鵲。」由於本恩斯實在太喜歡那些夜鶯的叫聲了，他的一名阿富汗朋友後來還送一隻去印度給他，那隻鳥後來被本恩斯稱作「一千個故事的夜鶯」，因為牠總會整晚鳴唱不停，如果不移走就會吵得讓人難以入眠。

本恩斯和多斯特·穆罕默德打從一開始便氣味相投，本恩斯表示自己當時正準備經由喀布爾和布哈拉返回英國，並帶了一封珍貴的介紹信給這位阿富汗的統治者，於是他很快便被邀請進入位於巴拉希薩爾（Bala Hissar）堡壘裡的皇宮，從這座堡壘望出去，整個喀布爾都能盡收眼底。令人有些意外的是，多斯特·穆罕默德和被其視為眼中釘的蘭季德·辛格非常不同，他其實是名謙遜簡樸的人，當時竟和本恩斯一起盤腿坐在同一張地毯上，房間裡也沒什麼傢俱。

和阿富汗所有君主一樣，多斯特·穆罕默德幾乎從出生開始便在學習如何策劃陰謀、勾心鬥角，除此之外，他還遺傳到其波斯裔母親，天生便擁有一些其他更狡猾的特質。這些特質讓他得以在舒賈沙赫被驅逐、流亡盧得希亞納後的喀布爾王位鬥爭中，成功擊敗他的幾名哥哥，最後在一八二六年順利掌權。雖然多斯特·穆罕默德原本並不識字，但他很快便開始學習閱讀和書寫，並在自己新的領地上重建秩序與繁榮，本恩斯一行人對他能在六年內在這個動盪的地區裡達成如此成就都感到非常欽佩。

本恩斯記錄道：「旅人們早在抵達阿富汗前便會先聽聞德高望重的多斯特·穆罕默德多的許多佳話，而且沒有人比他適合那些聲望。對於公正不阿的多斯特·穆罕默德，不論哪個階層的人都讚譽有加，農民們因為暴政結束而感到欣喜，而城鎮居民則樂見其實施嚴格的法律讓自己的房舍能受到保護，至於商人則喜歡他不偏不倚的決策，讓他們的財產都能受到保障。」本恩斯總結道，任何一位君主能受到的讚譽大概也莫過於此。不過與本恩斯同行的年輕喀什米爾人默漢．拉爾，卻不相信多斯特．穆罕默德真有如此了不起，他後來曾指出，雖然多斯特．穆罕默德的統治既精明又睿智，在戰場上也是位能幹的指揮官，但也非常擅長「陰謀、殘暴、殺人和說謊」這些手段。

多斯特．穆罕默德第一次接見本恩斯時不只歡迎他的到來，還說雖然和英國人不熟，但也聽說不少英國人和英國的事，由於他非常想知道外面的世界以及其他國家的事物是如何運行的，因此一股腦地對本恩斯提出許多問題，他想知道關於歐洲的一切事物，包括歐洲有多少國王，以及那些國王是如何抵御鄰國攻伐的。多斯特．穆罕默德提出的問題數量實在太多，種類也五花八門，讓本恩斯很難全部記住，不過那些問題包括法律、歲收方面的議題，也包括歐洲國家建立軍隊的方式（他聽說俄國人使用的是徵兵制度），甚至還問及收治棄嬰的醫院。他也想知道英國人是否覬覦阿富汗，而且在詢問時還用銳利的眼神盯著本恩斯。他知道蘭季德．辛格雇用了歐洲軍官幫他訓練軍隊、對軍隊進行現代化，因此也想請本恩斯留下來擔任阿富汗軍隊的指揮官，因為他知道本恩斯也是東印度公司的軍官。多斯特．穆罕默德承諾道：「一萬兩千匹馬、二十座大砲都隨你調用。」當本恩斯禮貌地回絕後，他居然還要求本恩斯和他推薦別的軍官。

多斯特．穆罕默德明確地表達對鄰國錫克帝國的厭惡，還問本恩斯英國人是否希望與他聯手推翻錫克帝國的蘭季德，這個提議讓本恩斯有點尷尬，因為加爾各答或倫敦當局當然不希望與錫克帝國的蘭季德撕破臉，對他們而言真正需要擔心的不是錫克帝國，而是難以控制的阿富汗。畢竟，阿富汗人才剛在七十五年前穿越開伯爾山口攻陷德里，然後把所有能帶走的金銀財寶都搶走了。本恩斯先是對多斯特·穆罕默德的提議表達感謝，接著又說英國和錫克帝國簽署一份歷史悠久的條約，因此無法和如此令人敬畏的鄰國交惡。作為一名政治作戰官員，本恩斯知道加爾各答希望在自己最脆弱的邊界上看見兩個強大而穩定的盟友（而且兩國都和英國關係良好），而非兩個彼此征戰的死對頭，如此一來，才能為英國人提供屏障，抵禦外敵入侵。本恩斯之所以會被指派前往錫克帝國或阿富汗的任務，根本目的是回報這些統治者的想法給加爾各答，而非促成他們彼此和解，促成他們和解的工作，就像英國要支持誰爭奪阿富汗王位此一關鍵問題一樣，要再晚一點才會浮上檯面。柯諾利曾主張，光是為了不讓波斯（以及俄國）取得赫拉特這點，就應該要支持卡姆蘭沙赫。本恩斯也很確定自己應該支持的對象，他認為英國應該努力和多斯特·穆罕默德示好，並讓他繼續掌權，因為他是唯一有能力統合阿富汗此一內戰不斷國家的人。

本恩斯一行人都很樂意在喀布爾多作停留，也很想繼續在這個宜人的城市裡和他們的阿富汗朋友喝茶聊天，但他們必須繼續向布哈拉前進。他們最後一次和多斯特·穆罕默德會面一直談到午夜過後才終於結束。接著本恩斯一行人向北方出發，往興都庫什山山口前進，在山的後面就是巴爾赫、奧克蘇斯河以及布哈拉。一旦離開多斯特·穆罕默德的領土後，他們將會踏進本次旅程最危險的區域，也會開始不斷回想起七年前穆克羅夫特一行人的下場。當本恩斯一行人抵達巴爾赫時，這座曾經非常雄偉的城市早已成為一片廢墟，於是他們決定找尋穆克羅夫特一行人淒涼的墳墓以表敬意。

他們第一個找到的是喬治·特雷貝克的墳墓，位於幾公里外的某個村子裡，他是穆克羅夫特一行人中最後一位過世的人。那座墳墓位在一棵桑樹下，上頭並沒有任何註記。本恩斯寫道：「雖然他年紀輕輕，但他在埋葬了兩位歐洲旅伴後，自己也病倒了，並在和病魔奮鬥四個月後離世，死的時候孤身一人，在這個遙遠陌生的國度求助無門，也沒有人能給他任何慰藉。」最後，他們在巴爾赫城外的某道土牆下找到穆克羅夫特的墳墓，旁邊則是古斯里的墳墓。由於穆克羅夫特與古斯里是基督徒，因此當地人堅持他們的墳墓不能有任何形式的墓碑。本恩斯一行人找到墳墓的時候正好是天空清朗、月光皎潔的夜晚，此時內心難掩激動，因為他和所有曾參與大競逐的人一樣，對穆克羅夫特非常尊敬，本恩斯如此寫道：「在深夜裡看到這幅景像，怎麼可能會不感到憂鬱？」、「他們三人被葬在距離彼此不到十九公里的位置，但也給了我們一些鼓勵，畢竟我們和他們一樣，走在相同的路線上，也擁有類似的目標。」

但本恩斯一行人並沒有時間思考穆克羅夫特一行人的事，畢竟他們已經安全抵達奧克蘇斯河，必須針對這條大河低調地進行一些重要的調查，英國人長久以來一直擔心俄軍有天會沿著這條河從鹹海前來巴爾赫。本恩斯在記錄中並未寫明在巴爾赫的五天裡究竟是如何展開調查的，只描述了他們在古代巴爾赫的遺跡裡找尋硬幣和古物的過程。我們只有在本恩斯提交給長官的秘密報告（這份報告今日存放在倫敦印度辦公室的檔案室裡）中才能瞭解到，當時他們肯定正忙於調查這條河能否航行、該地區是否能供應足夠的補給，以及其他戰略上的議題。本恩斯一行人在完成奧克蘇斯河的調查後，隨即踏上旅程的最後一段，亦即前往布哈拉。前往布哈拉的艱辛旅程共計十天，且須橫越沙漠，途中他們加入一支武裝完備的大型商隊，雖然此時他們已經名義上進入布哈拉埃米爾的領地，但他們依然還是有可能被土庫曼的奴隸商俘虜，然後被銬上手銬腳鐐送去城裡的市集變賣為奴。本恩斯一行人除了曾經因為不明原因發燒外，整趟旅程中並沒有遇到什麼災難，不過發燒這件事還是讓他們不安地想起穆克羅夫特一行人的遭遇。

璞鼎查（1789-1856），曾以中尉身分偽裝成馬商和聖徒，探勘通往印度的路線。

亞瑟．柯諾里（1807-42），第一個創造出「大競逐」這個詞彙的人；後來在布哈拉遭斬首。圖片裡是他偽裝成波斯人的樣子。

葉爾摩洛夫將軍（1772-1861），征服高加索地區的將領。他的士兵們在他後來蒙受恥辱時，都為他掉下了眼淚。

帕斯克維奇將軍（1781-1856），亦即接替葉爾摩洛夫職位的人，他繼續推動了俄國往南擴張的殘酷行動。

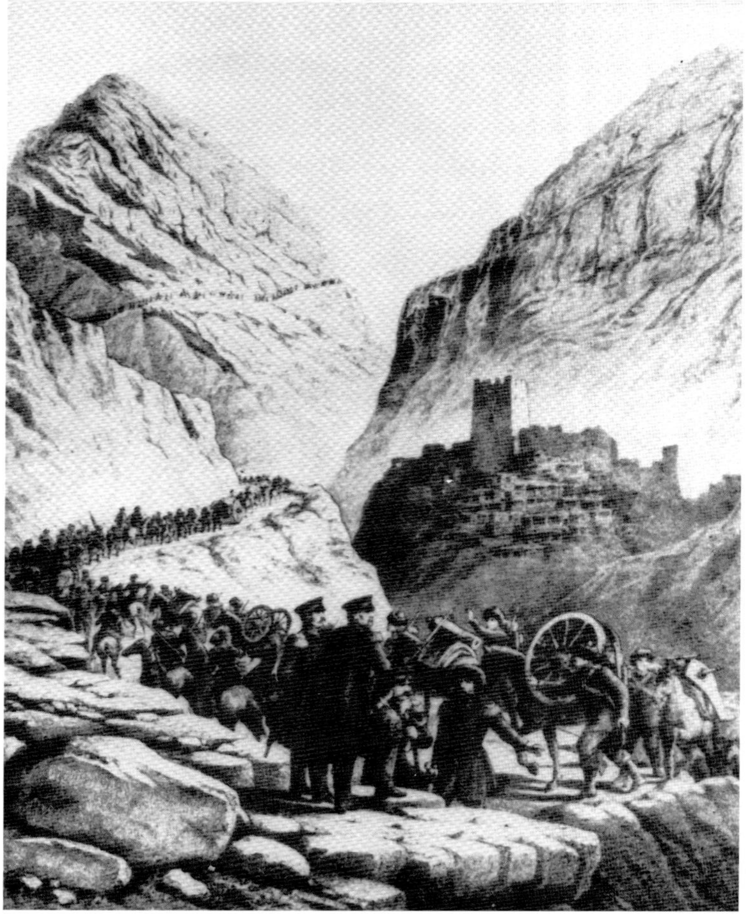

俄軍士兵正準備對山丘上的高加索村莊進行圍城。

沙米勒伊瑪目（1797-1871），高加索地區傑出的穆斯林游擊隊領袖，他曾多年抵抗俄國征服者。

流經阿特克的印度河。英國人擔心從開伯爾山口而來的俄軍，可能就會在這裡進入英屬印度。

穿著阿富汗服裝的亞歷山大・本恩斯（1805-41）。他最後遭到瘋狂的喀布爾暴民砍殺至死。

埃爾德雷德·波廷格中尉（1811-43），他是「赫拉特的英雄」，也是璞鼎查的姪子。

英國的傀儡舒亞沙赫（1780-1842），他曾短暫取代多斯特·穆罕默德登上王位，卻遭到自己的人民刺殺身亡。

充滿個人魅力的蘭季德·辛格（1780-1839），只有一隻眼睛的旁遮普統治者，英國人將他的領地視為抵禦外敵入侵的屏障。

多斯特·穆罕默德（1791-1863），阿富汗的埃米爾。由於英國人害怕他與俄國接觸，因而將他趕下了王位，直到第一次阿富汗戰爭結束後才重新登基。

1839 年英軍士兵在前往喀布爾的路上，正要進入波倫山口。他們擔心波倫山口和開伯爾山口能讓俄軍部隊進入印度。

威廉・麥克諾滕（1793-1841），他曾以武力將舒亞沙赫扶植上王位，但很快便為此付出了自己的性命。

默漢・拉爾（1812-77）是本恩斯的喀什米爾摯友，同時也是一名間諜。對他的上司來說，他是一個非常重要的人。他曾警告本恩斯喀布爾潛在的危險，但最終仍無法阻止悲劇的發生。

1839 年，英軍攻入阿富汗。加茲尼是他們在前往喀布爾之前遇到的最後一個敵軍據點，此地在城門被亨利・杜蘭中尉炸開之後淪陷。

1842 年英軍從阿富汗撤退時，四十四步兵團正在甘達馬克這座村子進行最後一戰。至今在這裡仍可找到他們的遺骨。

就在他們逐漸接近布哈拉之際，本恩斯用了很多東方式的阿諛奉承寫了一封信，然後先請人將信送去給布哈拉的庫什貝吉（Koosh Begee），相當於鄂圖曼帝國的大維齊爾（Grand Vizier，譯按：源自阿拉伯語，為君主之下最高階的大臣，類似宰相或總理的職位）的大臣，表達他們希望目睹這座傳說中的神聖城市的繁榮景象。本恩斯誇張地使用「伊斯蘭的高塔」、「信仰之寶」等詞彙來形容那位庫什貝吉，而這種寫法顯然也讓他心花怒放，因為不久後信使便回來轉達對方歡迎他們拜訪布哈拉的消息。一八三二年六月二十七日上午，當時身體微恙，依然虛弱的本恩斯和傑拉德與其本地同伴終於抵達布哈拉，距離他們離開德里不過才六個月而已。當天稍晚，大維齊爾在布哈拉著名城堡裡的埃米爾皇宮召見本恩斯，距離他們下榻的位置大約三公里左右，本恩斯在換上當地的服裝之後步行前往皇宮，因為除了穆斯林外，布哈拉城內禁止騎馬。由於傑拉德身體依然很不舒服，因此當時前去皇宮的只有本恩斯一人。

那位庫什貝吉留著灰白長長的鬍鬚，是一位滿臉皺紋的老人，細小的眼睛看起來十分狡詐，本恩斯和他長達兩小時的會面宛如審問。他首先想知道為什麼本恩斯一行人欲拜訪布哈拉，本恩斯一如既往地解釋道，因為他們當時正要走陸路返回英國，而布哈拉當時在整個東方已非常知名，因此他們想把布哈拉的輝煌景象帶回去讓英國人知道。那位維齊爾接著問道：「你的職業是什麼？」本恩斯在猶豫了一會後坦承自己是印度軍的軍官，但本恩斯的憂心是多餘的，因為庫什貝吉似乎並未覺得本恩斯身為軍官拜訪布哈拉有何不妥。庫什貝吉似乎對本恩斯的宗教信仰更感興趣，先是問他相不相信造物主的存在，接著又問他是否崇拜偶像。針對第二個問題，本恩斯特別大力地進行否認，而庫什貝吉聽後還請本恩斯露出胸口，讓他看看是否有配戴十字架。當庫什貝吉發現他身上沒有十字架後，便贊同地說道：「你也是個有經者（people of the Book，譯按：穆斯林使用這個詞彙時，指的是亞伯拉罕諸教的信徒，其中也包括猶太教徒和基督徒，因為他們和穆斯林一樣都有共同的先知，也都信仰唯一的真神），比俄國人好多了。」庫什貝吉接著又問基督徒是否會吃豬肉，而本恩斯知道必須謹慎地回答此一問題，於是他回答道，有些人的確會吃，但主要都是窮人才會吃。庫什貝吉接著又問道：「豬肉嚐起來是什麼味道？」本恩斯不可能上這個當，於是回道：「我聽說豬肉吃起來有點像牛肉。」

然而，一如本恩斯和其他亞洲人常見的相處過程，他和這位庫什貝吉的關係很快就變得愈來愈友好，因為庫什貝吉非常希望得知外面世界複雜的訊息，而本恩斯顯然便是很好的資訊來源。為了這份友誼，本恩斯還將自己僅有的兩個指南針，送了一個給庫什貝吉，而這份禮物也讓本恩斯一行人獲得在城裡自由走動、觀察居民日常生活的權利。在布哈拉時間，本恩斯一行人目睹罪犯在喚拜塔旁接受石刑，並參觀了皇宮前的廣場（罪犯的斬首就是在該處執行），同時本恩斯還去了趟奴隸市場，當天只有六名奴隸待價出售，但都不是俄國人，他記錄道：「這些可憐的人在那裡像牲畜一般待價出售，在三、四十個攤位上供人檢視挑選。」、「身為歐洲人，這幅景象真讓我覺得非常噁心。」但布哈拉人會辯解道，這些奴隸都會被妥善地對待，而且通常過得比在自己家鄉優渥。

當時本恩斯曾偷偷地和別人說，他想和俄國奴隸見面——當時的布哈拉大約有一百三十名俄國奴隸。不久後的某個晚上，一位擁有歐洲人面孔的男子便鑽進他們的住處，並激動地衝向本恩斯腳邊，告訴他們他原本住在俄國的某個邊疆聚落裡，但十歲時在睡夢中被土庫曼的奴隸商強行擄走，現在已成為奴隸十五年了，正為自己的主人擔任木匠。他說主人對他很好，而且還讓他自由移動，但為求保險還是假裝皈依伊斯蘭教，儘管私底下他還是一名基督徒（本恩斯記錄道：「說到這裡，這個可憐的人在胸前劃了一個十字架」），他解釋道：「因為身邊的人都打從心底痛恨基督徒。」這名奴隸後來和本恩斯一行人一起吃飯，並在離開前告訴他們：「我也許看起來很快樂，但心裡其實非常想念家鄉，如果能再看看家鄉一眼，我死也願意。」

此時本恩斯一行人已在布哈拉停留一個月了，而調查工作也已經完成，本恩斯希望可以趕快前往希瓦，之後經波斯返回加爾各答。但庫什貝吉卻強烈建議他們不要前往希瓦，因為附近區域的局勢並不穩定，路程非常危險。最後本恩斯決定放棄前往希瓦，而是直接經由梅爾夫（Merv）和阿斯特拉巴前往波斯。庫什貝吉給本恩斯一份詔書，上頭印有埃米爾個人的印璽，命令所有布哈拉的官員都要盡可能地為他們提供協助。他也提醒本恩斯，一旦他們離開布哈拉的領地，前往波斯邊界一路上還是會經過幾處變化莫測的地區，千萬不能相信任何人。出於一些庫什貝吉並未解釋的原因，他並沒有讓本恩斯一行人和埃米爾本人會面，不過這對他們來說或許也是一件好事——因為在本恩斯之後抵達布哈拉的兩位英國軍官，便是被這位剛登基的埃米爾殘忍處決的。本恩斯一直很友善的庫什貝吉在和本恩斯一行人道別時，還請他們在安全返家時也為他祈禱，他解釋道：「因為我已經垂垂老矣。」此外，他還拜託本恩斯如果再次拜訪布哈拉的話，可否順道帶一副英國製的眼鏡給他？

在經歷過一連串冒險故事和意外事故後（那些故事實在太多，我們不會在此一一詳述），本恩斯一行人最後在一八三三年一月十八日，走海路經波斯灣回到孟買。他們在孟買得知，在其離開印度的十三個月裡，其他地方也發生很多事情，導致英俄關係再次急速惡化。二月二十日，亦即本恩斯抵達加爾各答針對中亞探勘之旅和總督進行匯報的當天，一支大型俄國艦隊也停泊在君士坦丁堡旁，這讓倫敦和加爾各答非常驚慌。時間回到一八三一年，當時在名義上仍屬鄂圖曼帝國的埃及，發動了反抗鄂圖曼蘇丹統治的起事。在那之後又發生了一連串事件，而俄國艦隊在君士坦丁堡停泊只是這一連串事件的最後一個結果而已。起初，埃及叛變似乎只是一場地方上的起事，但這場叛變很快就為鄂圖曼帝國帶來嚴重威脅，而在背後主導叛變的是鄂圖曼蘇丹本人冊封，名為穆罕默德·阿里（Mohammed Ali）的埃及總督。他先是出動強大軍隊攻下大馬士革和阿勒坡（Aleppo），接著又進軍安納托利亞，準備揮軍君士坦丁堡推翻鄂圖曼蘇丹，情急之下鄂圖曼蘇丹只能向英國求援，但當時的外交大臣巴麥尊子爵（Lord Palmerston）卻躊躇不決，不確定英國是否應該單獨出兵援助。

相較於英國的猶豫不絕，俄國的尼古拉沙皇則是沒有半點遲疑，因為他不希望看見當時對他百依百順的鄂圖曼蘇丹被一個喜歡到處征戰的新王朝給取代。於是俄國立刻派出尼可萊·穆拉維耶夫（他因為在希瓦的事蹟而一舉成名，當時已晉升為將軍）前往君士坦丁堡，主動對蘇丹伸出援手助其對抗穆罕默德·阿里的軍隊。起初蘇丹有些遲疑，因為他比較希望獲得英國的援助，當時也仍對英國的援軍抱持一線希望，但倫敦方面卻遲遲沒有動作。巴麥尊子爵認為當時和英國依然是正式盟友的俄國絕不會單方面做出對英國不利的行動，但巴麥尊子爵在君士坦丁堡的部下卻不斷催促他，認為這場危機會威脅到英國在近東地區的利益（當然還有在印度的利益），最後巴麥尊子爵還是被說服了，不過他依然更傾向於進行調停而非出手介入戰事。最後，不用說也知道，巴麥尊子爵的決定來得還是太遲了，由於穆罕默德·阿里的軍隊已經穿越安納托利亞逐步逼近君士坦丁堡，蘇丹別無選擇只能充滿感激地接受尼古拉沙皇提供的即時援助。

最後俄國艦隊確實及時趕到君士坦丁堡，因為當俄軍抵達時，穆罕默德·阿里的軍隊距離那裡也只剩大約三百公里的路程，蘇丹於是保住了自己的王位。穆罕默德．阿里知道自己無法同時打敗俄國人和土耳其人，因此決定讓部隊暫停前進就地建立據點。英國的優柔寡斷讓俄國得已實現長久以來出兵君士坦丁堡的夢想，當關於俄軍的最新動態傳到加爾各答時，英屬印度的官員立刻便認為這是俄國某個大型侵略計畫的一部分，而印度便是此一計畫的終極目標，俄國的每一步行動帶著不詳的意味，也變得愈來愈說得通，像威爾遜、穆克羅夫特、金尼爾和德萊西．埃文斯等人，於是不再被視為危言聳聽的人了。當本恩斯抵達加爾各答時，這便是當時瀰漫在英屬印度的氣氛，那確實是返回印度的絕佳時間點，中亞的大競逐正變得更加激烈。

本恩斯和威廉．本廷克總督在匯報後，便受命立即登船返回倫敦，向內閣、印度管理委員會和其他高階官員，針對中亞的情況以及俄國入侵印度的可能性進行簡報。以一個年輕的中尉而言，本恩斯受到的歡迎非比尋常，就連國王本人也都和本恩斯進行了一場私人會晤，因為他和其他人一樣都想親自聽聽本恩斯的故事。本恩斯在一夜之間成了一名英雄，而他的仕途也跟著扶搖直上，除了晉升上尉外，皇家地理學會也頒發了一枚金牌給他，表彰其傑出的探勘之旅。本恩斯甚至連提名參選都不需要，就被邀請加入雅典娜俱樂部（Athenaeum），那裡是英國文人和科學家菁英的殿堂，而俱樂部裡的女侍以及正在物色女婿的婦女們，也開始巴結這位瀟灑的年輕軍官。

當時最重要的出版商約翰．穆雷（John Merray）很快便取得本恩斯對該趟旅程的記錄。書籍最後取名為《前往布哈拉之旅》（*Travels into Bokhara*），並以火速送印，因而得以趕在亞瑟．柯諾利的書之前出版（柯諾利的書要在幾個月後才出版），而穆克羅夫特直到過世之後才問世的著作，則還要等到七年後才出版。因此，本恩斯分成三冊出版的這部史詩級著作，便成了英國讀者得以探看中亞各種奇險、神秘而刺激的故事的第一個機會。《前往布哈拉之旅》立刻就成為暢銷書，出版第一天便賣出九百本（在那個年代這可是很可觀銷量）。可惜的是，遠在印度的傑拉德醫生就沒辦法享受到這種萬人追捧的感覺了，他後來在兩年內去世，因為他最後一次前往布哈拉時，曾和同伴一起患上某種疾病，從此身體狀況便一直欠佳。

然而，被各種恭維話語包圍的本恩斯並沒有忘記他們那趟旅程的真正目的，除了《前往布哈拉之旅》外（書的大部分內容是他在回英國的船上寫完的），他還為兩位長官製作了兩份秘密報告（分別關於軍事與政治方面），以及另外兩份沒那麼敏感的報告，內容則是該地區的地形和商貿機會，本恩斯在那份軍事報告裡主張，如果讓喀布爾像赫拉特那樣落入俄國人手中的話，情況將變得非常危險，因為敵軍可以在一個月內，便從巴爾赫前往喀布爾，儘管亞歷山大大帝的軍隊，曾有許多士兵在興都庫什山的山口凍死，但對於裝備精良的現代軍隊來說，這個山口根本就稱不上艱難的障礙。雖然阿富汗人在內戰中表現得既兇猛又勇敢，但他們無法長期對抗意志堅決的俄軍，也無法保住喀布爾，一旦俄軍取得喀布爾便可輕易地向印度進軍，而且有數條路線可供選擇。

如欲抵達巴爾赫，他們可以用馬匹拖著平底船，然後讓軍隊沿著奧克蘇斯河向上游前進——「就像在運河上航行」。本恩斯一行人都很確定奧克蘇斯河完全可以讓船隻行駛到巴爾赫，河岸不高且結實，而該地區又不缺馬匹。至於大砲，俄軍可以用平底船運送，或是在河岸上拖行。如果俄軍是從奧倫堡而非裏海東岸出發的話，甚至連希瓦都不用佔領，布哈拉也可以直接繞過——不過如果他們能取得希瓦與布哈拉統治者的合作，那麼這兩個綠洲城鎮也都可以成為糧食和其他補給的據點。由於喀布爾一旦落入俄國手中將會非常危險，因此本恩斯主張英國應該支持多斯特．穆罕默德（而不是卡姆蘭沙赫）在阿富汗統一後登上王位。本恩斯的說法表現出俄軍攻佔喀布爾並非難事，而且和威爾遜、金尼爾和德萊西．埃文斯這些人不同，因為他是真正親自拜訪過喀布爾。

此時本恩斯很想再回到那個讓他聲名大噪的地區，於是開始強烈地說服上司讓他在喀布爾建立一個常駐的辦事處。設立此一辦事處的目的，除了能和多斯特．穆罕默德維持友好關係，以及監視俄軍是否會進入奧克蘇斯河以南的地區外，也是要確認英國商品能在阿富汗和突厥斯坦的市場裡贏過俄國商品。如果東印度公司能好好利用印度河（本恩斯已證明印度河是可以航行的），那麼更便宜、品質更好的英國商品最終便可將俄國商品徹底從該地區驅逐。本恩斯提議在喀布爾設置英國商貿辦事處（而該辦事處也會帶有強烈的政治色彩）的想法，起初並沒有被上司採納，因為正如有人所說的，他們擔心這個辦事處會「淪為一個政治機構」，但新上任的總督奧克蘭（Lord Auckland）卻不這麼認為，於是一八三六年十一月二十六日，本恩斯又再次被派往喀布爾。

一如他之前拜訪多斯特．穆罕默德的行程，以及在布哈拉停留期間，俄國其實也注意了本恩斯這次的行程，當時俄國人變得愈來愈擔憂，因此已經密切注意在中亞旅行的英國人好一段時間了。除了俄國商品逐漸受到英國商品的競爭外，政治上的對立看來也愈發嚴重，這場大競逐不再只是中亞汗國的事情而已了，其範圍已經擴張到高加索地區，而該地區在當時也已被俄國視為囊中物。聖彼得堡開始收到一些來自黑海東北岸的切爾克西亞（Circassia）的消息：來自英國的特務正在該地區的部族間活動，而且正為他們提供武器，並煽動他們對抗前去佔領其領土的異教徒。

第十二章 世上最偉大的堡壘

雖然此時的高加索地區（包括喬治亞和亞美尼亞）都已穩固地掌握在尼古拉沙皇手裡，而且也被正式兼併到俄國的版圖中了，但在北部的山區裡還是有幾個穆斯林部族持續進行抵抗。仍待征服的主要兩個區域分別是西邊的切爾克西亞，以及東邊的達格斯坦（Daghestan）。當時俄國已經不再和土耳其人或波斯人作戰了，於是便將所有心力用以鎮壓切爾克西亞與達格斯坦中驍勇善戰的抵抗者。然而，鎮壓抵抗所需的時間將比俄國原本預期的還長，因為那些地方首領都非常擅長在山區和森林裡作戰，此外他們也結交到一名意外的盟友。

當時二十八歲的大衛．厄卡特（David Urquhart）因為曾在希臘獨立戰爭中加入志願軍，因此對土耳其人產生強烈的好感，他曾在一八二七年和其他八十多位英國人一起前往希臘幫助希臘人驅逐土耳其人。但厄卡特很快便發現自己對希臘人的幻想徹底破滅了，土耳其人勇敢和其他特質都讓他非常欣賞，而他這種剛形成對土耳其人的熱愛，也讓他開始對俄國此一土耳其的宿敵產生同等強烈的厭惡。厄卡特曾在法國的軍事學院和牛津受過教育，同時擁有出色的宣傳能力，此時他則將宣傳能力用以對付聖彼得堡，並在不久後成為英國最重要的疑俄論者。厄卡特擁有一些來自菁英階層的朋友（甚至包括國王本人），廣大的人脈為其帶來諸多好處，於是他也獲得了一些政府的公職，能夠前往近東地區進行幾項秘密外交任務，並在其中一次位於君士坦丁堡的任務中，發現自己也被捲入切爾克西亞對抗俄國的抗爭。

不久前由於穆罕默德·阿里已經不再對鄂圖曼蘇丹的王位造成威脅，因此俄國只能不甘願地將軍隊撤離君士坦丁堡，不過俄國同時也向鄂圖曼帝國索取高昂報酬，以報答俄國出兵相助。根據雙方於一八三三年夏天簽訂的《互助條約》（Treaty of Hunkar Iskelesi），鄂圖曼帝國幾乎成為受俄國保護的國家——至少在厄卡特和其他疑歐論者眼中確實如此。讓倫敦緊張的是，他們很快便發現鄂圖曼帝國還在一個秘密條款中承諾，只要聖彼得堡提出要求，將禁止除俄國外的外國戰艦進出達達尼爾海峽（Dardanelles），因此一旦發生戰爭，俄國強大的黑海艦隊便擁有土耳其海峽的獨家通行權。

英國外交大臣巴麥尊對此非常憤怒，並向聖彼得堡表達強烈抗議，他開始懷疑穆罕默德·阿里雖然可怕，但至少曾主動對英國釋出善意，如果讓穆罕默德·阿里登上土耳其王位或許會比鄂圖曼蘇丹馬哈茂德二世（Mahmud II）還要好。針對巴麥尊的抗議俄國後來也做了回應，這個回應並沒有讓巴麥尊的心情變好，因為俄國認為他們只不過是先英國一步，做了英國原本就想做的事情罷了。巴麥尊對俄國此一說法進行駁斥，認為俄國「輕浮無理」，儘管他知道這種說法其實和事實相去不遠。然而，這並沒有辦法改善英俄兩強之間快速惡化的關係，而聖彼得堡正在大幅擴增艦隊的消息，又加劇英國對俄國長期野心的擔憂，於是英國也擴增自己的皇家海軍以求跟上俄國的腳步。由於俄國艦隊的擴張發生在俄國於一八二八和一八二九年擊敗波斯和土耳其，並簽署關於達達尼爾海峽的密約後不久，因此看來確實是個不祥之兆。在這樣的氣氛中，再細微的事情都能成為疑俄論者的論據來源。

厄卡特為切爾克西亞挺身而出的時間點便是瀰漫著這樣的氣氛，他先是在一八三四年，亦即旅居君士坦丁堡期間，和切爾克西亞的領導人物們建立聯繫，接著又秘密拜訪他們位於山區的根據地，而厄卡特也是第一位拜訪該地的英國人。切爾克西亞的領導人物們雖然勇敢無畏，但卻有點單純，他們對於這位來自外面廣大世界、代表英國此一強國的訪客（或者不如說是他們以為厄卡特代表英國而來）留下非常深刻的印象。厄卡特為他們提供許多鼓勵和建議，而他們也請求厄卡特留下來帶領他們對抗俄國，但厄卡特拒絕他們，還堅持表示自己如果待在倫敦會對他們更加有利。厄卡特在返回英國之後確信，英國在道德上有義務防止俄國人蹂躪切爾克西亞，切爾克西亞並未對任何一方造成威脅，也讓他想起自己的故鄉蘇格蘭。若能幫助切爾克西亞的部族抵抗俄國的鎮壓，也高度符合英國自身的利益，因為如果從切爾克西亞出發，俄國可以對土耳其和波斯發動侵略，最終也可能會入侵印度。有位俄國將軍曾將切爾克西亞描述為「世界上最偉大的堡壘」，這句話並非沒有道理。

厄卡特信守自己對盟友的承諾，開始書寫大量文章、宣傳手冊和新聞報導，咒罵一切關於俄國的事物，藉此傳播他們的目標。厄卡特在隔年出版一本名為《英國與俄國》（*England and Russia*）的書，書中針對俄國在近東和中亞地區的擴張目標提出警告，他預測土耳其將會是第一個被俄國併吞的對象，他寫道：「整個鄂圖曼帝國，會突然從我們手上落入俄國的掌控中，屆時俄國也將成為我們的公開敵人」、「土耳其現在用以對抗俄國的軍隊、武器、邊境、堡壘、財富和船隻，屆時會在俄國的訓練、統整和領導下，被用來對付我們。」一旦併吞土耳其，俄國的下一個目標便是波斯，波斯人是「一個人口眾多、不屈不撓，而且十分好戰的民族，俄國人不需耗費太多心力或金錢就能訓練、調動他們。」

厄卡特認為波斯人會被調動來對抗誰，是一個不用想就能知道答案的問題。喜歡劫掠的波斯人根本就不需要俄國慫恿，因為他們本來就對印度大量的財富覬覦已久。

厄卡特總結道，俄國「會自己選擇時機……她不可能會在這樣的時刻失算，她把所有的心力和資源都放在這上面，她會在百分之百確定能成功之後才展開行動。」不過厄卡特的這些說法並不完全是原創的，第一個提出俄軍可能擊敗鄂圖曼帝國的人其實是羅伯特．威爾遜爵士，而早在十七年前，金尼爾也曾設想過聖彼得堡可能會用波斯人來侵略印度。多年後，世界已發生巨變，厄卡特提出警告的時間點，正是俄國似乎即將再次展開行動的時候，他們除了擴編艦隊外，也大幅加強對高加索地區的控制，如果俄國要進一步侵略土耳其或波斯，我們幾乎可以肯定高加索地區便是發動攻勢的灘頭堡。隨著疑俄論的聲量來到歷史新高，欲找到信服厄卡特論點的人並不困難。

厄卡特擁有一些位高權重的朋友，比如威廉四世、土耳其蘇丹，以及當時駐君士坦丁堡的英國大使龐森比勳爵（Lord Ponsonby），因此他會在一八三六年初被派往土耳其首都擔任英國大使館的主任秘書（First Secretary）完全不令人意外。不過厄卡特當然不會讓這個新的外交身分對其疑俄行動或在高加索地區的目標造成阻礙，知名的「雌狐事件」（affair of the Vixen）便是他在君士坦丁堡服務期間發生的（儘管這項任務今日早已被人遺忘）。雖然切爾克西亞當時仍未被征服，但俄國人依然宣稱，根據他們和土耳其人簽訂的條約，那裡也是他們的領土。俄國以瘟疫爆發，需要對該地區進行隔離阻絕為藉口，對切爾克西亞的黑海海岸進行嚴格的海禁封鎖。

英國並不承認俄國的封鎖令，但也不認為自己非得在這件事情上挑戰俄國不可。最後，厄卡特被激怒了，因為他認為巴麥尊在默許聖彼得堡壓制勇敢的切爾克西亞人，他還認為這場封鎖行動的目的是為了讓英國商品（也許還包括武器）無法進入高加索地區，若不為此提出異議簡直太沒骨氣了。因此，為了讓英國政府盡快表態，厄卡特說服一間英國貨運公司從君士坦丁堡派出一艘名為「雌狐號」（Vixen）的大型帆船，載著白鹽前往切爾克西亞海岸北端的蘇朱克卡勒港（port of Sudjuk Kale）。這是一項精心策畫的行動，目的是為了挑釁俄國，看看俄國為了維護自己對切爾克西亞的主權到底做了多大程度的準備，萬一船隻遭到攔截，厄卡特也希望能在英國點燃社會輿論，從而迫使政府直接對俄國採取行動，保護自家的商貿船隊。但如果要採取行動，英國就勢必要派出軍艦前往黑海，而這也能挑戰俄國和土耳其針對達達尼爾海峽所簽訂的密約。如果俄國未能阻止雌狐號，那麼也能告訴眾人唯有挺身而出才能讓俄國認輸，而厄卡特提供給被封鎖的切爾克西亞人的武器或許也能跟著運送過去。

一八三六年十一月，雌狐號駛離君士坦丁堡，準備向東橫越黑海，雌狐號啟程的消息當然很難不被聖彼得堡注意到，因為厄卡特在報社裡的線人能確保這件事獲得廣泛報導。厄卡特和這起事件的其他策劃者無一例外全是鷹派人士，他們顯然希望雌狐號被俄國攔截，因為他們相信只有英國和俄國彼此攤牌才能阻止俄國持續壯大下去。雌狐號在蘇朱克卡勒港進行兩天貿易後，隨即被一艘俄國船隻的指揮官查扣了，至此事情的起頭似乎非常順利。雌狐號被查扣的消息立刻便被駐君士坦丁堡的英國報社記者傳回倫敦（那些記者多數都是厄卡特的朋友）。一如預期地，此一消息在報章和社會輿論引起憤怒的聲浪，雖然大多數英國人連切爾克西亞在哪裡都不清楚。可以想見，當時正缺輿論彈藥的疑俄派報紙都興奮地咬下厄卡特拋出的誘餌。《泰晤士報》（*The Times*）責怪英國政府居然放任俄國人「嘲笑英國的優柔寡斷」，而《愛丁堡評論報》（*Edinburgh Review*）則分析了這場危機在更寬廣的層面上具有哪些意義。《愛丁堡評論報》宣稱：「一旦切爾克西亞被征服，高加索地區便會門戶洞開，而波斯也就任憑聖彼得堡處置了……因此，我們應該要看到俄國跨出了一大步，其邊界也向我們的印度一舉靠近了將近一千兩百英里。」

巴麥尊對雌狐號遭非法扣留一事也感到非常憤怒，於是和聖彼得堡開啟了激烈的書信交鋒，但巴麥尊對厄卡特和其他疑俄論者也同樣感到非常不悅，他知道這起事件背後的始作俑者就是厄卡特。他曾嘗試阻止厄卡特被派往君士坦丁堡任職，但眾所皆知此一職位安排的背後其實有國王在為厄卡特撐腰，而其他內閣閣員也都駁回巴麥尊的意見。現在巴麥尊覺得自己的預感完全應驗了，於是立刻將厄卡特召回倫敦，以免他繼續做出傷害英俄關係的事情。與此同時，厄卡特和他的朋友們則在君士坦丁堡殷切期盼英國政府會對雌狐號遭查扣和充公的事件做出回應。

大約此時，俄國人也開始宣稱有英國特務在切爾克西亞行動，為切爾克西亞人提供武器和建議，並鼓動他們反抗。俄國指控雌狐號除了載有鹽巴外，還載著提供給切爾克西亞反抗份子的武器，由於俄國指揮官十分擔心雌狐號事件可能對鎮壓的進程造成影響，因此還對切爾克西亞人提出警告，懷疑他們在山區的巢穴裡窩藏外國人，他如此說道：「和你們接觸的英國人，不過是一群沒有道德原則的探險者罷了。他們之所以前來並不是為了幫助你們，而是試圖將切爾克西亞納入英國的掌控，你們應該馬上抓住那些英國人然後將其全都殺掉」、「切爾克西亞人如果聰明的話最好放下武器，因為還沒有哪個國家打贏過俄國。」、「你們難道不知道，就算天塌下來，俄國人都能用刺刀撐著嗎？」、「對於高加索地區的部族來說，給俄國沙皇統治絕對比被英國國王統治還要好得多，如果你們聽信英國人而選擇進行抵抗，那麼有天山谷和家園被摧毀化為塵土就不要怪俄國人。」

在接下來的二十五年（甚至更久）裡，俄國人將會發現若想威脅切爾克西亞人，光靠虛張聲勢是不夠的，即使其他高加索民族都已被俄國征服好一段時間，切爾克西亞人都仍在持續進行抵抗。然而，那位俄國將軍有一件事沒有說錯：當時有些英國人確實正和切爾克西亞人一起生活著——其中一位名為詹姆士·龍沃斯（James Longworth）的《泰晤士報》特派記者（這份報紙支持切爾克西亞人的抵抗行動），當時前去了解切爾克西亞人是如何和俄國人進行這場大衛和歌利亞式（David and Goliath）的鬥爭，龍沃斯還有一位同樣支持切爾克西亞人對抗俄國，名為詹姆士·貝爾（James Bell）的夥伴，提供雌狐號讓計畫運行的人便是詹姆士·貝爾（儘管這個決定或許有些不智）。在厄卡特的鼓舞下，為了親眼目睹戰爭，讓現場報導登上英國報紙頭條，貝爾和龍沃斯一樣都遭受俄國人的攻擊，在得知自己的船隻和貨物被查扣後，貝爾感到非常緊張，開始絞盡腦汁設法取回。

龍沃斯與貝爾將會和切爾克西亞的聖戰士朝夕相處好幾個月，生活在俄國人的眼線底下，在那段期間裡，他們兩人發現切爾克西亞人都非常尊敬「達烏·貝伊」（Daoud Bey，亦即當地人對大衛·厄卡特的稱呼）。厄卡特在兩年多前上岸時，切爾克西亞人還是一盤散沙處於分裂狀態，於是他馬上建立一個中央管理機構，對他們的抵抗行動進行組織和協調，厄卡特也為切爾克西亞人寫了一份正式的獨立聲明，並向他們保證會在歐洲廣泛宣傳這份聲明。當龍沃斯和貝爾與切爾克西亞人一起等待英國政府對雌狐號被扣押，以及聖彼得堡宣稱擁有切爾克西亞一事做出回應時，他們也為切爾克西亞人提供了不少鼓勵和建議。與此同時，他們也觀察了幾場戰役，而龍沃斯則在《泰晤士報》上對戰況進行了報導，幫助切爾克西亞人的鬥爭行動持續被外界看見。

起初，當戰事依然侷限在邊境地區時，俄國人曾使用哥薩克騎兵試圖鎮壓他們的抵抗，但切爾克西亞人經歷過幾百年的山區戰和叢林戰，對當地的地形瞭若指掌，因此俄國人根本就不是他們的對手。切爾克西亞人的裝備和武器比哥薩克人精良，作戰技巧和勇猛程度也和哥薩克人不相上下，導致俄國指揮官最後必須重新思考戰略。俄國人的下一步是使用大砲支援步兵，再由哥薩克人的騎兵護衛側翼，如此一來他們便能小心地進入敵方地盤，恣意摧毀村莊和農作。

切爾克西亞人試著突破俄軍陣線，但最後卻以慘敗收場，龍沃斯回憶道，在那場戰役中，「最精良、最勇敢的士兵，都因為他們過於輕率而慘遭犧牲」，在這次戰役後，切爾克西亞人也改變了自己的戰術。他們不再嘗試與俄軍正面衝突，而是學著將他們引誘至精心設下的埋伏地點，然後在快馬上進行突襲，接著又迅速消失。俄國人接著引入了「葡萄彈」（grape-shot），亦即一種早期版本的散彈槍，有個切爾克西亞人曾向龍沃斯抱怨：「他們的槍砲原本只會射出一顆砲彈從我們的頭頂呼嘯而過，現在卻會一口氣吐出至少一萬顆砲彈摧毀我們週遭的一切事物。」他懇求英國也應該對他們提供類似的武器，如此一來俄軍「才無法繼續維持比我們整齊的陣型，一旦他們分散開來，我們的騎兵就能像之前那樣重創他們。」

英國人知道發生在高加索地區的抵抗行動並不僅限於切爾克西亞，如果往東跨過山區，在高加索山靠裏海的一側，達格斯坦人也在進行類似的鬥爭。在達格斯坦領導鬥爭的是一位極有魅力，且極善游擊戰術，名為沙米勒（Shamyl）的穆斯林教士。然而，由於達格斯坦太過遙遠，而且沒有厄卡特助其宣傳，也沒有隆沃斯進行報導，因此這場戰役幾乎沒有在歐洲引起任何注意。但就算英國人沒聽過沙米勒，俄國沙皇的將軍也肯定聽過，因為一般的戰術用在他身上似乎都無法奏效，俄軍還得再花二十多年的時間不斷征戰才能擊敗沙米勒，而且還得再多花五年的時間才能征服切爾克西亞的部族。這場戰爭最後讓俄國人付出非常高昂的代價，不只耗費鉅資且犧牲重大，但也為俄國最優秀的作家和詩人提供不少靈感，比如托爾斯泰、普希金和萊蒙托夫（Lermontov）。但以上所述，對於我們正在描寫的這個年代來說，都依然是非常久遠之後的事情，當時龍沃斯和貝爾都還在等待倫敦對於雌狐號事件的回應。

當消息終於傳回來時，倫敦的回應讓龍沃斯和貝爾大失所望，而且他們是從《泰晤士報》的剪報得知消息的。很顯然英國政府並不願意讓船隻遭查扣的事件鬧大，更不可能因為這件事而冒險和俄國開戰。讓疑俄論者憤怒的是，巴麥尊居然認為，雖然切爾克西亞不屬於俄國，但發生查扣事件的蘇朱克卡勒港確實是俄國的領土。厄卡特此時已經被召回倫敦，並被解除了他在英俄雙邊事務上的職務（當時的英俄兩國在形式上依然是盟友），厄卡特的朋友裡沒人有足夠的權力可以替他說情，而且威廉四世在他返國的一個月前便已因病過世了。於是厄卡特發起了一場針對巴麥尊的運動，指控他被俄國人收買了，厄卡特甚至試著控告巴麥尊犯了叛國罪，不過後來不了了之。

英國退卻的消息，讓龍沃斯和貝爾都感到非常丟臉，因為他們曾一再和切爾克西亞人保證，他們很快就會獲得世界上最強國家的支持，顯然連他們自己都非常堅信這個結果。巴麥尊的決定對貝爾來說更慘，因為如此一來他便不可能從俄國人手中要回他的船隻了，龍沃斯和貝爾都認為就算繼續待下去也很難有任何進展，不過他們依然和切爾克西亞的朋友保證，他們會在英國把這場仗繼續打下去，後來他們兩人確實也都出版了著作，詳述他們的冒險過程，以及和這群聖戰士相處的經驗。與此同時，雖然厄卡特想讓英俄兩國開戰的計畫因為巴麥尊而失敗了，但他回到英國後依然對反俄計畫充滿幹勁，並開始安排將武器走私到切爾克西亞，持續進行其他行動。英國歷史學家約翰．巴德利（John Baddeley）曾在他的經典研究《俄國對高加索地區的征服》（*The Russian Conquest of the Caucasus*，出版於一九〇八年）中，將切爾克西亞人取得的成功大部分歸功於厄卡特的「這些努力」。然而，巴德利也指控厄卡特以及和他合作的人們，讓這場切爾克西亞人不可能打贏的戰爭持續得太久，還讓他們以為英國會提供援助。

厄卡特最後進到英國國會，並在國會裡持續對抗巴麥尊，試圖讓他冠上叛國、和俄國通敵的罪名，但他也逐漸開始忙起其他事業，最後因為健康因素而在瑞士的阿爾卑斯山區退休。厄卡特作為當時的反俄大將，已經做了許多努力，讓英國的輿論轉向反俄，並加深了英俄兩強之間的嫌隙。有些現代的蘇聯歷史學家，的確會將今日高加索地區的問題歸咎於英國在該地區的介入，甚至宣稱沙米勒是英國的代理人。不過俄國人在那裡所遇到的反抗，確實也讓他們在軍事上疲於奔命，並阻礙了他們在亞洲其他地方的礦張的野心。多虧厄卡特及其友人，高加索地區由此也成了這場大競逐的其中一個角力場。

雖然厄卡特可能不會同意，但巴麥尊其實跟聖彼得堡一點瓜葛都沒有，他和厄卡特一樣，也覺得俄國的意圖非常可疑，但俄國會對英國利益造成威脅的這個說法並沒有說服巴麥尊，他之所以會如此放心，主要是因為當時英國駐聖彼得堡的大使杜倫勳爵（Lord Durham）。杜倫相信俄國表面上的軍力，只有防禦上的價值而已，而沙皇尼古拉或許懷有擴張的夢想，但並沒有能力實現。在國外從事擴張行動，需要耗費大量的資源，而根據他在聖彼得堡的秘密線人，他知道俄國根本就沒有這樣的資源。杜倫曾在一八三六年的三月於一封信中寫道「俄國的力量根本就被誇大了」，而那封信則被巴麥尊稱為英國外交部收過最優秀的一封信，他說道：「俄國的每一項優勢，都直接被與該優勢呼應的……弱勢給抵銷掉了。」、「事實上，他的力量只是防禦性的。他們靠的是大自然賦予他們的堅不可摧的堡壘，也就是他們的氣候和荒漠，因此他們是無法被征服的，關於這點，拿破崙自己也在付出慘痛的代價後學到教訓了。」

然而，並不是每個外交部的官員都像杜倫這樣自信，認為俄國沒有能力做出侵略性的行為。英國駐君士坦丁堡大使龐森比勳爵，以及剛被任命派往德黑蘭的使節約翰．麥克尼爾爵士（Sir John McNeill），便是其中幾位和厄卡特一樣感到擔憂的外交官，雖然他們未必同意厄卡特的作法。其中，麥克尼爾在前往德黑蘭赴任時，還曾和厄卡特一起從英國出發，一路同行至君士坦丁堡。麥克尼爾在波斯事務上經驗豐富，曾在約翰．金尼爾的手下於德黑蘭服務多年，親眼目睹俄國勢力如何不斷擴張逐漸危及英國的利益。俄國人強烈懷疑，八年前俄國駐德黑蘭大使館被暴徒攻擊，導致格里伯耶朵夫慘死的事件，背後就是麥克尼爾搞的鬼，不過他並沒有任何證據可以證實這種說法。麥克尼爾的能力頗佳，也頗有企圖心，原本被派來德黑蘭擔任使節團的隨團醫生，但很快便展現出過人的政治敏銳度。

當麥克尼爾在等待以使節身分前往德黑蘭赴任時，曾寫下一本書，詳述俄國從彼得大帝開始，在歐洲和亞洲新獲得的領土。在巴麥尊的堅持下，這本書於一八三六年以匿名出版，書名為《俄國在東方的進展與當下情勢》（*The Progress and Present Position of Russia in the East*），也是截至當時關於大競逐的著作裡，論證最謹慎的一部作品，該書收錄一張大型的摺頁地圖，呈現出俄國在過去一百五十年裡驚人的擴張程度。那張地圖還附上一個表格，呈現俄國藉由這些兼併行動以及其他取得領土的方式，在人口上所獲得的增長。整體而言，若和彼得登上王位的時候相比，當時沙皇統治的臣民人數，已經從一千五百萬人變成五千八百萬人，成長了將近三倍。與此同時，俄國的邊界則往君士坦丁堡的方向挺進了約八百公里，往德黑蘭的方向挺進約一千六百公里。在歐洲，俄國從瑞典這個曾經非常強大的王國那邊取得了大量的領土，其面積甚至比瑞典現在剩下的領土還要大；從波蘭那邊，俄國則取得了幾乎和整個奧地利帝國一樣大的領土。這些事實，都和駐聖彼得堡的杜倫動爵描繪出的「純防禦性」論點形成強烈的反差。

麥克尼爾寫道：「這些兼併而來的廣大領土，每一塊都違反了英國的看法、期望和利益。瑞典解體、波蘭被瓜分、土耳其部分省份被征服，以及從波斯分離出來的領土，全都傷害了英國的利益。」他補充道，俄國人是以暗中竊取的方式完成這些行動，並透過「一連串的侵佔」達成這些目標的，因為「那些侵佔行為，沒有一個重要到會阻礙他們和歐洲強權的友好關係」。這是一個非常貼切的描述，而他所描述的這個過程，在接下來的好幾年裡，也將會在中亞地區不斷發生。

麥克尼爾預測，俄國接下來的兩個目標，將會是衰弱的鄂圖曼帝國和波斯帝國，這兩個國家都沒有能力抵擋俄軍的攻勢。如果土耳其落入了聖彼得堡的掌控中，便會嚴重威脅到英國在歐洲和地中海地區的利益，而俄國對波斯的佔領，則很可能會決定印度未來的命運。他的預測有些悲觀，但許多重要的戰略顧問，以及所有反俄的評論家和報章媒體都同意他的說法。他們相信，俄國遲早會展開下一輪行動，只是先遭殃的不知道是土耳其還是波斯罷了。

麥克尼爾剛抵達德黑蘭就任，就發現俄國對波斯沙赫的影響力，已經比他上一次返國之前還要更強了。他發現自己即將面對的俄國將軍，亦即聖彼得堡派駐德黑蘭的斯莫尼克伯爵（Count Simonich），是一名難以對付且非常細心的對手。不過，論及政治陰謀，麥克尼爾自己也不是新手，他已經決定要盡全力破壞尼古拉沙皇的棋局。就在麥克尼爾抵達波斯不久後，俄國人便對赫拉特和喀布爾這兩個通往英屬印度的主要門戶偷偷展開了行動。這場大競逐，正在進入一個更加危險的全新階段。

第十三章
神秘的維特克維奇

一八三七年秋天，一位年輕的英國中尉在穿越波斯東部的邊疆地區時，驚訝地發現前方遠處的平原上，竟然有一群穿著軍服的哥薩克人正騎馬往阿富汗邊界移動。很顯然他們想要在不被發現的情況下進入阿富汗，因為當他靠近正在河邊吃早餐的他們時，他們對於自己出現在這個荒野之中的原因不斷推拖其詞，不願多做討論。對於在德黑蘭為約翰・麥克尼爾爵士工作，擔任政治官的亨利・羅林森（Henry Rawlinson）中尉來說，這群哥薩克人顯然在幹些見不得人的事，雖然他無法確定他們到底在做什麼。

羅林森在報告中提到：「他們的軍官是個體格瘦小的年輕人，膚色很淡，擁有一雙明亮的眼睛，而且看起來非常有活力。」當羅林森騎馬靠過去，禮貌地對他們行禮時，一位俄國人站起來向他鞠躬，但他一句話也沒說，顯然是在等羅林森先開口。羅林森先是用法語對他說了幾句話（這是歐洲人在東方最常使用的語言），但那名俄國人聽後卻只是搖搖頭，由於羅林森不會說俄語，因此他又試了英語和波斯語，但都無法成功和他溝通。最後那名俄國人開口說話了，他講的是土庫曼語，但羅林森對土庫曼語所知不多。羅林森後來寫道：「我懂的土庫曼語只夠我進行一些簡單的對話，但不足以讓我進行調查，而這顯然就是這位老兄想要達到的目的。」

這位俄國人告訴羅林森，他帶來尼古拉沙皇的禮物，要送給剛登上王位的波斯沙赫，這位沙赫經歷家族的權力鬥爭，最近才剛繼承過世父親的王位。這聽起來似乎很有道理，因為羅林森遇見這群哥薩克人時，沙赫正領軍前往包圍赫拉特的路上，距離他們不到一天的路程而已。事實上，羅林森也帶了麥克尼爾的口信，正要前往沙赫的軍營。不過，他其實不怎麼相信那位俄國軍官的說法，而且懷疑他們很可能正在前往喀布爾，如果真是如此，羅林森知道這對倫敦和加爾各答來說都是非常大的警訊，因為他們都認為阿富汗是完全位於英國勢力範圍之內的。事實上，斯莫尼克伯爵當時已經開始干涉波斯的事務，把沙赫當作自己的掌上玩物，在德黑蘭的人都知道，慫恿波斯沙赫進攻赫拉特（波斯一直都主張自己擁有赫拉特的主權），從卡姆蘭沙赫手上奪回赫拉特的人，就是斯莫尼克伯爵，但他卻要麥克尼爾放心，還說他正在盡一切力量遏止沙赫出兵。

羅林森在和那些哥薩克人以及他們的長官抽了一兩支煙斗後，便隨即告辭繼續趕路，決定要搞清楚他們到底在變什麼把戲。當天晚上抵達沙赫的軍營後，羅林森便立刻要求晉見沙赫，他被帶往沙赫的營帳後，和沙赫報告了他遇到俄國人的經過，還說他們自稱帶著沙皇的禮物前來，沙赫驚呼：「帶禮物過來給我！」沙赫要羅林森放心，還說那些禮物與他無關，是要送給喀布爾的多斯特．穆罕默德的，他的確曾經和斯莫尼克伯爵確認過，自己會讓哥薩克人安全無虞地通過自己的領土，沙赫接著還講了許多關於俄國軍官斯莫尼克伯爵的故事。此時羅林森知道自己得知非常重要的消息，因此準備趕回德黑蘭傳達這些訊息。

就在此時，那支俄國隊伍也騎馬進入波斯人的軍營，不知道羅林森已經弄清楚他們的來歷。那位軍官開始用流利的法語與羅林森交談，並介紹自己是來自奧倫堡軍團的揚・維特克維奇（Yan Vitkevich）上尉，他和羅林森致歉，表示之前之所以表現得很冷漠、不願回答問題，是因為他覺得在沙漠裡和陌生人表現得太友善或太親近並不是一個明智的行為，此時他希望能為這件事進行補償，因此對羅林森表現得特別友好。這場位於大競逐核心地區的偶然相遇，是競逐雙方第一次真正碰面，在多數情況下，這場大競逐都是場難以察覺的衝突，而參與其中的人也很少彼此見到面。然而，這場碰面卻帶來了他們難以預見且影響深遠的後果，因為那將會為英國軍隊帶來有史以來最慘烈的挫敗。

羅林森中尉當時破紀錄地在一百五十個小時內，從德黑蘭騎了一千一百公里以上的路程來到沙赫軍營，他沒日沒夜地趕路，現在卻又要再一次趕路，帶著消息趕在十一月一日返回英國大使館。當倫敦和加爾各答的官員，收到麥克尼爾針對俄國人正在進行的事情所提出的警告後，都感到非常的驚駭。當時反俄情緒已然高漲，他們也已經得知斯莫尼克伯爵就是沙赫進攻赫拉特幕後的藏鏡人，現在又傳來了這個新的消息。如果赫拉特落入波斯人手裡，俄國人就能在阿富汗西部取得一個關鍵而危險的立足點，不過羅林森偶然的發現，卻顯示出聖彼得堡對阿富汗的興趣並不只限於赫拉特而已，雖然光是赫拉特就已經夠危險了。突然間，喀布爾也危在旦夕了，如果維特克維奇能說服多斯特・穆罕默德，那麼俄國人就可一舉清除介於他們和英屬印度間的沙漠、山區和充滿敵意的部族等難以克服的障礙。

不過，倫敦和加爾各答至少還能安慰自己一件事（雖然大概也就只有這一件事值得安慰了）：就在這個緊要關頭，他們剛好有一位能力傑出的人手在場，儘管這只是因為他們運氣好，而不是因為他們懂得未雨綢繆。如果有人可以和維特克維奇中尉相匹敵，而且可以接受他們的託付、破壞維特克維奇的計畫（先不管他的計畫到底是什麼），那麼這個人肯定是亞歷山大．本恩斯中尉，當時本恩斯正好就在多斯特．穆罕默德位於喀布爾的宮中。

自從艾哈邁德．沙（Ahmed Shah）於十八世紀中葉創立的偉大的杜蘭尼帝國（Durrani empire）瓦解後，阿富汗便持續處於激烈的權力鬥爭中。此時的卡姆蘭誓言推翻喀布爾的多斯特．穆罕默德，藉此取回自己家族的財產，而波斯人則一如前述，正試圖取回曾經屬於他們的東部省份喀布爾。確實，為了取得赫拉特，波斯沙赫甚至曾經提議要幫卡姆蘭推翻多斯特．穆罕默德讓他登上阿富汗的王位，不過最後被卡姆蘭回絕了。至於多斯特．穆罕默德則發誓自己不只會恢復阿富汗之前的榮景，還會先從蘭季德．辛格那邊奪回富饒的白沙瓦省（蘭季德．辛格之前趁他不注意的時候佔領了那裡）。雖然本恩斯之前曾經提醒他，英國人和蘭季德．辛格之間有條約必須信守，但他依然希望英國人能幫助他對付蘭季德．辛格。

或許正是在這樣的心態下，多斯特．穆罕默德於一八三五年十月在英國人不知情的情況下，偷偷地和俄國人進行了接觸。當時的尼古拉沙皇愈來愈擔心英國人在阿富汗（當然還有中亞的其他地方）的意圖，於是很快便派出維特克維奇前往喀布爾，看多斯特．穆罕默德願意開出什麼條件和他建立友好的關係。與此同時，當多斯特．穆罕默德得知英國指派奧克蘭勳爵擔任新任的印度總督後，便向他提出一個新的請求：多斯特．穆罕默德希望奧克蘭勳爵能助其奪回白沙瓦。然而，此時在阿富汗爭權鬥勢的人不只多斯特．穆罕默德和卡姆蘭而已，還有當時正在英屬印度的盧迪亞納流亡的舒賈沙赫，他一直在盧迪亞納計畫如何擊敗奪其王位的多斯特．穆罕默德，雖然成功的可能性似乎非常渺茫。就在不久前，舒賈沙赫才親自帶領一支兩萬兩千人的軍隊進入阿富汗，卻在坎達哈爾被多斯特．穆罕默德擊潰，讓自己顏面盡失，據說舒賈沙赫自己當時就是第一個逃離戰場的人。

概括來說，這就是本恩斯於一八三七年九月二十日以勝利之姿回到喀布爾時的背景情勢。多斯特．穆罕默德很高興能看到自己的老朋友歸來——當時的本恩斯正高坐在一頭大象的背上，前往自己位於巴拉希薩爾堡壘裡的住處，那裡距離皇宮不遠。不過多斯特．穆罕默德也急著想在外交禮儀允許的程度內盡快進入正題。此外，一如東印度公司長官所擔憂的，原來多斯特．穆罕默德更想談的是政治問題，而非商貿問題，因為多斯特．穆罕默德知道，維特克維奇和哥薩克人正在前來的路上，但本恩斯對此並不知情。多斯特．穆罕默德真心想和鄰近的英國人，而非俄國人結盟，因為俄國距離他實在太遠，很難提供任何實際用處。不過，如果英國人在考慮是否給予他所需的援助時表現得有些遲疑，那麼與俄國人結盟或許也是一個選擇。多斯特．穆罕默德的兩面政策，最後和其他所有人的策略一樣，都將造成災難性的反效果。

與此同時，隨著本恩斯回到喀布爾，另一名角色也進入大競逐的故事中，這人有點古怪，名為查爾斯．馬森（Charles Masson），是一位四處旅行的古文物蒐藏家，對中亞歷史很感興趣，多年來一直在波斯和阿富汗四處找尋錢幣和其他古玩。他通常會徒步旅行，有時還身無分文、穿得破破爛爛，他對該地區的認識，在歐洲人裡算是相當突出的。他說自己是來自肯塔基州的美國人，但駐盧迪亞納的英國政治官克勞德．偉德（Claude Wade）上尉卻發現，他其實根本就不是什麼美國人，而是東印度公司的一名逃兵，真名為詹姆斯．劉易斯（James Lewis），於一八三三年夏天在阿富汗首都喀布爾落腳，住在巴拉希薩爾附近的亞美尼亞人社區裡。

在當時，東印度公司僱用了一個特務網絡，並將其命名為「新聞作者」（這些人通常都是印度當地的貿易商），由他們提供有關沒有歐洲代表派駐的偏遠地區的政治和經濟發展情報，但這種情報通常不太有價值，主要都是些不太可靠的市場傳聞。不過當偉德發現查爾斯．馬森在喀布爾後，便意識到這人或許可以成為此一關鍵地區珍貴的情報來源，因為偉德知道查爾斯．馬森是一位判斷精準的人，能夠從謠言之中篩出事實，唯一的問題是，從東印度公司的軍隊叛逃是一項死罪。最後東印度公司同意，如果馬森能固定從喀布爾提供情報，他們便會正式赦免他的死罪，並支付一小筆薪水，而他也可以繼續進行考古和歷史研究。

我們永遠無法知道馬森和本恩斯之間是否存在嫉妒情緒，但馬森似乎非常不喜歡本恩斯，馬森在本恩斯過世後寫了一本書，並在書中將一切失誤都歸咎於他。這種厭惡情緒或許是雙向的，因為本恩斯一定知道馬森是東印度公司軍隊的逃兵，馬森作為一個非常敏感的人，很可能也感受到本恩斯對自己的厭惡。本恩斯在任務記錄中很少提及馬森的名字，儘管他們兩人在那關鍵的幾星期裡，肯定曾經和彼此相處過，不論如何，我們現在只剩馬森的說法能參考了。

不論馬森對本恩斯的批評有多少成分屬實，這場任務從一開始就注定會失敗。奧克蘭勳爵完全反對和多斯特．穆罕默德進行任何協議，因為這麼做很可能觸怒蘭季德．辛格，如果必須在這兩人之間做選擇，他們也必須選擇後者。蘭季德．辛格取得一部分信德地區的計畫本來就已經受到阻礙，如果還要說服他將白沙瓦歸還給自己的宿敵多斯特．穆罕默德，那根本就是不可能的事情，而且還非常危險。本恩斯建議，他們可以做些讓步，私下承諾多斯特．穆罕默德，等蘭季德．辛格死後就會把白沙瓦歸還給他，反正後者來日無多。然而，總督奧克蘭勳爵卻否決了這個提議，因為根據原則，他本來就不會同意這種協議。多斯特．穆罕默德原本還提議可以把自己的某位兒子送去蘭季德．辛格的宮中當外交人質（這種作法在東方並不常見），以此換取他歸還白沙瓦，但這個提議最後也被否決了。

多斯特．穆罕默德原本或許還抱著最後一絲希望，以為可以透過英國人讓蘭季德．辛格就範，但在歷經長時間的談判後，奧克蘭勳爵終於在一八三八年一月二十日，以個人的名義寫了一封信給多斯特．穆罕默德要他打消這個念頭，並建議他放棄奪回白沙瓦的想法。奧克蘭還建議多斯特．穆罕默德應該試著終結和蘭季德．辛格間的爭端，奧克蘭寫道：「由於他天性寬宏大量，而且又是英國政府的老盟友，因此蘭季德．辛格大君已經接受了我的期盼：只要您願意改善對他的態度，他便同意終結爭端、促進和平。」大概很難有其他寫法能比這封信還更羞辱人，甚至可以說，這封信本來就是精心設計用以傷害多斯特．穆罕穆德的自尊心的，但更糟的還在後頭。

此時奧克蘭勳爵已經得知維特克維奇正在前往喀布爾的路上（其實他當時剛抵達喀布爾了），於是奧克蘭勳爵接著警告多斯特．穆罕默德，如果他沒有先取得自己的同意就和俄國人取得任何協議，那麼英國將沒有義務遏止蘭季德．辛格的軍隊。他們怕這封信的訊息不夠明確，因此還指示倒霉的本恩斯將這些訊息對著多斯特．穆罕默德大聲唸出，如果他和俄國人或任何其他強權結為盟友，他們都會將這種行為認定為對英國不利，而他也會被迫交出王位。這封信的內容公開後讓喀布爾當局非常憤怒，本恩斯對這封信毫不退讓的用詞感到非常震驚，而這封信也讓他喪失和對方進行交涉的立場。奧克蘭不但把多斯特．穆罕默德當作不乖的學生進行交涉，還命令他不要和俄國人結盟（儘管英國人根本就不知道他是否真的有和俄國人達成協議），但他願意提供多斯特．穆罕默德的好處，卻不過只是英國虛無飄渺的善意罷了。雖然多斯特．穆罕默德聽後非常憤怒，但他依然保持鎮定的態度，顯然依然期待英國會回心轉意。畢竟，他手裡確實還有最後一招——那便是俄國這張王牌。

雖然他們兩人的背景非常不同，但維特克維奇上尉和本恩斯、羅林森以及柯諾利這些人，還是擁有很多相同的個人特質。維特克維奇出生自一個立陶宛的貴族家族，學生時期曾在波蘭參與抵抗俄國的運動，由於當時年紀太輕，最後逃過被處決的命運，並在十七歲時受徵召成為俄軍的一般兵，並被流放到西伯利亞地區。為了填補枯燥漫長的時間，他開始學習中亞的語言，而他在語言和其他方面的長才，很快便吸引到奧倫堡高階軍官的注意。後來維特克維奇獲得重用被升為中尉，負責在邊境地區的穆斯林部族裡收集情報。最後，奧倫堡的俄軍司令官佩羅夫斯基（Perovsky）將軍將他任命為自己的幕僚，並驕傲地宣稱維特克維奇這位曾經是叛亂分子的軍人，對於該地區的理解比過往和當時的所有軍官都多。

如果俄國要挑一個人將沙皇的禮物以及沙皇對多斯特．穆罕默德的回信帶往喀布爾，那麼最適合執行此一棘手任務的人非維特克維奇莫屬。維特克維奇在聖彼得堡接受外交部長涅謝爾羅德的親自指示後，便啟程前往德黑蘭，到了德黑蘭後，斯莫尼克又對他進行臨行前的指示。由於維特克維奇在德黑蘭停留的行程非常隱密，連總是在那裡監視俄國人行動的約翰．麥克尼爾爵士都未能發現他的行蹤。維特克維奇和護送他的哥薩克人最後會被發現，純粹只是因為運氣不好而被羅林森看到了，於是英國人也才終於意識到事情不太對勁。根據一位俄國歷史學家的說法，維特克維奇一行人最後就是因為這樣而必須抵擋當地部族對他們的攻擊，那位歷史學家認為，他們當時受到的攻擊就是英國人設計的結果，雖然此一說法並沒有任何證據支撐。不論事實為何，當維特克維奇於一八三七年耶誕節前夕騎馬進入喀布爾時，他的對手本恩斯也以大競逐的風格殷切地接待他，維特克維奇馬上就收到與本恩斯共進耶誕晚餐的邀請——當時的本恩斯肯定早已等不及想秤秤維特克維奇的斤兩。

本恩斯對維特克維奇留下了不錯的印象，覺得他「具有紳士風度，態度和善……聰明，而且見多識廣。」除了中亞的語言外，維特克維奇還會講流利的土耳其語、波斯語和法語。本恩斯得知維特克維奇去過布哈拉三次後還覺得有些驚訝，相比之下，他只去過一次而已。不過，這也讓他們有許多話題可以聊，而不用討論他們為何都出現在喀布爾這個棘手的問題。雖然本恩斯會想要在更開心的情況下再和這個特別的人多見幾次面，但這次會面也注定會是他們唯一的一次。正如同本恩斯曾解釋的那樣，他們不可能再次見面，「以免我們兩國在亞洲地區的相對地位遭人誤會」。由於他們兩人都試圖讓多斯特．穆罕默德聽令於自己，因此在接下來關鍵的幾星期裡，他們也都會密切注意對方的行動。

維特克維奇剛抵達喀布爾的時候，多斯特．穆罕默德還沒收到奧克蘭勳爵的最後通牒，而在喀布爾的皇宮裡，時勢也依然是站在本恩斯這邊的。一如斯莫尼克對維特克維奇的提醒，當地人對他的態度頗為冷淡，也很不禮貌。確實，他起初還幾乎遭到軟禁，多斯特．穆罕默德甚至還質疑他帶來的國書的真實性，他當時問維特克維奇真的是沙皇派來的嗎？那封信真是來自俄國沙皇嗎？他將那封信送去給本恩斯檢查，知道他們一定會抄錄一份副本，然後在一小時內，便派人將副本送去給加爾各答的奧克蘭勳爵。馬森後來宣稱，本恩斯就是在這個時候犯下一個重要的錯誤，那便是把誠實正直看得比大局還重要。

本恩斯認為那封信確實是來自尼古拉沙皇的，而且內容只不過是在表達善意，他將這個看法如實地告訴多斯特·穆罕默德。但馬森卻認為那封信是由斯莫尼克，甚至是由維特克維奇偽造的，目的是為了讓這個俄國使節團看起來更有份量，能和英國人一較高下。本恩斯指出信上顯眼的俄國皇家徽章，但馬森看後便要一位信差去市集裡買一包俄國產的糖回來，並宣稱：「你在那包糖的底部，也可以找到一模一樣的徽章。」馬森接著又說，反正已經來不及了。本恩斯已經放棄自己唯一一次可以阻止對手的機會，套用馬森語帶譏諷的說法，本恩斯其實原本可以不用讓阿富汗人「姑且相信俄國人」的。

但這一切卻在奧克蘭的最後通牒送抵後出現變化，雖然多斯特·穆罕默德在形式上持續冷落俄國使節團，但本恩斯知道自己的處境每天都在惡化，而維特克維奇的地位卻在不斷上升。喀布爾甚至還流傳著一些流言，說維特克維奇曾提議要替多斯特·穆罕默德和蘭季德·辛格交涉，而本恩斯在奧克蘭勳爵的堅持下，則必須面對一個沒人想負責的任務：「要求他的老朋友多斯特·穆罕默德寫信給蘭季德·辛格，正式宣佈自己將不再宣稱擁有白沙瓦的主權。」如果馬森對於當時的記述可信的話，那麼此時的本恩斯非常絕望，因為在他看來印度並不理解和多斯特·穆罕默德維持友誼的長期價值。然而，當時本恩斯和馬森都不知道的是，總督奧克蘭勳爵和他顧問的心裡，針對阿富汗早已有了其他的計畫，而不論是哪個計畫，主角都不是多斯特·穆罕默德。

到了一八三八年四月二十一日，大勢終於底定，多斯特·穆罕默德並沒有遵照奧克蘭的堅持，將維特克維奇送走，而是在巴拉希薩爾城牆裡的皇宮中，以最高的敬意和善意接待他。為了取代英國人在喀布爾的地位，維特克維奇當時已經準備好要對阿富汗人開出好到令人難以置信的條件，他只要再等待一些時間就能擊敗他的對手，本恩斯此時只能離開喀布爾，向印度的上司彙報他認為任務已經失敗了。四月二十七日，本恩斯最後一次覲見了多斯特·穆罕默德，雙方在會面時都表達個人深沉遺憾之意，但多斯特·穆罕默德也堅稱，近期發生的事情並不會影響他對本恩斯這位英國友人的敬意。覲見結束後，本恩斯一行人旋即啟程返國，等他日後再次回到喀布爾時，情況將會變得非常不同。

雖然維特克維奇似乎在喀布爾取得了勝利，但俄國人在阿富汗其他地方的計謀卻沒這麼成功。儘管斯莫尼克曾信心滿滿地向沙赫保證，但在經歷數週的苦戰後，赫拉特人依然頑強地不願投降。因為有一件事情是斯莫尼克伯爵沒有預料到的，就在波斯人進軍包圍赫拉特的不久前，一位年輕的英國中尉也剛以偽裝的身分潛入城裡，在那裡悄悄地安排防禦事務。

第十四章
赫拉特的英雄

一八三七年八月十八日，身為東印度公司文官的埃爾德雷德．波廷格（Eldred Pottinger）中尉，在一場例行的大競逐情蒐行動中，為了讓自己皮膚變黑，把顏料塗在自己皮膚上藉此偽裝成一位穆斯林聖人進入赫拉特，當時波廷格還不知道自己將會在那裡待上一年多的時間。當年二十六歲的波廷格，是大競逐的老手亨利．璞鼎查的姪子，正被派往阿富汗收集情報。他之前已經去過白沙瓦，而在本恩斯抵達的不久前，他也到過喀布爾，但因為沒有進行偽裝而被認出。在抵達赫拉特此一由卡姆蘭統治的首都三天後，市集裡開始流傳一個令人緊張的消息，說由波斯沙赫親自領軍的軍隊已經從德黑拉出發，正在前來攻打赫拉特的路上。對於像波廷格這樣一位充滿企圖心、熱愛冒險的年輕軍官而言，當時的情況似乎充滿可能性，於是他決定留下來觀察後續的發展。

卡姆蘭得知波斯人即將攻打赫拉特的消息時，正好在南方進行作戰，於是他馬上便趕回首都進行防衛。卡姆蘭年輕時曾是位傑出的軍人，據說可以用自己的劍一刀將羊隻劈成兩半，而他射出的箭則可以直接射穿一頭牛。然而，後來卡姆蘭卻逐漸墮落、成日飲酒作樂，讓統治實權落到他的維齊爾——雅爾·穆罕默德（Yar Mohammed）身上，這位維齊爾以殘暴聞名，和卡姆蘭相比甚至有過之而無不及。雅爾·穆罕默德掌權後，便立刻下令逮補、監禁那些被懷疑不夠忠誠的人，尤其是和波斯人有關係的人。他命令鄉下的村民收集作物，並將所有穀物和其他食物運往城裡，其他可能對敵軍有用的一切東西（包括果樹）也都必須銷毀，甚至還派出軍隊確保命令明確執行。與此同時，他們也開始對赫拉特壯觀的城牆進行補強，那些城牆主要由泥土夯成，但已年久失修。最後，他們還關上每一座城門以防間諜離開、將城裡的防禦狀況報給敵軍。

直至當時，波廷格都沒有對當局暴露自己的身分，也樂於維持他低調的觀察者角色。有天在市場裡，他卻突然感覺有隻手輕輕地搭到他的衣袖上，那人低聲地對他說道：「你是英國人！」幸運的是，那位揭穿波廷格偽裝的人其實是亞瑟·柯諾利的老友，也是赫拉特當地的一位醫生，七年前曾和柯諾利一起旅行。此外，他也去過加爾各答，因此就算波廷格把皮膚染黑了，他也認得出他身上的歐洲人特徵，那位醫生強烈建議波廷格去找雅爾·穆罕默德，以他對現代圍城戰術的了解提供協助。雅爾·穆罕默德熱情地接待了波廷格，因為雖然赫拉特人之前曾擊退波斯人的侵略，但這次的情況顯然更加嚴重，大部分人都相信波斯沙赫不只有俄國將軍在背後提供協助，甚至還有一支由逃到波斯的俄國逃兵組成的部隊。赫拉特人派出了騎兵前去騷擾正在逼近的敵軍，但那些騎兵回來之後卻抱怨，這次他們使用的戰術對他們來說不管用，波斯軍不再如過去一般組成容易被阿富汗騎兵擊潰的鬆散陣行，在俄國的人的指導下，現在他們不只有大砲掩護，行軍的隊形也比以前更加緊湊。

一直要等到英國軍官進入城裡，和經歷長達十個月的圍城的人談過之後，人們才會發現波廷格在赫拉特保衛戰中所扮演的關鍵角色。他在寫給上司的正式報告中，淡化了自己的貢獻和英勇事蹟，並凸顯其他人重要性（尤其是雅爾．穆罕默德）。不過波廷格當時也寫了日記——歷史學家約翰．凱伊爵士（Sir John Kaye）後來之所以能在他知名的《阿富汗戰爭史》（*History of the War in Afghanistan*）裡，針對那些動人心弦的事件拼湊出生動的記述，靠的就是波廷格當時所寫的日記。然而，凱伊的書房後來發生大火，而波廷格的日記也在大火中付之一炬。

十一月二十三日，波斯沙赫的軍隊在大砲的支援下，從西邊對赫拉特展開猛烈的攻擊。凱伊紀錄道：「就在波斯軍隊發動進攻時，守軍也主動出擊了。」、「阿富汗的步兵寸土不讓，而騎兵也不斷攻擊波斯軍隊側翼，但他們依然無法讓敵軍撤離剛取得的陣地。」於是圍城便開始了。凱伊寫道，這場圍城行動將會「以決絕的仇恨和野蠻殘忍的方式」進行，「儘管雙方在戰技上都有不足的地方，但他們會使用殘暴和復仇的心態來補足。」雅爾．穆罕默德採用的其中一個野蠻作法，便是鼓勵士兵將波斯士兵屍體的頭砍下來帶去給他檢閱。這麼做的目的是為了在敵軍內部散佈恐懼，因為那些頭顱會被排列在城牆上讓所有人看見。波廷格寫道：「由於這種血腥的戰利品總能換到獎賞，因此守軍自然都非常積極地想取得那些頭顱。」然而，作為一名軍人，他認為這種行為不只可惡，而且也不利於他們的戰力，因為那會鼓勵阿富汗士兵不斷向外突襲，卻弄得自己精疲力竭，而守軍也會光顧著砍下敵軍頭顱而難以延續自己的優勢。

這種作法也可能會導致士兵投機取巧，有一次，一名阿富汗士兵在結束突襲行動後，將一對耳朵帶給雅爾．穆罕默德。波廷格回憶道：「他獲得了一件披風和一些硬幣，作為屠殺敵人的獎賞。」但雅爾．穆罕默德還來不及對他提出其他問題，那個士兵就消失了。半個小時後，另一人也帶著一顆被泥濘包覆的頭顱前來。波廷格寫道：「雅爾．穆罕默德心想，那顆頭顱看起來似乎沒有耳朵，於是便命令侍從前去檢查。」、「沒想到帶著這個恐怖戰利品前來的士兵，此時卻連忙丟下頭顱並火速逃離現場。」他們仔細檢查那顆頭顱後，發現那顆頭其實來自一位在突襲時喪命的阿富汗軍人，於是他們開始追捕帶來這顆頭顱的人，並把他帶回雅爾．穆罕默德面前，後來雅爾．穆罕默德命令下屬把這個人給毒打一頓。但他們無法找到那個帶著耳朵前來、拿到獎賞之後便消失的人，即使雅爾．穆罕默德提出了懸賞，承諾會將那件披風和錢幣賞賜給找到他的人也一樣。不過野蠻的也不只阿富汗人而已，不幸落入波斯軍隊手中的阿富汗人，也會被以類似的殘酷方式對待，甚至還會被摘除內臟。

於是，圍城就這樣延續了好幾週，最後拖了幾個月的時間，沒有任何一方能獲得進展。雖然波斯人成功突破赫拉特的外圍防線，但也未能完全包圍這座城市，即便是在戰事最激烈的時候，人們也依然能在靠近城牆的田野上耕作和放牧。每天夜裡，被包圍的阿富汗人都會對波斯人的陣地發動突擊，卻依然無法擊退他們。與此同時，波斯人也仍在持續對城牆進行轟炸，而守軍則只能不斷修補，除了大砲外，波斯人也有火箭彈，凱伊回憶道：「這些火箭彈射穿城鎮上空時，居民們都非常害怕，不時會聚在屋頂上，一邊祈禱一邊哭泣。」此外，迫擊砲瞄準目標比大砲和火箭彈都還準，因此幾個星期內，便摧毀了許多房舍、商家和其他建築。有一次，一顆迫擊砲一邊發出劈啪聲，一邊射穿了波廷格隔壁屋子的屋頂，最後落在一個正在熟睡的嬰兒旁，於是驚慌失措的母親便向嬰兒撲了過去，最後砲彈在幾秒後爆炸，不只削掉了那位母親的頭顱，嬰兒也因為被母親的屍體壓住，最後窒息而死。

還有些時候，戰況幾乎和鬧劇沒什麼兩樣。有一次赫拉特的守軍被一陣似乎來自敵軍的奇怪鑽孔聲給吵得心神不寧，而俄國士兵當時在敵軍的陣線裡也剛挖出了一個大洞，於是赫拉特人便猜想敵軍應該是正在城牆下方挖掘隧道，如此一來便能在城牆下埋置炸藥。隨著鑽孔聲持續傳出，守軍也變得愈來愈焦慮，並開始努力尋找隧道的位置，希望能用灌水的方式將隧道淹沒。然而，忙了半天後才發現，那道聲響的來源究竟是什麼——波廷格回憶道，那個鑽孔聲的來源，其實是「一個習慣用手動磨臼磨麥粉的可憐婦人」。到了新年時節，城裡的七萬名居民再次陷入恐慌，因為敵軍帶了一挺巨型大砲過來，可以對城牆投擲八吋大的砲彈，那比中亞地區出現過的任何砲彈都還大。但那座大砲的座架在大砲發射五、六輪後便垮掉了，從此之後他們便再也沒有用過它。此外，儘管有俄國人擔任顧問，而波斯人也曾經成功衝破城牆，但或許是因為他們看見死去的同袍就在城牆上方對著他們陰森地笑著，因此始終無法善用這些攻勢取得進一步的成果。

此時波廷格則不眠不休地參與戰事，他除了在戰況低迷時（這種狀況很常見）想辦法增強守軍的士氣之外，也會根據歐洲最新的軍事標準為他們提供技術上的建議。凱伊曾寫道：「他的行動非常可靠。」、「他總是待在城牆上，隨時準備好要獻策協助守軍……他的現身，激勵了阿富汗士兵的人心。」不過波廷格自己倒是認為，赫拉特之所以能存續下來，主要還是因為波斯人和他們的俄國顧問實在太過無能，他認為英國只需派出一個軍團便能輕鬆拿下赫拉特此座城鎮。

斯莫尼克和俄國顧問曾讓波斯沙赫以為他們很快就能獲得勝利，沒想到擁有優勢軍力的他們，直到當時都依然無法攻下赫拉特。沙赫甚至還派出雅爾．穆罕默德的胞弟，也就是已經降服於他的謝爾．穆罕默德，前去說服赫拉特人投降。但雅爾．穆罕默德卻拒絕與他會面，並譴責他是叛徒，不承認自己和他的兄弟關係。不過謝爾．穆罕默德在返回波斯陣營前，還是派人傳了一段話給自己的哥哥，警告他一旦沙赫的軍隊殺進城裡，他便會像狗一樣被吊死，而他的妻小則會被販夫走卒公開羞辱。此外，謝爾．穆罕默德還說，如果赫拉特繼續反抗波斯沙的話，他自己也會被波斯人處死。雅爾．穆罕默德得知之後卻回覆道，如果沙赫將他處死的話，他會非常高興，因為這樣他就省得自己下手了。

有時戰事會稍微和緩，此時雙方也會試著協商，波斯沙赫的其中一個提議是，如果赫拉特願意讓波斯成為名義上的宗主國，他便不會干涉赫拉特的地方統治事務，只需要赫拉特提供士兵即可。沙赫堅稱這場戰役與其說是針對赫拉特，不如說是針對英屬印度，如果赫拉特人願意和他團結起來，那麼他便會帶領他們對抗印度，並和他們一起分享印度的財富，對波廷格而言，這個提議有點可疑，聽起來很像斯莫尼克會使用的說詞。不過雅爾．穆罕默德也沒這麼容易上當，他提議如果波斯人想證明自己的誠意，最好的方法就是結束對他們的圍城。雅爾．穆罕默德和波斯沙赫派出的談判代表，在城牆下的壕溝邊安排了一場會面，但雅爾．穆罕默德在得知沙赫希望他和卡姆蘭能在整支波斯軍隊的面前正式歸順於他後，便驟然中止了這場談判。

約翰．麥克尼爾爵士和斯莫尼克伯爵，當時都已經從德黑蘭前來赫拉特，並住在王室的營帳裡了，他們兩人原以為赫拉特很快就會落入波斯人手中。就官方說法而言，他們是以中立的觀察者角色出現在那裡的，但實際上兩人都努力想辦法破壞對方的計畫，麥克尼爾開始試著說服沙赫放棄圍城行動，而斯莫尼克則在努力催促赫拉特人投降。麥克尼爾於四月十一日向巴麥尊報告，波斯軍隊在發動圍城將近五個月後急需補給，當時已經開始被迫尋找野生植物才能維生了，他寫道：「在沒有薪餉、沒有足夠衣物、沒有任何口糧配給的情況下，這群士兵日日夜夜都待在壕溝裡。」那些壕溝裡偶爾會有及膝的積水或泥濘，由於每天都有十到二十名士兵喪生，部隊裡的士氣和耐力都在逐漸瓦解。麥克尼爾認為，除非沙赫能為軍隊固定安排食物和衣物補給，否則他們終究必須放棄圍城。

然而，在赫拉特城裡守軍的狀況其實更糟，隨著圍城持續進行，他們的糧食和燃料日漸稀缺，死於疾病和飢餓的居民人數居然和死於波斯大砲的人數相差無幾。他們開始拆屋做為燃料，而馬匹則被宰殺作為食物來源，到處都看得到大型的垃圾山，而未被埋葬的屍體則讓空氣變得更加難聞，並增加了傳染病的風險。為了減輕城裡過度擁擠的狀況，赫拉特決定讓一些居民離開，反正他們在城裡的處境也不比城外安全，由於波斯人必定會拒絕一切可能減輕守軍壓力的提議，因此赫拉特人並沒有事先和他們就此進行商議，於是六百名老弱婦孺由城門直接走出，看看波斯人會如何對待他們。波廷格寫道：「敵軍開始對他們猛烈開火，直到他們開始試著用樹枝和石頭抵抗，才發現他們平民的身分。」這並不是負責這起行動的赫拉特軍官所希望看到的結果，於是他便命令士兵也從城牆上對這些老弱婦孺開火，因而死在己方炮火下的老弱婦孺甚至比因為波斯人開火而喪生的還多，而波斯人最後還是讓他們通過了。

與此同時，在波斯陣營裡，斯莫尼克伯爵也不再假裝自己只是個旁觀的外交官，而是開始親自指導這場不甚順利的圍城行動。城裡的守軍很快便發現斯莫尼克已經拿著望遠鏡對他們被圍攻的城鎮進行偵查，顯然也將會為波斯軍隊提供新的建議和戰術，赫拉特人見狀後士氣大挫。讓波廷格有些沮喪的是，他們竟然開始考慮投降，而且投降的對象不是波斯人而是俄國人，但到了隔天，守軍又接到傳言，指出英國將有望前來介入戰事，因而讓波廷格稍微鬆了口氣。據說麥克尼爾當時曾警告沙赫，一旦赫拉特陷落，英國人將不只會和他開戰，還會不惜一切代價將他的軍隊從城裡驅逐出去，此外，他們也已在進行安排，加速從英屬印度運送赫拉特急需的糧食補給過來。雖然這些傳言並不屬實，卻奇蹟地解救了這座對於保衛印度來說非常關鍵的城市，並阻止了赫拉特的居民將這座城鎮拱手讓給俄國沙皇。

等到赫拉特人終於發現實情後，要倒向俄國人也已經來不及了，因為斯莫尼克已經在一八三八年六月二十四日對赫拉特發起攻擊，這場戰役也注定會成為波廷格中尉展露頭角的舞台。斯莫尼克的攻勢起初是一連串猛烈的砲擊，他們將砲彈從四面八方向城裡發射，接著再從五個地點同時派出大量步兵進攻。為了求生，阿富汗人只能努力回擊，並擊退其中四支步兵隊伍，但第五支隊伍卻成功突破被大砲炸出的城牆缺口。凱伊寫道：「這場交戰時間不長，但非常血腥。」而守軍的士兵幾乎無一倖免，都死在自己的陣地上。他繼續寫道：「進攻方有幾位勇敢的士兵率先挺進，攻佔了城牆上的缺口。」好在阿富汗士兵及時趕到增援，儘管只是暫時而已。凱伊寫道，攻城的士兵「一而再、再而三地鼓起勇氣」試圖殺出一條血路，讓他們能穿越城牆缺口、進到城內，有次他們幾乎成功了，但不久後又被迫逼退，雙方花了一個小時不斷來回拉鋸，但赫拉特的命運依然懸而未決。

波廷格和雅爾．穆罕默德在得知這場危機後便立刻趕赴現場，從來沒有人認為雅爾．穆罕默德是個懦夫，但當他看到波斯人如此逼近、即將衝入城裡時，他的信心卻瓦解了，他開始放慢走向城牆缺口的腳步，最後停下腳步裹足不前，讓波廷格驚慌的是，雅爾．穆罕默德接著居然坐了下來。當時守軍已經看到他和波廷格正在接近，也都看見了這個場景，在後方的士兵於是紛紛開始假裝要把傷兵送到安全的地方，實際上是為了從前線上後撤。波廷格知道他不能遲疑，否則兵敗如山倒，守軍肯定會開始潰逃，他一邊懇求、一邊辱罵，讓雅爾．穆罕默德再次站了起來，並激勵他走向城牆。當這位維齊爾對著自己的士兵大吼，要他們以真主之名繼續戰鬥時，有那麼一瞬間他似乎真的已經扭轉頹勢了。雅爾．穆罕默德的戰績在這場戰役之前一向亮眼，但這次他卻被人看見自己的躊躇不定，士兵們於是也遲疑了，而雅爾．穆罕默德見狀之後也再次退卻，他轉過身去，嘴裡咕噥著要找人來幫忙。

波廷格見狀後非常生氣，抓住雅爾．穆罕默德的手臂開始對其進行痛罵，接著再將他拖往城牆的缺口處，於是這位維齊爾開始號召守軍堅持到最後一刻，但士兵們依然在偷偷竄逃。然而，接下來的場景將會令人十分震撼，凱伊寫道：「雅爾．穆罕默德抓著一個重要幕僚，像瘋子一樣地衝向陣線後方，並迫使他們在如雨一般落下的砲彈之中前進。」士兵們發現自己無路可逃，因為對他們來說，維齊爾甚至比敵軍更可怕，於是只能「瘋狂地跳越城牆，再衝下城外的邊坡，往波斯士兵殺去」。看到阿富汗人突然出擊，波斯人都嚇壞了，紛紛棄守自己的陣地開始向外逃竄，於是當時迫在眉睫的危機就這樣解除了。他們保住了赫拉特——套用凱伊的說法，這得歸功於「埃爾德雷德．波廷格不屈不撓的勇氣」。

波廷格於赫拉特保衛戰中的表現，以及破壞俄國計畫的貢獻傳回到倫敦和加爾各答後，所獲得的讚許簡直和亞歷山大．本恩斯五年前從喀布爾和布哈拉回來之後的情況不相上下。但和本恩斯不同的是，波廷格本人不會出現在倫敦或加爾各答接受那些嘉獎，因為雖然最危險的時刻已經過去，但斯莫尼克並沒有放棄，而圍城行動也還要持續三個月的時間。波廷格當時的英勇事蹟，許久之後將會受到茉德．戴維（Maud Diver）這位浪漫小說家的歌頌，他所寫的《赫拉特英雄》（*Hero of Herat*），在當時還成為暢銷書。但有些諷刺的是，當時對波廷格最為讚賞的人其實是波斯沙赫本人，他知道波廷格就是無法攻陷赫拉的主要原因，於是要求麥克尼爾命令這位年輕軍官離開赫拉特，而波斯軍隊也會保證讓他安全通過，麥可尼爾指出，波廷格並非其下屬，因此他無權下令，只有加爾各答才能命令波廷格離開。沙赫於是試著向赫拉特人表示，只要波廷格還在城裡，就絕無討論結束圍城的空間，但這個方法同樣未能奏效。雅爾．穆罕默德認為就算珍貴的波廷格離開，敵軍也還是會假借一些胡謅的藉口繼續圍城行動。

然而，不論是波廷格還是沙赫，他們都不知道這個看似膠著僵持的狀況，其實很快就會終結。維特克維奇在喀布爾取得的勝利，不只讓英國政府提高警覺，也讓他們害怕俄國會在赫拉特取得類似的勝利，於是決定採取行動。他們放棄了派軍橫越阿富汗、前往被圍攻的赫拉特的構想，因為這種做法不只危險，也緩不濟急。最後，英國決定派出一支特遣部隊前往波斯灣，他們認為如果趁著沙赫在東邊戰場忙得不可開交時在西邊對波斯製造威脅，或許可以迫使沙赫放棄在赫拉特的圍城。與此同時，巴麥尊也增加對俄國外交部長涅謝爾羅德的施壓，要求中止斯莫尼克不道德的行為。這兩個作法很快便奏效了。

六月十九日，英國軍隊在沒有受到抵抗的情況下於哈爾克島（Kharg Island）登陸，這座島嶼位於波斯灣頂端，離波斯的海岸並不遠。波斯國內於是很快便開始流傳有一支規模龐大的英國軍隊已經在岸邊登陸，正向首都進軍，沿途攻佔一座又一座的城鎮。與此同時，此時已經回到德黑蘭的麥克尼爾則派出手下查爾斯．史多達特中校（Lieutenant-Colonel Charles Stoddart），前往赫拉特的王室營帳警告沙赫，如果不終止圍城行動的話將會有嚴重後果在等著他們。麥克尼爾在給沙赫的外交照會中聲稱：「英國政府認為陛下正對阿富汗進行的舉動，對英屬印度帶有敵意。」他也正式通知沙赫，英國人已經攻佔哈爾克島，並提醒沙赫，英國會根據他在赫拉特的舉動來決定下一步怎麼做。最後，麥克尼爾建議沙赫，不要再和當初慫恿他進攻赫拉特那些「不懷好意者提供的餿主意」存有任何瓜葛。

讓史多達特有些意外的是，雖然他以為斯莫尼克伯爵對沙赫依然很有影響力，但沙赫還是熱情地接待了他。史多達特將麥克尼爾給沙赫的外交照會大聲唸出，並一一將內容翻譯為波斯語，當他唸到「不懷好意者」時，沙赫打斷了他並問道：「也就是說，如果我不離開赫拉特，英國就會對我發動戰爭，是這樣嗎？」史多達特則回覆確實是如此，沙赫讓史多達特離開前，對他說自己會考慮英國人提出的要求，並且很快會給他答覆。沒有人知道沙赫和斯莫尼克伯爵之間發生了什麼事（儘管麥克尼爾非常想探聽），但沙赫在兩天後又召見了史多達特，說道：「我們願意接受英國政府提出的所有要求」、「我們不願打仗，如果我們當初知道前來這裡會失去英國人的友誼的話，我們肯定就不會來了。」

波斯人完全讓步了，而俄國人則吞下恥辱性的挫敗，雖然傳統的外交手段失敗了，但砲艦外交依然有效。史多達特在向麥克尼爾回報這場戲劇性的轉折時寫道：「我當時回答沙赫，感謝上蒼讓陛下考慮波斯的真正利益。」沙赫於是下令結束圍城，並命軍隊準備返回德黑蘭。九月九日早晨八點，史多達特透過一位特使，將下面這段話傳給約翰．麥可尼爾爵士：「我十分榮幸地向您稟報，波斯軍隊已經開拔了……而沙赫陛下也即將上馬啟程。」到了十點二十六分，他又簡短地加上幾句話：「沙赫已經上馬……並且離開了。」

然而，事情還沒結束，涅謝爾羅德始終堅稱，俄國並沒有涉入這場圍城行動，還說斯莫尼克收到過嚴格的指令，必須盡一切力量勸阻沙赫進攻赫拉特，他甚至還願意將一份對斯莫尼克下達指令的文件拿給英國大使杜倫動爵看，巴麥尊對這種說法起初還算滿意，但現在卻感到很丟臉，因為他顯然是被騙了。事情的真相，如果不是斯莫尼克對政府的指令置之不理，便是上級曾私底下要求斯莫尼克盡可能地忽略那些指令，如果幸運的話赫拉特便會落入順從俄國人的波斯人手裡。然而，今日我們可能永遠無法知道事情的真相究竟為何，而歷史學家直到今天也都仍在研究這個問題。但不論如何，巴麥尊都非常憤怒，打算和俄國人好好算這筆帳。

英國政府召見駐倫敦的俄國大使，並告訴他斯莫尼克伯爵和維特克維奇中尉（當時他仍在阿富汗伺機而動），正在執行一些對英國不懷好意的政策，而這將會嚴重危及兩國間的關係，巴麥尊要求俄國必須立即召回這兩人。也許當時俄國人還想再賭賭看，以為英國人應該會和之前一樣不會真的有所行動，如果真是如此，那他們這次可就猜錯了。此外，由於不利於斯莫尼克的證據實在太多，因此尼古拉沙皇也不得不接受英國的要求，巴麥尊得意地和麥克尼爾說道：「針對斯莫尼克伯爵一事，我們把俄國逼到了牆角、退無可退。」、「沙皇別無選擇，只能將他召回，並承認涅謝爾羅德之前的一連串聲明都是假的。」

但最後成為代罪羔羊的人是斯莫尼克而不是涅謝爾羅德：「他們指控斯莫尼克逾越了自己的權限，對上級指令又置之不理。」儘管這種說法對他來說並不公平，他也不過只是遵從檯面下的指令罷了，但不論如何，他確實也未能成功攻下赫拉特，更何況在聖彼得堡的拖延下，他明明就有好幾個月的時間可以使用。此外，斯莫尼克的英國對手也沒人會替他感到難過，因為麥克尼爾和其他與他交手過的人早就已經對他極度不滿了，他們認為斯莫尼克是自作自受，會有這樣的遭遇完全合理，但他們也並不樂見維特克維奇中尉接下來的下場——畢竟這位中尉還是頗受人尊敬的。

維特克維奇從阿富汗被召回後便受命前往聖彼得堡，最後於一八三九年春天抵達。後來他在聖彼得堡發生的事情至今依然是個謎。根據該時期俄國的一份資料，涅謝爾羅德當時熱情地接待他，並恭喜他代替英國人在喀布爾的地位，由於維特克維奇的立陶宛貴族身分曾在他年輕流亡時遭到剝奪，因此他們此時答應維特克維奇恢復其貴族身分，而且還會將他升遷到一支菁英軍團裡。然而，根據凱伊的說法（他可以取得英國政府從聖彼得堡獲得的情報），這位滿懷期待回到俄國的年輕軍官其實遭到涅謝爾羅德的冷落。由於涅謝爾羅德急著想撇清自己和這整件事的關係，甚至還拒絕和維特克維奇見面，並說自己根本不認識什麼維特克維奇中尉——「我只知道有個鋌而走險、想謀取名利的人，剛好也叫這個名字，那個人最近還在喀布爾、坎達哈爾參與了一些未經許可的陰謀活動。」

不論是哪個版本的說法，有一件事情倒是相同的，維特克維奇在去完外交部後沒多久，便回到旅館的房間裡燒毀了手邊的所有文件，其中還包括從阿富汗帶回來的所有情報。維特克維奇接著又寫了一封簡短的信和自己的朋友道別，然後便對著自己的頭顱開槍自盡，就這樣，這場大競逐又奪走了一條人命。聖彼得堡有些人懷疑，英國人或許也和維特克維奇的自殺事件脫不了關係，就像十年前格里伯耶朵夫在德黑蘭的死亡事件，也被他們懷疑是英國人搞的鬼一樣。然而，人們很快便淡忘了這種想法，因為中亞地區很快便將發生另一起重大事件，讓整個地區都為之撼動。

第十五章
王位製造者

英國人可以好好慶祝一番了，因為這次他們贏了：「維特克維奇死了，斯莫尼克顏面盡失，涅謝爾羅德敗給了英國人的策略，而赫拉特這個保衛印度的前線堡壘也得救了，沒有落入俄國的手中。」此外，藉由這次測試，他們也看出尼古拉沙皇其實沒有協助波斯沙赫的意願。英國人在迫使俄國人和波斯人收手後，或許也最好維持當時的現狀。但自從多斯特·穆罕默德無視奧克蘭勳爵的最後通牒並正式接見維特克維奇後，倫敦和加爾各答便將他視為俄國的盟友了。早在赫拉特遭圍城、英國海軍的特遣部隊還在趕往波斯灣的時候，巴麥尊和奧克蘭就已決定要好好解決阿富汗的危機，最好能一勞永逸。雖然本恩斯認為多斯特·穆罕默德仍是最適合英國的人選（約翰·麥克尼爾爵士此時也強烈支持此一看法），但英國政府依然決定，必須將他從王位上拽下，換上一位更聽話的人，但要換上誰呢？

亞瑟·柯諾里屬意卡姆蘭，因為他顯然對沙皇和沙赫都抱持著敵意，而且當時也急著和英國人結盟，好對抗多斯特·穆罕默德和其他想奪取阿富汗王位的人。然而，奧克蘭總督身邊的顧問並不是柯諾里、本恩斯或麥克尼爾，他最重要的其中一位顧問，是加爾各答的機密政治局秘書威廉·麥克諾滕

（William Macnaghten）。麥克諾滕是一位優秀的東方學者，據說能講波斯語、阿拉伯語和印度斯坦語，流利程度幾與英語無異。此外，他的意見也很有份量，尤其對奧克蘭勳爵特別有影響力，奧克蘭的姊姊艾蜜莉．艾登（Emily Eden）甚至曾熱情地形容他是「我們的巴麥尊勳爵」。麥克諾滕認為阿富汗的王位應該交給流亡國外的舒賈沙赫，並宣稱舒賈沙赫才是擁有王位繼承正當性的人選。他提出一個計畫，希望說服痛恨多斯特．穆罕默德的蘭季德．辛格，用他強大的錫克軍隊幫助舒賈沙赫推翻他們的共同敵人，如果他能幫助舒賈沙赫取回王位，那麼舒賈沙赫就會放棄宣稱自己擁有白沙瓦的主權。如果有蘭季德．辛格的軍隊，加上舒賈的非正規部隊，那麼多斯特．穆罕默德就能在不用英國軍隊介入的情況下被他們推翻。

巴麥尊和奧克蘭對這個計畫都非常心動，因為那讓他們可以不用自己動手，就像俄國人用波斯人對付赫拉特一樣。阿富汗人在過去不到五十年裡，已經在不同盟友間倒戈過不下八次，想在這樣一個民族裡找人替換現在的統治者似乎不會是個問題，而且也不是什麼太冒險的事情。贊同麥克諾滕想法的還有東印度公司在盧迪亞納的政治官，亦即備受敬重的克勞德．偉德，舒賈沙赫當時就住在盧迪亞納，而他對阿富汗和旁遮普錯綜複雜的政治狀況也瞭若指掌。因此，奧克蘭勳爵將偉德和麥克諾滕都派往拉合爾，打探蘭季德．辛格的想法，看看是否有可能取得他的合作。一開始蘭季德．辛格似乎對這個計畫非常感興趣，但這個狡猾的老錫克人比英國人還清楚，在阿富汗人的山區地盤裡攻打他們是一件非常危險的事情，於是他很快便開始支吾其詞、討價還價。奧克蘭漸漸發現，蘭季德．辛格無法在麥克諾滕的偉大計畫裡擔任符合他們預期的角色，若想除掉多斯特．穆罕默德並讓舒賈登上王位，唯一可行的方法就是動用英國人自己的軍隊。

一般來說，奧克蘭是位謹慎的人，但他身邊來自鷹派的壓力此時愈來愈大，紛紛要求他出動英國軍隊。他們其中一個觀點是，如果英國因為赫拉特而和波斯人開戰的話（當時赫拉特仍處於被圍城的狀態），那麼一但赫拉特陷落，阿富汗境內的英軍就能奪回這座城市，並防止沙赫的軍隊繼續往印度邊界前進。奧克蘭最後被說服了，就算蘭季德·辛格不派遣自己的軍隊進入阿富汗，他們還是必須先取得他對此一計畫的同意，好讓他和舒賈未來能維持穩定關係，並讓這兩國成為英屬印度的屏障。蘭季德·辛格知道自己並沒有能力獨自推翻多斯特·穆罕默德，對此當然是樂觀其成：「那不只讓他不用付出任何成本（儘管奧克蘭依然希望他在這場遠征中貢獻一些兵力），而且舒賈也將永遠放棄阿富汗人對白沙瓦的主權。」對他來說這是百益而無一害。舒賈對於這個計畫也很滿意，因為多年以來他都持續請求英國人出兵，而英國現在終於要付諸實行了。一八三八年六月，蘭季德·辛格與舒賈和英國簽署了一個密約，三方宣誓將永遠維持友好關係，並同意執行這個計畫，此時奧克蘭可以開始準備接下來的入侵行動了。

與此同時，巴麥尊也將這個計畫中的行動　知駐聖彼得堡的英國大使：「奧克蘭已經被通知要攻下阿富汗，讓該地成為英國的附庸國……我們長期以來都不願干涉阿富汗人的事情，但如果俄國人想要讓阿富汗成為俄國領土，我們就必須有所行動，讓阿富汗成為英國領土。」十月一日，奧克蘭發佈辛拉宣言（Shimla Manifesto），公開宣布英國將會迫使多斯特·穆罕默德退位，並以舒賈取而代之。為了合理化此一宣言，多斯特·穆罕默德被描述為一個不可信賴的壞人，迫使英國人不得不做出行動，而舒賈則是英國人的忠實朋友，也是王位的合法擁有者。奧克蘭說道：「本恩斯上尉在喀布爾耗費了許多時間進行協商，最後卻沒有獲得成果，這顯示多斯特·穆罕默德汗王……公開承認了自己的擴張計畫和野心，並對印度邊界的安全與和平造成了傷害，他還公開威脅，為了進行擴張計畫，他會號召每一個自己能掌握的外來勢力來援助他。」、「只要多斯特・穆罕默德仍在喀布爾掌權，我們周邊地區的安寧就絕無可能獲得保障，而我們的印度帝國的利益，也就無法避免遭受侵犯。」

雖然奧克蘭所指的對象是誰再明顯不過，但他依然謹慎地避免提及俄國人，因為他當時正準備著手進行的冒險計畫，和英國指控尼古拉沙皇正在進行的計畫其實是一樣的。與此同時，他也宣布即將隨同此次遠征行動的文官：「爵位在身的麥克諾滕將被任命為他們提議新建立的喀布爾王室的特使，而本恩斯則會擔任他的副手和顧問，當時仍被困在赫拉特的埃爾德雷德・波廷格，也會成為麥克諾滕四名文官助手中的一員。」雖然本恩斯私底下對於這個推翻自己老朋友的計畫感到很不悅，但由於斯特・穆罕默德自己的野心，本恩斯最終還是接受了這個計畫沒有推辭，他不只被升為中校，還獲得了一個自己從未想過能得到的東西。本恩斯獲得了一封信，信中對他所做的寶貴貢獻表示嘉許，奧克蘭當時要他再仔細看看信封，於是他從廢紙簍中把信封袋找出，驚訝地發現上面的收信人竟寫著「亞歷山大・本恩斯爵士中校」。

麥克尼爾的手下查爾斯・史多達特上校，當時仍在赫拉特的波斯沙赫營帳裡，但他也即將被派往布哈拉向那裡的埃米爾稟報，萬一看見英國人攻打他南邊的鄰國也無需擔心，並說服他釋放布哈拉的俄國奴隸，這樣才能消除聖彼得堡攻打他的理由，英國政府也授權史多達特，讓他保持和布哈拉簽訂友好條約的可能性。就像之後的其他任務那樣，史多達特的任務也注定會以悲劇收場，但一如我們所見的，英國人在一八三八年秋天前景一片看好，他們當時剛剛獲得來自赫拉特的消息：「波斯人和他們的俄國顧問已經放棄圍城計畫，正在開拔撤退了。」

於是有個問題立刻浮上檯面：「既然危機已經大幅消除了，那麼這場遠征計畫是否也應該取消呢？」於是在英國和印度都開始出現激烈的爭辯：「不少人都認為已經沒有必要再逼多斯特．穆罕默德退位了，佔領阿富汗不只所費不貲、導致印度的其他邊界無法獲得所需的防衛，而且還會把波斯人推得更遠，讓他們落入俄國人的懷抱裡。」威靈頓公爵就是強烈反對的人之一，他警告就算他們在軍事上真能取勝，政治上的挑戰也會開始浮現。但這個計畫現在已箭在弦上，而軍隊也準備好要出征了，對巴麥尊和奧克蘭來說，此時要回頭也為時已晚。此外，當時英國和印度境內的反俄情緒也已經來到歇斯底里的狀態，因此這場行動也獲得不少民眾的支持。比如《泰晤士報》就是其中一個支持者，因為其文章曾經嚴厲地批評：「從匈牙利的邊界到緬甸和尼泊爾的核心地區……俄國這個惡鬼一直以來都陰魂不散，為人類帶來了許多麻煩，並不斷在費盡心力進行他邪惡的騙局……讓我們勤奮且其實非常平靜的帝國非常苦惱。」

雖然波斯人不再需要被好好教訓一頓了，但奧克蘭只有一件事願意讓步：「稍微減少入侵軍隊的士兵人數。」這支軍隊的正式名稱為「印度軍」（The Army of the Indus），由一萬五千名英國士兵和印度士兵組成，其中包括步兵、騎兵和砲兵，而這支軍隊後面還會跟著一批人數達三萬人的雜牌軍，他們都是跟隨軍營移動的平民，有搬運工、馬夫、洗衣工、廚師和蹄鐵匠，隨行還有許多駱駝負責搬運彈藥、補給物資，以及軍官的個人物品。據說光是其中一位准將，就有六十頭以上的駱駝負責搬運其營帳裝備，而某個軍團的軍官們則霸佔了兩隻駱駝專門運送他們的雪茄。最後，「印度軍」還帶了一些牲口，為部隊提供新鮮肉食的來源。除了英國人和印度人外，隊伍中還有舒賈自己的一小支部隊，本恩斯曾對奧克蘭說，如果舒賈自己也有出兵而非僅靠英國出兵登上王位的話，其他阿富汗人可能就會更願意接受他登基。不過舒賈的部隊裡其實沒有幾名士兵是阿富汗人，他們大多數都是由英國軍官訓練、帶領的印度人，薪水也由英國人支付。

在軍隊前面打頭陣的是亞歷山大．本恩斯爵士中校，他會使用威嚇、說服和賄賂等方式讓軍隊一路上不會遇到太多阻礙，最後「印度軍」在一八三九年春天，從約八十公里長的波倫山口進入了阿富汗。其實最短的路線應該是穿過旁遮普、越過開伯爾山口，只不過蘭季德．辛格在最後一刻拒絕了他們。因此，他們必須從信德地區以及比較靠南邊的波倫山口進入阿富汗，其實信德的統治者也拒絕了他們，還說與英國人的條約規定，軍事物資不能經由印度河運送。但英國人卻告訴他們這是緊急事件，還威脅如果他們想阻擋英軍的話，下場將會非常可怕，於是英軍便無情地踐踏了他們的領土。

從波倫山口到俾路支的一路上，雖然本恩斯成功地收買了沿途的首領，讓軍隊得以安全地通過，但依然有許多強盜集團在這片偏遠的土地上等著他們，而許多掉隊的士兵、逃兵和牲口，也都成了這些盜匪的受害者。主幹部隊很快也會發現路途比他們預想得還要艱難許多，他們原本以為軍隊的主要糧食來源可以從當地的農地取得，沒想到一場農害卻摧毀了前一季的作物，迫使村民只能依靠野生植物存活——如果他們當初有事先做好勘查就會知道這個問題。於是軍隊的糧食開始出現嚴重短缺，士氣十分低落，約翰．凱伊爵士寫道：「這種糧食匱乏的問題，很快就會呈現在他們的健康和精神狀況上」、「對於未來的絕望，又加劇了他們當下的苦痛，士兵們看著彼此消瘦的骨架和凹陷的臉頰時……他們的意志也跟著頹喪了。」

然而，本恩斯卻即時阻止這些發生在出兵初期、看似無可避免的災禍，他以高價從俾路支人那裡買到一萬頭羊，藉此恢復士兵的力氣和士氣。不過，賣羊給他的汗王卻告訴他一些壞消息，而他後來也把這些情報轉達給麥克諾滕知道。那位汗王警告他，就算英國人可以把舒賈送上王位，也永遠沒辦法獲得阿富汗人的民心，因此最後終究是會失敗的。他還宣稱，英國人正在進行一個「非常浩大而且很困難」的任務。英國人不願相信阿富汗人和多斯特・穆罕默德，反而還「拋棄了他們，帶著外國士兵闖入這個國家」。他堅稱，舒賈並不受阿富汗人歡迎，而「如果錯誤來自於他的話」，英國人最好向他指出他犯的錯誤，「如果錯誤來自於我們的話，那就去修改那些錯誤。」

這是麥克諾滕最不想聽到的一件事，因為他曾不斷對奧克蘭勳爵保證，阿富汗人會欣喜若狂地歡迎舒賈回到阿富汗。雖然截至當時還不太有這種跡象，但關於舒賈此一英國人的魁儡究竟受不受歡迎，第一個真正的測試是他們抵達坎達哈爾的時候。這座城市是阿富汗南部的首府，當時由多斯特・穆罕默德的其中一位兄弟統治，當他們逐漸接近這座城市時，麥克諾滕和軍隊總指揮官約翰・基恩爵士（Sir John Keane）接獲線報，坎達哈爾的統治者已往北逃走了。由於他們似乎不太可能遇到任何抵抗，舒賈因此他們要英軍停下腳步，好呈現出彷彿是舒賈的軍隊收復了坎達哈爾的樣子。四月二十五日，舒賈在麥克諾滕的陪伴下，在不費一兵一卒的情況下進入坎達哈爾，許多好奇的群眾都跑出來想看看他：「男人們湧上了街頭，而女人們則在屋頂和陽台上排排站著。他途經的街道上處處散落著花朵，而當他騎著馬以勝利者之姿穿過城市時，人們則對著他高喊『坎達哈爾解放了』和『我們期待您的保護』。」

麥克諾滕非常高興，事實證明他是對的，錯的人是本恩斯，他在當晚向奧克蘭勳爵匯報：「沙赫盛大地進入了坎達哈爾，而市民則幾乎可以說都非常的敬愛他。」他認為如果多斯特・穆罕默德得知舒賈不但在沒有死傷的情況下進入坎達哈爾，而且還獲得如此盛大的歡迎，他一定會決定逃亡，而不會死守喀布爾。他決定在城外的平原上搭建一座杜爾巴（durbar，譯按：亦即印度土邦的王宮或役所），讓阿富汗人可以在那裡表達他們對新統治者的效忠。他們舉行了一場盛大的閱兵禮，讓基恩將軍的軍隊列隊通過，接受舒賈的檢閱，而舒賈則會在一個平台上對他們回禮致意，平台上還附有一個淺色的頂蓬為他遮擋炙熱的烈日。他們選定了一個日子讓舒賈於日出時分騎馬前往英國部隊和印度部隊列隊的地方，而麥克諾滕以及其他文官和軍官也都在那裡等他。等舒賈走上檢閱台後，軍人開始展示軍備，並發射一百〇一響禮砲，隨即展開這場閱兵禮。一切進行得都非常順利——除了一件事之外。前往現場觀禮、為舒賈增光的阿富汗人只有大約一百人而已。凱伊寫道：「整場安排一敗塗地……前來為舒賈致敬的阿富汗人少得可憐，這肯定也是個不祥之兆，並提醒了一件事：『舒賈沙赫能獲得人民愛戴的機會幾乎微乎其微，而這也讓支持他的歐洲人都感到非常失望。』」

麥克諾滕或許有些失望，但他並不打算承認這件事，就算其他一切手段都失敗了，英國人的黃金還是可以買到阿富汗人的效忠（或至少是重要人士的效忠），更何況他也不缺黃金：「軍隊行經的地區，只要遇到部族首領，他都會慷慨對他們發放黃金。」凱伊寫道：「他會打開錢箱，毫不吝嗇地灑出裡頭的錢財。」然而，再多的黃金也買不到下一座城鎮的效忠。這座不願效忠的城鎮名為加茲尼（Ghazni），擁有一座巨大的堡壘，座落在一座山坡上，以堅不可摧聞名中亞。基恩將軍與其工兵在檢視那裡近兩公尺高且非常厚實的土牆後，發現他們遇到一個嚴肅的問題：「阿富汗人的防禦工事，遠比他們以為的還要更加難以克服。」基恩原本以為不會用到攻城砲，於是將它們留在坎達哈爾，如今他們手上只有一些輕型武器，根本無法摧毀這座堅實的堡壘，但如果要把那些笨重的攻城砲運到加茲尼，少說需要幾星期的時間，因為一路上只能用拖的；此外，他們也再次面臨糧食短缺的問題。

不過，他們還有一個辦法可以在不使用攻城砲的情況下進攻加茲尼，便是炸掉其中一座城門。但這也是一個幾乎等於自殺的任務，因為被派去放置炸藥、點燃引信的人將會完全暴露在城牆上方守軍的視野內，也因此需要過人的膽量。他們決定派遣一小群工兵進行這個任務，而被選中帶領工兵的年輕軍官則是孟加拉工兵隊的亨利．杜蘭德中尉（Lieutenant Henry Durand），儘管他當時因為染上黃疸病依然非常虛弱。問題來了：「他們應該攻擊哪一座城門呢？」在這件事情上，英國人的運氣很好。當時隨軍有位來自當地的情報官，名為默漢．拉爾，他是本恩斯的好朋友，也是本恩斯手下的門徒。拉爾剛好和其中一位守軍是舊識，於是連絡上他，後來那名士兵背叛了上司，並告訴拉爾每一座城門都從裡面用磚堵住了幾乎不可能攻破，只有一座城門例外，那便是雄偉的喀布爾門。

當基恩將軍和其手下正在擬定攻城計畫時，哨兵突然發現附近一座山丘頂上有一群武裝阿富汗人正在眺望英國人的營地。號角兵吹響警報後，英軍派出騎兵和步兵前往對付山頂上的阿富汗人，最後那些人落荒而逃，但依然有幾人遭到英軍俘虜，而聖戰旗幟則被英軍沒收。那些俘虜經過舒賈面前時，其中一人還大喊舒賈是宗教叛徒，接著掙脫束縛和舒賈的隨從陷入了一場混戰，並刺傷了其中一人，舒賈見狀後非常生氣，於是下令將所有俘虜就地正法。當舒賈正在血洗那些俘虜時，一位正好經過舒賈營帳後方的英國軍官聽見裡頭的騷動聲，於是望進其中一個帳篷裡，結果當時和他對上眼的是正在處決俘虜的劊子手，讓他嚇了一跳，他們一邊有說有笑，一邊執行手中的工作，「不分青紅皂白地，用他們的長劍和刀亂砍那些可憐的人」。

後來那位英國軍官描述道，那裡大約有四十到五十名俘虜，有年輕人也有老人，「很多人都死了，其他人則奄奄一息。」還有些人或坐或站，雙手被綁在背後，正在等待處決，被這幅景象嚇壞的英國軍官連忙跑去麥克諾滕的營帳向他報告這件事。但麥克諾滕卻似乎不打算阻止這場屠殺，不過當時可能也早就為時已晚了，凱伊則記錄道，麥克諾滕直到當時一直都大力稱讚舒賈的人道關懷。很顯然地，這種人道關懷「根本就只存在於麥克諾滕寫的信裡」，即使用阿富汗未開化的標準來看，這種殘酷的行為也是不被接受的，想成為阿富汗統治者的舒賈沙赫的這種殘忍行為也很快便在敵人陣營裡傳開，並為支持他的英國人的名聲造成難以衡量的傷害。

此時基恩已經擬定好計畫，於是下令攻打加茲尼，他們在當天晚上發動攻擊，以夜幕和呼嘯的風聲作為掩護。為了將守在喀布爾門的士兵支開，他們也會在堡壘的另一端發動攻擊藉此轉移他們的注意力，而基恩的輕砲兵和印度步兵則會近距離對駐守在城牆上的守軍開火。他們必須盡一切代價讓守軍的注意力從喀布爾門移開，而杜蘭德中尉和他的工兵則會在喀布爾門前放置幾袋炸藥。

到了隔天凌晨三時，一切都已準備就緒，所有人員也都已就定位。基恩發出信號後，砲兵和步兵開始對城牆開火，一顆砲彈當場削去一位阿富汗士兵的頭顱，而當時負責攻城、在黑暗中等待城門被炸開的士兵們也都看見了這幅場景。與此同時，負責爆破的小組則安靜而迅速地往目標移動，他們在沒有被敵人發現的情況下成功安置了炸藥，並迅速返回安全位置，留下杜蘭德一人在那裡點燃引信。杜蘭德蜷伏在城門旁的時候，還能從木門的縫隙中看見某位守軍士兵手裡拿著長管的傑撒伊火槍，但他第一次點燃引信時失敗了，於是又試了一次，依然無法成功。有一瞬間他感到非常害怕，因為他知道這個計畫的成敗完全取決於他，因此他有可能必須犧牲自己，在那裡直接點燃炸藥。幸好第三次嘗試時，引信終於被點燃了，於是他迅速尋找掩護，而炸藥則在幾秒鐘後爆炸。

凱伊敘述道：「那次爆破不只來得突然，威力也很強大。城門旁開始冒出濃密的黑煙、大批石塊應聲倒塌，碎裂的木樑也受到嚴重破壞，現場一片狼籍。」隨著爆炸的轟鳴聲逐漸止息，號角兵也吹起了進攻的號角，在英勇的傳奇軍人威廉．丹尼上校（Colonel William Dannie）領軍下，負責攻城的士兵湧向仍在冒煙的城門，不消幾秒時間，英國人的刺刀和阿富汗人的長劍便開始陷入激戰。一聽見城牆傳出的歡呼聲，攻城的主要部隊此時也從陣地出動趕往城門。但接下來在混亂和黑暗中發生的事情，卻讓英國人幾乎輸掉了這場戰役。由於號角手以為城門完全被碎石殘骸堵住，甚至以為丹尼的部隊仍在城牆外，因此他又吹起了撤退的號角，導致攻勢突然暫停，而正在城牆裡進攻的部隊只好繼續和人數佔絕對優勢的敵軍奮戰。不過號角手很快便意識到自己誤會了，於是再次吹響號角，命令所有士兵進攻。在一位不斷揮舞軍刀的准將帶領下，整支部隊不消多久便進入城牆內和丹尼的部隊會合。

阿富汗人沒想過自己的堡壘竟會遭到攻破，於是英勇而兇猛地開始回擊，但這是他們第一次遇上訓練精良、深諳現代攻城戰術的歐洲軍隊，因此他們的防線很快便開始潰散。凱伊寫道：「阿富汗人在極度絕望下，紛紛從原本躲藏的地方竄了出來，他們手上拿著劍衝向我們的攻城士兵不斷狂砍，卻遭受英軍步兵的火槍還擊……有些人拚命想從城門逃走，卻被正在燃燒的木材絆倒，又因為負傷或因為太累，就在那裡慢慢地被火燒死。有些人在地上被刺刀刺死，有些人則像瘋狗一般被追殺到了角落裡，最後被槍殺而死。」成功從城門逃脫、或翻過城牆的人，則被外面的騎兵攔截下來，英軍很快便終結了這場戰役，讓英國國旗和部隊的軍旗在城牆上以勝利之姿飄揚著。

從傷亡數據來看，英國人獲得了壓倒性的勝利：「他們只犧牲了十七個人，受傷人數則為一百六十五人，其中有十八個人是軍官；阿富汗的守軍則至少有五百人在城牆內的激戰中喪生，還有許多人在城牆外被基恩的騎兵攔截殺害。」由於英軍自己的糧食補給已經幾乎斷絕，原本幾乎不可能撐得到喀布爾，因此對英軍來說，此次勝利同樣重要的是城裡還有大量穀物、麵粉和其他食物。多虧了默漢·拉爾的冒險精神，以及杜蘭德中尉的冷靜沈著（如果當時就已經有維多利亞十字勳章的話，他應該早就能獲頒一枚），英軍前往喀布爾的道路現在暢行無阻了，再往北走一百多公里就能抵達。

事後證明，加茲尼的突然失守對多斯特·穆罕默德來說是一個非常嚴重的打擊，他派出一支由兒子親自率領、人數多達五千人的阿富汗騎兵隊，希望能阻擋英國人的進逼，最後依然只能撤退以免全軍覆沒。不論在哪裡，多斯特·穆罕默德的支持者都開始逐漸消失，他們寧願袖手旁觀看局勢會如何發展。一九三九年六月三十日，基恩再次開拔挺進，並在一週後帶領英軍出現在喀布爾的城牆前，而在英軍眼前阻擋他們的只剩下一排已經被遺棄的大砲而已，他們發現多斯特·穆罕默德已經逃走了，喀布爾於是便在英軍不費一兵一卒的情況下向他們投降了。

隔天，麥克諾滕、基恩和本恩斯騎馬陪同舒賈沙赫進入這座他已有三十年沒見過的城市，他穿著寶石點綴的衣袍，坐在一匹雄壯的白馬上，馬身上配掛著黃金製成的裝飾。凱伊描述道：「錢袋裡響啷啷的聲音，以及英國刺刀閃爍的光芒，讓他重新登上了王位，如果沒有這些東西，他是不可能靠自己奪回王位的。」儘管麥克諾滕曾自信滿滿地預測阿富汗人會歡天喜地地歡迎舒賈歸來，但當時卻絲毫看不出這種跡象。凱伊還說：「當時的情景與其說是國王進入收復的失土都城，倒不如說更像是參加喪禮的人在列隊前進。」不過對於奧克蘭順利地將舒賈送上王位一事，巴麥尊依然感到非常高興，他寫道：「奧克蘭在阿富汗取得的輝煌勝利將會威震亞洲，讓我們的一切計畫變得更加順利。」

奧克蘭勳爵原本的計畫是等舒賈成功取回王位、由他自己的官員輔佐，並受自己的軍隊保護後，便要立刻將英軍撤出。然而，即使是麥克諾滕也很清楚，只要能力強大的多斯特・穆罕默德沒有被他們抓到，舒賈的王位就絕無可能坐得安穩。於是他們派出基恩手下最優秀的一位指揮官，帶領一支騎兵前去追捕多斯特・穆罕默德，卻在一個月後無功而返，接下來他們又進行另一次追捕行動，但依然未能成功。一直到幾個月後，多斯特・穆罕默德才會主動向英國人自首，而英國人則充滿敬意地對待他，並讓他光榮地流放至印度（儘管這種好日子只是暫時的），不過英國人的這種作法也讓舒賈非常憤怒，因為他本來想要「將他像狗一樣地吊死」。

與此同時，英國人則在喀布爾落腳，開始進行每天日常的駐軍工作，城裡組織了賽馬活動，由於英國士兵和印度士兵都在那裡消費，市集裡的生意也非常活絡。有些軍官的家屬則開始從印度前來，與他們在這個剛剛攻下、充滿異國風情的避暑山城裡會合——其中便包括麥克諾滕的太太，她當時就帶著自己的水晶吊燈、高級葡萄酒、昂貴的禮服，以及一大批傭人前去。至於基恩將軍，當時則已經被維多利亞女王冊封為「加茲尼的基恩勳爵」，並帶著大部分的部隊返回印度。然而，還有一大部分士兵仍留在喀布爾，而加茲尼、坎達哈爾、賈拉拉巴德以及奎達，也都駐守了一小部分的部隊，藉此保護和印度之間的聯絡線。雖然麥克諾滕有信心能以英國的軍力讓舒賈安坐王位，但基恩卻不這麼認為，他曾對即將返回印度的杜蘭德中尉提及：「我只能恭喜你離開了這個國家，因為不久過後，這裡一定會發生一些翻天覆地的災難……」

到了一八三九年八月底，駐守喀布爾的英軍收到兩則令人不安的情報：第一個消息是，被派往布哈拉、要埃米爾放心的史多達特已經在當地遭到了拘捕，並被粗魯地丟進蟲滿為患的地牢裡；第二個消息則更加令人擔憂，一支規模龐大的俄國軍隊當時已從奧倫堡出發向南挺進，準備攻打希瓦汗國。

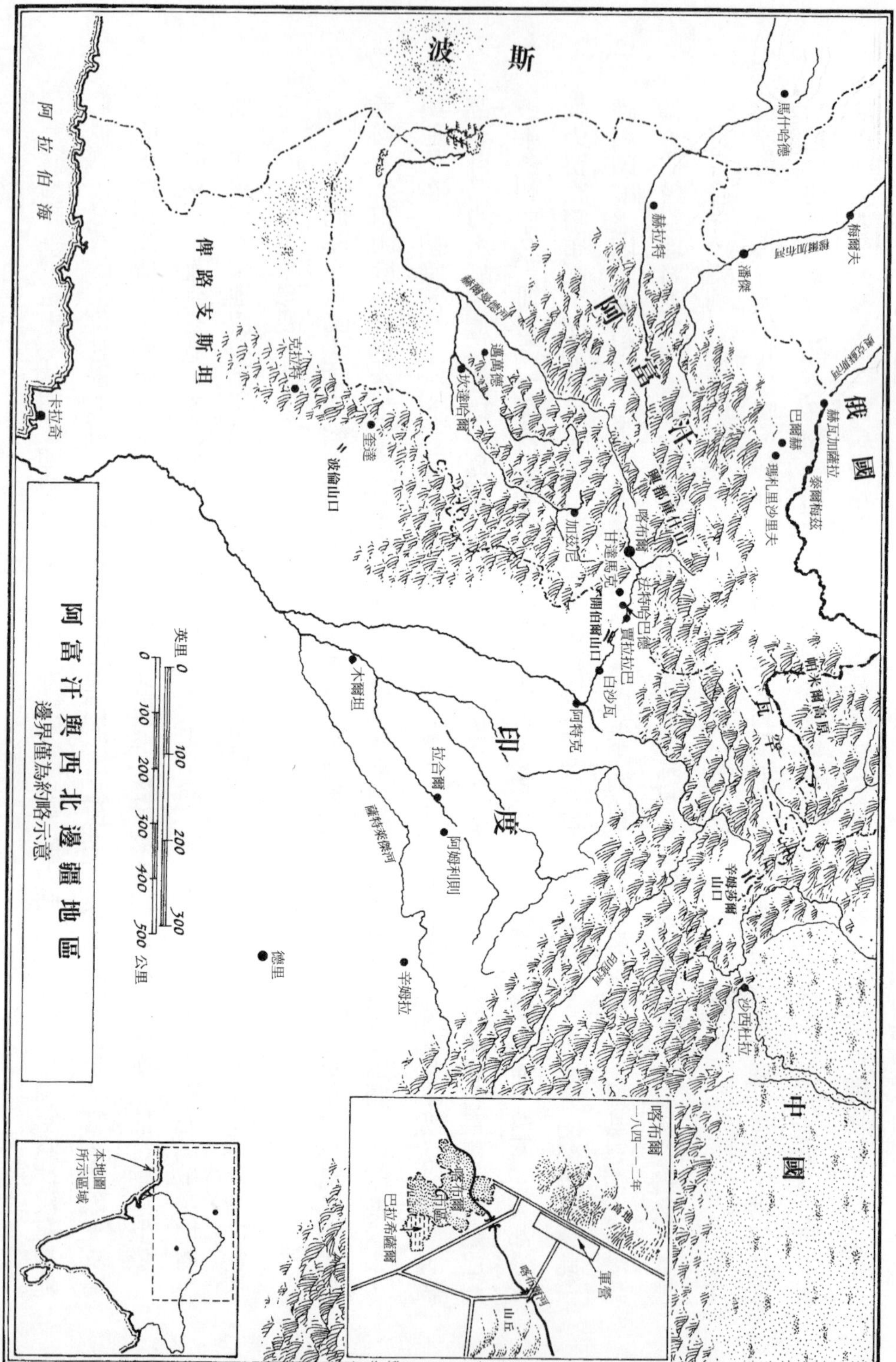
阿富汗與西北邊疆地區
邊界僅為約略示意
英里 0 100 200 300
0 100 200 300 400 500 公里
波斯
阿拉伯海
俾路支斯坦
阿富汗
俄國
印度
中國
馬什哈德
赫拉特
梅爾夫
潘傑
赫瓦加薩拉
巴爾赫
瑪札里沙里夫
泰爾梅茲
喀布爾
興都庫什山
加茲尼
甘達馬克
賈拉拉巴德
開伯爾山口
白沙瓦
阿特克
坎達哈爾
邁萬德
克拉特
奎達
波倫山口
卡拉奇
木爾坦
拉合爾
阿姆利則
薩特萊傑河
德里
辛姆拉
沙西杜拉
辛姆沙爾山口
帕米爾高原
瓦罕
喀布爾 一八四一—二年
軍營
巴拉希薩爾
山丘
本地圖所示區域

第十六章
爭奪希瓦

自從威廉·穆克羅夫特於十四年前造訪過布哈拉後，俄國便愈來愈擔憂英國是否正在覬覦中亞和中亞的市場。到了一八三八年秋天，倫敦和加爾各答對於俄國入侵印度周邊地區一事，也同樣開始感到不安。當年十月，涅謝爾羅德在得知英國正計劃推翻多斯特·穆罕默德、用自己的傀儡取而代之的不久前，才寫了一封信給駐倫敦的俄國大使，向他簡述聖彼得堡的憂慮。他警告：「英國人不斷在中亞地區來往出入，引起中亞人民很大的不安，並深入了與我們接壤國家的核心地帶，不斷對他們進行煽動。」在那些不斷出入中亞的麻煩人物中，最重要的就是亞歷山大·本恩斯，他顯然在試圖破壞俄國於中亞地區的影響力、引進英國勢力，並將俄國商品從中亞地區驅逐出去，以英國商品取而代之。「至於我們，要的不過就是在亞洲的商貿領域裡參與公平的競爭罷了。」

當英國打算入侵阿富汗的消息傳到聖彼得堡時，這封信上的墨水幾乎都還沒乾，如果這個消息還不夠令他們緊張的話，那麼接下來還有另一個壞消息在等著他們：「英國人在波斯灣地區的行動，已經迫使沙赫從赫拉特撤軍了，因此也消滅了俄國在那裡取得代理人據點的可能性。」俄國人意識到他們對於英國人的行動幾乎無可奈何，於是決定要自己進行另一個大膽的計畫，這個計畫便是他們長久以來的夢想：「在英國人開始向北進入奧克蘇斯河之前，率先攻下希瓦，而且不只是在那裡扶植魁儡政權而已，而是要用俄國自己的軍隊和商隊，將希瓦納入自己的版圖。」由於英國在阿富汗的行動實在太具侵略性，因此對於俄國來說，當時也是他們對中亞地區發動首次大型攻勢的絕佳時機，俄國出兵的藉口也很有正當性，因為就官方而言，俄國宣稱自己出兵的目的是為了解救被希瓦人狹持的許多俄國人和其他奴隸，並懲罰那些四處劫掠販奴、經常搶劫運送俄國商品的本地商隊的土庫曼人，最後再像英國人在阿富汗所做的那樣，換上一個聽命於俄國的統治者，要求他發誓不再進行前任統治者的野蠻行徑。

即使是本恩斯也很難對這些目的提出批評，不過他和其他鷹派人士的心裡也很清楚，俄國向南擴張的行動顯然不會止於希瓦，布哈拉和梅爾夫可能就是俄國接下來的目標，再之後則可能是赫拉特。想阻止這種情況發生，唯一的方法就是讓英軍使用他們在喀布爾剛取得的據點，搶在俄國人之前捷足先登。麥克諾滕認為，他們應該在隔年的五月，也就是興都庫什山的山口融雪後，先攻下巴爾赫這個位於奧克蘇斯河畔的關鍵橋頭堡。從那裡，他們便可以對布哈拉發動快速而有效的攻擊——英國之前派出的使節史多達特中校，當時就是在布哈拉被殘忍而專制的埃米爾給關在條件極差的監獄裡。他們必須搶在赫拉特被俄國人或波斯人染指前，先將那裡永久納入英國的保護之下。既然他們都跑這麼遠一趟了，而且俄國人也已經決定要奪下希瓦了，如果他們還不好好利用這個機會，似乎就太說不過去了，以上便是前進派所抱持的典型理由。參與過大競逐的人，此時也都開始覺得屬於他們的歷史舞台終於要到來了。

最後讓俄國人決定要攻打希瓦的，其實是一份經由布哈拉傳到俄國的古怪報告，而且報告內容完全是假的，那份報告指出，英國當時派出一支由二十五人組成的使節團前往希瓦，表明願意對希瓦提供軍事協助。當時在奧倫堡擔任總指揮官的佩羅夫斯基將軍，接收到來自聖彼得堡的指令後，立刻便著手集結一支人數達五千兩百人，由步兵、騎兵和砲兵組成的部隊。佩羅夫斯基希望直到最後一刻之前，他們的意圖都不會曝光，而這不只是為了不要對希瓦人打草驚蛇、讓他們提高戒備，也是因為他並沒有忘記之前那位年輕的英國中尉是如何阻撓他們在赫拉特的計畫，他並不希望重蹈覆轍。此外，他也希望英國人全力投身於阿富汗的軍事行動，如此一來他們就沒有立場可以對聖彼得堡在希瓦扶植新統治者的行為進行抗議。萬一俄國正準備出兵的傳言洩露出去，官方也可以說這場行動是針對鹹海的「科學」考察行動，反正鹹海就位在他們進軍的路線上。事實上，在接下來的幾年裡，「科學考察」也的確經常被用來掩護俄國在大競逐中的行動，相較之下，英國人如果要派出軍官進行類似行動的話，則會說他們是去「打獵度假」，萬一有必要的話，政府也好與他們撇清關係。

結果俄國人發現，想長時間不讓消息外洩根本是不可能的事情，一如前述，英國人是在一八三九年的夏天，亦即俄國出兵的三個月前，便初次得知佩羅夫斯基正準備出兵的。對英國發出警告的其實就是希瓦，因為希瓦的汗王透過他高效率的間諜網絡知道了這起傳言。關於該訊息是如何從希瓦傳到赫拉特的（沙赫撤軍後，那裡依然有英國軍官駐守），有兩種版本的說法，根據其中一個說法，驚恐的希瓦汗王派出一位特使火速前往赫拉特請求支援，因為他知道赫拉特人成功地抵擋了波斯人和俄國顧問的入侵。不過根據英國人的記錄，傳回這個消息的人是他們一位來自當地的特務，那名特務當時剛從希瓦回來，並帶回了一則消息：「俄軍當時正準備從奧倫堡開拔，兵力聽說有十萬人之多。」不論哪個版本才是正確的，當時駐赫拉特的資深英國軍官托德少校（Major d'Arcy Todd）一聽到這個消息後，便立刻派出信使前往德黑蘭和喀布爾請上司提高警覺。與此同時，他也決定要在赫拉特盡一切可能避免希瓦落入俄國人手中。

由於托德少校不能拋下自己的崗位，因此他決定派出自己最足智多謀的手下——詹姆斯．亞伯特（James Abbott）上尉前往希瓦，和那裡的汗王表示英國人可以代替他和正在逼近的俄國人進行協商。如果汗王可以被說服、願意釋放所有的俄國奴隸，那麼聖彼得堡就不再有理由可以入侵希瓦，而汗王的王位危機（以及英屬印度的危機）或許就能解除。亞伯特的任務就是說服汗王，在佩羅夫斯基的軍隊尚未接近希瓦、還未來不及回頭前，先趕緊釋放那些奴隸。於是亞伯特便穿著阿富汗人的服裝，一邊想著史多達特，也就是最後一位被派往中亞汗國的英國軍官的命運，一邊在一八三九年的聖誕節前一天，獨自啟程前往位於八百公里以北的希瓦。

就在此時，在北方約兩千四百公里的地方，佩羅夫斯基將軍也啟程前往希瓦了，他帶著超過五千名士兵（其中有俄國人也有哥薩克人），後頭還跟著一萬頭負責運載彈藥和裝備的駱駝。他們即將穿過草原和沙漠，展開一場漫長而艱辛的長征，在啟程之前，將軍將他的士兵們召集到奧倫堡的主廣場上，並在那裡宣讀一份特別詔令：「在沙皇陛下的命令之下，我們即將進軍希瓦。」雖然關於他們進軍目的地的傳言早就已經四處流竄，但士兵們是直到此時才第一次被正式告知出征的目的（截至當時為止，他們得知的消息都是他們將護送一支科學考察團前往鹹海）。佩羅夫斯基將軍繼續說道：「多年以來，希瓦都在考驗著我們強大而寬宏國家的耐心，而他充滿敵意的行為，最後也將招來自己的天證。」他告訴士兵們，只要勇敢面對危險和苦難，解救他們被奴役的兄弟，就能獲得無上榮耀作為回報。由於他們已經為這場征途做足萬全準備，加上他們矢志抵達希瓦的決心，最後一定能獲得勝利，佩羅夫斯基向士兵們保證：「在上帝的幫助之下，我們在兩個月之內就能抵達希瓦。」

起初一切都依照計畫進行得非常順利，由於沙漠在夏日裡太過酷熱，而且在長達一千六百公里的路途中，想為如此龐大的軍隊取得水源也相當困難，因此他們特地挑選了初冬時節出發。佩羅夫斯基將軍的目標，是在中亞的酷寒於二月降臨前抵達希瓦，但根據一份關於這場遠征的官方報告，這些士兵們「一直都住在溫暖的屋子裡，除非要打獵或進行短途旅行，否則很少會走出戶外」，因此路途中的寒冷依然讓他們非常震驚。到了夜裡，這些俄國人在毛氈製成的營帳裡，會用羊皮大衣從頭到腳蓋住自己，以免鼻子和其他肢體末梢凍傷。即便如此，他們呼吸與流汗產生的水分，依然會將他們的毛髮和鬍鬚凍得黏在羊皮上，等他們早上醒來時，「就得花不少時間將毛髮和羊皮分開。」不過幸運的是，這些士兵都非常吃苦耐勞，很快便開始適應零下的氣溫。

時間很快來到十二月，也開始降雪了，雪來得比佩羅夫斯基的軍隊預期的還要大、還要更加頻繁，即使是當地的吉爾吉斯人也沒這麼早就見到如此大量的降雪。前方部隊留下的足跡很快就會被白雪覆蓋，要在這片平坦、沒有任何特徵的地區前進也變得相當危險。「他們必須透過偶爾出現、哥薩克人留下的雪柱，或是標示出夜晚紮營處的雪堆，以及行軍路線上活著或死掉的駱駝（有些已經凍僵或是被野獸啃食掉部分身軀了），才能偶爾確認前方隊伍的路線。」由於積雪太深、土壤也都結凍了，想為駱駝尋找食物也變得愈來愈困難，而牠們也很快便開始以令人不安的速度一頭頭死去。該報告還提到：「駱駝只要一倒下去，就很少有再爬起來的。」他們必須不斷將貨物從倒下的駱駝身上搬到另一頭駱駝背上，而這個過程不只大幅拖慢行軍速度，也讓士兵們精疲力盡。他們派出一名中尉先前往鹹海地區購買健康的駱駝，但傳回來的消息卻指出，他已經被希瓦的巡邏隊逮補，並被五花大綁地送往希瓦了。

到了一月初，他們已經失去將近一半的駱駝，存活下來的則飽受飢餓的折磨，並開始啃食裝著士兵口糧的木箱。為了阻止牠們繼續啃食，俄軍每晚都必須將大約一萬九千個箱子和袋子從駱駝身上卸下，隔天早上再重新裝上，生火煮食和取暖之前，他們也必須從積雪下方想辦法找到燃料，比如從凍土之中挖掘出小灌木的根。俄軍每次紮營過夜也都必須清除大面積的積雪才能鋪上毛氈、搭起營帳，並為駱駝和馬匹準備好休息的地方。這份官方紀錄如此寫道：「士兵或哥薩克人得等到晚上八、九點才能稍事休息，卻又必須在隔天清晨兩、三點起床，再次開啟辛苦的一天。」然而，他們依然刻苦地加緊進軍。

由於積雪已經太深，因此俄軍必須想辦法清除深度及腰的雪堆才能讓駱駝和大砲通過。隨著大雪持續落下、溫度持續下探，他們的處境也變得更加艱辛，不斷考驗著他們的能力和士氣。這份官方紀錄還寫道：「在這樣寒冷的天氣裡，他們根本不可能洗衣服，也無法維持個人清潔。許多士兵在整趟征途中，不只從未更換過自己髒兮兮的內衣，甚至連鞋都沒脫下來過，全身上下都是蝨子和塵垢。」疾病也成了一個嚴重的問題：「因為壞血病而死的士兵開始變得愈來愈多。」但他們當時完成的路程還不到一半。

隨著一月即將結束，俄軍也愈來愈清楚一件事：「這場遠征正在成為一場災難。」已經有超過兩百名士兵因為生病而死，還有超過四百名士兵因為病情太嚴重而無法打仗，他們非常依賴的駱駝現在正以一天一百頭的速度死去，天氣依然在惡化當中，哥薩克偵察兵則回報前方的積雪甚至更深，幾乎不可能找到任何燃料和草料，而他們就算能繼續前進，一天可能也只能前進不到幾公里而已。一月二十九日，佩羅夫斯基將軍前往探視每一支部隊，想親自看看士兵和牲畜是否還能再行軍一個月，因為他們當時距離希瓦汗國最近一個有人居住的地區至少還需一個月的路程。他手下的幾名指揮官一致認為，如果他們想要避免災難性的後果，那麼就絕不能繼續前進，佩羅夫斯基自己看過士兵後也知道他們說的並沒有錯。

對所有人來說，那肯定是個非常令人失望、當然也非常丟臉的時刻，而對佩羅夫斯基將軍來說更是如此。俄軍的運氣實在太差，出征的時間點剛好選在這座草原上的居民記憶中有史以來最嚴寒的冬天，要是他們早一點點出發的話或許就能躲過此次寒冬，並安全抵達希瓦富饒而充滿掩護的綠洲，俄軍連敵人都沒見到，更遑論要攻打誰。一八四〇年二月一日，佩羅夫斯基將軍下令已經精疲力竭的部隊掉頭返回奧倫堡，他們花了三個月的時間才好不容易走到這裡，回程要花的時間應該也不會少到哪裡去。佩羅夫斯基盡可能地擺出勇敢的樣子，告訴他的士兵們：「同志們！我們從一開始，就必須經歷各種最艱難的挑戰，也必須度過前所未見的嚴冬。我們已經克服了這些困難，但依然沒辦法和敵人交手。」他向他們保證，勝利只是遇到了些延誤，而「我們的下一次遠征，運氣一定會比這次好。」

但佩羅夫斯基馬上就遇到一個問題：「如何在盡可能不造成更多傷亡的情況下解救他的部隊？此外，該如何做才不會讓他們顏面盡失呢？」這可是一個多世紀以來俄國第二次在出征希瓦的時候面臨挫敗和羞辱。但這份官方報告卻指出：「屈服於無法克服的自然障礙並立刻撤退，總比給予俄國卑劣的敵人任何藉口，讓他們因為幻想出來的勝利而狂喜還要好。」然而，事後證明他們撤退途中遇到的自然障礙，危險程度並沒有比他們出征時所遇到的還要低。除了積雪、暴風雪、糧食短缺和疾病外，沿途還有許多可怕的駱駝屍體正在腐爛，有些已經被狼和狐狸吃掉一半，而這幅景象也提醒他們自己正在經歷的苦難。許多狼群遠遠地就能聞到屍臭味，因此也讓部隊在夜裡紮營休息時感到非常困擾。

佩羅夫斯基試著阻止壞血病持續蔓延，卻使用了錯誤的方法：「他克服萬難，找到新鮮的肉類，因為他以為壞血病的成因就是飲食缺乏肉類而不是缺乏新鮮蔬菜。」令人難過但也不令人意外的是，這份官方報告寫道：「儘管進行了這些預防性措施，壞血病的問題不但沒有減緩，反而還變得更加嚴重。」他們把這個現象歸咎於士兵們的健康狀況本就不佳，也歸咎於他們骯髒的衣物和身體，三月一到來，天氣狀況便稍微有了好轉，這讓他們非常高興，卻也為他們帶來新的危險，那便是雪盲。許多士兵的眼睛都因為缺乏維生素好幾個月而變得非常脆弱，他們發現白雪反射的春日陽光對他們造成非常嚴重的影響，即使他們用馬鬃湊合著做成太陽眼鏡，卻依然沒有辦法減輕疼痛，而被用來當作燃料的植物嫩莖，其燃燒過後的濃煙也讓眼睛的疼痛變得更加嚴重。

整個三月和四月期間，士兵和駱駝依然在持續倒下，等最後一支部隊好不容易在五月份，也就是他們滿懷信心出發的七個月後回到奧倫堡時，他們受創的程度才開始浮現。儘管一顆子彈都沒打、希瓦的士兵也都毫髮無傷，但在出征希瓦的五千兩百名軍官和士兵裡頭，卻犧牲了超過一千人，他們原本帶了一萬頭駱駝出征，最後卻只有不到一千五百頭活著回來。俄軍沒有解救到任何一位俄國奴隸，劫掠商隊的土庫曼人也依然逍遙法外，而他們原本想要推翻的汗王也依然安穩地坐在王位上。但在奧克蘇斯河的另一邊，全世界都看到了，英國人已經成功地以足以列入教科書的專業能力完成了一項類似的任務。由於俄國人才剛在赫拉特被英國人擊敗，因此沒有什麼能比這麼快就在眾目睽睽之下，於大競逐的戰場上再次挫敗這件事還要更令俄國人難堪。此外，外界都也都清楚，俄國在高加索地區和切爾克西亞，以及和沙米勒的達格斯坦人的戰事其實並不順利。

不消說，英國和歐陸的疑俄派媒體早就已經摩拳擦掌地，在等著俄國在這三個地方的挫敗。至於聖彼得堡的報紙，則是試圖合理化進攻希瓦的行動，對外國媒體的譴責做出駁斥，並指控那些編輯是偽善之徒。俄國人主張，英國人自己也在沒什麼正當理由的情況下佔領了印度、緬甸大部分地區、好望角、直布羅陀、馬爾他，現在還想要佔領阿富汗，而法國人則併吞了整個阿爾及利亞，藉口竟然是穆斯林統治者羞辱了法國領事。關於出征希瓦的那份官方報告指出：「阿爾及利亞貝伊（bey，譯按：泛稱鄂圖曼帝國各行省執政者）的罪惡和希瓦汗王相比根本不算什麼。多年來，他們的危害、暴行、劫掠，以及將數千名沙皇子民作為奴隸的行為，都在測試著俄國人的耐心。」提及這場出征的失敗時，這份報告的匿名作者宣稱，他希望那將會向世界證明：「任何想要征服該地區的想法都是不可行的——就算這個可行性曾經存在」，而且也將永遠終結外界對於俄國的東方政策的這種「錯誤詮釋」。

即使俄國要再過三十年才會再次出兵希瓦，但這種說法當然無法阻止外界進行詮釋，外界此時對俄國的猜疑和誤解已經高漲到難以阻止的程度。不論在英國或印度都很少有人願意理解，俄聖彼得堡之所以會突然對希瓦採取行動，其實主要是被英國自己在阿富汗的前進政策所驅動的。反俄宣傳正在如火如荼進行中，從俄國回來的英國人都堅稱，尼古拉沙皇正企圖統治全世界，羅伯特·布倫默（Robert Bremmer）在其於一八三九年出版的《俄國內陸遊記》（*Excursions in the Interior of Russia*）中警告，尼古拉只是在等待最適當的時機出擊而已：「等到波蘭情勢穩定下來、切爾克西亞被征服，以及俄國內部的派系之爭和緩之後，他就會開始發動攻勢，這點毫無疑問。」另一位去過俄國的英國人湯瑪斯·

萊克斯（Thomas Raikes）則是在一八三八年寫過一些文章，讓人們注意到俄國快速擴張的軍事和海上實力可能會帶來哪些威脅，他還預測英國和俄國之間很快就會發生戰爭。

抱持這種觀點的不只是英國人而已，奎斯汀侯爵（Marquis de Custine）這位知名的法國時事觀察家，曾在一八三九年前往俄國遊歷，在回國後對於聖彼得堡的野心也有相同的預感。他在《一八三九年的俄國》（*La Russe en 1839*）裡警告道：「他們希望透過征服的方式統治整個世界，他們有意以武力方式佔領他們能取得的國家，然後再以恐懼來壓迫世界上的其他地方。他們夢想著擴張權力……如果上帝真的願意如此的話，那將會是這個世界的不幸。」時至今日，克里姆林學者（Kremlinologist，譯按：亦即研究俄國或蘇聯的學者）依然會引用該書。

英國媒體也大多都有這種厄運臨頭的感覺，就在俄國出征希瓦的結果出爐不久前，《泰晤士報》有篇社論才宣稱：「俄國人已經幾乎控制中亞北部的所有王國……他們現在取得了內陸交通的重要路線，這條路線曾經讓薩瑪爾罕，以及現在的布哈拉成為首屈一指的商貿重鎮，而……在橫越廣袤而可畏的沙漠之後，他們現在已經準備好或者正在準備，對更富饒的印度斯坦地區發動攻擊。」這篇社論還責怪巴麥尊，表示俄國人之所以會懷抱此等夢想就是巴麥尊助長的，因為他之前未能堅決地對付俄國；不過，社論也堅信當雙方無可避免的發生衝突時，英國的武力依然能佔上風。即使是俄國人兼併希瓦慘敗、被迫回到出發地的消息傳到英國後，也未能軟化《泰晤士報》的立場。雖然聖彼得堡堅稱他們不會再次出征，又說他們在目標達成後本來就會撤軍，但外界一般還是認為俄國人遲早會小心挑選一個更適當的時節，再發動一次更大規模的入侵行動。

另一份非常有影響力的期刊《外交評論季刊》（*Foreign Quarterly Review*），原本一向都頗為克制，此時也加入反俄行列，提醒讀者聖彼得堡正在亞洲和歐洲造成的「嚴峻危害」：「俄國悄然、但令人不安的擴張行為，正在向四面八方擴散，而他們的這種行動，現在也顯而易見，我們不知道還有哪個歐洲或亞洲強權是他們不想入侵的。可憐的土耳其已經幾乎落入他們的控制，希臘也是。雖然切爾克西亞目前擋住俄國的入侵，但如果沒有人伸出援手，他們最後的命運依然會跟波蘭一樣。波斯已經加入俄國的陣營，至於印度和中國顯然就是他們接下來的目標。普魯士和奧地利必須保持警戒，甚至法國也在密集觀察，希望不得人心的奧爾良王朝能推出王位的人選，比如路易．拿破崙王子（Prince Louis Napoleon）。」

當詹姆斯．亞伯特於一八四〇年一月底前往希瓦的時候，英俄雙方的關係就是處在上述這樣的低點，但他並不知道這點，他甚至不知道俄國出兵希瓦的行動慘遭挫敗，因此在這場競賽中，他其實已經獲勝了。然而，他很快就會發現自己在這個穆斯林據點所受到的待遇，也絕對不會好到哪裡去。

第十七章 解放奴隸

亞伯特中尉在騎馬穿越希瓦的城門前，先將自己偽裝成阿富汗人的裝束脫下，然後換上英國的制服，他發現希瓦已經開始流傳一些討論他前來目的的流言。其中一則傳言說他其實是一位俄國間諜，只是假裝成英國人，被佩羅夫斯基將軍派來偵查希瓦的防禦狀況。亞伯特不久前也才剛得知一個令他非常不安的消息：「有兩位神秘的歐洲人自稱是英國人，但汗王懷疑他們是俄國人，於是便用燒得火紅的尖銳鐵桿刑求、逼供他們。他們後來就範招供，接著被劃破喉嚨。為了殺雞儆猴，他們的遺體還被丟進沙漠裡示眾。」亞伯特抵達希瓦時，希瓦正好遭遇俄軍的嚴重威脅，再加上他也說自己是英國人，因此會在當地遭到強烈懷疑其實一點也不令人意外。

更糟的是，即使是汗王本人也一直搞不清楚到底誰才是真正的英國人，直到埃爾德雷德．波廷格在赫拉特保衛戰中扮演的角色和消息傳到希瓦前，幾乎沒有哪名希瓦人聽過英國人。那裡沒有來自英國的奴隸，在他們的印象裡，英國人也從來沒有拜訪過希瓦，很多人以為英國不過是隸屬於俄國的一個部族，或是俄國的某個附庸國罷了。甚至還有傳言指出，英國人在成功取得喀布爾後，曾和當時正在進軍希瓦的俄國人提議要聯手瓜分整個中亞地區。由於有這些古怪的傳言，亞伯特似乎確實不太可能說服希瓦人釋放俄國奴隸好換取俄國人撤兵。看起來他更有可能和那兩位不幸的「英國人」一樣慘遭割喉，或是像史多達特上校在隔壁的布哈拉那樣被丟進地牢裡。

不過對自己的安危感到焦慮的不只亞伯特而已，汗王自己也是，他相信俄國人當時仍在往他的首都進軍，據說帶來了十萬名士兵，因此正設法從四面八方求援。儘管汗王非常擔心亞伯特其實是名間諜，但最後還是接待了他，並同意考慮他的提議，不過也因此必須費盡心力確保他不會看到太多希瓦的城防。亞伯特在和汗王第一次見面時就拿出英國的國書，以及他當時駐赫拉特的上司托德少校的信件。亞伯特不安地意識到，這些證明根本就不夠，他後來寫道：「我是在長官臨時起意的情況下被派遣該任務的，連印度政府首長的憑證都沒有。」汗王對於托德的信件內容顯然非常失望，因為他原本希望亞伯特是被派來為他提供立即的軍事支援，而非只是來表達善意而已，亞伯特向他解釋道，這麼重要的決策無法由陶德上校進行，只有倫敦的英國政府才有權力決定。這個決策需要一些時間，但俄國人很快就要殺到門口了，想要阻止俄國入侵只有一個方法可以做到，那便是汗王必須交出手上的所有俄國奴隸，如此便可消除沙皇入侵希瓦的藉口。

亞伯特提議，可以讓他親自帶著奴隸（或是只帶一部分奴隸當作象徵）向北前進、和俄國人會面，並由他代替汗王和俄國人協商。然而，一直以來都工於心計的汗王卻對於這個提議抱有疑慮；畢竟，雖然汗王並沒有這樣說，但這位剛出現的英國人也很有可能其實早和俄國人串通好了。為此，汗王決定謹慎行事，隨即問道，亞伯特要如何避免俄國人把他和奴隸都抓起來，然後繼續向希瓦進軍呢？於是亞伯特只能承認，他確實沒有辦法保證這個方法能夠奏效，汗王接著又問道，如果倫敦和聖彼得堡在亞洲是彼此的敵人，那麼亞伯特難道不擔心自己會被俄國人殺害嗎？亞伯特解釋道，雖然英國不希望看到希瓦被俄國佔領，但英俄兩國當時並不處於交戰狀態，而且雙方都派有大使駐於對方首都。亞伯特還說，俄國人非常敬畏英國的軍事和政治實力，因此不會冒險騷擾英國子民，汗王則指出俄國人不會尊重英國大使，只會逮捕他們，他自己的兄弟就被俄國逮補過。亞伯特聽後解釋道，這種現象只會出現在別人顯然無法報復的情況下，但倫敦和聖彼得堡之間的距離並不遠，而且「英國在海上和軍事上的實力也非常強大，不是他們可以小看的。」

當汗王正在考慮亞伯特的提議時，他們又討論起其他的主題，亞伯特很快便發現這位汗王並不清楚自己的小國，實力和英國、俄國差距有多大。汗王問到：「俄國有多少大砲？」，亞伯特於是回覆自己並不確定，只知道數量肯定很多，汗王驕傲地表示：「我有二十座大砲。」接著汗王又問：「英國的女王又有多少大砲呢？」於是亞伯特解釋道，女王擁有的大砲多不勝數，所以很難有確切的數字：「海洋上到處都是英國的船艦，每艘都載有二十到一百二十座最大型的大砲。」、「她的堡壘裡也滿是大砲，每個軍械庫裡都有數千座，我們擁有的大砲比世界上任何一個國家都還要多。」

汗王問道：「那麼，你們的砲兵發射大砲的速度有多快呢？」

亞伯特回道：「我們的砲兵一分鐘可以發射大約七次。」

汗王問道：「俄國人一分鐘可以發射十二次。」

亞伯特回道：「陛下接收到的資訊有誤，我自己就是砲兵，我知道一分鐘發射十二次是不可能的事。」

汗王堅稱：「但波斯大使和我確認了這件事。」

亞伯特解釋道：「這樣的話，就是他收到的資訊有誤，這個世界上沒有比英國砲兵更厲害的砲兵，但我們也從來不會在一分鐘內發射超過四次大砲。如果沒有重新瞄準目標，我們是不會隨意發砲的。我們在意的不是發射的次數，而是砲彈發揮作用的次數。」

然而，希瓦人從未見過現代大砲是如何運作的，因此也無從想像現代大砲對土製堡壘或騎兵的殺傷力。汗王手下的一些大臣，似乎還非常有自信，能在佩羅夫斯基的軍隊壓境時擊敗他們。亞伯特指出，如果幾乎擁有無盡資源的俄國人，沒有辦法在第一次就解放奴隸的話，他們只會帶更強大的軍力回來，希瓦人無論多麼勇敢迎戰都絕無可能擊敗他們。汗王的首席大臣聽後回覆道：「如果我們是因為和異教徒奮戰而陣亡的話，就能直接上天堂了。」亞波特聽後一時間也不知該如何回覆，接著問他們：「那你們的女人呢？你們的妻女會在俄國士兵的懷裡上哪個天堂呢？」現場的大臣們想到這個可怕的可能性都陷入一陣沈默。亞伯特開始覺得，他似乎正讓希瓦汗王與官員逐漸相信，解救希瓦的唯一辦法便是釋放那些俄國奴隸，並讓他成為希瓦和俄國的調停人。但事情可沒這麼容易，亞伯特還有很長一段路要走，而且與此同時，他也發現自己正陷入一場永無止盡的問答中，因為汗王和其他官員都在不斷地向他提出問題——所有拜訪過穆斯林國家的英國軍官，對他們提出的問題大概都不會感到陌生。比方說，由一個女性來擔任統治者的概念，便總會讓他們感到驚奇和有趣。

希瓦朝臣向亞伯特問道：「你們的國王，真的是個女人？」

亞伯特回道：「是的。」

希瓦朝臣向亞伯特問道：「那她結婚了嗎？」

亞伯特回道：「還沒，她還非常年輕。」

希瓦朝臣向亞伯特問道：「如果她結婚的話，她的丈夫就會變成國王嗎？」

亞伯特回道：「絕對不會的，他在我們國家裡不會有任何權力。」

希瓦朝臣向亞伯特問道：「你的國王擁有幾個城鎮呢？」

亞伯特回道：「數量實在太多，數不清了。」

就這樣，亞伯特與希瓦朝臣持續進行著類似的問答：「國王的大臣全都由女人擔任嗎？」、「英國人只會選女人當國王嗎？」、「英國人真的有望遠鏡這種東西，可以看穿堡壘的城牆？」、「英國的冬天和希瓦一樣冷嗎？」、「他們吃豬肉嗎？」、「英國人真的攻下巴爾赫了嗎？」、「俄國比英國還要大很多嗎？」關於最後一個問題，由於事涉重大，亞伯特覺得自己有必要多說明一些，他告訴希瓦朝臣：「英國和俄國在德黑蘭的使節，曾經針對此一問題打賭過，而他們在經過謹慎的調查後，發現英國的領土更大一些。」他繼續說道，維多利亞女王「絕對擁有更多領土，統治的人民也大約是俄國的五倍，至於稅收，也是俄國的好幾倍。」但除了陸地上的帝國外，她還有海上的帝國，只要翻開地圖，就能知道地球上的海域面積是陸地面積的三倍左右，「凡是有海洋的地方，我的女王就沒有敵手。」

此時希瓦人已經得知佩羅夫斯基將軍的軍隊因為草原上惡劣的天氣而不再進軍了，但他們似乎還不知道俄國人正努力撤回奧倫堡，希瓦人當時以為一旦天氣好轉，俄軍就會繼續向希瓦前進。希瓦人在歷經多日討論、對亞伯特的提議不置可否後，終於又再一次將亞伯特召入宮中，他們告訴亞伯特，決定接受他的提議。亞伯特將可帶著幾名俄國奴隸象徵希瓦人的善意，直接前往聖彼得堡，而不是前往佩羅夫斯基的大本營，他可以代表汗王在聖彼得堡協商返還其餘奴隸的事宜。如果沙皇同意放棄對希瓦出兵，並釋放被關在奧倫堡的希瓦人質，那麼剩餘的俄國奴隸也都將獲得釋放。亞伯特會獲得一份來自汗王的信件，裡頭會陳述這些條款，而他則會親自將這份信件交給尼古拉沙皇。

進行這項任務，已經大幅超過了陶德少校對他下達的指示；他原本的任務，只是要嘗試說服汗王釋放俄國奴隸，希望這樣能阻止希瓦落入俄國人的手中。外界後來才知道，原來亞伯特逾越了自己的權限，和汗王討論了由他和英國簽訂條約的可能性。不過持平而論，當時的他，本來就沒有辦法從上級獲得進一步的指示。除了距離遙遠之外，他很快也會發現，自己送去給陶德的急件後來被起疑心的汗王給攔截了。於是亞伯特決定冒著英國政府政府可能會不滿的風險，在心裡盤算，只要他能永遠消除希瓦所受到的威脅（就像波廷格之前擅自在赫拉特行動、參與守城），英國政府就不會多說什麼。此外，從希瓦前往聖彼得堡的路上，也會穿過大競逐國家的核心地帶，能為他提供難得的探險機會。

雖然亞伯特似乎平息了希瓦人之前懷疑他是俄國間諜的疑慮，但汗王依然不願冒任何風險。為了預防自己被騙，汗王急欲尋找人質代替即將離開的亞伯特，於是他假裝好心地提議，要將史多達特上校從鄰近的布哈拉汗國救出，而當時希瓦汗王正好也和布哈拉有些不合，他宣稱得知史多達特每天會被放出牢房透透氣，汗王計畫派出一小批人騎馬過去，試試能否直接在守衛面前將史多達特救出。但亞伯特不只覺得汗王想救出史多達特的動機很可疑，也懷疑他提供的資訊是否準確。雖然亞伯特非常希望看到同胞能重獲自由，但他也強烈反對這個解救計畫，因為一旦埃米爾事先得知此計畫，便可能會立即處死史多達特。於是汗王放棄了此一想法，但他和大臣們還是很害怕受騙上當，於是在最後一刻收回承諾，不願意讓亞伯特帶著俄國奴隸一起出發。最後，亞伯特於一八四〇年三月七日在一小群希瓦人的護送下啟程，準備橫越沙漠前往大約八百公里外、位於裏海畔的亞歷山德羅夫斯克堡（Fort Alexandrovsk），亦即距離他們最近的俄國據點，然後再繼續前往沙皇位於聖彼得堡的皇宮。

與此同時，由於亞伯特自從抵達希瓦後便音訊全無，陶德甚至擔心他可能已遭遇不測，因此決定派出第二位軍官前往希瓦瞭解到底發生了什麼事，並試著繼續說服汗王釋放俄國奴隸，因為他認為亞伯特似乎沒有完成這項任務。陶德最後決定的人選是當時二十八歲的里奇蒙．莎士比爾中尉（Lieutenant Richmond Shakespear），這位能力不錯、很有企圖心的職業軍官，是小說家薩克萊（Thackeray）的表弟。莎士比爾不像柯諾利或亞伯特那樣肩負傳福音的使命，也不在乎是否能將基督教文明的好處引進中亞地區，他更在意的是如何阻擋俄國人的入侵——當然，還有如何讓自己在軍隊中高升。莎士比爾向自己的姊姊寫道：「獲取榮耀的機會如此之大，而危險又如此微不足道，鵪鶉的心，都因為光明的前景而飛揚了起來。」

莎士比爾換上當地人的服裝，並在十一名精心挑選的赫拉特人（其中有七人是武裝騎兵）的陪伴之下，於五月十五日啟程前往希瓦。離開赫拉特四天後，他們遇見了一位來自北方的騎士，他和莎士比爾一行人說了一個離奇的消息。他堅稱亞伯特已經抵達聖彼得堡，而且不只在那裡和俄國人協商撤軍，還說服沙皇拆除他位於裏海東岸的所有堡壘。如果這個消息是真的，那麼莎士比爾顯然就沒有必要繼續前進了。但莎士比爾並不相信這個傳聞，而且他本來就並不打算放棄這個冒險的機會，他在日記中寫道：「我才不相信」、「不論發生什麼事，我都會繼續前往希瓦。」確實，莎士比爾看不到任何證據顯示那些奴隸商的劫掠活動有趨緩的跡象，因為就在當天，他們才剛遇上一個土庫曼的商隊正帶著幾名剛抓到的受害者準備往北前往希瓦的市集。他觀察到那些受害者一共有十人，「其中兩名是女性，其他則都是男孩子——都還只是孩子啊。」雖然莎士比爾團隊擁有精良的武器，人數也比那個土庫曼人商隊多，但他覺得自己不能出手介入。莎士比爾後來解釋道，一旦介入便可能摧毀完成任務的希望，也就沒辦法終止「這種可惡的交易行為」。此外他還提到：「就算我能救出那些可憐的孩子，他們也很快就會再被別人綁走。」於是他只告誡那些看起來有些驚訝的奴隸商，告訴他們這種行為是非常可惡的，而莎士比爾一行人也不斷地咒罵他們。

就在安全地經過梅爾夫這座古老的商貿城鎮後，莎士比爾一行人進入了沙漠中最危險的路段，而在沙漠的另一端就是奧克蘇斯河。即使是在白天，他們也很難緊跟著路線，因為風沙很快便會掩蓋掉前面商隊留下的蹤跡，他們僅存的線索就是動物的骨骸以及偶爾出現的駱駝屍骨，因為有些體貼的旅人會將駱駝屍骨放在路線旁的荊棘叢上，不過就算是夜裡，他們年輕的響導也能在一片漆黑中找到路線。莎士比爾記錄道：「他向我指出了道路，雖然我下了馬努力嘗試辨識，卻依然看不出個所以然來。」白天裡的氣溫非常高，而他也非常害怕無法找到下一口井，「萬一響導有任何閃失，或者如果他沒那麼聰明的話，我們就必死無疑了。」

三天後，莎士比爾一行人度過最艱難的路段，並在不久後抵達奧克蘇斯河河岸，從那裡到希瓦大約只需一百多公里，最後他們在六月十二日抵達希瓦。莎士比爾一行人在不到一個月的時間裡，便走了大約一千一百公里，花的時間比亞伯特少了一到兩天。莎士比爾在希瓦得知亞伯特出發前往聖彼得堡後，所遭遇的不幸事件：「亞伯特被自己的響導背叛了，因而在沙漠裡遇到劫掠者的攻擊，亞伯特不只自己受傷，攜帶的物品也被搶光，最後還遭到俘虜，而其他人則是被帶去賣掉了。幸好，像是奇蹟一般地，陶德派出一位信使在他之後前來，還帶著錢和信件追上他。那位信使發現，原來抓住亞伯特的人在名義上仍是希瓦汗王的子民，於是便警告他們如果該行為被首都裡的人知道，下場將會不堪設想。那些人在得知亞伯特帶了一封汗王的信、要送去給俄國沙皇後，也變得更加緊張，擔心沙皇會因此懲罰他們，於是很快便釋放了亞伯特，並歸還他的馬匹、制服和其他物品。」

現在亞伯特要繼續前往亞歷山德羅夫斯克這座位於裏海邊上的小小堡壘了，他希望能在那裡治療自己的傷，然後再繼續前往聖彼得堡。但當時有個傳言傳到亞歷山德羅夫斯克，表示亞伯特帶領一萬大軍準備前往攻打他們，於是他們一開始還拒絕讓亞伯特進入。不過等他們瞭解亞伯特的身分，並得知其身上負傷之後便立刻打開城門，而俄國的指揮官和他美豔動人的妻子也前去歡迎亞伯特到來，那位指揮官的妻子還找人悉心照料亞伯特的傷口。等恢復的差不多後，亞伯特便帶著要給沙皇的信啟程前往奧倫堡，接著繼續往聖彼得堡前進。但當時莎士比爾還在遙遠的希瓦根本無法得知這一切，甚至連亞伯特的生死都不清楚。不過有件事情他是確定的，亞伯特顯然未能說服汗王釋放俄國奴隸，對於企圖心強烈的莎士比爾來說，他的機會來了。

抵達希瓦的晚上，莎士比爾就被汗王召見了，他記錄道：「陛下親切地接見了我。」莎士比爾與汗王似乎從一開始便一拍即合。莎士比爾對於汗王不虛華做作的個性留下深刻的印象，他寫道：「他的王宮裡沒有什麼誇張華麗的東西、沒有任何守衛，我也沒有看到任何像珠寶的東西。」根據當時的文獻記載，身材高大、個性外向的莎士比爾，是名長相英俊、威風凜凜的男子，對汗王來說莎士比爾似乎比害羞、誠摯的亞伯特更吸引人，從他達成的結果來看，事實應該也相去不遠。事實上，莎士比爾當時前去說服汗王釋放俄國奴隸的時間點並不算特別好，因為俄國人在北方雪地裡遭遇的挫敗，當時已傳到希瓦的首都裡，而當時的希瓦人也正為這場他們所謂的關鍵勝利感到欣喜若狂。但私底下汗王其實不太確定是否應該感到高興，因為他對於俄國人下一步可能採取的行動依然感到非常憂慮。亞伯特曾警告過他，就算俄國人這次失敗了，也還是會帶著更強大的兵力回來，這個說法確實也讓他不無憂慮，讓莎士比爾的說服工作變得容易許多。

莎士比爾並沒有在對這場任務的記錄裡，描述太多和汗王協商的細節，也沒有詳述是使用了哪些論點才成功說服汗王的，但和亞伯特一樣，事情後來的發展也透露出一件事：「他大幅逾越了自己的權限，拋出讓英國和希瓦簽署條約的誘餌。」這不是第一次也不會是最後一次，來自大競逐雙方的參與者為了取得優勢贏過對手而試圖假借自己政府的名義行事。不論莎士比爾為了說服汗王而提出了什麼誘因，汗王確實逐漸接受了他的論點：「面對俄國人的憤怒，若要保護自己，最好的方法就是釋放所有奴隸。」到了八月三日，莎士比爾以勝利者的語氣在日記中記錄道：「汗王……已經把所有俄國奴隸都交給了我，由我帶領他們前往裏海東岸的一座俄國堡壘。」

為此，汗王借給莎士比爾首都外的一座花園，而他則立即在那裡設立指揮部，希瓦官員將奴隸聚集起來後，會送到那邊進行登記。到了隔天，他已經登記超過三百名男性、十八名女性，以及十一位孩童。他發現男性奴隸平均在希瓦待了十年，而女性則是十七年。他還觀察到：「除了一個人之外，其他所有人的健康狀況都很好。」大部分男人都是在裏海捕魚的時候被擄走的，而女人則是在奧倫堡附近被抓到的。莎士比爾當晚記錄道：「他們似乎都是可憐人，也很感激我，整體來說這是我此生執行過最愉快的任務。」但還有很多問題在等著他，雖然汗王下令所有俄國奴隸都前去找莎士比爾進行登記，但那些花費巨額才買到奴隸的人卻顯然不太願意配合。畢竟，莎士比爾當時記錄道，一個健康結實的男性奴隸可以賣到二十英鎊甚至更高的價格，相當於四頭純種的駱駝，有些已經被釋放的奴隸則告訴他，還有些同胞依然無法脫身。

比如有兩名年輕的孩子便是如此，他們的母親剛剛獲釋，接著焦急地把孩子的消息告訴莎士比爾。那兩名孩子一名是九歲的女孩，另一名則是女孩的弟弟，當時都在汗王王宮裡侍奉一位有權有勢的女人，但那女人並不願意放他們走。經過協商後，女人終於同意釋放男孩，但堅持女孩必須留下。聽到這個結果後，那位煩惱的母親便告訴莎士比爾，如果她的孩子走不了，那麼她也寧願留在這裡繼續當奴隸。莎士比爾寫道：「她接著對我奚落了一番，說我明明就答應了她，要讓她的孩子重獲自由。」對此莎士比爾實在無法忍受，於是便騎馬前往汗王王宮。首席大臣見狀後緊張地問，為何他在沒有事先通知的情況下便如此唐突前來拜訪，不過莎士比爾當時認為，「先讓他搞不清楚狀況」應該會比較好，他心裡清楚如果馬上要求釋放女孩的話，可能會讓整起行動付諸流水。在這個敏感的問題上，他必須直接當面和汗王溝通，而不能透過中間人幫忙傳話。

等汗王召見他後，莎士比爾便立刻提出要求，希望那位女孩可以和她的母親一起離開。汗王聽後向他保證，那名女孩並不希望離開宮中舒適的環境，但莎士比爾堅持道，那名女孩的年紀還太輕，不知道自己在想什麼。汗王先是躊躇了一會兒，接著有些不悅地轉頭對首席大臣下令：「把那孩子交給他。」不久過後，他們便將那名女孩交到莎士比爾手上，當天晚上他在自己的日記裡寫道：「我很少看到這麼漂亮的小孩。」很顯然地，女孩原本是要進入汗王後宮的。當女孩看見穿著當地服裝的莎士比爾時，還以為他是奴隸商，於是馬上尖叫了起來，並發誓自己絕對不會跟他走。好在當時莎士比爾身旁正好有名女孩認識、信任的人，因此他們最後還是說服了女孩，將她送上馬背，讓她坐在那人的身後離開。隔天一早，那位母親便帶著兩名孩子前去和莎士比爾致謝。

然而，事情依然還沒結束，經過統計後還有二十多名俄國人沒有被釋放，於是莎士比爾只好再次向汗王進行抗議，說有人違抗他的命令。莎士比爾將已知依然未被釋放的名單交給汗王，還說如果他無法把所有俄國人帶走，就要取消整起行動。莎士比爾指出，只要有沙皇的子民還留在希瓦人的領土上，俄國人就會以此為藉口入侵他們。莎士比爾記錄道：「陛下對於我的直言不諱感到非常訝異，於是用震怒的語氣對著大臣們下令。」汗王宣布任何被發現不願釋放俄國奴隸的人都會遭到處死。於是到了隔天，又有十七名俄國人被交給莎士比爾，但還是有些奴隸沒有被釋放，下落不明的奴隸此時只剩四名，又過了一陣子後，終於只剩下一名。有天，有人前來和莎士比爾見面，他是那名下落不明的奴隸居住村子的頭人，他當時對著《古蘭經》發誓，那名下落不明的奴隸早就已經死了。但奴隸的父親（同樣也是奴隸）卻堅稱自己的兒子還活著，只是遭他們強行扣押，於是他們便對那個村子進行徹底的搜查，最後發現那名俄國人就躲在一個穀倉下的地窖裡。

八月十五日，亦即莎士比爾抵達希瓦後兩個月，他們一行人終於準備好離開希瓦，踏上約八百公里的旅程橫越沙漠，前往位於裏海畔的亞歷山德羅夫斯克堡。和莎士比爾一起出發的除了那些恢復自由的奴隸（一共有四百一十六名奴隸）外，還有汗王提供的武裝護衛隊。雖然汗王已經下令，從即刻起，擄走俄國人的行為將會遭受死刑懲罰，但莎士比爾也不希望奴隸再次落入難以控制的土庫曼人手裡。亞伯特一行人幾個月前在這條路上差點遇難這件事，也提醒他們必須要有武裝的保護，而且必須提高警覺。

當他們的車隊從希瓦啟程時，當時的場面一定非常壯觀：「平原一片遼闊，駱駝扎堆成群前進，小孩和女人們坐在駱駝背上的籃子裡又笑又唱的，而男人則跟在一旁艱難地步行——所有人心裡都正數著，再過幾天他們就能和自己的同胞團圓了。」莎士比爾當時肯定非常高興，因為他只憑一己之力就達成一支重裝配備的俄國軍隊所無法完成的任務，讓俄國人顯得顏面盡失。莎士比爾和強大的汗王交涉時，所呈現出來的勇敢和率直雖然非常冒險，卻也讓他完成亞伯特未能完成的任務。莎士比爾觀察道：「看到這些可憐的奴隸能被釋放，土庫曼人都非常的訝異，而我則謙卑地希望，這件事能在這個國家的歷史上開創出嶄新的時代，而英國人的名字也將可以因為終結這種不人道的交易行為，以及為土庫曼人這個中亞地區幾世紀以來的大患帶來文明，而被光榮地記住。」但他似乎忘記希瓦依然擁有人數更多的波斯奴隸（雖然價值可能不如俄國奴隸），而汗王也顯然並沒有忘記這點。

當車隊逐漸接近俄國人在亞歷山德羅夫斯克的堡壘時，莎士比爾先派出其中一位剛獲得自由身的奴隸帶著用英文寫的信過去，提醒那裡的指揮官他們即將抵達。起初，和亞伯特幾個月前的情況一樣，堡壘裡的俄國人對這位同胞抱持高度懷疑，顯然擔心這是個陷阱。他們也不太能夠理解莎士比爾寫的信，莎士比爾記錄道，汗王釋放所有俄國奴隸的消息對他們來說實在「太難以置信」。堡壘裡的俄國人花了一整晚的時間才終於克服心裡的疑慮，不過擔心受騙上當的也不有俄國人而已。當車隊進入距離堡壘約十公里的範圍時，負責護送他們、照料駱駝的希瓦人也拒絕繼續前進，因為他們害怕自己會被俄國士兵俘虜，希瓦人表示他們已經陪車隊走了這麼遠，已經超出汗王對他們的指示。但對一些年紀較小的孩子來說，剩下的路途還是太遠，而且很多大人也沒辦法獨力搬運他們帶來的東西。於是那些負責照料駱駝的希瓦人雖然備感不安，但最後還是同意提供二十頭駱駝讓莎士比爾一行人完成最後一段路，而他們則會隔著一段安全的距離等莎士比爾等人回來。

就這樣，那些俄國奴隸終於抵達亞歷山德羅夫斯克，正式獲得自由，莎士比爾觀察道，俄國人接待那些奴隸的場景簡直可以被畫成一幅偉大的畫作：「那位尊貴的指揮官感激得不能自已。」針對那些重獲自由的奴隸，他甚至還開了一張官方收據給莎士比爾，並在上面潦草地寫道：「他們想向您表達，他們全都非常地感激您，您就是他們的父親和恩人。」當天晚上，莎士比爾寫了一封信給自己的姊姊，想將這個消息告訴給她，在信裡洋洋得意地宣稱：「我連一隻馬或駱駝都沒有犧牲。」隔天晚上，俄國人為莎士比爾設了一場宴席，他們在席間對彼此敬酒，祝福維多利亞女王和尼古拉沙皇，也祝福他們的英國貴客健康長壽。莎士比爾帶來的隨從倒是對鳴放禮砲和這場宴席感到有些擔心，至於飲酒就更不用說了。這也難怪，因為莎士比爾的手下們全都是虔誠的穆斯林，他們對於自己在亞歷山德羅夫斯克初次見到的某些異教徒習俗也確實都感到很難適應。

他們抵達後某天，其中一名隨從曾苦惱地前去找莎士比爾，表示看到俄國士兵正在餵他們養的狗吃東西，但對穆斯林來說，狗是一種不潔的動物，他甚至以為，俄國士兵把狗養肥後便會殺來吃。該名隨從還告訴莎士比爾：「那裡還有名女人，臉和脖子都暴露了出來。」並接著說道，更糟的是那名女人的小腿還露了出來，「我連她的膝蓋都看到了！」此外，該名隨從與其同伴還看到要塞裡的禮拜堂並驚呼：「他們居然在崇拜偶像。」、「我親眼看到的，我們所有人都看到了。」他嘴裡不斷唸著「罪過啊……罪過啊」，並求莎士比爾讓他儘早啟程，與要送回赫拉特給陶德的信件一起回去。隔天，莎士比爾一行人在友誼長存的誓詞中，踏上返家的漫長旅程，莎士比爾在日記中寫道：「從沒遇過這麼好的隨從。」

莎士比爾一行人先是乘船前往更靠北邊一點的海岸，再從那裡走陸路前往奧倫堡。抵達奧倫堡後，莎士比爾先是刮掉自己的鬍子，並換上歐洲人的服裝，接著接受佩羅夫斯基將軍的熱情接待。佩羅夫斯基真摯地向他道謝，並立刻下令釋放被扣留在奧倫堡和阿斯特拉罕的六百名希瓦人。莎士比爾當然不會錯過這個好機會，開始仔細觀察俄國人是否正準備對希瓦進行第二次出兵的跡象。讓他鬆了一口氣的是，他並沒有看見任何類似的跡象，不過接待他的俄國人也都小心翼翼地確保他在奧倫堡期間，無法觀察到太多具有軍事價值的事物。一八四〇年十一月三日，亦即莎士比爾從赫拉特出發執行這起任務六個月後，成功抵達聖彼得堡。當時莎士比爾正在前往倫敦的路上，順路經過了聖彼得堡，他在那裡受到尼古拉沙皇的正式歡迎，而沙皇也對他甘冒生命危險、從異教徒手中解救出這麼多俄國人民一事正式地表達謝意。但在宮裡的眾人都知道，沙皇私底下對這位年輕的英國軍官主動出手營救在希瓦的俄國奴隸，以及這起在當時廣而周知的行動，其實都感到非常憤怒。因為一如莎士比爾的長官所期待的，這場行動確實消除了聖彼得堡本可用以再次出兵希瓦的藉口，而在英國和俄國的戰略家眼裡，希瓦就是通往印度其中一個最重要的墊腳石。

毫不令人意外地，不論是在沙皇時期或蘇聯時期，俄國歷史學家都忽略亞伯特和莎士比爾在解放希瓦奴隸過程中扮演的角色。他們認為汗王之所以釋放俄國奴隸，主要是因為對俄國軍事實力日漸忌憚，以及在得知俄國第一次對希瓦出兵時過於害怕所致。不過俄國歷史學家針對亞伯特和莎士比爾這兩人，還是有不少微詞，他們宣稱這兩人都是被派往中亞地區的英國間諜，他們背後更大的計畫其實是要讓英國取代俄國稱霸整個中亞地區，並摧毀俄國的影響力。根據哈爾芬（N. A. Khalfin）這位研究大競逐時代的重要蘇聯專家，赫拉特這座阿富汗城鎮在當時就是「英國特務的巢穴」，他主張赫拉特本就是「英國寬廣的軍事—政治情報網、以及英國特務聯絡系統」的控制點。這種說法當然帶有幾分真實，不過英國人在中亞地區的組織程度，實際上遠不如哈爾芬以為的那樣高，麥克諾滕、本恩斯、陶德和其他官員如果知道這位俄國專家認為他們扮演著全知的角色、對一切瞭若指掌，大概會感到非常驚訝，甚至還會覺得是種恭維。

哈爾芬宣稱，莎士比爾和之前的亞伯特一樣，都被派往希瓦進行勘查，而他們勘查的對象，便是從亞歷山德羅夫斯克到奧倫堡間，俄國邊境上的路線和堡壘。他宣稱：「莎士比爾為了從希瓦進入俄國，於是找了藉口說自己『有必要』陪同那些俄國奴隸。當時希瓦政府在俄國的壓力下，不得不釋放那些奴隸，而莎士比爾卻利用了這點和他們一起上路，還說自己就是解救他們的人。」為了能夠前往奧倫堡此一「任務的終點」，莎士比爾和之前的亞伯特一樣，都標榜自己是希瓦人和俄國人間的調停人。佩羅夫斯基將軍知道這兩名軍官都是間諜，因此對他們進行了嚴密的監控，直到他們安全離開俄國為止。

哈爾芬還進一步指控，英國人甚至在奧倫堡裡也佈有間諜網，他告訴我們這個間諜網的中樞就位在「英國和外國聖經協會」（British and Foreign Bible Society）位於奧倫堡的傳教站裡，這個協會後來在一八一四年改名為俄國聖經協會（Russian Bible Society）。哈爾芬引用早前一位歷史學家的說法，指出此一協會設立的目的便是進行諜報活動，並和希瓦以及布哈拉建立關係，如果可能的話，還希望讓這兩國的立場轉為反俄。哈爾芬宣稱，莎士比爾接獲了命令，要和這個傳教據點的傳教士進行聯繫，同時還說，沙士比爾和上司似乎並不知道這個傳教團其實早已被俄國政府關閉了。哈爾芬總結道，或許「這個協會還有些餘黨留下來，而莎士比爾則打算要招募這些人，在奧倫堡進行一些顛覆性的行動。」不用說也知道，莎士比爾和亞伯特在他們的記述中都沒有提到這個傳教團。

哈爾芬此一說法的根據主要來自一櫃褪色信件和其他文件，據說是一八七三年從土庫曼人那邊沒收而來的——時至今日，你還可以在蘇聯軍事檔案館裡找到這些文件（檔案編號為六九九六）。那些信件寫於一八三一年至一八三八年間，和其他的文件一起被哈爾芬認為是莎士比爾中尉的物品（儘管上頭並沒有莎士比爾的名字），而且是莎士比爾在造訪希瓦期間因為不明原因遺落的。然而，根據英國學者喬佛瑞．惠勒（Geoffrey Wheeler）上校，於一九五八年在《中亞評論》（*Central Asian Review*）初次提及哈爾芬這項指控時所指出的：「我們很難相信有哪位負責任的人，會帶著一大堆機密信件前去中亞進行一場據說是秘密任務的行動，而那些信件裡最近的一份還是在他出發前兩年所寫的。」

那些信件並沒有署名，而且似乎只是複本而已，內容主要和英國的中亞政策有關——或者用哈爾芬的說法，就是英國對中亞赤裸裸的野心。但哈爾芬之所以會如此對莎士比爾和亞伯特的任務進行推論，主要的根據是其他跟著信件一起被發現的文件，其中有些上頭還寫著「機密文件」。哈爾芬的文章刊登在一九五八年《蘇聯歷史》（*Istoriya SSSR*，蘇聯時期的期刊）第二號中，但隨文未附上那些文件的影本，因此一如惠勒所指出的，我們沒有辦法證實哈爾芬的說法。此外，如果沒有進入蘇聯軍事檔案館確認那些文件的正本，我們也無法驗證文中引文（或是哈爾芬摘出或使用的部分）的真確性。如果那些文件和信件真的和哈爾芬宣稱的內容一致，那麼不論他的詮釋是什麼，那些文件和信件都很有可能是亞伯特而非莎士比爾的，而且可能是亞伯特在前往亞歷山德羅夫斯克的路上，遭到攻擊和搶劫時遺失的。

然而，不論俄國人對莎士比爾的看法為何（而且他們今日似乎依然抱持著同樣的看法），其上司對他能如此巧妙地透過解放俄國奴隸，達到讓沙皇停止出兵的目的感到非常高興。莎士比爾回到倫敦後受到了非常熱烈的歡迎，讓人想起亞歷山大．本恩斯在八年前所受到的待遇。雖然他當時才二十多歲，但依然被冊封為騎士，並接受了欣喜的維多利亞女王的表揚——當時才二十一歲的女王，已經開始表現出反俄的立場了。至於個性謙遜、為莎士比爾鋪路的亞伯特，雖然沒有獲得太多表揚，不過再更晚一些，他的獎勵也終究會出現：「他將不只會被封為騎士、晉升將軍，就連亞伯特巴德（Abbottabad）這座今日位於巴基斯坦北部的要塞城鎮，也是將會以他的名字命名。」

不過這一切，都還要在很久之後才會發生，當時莎士比爾和亞伯特都非常想回到印度，因為就在他們離開印度的這一段時間裡，中亞地區的狀況對於英國來說已經變得非常不妙了。

第十八章 長刀之夜

雖然英國人成功地將沙皇的子民從希瓦的奴役中解救出來，但他們在解救被布哈拉埃米爾囚禁的英國同胞時卻表現得一敗塗地。他們在說服納斯魯拉（Nasrullah）埃米爾釋放查爾斯·史多達特時做了不少努力（更不用說俄國人、突厥人，以及希瓦、浩罕汗國的統治者，也都為此出過力），但截至當時為止都沒有任何成果。這位可憐的英國軍官此時已被關在那裡近兩年了，史多達特每天的命運似乎都取決於納斯魯拉多變的心情以及當下對英國在亞洲勢力的估算，因此當史多達特得知喀布爾降服於英國的消息後，其待遇便突然獲得改善。在那之前，史多達特都被關在一座約六公尺深的地牢底部（當地人都稱那座地窖為「黑洞」），而且還得和另外三名罪犯，以及各種蟲鼠和其他令人作嘔的生物，一起待在同個空間裡，進出那座地牢的途徑則只有一條繩索。

現在史多達特終於離開地牢，改為在埃米爾的警備首長家中接受軟禁，但這不代表他的厄運就此結束了，因為埃米爾並沒有表現出要讓他離開布哈拉的樣子。關於史多達特究竟為何被埃米爾囚禁的問題，我們並沒有明確的答案，但有幾個可能的解釋。在這樣一個詭譎多變的地區裡，早在史多達特抵達布哈拉前，關於他的傳言早就無可避免地已在當地流傳開來，傳言指出他根本不是特使，而是一名英國間諜，被派來為英國人對布哈拉的進攻計畫先行鋪路，如果真是如此的話，那麼他看到的東西已經太多，因此不能讓他活著回去。史多達特之所以會引起納斯魯拉不悅，其實還有另一個原因，史多達特於一八三八年十二月十七日一抵達布哈拉後，便犯了一個極度不妥的錯誤：「他當時身穿全副軍裝，便騎馬前去埃米爾王宮呈交國書，而不是依照布哈拉的習俗，恭敬地下馬行走，這點讓當地的百姓都非常吃驚。」

不巧的是，納斯魯拉當時正好也要返回宮中，因而在城裡主廣場的另一邊看見史多達特與其隨從，當時史多達特則依循英軍的慣例，在馬背上對納斯魯拉行了個禮。根據某文獻的說法，納斯魯拉「對著他凝視了一段時間後，便一言不發地走掉了」。此外，史多達特在初次覲見埃米爾時又產生了一些誤會，因此很快便被丟入鼠滿為患的地牢裡。

有些人認為會發生這些事情，史多達特自己應該負責，有些人還指控他太過傲慢、不夠敏銳，但即便真是如此，納斯魯拉對待他的方式也不太合理。史多達特和本恩斯、璞鼎查、波廷格以及羅林森不同，並沒有學過東方外交的那些奉承方式，一如他的一位同儕軍官所說的：「史多達特就是一名軍人，一名非常勇敢、意志堅定的男人，如果要攻城或守城沒有人比他更適合，但如果是外交任務，他就沒那麼適合了。」的確，史多達特之所以會遭遇如此命運，大部分責任都要歸咎於那些挑選他進行這項棘手任務的人，尤其是駐德黑蘭的約翰・麥克尼爾爵士——麥克尼爾自己也曾參與過這場大競逐，對東方人的規矩禮數瞭若指掌。

儘管史多達特已經不用再被關在埃米爾那個恐怖的「黑洞」裡，被軟禁的待遇也相對舒適一些，但他並沒有理由感到樂觀。他知道能否獲准離開布哈拉，唯一的希望就寄託於英國人從喀布爾派出的救兵。我們之所以知道這點，是因為他曾托人將寫給家人的字條偷偷帶出，而那些字條最後也神奇地抵達英國，他在其中一張字條中寫道：「除非我們的軍隊前來布哈拉，否則我可能永遠不會被釋放。」但幾個月過去後，依然沒有援兵前來的跡象，史多達特一定經常感到非常絕望。不過事實上，他也只有退讓過一次而已，那是當他還被關在地牢裡的時候，有次行刑官沿著繩索爬下地牢，告訴他埃米爾已經下令除非他皈依伊斯蘭，否則便要就地將其斬首。史多達特同意了，也因而保住一條小命，不過當他離開地牢、前往警備首長家中接受軟禁時，卻堅稱他的皈依行為是無效的，因為他是在極端的脅迫下做出如此決定的。

埃米爾曾不只一次表現出希望和英國人和解、一起對抗俄國人的跡象，甚至還曾和駐喀布爾的麥克諾滕通過書信討論此事，因而讓史多達特重新燃起希望，不過當他聽到俄國人在出征希瓦的路上所遭遇到的挫敗時，他又失去了希望。史多達特抱怨，英國人的聲明似乎沒有任何意義，最後他們什麼也沒做。此外，當外界開始發現英國人並沒有打算派人前去布哈拉解救史多達特後，這位上校的命運便再次惡化了。他再次被關進牢裡，儘管這次不是那個可怕的地牢。雖然史多達特的健康情形不斷惡化，但他在偶爾寫給家人的信件裡，仍然會表現出勇敢堅毅的樣子。他認為納斯魯拉最後應該會逐漸意識到，英國人才能為他們提供對抗俄國人的最佳防護，而俄國人也遲早會把注意力轉到布哈拉。史多達特主張，屆時他可以和布哈拉進行協商，甚至說服埃米爾釋放奴隸，就像他聽說莎士比爾在希瓦的事蹟那樣。

倫敦和加爾各答的官員當時都在絞盡腦汁，思考該如何將史多達特從兇殘的埃米爾手中救出來。

起初，麥克諾滕傾向從喀布爾派出一支軍隊，前去給布哈拉一記教訓，但總督奧克蘭勳爵卻反對讓英軍進一步入侵中亞地區。此外，阿富汗人對英國人，以及對他們扶植的魁儡統治者的敵意此時也在持續上升，因此麥克諾滕需要把手上的所有軍力拿來對付阿富汗可能出現的動亂。倫敦的內閣成員也不太想在亞洲另起戰事，因為他們在亞洲和其他地方已經有夠多戰事要忙了。英國除了在阿富汗有不少負擔外，在中國的第一次鴉片戰爭也已邁入第二年，就連在自家附近，他們和法國、美國的關係也都正在嚴重惡化。一個官階不算太高的英國軍官，在中亞一個偏遠城鎮裡所遭受到的苦難，在巴麥尊的優先事項清單裡並不會排得太前面，但他們依然會持續透過外交手段，試圖藉由土耳其人和其他人的幫助讓布哈拉釋放史多達特，只不過最後都沒有成功。

史多達特的朋友們抗議道，英國政府已經無情地拋棄他，任由他被一位邪惡暴君反覆無常地對待。他被迫皈依伊斯蘭教、放棄基督徒身分的消息，也讓他們變得更加憤慨。但他們要求政府付諸行動的呼聲卻沒有獲得太多注意，當一八四一年的冬季降臨時（那也是史多達特被納斯魯拉監禁的第三個冬季），他的前景看起來確實不太樂觀。然而，那年十一月發生的一些事情卻又再次讓史多達特燃起希望：「曾經參與這場大競逐的英國軍官亞瑟·柯諾里上尉，騎馬進入布哈拉，準備進行這場由他一人扛起的解救任務。」

柯諾里當時因為一些政府的官方事務正在中亞四處旅行，他一直以來都夢想有朝一日要將希瓦、布哈拉、浩罕這三個彼此不合的圖厰斯坦汗國團結在一起，讓他們盡釋前嫌並接受英國人的保護。柯諾里相信這種安排不只能將基督教文明帶入這個野蠻的地區，還能讓該地區和親英國的阿富汗一起成為北印度的屏障，以避免俄國人的入侵，如果能完全廢除突厥斯坦全境的奴隸制度，也能消除聖彼得堡介入該地區的藉口。從表面上看來這似乎是很吸引人的想法，而支持柯諾里的人也不在少數——尤其在倫敦根本就很少有人真正了解中亞地區的政治。東印度公司監管部的成員，則對他開放蒸汽船在奧克蘇斯河上航行的構想特別感興趣，因為如此一來，當地人便不只能接受基督教帶來的好處，也能在市集裡買到英國商品了。

也有些人強烈反對柯諾里的偉大計畫，其中一位便是亞歷山大·本恩斯爵士。從他自己和那些亞洲統治者交手的經驗來看，本恩斯不認為柯諾里能在這三個彼此不合的鄰國間促成任何形式的同盟關係。本恩斯問道，就算柯諾里真的成功了，「難道英國就要在距離自己國界好幾千公里的地方，為野蠻的遊牧民族提供保護嗎？」本恩斯堅稱，只有透過倫敦對聖彼得堡強力施壓才能遏止俄國在中亞的行動，光是透過幾個反覆無常、變化莫測的汗國間脆弱的同盟關係，是不可能達到這個目的的。雖然本恩斯也是前進政策的支持者，但他其實不如許多人所想像的那樣鷹派，而且他也認為，光是英國出現在阿富汗這件事，就已經足夠「前進」了。

然而，柯諾里並不是這麼容易就能被制止的人，他運用自己強大的說服力，漸漸地克服了所有反對的聲音。起初，總督奧克蘭勳爵對於讓柯諾里出發還有些遲疑，因為他認為俄國人在前往希瓦路上遇到的挫敗，已經消除了俄國人對該地區的立即威脅。循此他認為對該地區進行不必要的涉入，或毫無必要地激起聖彼得堡做出報復性行動，都是沒有意義的。然而，在來自倫敦以及來自喀布爾的麥克諾滕的強大壓力下，奧克蘭最後還是同意了這場行動，但提出了一個重要的附帶條件：「柯諾里必須要求這三名汗王解決他們長久以來的分歧，並團結起來對抗俄國人。此外，柯諾里還得試著說服汗王們盡快廢除奴隸制度、引進其他人道主義的改革措施，藉此消除俄國對他們發動進攻的一切藉口。但柯諾里絕不能答應他們英國人會提供保護，也不能承諾他們英國人會協助抵抗俄國人。」

柯諾里在一八四〇年九月三日離開喀布爾啟程前往希瓦，雖然他的任務內容已經大幅縮減，但依然希望能夠改變中亞歷史未來的走向。他原本將由亨利．羅林森陪同出發，但羅林森卻在最後一刻因為阿富汗其他地方的事務而未能陪同柯諾里前去，事後回頭看，羅林森可說因此逃過一劫。柯諾里前往希瓦的旅程一路平順，而且也受到汗王的悉心接待，因為自從亞伯特和莎士比爾前來拜訪後，他對英國人便非常尊敬。但柯諾里提出的偉大計畫——「一個自願聯合起來的中亞聯邦，以及全面性的社會改革」他卻不怎麼感興趣。汗王顯然不希望看到什麼聯盟，不論是和布哈拉或浩罕都一樣。此外，因為他已經解放境內的奴隸了，所以似乎不再像之前那樣害怕俄國人會再次派出軍隊入侵希瓦。失望的柯諾里於是繼續前往浩罕，並在那裡受到同樣熱情的接待，但依然未能引起浩罕汗王與鄰國結盟的興趣。不過這也難怪：「當時的浩罕汗王，確實正準備對布哈拉的埃米爾開戰。」

一如本恩斯和其他人所警告的，截至當時，柯諾里除了收集到關於中亞最新政治局勢的情報外，並沒有取得任何其他成果。於是他只剩下一件事能證明這趟任務是有意義的，那便是讓不幸的史多達特獲得釋放。柯諾里待在浩罕的兩個月裡，勉強聯繫上史多達特，當時史多達特正處於相對自由的狀態，史多達特設法讓柯諾里得知，埃米爾並不反對他拜訪布哈拉。史多達特在給柯諾里的訊息裡還提到：「埃米爾最近對我愈來愈好了，我相信你在這裡也會獲得善待的。」這句話決定了柯諾里的命運。史多達特並不知道，他其實遭到了納斯魯拉的利用——「其實納斯魯拉正在引誘他的同袍步入陷阱。」因為埃米爾派出的間諜，當時一直都在跟蹤柯諾里，他相信英國人當時正和他的敵人們，亦即希瓦和浩罕的汗王進行串通，密謀推翻他的統治。

一八四一年十月，儘管希瓦和浩罕的汗王都警告柯諾里不要靠近布哈拉，但他依然啟程前往這座神聖的城鎮，布哈拉位在浩罕西南方大約六百多公里的位置。柯諾里相信他能將自己強大的說服力運用在埃米爾身上，讓史多達特重獲自由，這是場有勇無謀的冒險行動，但柯諾里和大多數參與過大競逐的人一樣，最不缺的就是膽量和勇氣。還有另一個不可忽略的因素，可能也影響了柯諾里的判斷，導致他甘冒如此之大的風險。就在他踏上這趟旅程的幾個月前，柯諾里才剛被一位希望迎娶為妻的女性拒絕了，他當時因為這件事而受傷頗深，也可能是因為這樣才會不太在乎自己能否平安歸來。但不論事實為何，他在途經塔什干後（因為害怕被埃米爾和鄰國即將爆發的戰爭波及），於十一月十日進入布哈拉。

歷經長期困苦、瘦得可憐的史多達特，一看見柯諾里便欣喜若狂。起初，埃米爾還禮貌地接待初來乍到的柯諾里，但他的心情很快便出現變化，由於他曾在幾個月前，寄了封措辭友善的信給維多利亞女王卻沒有獲得任何回應，因此他的態度變化顯然也與此有關。埃米爾對這個小失誤的理解是，如果那不是英國人刻意為之的怠慢（這也害他在宮中官員面前臉上無光），就是史多達特和柯諾利兩人只是假冒成女王的代表，但其實根本就是間諜的證據。後來巴麥尊（埃米爾當然沒聽過這號人物）終於寄來一封信，告知埃米爾要給女王的信已經被轉交給加爾各答了，但這依然沒有讓他的心情好轉。由於納斯魯拉堅信他的王國和英國一樣強大，因此對他來說這種怠慢行為看起來就是英國人刻意為之的。如果史多達特和柯諾里知道，英方很快就會再寄出第二封信的話（這次是來自印度總督的信），他們或許就會更加感覺自己被長官背叛、遺棄了。因為在第二封信裡，不知道出於什麼原因，並沒有將史多達特和柯諾里兩人稱為英國使節，而是把他們稱為「個人旅行者」，並要求埃米爾立刻釋放他們，但等這封信終於送到納斯魯拉手上時也早就為時已晚，無法再為史多達特和柯諾里進一步造成傷害了。最後決定他們命運的，其實是從喀布爾傳到布哈拉的消息：「英國人在阿富汗出事了。」

在舒賈沙赫剛剛光復的首都（編按：喀布爾）裡，人們對英國人的恨意幾個月來一直在不斷上升，雖然英國人自己並沒有及時意識到這件事情。作為經驗豐富的文官，威廉．麥克諾滕爵士和亞歷山大．本恩斯爵士兩人原本應該能察覺到阿富汗人的人心動向，但當時他們兩人間的關係正變得愈來愈糟糕。本恩斯後來在一封寫給朋友的信裡，形容自己是「一個坐領高薪的閒人」（a highly paid idler），而他提出的建議也從未被長官聽進耳裡。此外，麥克諾滕對於當時的工作也已失去興趣，因為他很快就要離開阿富汗、接任人人稱羨的孟買總督一職，而這個職位也正是對他將英國人的魁儡成功送上王位的獎勵。此時麥克諾滕最不希望承認的就是工作上出了什麼差錯。正等待接替麥克諾滕的職位的本恩斯，此時無事可做，正忙著享受悠閒時光，因此也沒有留意到這些警訊。

鬆懈下來的人也不只有本恩斯而已，自從英國人在兩年前抵達喀布爾後，他們就徹底地把那裡當成新家。喀布爾充滿異國風情的環境，以及宜人的氣候，都將英國士兵和印度士兵的妻子（甚至孩子）從印度斯坦天氣燠熱、塵土漫天的平原上給吸引過來。那裡提供各種娛樂活動，從板球到音樂會，從馬術障礙賽到溜冰，應有盡有，有些阿富汗上層階級也會加入他們的娛樂活動。大多數這些活動，尤其是和女性交際調情、飲酒作樂的行為，對穆斯林政府和虔誠的大多數居民來說都是很嚴重的冒犯。與此同時，他們也仍對那些不願屈服於舒賈統治（也就是麥克諾滕的統治）的部族祭出懲罰性的措施

（通常都很嚴厲），有時也會使用大量黃金進行賄賂（官方的稱呼為「補貼」），藉此吸引那些部族投降。在了解到繼續抵抗英國人也於事無補後，多斯特．穆罕默德於一八四〇年十一月三日自願向麥克諾滕投降，並流亡印度。多斯特．穆罕默德投降後，已經等不及在孟買展開新職務的麥克諾滕曾經如此和奧克蘭勳爵匯報：「阿富汗——套用他那句現在非常知名的說法——『從丹到貝爾謝巴』（from Dan to Beersheba，譯按：原文典故出自聖經，原指以色列人落腳定居的範圍，在此引申為全境之意，這個說法於一戰結束後，也曾在針對巴勒斯坦託管地的協議中被使用過）』都已平定了。」他曾對一名部屬說道，整體來說，「這個國家現在的穩定狀態，在我看來完全是個奇蹟。」

並非每人都能像麥克諾滕一樣如此容易就被說服，亨利．羅林森少校，就是最先意識到局勢正在變得愈來愈危險的其中一人，他原本差點就要陪同柯諾里前往布哈拉，現在則在坎達哈爾擔任文官。他曾於一八四一年八月警告道：「反英的情緒正在與日俱增，我能感覺到接下來將會有一連串的動亂……這個國家各地的穆拉都在宣傳對抗我們的思想。」在麥克諾滕手下的文官中，同樣察覺到阿富汗人敵意漸增的還有埃爾德雷德．波廷格，此時他已經是一名少校，正和喀布爾北方的幾個部族作戰。根據波廷格的匯報，那些部族的首領正在準備全面發起反抗舒賈沙赫和英國人的起義行動。但麥克諾滕卻不願聽進這些警訊，因為他害怕奧克蘭勳爵會因此命令他留在喀布爾，他告訴自己，羅林森和波廷格兩人不過是在危言聳聽罷了。

之所以會有這種針對英國人和舒賈沙赫的敵意，背後的原因很多。一方面，這麼多軍人出現在阿富汗，已經為當地的老百姓帶來沈重的負擔，由於對食物和其他必需品的需求大增，市集裡的物價也跟著飆漲；另一方面，為了支撐舒賈的新政權（以及他奢豪的生活方式），稅賦也突然遽增。此外，儘管英國曾答應一定會撤離，但眼下似乎也沒有要離開阿富汗的意思，英國人看起來似乎愈來愈像是要永久佔領阿富汗，而有些英國人也的確開始認為，除非英國人留下來，否則舒賈的政權將很難持續下去。同時，由於英軍（尤其是軍官）會追求、引誘當地女子，因此阿富汗人也變得愈來愈憤怒（特別是在喀布爾）。有些阿富汗女性甚至離開她們的丈夫，搬去更有錢、更大方的情人家裡，而女性也經常會出入軍營，雖然有些人提出強烈抗議，卻依然被置之不理。那些妻子和英國人私通的男人，則是對英國人恨之入骨，其中有些還是很有影響力的大人物。歷史學家約翰·凱伊後來曾經寫道：「阿富汗人非常重視他們的女人的名譽，但在喀布爾發生的事情，卻導致他們徹底蒙羞，也讓他們萌生復仇的意念……這樣的情況不斷發生，直到他們忍無可忍，而那些名譽受損的人也開始瞭解到，唯有靠他們自己才能解決這些問題。」不過他們也不需要等太久，現在他們只需要某個導火線。

事態即將爆發的第一個徵兆，出現在一八四一年的十一月一日：「本恩斯消息靈通的喀什米爾助手兼好友默漢·拉爾，在這一天對他提出警告，說有人要在當天晚上取他性命。」許多阿富汗人都認為，英國人之所以會進到阿富汗，這筆帳必須算在本恩斯頭上，因為他曾假借要和多斯特·穆罕默德建立友好關係，對阿富汗的領土進行偵查。本恩斯和阿富汗女性間大剌剌的友好關係，也只是加深阿富汗人對他的恨意而已。本恩斯和其他幾名軍官，當時都住在舊城中心區一個空間很大、與外界有些隔絕的房子裡，屋外有個庭院，還有圍牆環繞，由於這棟房子很難抵禦外來的攻擊，因此默漢·拉爾也勸他前往位在城鎮北邊、有英國士兵和印度士兵駐紮的軍營裡，那裡會比較安全。其實英國和印度士兵本來駐紮在巴拉希薩爾堡壘裡，但由於舒賈沙赫想在那裡駐紮自己的軍隊、安置自己宮中的工作人員，因此在他的要求下，麥克諾滕最後同意將所有英國士兵遷出有城牆保護的巴拉希薩爾堡壘，並且快速地建造一座軍營讓士兵遷入。然而，本恩斯自信能平息一切麻煩，因此並沒有接受默漢·拉爾的建議，此外，他也知道英國和印度的士兵距離他的住處還不到兩英里，再說，他也已經要求駐守在他住處的印度士兵在當天晚上加緊戒備了。

與此同時，一群歹徒也開始在不遠的某個暗處裡集結，他們的首領是本恩斯自己結下的仇家。起初，這群人只由幾位示威者組成，但陰謀的策劃者卻對外釋放消息，說本恩斯的住處隔壁就是駐軍的金庫，裡頭存放要發給士兵的薪餉，以及麥克諾滕用來收買盟友的黃金。於是不消多久，歹徒的人數便開始迅速增加；不需多加催促，眾人便開始前往本恩斯這位異教徒的住處，並包圍了那裡。此時本恩斯依然相信自己能靠幾句言語就讓這群阿富汗人散去，還命令自己的印度衛兵不要開槍。不過為了以防萬一，他還是派人飛奔前往軍營討救兵，接著他走上陽台，開始試著和底下聚集在街上的群眾對話。

麥克諾滕得知本恩斯和他的同伴們正面臨的險境後，便立刻召集自己的軍事顧問緊急討論應對措施，但討論很快便演變為麥克諾滕和軍隊指揮官威廉·埃爾芬斯通（William Elphinstone）間的爭執。麥克諾滕的秘書喬治·羅倫斯上尉（Captain George Lawrence）建議，他們應該在還來得及的時候，馬上派出一支部隊進入舊城解救本恩斯、驅離暴徒並逮補元兇，但這個建議卻立刻遭到回絕。羅倫斯後來寫道：「我的提議立刻就被認為是荒唐至極。」麥克諾滕持續和埃爾芬斯通進行爭執，此時他們也開始收到消息指出，本恩斯住處的情況正在快速惡化。埃爾芬斯通已是年老體衰的人了，根本就不應該擔任這些軍隊的指揮官，而且也沒有採取行動的意願或精力，只會反對其他人提出的建議。麥克諾滕也同樣躊躇不決：「比起解救本恩斯，他更在意動用軍隊對付暴徒的政治後果。」最後，他們還是決定派出一位准將，帶領部隊前往巴拉希薩爾堡壘，和舒賈商議過後再決定如何處置那些示威者，但等他們到了那裡才知道，舒賈早已派出自己的人馬進城解救本恩斯、驅趕暴徒，並堅稱有他派出的人馬就夠了，因此拒絕讓英軍跟著過去。

與此同時，本恩斯遇到的困境也變得愈來愈危急，因為他根本沒辦法讓底下不斷叫囂的暴徒聽到他的聲音。當時和他在一起的還有另外兩名軍官，也就是他的弟弟查爾斯（Charles）以及威廉・布羅德福特少校（Major William Broadfoot）——前者在印度軍擔任中尉，當時前來和本恩斯一起駐紮喀布爾，後者則是本恩斯的文官助手。約翰・凱伊爵士後來曾經寫道：「很顯然地，此時靠勸告是沒有用的——自制也是沒用的，暴徒們的暴行正在不斷加劇，聚集的群眾起初人數還不算太多，此時卻已經變成一大票人。掌管沙赫金庫的主計官就在那群暴徒的面前，而數百名沒有冤屈、沒有政治敵意欲宣洩的人們，也都紛紛趕往現場，想要在即將到來的掠奪過程中分一杯羹。」儘管暴徒們正在變得愈來愈憤怒，本恩斯卻依然命令自己的印度衛兵不要開火，因為他相信救兵肯定很快就會抵達。

此時，幾個比較勇敢的示威者已經進入庭院，並成功放火點燃了馬廄，他們接著將注意力轉向屋子。突然間，群眾中有個人開了一槍，當時在陽台上站在本恩斯和查爾斯旁邊的布羅德福特少校於是摀著胸口倒了下來，本恩斯和查爾斯很快便將他拖進屋裡，卻發現他已經斷氣身亡了。於是本恩斯回到陽台上，做了最後一次嘗試，希望能挽救情勢，並對著下面的暴徒大喊，如果他們願意散去，他願意給他們一大筆錢。但這群示威者知道自己根本不需要和他討價還價，反正英國的黃金很快就會是他們的了。等本恩斯意識到援兵不會到來後，他終於命令印度衛兵向暴徒開槍，但就像截至當時所發生的所有事情一樣，此時開槍已經為時已晚了。房子此時已經著火，而暴徒們則衝進圍牆內，即使子彈橫飛也要拚了命進入，本恩斯和查爾斯知道他們的死期到了，查爾斯決定正面迎戰暴徒，殺出一條血路。

默漢．拉爾此時則驚恐地坐在附近的屋頂上卻又無能為力，他雖然提出警告，卻沒有被本恩斯聽進去，他後來寫道：「查爾斯．本恩斯中尉接著衝進庭院，雖然成功殺掉六人，但最後還是被暴徒砍成碎片。」至於亞歷山大．本恩斯爵士本人被殺害的過程，他則沒有親眼目睹，因為後來有些暴徒轉向他躲藏的那幢房屋前進，迫使他不得不趕緊逃離。不過他們的隨從後來告訴他，本恩斯最後還是現身面對那些暴徒，還用一塊黑布矇著自己的眼睛，不想看到暴徒從哪邊對他進行攻擊。默漢．拉爾寫道，本恩斯在幾秒鐘後也死了：「被那些憤怒的暴徒大卸八塊。」由於現場沒有可靠的目擊者，因此關於本恩斯被殺害的過程難以避免地也出現了不同版本的說法。根據其中一個說法，有個人成功進到屋裡，並以《古蘭經》立誓，企圖說服本恩斯換上當地人的服裝帶他穿過暴徒，前往安全的地方。本恩斯知道自己已經沒有退路了於是便答應他，等本恩斯一踏出屋子，那人便得意地向暴徒大叫：「這個人就是亞歷山大．本恩斯！」於是一位發狂似的穆拉便發動了第一記攻擊，不消多久，本恩斯便倒在地上，被阿富汗人的長刀亂砍而死。

另一個版本的說法則主張，本恩斯的隨從當時曾經提議要將他包裹在帳篷裡，假裝在搬運掠奪而來的東西（當天晚上許多人都在做這件事情），藉此將他帶離現場，但本恩斯卻拒絕了。但不論本恩斯在自己曾經如此喜愛城市裡最後究竟是如何被殺害的，他的阿富汗老友似乎直到最後一刻都依然對他忠心耿耿，根據歷史學家凱伊的說法，暴徒劫掠完金庫後，有位名為奈卜．謝里夫（Naib Sheriff）的男子撿回本恩斯和查爾斯殘缺不全的屍體，並在那座已經被濃煙燻黑的宅邸的庭院裡將他們的屍體埋了起來。不過根據凱伊的記錄，布羅德福特少校就沒那麼幸運了，因為「他的屍體最後慘遭城裡的狗兒啃食殆盡」。

這一切都發生在距離四千五百名英國和印度軍人駐紮的軍營只有半小時路程的地方，至於巴拉希薩爾距離事發現場就更近了，而且由英國人領導的援軍當時就在那裡待命，出於不明的原因，儘管從軍營裡就能清楚聽見喧鬧聲和槍聲，但他們一直沒有出發。不過這支援軍最後還是出動了，只不過不是去解救本恩斯和他的同伴，而是去掩護舒賈的非正規軍狼狽撤退，因為憤怒的暴徒很快便擊敗了他們。很少有悲劇能像這次這樣，原本其實很容易就能夠避免的，一如某位年輕軍官在自己的日記中所寫的：「早上的時候你原本只需要三百人就能平定騷亂，等到了下午就算有三千人都不夠了。」

然而，事情還沒結束，更糟的——真的是更糟——還在後頭。

第十九章 翻天覆地

亞歷山大・本恩斯和兩名同伴，以及那三十多位印度守衛和隨從的恐怖遭遇，帶給英軍軍營一波恐懼情緒。起初有人流傳本恩斯成功逃離現場，正躲在某個地方，但這種希望很快便破滅了。與此同時，那些暴徒在看到英國人毫無動靜後，更肆無忌憚地繼續到處掃蕩、焚燒房舍、搶劫商店，甚至殺害被懷疑和英國人合作的人。在各種喧鬧聲和烈焰聲中，不時還能聽到有人在大吼著，警告：「他們要來了……他們要來了」，因為暴徒們也都認為他們將受到即時而激烈的報復。後來人們才知道，那些發起暴動的元兇為了能夠快速逃離現場，早已把馬鞍套上隨時準備好要逃亡了。然而，在英軍的軍營裡，麥克諾滕和埃爾芬斯通卻仍舉棋不定、掙扎著該如何行動，因而又浪費了許多寶貴的時間。即使他們接獲線報指出，其他幾名軍官，以及默漢・拉爾當時都仍在舊城裡躲藏著，希望能逃過暴徒的報復行動。

到了此時，即使是麥克諾滕也都看得出來，這起事件其實非常嚴重，絕對不只是一群暴民失控這麼簡單而已。他們還接獲通報，每過一小時就會新增數千名阿富汗人加入這場行動，而附近的鄉村地區也已經開始出現類似的騷動。英國人甚至還聽到有人謠傳，舒賈沙赫已經對英國人發起聖戰，甚至還有發動聖戰的文件四處流傳，上頭還蓋有沙赫的個人印鑑。有那麼一會兒，他們也害怕這些文件可能是真的，害怕舒賈在玩兩面手法，要背叛幫助他取回王位的英國人。不過他們檢查之後發現那份文件其實是偽造的，而那些傳言也是這起事件的策劃者故意散播的，並非事實，確實，舒賈自己的處境顯然也沒有比為他撐腰的英國人好多少。持平而論，舒賈也是唯一一個在聽聞事件後，曾試圖解救本恩斯和其他同伴的人，只不過他的軍隊實在領導無方，他們在前往本恩斯居住的區域時，並沒有即時繞過城區，反而還試圖穿越佈滿彎曲小巷的擁擠鬧區，慢條斯理地將槍放在身後拖著，於是他們很快便被困住了，只能任憑暴民宰割，那些暴民不少人都有武器，人數也比士兵多非常多。最後舒賈派出的軍隊有大約兩百人遭到殺害，剩下的則只能在混亂中棄械逃往巴拉希薩爾堡壘避難，他們灰頭土臉的撤退行動，甚至還必須由英國的援軍進行掩護。

歷史學家凱伊曾如此寫道：「舒賈的軍隊原本應該要能保護他，沒想到此時卻遭遇到羞辱性的挫敗，讓舒賈也陷入『可悲的狀態』，對自己的安危『既沮喪又恐慌』」。英國人也因為這一連串預料之外的暴力事件而感到震驚，一位軍官在自己的日記裡寫道：「我們被迫體認到一個令人不安的事實：『在整個阿富汗裡，我們居然連一名可以指望的朋友都沒有。』」軍營裡杯觥交錯的美好生活，現在顯然已經到了盡頭。人們在麥克諾滕過世後，發現他當時寫到一半的外交備忘錄，在那份備忘錄裡，他試著合理化未能預料到這場起義事件的原因：「未能預料到這場即將到來的風暴，有人或許會覺得是我的錯。對此，我只能回覆，即使是那些更有機會觀察到民心的人，也沒有察覺到接下來發生的事情。」他並沒有提到羅林森和波廷格，也沒有提到忽視他們的警告，還責怪本恩斯（反正他現在已經死了）沒有提醒他這場危機。麥克諾滕在遭到刺殺的前一晚還宣稱本恩斯曾恭喜他，即將要在「如此穩定」的時局中前去接下新職位。然而眾所皆知，本恩斯當時本來就迫不及待看到麥克諾滕離開，也不太可能說出任何可能拖慢他離開時程的話，因為麥克諾滕如果晚一天離開，他接任麥克諾滕職位的日期也會跟著晚一天。

根據本恩斯的好友默漢．拉爾的說法，雖然本恩斯在事發當晚嚴重低估自己的人身危險，但也絕不可能認為當時的局勢是穩定的。他在前一晚還曾說：「距離我們必須離開這個國家的時間點已經不遠了。」默漢．拉爾認為，這代表本恩斯非常清楚阿富汗人對英國人的敵意正在日益加深。不過，本恩斯當時會這樣說，也很有可能是因為倫敦政府當時剛剛宣佈對阿富汗的新政策：「當年八月，由勞勃．皮爾爵士（Sir Robert Peel）領導的托利黨政府取代了莫爾本（Melbourne）的輝格黨政府上台執政，並立刻收緊財政支出。」在阿富汗維持駐軍所費不貲，尤其俄國的威脅似乎已經消退，因此他們也覺得，舒賈此時應該也可以獨立自強了。因此他們提議，在舒賈建立自己軍隊的同時，駐阿富汗的英軍也應該要慢慢退出（不過還是會在阿富汗繼續派駐文官）。作為這個政策的第一步，倫敦方面已經指示麥克諾滕，停止對控制著喀布爾和英屬印度間關鍵隘口的部族支付大量款項。事後證明，這個作法是非常致命的一步，因為那些原本不太吭聲的部族，就是最先加入起義運動的一批人。

與此同時，那些軍營裡的英軍不但沒有對那些裝備不良，而且（當時仍是）一盤散沙的反抗者主動出擊，反而還開始為敵人的包圍做準備，打算死守軍營，此時英軍才終於意識到，搬離巴拉希薩爾的決定到底有多愚蠢。軍營當時所在的位置非常不利於防守，因為軍營建在一個低窪的沼澤地裡，四周還被山丘環繞。此外，軍營外頭圍繞著果園，因而阻礙守軍的火線和視線，而那裡縱橫交織的灌溉渠道，也為攻方士兵提供良好的掩護。英軍的軍營外環繞著一堵土牆，但有些部分高度僅僅及腰，很難為守軍抵擋狙擊手或大砲的攻勢。當英軍從巴拉希薩爾搬來的時候，麥克諾滕的工程師便已警告過他，但他不像大競逐中大部分職業軍官具備軍事經驗，而且也總是太過自信，認為這種意外事件不會發生。於是麥克諾滕忽視那位工程師的建議，最後導致四千五百名英國和印度士兵，以及一萬兩千名隨軍而來的人（其中包括大約三十多名英國人的妻小和保母），就這樣被困在這個被凱伊形容成沒有比「曠野上的羊欄」好多少的軍營裡。

如果麥克諾滕和埃爾芬斯通在情況不妙的第一時間就果斷、快速地採取行動的話，他們其實還來得及將整個軍營搬進巴拉希薩爾，那裡至少還有高高的保護牆，但他們卻不斷拖延，直到時間已經來不及進行如此危險的行動。由於麥克諾滕的策略，所有人都陷入這個危險的處境中，於是麥克諾滕現在得找出其他方法讓他們脫離險境。他要求善於臨機應變的默漢．拉爾擔任中間人，試圖收買幾名重要的阿富汗高層人物，希望他們支持英軍，藉此扭轉局勢、壓制那些反抗的勢力和部族，麥克諾滕對他們提供大量的資金（或答應會提供，因為麥克諾滕的資金現在大部分都落入暴徒的手中），但這個作法沒什麼用。凱伊觀察道：「他們有太多獅子大開口的對象要滿足，也有太多彼此相衝突的利益要調解」、「到了此時，這場運動的規模已經過於龐大，光用錢是無法解決的，再多錢幣發出的叮噹聲，也無法掩蓋住群眾憤怒的聲音。」

情勢每小時都在持續惡化，英軍顯然需要採取更激烈的措施，不久後他們便想出一個解決方法，雖然我們無法確定到底是誰的點子。他們決定授權默漢．拉爾發出懸賞通告，只要能刺殺任何一名叛亂活動的主要領導人，便能獲得一萬盧比的賞金。於是約翰．柯諾利中尉（Lieutenant John Conolly，也就是亞瑟．柯諾利的弟弟，當時在麥克諾滕的手下擔任基層文官）便對默漢．拉爾發出該指令，以及一份刺殺對象的清單。柯諾利當時在巴拉希薩爾的堡壘裡擔任聯絡官，負責和焦慮的舒賈沙赫保持聯繫，和其他地方一樣，他們的聯繫工作也由腳程飛快的信使負責執行（這些信使又被稱為 cossids），他們冒著被攻擊的生命危險進行秘密傳話。麥克諾滕一聽到提供刺殺賞金的提議，便聲稱自己對於這種完全不符合英國人身分的詭計非常反感，不過他確實還是同意對抓捕到敵營首領的人提供賞金，而凱伊則懷疑，柯諾利中尉是否有可能在沒有長官事先同意的情況下，就「對這種需要承擔巨大責任的事情」擅自行動。凱伊的結論是，我們幾乎可以確定，就算麥克諾滕沒有真正批准此一刺殺懸賞計畫，他也應該知情，只不過假裝沒看見而已。由於麥克諾滕和柯諾利在不久後便會身亡，因此這可能是我們能得知最接近事實的說法。

後來確實有兩名在科諾利的刺殺名單中排名靠前的叛軍領袖，在不久後便離奇死亡，而且馬上就有人前來領賞。其中一人堅稱自己射殺那位目標人物；另一人則說自己是在那名領袖睡覺時將對方勒死的。然而，默漢．拉爾並不相信他們的說詞，也沒有支付賞金給他們。默漢．拉爾還說，他必須看到那些人的頭顱才能支付賞金，但那些前來領賞的人卻未能交出。但從結果來看，即使殺了那兩位領袖也無法改善英軍的困境，雖然叛軍頓失首領，但這並沒有減損他們的決心，也沒有導致他們分裂，因為他們剛剛得知流亡在外的多斯特．穆罕默德最喜愛的兒子，亦即穆罕默德．阿克巴爾．汗（Mohammed Akbar Khan）正從突厥斯坦趕來，準備親自指揮這場對抗英國人和他們傀儡統治者的全面起義行動。穆罕默德．阿克巴爾．汗誓言推翻舒賈、驅逐英國人，並讓自己的父親重新登上王位。

與此同時，軍營裡的狀況也在持續惡化，他們得知英國據點已經落入叛軍手中，而且死傷慘重，甚至有一整支廓爾喀兵（Gurkha，譯按：亦即尼泊爾的一支部族，以英勇善戰著稱）軍團遭到殲滅。此外，已經有好幾名軍官陣亡、負傷，其中還包括在赫拉特表現英勇的埃爾德雷德・波廷格。當時已經進入阿富汗的嚴冬，而且冬天來的比平常還早，他們的糧食、飲水、藥物和士氣也都開始愈來愈低落。他們的勇氣似乎也在漸漸消失，因為軍營裡的駐軍對叛軍的唯一一次進攻，最後竟以慘敗收場，許多英國士兵和印度士兵都逃回自己的防線，凱伊稱那次進攻「既丟臉，又慘烈」。這場進攻發生在十一月二十三日，而阿富汗人也是在那天突然將兩座大砲運到英軍駐地旁的一座山丘頂上，並開始對底下擁擠的軍營開火。

直到當時，埃爾芬斯通將軍花在和麥克諾滕爭執的時間比真正和敵人交手的時間還長，而即使是他也無法忽視眼前的威脅。埃爾芬斯通命令一位當時已經無心打仗的准將帶領一支步兵和騎兵冒險出擊，就在成功攻下那座山丘、阻止敵軍發射大砲後，他將注意力移到底下被敵軍控制的村莊。就在此時，戰況開始急轉直下，英軍一直都有大砲必須成雙移動的規定，但出於一些原因（或許是為了移動方便），這位准將只單獨移動一門九磅大砲。起初，那門九磅大砲射出的葡萄彈（grape-shot，譯按：歐洲軍隊在十八至十九世紀常用的砲彈種類，通常由許多鐵製的小圓球組成）對佔領村莊的阿富汗人帶來巨大傷害，但不久後大砲便開始過熱，並在他們最需要開火的時候開始故障，於是他們只好撤回對村莊發動的攻勢。與此同時，阿富汗人的指揮官也派出一支人數龐大的騎兵和步兵，前往支援被進逼的同袍，那名英軍准將見到眼前的危機後，便立刻要步兵排列成兩個方陣，並讓騎兵聚集在兩個方陣間，以此迎戰敵軍的攻勢，他自信滿滿地認為這個曾經打贏過滑鐵盧戰役（Battle of Waterloo）的方陣，在這裡也能奏效。

然而，阿富汗人卻沒有靠近英軍方鎮，並開始用長管火繩槍（亦即傑撒伊火槍）對擠在一起的英軍方陣猛烈開火。讓英軍士兵驚慌的是，他們的短管火槍根本打不到敵軍，子彈在擊中目標物前便落地了，而且由於英軍穿的是顯眼的紅色軍裝，因此也很容易被敵軍瞄準。一般來說，准將可以用大砲對那些阿富汗人開火，並在造成大規模死傷後再由騎兵收拾殘局。但一如凱伊的評論，似乎「那些倒霉的人們被上帝詛咒了」，因為他們唯一的一門九磅大砲當時依然過熱，砲兵在操作的時候很容易引發膛炸，而與此同時，英軍士兵正在阿富汗人長管火繩槍持續的火力輸出下一一陣亡。接著，一群敵軍開始沿著溝渠爬行，在英軍渾然不知的情況下緩緩向他們移動，而這一幕也被位於遠方底下軍營裡的其他英軍士兵看在眼裡，讓他們驚恐萬分。不久過後，敵軍從溝渠裡一躍而出，同時對著英軍大叫，嚇得英軍士兵轉身潰逃。此時那位准將只能拚命試著重整隊伍，命令號角手吹響號角、要士兵停下腳步，儘管獨自面對敵軍，但他依然展現出過人的勇氣。後來號角兵的施令成功讓士兵停止潰逃，而軍官則開始重整隊伍，並在騎兵的協助下，靠著刺刀的攻勢扭轉頹勢擊垮敵軍。此時，那門九磅大砲也恢復功能，而阿富汗人也因此終於被英軍擊退，死傷慘重。

然而，英軍取得的勝利未能維持太久，因為阿富汗人很快便學到教訓，他們將長管槍瞄準可憐的砲手，以此癱瘓九磅大砲的運作。與此同時，位在英軍火槍射程外的阿富汗人，也持續對精疲力竭的英軍士兵開火，此時英軍的士氣也開始逐漸瓦解。最後，一群阿富汗士兵再次在英軍沒有察覺的情況下從溝渠爬出，一邊狂吼、一邊帶著閃閃發亮的長刀撲向他們，而其他阿富汗士兵則依然躲在岩石後方，從幾乎看不見的位置向他們不停開火。這讓英國和印度士兵完全招架不住，並開始紛紛往山下一路潰逃至軍營，而受傷的士兵則被拋在後頭難逃死劫。

凱伊寫道：「英軍這次完全潰敗」、「那些由歐洲士兵和印度本地士兵組成的步兵和騎兵，在混亂中逃往軍營的圍牆外。」一直在英軍陣線裡觀察戰況的埃爾芬斯通將軍和他的幕僚軍官於是試著重整士兵，要他們回去迎戰阿富汗人，卻已經叫不動他們。他們失去了意志和紀律，也失去了三百位同袍戰友，一如凱伊冷酷的說法：「他們已經忘記自己是英國軍人了。」由於殺過來的阿富汗士兵和逃竄的英國士兵都混在一起，因此軍營裡的士兵也無法繼續安全地射擊。凱伊評論道，如果那些大獲全勝的阿富汗人繼續追殺下去，整個軍營應該會被殺得片甲不留。但奇蹟似地，阿富汗人似乎在指揮官的命令下停止攻勢，並在不久後開始撤退。一位年輕的英國軍官曾在報告中指出：「他們對於自己獲得的勝利似乎也有點訝異，並以可怕的方式破壞了被留在山丘上的屍體，接著一邊撤退一邊興奮地對著城裡呼喊。」

到了隔天，英國人驚訝地發現阿富汗人居然提議協商停戰，此時穆罕默德．阿克巴爾．汗和他的六千名士兵已經歡欣鼓舞地加入叛軍的隊伍，讓阿富汗軍的步兵和騎兵人數加起來達到三萬人左右，大約是英軍人數的七倍。在如此優勢軍力的支持下，阿克巴爾顯然會希望消滅整個英軍軍營，好為遭推翻的父親報一箭之仇，但他也知道如果想讓父親重登王位，就必須謹慎行事，因為多斯特．穆罕默德當時還在印度被英國人控制著。至於麥克諾滕則知道，如果不想讓整座軍營挨餓或被敵人殲滅，便只能和阿富汗人進行談判，但在同意談判前，他要求埃爾芬斯通寫下一份聲明，指出除非援軍能在幾天內抵達（據報當時援軍正從坎達哈爾趕來），否則從軍事角度而言，他們當時的狀況已經是沒有希望了。而他之所以要埃爾芬斯通寫下這份聲明，便是因為他當時仍希望能挽救自己的仕途，因此決定要將他們慘敗歸咎於無能的埃爾芬斯通，以及懦弱的士兵。

於是埃爾芬斯通將軍照著麥克諾滕的吩咐做了，並建議他們和阿富汗人進行談判。於是英軍遭遇到的各種苦難（麥克諾滕當然心知肚明到底有多苦難）就要結束了：「我們在被包圍的狀態下已經堅守超過三週，由於補給和草料短缺、士兵愈來愈孱弱、傷病人數大增、面積廣大而位置又不良的軍營難以防守、冬季即將來臨、聯絡中斷，以及整個阿富汗都武裝起來對抗我們的情況下，我認為我們繼續留在阿富汗的可行性已經消失了。」然而，埃爾芬斯通剛剛得知的兩個情報，又加深了他的憂慮。第一個情報是，阿克巴爾已經發出警告，任何販賣或提供食物給英國人的阿富汗人，都會立即遭到處死。第二個情報則是，他們殷切期盼的援軍在從南邊而來的路上，已經因為在山口遇上大雪而被迫撤退了，因此無法在該年冬天抵達喀布爾。

聽完將軍不樂觀的預測後，麥克諾滕坐了下來開始寫一封急件給奧克蘭勳爵，並在信中描述他們遇到的困境，將責任全歸於軍隊身上，指控軍隊領導無方、膽小懦弱：「我們的物資將在兩到三天內耗盡，而軍隊長官又強烈要求我投降。」他在信中如此描述，並沾沾自喜地寫道：「除非到最後一刻，否則我是不會投降的。」他當時依然相信自己可以利用敵軍領袖間的嫌隙，藉此智取阿富汗人。因此，為了回覆阿富汗人進行停戰協商的提議，麥克諾滕邀請他們派出代表前來對協議內容進行討論。當談判開始進行時，卻發生了非常不尋常的事情：「那些全副武裝的阿富汗人穿過低矮的圍牆湧進英軍軍營時，竟開始和英國士兵以及印度士兵示好。他們許多人都帶來新鮮的蔬菜，要送給他們幾小時前還想殺掉的士兵們。」一起初英軍還擔心那些蔬菜可能被「動了手腳」，甚至被下毒，但他們在仔細檢查後發現自己的疑慮是多餘的。

負責協商的阿富汗人一開始便要求英國人交出當時仍安全躲在巴拉希薩爾的厚牆和堡壘後方的舒賈沙赫，他們保證不會將他殺害（雖然據說他們打算要弄瞎舒賈的雙眼，好讓他日後不會再成為威脅）。接著，他們又要求阿富汗境內的所有英軍必須在繳械後立刻離開阿富汗、返回印度，而英國人也必須釋放多斯特．穆罕默德。為了確保自己不會被欺騙，他們也打算留下幾名英國軍官和眷屬當做人質，直到英軍完全離開阿富汗，而多斯特．穆罕默德也平安回到喀布爾為止。不用說也知道，這些要求麥克諾滕完全無法接受，於是當時愉快而友好的氣氛嘎然而止，雙方還誓言要繼續開戰，談判也就此破裂。

好在雙方最後並沒有真的開戰，而是在幾天後，在距離英軍軍營約一英里的喀布爾河岸邊，又安排了第二場會議。阿克巴爾親自帶領阿富汗的代表團，而團裡的成員也包含大多數重要部族的首領。麥克諾滕現在要提出自己的計畫了，他用波斯語唸出一份事先準備好的聲明：「有鑑於近期英軍在阿富汗持續對舒賈沙赫的支持，讓大部分阿富汗人感到不滿，而且英國政府之所以派軍前來，也純粹是為了阿富汗人的團結、幸福和福祉，因此如果我們的存在破壞了這個目標，我們便不會繼續留在這裡。」因此，只要阿富汗人能確保讓他們安全抵達邊界，他們便會撤走所有軍隊，而舒賈沙赫則會放棄王位，和英國人一起返回印度（雖然他們似乎沒有事先諮詢過舒賈沙赫的意願）。阿克巴爾會親自陪伴英軍前往邊界，為他們的安全負責，而英軍也會留下四名英國軍官作為人質（但不包括他們的眷屬）。等英軍安全抵達印度後，多斯特．穆罕默德便可前往喀布爾，而留在那裡當人質的英軍軍官也可以返家。最後，雖然當時發生了這麼多事情，但他們還是希望兩國間能維持友誼，而阿富汗也會同意不和任何其他外國強權結盟，如果阿富汗有任何需要，英國人也會伸出援手。

雖然表面上看起來是投降，但實際上卻又不是如此，詭計多端的麥克諾滕正試著賭最後一把。他從默漢．拉爾那邊得知有些比較有權勢的首領，私底下其實很害怕既強硬又專橫的多斯特．穆罕默德回來，反而比較希望相對孱弱、溫順的舒賈掌權，他們也不像阿克巴爾那樣急著看見英國人離開，畢竟英國人都非常的慷慨。阿富汗人針對麥克諾滕的提議進行討論後，似乎毫無異議地原則上都表示同意。於是英國人立刻開始準備撤軍、執行協議裡的其他內容，以免冬天對他們的行動造成阻礙，但當那些擔心多斯特．穆罕默德歸來的人們，面對舒賈即將離開的事實後，卻也開始有點猶豫了，而這也正如麥克諾滕所料。於是麥克諾滕再次派出默漢．拉爾作為中間人，並承諾會給予他們誘人的黃金，試圖藉此進一步離間阿富汗人：「如果有任何一名阿富汗人希望我們的軍隊留下來，我就會推翻之前說要撤軍的承諾，因為當初之所以會答應撤軍，是因為我以為那是阿富汗人的心願。」

接下來的幾天裡，默漢．拉爾不斷忙著在阿富汗首領間進行離間，盡可能地試圖讓更多人站在阿克巴爾的對立面。凱伊寫道，麥克諾滕知道阿富汗人內部根本就不團結，只有在各方都有利的情況下才會結為暫時性的盟友，凱伊還寫道：「要將這麼多不斷變動的詭計和陰謀全部組織進一個清晰、可見的整體，並不是一件容易的事，而這些詭計也讓默漢．拉爾在最後幾天變得非常忙亂……他似乎先接觸了其中一方，然後又接觸了另外一方，只要新的一方看起來比之前接觸的人還要更有希望，他就會努力抓住機會。」不消多久，他便開始看見一些跡象，讓他覺得這個策略似乎是有效的，而阿克巴爾和他的支持者也開始感到愈來愈多來自內部的壓力。

到了十二月二十二日晚上，阿克巴爾派出一位密使前往英軍陣營，告訴麥克諾滕一項全新的提議。他提出的條款可以說非常令人感到意外，舒賈沙赫將可以留在王位上，但必須由阿克巴爾擔任維齊爾，英國人可以繼續在阿富汗留到春天到來，但屆時仍必須離開，為了保住英軍顏面，英軍可以表現出是自願離開的樣子。與此同時，他們也會逮補本恩斯刺殺案背後的主嫌，並將他交予英國人，讓其接受懲罰。作為回報，英國人必須支付一筆三十萬英鎊的金額，此後每年還需固定給阿克巴爾四萬英鎊，並助其對抗幾名對手。

很顯然地，由於（在默漢．拉爾和英國黃金的幫助下）答應麥克諾滕向舒賈沙赫倒戈的人的壓力，阿克巴爾不得不對他進行妥協——或者至少麥克諾滕是這樣以為的。麥克諾滕勝利了，他讓英國人得以保住顏面，讓英軍逃過被屠殺的命運，讓舒賈得以保住王位，也保住了自己的仕途，他們約好在隔天早上進行會晤，秘密地完成這場協議。當天晚上，麥克諾滕寫了一張便條給埃爾芬斯通，說已和阿克巴爾達成協議，讓他們終於不用再感到憂慮。

隔天，麥克諾滕在三位政治官的陪同下，出發前往和阿克巴爾約定會面的地點。埃爾芬斯通當時問他，這有沒有可能是一場鴻門宴呢，而麥克諾滕則尖銳地回覆：「交給我吧，這些事情我比你還懂。」其中一名被選中陪麥克諾滕過去的官員及其妻子，也表達了類似的憂慮。默漢．拉爾也警告道，阿克巴爾並不是一名能相信的人。然而，麥克諾滕的勇氣也是無人可以質疑的，他拒絕那些提醒並聲稱：「陰謀當然是有的」，但如果成功的話就能保住他們的顏面，和這件事比起來，那些風險根本不算什麼：「我寧可死一千遍，也不願意蒙受這些恥辱。」

阿克巴爾和手下在一個被白雪覆蓋的山坡上等待麥克諾滕等人到來，那裡可以俯瞰距離英軍軍營東南角約五百多公尺的喀布爾河，當麥克諾滕等人騎馬上來時，那些阿富汗人和他們打了招呼：「願你平安！」隨從在地面上鋪上馬衣，等雙方在馬背上相互問好後，阿克巴爾便建議麥克諾滕等人都下馬席地而坐。肯尼斯・馬肯錫上尉（Captain Kenneth Mackenzie）是當時在場的其中一位軍官，他後來曾經寫道：「有種東西，叫做不詳的預感，我想我當時感覺到的就是這個東西，因為我幾乎沒辦法說服自己下馬。但我還是下馬了，而他們則邀請我在那些將領間坐下。」等所有人都坐下、眾人也安靜下來後，阿克巴爾笑著轉向麥克諾滕，並問他是否願意接受前一晚所提的提議，麥克諾滕回覆道：「當然好」。短短幾個字，決定了他自己，也決定了整支英軍部隊日後的命運。

麥克諾滕當時不知道的是，阿克巴爾已經知道他心裡想玩的把戲，因此決定借力使力扭轉情勢。他提醒其他首領，麥克諾滕想要背著他們，偷偷和他進行秘密協議，而現在由於那些首領有些人似乎也在場，因此他們也親耳聽到麥克諾滕的詭計。阿克巴爾其實並沒有想讓英國人或舒賈留下，他之所以會做出這樣的提議，只是為了要讓麥克諾滕落入圈套，並讓那些麥克諾滕原本想拉攏的人重新回到他的陣營，他只是成功的以牙還牙、用詭計回敬麥克諾滕的詭計罷了。

麥克諾滕當時仍不疑有他，由於有些沒見過的人也在場，於是他便詢問他們是誰，阿克巴爾則告訴他無需緊張，又說道：「這都是私底下的協議，不會有其他人知道的。」根據馬肯錫上尉的說法，他在說完這句話後，便突然對著自己的手下大叫：「抓住他們！」於是馬肯錫和兩名同伴發現自己被人從身後控制住，而阿克巴爾則和另一位首領合力將麥克諾滕抓了起來。馬肯錫還記得，阿克巴爾臉上帶著一種「最兇殘」的表情，麥克諾滕被拖下山、漸漸離開眾人視線時，馬肯錫也對他的臉留下了匆匆的一瞥，他後來寫道：「麥克諾滕臉上充滿了恐懼和驚訝。」還聽到麥克諾滕大叫：「Az barae Khooda」（也就是「看在老天的份上」的意思。）但馬肯錫其實更擔心自己的命運，因為有幾名比較激動的阿富汗人想要取他和另外兩名英國軍官的性命。不過阿克巴爾似乎下令要活捉他們，阿富汗人拿走了他們的武器，並拿著槍指著他們三人，要他們騎上阿克巴爾三名手下的馬、跟在後頭。然而，還是有些人想要殺了他們，而他們則在那些人的追殺下被急忙帶往附近一座堡壘裡避難，接著又被丟進了那裡一座陰冷的牢房裡。不幸的是，他們的其中一位同伴特列佛上尉（Captain Trevor），可能是在被追殺的過程中跌下馬，或被人拉下馬，因而在雪地中遭人亂砍至死。

至於麥克諾滕到底是怎麼死的則永遠不會有人知道，除了殺害他的人之外，沒有人看到苦苦掙扎的他，在被拖下山後到底發生了什麼事。阿克巴爾後來發誓，他原來希望把麥克諾滕當作人質，等他父親安全歸來後再將其釋放，但麥克諾滕的掙扎實在太激烈了，於是他們被迫只能殺掉他，以免他掙脫、逃回英軍的隊伍裡。不過另一個版本的說法則是，阿克巴爾將自己父親遭推翻一事都怪罪到麥克諾滕身上，而麥克諾滕之前也曾送他兩把華麗的手槍（甚至還教他如何將手槍上膛），於是便使用了其中一把將麥克諾滕亂槍打死。

與此同時，英軍軍營裡的瞭望兵發現事情不太對勁，於是將狀況回報給埃爾芬斯通將軍。但他們卻再次表現出他們的無能、優柔寡斷和懦弱，因為沒有人想要試著解救麥克諾滕等人，儘管麥克諾滕等人距離軍營不到八百公尺遠。麥克諾滕曾要求埃爾芬斯通讓軍隊待命，以防事情出現差錯，但埃爾芬斯通卻連這件事都沒有做到。埃爾芬斯通針對自身袖手旁觀後來給出的理由是，他們以為麥克諾滕和那三名軍官，當時和阿克巴爾騎馬下山要去別的地方繼續完成協議，直到麥克諾滕等人沒有返回軍營，英軍才終於慢慢知道發生了什麼可怕的事。當天晚上，人心惶惶的軍營裡收到消息指出，有人看見麥克諾滕身首異處的屍體被掛在市集裡一根木桿上，而被砍下的四肢則在城裡被人們歡欣鼓舞地流傳著。

第二十章
山口的大屠殺

阿富汗人現在準備面對英軍的報復了，他們依然很害怕英軍大砲的破壞力，就連阿克巴爾也有點懷疑自己是不是做得太過火了，急忙否認麥克諾滕的死與他有關，並表達對這起事件的遺憾。畢竟不過三年前，英國人輕易便擊潰了他父親的軍隊，自己也看過統領有方的英國軍隊是多麼厲害。再說，雖然他手上握有英國人質，但自己的父親也是英國人手上最大的人質。

然而，正如英國人在亞歷山大・本恩斯被殺害後沒有出手報復一樣，當時英軍陣營裡似乎也充斥著類似的無力感。當時武力依然強大，或許也更有威脅性的英軍，如果由勇敢、堅決的人進行領導的話，即便是到了這個關頭或許仍可以擊敗阿富汗人、扭轉局勢。但年邁的埃爾芬斯通當時受到痛風拖累，而且也期待能悄悄退休，因此儘管沒有直接表現出畏縮的樣子，但從很久前便已經變得愈來愈消極，表現得既優柔寡斷又絕望。埃爾芬斯通此一狀態也漸漸傳染給其他高階軍官，「這種優柔寡斷和拖延習性，以及亂無章法因而拖累軍隊的狀態，也漸漸地讓部隊士氣變得非常低迷，而他的副手也沒有辦法改變這種狀況，為最後的敗局種下禍根。」由於英國人沒有果斷行動的意願，而且補給物資也只剩下幾天的存量，於是英國人現在只能希望透過再次和敵人進行協商的方式扭轉敗局。

到了耶誕節前一天，顯然已經不再害怕英國人報復的阿克巴爾又派出一位特使前往英軍陣營。阿富汗人再次提議，會允許英軍安全離開，但這次英國人必須付出更大的代價。由於麥克諾滕和本恩斯都已經死了，而且其他大部分的文官（不論是不是掌握在阿克巴爾的手上）也都無法繼續工作了，因此埃爾德雷德·波廷格被迫在非常弱勢的情況下和阿富汗人進行談判。曾在五年前成功組織、守住赫拉特的波廷格，一直都力勸麥克諾滕和埃爾芬斯通，趁時間還來得及前趕緊搬進巴拉希薩爾，而不是一直死守這個軍營，如果有必要的話甚至也可以使用武力開路。但埃爾芬斯通總是能找到理由拒絕此一提議，現在他們也錯過了機會，因為阿富汗人已經意識到巴拉希薩爾被英國人佔領的風險，摧毀了跨越喀布爾河的唯一一座橋樑。

雖然波廷格當時仍身負重傷，但依然試著說服上級對阿克巴爾與其盟友發動全面攻擊，因為當時阿克巴爾和盟友之間仍遠遠稱不上團結。所有年輕軍官都非常支持這個策略，而士兵們就更不用說了，他們對於麥克諾滕遭殺害一事依然感到非常憤怒。波廷格強烈反對和阿克巴爾進行任何協議，還警告他是個完全不值得信任的人，而用詭計殺害麥克諾滕一事，已經讓英國人不再相信他的任何承諾。但埃爾芬斯通卻駁回波廷格的意見，因為他和其他高階軍官都希望能盡快回家，並盡可能地減少他們認為的風險。由於麥克諾滕和本恩斯都已身亡，因此沒人有權力可以挑戰埃爾芬斯通與其部屬，尤其是波廷格，因為他的身分只是一名政治官，沒有資格影響軍事上的決策。波廷格後來寫道：「我被拖出我那噁心的房間，不得不為一群笨蛋的安危進行談判，而那些笨蛋卻在努力確保自己最後被殲滅的命運。」由於波廷格的長官只能期待會有好結果，而他們也相信阿克巴爾最後會網開一面，因此安撫阿克巴爾、和他進行談判（實際上就是為英軍的投降進行協商）的這個痛苦、討厭的任務，便成了波廷格的工作。

阿克巴爾除了要求英國人能遵守麥克諾滕原本提出立刻離阿富汗的承諾外，也進一步堅持英國人必須將多數大砲以及剩餘黃金都交給他，而他手上已經掌握的人質也必須換成那些已經結婚的軍官，而且那些軍官的妻小也必須留下來當人質。當時已經準備盡可能做出最少抵抗的埃爾芬斯通，立刻便自願擔任人質，但毫不令人意外地，他並沒有獲得回應。其中一位軍官便發誓，他寧願用槍殺死自己的妻子，也不願將她交給阿富汗人、任他們處置；而另一位軍官則宣稱，除非有人拿著刺刀抵著他，否則他是不會當人質的。只有一名軍官挺身而出，還說為了所有人好，他和妻子願意留下來。

天氣狀況此時開始迅速惡化了，如果英軍想趕在冬季堵住通往賈拉拉巴的山口前通過那裡的話，那麼他們已經沒有多少時間可以浪費了，於是波廷格別無選擇，只能接受阿克巴爾提出的大部分嚴苛要求。一八四二年一月一日，當喀布爾正下著大雪時，英軍和阿克巴爾簽署了一份協議，根據該協議，他將保證英國人離開時的人身安全，也承諾會提供武裝人員護送他們，以免他們在必須途經的地區裡遭到抱持敵意的部族攻擊。為了回報阿克巴爾的協助，英國人同意繳出大部分大砲，只帶走其中六座，以及三支由騾承載、尺寸比較小的砲座。至於阿富汗人則是撤銷了要求軍官和家屬留下來當人質的條款，並釋放馬肯錫上尉和他的同伴。馬肯錫上尉等人是在暴徒們將麥克諾滕的頭顱掛在一根木桿上，帶過去他們的牢房窗外揮舞，並呼喊著要置他們於死地的時候，才得知麥克諾滕的下場。不過阿克巴爾還是堅持要另外三名較年輕的軍官留下當他們的「客人」，以作為善意的保證，而英國人對此則無法討價還價。

隨著英軍開始快速準備撤離，軍營裡也開始流傳一則令人擔憂的傳言，其中一位高階軍官的妻子在日記中寫道：「我們接獲消息指出，那些首領並沒有打算要遵守承諾。」還有些傳言則說，他們在抓到女人後，還打算殺掉所有男人，只留下最後一個，之後再把他帶去開伯爾山口的入口處砍斷手腳、留在那裡，最後在他身上釘上一個告示，警告英國人別想再進入阿富汗，至於那些留下來的英國女性則會被當成人質，等到多斯特·穆罕默德安全回來為止。此外，有些依然和英國人維持友好關係的阿富汗人也警告，一旦英國人同意阿克巴爾的條件，就等於是簽了自己的死刑執行令。然而，由於英國人實在太急著離開了，因此沒有人把這些警告當一回事。此外，默漢·拉爾也提醒，除非有阿富汗首領的兒子充當人質、跟著他們一起撤退，否則他們最後的下場一定不會太好，但這則建議也被眾人忽視了。

一月六日當天破曉，曾經輝煌的印度軍在號角聲和鼓聲中羞愧地踏出軍營，並將舒賈和他的追隨者留在巴拉希薩爾堡壘裡任其自生自滅。印度軍的目的地是賈拉拉巴，也就是距離他們最近的英國軍營，那裡位在大約一百三十公里以東的地方，必須翻越被白雪覆蓋的山脈才能抵達，之後印度軍將從賈拉拉巴離開阿富汗，並經由開伯爾山口進入印度。在前頭領軍的是四十四步兵團的六百名紅衣士兵，以及一百名騎兵，接在他們後面的則是坐在小型馬上的英軍家眷，以及坐在由印度隨從揹著的轎子裡的病人和孕婦，再接著則是步兵、騎兵和砲兵組成的隊伍主體。在部隊主體和後衛部隊之間，則有隊伍蜿蜒負責搬運彈藥和糧食的駱駝、牛隻。此外，還有好幾千名跟隨部隊移動的人員，他們只能自生自滅、努力跟緊部隊，沒有人為他們準備任何補給物資。

他們在最後一刻發現了一件令人擔憂的事，阿克巴爾原本答應派人護送，而且說好會在前頭等待他們，此時卻無影無蹤，原本期待的食物和燃料補給也沒有出現。於是波廷格立刻建議埃爾芬斯通，即使是在這個最後關頭，他們依然可以前往巴拉希薩爾堡壘尋找掩護，但埃爾芬斯通並沒有聽取波廷格的建議，並認為當時已經沒有回頭路了。他們已經派出信使前往賈拉拉巴，提醒那裡的英軍他們已經上路了，因此，在那個寒凍的冬日早晨，由英國和印度士兵、軍人家眷、保母、馬伕、廚師、隨從，以及各種跟隨部隊的人組成的長長隊伍，就這樣踏上雪地出發前往第一個山口。

一個星期後，某天午後不久，賈拉拉巴的英軍堡壘城牆上的瞭望兵看見一人騎馬穿過原野，從遠方慢慢地向他們靠近。喀布爾的英軍投降的消息當時已經傳到賈拉拉巴，引起軍營裡一陣驚慌，他們焦急地等了兩天，期待能看到先鋒士兵出現，一般來說從喀布爾到賈拉拉巴只要五天的時間就能抵達。瞭望兵立刻發出警示，而人們則紛紛衝向城牆，有十幾人拿著望遠鏡緊盯騎馬向他們靠近的那人。過了一陣子後有人大喊，騎馬的是名歐洲人，那人似乎受傷或生病了，因為他的身子有點虛弱地向前傾，緊抓著馬的頸部。瞭望兵們感到背脊一涼，因為他們知道大事不妙了，凱伊曾寫道：「那個孤身騎馬而來的人，看起來就像一位帶來死亡的信差。」他們立刻派出一位武裝巡邏兵，前去護送那位陌生人進入賈拉拉巴，因為他們知道當時有些懷抱敵意的阿富汗人會在原野上四處遊蕩。

那人頭上和手上都被嚴重砍傷，他告訴賈拉拉巴的英軍其名為威廉·布萊登醫師（Dr William Brydon），是為舒賈沙赫服務的醫生，不過舒賈沙赫已經和英軍一起離開喀布爾了。他接下來講述的故事確實很嚇人，一如默漢·拉爾，以及其他對英國人較為友善的阿富汗人所警告的，阿克巴爾確實從一開始就非常陰險狡猾。等英軍後衛一離開軍營，阿富汗人便湧向軍營的圍牆邊，用他們致命的傑撒伊火槍對英國人開火，並成功擊斃一名中尉、讓好幾位士兵受傷。從那時起，各種騷擾就沒有間斷過，阿富汗人會騎馬衝進英軍的隊伍裡殺人劫掠，趕走負責載運行李的牲畜，同時也沒有放過跟隨英軍的非武裝人員。很快地，雪地便濺上鮮血，沿途路上都有死者或垂死的人倒臥著，儘管如此，英軍隊伍仍然持續挺進，竭盡所能地迎戰阿富汗人。然而，由於受到不必要的行李、驚慌失措跟隨英軍的非武裝人員的拖累，英國人在離開喀布爾後的第一天只成功推進大約八公里，而且直到深夜，都仍有落隊的人陸續加入。

高階軍官和一些歐洲家眷睡在沒被搶走的帳篷裡，至於其他人（包括布萊登醫師自己）則在雪地裡過了一夜。有些人升起了火，但因為沒有燃料，所以只能以自己一部分的衣物代替。布萊登把自己包裹在羊皮大衣裡成功睡了一會，手裡還緊抓著馬匹的韁繩。隔天早上，他們發現很多印度士兵和跟著軍隊移動的人，都因為來自酷熱的平原地帶、沒有保暖衣物，因而在雪地裡活活凍死了；有些人醒來後，則驚恐地發現自己的雙腳嚴重凍傷，用布萊登的話形容，凍傷的腳看起來「就像燒焦的木頭」，他們必須將這些雙腳凍傷的人留在雪地裡自生自滅。不過波廷格也極力要求埃爾芬斯通，將用來為馬禦寒的毛毯做成綁腿給士兵使用，阿富汗人每年遇到初雪時也都會這樣做，但一如他做過的其他建議，埃爾芬斯通也回絕了這項提議——而這也是軍官和文官間的對立關係所造成的悲慘結果，終將會讓他們付出昂貴的代價。

於是撤退行動持續進行：「不論是軍人或平民、英國人或印度人、步兵或騎兵，以及馱著行李的動物和槍砲，全都艱難地繼續前進著。」他們每人心中只想著一件事：「逃離這個嚴寒的地方、前往開伯爾山口，過了山口後就是溫暖、安全的平原地帶了。」他們一整天裡都受到狙擊的威脅，不斷有人因此喪命。偶爾也會發生一些小型衝突，阿富汗人還成功繳獲一對騾砲，並迫使英國人放棄其他兩座珍貴的大砲，他們現在擁有的只剩下一座騾砲和兩座比較重型的大砲。然而，真正的戰鬥當時根本還沒開始。

第二天中午左右，阿克巴爾出人意料地親自現身了，他說自己要來護送他們穿越前往賈拉拉巴的山口，他認為英國人的死傷會如此慘重，全都是英國人自己的責任，還說英軍在他準備派員護送前就先自行出發了（不過這個時間點其實是雙方事先同意的）。然而，阿克巴爾也要求英國人交出更多人質（包括波廷格以及其他兩名文官），以此作為提供護送的回報。他還命令埃爾芬斯通當天不得繼續前進，並稱自己必須先和前方守衛庫爾卡布爾（Khoord-Cabool）山口的部族首領進行安排，好讓他們能安全通過。令人不敢相信的是，埃爾芬斯通居然再次相信阿克巴爾的話，儘管他們耗費極端珍貴的兩天只前進十五公里左右，但他依然同意在原地紮營。埃爾芬斯通也接受阿克巴爾交出三名人質的要求，而那三名人質後來也依約離開英軍隊伍前往阿富汗的陣營。雖然當時很難看出這點，但對那三人來說，成為人質到頭來居然也是他們此生遇過最幸運的事情。

到了隔天，也就是一月八日，英軍凌亂的隊伍進入了蜿蜒狹窄、長約六公里的山口。當時他們依然沒有看到阿克巴爾答應提供的護送部隊，但他們實在不能再拖延下去了，因為凍傷和飢餓已經開始讓他們損失不少士兵了。雖然阿克巴爾也答應要為他們提供物資，但那些物資同樣也沒有出現。也沒有任何證據顯示阿克巴爾真有和鎮守此一山口的部族進行溝通，好讓他們能安全通過。除了埃爾芬斯通外，英軍所有人很快就會發現，阿克巴爾之所以要說服他們停下腳步，是為了讓前方的部族有時間能帶著傑撒伊火槍，在山口上方高聳的峭壁上做好準備、迎接英國人。

布萊登醫師在抵達賈拉拉巴後，靠著記憶在日記裡記錄道：「今天早上，我們在穿越庫爾卡布爾山口的時候，失去大量士兵和物品。」、「敵人佔據高地，不斷向下對我們的隊伍開火，好多人都死了……還有更多的人則是受傷了。」部隊的主體必須先至少橫越一條部分結冰的小溪十三次才能抵達山口的盡頭，等他們一抵達那裡，當地的部族便從陣地開始向下衝鋒。英軍當天大約有三千人（包括許多女人和小孩）死在那個山口，而那些凍僵屍體上的珍貴衣物也被戰友或敵人脫下帶走了。雖然布萊登沒有親眼看見，但有些人宣稱他們看見阿克巴爾騎馬出現在敵軍陣營裡，還用波斯語（很多英國軍官都聽得懂波斯語）要他們「放過」英國人，但在普什圖語（也就是當地部族使用的語言）裡，同一個詞彙卻是「殺死」他們的意思。儘管有這麼多證據能證明阿克巴爾有多狡猾，埃爾芬斯通卻還是在隔天，也就是一月九日再次相信了他，阿克巴爾這次提議要保護英國軍官的家眷，還說會護送他們走一條更安全的路前往賈拉拉巴，如果那些英國婦女的丈夫還活著，他也願意一起帶上他們，以及一些受傷的軍官，埃爾芬斯通同意了這個提議。在阿克巴爾手下的護送下，一共有十九人（包括兩名男人、八名婦女和九名小孩）離開了隊伍。那將會是幾個月內，他們（以及已經落入阿富汗人手裡的文官）最後一次被人看見。

儘管英軍交出了女人和小孩，但部隊很快又開始遭受攻擊，布萊登在隔天寫道：「這是場可怕的行軍：『敵人不斷開火，因為雪盲而分不清方向的軍官和士兵則慘遭屠殺。』」和布萊登一樣在英軍裡擔任醫生的人就有至少三人喪生，而喪命的軍官也至少有七人。布萊登回憶道，寒冷的天氣以及不斷曝曬在太陽下，都讓衣物不足的印度士兵幾乎喪失戰力，因而難以抵抗阿富汗人來自四面八方不斷的攻擊，布萊登還告訴我們，當天夜幕降臨時，還活著的印度士兵剩下「不到幾名」。根據一項統計顯示，五天之前離開喀布爾的英國士兵和印度士兵裡頭，截至當時為止只剩下七百五十名還生還，而跟著部隊移動的一萬兩千名平民，也有三分之二已經喪生。

當英軍持續遭到屠殺之際，阿克巴爾卻不見蹤影，還堅稱自己已經盡一切努力阻止當地部族屠殺英國人，他抗議道，要阻止當地部族並不是一件容易的事，因為就算是他們自己的首領也不太能控制部族裡的成員。後面這個說法可能確實有些道理，但我們並沒有真正的證據能證明他曾嘗試阻止那些首領的手下攻擊撤退中的英軍，但即便如此，埃爾芬斯通竟然又再次相信阿克巴爾的承諾，以為他真的正盡一切可能解救他們。兩天後，也就是一月十二日，阿克巴爾再次提出要護送他們安全通過，埃爾芬斯通的軍隊此時只剩不到兩百名士兵，以及兩千名跟著部隊移動的人。埃爾芬斯通認為，如果他們還想活命，就別無選擇只能和阿克巴爾達成協議，於是他便和自己的副手和其他軍官一起騎馬前往阿克巴爾的營帳。但事後證明這只是另一個陷阱，因為就連埃爾芬斯通自己都很快就會發現，就算阿庫巴爾真的想保護他們，但他其實並沒有能力做到。當埃爾芬斯通要求阿庫巴爾讓他們離開時，他卻拒絕了此項要求，於是埃爾芬斯通等人也成了阿庫巴爾手上的人質。不過埃爾芬斯通依然偷偷託人帶了口信，傳去給他留下來指揮英軍的代理人，要他立刻開拔、繼續前進。

當時天色已暗，而阿富汗人正好也放鬆了戒備，不過這種情形並沒有維持太久，當地的部族已經在狹窄的峽谷裡築起堅固的路障，如果想要阻止英軍的紅衣士兵前進，他們也可以向下對他們開火，但他們沒有想到英軍會在夜裡行動，因此並沒有派人駐守。不過當英軍士兵試著要徒手拆除路障時，卻還是被阿富汗人發現了，於是阿富汗人開始從後方攻擊他們，布萊登寫道：「此時現場陷入一片混亂。」、「完全沒有紀律可言。」每人都只能自求多福了。在一片黑暗中，布萊登突然意識到自己已被包圍了，阿富汗人在他準備騎馬逃離現場前就先逮住了他並將他拖下馬，然後用阿富汗長刀對他猛砍。如果不是因為布萊登奇蹟似地在帽子裡塞了一份《布萊克伍德雜誌》（*Blackwood's Magazine*），絕對早已一命嗚呼了，但那支長刀依然削去他一大塊頭骨。布萊登寫到：「我幾乎嚇傻了。」、「但我成功跪了起來。」並在看見第二刀揮來時成功用劍刃抵擋下來，還削下對手幾根手指，那人在武器落地後隨即跑走，消失在黑暗中，而沒有馬匹的布萊登則被孤零零地留在原地。

雖然頭部傷勢非常嚴重，但布萊登醫師依然在未引起敵軍注意的情況下，爬過那座已經部分毀壞的路障，那些敵軍似乎都跑去追殺其他人了。他孱弱地在成堆的屍體上蹣跚前行，接著遇到一位身受重傷、即將死去的騎兵，那名胸部被子彈射穿、血流不止的士兵，請求布萊登在別人騎走之前趕緊騎上他的小馬，不久後他便斷氣了。布萊登懷抱對這位不知名士兵的深切謝意騎上那匹小馬，連忙騎進暗夜中開始尋找是否有生還的同袍。

少數能活著殺出峽谷的軍官和士兵，將許多死去或垂死的同袍留在後面，此時卻發現自己被分成兩個群體：「一群騎著馬，另一群則靠雙腳前進。」騎馬的群體大約有十五人，而布萊登也是其中之一，他們決定繼續前進，希望能在追兵趕上前抵達賈拉拉巴；至於步行的一群人人數則多出不少，由二十名軍官和四十五名其他軍階的士兵組成，後來一路殺到甘達馬克（Gandamak）此一村子，那裡距離賈拉拉巴不到五十公里，他們知道只要能再多撐一天就能抵達安全的英國軍營了。但他們很快便發現阿富汗人擋住了去路，阿富汗人的人數比他們多很多，因此他們此時也意識到自己不太有機會能安全抵達賈拉拉巴了，於是他們組成一個方陣，雖然手上一共只剩二十支滑膛槍，而且每支槍也只剩兩輪子彈，但他們還是準備好做最後一搏了。

阿富汗人起初還提議進行協商，並堅稱他們最後已經達成停火協議了，為求安全，英國人只需交出武器即可，但英軍猜測這可能只是另一個陷阱，於是便拒絕阿富汗人的提議，然而阿富汗人還是試圖讓英軍繳械投降，於是一場肉搏戰隨之展開。由於英軍已耗盡彈藥，因此只能用刺刀和劍繼續奮戰，有位軍官在擊倒五名阿富汗人後才被敵人砍死，阿富汗人最後只俘虜了四人，而其他人（大部分都來自第四十四步兵團）則是全數陣亡。到了一九七九年，也就是將近一個半世紀後，英國人類學家安德雷·辛格博士（Dr André Singer）才爬上他們陣亡的那座山丘頂端。辛格博士在那荒蕪偏遠的地方的一些石塊下方找到一些骨骸，顯然是來自那些英勇的士兵。村民還告訴他，在很久以前，來自英屬印度的訪客偶爾會出現在那個地點，一語不發地站在那裡向逝去的士兵致敬。

與此同時，在大約二十公里以東的地方，騎馬的另一群英軍在不知道同袍遭遇的情況下急忙往賈拉拉巴趕路。這群人由布萊登、三名上尉、三名中尉、另外一位醫生，以及六名來自各軍階的軍人組成。他們抵達距離賈拉拉巴只有二十四公里左右的村子富特哈巴（Futtehabad）時，村民還提供食物給他們，當時都飢腸轆轆的他們接受了村民的好意，也很高興能在村民準備食物時稍事消息。經歷過這一切後，那個村子似乎特別平靜，距離戰爭也非常遙遠，但這只是個假象，有人趁他們休息時對在附近山丘上等待的人發出暗號，等到突然看見一群全副武裝的人騎馬從四面八方向村子衝來時，英國人才開始意識到危機。當他們抓起武器、衝向馬匹時，村民們也開始衝向他們，其他村民則對那些騎上馬背、正要離開現場的人開槍。包括布萊登在內，後來只有五人成功逃出那個村子，但追殺上來的阿富汗人最後又解決了四人，只有布萊登奇蹟似地逃脫了。即便如此，他的試煉還未結束，因為在前往賈拉拉巴二十四公里的路途中，又遇上了阿富汗人三次。

第一群大約有二十人，他們對著布萊登丟擲石頭，還拿著刀衝向他，布萊登寫道：「雖然不太容易，但我還是催促我的小馬快跑起來。」、「還把韁繩咬在嘴裡，然後再用劍左右亂砍，穿過他們的隊伍。他們的刀砍不到我，我只有被一、兩顆石頭砸到而已。」再前進兩、三公里後，他又遇上第二群人，其中一人還配有傑撒伊火槍，布萊登用劍尖戳了一下已經精疲力竭的馬，成功地迫使牠再次飛奔起來。有傑撒伊火槍的那名阿富汗人近距離地對布萊登開了一槍，結果把他的劍削掉了一截，並打中馬兒的胯下但沒有傷及牠，等那名阿富汗人重新填充好彈藥時，布萊登早已逃到射程外了。

最後，布萊登在前方的原野上又看見一群騎馬的人，他原本以為那些人是來自賈拉拉巴的英國騎兵，於是便急切地向他們靠近，等到發現他們是阿富汗人時已經來不及了。他們在布萊登快速掉頭時看見了他，並派出一人追了上去，那人發現他是英國人後，便揮著劍想要砍他，布萊登成功地用自己已經受損的武器擋下對方的攻擊，此時那人突然轉向並再次追了上去，布萊登寫道：「他這次發動攻擊時，我直接把劍柄朝他的頭部砸過去。」為了閃躲布萊登丟出的劍，那名阿富汗人也沒有砍中目標，只劃傷了布萊登拿著韁繩的左手，由於布萊登感到左手已經失去知覺，於是便伸出右手想抓住韁繩，布萊登回憶道：「我猜我的對手以為我當時要伸手拿槍。」、「因為他立刻以最快的速度掉頭逃走了。」

不過布萊登驚慌地發現，他的手槍其實已經從皮套中掉落了，因此此時他身上完全沒有武器，馬匹胯下的傷口也在不斷流血，看起來不太可能繼續帶著他走太遠，布萊登身上的傷，加上飢餓感和疲倦感，此時也讓他愈來愈難受。在那有如夢魘一般的八天裡，布萊登第一次覺得自已撐不下去了，他寫道：「我似乎失去了所有的力量。」擔心自己會因為太過疲憊而從馬背上摔落，每分每秒都覺得會有阿富汗人來攻擊他，而且這次應該沒辦法再全身而退了，他記錄道：「我對陰影開始會覺得緊張、覺得害怕。」事實上，布萊登當時距離賈拉拉巴其實比他以為的還要近，當他和馬匹艱難地橫越荒原時，堡壘裡眼尖的瞭望兵就是在這個時候看見他的。

在離開喀布爾的一萬六千人裡面，布萊登醫師是唯一一名走完這趟艱困旅程、安全抵達賈拉拉巴的人，而在一八四二年一月十三日這重大的一天，他也是第一名將埃爾芬斯通的軍隊遭遇慘況的消息帶往外界的人，不過就像我們即將看到的，他並不是駐喀布爾英軍唯一一位生還者。除了阿克巴爾手上的人質外，有些印度士兵和其他印度人也因為躲在洞穴裡而逃過死劫，並在接下來幾個月裡成功穿越山口、回到印度。雖然布萊登後來從傷勢中完全復原，並成為維多利亞時代最知名的一幅畫——巴特勒爵士夫人（Lady Butler）的《殘兵敗將》（*Remnants of an Army*）裡的主題人物，不幸的是，同樣出現在這幅畫裡的那匹英勇的馬，最後依然傷重而死了，布萊登寫道：「那匹可憐的馬直接被帶進馬廄裡，而牠在倒下之後便再也爬不起來了。」

不論是布萊登或是賈拉拉巴的英軍，當時都還不知道第四十四步兵軍團在甘達馬克的遭遇，在那之後的好幾天裡，他們夜裡都會在賈拉拉巴的喀布爾門上方燃放巨型火焰，並固定吹響號角，希望城牆上的光線和號角聲，能引導四散的士兵在夜幕的掩護下穿越毫無掩蔽物的荒野。然而，後來便再也沒有士兵出現過。

第二十一章
柯諾里和史多達特的最後時光

布萊登醫師所帶來的可怕消息（他後來被稱為死亡的信差）在兩星期後，傳到在加爾各答的奧克蘭勳爵耳裡，當時的奧克蘭勳爵已即將退休。他的姊姊曾寫道，這個消息帶來的震撼讓他老了十歲，情勢惡化得實在太快。威廉·麥克諾滕爵士幾星期前才剛從喀布爾寫信給他，向他確認一切都在他們的全面掌控之中，結果現在他對中亞的整個政策都土崩瓦解了。奧克蘭勳爵的政策不但未能在阿富汗建立一個對印度友善的政權、幫助印度抵擋俄國的入侵，而且還為英軍帶來史上最慘烈的其中一次挫敗，一群不過是匪徒的野蠻異教徒，光是用一些土製武器便擊敗世界上最強大的國家，這對英國的榮耀和名聲實在是一次重擊，聖彼得堡在希瓦挫敗後所受的恥辱，跟英國人的慘敗相比根本微不足道。對於起初原本不願動用英軍將多斯特·穆罕默德拉下王位的奧克蘭來說，這件事「既莫名其妙，又恐怖至極」，讓他無法理解。此時，隨著阿克巴爾的軍隊開始攻擊英國在阿富汗的最後兩處據點（賈拉拉巴和坎達哈爾），他們也開始擔心驍勇善戰的阿富汗人可能會被自己的勝利沖昏頭，像過去他們曾不只一次做過的那樣，一鼓作氣地穿過山口進攻印度北部。

倫敦方面則還要再過一星期才會得知此一壞消息。第一個刊登這則消息的是《泰晤士報》，他們用了最大的字體作為新聞標題，這份報紙宣布：「我們很遺憾地宣布，這次快遞帶來的情報是……最慘烈、最令人沮喪的。」幾天過後，《泰晤士報》在一篇社論中將矛頭指向聖彼得堡——「雖然那些部族起初要求我們介入，但聖彼得堡在他們之中的影響力愈來愈強大」，而且他們的間諜也「小心翼翼地考察了」通往英屬印度的山口。該社論還堅稱，這場暴亂的組織非常完善，很難讓人相信是臨時起意、當地人自發的一場行動，而且第一名被殺害的人是亞歷山大·本恩斯一事，也非常的可疑，因為他就是「俄國間諜最想除掉的對手」。針對俄國是否真有涉入此事，其他人的意見則沒有這麼篤定，不過包括威靈頓公爵在內的所有人都認為，英軍之所以無法成功壓制暴亂，埃爾芬斯通將軍難辭其咎，而奧克蘭勳爵當初也不應該進行這場愚蠢的行動。《泰晤士報》洋洋得意地宣稱：「事實證明，我們對出兵阿富汗的擔憂，並非沒有道理的。」

由勞勃·皮爾領導的托瑞黨新政府，至少還可以把責任撇得一乾二淨，把過錯推給墨爾本首相的輝格黨，因為當初同意出兵的人就是他們。然而，他們此時仍然需要面對善後的任務，並決定應該如何懲罰背叛英國的阿富汗人，因為整個英國都要求政府進行報復。幸好，對印度瞭若指掌、曾三次擔任印度管理委員會主席的老手葉倫波（他本人也是托瑞黨的人馬），當時已準備好接下奧克蘭的位子，成為新任的印度總督了（雖然他是在二月二十一日抵達馬達拉斯時才得知這個噩耗的）。葉倫波當時為倫敦政府帶去的指令，是要求英軍從阿富汗撤軍，好符合新的樽節經濟政策，最後卻遇上一個完全沒想到的情況。當天晚上，他在前往加爾各答的船上寫了一封信給皮爾，提議要給阿富汗人一個難忘的教訓，藉此恢復英國的榮光與尊嚴。

隨著葉倫波抵達加爾各答，指揮權此時交到新任總督手裡，但他一抵達後便得知奧克蘭已經派出一支部隊前往白沙瓦，試圖緩解駐守賈拉拉巴和坎達哈爾英軍的壓力，並解救阿克巴爾手上的幾位英國人質。三月三十一日，喬治．波洛克少將（Major-General Geroge Pollock）以其人之道還治其人之身，使用阿富汗人的戰術攻佔開伯爾山口，而且只損失十四名英軍士兵的性命。波洛克的側翼部隊奪下高地後，阿富汗的部族第一次驚恐地發現自己正在遭受來自上方的攻擊，兩週後援軍抵達賈拉拉巴，那裡的英軍用蘇格蘭的口音說道：「噢，你們終於來了。」與此同時，能幹的英軍指揮官威廉．諾特爵士上將（General Sir William Nott）在坎達哈爾周邊的一系列行動，也擊退對英軍步步進逼的阿富汗人。諾特和波洛克一樣，此時都已經準備好且非常渴望向喀布爾進軍，為埃爾芬斯通恥辱性的挫敗，以及本恩斯、麥克諾滕和無數士兵軍眷的犧牲報一箭之仇。

就在此時，原本立場十分鷹派的葉倫波卻開始躊躇了，他擔心戰事會繼續掏空印度已經捉襟見肘的財政（因為倫敦方面堅持拒絕為此次出兵分攤費用），或許也擔心戰事會再次遇上挫敗，於是主張波洛克和諾特已經讓阿富汗人學到足夠的教訓了，葉倫波在給皮爾的信中寫道：「我們終於取得了勝利。」、「而且也恢復了我軍的名譽。」他命令波洛克和諾特領軍返回印度，讓人質繼續留在阿克巴爾的手中。再怎麼說，英國人當時手上也有多斯特．穆罕默德，而且舒賈沙赫無論如何也還在巴拉希薩爾的高牆堡壘裡，在名義上統治著阿富汗（或者至少葉倫波是這樣認為的）。葉倫波還說，一旦英軍撤離阿富汗，雙方就可以在比較和緩的氣氛中開始針對人質的釋放事宜進行談判。然而，當時他不知道的是，可憐的舒賈早已不在人世了，當波洛克的士兵在開伯爾山口往賈拉拉巴挺進時，舒賈就已被誘出巴拉希薩爾（對方表面上以進行談判為由），最後慘遭掃射身亡。但阿克巴爾的勝利並沒能維持太久，因為其他首領此時也開始擔心他們可能受到阿克巴爾和他父親的統治，一如麥克諾滕的預測，阿克巴爾的支持者和反對者間，此時展開一場激烈的權力鬥爭。

幾乎在同一時間，英軍內部也爆發了另一種鬥爭。葉倫波要求波洛克和諾特從阿富汗撤軍、讓他們來不及懲罰阿富汗部族的命令，也讓這兩位將軍和士兵們感到非常沮喪和不解，因為他們想要阿富汗人血債血還。於是這兩位將軍和新上任的總督展開一場爭執，而駐在印度和英國的高階軍官，則站在波洛克和諾特那邊。包括天氣、物資和金錢短缺在內的一連串理由，都拖延了這兩支軍隊開拔的時間，而葉倫波也面臨愈來愈多逼迫其改變心意的壓力。鷹派人士在英國還有威靈頓公爵此一重要盟友，因為他當時仍是內閣的成員，曾在印度待過的威靈頓如提醒葉倫波：「重建我們在東方的名聲的重要性，從來就不為過」。就連首相勞勃·皮爾也開始在社會輿論的壓力下動搖了，還寫信告訴葉倫波可能需要採取更嚴厲的措施。

感到愈來愈被孤立的葉倫波終究還是妥協了，他意識到要嘛必須承認自己之前錯了，要嘛可能會被指控自己放棄解救人質、挽回英軍名聲和榮譽的機會。他雖然沒有改變撤離阿富汗的命令，但告訴波洛克和諾特，只要他們認為在軍事上是有利的，就可以在撤退的過程中「取道」喀布爾。凱伊評論道：「葉倫波的看法並沒有改變，改變的是某個英文字的含義。」雖然有人批評葉倫波藉此將責任推到波洛克和諾特肩上，但這兩位將軍並沒有怨言，他們得到自己想要的結果，並開始爭先向喀布爾進軍，看看誰能先抵達那裡。不過諾特的軍隊當時在卡達哈爾，他們要走的路程大約五百公里，比波洛克軍隊的一百六十公里左右要遠得多。

於是波洛克的部隊沿著埃爾芬斯通不幸的部隊，在僅僅七個月前離開喀布爾時剛走過的那條路線進行反攻，並且很快便看見埃爾芬斯通慘敗的證據，到處都是骨骸，有名軍官寫道：「他們被一堆堆地堆在一起，每堆都有幾十人或數百人。」、「我們大砲的輪子幾乎每走一公尺就會碾到我們死去同袍的骨骸。」有些人甚至還認出自己朋友的遺骨和遺物。雖然葉倫波下令克制地對待當地居民，但愈來愈憤怒的英軍也開始把怒氣發洩在那些阻止他們前進的人身上，據說在一個村子裡，他們屠殺所有年齡在青春期以上的男子，還強姦了女性，甚至有些女性也遭到殺害，其中一位年輕軍官回憶道：「不論他們如何哭泣、如何哀求都沒有用。」、「他們唯一能獲得的回應就是激烈的詛咒，有人不慌不忙地舉起火槍，扣下板機，開心地看著他倒地身亡。」這位年輕軍官除了對眼前景象感到非常驚訝外，也描述許多士兵根本沒有比「雇用來的殺手」仁慈多少。有位隨隊牧師當時正好在一個村子的屠殺現場，那個村子在投降前曾對英軍開火，他說很少有牧師會被叫去目睹這種場景，不過他也說，這些痛苦的事情「在當時的情況之下」幾乎是不可能避免的，而且令人遺憾的是，在所有戰爭中都很常見。

最後率先抵達喀布爾的是波洛克的部隊，不過他們只比諾特的部隊早抵達一些而已，和之前布萊登醫師反方向的行程相比，他們進入喀布爾所花的時間是布萊登的五倍。他們在九月十五日抵達喀布爾，發現敵人早已逃出城外，包括阿克巴爾本人在內。當天晚上，他們在埃爾芬斯通軍隊三年前興建的賽馬場上紮營，並在不費一兵一卒的情況下，於隔天早上進入巴拉希薩爾堡壘，幾分鐘後他們便在喀布爾再次升起英國的米字旗。那裡許多事物都正提醒他們前來報復的原因是什麼，比如亞歷山大．本恩斯已經被燒得焦黑的房子。諾特部隊裡有位軍官評論道：「那真是個令人看了非常難過的景象。」、「那房子所在的狹窄街道上，還留有許多彈痕和火槍的子彈，那些都無疑是那場火爆衝突的證據。」這位軍官和同伴回到軍營途中，「路上沒人想要說話……而且他們心裡都充滿悲傷的情緒和恥辱感，而那就是阿富汗人想用那些場景刻意喚起的情緒。」

由於舒賈沙赫已經死了，此時喀布爾已沒有統治者，而兩位指揮官中比較年長、被葉倫波動爵賦予政治權力的波洛克，立刻便扶植舒賈沙赫的兒子富德登上王位，藉此讓其成為英國人的傀儡。波洛克下一項優先處理的事項是試著解救阿克巴爾手上的英國人質，被他選中執行這項既艱難又危險的任務的人，是里奇蒙·莎士比爾中尉（此時已成為爵士），他兩年前在希瓦的經歷便已展現在這類任務上的才能。雖然這次有一支奇茲爾巴什人（Kizilbashi）的非正規部隊（他們是阿克巴爾不共戴天的仇敵）隨行護送他，但很多人都擔心他可能最後也會變成阿克巴爾的人質，因為據說人質被帶往的巴米揚（Bamian）地區，有一萬兩千名敵軍士兵四處遊蕩著。但莎士比爾並沒有因為這種警告而退卻，依然在六百名武裝奇茲爾巴什人的陪同下，立刻啟程前往位於西北方約兩百四十公里處的巴米揚，並先派一位信差試著前去告訴人質救兵已經上路的消息。

阿克巴爾當時手上的英國人質因為加上一些英國俘虜，因此人數變得非常多，總數達二十二名軍官（埃爾德雷德·波廷格也是其中之一）、三十七名士兵、十二名婦人，以及二十二名孩童。過去幾個月來，他們都被關在喀布爾，過著相對舒適的生活，但隨著波洛克和諾特向首都進軍，他們也被移到巴米揚附近一處用泥土建造而成的偏遠堡壘裡。他們的僕人曾在八月份的時候告知他們很快便會被帶往北邊的布哈拉，任何救兵都無法靠近他們，一旦英國人佔領喀布爾、阿克巴爾被迫逃亡的話，他們就會被當作奴隸送給那裡的部族。以波廷格為首的幾名軍官意識到時間不多了，於是在靈巧的默漢·拉爾的幫助下，開始試著收買看管他們的阿富汗指揮官，希望能換取自由。起初那名指揮官有些疑慮，但英國人正在快速接近喀布爾、而阿克巴爾正準備逃亡的消息很快便開始傳抵巴米揚，於是那名指揮官不顧阿克巴爾將人質帶往突厥斯坦的命令，同意以兩萬盧比現金以及每月一千盧比津貼為代價，讓他們重獲自由。

獲得那名阿富汗指揮官的合作後，波廷格等人接管了關押人質的堡壘，準備在那裡進行防衛，直到解救部隊到來為止。他們廢除那位阿富汗指揮官，升起英國的米字旗，並對路過的商人收稅，和當地的首領建立友善關係，與此同時，他們也開始進行籌劃，以防遭到敵軍圍城。由於許多英國士兵都因病而變得太過虛弱無法戰鬥，因此他們承諾原本在那裡的守衛，如果願意留到英國人被解救為止，就能額外獲得四個月的薪資。就在此時，他們也得知喀布爾陷落、阿克巴爾逃亡，而莎士比爾正在奇茲爾巴什人的護送下前來的消息，於是便立刻棄守這座堡壘，前去迎接莎士比爾。

前進幾個小時後，有名偵察兵看見一大群人正騎馬穿過山口往他們的方向前來，波廷格一度非常擔心這群人可能是前來抓捕他們的阿克巴爾的士兵，但他突然看見騎馬在隊伍前奔馳的人竟穿著英國軍官的制服，而那人就是里奇蒙·莎士比爾爵士，他已經看見波廷格等人了。他們見到彼此時都非常激動，許多人質都掉下了眼淚，由於和外界完全斷絕聯繫八個月之久，他們不斷向莎士比爾拋出各種問題。從莎士比爾那邊得知，虛弱的埃爾芬斯通早在當年四月就死了，所以逃過了社會輿論（甚至軍事法庭）對他造成英軍慘敗的咎責和羞辱。莎士比爾爵士也得知，有四名女人在被俘虜期間生下孩子，還有一位士官的妻子和俘虜她的人跑了。

人質遭到解救、開始前往喀布爾後，英國人還有最後一項任務要完成：「進行報復、算完最後一筆帳。」波洛克原本打算炸毀巴拉希薩爾堡壘此一阿富汗的權力象徵，但依然效忠英國的阿富汗人卻乞求他不要這麼做，因為那樣會讓他們喪失防禦能力。因此，他最後決定夷平喀布爾那座享譽中亞、有棚頂覆蓋的雄偉市集，麥克諾滕被肢解的屍體，九月前就是被掛在那裡。這項任務由波洛克的工程師使用炸藥執行，但那座市集的規模實在太大，最後花了整整兩天才完成破壞。波洛克發出嚴格命令，要求英軍不得傷害任何人，也不能動到舊城其他地方的房屋財產，同時在市集的大門及其周邊都安排守衛，避免趁火打劫的情況發生。然而，當地秩序接下來卻完全瓦解了，當時在諾特手下擔任文官的亨利·羅林森上校寫道：「到處都有人在傳言，喀布爾已經開放讓所有人劫掠了。」士兵和跟著軍隊的平民都湧入城裡趁火打劫，包括奇茲爾巴什人在內，不論是有罪還是無辜的人，於是就這樣眼睜睜地看著自己的房子和生意遭到摧毀，看著喀布爾的許多地區慘遭夷平。在那些失去一切的人裡面，有五百個家庭來自印度，因此他們當時只能乞求英軍讓他們跟在後頭回去印度。這起事件在波洛克和諾特的勝利王冠上成了一個污點，英國人顯然必須離開了。

十月十一日，他們降下巴拉希薩爾上的英國米字旗，而第一支撤離喀布爾的部隊則在隔天早晨啟程上路。他們再次踏上這條佈滿屍骨的道路，這條去年冬天的苦難之路（*via dolorosa*，譯按：原指耶路撒冷的一條街道，耶穌曾在該街道上背著十字架前往受死），目標則是開伯爾山口和他們的家。英國已經在名義上回復了名譽，滿意地將阿富汗的政治留給阿富汗人自己處理（至少暫時是這樣沒錯），現在被歷史學家稱為第一次阿富汗戰爭的這場戰事終於劃下休止符。英國人在這場戰役裡受到重創，儘管葉倫波勳爵不斷自吹自擂，說英國人獲得了最後的勝利，還進行了一場大規模的凱旋典禮。然而，不論他們發出了多少枚獎章、興建了多少座凱旋門、在軍隊裡辦了多少場酒會，都依然無法掩蓋他們最後的諷刺之處。英國人一撤離阿富汗沒多久，那裡旋即又陷入血戰之中，舒賈沙赫的兒子在三個月內便遭推翻，而英國人則是無條件地讓多斯特·穆罕默德重新登上了王位，儘管他們之前才花了如此大的代價將他拉下王位。此時沒有人會懷疑，多斯特．穆罕默德就是唯一一位能夠重建阿富汗秩序的人。到最後，一切又回到原點。

即便如此，英國人在中亞的悲劇依然沒有結束，在那一整年裡，不斷開展的戰事持續佔據印度和英國的報紙頭條。人們都非常擔心那些人質（尤其是那些女人和小孩）的命運，而他們毫髮無傷獲釋的消息，也讓所有人都開心地鬆了一口氣。就在葉倫波下令於印度進行的慶祝活動開展之際，一則令人害怕的消息卻傳到德黑蘭的英國大使館，帶來消息的人是曾受僱於亞瑟．柯諾里的一位年輕波斯人，他當時剛剛從布哈拉回來。自從英軍在喀布爾慘敗後，柯諾里和史多達特的慘境便逐漸被世人淡忘了，但那位年輕波斯人卻指出，柯諾里和史多達特兩人都已經死了。他說柯諾里和史多達是在六月的時候死的，當時英國在中亞的聲望正值低谷，沒有人覺得英國是個值得敬畏的國家，布哈拉的埃米爾對維多利亞女王沒有回覆他的信感到非常憤怒，而且也不再擔心會受到報復，因此便下令將當時正享受短暫自由時光的兩位英國人給抓回來丟回大牢裡。幾天後，他們將柯諾里和史多達特的手綑綁起來，帶往埃米爾王宮所在的堡壘前方的大廣場上，那名波斯人發誓，接下來發生的事是那位負責行刑的劊子手親口告訴他的。

起初，他們命令兩位英國軍官在群眾的無聲圍觀下，挖掘自己的墳墓。接著他們命令兩人跪下，準備好迎接自己的死亡。史多達特少校是第一名被行刑的人，他在行刑前還大聲地譴責埃米爾的殘暴專橫。劊子手接著轉向柯諾里，並告訴他只要拋棄基督徒的身分、皈依伊斯蘭，埃米爾願意網開一面放他一條生路。然而，柯諾里知道，雖然史多達特之前也被迫改信伊斯蘭教，但也沒有因此逃過被監禁和被殺害的命運，於是便回覆道：「史多達特上校已經成為穆斯林三年了，但你們還是殺了他。我不會變成穆斯林的，而且我已經準備好受死了。」接著他將脖子伸向劊子手，不久後他的頭顱便滾進史多達特身旁的沙土中。

柯諾里和史多達特被殘忍殺害的消息讓所有人備感恐怖，但未能讓他們再次派出一支軍隊跨越阿富汗處理這位微不足道的暴君，他們對此能做的事情並不多，英國內閣決定，就算可能在中亞變得更丟臉，他們還是悄悄地忘記這整起不幸的事件會比較好。然而，史多達特和柯諾里的朋友們卻感到非常憤怒，責怪政府拋棄他們，決定不讓他們的死被人遺忘，有些人甚至認為波斯人可能在說謊，那兩位軍官其實還活著。於是他們發起連署行動，還有一位勇敢但非常古怪的神職人員，自願前往布哈拉確認真相——這名神職人員名為約瑟．沃爾夫（Joseph Wolff），來自薩里（Surrey）的里奇蒙（Richmond）。大膽的沃爾夫不悅地發現，那名波斯人說的故事除了一些細節外，基本上都是真的，而沃爾夫能幸運活著逃出來，據說是因為他當時全身穿著宗教禮服的模樣實在太奇怪了，讓那位難以預測的埃米爾「笑到全身發顫、無法自己」。沃爾夫那趟充滿勇氣的旅程，嚴格來說不算是中亞大競逐的一部分，不過他在回到倫敦後，寫了一本於一八四五年出版，名為《布哈拉任務的故事》（*Narrative of a Mission to Bukhara*）的書，讀者可以在該書中看到那趟旅程的詳細記錄。

柯諾里和史多達特的故事在二十年後又被加入一個深刻的註腳。有天柯諾里在倫敦的姊姊收到一份透過郵寄而來的小包裹，裡頭是一本破損的祈禱書，是柯諾里被關押在布哈拉期間的遺物，這本祈禱書在長時間的苦痛過程中，顯然帶給柯諾里和史多達特許多慰藉。書頁的最末和邊緣空白處到處都寫著小小的手寫字體，講述兩人不幸的遭遇，他們寫下的最後一句話只到一半便嘎然而止。這本祈禱書後來顯然落入一位住在聖彼得堡的俄國人手裡，而那人則成功循線找到柯諾里的姊姊。令人難過的是，這份遺物後來也失蹤了。

和本恩斯以及麥克諾滕一樣，對柯諾里和史多達特而言，這場大競逐已經結束了，他們曾經如此支持、甚至協助形塑前進政策，最後卻也全都成了這個政策的犧牲者。赫拉特和喀布爾的英雄埃爾德雷德．波廷格，在幾個月內也因為熱病過世了，得年三十二歲。另一位前途似錦，卻因為大競逐喪命的年輕人，也是一位政治官，名為約翰．柯諾利中尉（Leutenant John Conolly），他在喀布爾成為阿克巴爾的人質時就因病去世了，沒有機會聽到自己非常崇拜的哥哥亞瑟的下場。因此，有六位來自英國重要的大競逐參與者，在短時間內相繼離世，在為大競逐英雄保留的英靈神殿（Valhalla，譯按：北歐神話裡的天堂，因戰陣亡的勇士會被帶往那裡享福）中，加入了威廉．穆克羅夫特，以及格里伯耶朵夫和維特克維奇這兩位俄國對手的行列。

然而，不論是英國或俄國，都在中亞的行動中付出高昂的代價，似乎也都學到了教訓，因而在那之後的一段時間裡，雙方的決策都變得更加謹慎。於是這場大競逐接著便進入了緩和期，為期長達十年之久，儘管雙方對彼此都仍存在著恐懼和猜疑。這兩個強權將會使用這段時間來鞏固自己的邊界，但到頭來卻證明那不過是他們在中亞爭霸的中場休息時間罷了。

第二十二章
中場休息

先伸出橄欖枝的是尼古拉沙皇本人，他是在一八四四年夏天，對英國進行國是訪問時遞出這把橄欖枝的。當時二十五歲的維多利亞女王原本預期這位俄國貴賓不會比野蠻人好多少，卻發現自己被他俊俏的外型和優雅的舉止給迷住了。她曾經如此提到：「他的外型很出眾，但眼神又讓人害怕，那是我從來沒看過的眼神。」尼古拉沙皇在接下來和勞勃．皮爾，以及英國外相阿伯丁勳爵（Lord Aberdeen）的會晤中，向他們保證他想要的只是和平而已，在亞洲也都沒有額外的領土野心，對印度更是沒有任何非分之想，他最關注的是鄂圖曼帝國（或者用他的話來說是「歐洲病夫」）的未來。他承認一想到鄂圖曼帝國瓦解後會發生的事情就感到心煩意亂，而他認為這件事很快就會發生。然而，尼古拉沙皇真正在意的，似乎更像是想確認能否在鄂圖曼帝國瓦解時也分到一杯羹。

雖然皮爾和阿伯丁沒那麼確定鄂圖曼帝國即將崩解，但雙方依然達成共識：「萬一鄂圖曼帝國真的瓦解，要避免讓歐洲強權恣意前去瓜分，因為那幾乎可以肯定會造成一場大戰。」同時，雙方也同意要盡可能地讓鄂圖曼帝國的蘇丹留在王位上久一點。尼古拉返國時覺得自己已經獲得英國的明確承諾：「萬一土耳其爆發危機，維多利亞女王便會和他一起協同行動。」但對英國人來說，那場會晤雖然氣氛友好，但除了一些模糊的意向聲明外，其實沒有太多成果，而且那些聲明對於未來的政府也絕無約束力，這個誤會將會在未來的某個時機讓雙方付出慘痛代價。

與此同時，雖然英俄雙方都克制自己不對彼此在亞洲的領土做出任何敵對、威脅性的舉動（雙方的領土之間，當時依然隔著廣袤的沙漠和山脈），但他們也開始透過征服棘手鄰國的方式來鞏固各自的既存邊界。俄國人將他們的堡壘防線，推進到難以駕馭的哈薩克草原的另外一邊，最遠推進到錫爾河（Syr-Darya）的河畔，也就是奧克蘇斯河的兩條河流中，比較靠北邊的那條。到了一八五三年，這些堡壘組成的防線從鹹海一路延伸到阿克梅切（Ak-Mechet），也就是河流上游大約四百公里處，也更靠近中亞的核心腹地。俄國人拆解兩條小型的蒸汽船，再將零部件由陸路運過去，然後在鹹海重新組裝，藉此對前線據點提供補給。英國人在這段氣氛和緩的期期甚至更加活躍，他們在阿富汗遭遇羞辱式的慘敗後，於一八四三年併吞了信德，某位評論家形容：「就像某個欺善怕惡的惡霸，在街上被揍後，回到家打自己的妻子出氣。」他們接著對旁遮普的錫克教徒進行兩場小規模但非常血腥的戰爭（自從蘭季德．辛格過世後，該地區變得愈來愈不受控制），於一八四九年併吞旁遮普地區，位於北方的喀什米爾則從旁遮普分離出來，並交給一個他們認為對英國比較順從的統治者進行統治。這些安排也讓英屬印度開始和多斯特．穆罕默德的國家成為鄰國，此時多斯特．穆罕默德穩穩地重新回到王位上，而在面對之前俘虜他的英國人時，則改為謹慎但友善的態度，因為他在流亡印度期間，似乎對英國人愈來愈有好感。

當尼古拉沙皇極力追求的和緩氣氛，在一八五三年突然瓦解時，這就是英俄雙方當時在中亞的情勢。這種張力的跡象已經出現好一段時間了，一八四八年，幾個歐洲國家的首都，包括巴黎、柏林、維也納、羅馬、布拉格和布達佩斯在內，都同時發生革命運動，再次當上外相的巴麥尊勳爵曾如此寫道：「歐陸到處都在打仗……那是統治者和被統治者之間的戰爭，是法律和失序之間的戰爭，是有權有勢者和無權無勢者之間的戰爭。」一直害怕俄國發生革命的的尼古拉，立刻便限縮俄國境內原本僅存的少數自由。與此同時，他也派出一支軍隊，由能幹的帕斯克維奇領軍前往匈牙利，因為他相信那裡就是革命運動的中心，也認為那場革命運動是一場針對俄國的陰謀，匈牙利的那場起義行動於是遭到鎮壓，而領導運動的人則遭到處決。尼古拉防止這場革命擴散到俄國，卻也讓各地的自由派和其他人對其產生敵意，也讓他獲得「歐洲的憲兵」（the Gendarme of Europe）此一綽號。他還寫信給維多利亞女王，指出只有英國和俄國沒有陷入無政府狀態，還提議兩國聯手對抗這種無政府狀態，但並未獲得維多利亞女王的回應。

不過，最後真正終結英俄間為期十年的和緩狀態的，其實是一場針對基督教在耶路撒冷（當時那裡仍是鄂圖曼帝國的領土）的聖地監護權的糾紛，儘管英國並沒有涉入這場糾紛。這場俄國、法國和土耳其間的糾紛，起因並不是我們在此關注的重點，但接下來的危機卻不斷升高，導致尼古拉命令自己的軍隊進入鄂圖曼蘇丹在巴爾幹北部地區的省份，號稱要保護那裡的基督徒。雖然土耳其人對他發出最後通牒、要求他盡快撤軍，但他並沒有多加理會，於是俄土兩國便再次開戰了，決意不讓俄國人進入近東地區的英國人和法國人，則和鄂圖曼帝國的蘇丹結為盟友。認為自己已經在土耳其問題上，和英國人取得特殊關係的尼古拉沙皇，此時才終於發現他嚴重錯估情勢了。於是這場沒有人希望看到，且原本很容易可以避免的克里米亞戰爭，就這樣展開了。

由於那場血腥戰爭的故事大家都已經非常熟悉了，因此我們沒有必要在此重述。再說，那場戰爭也不是中亞大競逐的一部分，而且是在開放的戰場上、由規模龐大的軍隊進行作戰，距離中亞可怕的沙漠以及通往印度的偏僻山口都非常遙遠。然而，負責防衛印度的人，很快就感覺到這場戰爭的餘波，因為有位立場鷹派的英國人認為這場戰爭是個大好機會，能讓英國驅逐在高加索地區的俄國勢力，因此也能減少印度受到的潛在威脅。有些俄國的戰略專家則認為，進軍印度可以幫助俄軍加速在克里米亞取得勝利，而斯莫尼克伯爵在波斯宮中的接班人——杜哈梅爾將軍，就是其中一個抱持這種想法的人，而且還提出一套詳細的入侵計畫，希望能迫使英國將軍隊從近東的戰場調往印度。斯莫尼克伯爵主張，如果他們可以承諾讓阿富汗人（或許還有錫克教徒）獲得領土、進行劫掠，藉此慫恿他們站在俄軍那邊，那麼對印度發動攻擊就不需要動用俄軍太多兵力。雖然英軍在邊境地區駐軍，但印度大量的本地人口就是英軍在印度的「內鬼」，俄國只需要進行一點煽動，就能讓他們從後方攻擊自己的主人。

杜哈梅爾的計畫並沒有什麼創新之處，他在考慮幾條不同的路線後（那些路線全都在很久前，就由金尼爾和其他人提出過了），勉強接受橫越裏海前往阿斯特拉巴，接著再循陸路前往赫拉特的路線。他認為這條路線對入侵的軍隊來說距離最短，路程也最容易，因為不會經過沙漠、山脈和主要河流，而且還能避開好戰的部族，而其他路線則都被部分或全部的好戰部族給阻擋住。最後，杜哈梅爾還希望，一支由俄國人、波斯人和阿富汗人組成的聯軍，可以從喀布爾或坎達哈爾出發。他自己比較偏好從喀布爾出發，因為如此一來就能藉由開伯爾山口前往拉合爾和德里，而那些地方的本地居民也可能會加入他們這些「解放者」的行列。然而，杜哈梅爾最後未能測試他的計畫，戰況當時對於俄國人已經非常不利了，他們沒有辦法分兵進行這種遠征。事實上，這個計畫的成功機會看起來也是微乎其微的，波斯和阿富汗這兩個宿敵，似乎不太可能同意忘掉彼此的分歧而團結在一起，更不用說同意俄軍穿過他們的領土。畢竟，比起英國人，他們並沒有更好的理由去相信俄國人。此外，就算真的能進行合作，加爾各答的軍方也有信心能擊敗入侵的軍隊。但杜哈梅爾有一點說對了：「英國的陣營內部確實有『內鬼』，而英國人自己也很快就會發現這件事。

雖然杜哈梅爾的計畫並沒有為俄國帶來任何成果，但當這個計畫以及另一個類似計畫的風聲傳出後，卻也為英國的鷹派提供政治上角力的素材，雖然聖彼得堡政府不斷否認，但這就是他們對印度依然懷抱非分之想的證據。這些年來，這類入侵計畫傳到英國人耳裡的次數確實非常驚人，對於俄軍來說，放出這種消息也的確有利於他們，因為如此一來，英國就不得不在印度派駐比原本還要多的軍隊。畢竟，在參與這場大競逐的可不只有英國人而已。

不過，如果說英國的「阿基里斯之踵」（Achilles' heel，譯按：亦即致命弱點）在印度的話，那麼俄國人的「阿基里斯之踵」就在高加索地區，那裡的穆斯林部族直到當時都仍在激烈抵抗沙皇的統治。然而，由於克里米亞戰爭需要俄軍投入大量軍力，因此他們也大幅減少在高加索地區的駐軍。倫敦和加爾各答的鷹派人士於是在此時紛紛要求英國亮出手上的王牌：「英國不只應該提供武器給英勇的沙米勒及其追隨者，還應該派軍隊過去。」因為厄卡特、龍沃斯以及貝爾，之前在高加索地區給了當地人不少鼓舞（當然還有虛幻的希望），因此當地的部族一直希望英國能出手支援，甚至沙米勒還曾寫信給維多利亞女王，只不過都沒有成果。一位英國時事評論家曾說：「如果英軍在喬治亞進行作戰，加上土耳其和波斯的幫助，以及沙米勒和他手下那些堅毅山民的支持，一定可以將俄國人從高加索地區趕出去。」還有些人則把和俄國的戰爭視為一個大好機會，可以攻擊俄國沿著錫爾河興建的幾座堡壘，他們還主張這個行動完全不需要英軍涉入就可完成。他們只要對當地的部族首領提供武器和建議，就能讓孱弱而且孤立在草原上的俄國據點處於下風，一位提出此呼籲的人說道：「將他們逼回他們於本世紀初佔領的前線去。」

然而，就像聖彼得堡最後沒有實現杜哈梅爾的計畫一樣，英國人對於這種對抗俄國的類似計畫有些遲疑，儘管他們遲疑的理由很不一樣。由於出兵阿富汗的可怕經驗在每人心中仍非常鮮明，因此他們對於再次涉入亞洲穆斯林國家的事務（即使只是被邀請涉入）都感到非常的抗拒。這種謹慎的新態度，後來被稱作「精明無為」（masterly inactivity）政策，和此前在阿富汗帶來慘敗的積極「前進」政策形成鮮明的對比。此外，法國人也開始懷疑他們之所以被捲入在克里米亞的衝突，是為了拓展英國人在東方的利益，因此倫敦政府也非常焦慮，希望避免做出任何舉動讓法國人覺得自己的懷疑是正確的。事實上，此時的戰況對英國和法國也非常有利，他們在一八五四年九月對塞瓦斯托波爾（Sebastopol）此一俄國在黑海上強大的海軍據點進行圍城，因為他們認為只要能攻下並摧毀塞瓦斯托波爾，土耳其就能繼續維持獨立，這場圍城將會持續三百四十九天，並對雙方造成嚴重死傷和損失。隨著俄國逐漸無可避免必須投降，因為自己攻擊土耳其而開啟這場戰爭的尼古拉沙皇，也陷入愈來愈深的絕望裡，一八五五年三月二日，尼古拉沙皇在自己指揮俄軍的冬宮裡過世，他的死因，官方說法是流行性感冒，但很多人都相信，他是因為不想目睹自己心愛的軍隊戰敗而服毒自殺的。

尼古拉過世後，他的兒子亞歷山大繼位成為新的沙皇，由於塞瓦斯托波爾已經投降，再加上奧地利可能會加入戰爭對抗他，因此亞歷山大在一八五六年二月一日同意進行初步的和平協議。幾週後，他們在巴黎和會（Congress of Paris）中確認和約，而這場會議的召開也是為了解決所有東方問題（Eastern Question）。戰勝國的主要目標是希望能將俄國擋在近東地區外，並針對黑海地區對戰敗國施加最嚴厲的條款，黑海的海面和沿岸地區將不能出現任何戰艦、海軍基地，以及其他堡壘設施，雖然此一條款適用於所有國家，但俄國顯然是受害最深的國家。與此同時，黑海的港口將會對所有國家的商船開放，對於二十年前策劃雌狐號事件的厄卡特、貝爾和其他人來說，也算是個遲來的勝利。俄國人也必須割讓多瑙河的河口，歸還他們在土耳其佔領的巴統（Batum）和卡爾斯，以及巴爾幹的北部地區，並撤回他們對住在鄂圖曼帝國境內基督徒的宗教監護權。

無可避免地，鷹派人士對此並不滿足，但英國已經達到其主要目標，此時的黑海已經中立化，而土耳其的完整性在幾個主要歐洲強權的幫助下也獲得鞏固。他們阻擋俄國在歐洲以及在近東的野心，而聖彼得堡也要等到十五年後才會宣布俄國已不再受《巴黎和約》（Peace of Paris）的限制，並再次開始建立一支強大的黑海艦隊。與此同時，對於挫敗依然心懷憤恨的俄國將軍們，再次將注意力轉移到對抗沙米勒及其在高加索的追隨者的戰爭，這次決意要一勞永逸地擊敗他們。然而，如果英國人以為立即的威脅已就此結束了，那他們恐怕也要失望了，突然間，阿富汗這個縈繞不去的問題，又出現在新聞版面上了。

克里米亞戰爭一爆發後，對英國和俄國都沒有好感的波斯沙赫，便發現自己陷入了一個窘境：如果真要選擇，他不知道應該和哪一方結盟比較好。他原本希望英國可以幫他重新取回他割讓給俄國的高加索領土，以此作為他提供協助的回報。沒想到他們卻建議他嚴守中立。然而，印度政府也意識到了，波斯沙赫可能正在受到來自俄國的強大壓力，而他也的確很害怕俄國，於是便快速派出了一艘軍艦前往波斯灣，以此作為警告。這個方法確實有效，而波斯也在整場戰爭之中都保持著中立。然而，俄國人的陰謀並沒有就此停止。希望煽動英國和波斯對彼此開戰的聖彼得堡，於是在英國捲入克里米亞戰爭之際，開始慫恿沙赫再次宣稱波斯對赫拉特的主權，而赫拉特就是保衛印度的一個關鍵據點。沙赫最後被俄國人說服了，因為他以為英國人當時對赫拉特的主權歸屬已經沒那麼在意了。不過等到他終於出兵之際，對俄國人來說也已經太遲了，因為克里米亞戰爭的結果已經大勢底定了。

歷經短暫的圍城後，赫拉特最後在一八五六年十月二十五日落入波斯人的手裡。這個消息花了整整一個月的時間才終於傳到印度，儘管喀布爾的多斯特·穆罕默德早就提出過警告，說波斯人正在計畫進攻赫拉特，但這個消息還是讓英國人大吃了一驚。多斯特·穆罕默德曾要求印度對他提供武器和其他協助，好讓他能夠擊退波斯人對阿富汗的入侵，但最後援助並沒有到來。雖然倫敦曾指示總督要和喀布爾維持友好關係，但也命令他要盡一切代價避免介入阿富汗的內部事務，等到倫敦改變心意時早已為時已晚。然而，他們仍然必須趕走波斯人，而且動作必須要快，以免赫拉特成為他國對印度圖謀不軌的前哨站，甚至成為入侵印度的據點，因為他們並沒有忘記，俄國人和德黑蘭長期以來都有協議，能讓他們在沙赫領土上的任何一處設置領事館。英國人有兩個選擇，他們或者可以在多斯特·穆罕默德的同意下，出兵通過阿富汗，然後將波斯人推回到邊界另一邊；或者可以派出一支海軍前往波斯灣，對沙赫的港口進行轟炸，直到他知道分寸、願意撤兵為止。

當時的總督坎寧勳爵（Lord Canning）強烈反對前進政策——「尤其印度根本沒辦法籌到那麼多錢來支持這種政策」——而且也特別反對派兵前往阿富汗，即使是與多斯特·穆罕默德的軍隊組成聯軍，他也同樣反對。坎寧勳爵曾寫道：「我認為英軍一旦出現在阿富汗裡，就一定會立刻讓大多數人感到反感，因為他們並不在乎赫拉特的處境，但對一八三八年以及那之後發生的一切，卻都依然記得非常清楚。」因此他們決定派出一支混合海軍和陸軍的軍隊前往波斯灣，波斯人十七年前對赫拉特進行圍城時，他們就已經採取過類似的舉動，而這個做法在當時也頗有成效。與此同時，印度政府也宣布進入戰爭狀態，如果英國打算正式宣戰，那麼他們就必須召回國會議員（當時國會正處於休會期間），而當時擔任首相的巴麥尊也知道，由於他們和俄國代價高昂的戰爭剛結束沒多久，這種依賴戰艦外交的政策也不會太受歡迎（即便在內閣裡也是如此）。確實，當出兵的消息傳回英國時，幾個城鎮都出現反戰的示威活動。

歷經一陣短暫但猛烈的轟炸後，布什爾於一八五六年十二月十日向英國投降。當英國的米字旗在城裡升起時，英軍士兵們都發出響亮的喝彩聲，守軍和其他居民則是相信這也意味著他們即將慘遭屠殺，因此紛紛逃往沙漠裡。但英國人對波斯人並沒有惡意，大多數人都覺得他們真正要追討的人其實在別的地方，一如一位英軍砲手在他們展開轟炸行動時對長官所說的：「長官，這對俄國人來說肯定是個很大的打擊！」然而，英國開戰的舉動並沒有像巴麥尊預期的那樣馬上就帶來效果，最後他們又進行兩次交戰才終於讓沙赫願意就範、再次同意從赫拉特撤軍，而且這次沙赫還拋棄了對赫拉特的一切主權聲張。對於在印度的英國人來說，這是最好的結果，因為此時他們也正面對一場可能危及其生存的內部動盪。

雖然很少有人預見到，但印度的起義運動其實已經醞釀好一段時間，埃爾德雷德．波廷格就是少數預見這件事的人之一。他在過世前不久才在給朋友的信中寫道：「如果政府不採取一些決斷的措施挽回軍心，我真的覺得只要一點點的火花就會讓印度軍爆發叛變。」然而，在印度的大多數英國人都認為，印度本地的士兵「都對自己的待遇很滿意，他們生氣蓬勃、脾氣溫和，而且心地單純又值得信任」，一位軍官便曾如此說道。一八五七年五月十日於密拉特（Meerut）爆發的起義運動，其細節並不在本書關注的範圍內，和克里米亞戰爭以及英軍出兵波斯灣一樣，這場起義運動也不是大競逐的一部分，儘管有些鷹派人士懷疑這場運動背後也有俄國人和波斯人在搞鬼，確實，波斯人據報當時曾公開稱讚這場起義。不過就算俄國人沒有參與其中，他們也沒有放過利用這場起義的機會。

一八五八年春天，一位名為尼古萊．漢尼科夫（Nikolai Khanikov）的俄國特使，在橫越裏海後抵達了赫拉特，他希望從那裡秘密前往喀布爾，代表俄國向多斯特．穆罕默德提出一個計畫。當時多斯特．穆罕默德剛剛和英國人結盟，由於英國人沒有踏入阿富汗的領土就將波斯人趕出阿富汗，因此多斯特．穆罕默德對他們頗有好感。多斯特．穆罕默德無疑也還記得自己二十年前和上一任沙皇派來喀布爾的特使維特克維奇眉來眼去的慘痛結果；現在他也目睹俄國在克里米亞戰場上被英國及其盟友擊敗；更不用說聖彼得堡在十八年內居然又一次未能前來幫助他們的波斯盟友。對多斯特．穆罕默德來說，英俄兩國孰強孰弱已經是個無庸置疑的問題，應該和誰維持良好關係也顯而易見。此外，他最希望得到的就是赫拉特，但俄國人絕不會把這座城鎮送給他，因為如此一來俄國便必須終結和波斯的關係。

雖然喀布爾到處都有流言聲稱，在印度的英國人已經全數慘遭殺害，但漢尼科夫還是被多斯特．穆罕默德直接趕走了，連首都喀布爾都沒見到。由於多斯特．穆罕默德的手下一定也有些狂熱分子希望加入印度本地人對抗異教徒的起義運動，因而對他造成不小的壓力，因此英國人對於這位曾經被他們拉下王位的統治者，確實有很好的理由要表達誠摯的謝意。因為當英國人正在對抗「內部的敵人」、為自己的存亡奮鬥時，阿富汗人如果出手介入，那肯定能在英國人背後插上一刀，並且很可能帶來決定性的後果。若干年後，多斯特．穆罕默德也將會因此獲得回報：「當他在一八六三年領軍進攻赫拉特時，英國人並沒有進行反對。」但英國人其實應該更希望看到阿富汗四分五裂，以免年邁的多斯特．穆罕默德過世後，繼任的統治者對他們不夠友善，屆時一個統一的阿富汗就會成為印度的一大威脅。就在他攻克赫拉特的九天後，多斯特．穆罕默德這位老戰將，在得知自己已經重建阿富汗的秩序並重新控制赫拉特此一失去已久的省份後，便心滿意足地過世了。然而，他當時不知道的是，歷史將會分毫不差地再次重演：「英國和阿富汗之間，將會在十五年之內再次開戰。」但在那之前，注定還會發生很多事情。

英國人後來於一八五八年春天平息了這場起義運動，但這場鎮壓行動也將為印度帶來影響非常深遠的後果，導致英國人大幅改變治理印度的方式，並終結東印度公司兩百五十年來對兩億五千萬人民的統治。起義運動爆發時，印度在名義上依然由東印度公司在倫敦立德賀街（Leadenhall Street）的總部進行統治，儘管唐寧街（Downing Street，譯按：指英國首相官邸）和白廳（Whitehall，譯按：即英國中央政府部會的所在地）也愈來愈常介入東印度公司的事務（因為通訊技術的進步讓這件事情變得愈來愈容易）。為了解決引發起義運動的憤恨和敵對情緒，英國政府於一八五八年八月通過《印度法案》（Indian Act），撤銷東印度公司的權力，並將其所有權力移交給英女王。他們也創立一個新的內閣職位，亦即印度事務大臣（Secretary of State for India），而原本的印度管理委員會以及其主席職位也都一併遭到裁撤。為了取代印度管理委員會，他們成立一個由十五位成員組成的諮議會（Advisory Council），其中八名由女王選出，其他名額起初則是由東印度公司選出。與此同時，總督也被額外賦予印度副王（Viceroy of India）此一稱號，以作為女王的個人代表。

當時作為世界上規模最大的軍隊之一的印度軍隊，其組織也進行大幅度的變動，很顯然地，他們需要對軍隊進行重整，好恢復印度士兵和軍官間的雙向信任。東印度公司軍隊的高層長久以來都被等待退休的年邁軍官給佔據著（埃爾芬斯通只是其中之一），士兵對他們的能力和領導力都沒什麼信心。更糟的是，他們之前從喀布爾撤退時，許多軍官為了逃亡自保還拋下自己的士兵，留下他們自己面對阿富汗軍的恐怖屠殺。值得注意的是，那些曾經在阿富汗打過仗的本地軍人，就是最先加入起義行動的一群人。一如東印度公司已經走入歷史，原本那支令人生畏的印度軍此時也跟著消失了，那些軍人不論是歐洲人或印度本地人，都被移轉到新成立的印度軍，最高管轄單位則是倫敦的英國陸軍部（War Office），從那之後，所有大砲也都被歐洲人掌控著。

整體而言，英國人在那場起義運動中只獲得險勝，而英國人在起義期間的恐怖經歷，也只是加劇他們對俄國介入印度事務的恐懼而已。不過印度內部的敵人已經被擊敗了，而在十九世紀中後期裡，印度也都將維持相對穩定的狀態。但在印度邊界以外的地方，事情就不是這樣了，透過在克里米亞戰爭中擊敗俄國人，英國期待的不只是將他們阻絕於近東地區外，也希望終止他們在中亞地區的擴張，但事後看來，那似乎只是造成反效果而已。

THE CLIMACTIC YEARS

高潮

「不論俄羅斯對印度打著什麼算盤，不論那些盤算是認真的、敵對的，還是想像出來的、虛幻的，我認為英國政治家的首要職責，就是讓任何抱持敵意的意圖都無法遂行，並確認我們自己的立場穩固無礙、邊界堅無可摧，藉此保護這個無疑是英國最寶貴的戰利品，以及皇冠上最耀眼的裝飾。」

————喬治·寇松閣下（Hon. George Curzon），英國國會議員，《俄羅斯在中亞》（Russia in Central Asia），一八八九年。

不幸的柯諾里上尉和史多達特上校被鏈條銬著，正被帶往布哈拉埃米爾蟲滿為患的地牢裡（這是維多利亞時代一位畫家對當時情景的想像）。

布哈拉惡名昭彰的納斯魯拉埃米爾。英國人在阿富汗遭遇挫敗之後，也讓他大膽了起來，柯諾里和史多達特便是在1842年6月被他斬首。

布哈拉的堡壘。柯諾里和史多達特就是在這座堡壘的前方被處決的，他們的遺體至今仍埋在這座廣場底下的某個地方。

正在抓奴隸的土庫曼奴隸商。當時有數以千計的沙皇子民，在各個中亞汗國裡成為奴隸，而這也成了俄國向外擴張的其中一個藉口。

康士坦欽·考夫曼將軍（1818-82），突厥斯坦的首任總督，也是俄國征服中亞的擘畫者。

米哈以爾·斯科別列夫將軍（1843-82）；他殘酷地征服外裏海地區之後，也讓俄國得以修建一條戰略鐵路、對印度造成威脅。

阿里哈諾夫中尉（左邊坐在椅子上的人）。1882 年在一場前往梅爾夫的秘密任務之中偽裝成商人。他在那裡的陰謀，是為了讓這座土庫曼據點投降。

亨利・羅林森爵士（1810-95），英國的鷹派人士，同時也是大競逐的戰略家。1837 年，身為中尉軍官的他曾以破紀錄的速度騎著馬，帶回俄國密使團進入阿富汗的消息。

喬治・海沃德，他在前往俄國與印度之間的無人地帶測繪地圖時中計遭到殺害。

大競逐的經典情景：遙望山口時，以步槍套穩住望遠鏡。

在亞洲的高原地區測繪地圖——這是英俄雙方的大競逐參與者最主要的任務之一。

第二十三章
俄國開始大進軍

據說尼古拉沙皇曾下過一道命令：「一旦帝國的旗幟在哪裡升起，就絕對不能將它降下。」他的兒子亞歷山大也沒有理由不這樣想，對於在俄國位於亞洲的邊境地區服役的人來說，這句話的結果很快就變得愈來愈明確。先把那隻雙頭鷹養大了再說，之後再取得別人的同意就好，這麼做的人會發現他們很少受到別人的譴責。就在人們對聖彼得堡這種四處併吞的行為睜一隻眼閉一隻眼的時候，俄國正好也開始出現新的一群邊境官員，他們都非常具有侵略性。不令人意外的是，他們在看見自己國家於克里米亞戰敗後，全都變成了反英派，他們將在十九世紀中葉期間，將廣大新領土納入亞歷山大沙皇的統治範圍中。

尼古萊．伊格納傑夫伯爵（Count Nikolai Ignatiev）就是其中一位這樣的官員，既聰明又有抱負，是一位很受沙皇矚目的年輕政治官，也很想為自己的國家向英國人報一箭之仇。伊格納傑夫將會證明自己在大競逐中，是一位非常高明的參賽者，而英國人很快就會發現這點並為此付出代價。印度發生起義運動之際，他正好在倫敦擔任駐英武官，當時便不斷向聖彼得堡的上司呼籲，應該善加利用英國當時的弱點，藉此搶在英國人之前，於亞洲或其他地方率先採取行動。雖然他試圖掩飾自己的反英立場，在倫敦的交際圈裡也頗受歡迎，但他並沒有完全騙倒英國的外交部。後者曾在一份機密報告中，稱伊格納傑夫是位「聰明、狡猾的傢伙」；一位倫敦的地圖商曾通知政府，伊格納傑夫當時正偷偷收購所有能取得的英國港口、鐵路地圖，從那之後，他們便開始密切地監視他。

一八五八年，當時年僅二十六歲便已開始快速高升的伊格納傑夫，被亞歷山大選中帶領一場中亞秘密任務。他的工作是試圖探索英國人在該地區的滲透程度（不論是政治或經濟上的），並破壞他們可能已經在希瓦、布哈拉取得的影響力，因為當時錫爾河一帶的俄國據點已開始收到一些情報指出，英國間諜正在該地區變得愈來愈活躍，而沙皇對此也非常擔心。如果出現在眼前的將會是針對中亞珍貴市場的爭奪戰，那麼聖彼得堡也絕對要贏得這場競賽，因此他們指示伊格納傑夫試著和希瓦以及布哈拉都建立固定商貿關係，如果可能的話也要確保俄國能獲得有利的條款、保護俄國的貿易商和商品。他也接獲命令，要盡可能地搜集軍事、政治和其他方面的情報，比如評估這些汗國的作戰能力。最後，他還要盡可能地考察船隻是否能在奧克蘇斯河上航行，以及通往阿富汗、波斯和印度北部的路線。

伊格納傑夫的任務團由將近一百人組成，裡頭有一支哥薩克護衛隊和腳夫，他們最後在一八五八年夏天抵達希瓦。當地的汗王已經同意接待他們，而他們也帶了大量禮物前來（包括一架管風琴）。由於這些禮物實在太過笨重，難以在沙漠地區搬運，只能用船先運過鹹海，接著再走奧克蘇斯河，因而也為俄國人提供調查奧克蘇斯河下游河段的機會。這種假借送禮名義的做法很有大競逐的風格，而且是跟英國人學的——早在將近三十年前，英國人就用過類似的方法繪製出印度河的地圖。就算是送管風琴給東方君主這個主意，也不完全是他們原創的：「英國的黎凡特公司（Levant Company，譯按：英國在鄂圖曼帝國進行商貿往來的特許公司）也曾在兩百多年前，贈送一樣的東西給土耳其蘇丹。」然而汗王可沒有這麼好騙，他禮貌地接待伊格納傑夫並收下那些禮物，但堅決反對讓俄國船艦繼續循奧克蘇斯河前往布哈拉。但即便如此，伊格納傑夫還是成功說服汗王對俄國商人開放市場，不過在最後一刻，又因為一位波斯奴隸想登上俄國船艦尋求庇護而讓協議破局。然而，他還是帶著大量珍貴情報離開希瓦繼續前往布哈拉，並開始抱持鷹派的立場，認為俄國有必要兼併希瓦，藉此讓希瓦汗王知道自己並沒有想像中的那般厲害。

伊格納傑夫在布哈拉受到的待遇將會稍微好一些，柯諾里和史多達特被斬首的十六年後，殘忍狂暴的納斯魯拉埃米爾依然穩固地坐在王位上，時間並沒有讓他變得更加成熟圓滑，不久前他的砲兵指揮官才剛因為惹怒他，而被其親自用斧頭劈成兩半。但在面對伊格納傑夫時，他卻準備進行一些讓步，納斯魯拉再次和宿敵兼鄰居，亦即浩罕的汗王開戰，他擔心若做出一些事情激怒俄國人，將導致俄國人轉而支持浩罕汗王。納斯魯拉承諾釋放當時在布哈拉的所有奴隸，並且積極鼓勵兩國間進行貿易，他甚至提議如果希瓦汗國拒絕俄國船艦使用奧克蘇斯河、從鹹海過來的話，他們可以一起瓜分希瓦汗國的領土。最後，他也承諾不會接待任何來自英國的使節，並敦促隔壁的阿富汗人不要讓英國人跨越奧克蘇斯河。

伊格納傑夫深知埃米爾的承諾並沒有用，一旦來自浩罕的威脅消失後，他便不會想信守那些承諾。然而，伊格納傑夫和手下一如在希瓦時一般，收集到一些日後將非常有用的珍貴情報。整體而言，這是一趟險峻的旅程，過程中充滿艱難和危機，而且雖然他們沒有達成原本的目標，但依然幫俄國人重建了自尊，回到聖彼得堡後，伊格納傑夫發現自己成為一位名人，而且長官們也比之前更看重他。他在關於這趟任務的詳細報告中，呼籲他們應該立刻兼併中亞地區的幾個汗國，以免英國人捷足先登，當沙皇和顧問們還在謹慎考慮此一建議時，他又被指派一項更具挑戰性的任務：「這次，他將前往五千多公里以東的中國」，這項新任務將會讓伊格納傑夫非常滿意，因為他不只暫時晉升為將軍（好讓他獲得所需的威信和權力），還讓他有機會以才智擊敗英國人。

亞歷山大擔心，剛取得但防衛不足的遠東地區即將出現一場危機，俄國在西伯利亞的駐軍才剛在三、四年前從中國人手上取得這塊地區，俄軍指揮官擔心，英國人會像佔據印度那樣取得中國，於是便沿著黑龍江不斷向東推進，並南下直抵太平洋沿岸，亦即今日海參崴一帶。當時中國皇帝正深陷太平天國之亂中，又被英法要求割地、給予特權，因此沒有能力阻止俄軍。於是，俄國人便在沒有花費太多代價的情況下，從中國手上奪走大約一百萬平方公里的土地。但此時，俄國人卻發現自己剛取得的土地也受到英國人的威脅。

這件事發生的原因實在太過複雜，因此不適合在此深入探討，但概括來說，那是中英於一八五六年進行的第二次鴉片戰爭，亦即所謂的亞羅號戰爭（Arror War）所造成的結果。英國在戰勝後對中國皇帝提出多項要求，而中國皇帝雖然並不情願但也只能接受，那些要求包括：「歐洲強權擁有在北京派駐外交官的權利、對外國人開放更多港口通商，以及對英國支付鉅額賠款。」當中國皇帝試圖收回承諾時，英國和法國又派出一支強大的聯軍，強迫皇帝履行承諾，還下令指出若有需要便會進軍北京。於是英國人可能在滿清的首都取得立足點這件事，讓俄國人感到非常的害怕，擔心可能會危害到他們的在遠東地區的領土。以上就是伊格納傑夫於一八五九年春天，搭乘雪橇、騎馬出發前往遙遠的北京時的背景情勢。他最急迫的任務是迫使中國皇帝正式交割沙皇在遠東地區取得的新領土，從而讓那些領土永久成為俄國的一部分，這是典型帶有大競逐色彩的任務，而聖彼得堡政府也找不到比伊格納傑夫意志更堅定、更善於臨機應變的人選，來進行這場任務。

一抵達北京紫禁城後，伊格納傑夫便立刻提議，要為焦頭爛額的皇帝擔任與歐洲強敵的中間人。起初，這個提議遭到回絕，因為儘管他保證會維持中立，但皇帝依然擔心他可能其實是英國人和法國人的盟友，後來發生的事情也證明，中國並沒有猜錯太多，因為伊格納傑夫確實在玩兩面手法。一開始，他對前來入侵的歐洲人提供協助，偷偷地對他們提供中國人各陣地的地圖以及都城內部的情報，因為他當時能夠進出北京城。與此同時，他也竭盡所能地阻止他們和中方達成協議、從中煽風點火，同時鼓動他們向北京進軍。最後，等英法聯軍已經抵達北京城牆下時，他又再次向中方提議，說自己願意擔任調停人。皇帝此時逃離北京城，留下他的弟弟（編按：指奕訢）迎戰敵軍。當時英法聯軍已經燒毀位於北京城外約八公里偉大的圓明園，而且中方也擔心一旦外國士兵進城，會為整座城市帶來大規模的破壞，因此便充滿感激地接受伊格納傑夫的提議。

眼見中國華北即將進入嚴冬，英國人和法國人都急著執行皇帝之前已經同意過的條款，然後趕快撤軍。但伊格納傑夫卻小心地不讓中國人知道這點，利用他們對於外國軍隊可能會留下來的恐懼，而英國的指揮官埃爾金勳爵（Lord Elgin），也確實短暫考慮過要將軍隊留下來，並在寫給時任英國外相約翰．羅素勳爵（Lord John Russell）的信中提到：「如果我們現在有心情擁有第二個印度的話，其實大可以直接兼併中國。」最後，英國人和法國人勉強接受他們最初的要求，各自和中方簽署條約，接著立刻進行撤離計畫。伊格納傑夫成功地讓中國人相信，他不只加速了外國軍隊的撤軍時程，還說服他們減少賠款的金額。此時伊格納傑夫也開始代表俄國政府和戰敗的中國協商條約，而該條約最主要的內容，就是將俄國在太平洋沿岸剛取得的領土正式割讓給俄國。當中方對這個要求開始猶疑時，他則利用軍隊在撤退時的一次短暫延誤（而且純粹是出於行政原因），還說是他下令要求他們暫緩撤兵的，藉此脅迫中方同意。最後一支外國部隊在十一月六日撤離，十一天後，伊格納傑夫代表俄國和中方簽署了《北京條約》（Treaty of Peking），等英法兩國發現俄國在進行的事情時，也已經來不及阻止了。

當時還不到三十歲的伊格納傑夫所做的事情，就是馬基維利式權謀表現的最佳例子，而且也為俄國人帶來傑出的外交勝利。第一，俄國在北亞地區原本就已經很遼闊的疆域，又正式加入了一片廣大的領土，其面積大約是法國和德國領土的總和。第二，中方同意讓俄國在東突厥斯坦的喀什噶爾，以及蒙古的首都烏爾嘎（Urga，譯按：亦即今日的烏蘭巴托，烏爾嘎為西方當時對蒙古首都的稱呼，意為「宮殿」）開設領事館，這兩個地方當時都由北京統治。藉此，俄國人便可捷足先登，搶在英國人此一對手之前建立領事館，而建立領事館就意味著俄國商人和商品，從此可以獨家進入這些重要的新市場。因此，當伊格納傑夫於十一月二十二日離開北京、趕路返回聖彼得堡時，內心估計是欣喜萬分的。一位英國歷史學家曾經寫道：「自從一八一五年以來，俄國從來沒有取得過如此有利的條約，而且可能也從來沒有這麼年輕的俄國外交官，能夠創下如此偉大的功績。一八六〇年的這場勝利，也洗刷俄國在克里米亞慘敗的痛苦記憶，尤其他們這次之所以能成功，就是因為他們騙倒了英國人。」

伊格納傑夫在離開北京的六個星期後抵達聖彼得堡，他再次以全程騎馬的方式橫越亞洲，而且這次是在隆冬之中。他在換掉並燒掉身上髒兮兮、爬滿蝨子和跳蚤的衣服後便被沙皇召見，前往冬宮向沙皇進行彙報。為了表揚他對國家的重要付出，開心的亞歷山大在冬宮裡頒發人人稱羨的聖弗拉吉米爾勳章（Order of St Vladimir）給他，同時伊格納傑夫也獲准保留自己臨時的將軍軍階。最後，為了好好利用伊格納傑夫在該地區以及對當地人民的第一手經驗，他也被任命為當時外交部剛成立的亞洲司司長。於是伊格納傑夫就這樣加入了在聖彼得堡或俄國邊疆位居高位，而且人數愈來愈多的鷹派和反英人士的行列中。這些鷹派人士，也包括充滿活力的戰爭部長德米特里．米留京（Dmitri Milyutin），他在被任命時年僅三十四歲。另一位鷹派人士則是尼可萊．穆拉維耶夫伯爵，亦即強大的東西伯利亞總督。最初取得這片太平洋沿岸廣大領土的人就是他，而伊格納傑夫，後來也讓那片土地永久成為沙皇的領土。第三位則是亞歷山大．巴里亞欽斯基（Alexander Baryatinsky），也就是高加索地區的總督，他認為阻止英國在政治和商貿上對亞洲的滲透是當務之急。一八五九年，巴里亞欽斯基使用新的策略，終於迫使沙米勒臣服於他，也因此讓他們四十年來對俄國統治的血腥反抗終於劃下了句點（除了切爾克西亞的一部分地區之外）。巴里亞欽斯基認為高加索地區是個有力的據點，讓沙皇的軍隊可以從那裡

「像雪崩一般對俄國、波斯以及通往印度的路線進攻。」

這種打造帝國的新態度，也不只存在於俄國政府頂層而已，大部分年輕軍官都偏好在亞洲採取前進政策，也很期待破壞他們認為英國人正在那裡進行的計畫。米留京也猛然發現，自從他們在遠東地區大獲全勝後，整支軍隊確實都非常渴望征服新的領土，也很想抹除他們在克里米亞慘敗的記憶。至於和英國爆發衝突的風險呢？大部分士兵則認為，反正俄國遲早要和英國一戰的。此外，俄國的商人和工廠主也都迫切其商品能夠進入中亞地區和中國的市場，而這件事情的前提當然是商隊能受到保護，不被哈薩克、吉爾吉斯和土庫曼的劫掠者侵擾。最後，高層的鷹派人士也獲得一個意料之外的盟

友：「俾斯麥」（Otto von Bismarck）。俾斯麥當時是普魯士派駐聖彼得堡的大使，很快便會成為普魯士的首相，以及德意志帝國的締造者，他相信俄國在亞洲愈忙，對歐洲人造成的威脅就愈小，因此俾斯麥強烈地鼓動俄國進行這場被他稱作「偉大的文明化任務」（great civilising mission）的行動。

然而，那些在沙皇身邊、不斷慫恿他搶在英國人之前南征中亞地區的人，還得再等一等。因為亞歷山大在自己的國家裡還有更重要的事情要先處理：「他開始進行一連串大型的創新改革計畫，希望藉此讓整個國家現代化。」之所以會有這些計畫，也是因為克里米亞戰爭暴露出俄國社會的許多缺點。其中，最重大的一項措施就是在一八六一年解放大約四千萬名農奴，並對他們分發土地，可以預期這項措施受到許多地主的強烈反抗。與此同時，亞歷山大在波蘭又遭遇一次起義運動，花了十八個月的時間才終於平息，並讓他在歐洲變得聲名狼藉。此外，亞歷山大身邊的一些高官也反對在中亞地區採取前進政策，其中一位就是財政部長米哈伊爾．魯特恩（Mikhail Reutern），他強烈建議應該等俄國經濟從克里米亞戰爭的低迷狀態復原後，再從事這種會造成財政負擔的行動。另一位反對前進政策的高層人士則是亞歷山大．戈爾恰科夫親王（Prince Alexander Gorchakov），他於一八五六年從涅謝爾羅德那裡接下外交部長的職位，對歐洲各國合理化俄國鎮壓波蘭起義的行為，就是他要負責的艱難任務，他當時提醒亞歷山大，英國對印度賦予的重要性，會讓俄軍對印度邊境的任何行動都變得太危險而難以成功。

但伊格納傑夫等鷹派人士最後還是會贏得這場論爭，亞歷山大在終於解決其他問題後，接受了他們的觀點，認為有必要搶在詭計多端的英國人之前捷足先登中亞。有些人擔憂俄國在中亞的行動會招來英國人的強烈反應，但伊格納傑夫對這些憂慮卻不以為然，他指出英國人在經歷一連串代價高昂的戰爭（包括和阿富汗、俄國、波斯以及中國的戰爭），以及印度內部的血腥起義後，已有進入消極期的明顯跡象，而且也希望避免捲入其他衝突之中。然而，讓沙皇終於下定決心的，其實是在美國發生的一些事情，對俄國來說，美國南方州長期以來都是生棉花的主要來源地，但是隨著美國發生內戰，生棉花此一重要物資的供給也遭到斷絕，嚴重影響整個歐洲地區。然而，俄國人比多數人都還要幸運，他們其實長期以來都知道中亞的浩罕地區，尤其是肥沃的費爾干納谷地（Ferghana valley）特別適合種植棉花，產量也可能非常可觀，於是亞歷山大決定要搶在其他人之前先取得中亞地區的這些棉花田，又或者至少取得那些棉花，而他所說的「其他人」，指的就是英國人。

起初，亞歷山大希望能透過結盟的方式，分別和各汗國建立友好關係、進行商貿合作，如此便能避免戰爭以及金錢上的耗費，也能避免激起英國人的負面反應。但伊格納傑夫堅稱，從他近期在希瓦和布哈拉的親身經歷來看，這種想法太過天真，他表示中亞地區的統治者不值得信任，而且完全無法信守承諾，想要確保讓英國人無法涉足中亞，除了征服之外別無他途。伊格納傑夫的看法獲得米留京伯爵的支持，最後也將會勝出。至一八六三年底，俄國終於拋棄透過協商遂行帝國主義的最後一點希望，俄國人已經準備好進軍中亞地區了，儘管這場行動起初只會是漸進式的。

一八六四年夏天，他們的第一個行動便是鞏固當時在南方和中亞地區的既有邊界，那道邊界上原本有一段長達八百公里的缺口。在這場行動中，他們攻佔幾處位於浩罕汗國北部的小型城鎮和堡壘，而且過程中沒有遇到任何阻礙，這些侵略性的行動從汗王手上奪走奇姆肯特（Chimkent）和突厥斯坦（Turkestan）兩座綠洲城鎮，憂心忡忡的汗王於是立刻派出使節前往印度，請求英國人提供軍事協助。但由於當時英國在中亞奉行「精明無為」政策，因此英國人禮貌地拒絕了他的請求。英國人在邊境地帶的活動，比如將截至當時都仍未測繪過的地區畫進地圖裡，以及興建戰略道路等，都僅限於靠近印度邊境的地區，天真地希望俄國人也會像他們一樣有所節制。不過，讓聖彼得堡認為英國人已對中亞失去興趣的還不只如此。

英國人沒有回應浩罕汗國的求援無疑激勵了俄國人，並讓他們準備進行下一步。然而，他們知道一旦俄國進一步入侵中亞，必定會引來強烈抗議（尤其是英國人），因此俄國外交部長戈爾恰科夫親王先坐下來，欲為這種行動準備一份官方的「解釋」，希望能平息歐洲各國的擔憂和疑慮。此外，他也精心設計這份解釋，讓諸如英國、法國、荷蘭，甚至美國等強權很難反對他們的行動，因為他將俄國在中亞地區的情形，和那些國家廣大的殖民地做了一番比較。一八六四年十二月，由戈爾恰科夫所擬的這份備忘錄，開始透過沙皇的使節在幾個歐洲大國裡流傳開來。

這份知名的文件如此宣稱：「俄國在中亞地區的處境，與所有和那些半野蠻、沒有固定社會組織的遊牧民族進行接觸的文明國家一樣。在這樣的情況下，比較文明的國家為了邊境安全以及商貿關係，總會被迫對那些因為混亂、動盪特質而無法成為好鄰居的民族進行某種支配。」只是這次輪到俄國，他們必須保護這些剛平定的地區，讓那裡不會受到其他地方無法無天部族的掠奪，或其他諸如此類的侵擾。因此，俄國政府必須在以下兩個選項中作出抉擇：「或者將文明帶去給那些苦於野蠻統治的人，或者放任自己的邊境陷入混亂和血戰。」戈爾恰科夫寫道：「這就是每個擁有類似處境的國家會遇到的命運。」英國和其他殖民強權，一直都「無可抗拒地被迫進行這種征戰，與其說這種行動是出於他們的野心，還不如說是出於迫切的需要。」他最後總結道，這種爭戰最大的困難，就是決定要在哪裡停下腳步。儘管如此，俄國在鞏固和浩罕汗國的邊界後，就沒有繼續進軍的意圖了。

他向其他強權保證：「我們遇到的是一個更紮實、較不那麼混亂，而且也比較有條理的國家，在地理上為我們準確地指出必須停下腳步的位置。」至於他本人是真的相信這些說法，還是只是在幫已經決定要征服汗國的俄國政府拖延時間，則是一個學者直到今日都仍在爭論的問題。研究該時期的蘇聯歷史學家哈爾芬便認為，這其實只是一個精心設計的煙幕，目的是為了欺騙英國人。不消說，俄國人的進軍腳步並沒有停在戈爾恰科夫當時承諾的位置：「他們在幾個月內便再次向南出征」。俄國向中亞地區的推進行動即將展開，一直要到中亞所有汗國都屈服於沙皇麾下後，這場行動才會有所停歇。

第二十四章 塔什干之虎

十九世紀中葉，西起裏海、東至帕米爾高原之間，面積相當於半個美國、由沙漠和山脈組成的廣大地區，都由三個彼此征戰的汗國統治著，這三個汗國分別是：「希瓦、布哈拉，以及浩罕」。但除了這三個以城鎮為主體的國家外，該地區還有其他幾個重要的城鎮，其中一個是古老的薩瑪爾罕，這座城鎮曾經是帖木兒的首都，現在則是布哈拉埃米爾的領土；另一個重要城鎮則是喀什噶爾，該城鎮和其他城鎮被高山隔絕開來，當時由中國統治。最後，擁有城牆的偉大城市塔什干曾經是個獨立政權，當時則隸屬於浩罕汗國。

擁有果園、葡萄園、牧場以及十萬人口的塔什干，是中亞地區最富庶的城市，它之所以如此繁榮，不只是因為擁有豐富的天然資源，也是因為那裡的商人非常活躍、很有冒險犯難的事業精神。由於塔什干距離俄國較近，長期以來都和俄國進行貿易，眾所皆知塔什干勢力龐大的商賈家族，其實很樂意看到自己的統治者從浩罕換成俄國人，因為前者的稅賦實在太過繁重；眾人也都知道塔什干城裡頗具影響力的神職人員，則一直期待布哈拉的埃米爾能前來解救他們（就宗教而言，布哈拉是中亞地區最神聖的城鎮）。眼見這個機會，布哈拉的埃米爾當然非常願意回應他們的期待，藉此將塔什干此一富庶的地區納入自己的掌控。一八六五年春天，布哈拉埃米爾和宿敵浩罕汗王再次開戰，兼併塔什干的機會也了。

然而，眼前的競爭者還有一個：「俄國人」。負責浩罕邊境地區的指揮官米哈伊爾．切爾尼亞耶夫（Mikhail Cherniaev）少將心裡明白，塔什干以及其重要的商貿活動受到威脅了。切爾尼亞耶夫已經覬覦塔什干一段時間了，於是決定趁布哈拉的埃米爾還沒兼併那裡，而且布哈拉和浩罕仍忙著和彼此交戰的時候，就先將塔什干佔為己有。但沙皇和聖彼得堡的幕僚們當時還沒準備好兼併塔什干，這有一部分是因為，儘管伊格納傑夫信心滿滿地要他們放心，但他們並不確定英國人對此會做出什麼反應；另一方面，他們也懷疑切爾尼亞耶夫只有一千三百名兵力的軍隊，能否能攻下估計有三萬名守軍的塔什干。因此，他們發了電報給切爾尼亞耶夫，命令他不得發動攻擊。然而，切爾尼亞耶夫已經猜到電報裡的內容，於是便將電報放在桌上沒有打開，也不讓部下知道電報裡的命令，他盤算著只要能以最小人員損傷和花費，成功把塔什干這顆寶石加到沙皇的皇冠上，他們就不會太計較他的抗命行為。如果換作是英國將軍做出這種行為，可能會激起國會議員以及內閣和上司的震怒與施壓，但在俄國，切爾尼亞耶夫最終能取悅，或是能得罪的只有一人（亦即沙皇本人），而且如果成功了，獎賞將會相當可觀，綜合以上所述，切爾尼亞耶夫認為這次值得放手一搏。此外，切爾尼亞耶夫之所以會做出這個決定還有另一個原因，他的直屬上司（亦即奧倫堡的總督）當時正計畫前來拜訪邊境地區，因此他擔心那位總督會自行領軍出征搶走他建功的大好機會。

切爾尼亞耶夫於是留下幾句話，表示布哈拉進攻浩罕汗國領土一事對塔什干帶來嚴重的威脅，讓他別無選擇只能在一八六五年五月初出兵。他在途中攻佔尼亞茲別克（Niazbek）這座小型堡壘，那裡位於塔什干南方，因此也讓他得以控制供應城裡大部分用水的河流，他手下的工兵於是將河流改道，讓河流的水無法流向塔什干。切爾尼亞耶夫要求的援軍，此時也在那裡和他會合，讓他的軍力達到一千九百人，並計有十二門大砲。他們一起向塔什干進軍，並擊敗浩罕汗王派來攔截他們的軍隊，最後在五月八日左右抵達塔什干，切爾尼亞耶夫立刻便開始研究該城的防禦工事，並和城牆裡的親俄人士接觸，希望這些人能說服其他居民投降，為俄軍打開城門，並將浩罕的軍事設施移交將給他們。但他很快便發現就在俄軍進城沒多久前，一小支由軍官和士兵組成的部隊便在支持埃米爾的人的邀請下潛入城裡，並佔據了防禦據點，他們也發現只有極少數居民希望接受俄國人的統治。

然而，現在回頭已經來不及了，一旦俄軍撤退，俄國人在接下來的幾年裡便會在整個中亞地區成為笑柄。切爾尼亞耶夫也意識到，自己可能會因為違抗命令、讓俄軍蒙羞，而受到軍法審判。但他的部隊人數實在太少，讓他難以採取圍城戰術，尤其塔什干的周圍還有總長約二十五公里、設有雉堞槍口的高聳城牆。切爾尼亞耶夫知道，除了強行發動猛攻外，他沒有別的方法可行，雖然這種戰術非常大膽，但其實並沒有看起來那樣牽強或魯莽。雖然守軍人數大約是他的十五倍，但切爾尼亞耶夫知道，這也就是他們的弱點之所在，只要他能讓敵軍直到最後一刻都無法知道他發動攻擊的時間和確切位置，那麼分散在城牆各處的守軍，其實是沒辦法及時聚集起來對付他的。此外，俄軍不只裝備更加精良、訓練更加有素、領導更加有方，他們也知道一旦自己進到城裡，就會有居民願意支持、協助他們。

切爾尼亞耶夫最後在六月十五日破曉時發動攻擊，前一晚深夜裡，俄軍在夜幕掩護下便已經偷偷前進到陣地就定位，負責主攻的部隊帶著長長的爬梯向其中一座城門前進，根據情報，那座城門附近的城牆高度最低，而且也找得到很好的掩護，他們還將砲架的輪子用毛氈包起來，以免在前往陣地時發出聲音。與此同時，另一支人數比較少的部隊，則前往位在東邊幾公里的另一座城門發動佯攻吸引多數守軍，直到攻城部隊進到城裡為止，接著佯攻部隊會再試圖加入攻城部隊一起對堡壘發動攻擊。

凌晨兩點半，幾位士兵自願將爬梯從駱駝背上卸下，再帶往即將攻擊的城門邊的城牆下。在這個過程中，他們還發現一位正在睡覺的哨兵出現在城牆外，而這件事也意味著城牆下方應該有個秘密通道，讓那名哨兵能夠走到城牆外面來，那幾名俄軍士兵於是用刺刀威脅他，要他告知秘密通道的位置。原來秘密通道外面覆蓋著灰色的毛氈，由於毛氈的顏色和城牆一樣，他們因此得以聰明地將通道入口偽裝起來，走進那座通道後，可以向上通往城門旁邊的平台。對於俄國人來說，能發現這個通道確實非常幸運，因為就在此時，猛烈的砲火聲也從另一座城門的方向傳過來，負責佯攻的部隊已經開始發動攻擊了，而大量守軍也立刻被吸引過去。

攻方的機會來了，在砲擊聲的掩護下，俄軍開始迅速移動，有些士兵沿著那座秘密通道慢慢移動，有些則悄悄地湧上爬梯，殺得守軍措手不及。在幾分鐘之內，俄軍便在未損失一兵一卒的情況下從裡面攻佔、打開了幾座城門。主攻部隊此時在只配備十字架的隨軍教士馬洛夫（Malov）的帶領下湧入城裡，接著再分散開來對駐守在路障和上方牆垛、驚慌失措的守軍發動攻擊。與此同時，一位上尉和兩百五十名士兵也開始沿著城牆殺出血路，試圖前去與佯攻部隊會合，並帶領他們進城。他們起初遇到激烈的抵抗，但切爾尼亞耶夫久經沙場的士兵的戰術，以及他們優勢的火力，很快地便有了成效。雖然布哈拉的軍官非常頑強，但守軍並沒有堅決抵抗的狂熱氣魄，和俄軍在高加索地區習慣遇到的敵手很不一樣。在一個多小時內，原本負責佯攻的部隊也進到城裡，而防禦堡壘也完全落入俄軍的掌控中，到了下午兩、三點左右，俄軍已經佔領大半座城鎮。與此同時，城牆外三十九名切爾尼亞耶夫手下的哥薩克士兵，則擊敗了五千名敵軍的騎兵，他們許多是在過河逃亡時溺斃在水裡的。

戰事此時短暫地停歇下來，因為城裡較親俄的居民開始試著與俄軍協商停火，但協商最後並沒有成功，雙方又再次陷入了對戰並一直持續到夜裡。切爾尼亞耶夫直至當時都不願意使用大砲，因為他害怕可能會摧毀這座城市、傷及親俄居民的生命和財產，然而在奮戰一整天後，他的部隊此時都已經精疲力竭了。於是切爾尼亞耶夫下令將大砲對準敵軍陣地，藉此對敵軍進行嚇阻，很快地俄軍陣地周圍如迷宮般的街區裡，許多房子都起火了，讓他們在周圍用火創造出一個保護圈，好讓士兵有機會睡上一覺，獲得極需的休息。

隔天一早，激戰再次爆發，但到傍晚時分，守軍的士氣便已變得非常低迷，而且來自布哈拉的指揮官也已經棄軍逃亡，他們開始意識到繼續進行抵抗是無濟於事的。城裡的耆老也意識到這點：「除非他們希望看到塔什干化為瓦礫堆，否則他們就別無選擇只能屈服。」他們和切爾尼亞耶夫安排一場會面，討論投降的條款。隔天早上，切爾尼亞耶夫代表亞歷山大沙皇接受那些條款，雖然他其實並沒有權限這麼做。與此同時，由於他傑出、勇敢的馭兵能力，俄軍才能以這麼少的軍力攻下塔什干，對此非常折服的當地耆老們於是封其為「塔什干之虎」。這場勝利確實非常了不起，俄軍只有二十五人陣亡，八十九人受傷——和他們對敵軍造成的傷害相比，這點犧牲簡直微不足道。

此時切爾尼亞耶夫也開始試著透過和解與寬宏的態度贏取民心，尤其是宗教方面的主政者。他前去拜訪塔什干穆斯林的最高領袖，一進入他的家門，便充滿敬意地對他鞠躬致意，並保證會讓城裡的耆老們，像之前那樣繼續維持市政運作，而且也不會干涉他們的宗教信仰。切爾尼亞耶夫知道當地人對浩罕汗王的苛捐雜稅都非常不滿，因此也免除所有人一年的稅賦——這個措施非常受當地人歡迎，儘管代價也非常高昂。他會獨自一人騎馬走在街上或市集裡，與市井小民對談，甚至曾喝下陌生人遞給他的一杯茶。這就是切爾尼亞耶夫與其士兵初期拉攏人心的行動，而他們的寬宏大量也讓不少原本將俄國人視為怪物的人們開始改觀。這是個值得讚揚的政策，但後來前來中亞的俄國指揮官，並不是每人都會採取這樣的政策。

切爾尼亞耶夫任命自己為塔什干的軍事首長後，便開始坐等來自聖彼得堡的消息，等待揭曉自己的命運。長官們（包括亞歷山大沙皇本人）都驚訝地閱讀切爾尼亞耶夫有關攻下塔什干、安撫城裡居民的報告，他在報告裡讚揚手下士兵的英勇表現，還特地挑出幾位軍官和士兵進行嘉獎。其中一位被他表揚的，便是馬洛夫這位帶著十字架的隨軍教士，他曾現身於這場戰役中最激烈的時刻，接下來的餘生也將會留在塔什干繼續擔任教士。切爾尼亞耶夫推斷，一旦俄國的旗幟在塔什干升起，沙皇就不會願意看到旗子被降下。因此他建議，這座城市應該再次成為一個獨立的汗國，只是從此受俄國人保護。

切爾尼亞耶夫不久後便得知自己賭博一般的魯莽行為獲得了回報，沙皇稱讚道：「這是個光榮的成就。」只要結果是成功的，那麼就算違抗命令，似乎也都是可被接受的。因為切爾尼亞耶夫以最少麻煩、最小傷亡達成的就是亞歷山大一直渴求、但又擔心無法成功的事情——他原本以為必須出動更多的軍力才攻得下塔什干。沙皇立刻對切爾尼亞耶夫頒發聖安納十字勳章（Cross of St Anne），而其他表現優異的軍官，也獲得了適當的獎賞，其他士兵則是每人獲得兩盧布作為獎金。與此同時，聖彼得堡也準備好收到來自英國的抗議，有鑒於戈爾恰科夫近期才保證俄國不會在中亞繼續擴張，因此英國人的抗議似乎是無可避免的。為了先發制人，俄國官方在聖彼得堡報紙上宣布切爾尼亞耶夫大捷的消息時，還宣稱他們對塔什干的佔領只是暫時性的，並堅稱他們之所以這麼做只是為了保護塔什干，以免那裡遭到布哈拉的兼併，一旦危機解除，塔什干便會恢復為獨立的汗國，由自己的汗王進行統治。

一如預期地，英國政府正式提出抗議，他們指出，根據戈爾恰科夫親王在那份關於俄國南部疆界的知名備忘錄，塔什干的位置已經超出俄國邊界非常遠了。此外倫敦方面還指出，佔領塔什干也「不符合俄國政府自稱會尊重中亞國家獨立性的說法」，但到了這個時候，也沒有人會真的期待聖彼得堡信守承諾、從塔什干撤出。俄軍後來確實沒有撤出，等到局勢穩定下來後，俄國便宣布永久設立一個新的總督區，亦即突厥斯坦總督區，塔什干將會成為該總督區的軍事和行政中樞，以及總督的官方駐在地。聖彼得堡只提到，此舉是他們不得不進行的「軍事權宜之計」，但並沒有特別努力想要合理化這件事。一如米留京所寫道：「我們沒有必要乞求英國使節原諒我們的每一次進軍行動，他們在征服整個聯合王國、在海外佔領城鎮和島嶼時，也沒有急著要和我們商談的意思，我們也沒有要求他們合理化自己的行為。」

切爾尼亞耶夫將軍在達到目的後便被召回俄國，聖彼得堡的官員認為他的衝動行事和雄心抱負對俄國並不利，而康士坦欽．考夫曼（Konstantin Kaufman）這位曾在高加索地區待過，同時又是米留京好友的將軍，則被任命為突厥斯坦的第一任總督。他是一位能力過人又有遠見的軍人，被亞歷山大沙皇賦予超乎尋常的權限，最終將會成為中亞地區的霸主（只差沒有獲得加冕而已），而且也將會成為俄國在當地的首席擘畫者。令倫敦和加爾各答鷹派人士非常不滿的是，雖然英國政府起初提出抗議，但其對於這整起事件的反應卻出人意料地頗為柔和，大多數媒體和社會大眾也是如此。曾參與過大競逐早期階段的羅林森爵士寫道：「對於那些還記得一八三八年到一八三九年間恐俄情緒的人來說，英國大眾對於現在發生在中亞的事情如此漠不關心的景象，肯定是現代史上最奇怪的事情之一。」事實上，恐俄人士就像放羊的孩子一樣，已經提出過太多次假警報了，因此這次很難再獲得太多支持，他們在過去將近半世紀來，一直不斷宣稱哥薩克人會穿過山口、湧向英屬印度，但這件事直到當時都一直沒有發生。正如羅林森在一八六五年七月號《季刊評論》的一篇未署名長文中所指出的：「英國和俄國在亞洲的相對地位，和威爾遜、金尼爾、德萊西・埃文斯，以及麥克尼爾的年代相比，已經大幅改變了。」

羅林森寫道：「首先，我們自己已經大幅向外拓展了邊界。」而他所指的則是英國兼併信德和旁遮普一事。英屬印度也已經將政治影響力向北擴展到喀什米爾，與此同時，俄國人在擊敗沙米爾後，則是鞏固自己在高加索地區的地位，因此可以將大量兵力用在其他地方，而且也開始在突厥斯坦進行擴張。除此之外，羅林森還評論道，俄國人已經大幅改善他們和中亞地區的聯絡管道，從聖彼得堡一路到伏爾加河畔的下諾夫哥羅德（Nijni Novogorod，也就是過去被稱為高爾基〔Gorky〕的城市）的鐵路當時已經通車；至於在伏爾加河上，則有三百艘蒸汽船不斷來往於裏海之間，這些蒸汽船再加上裏海本身就有的另外五十艘船艦，戰爭期間就可用以將士兵和物資運往東邊的阿富汗和印度。

已經從印度政府退休、進入英國國會成為保守黨議員的羅林森，接著討論了英國大眾對此漠不關心的原因。其中一個原因，顯然是英國在阿富汗慘敗的記憶，以及他們不願再讓這種事情重演的決心；另外一個原因，則是一個廣泛存在的看法：「沒有什麼可以阻止俄國人進軍，而且他們終究會兼併希瓦、布哈拉和浩罕。」還有人主張，英國人如果嘗試阻止，也只會讓俄國人加速行動而已。有些鴿派人士則認為，與其和瘋狂的部族當鄰居，還不如和俄國當鄰居，因為前者完全是不可信任的，一個由聖彼得堡統治、穩定的中亞地區，能為該地區帶來繁榮，並為英國開啟新的市場。不用說也知道，羅林森對於這些看法並不認同。

其他同樣反對羅林森和鷹派人士的，還有由羅素勳爵帶領的輝格黨新內閣，而本身曾是邊疆地區傑出老手、曾擔任旁遮普總督的副王約翰．羅倫斯爵士，也強力支持羅素勳爵。羅倫斯相信如果俄國人試圖透過阿富汗攻擊印度，他們的軍隊在遇到那些狂暴部族時的下場，便會和英國人在一八四二年冬天的那次一樣。他認為聖彼得堡不太可能說服得了阿富汗人，讓俄軍通過他們的國家，甚至和他們聯手進攻印度。他主張若要遏制俄國，最好的方法就是由倫敦施行強硬的外交政策，如果有必要的話，俄國人的阿基里斯之踵距離倫敦比距離加爾各答還近。如果亞歷山大沙皇表現出要經由中亞或波斯攻擊印度的徵兆的話，那麼英國人只需要立刻派出一支英國戰艦前往波羅的海就能讓他多多三思。即便如此，負責防衛印度的人（包括羅倫斯本人在內），不久過後依然開始感到非常不安。

如今回頭看這段歷史，從考夫曼接下突厥斯坦總督此一新職位的那一刻起，中亞各汗國能維持獨立的日子就開始進入倒數階段，雖然戈爾恰科夫曾經做出保證，但很顯然地，他主要目的就是將這些汗國以各種形式吸收到俄國之中。一如我們已經看到的，他們之所以這麼做，主要有三個理由，最重要的原因是他們擔心英國人會捷足先登，並壟斷該地區的商貿活動。俄國商人和製造商長期以來一直覬覦中亞地區尚未開發的市場和資源，尤其是生棉花。接著，他們還有帝國榮耀這個問題，在歐洲和近東都面臨圍堵的俄國人，試圖透過在亞洲進行殖民征服，藉此展示他們的軍事力量，並發洩他們的挫敗感。畢竟，這不過就是其他歐洲強權在世界上幾乎所有地方都正在做，或已經做過的事情。最後，他們還有戰略上的因素，就像波羅的海是俄國人在和英國起紛爭時的阿基里斯之踵一樣，長期以來，英國最脆弱的地方顯然就是印度。因此，在中亞地區擁有據點、讓他們可以威脅邊界地區，也大幅提升俄國的議價能力。

不過這不代表，從此之後俄國在中亞的每一個動作就像蘇聯歷史學家哈爾芬所主張的那樣，都是聖彼得堡謹慎思考過的偉大計畫的一部分。確實，沙皇手下的大臣和幕僚之前便曾針對留著塔什干一事出現過爭論，但在現場的人，尤其是考夫曼將軍，就沒有這種疑慮，因為他們認為能否掌控塔什干，就是能否征服中亞地區的關鍵所在。俄軍佔領塔什干後，便能有效地將布哈拉和浩罕兩國的領土隔絕開來，讓俄國人可以輪流對付這兩個汗國。浩罕的汗王失去塔什干，而英國人又未能前來支援後，他便和俄國人簽訂了一份條約，讓考夫曼得以穩住自己的後方，先專心對付布哈拉。考夫曼沒有等太久，就找到和布哈拉的埃米爾進行對抗的藉口：「一八六八年四月，布哈拉的軍隊正在薩瑪爾罕（那裡當時還是布哈拉埃米爾的領土）集結的消息傳到塔什干，而他們的目標便是將俄國人趕出突厥斯坦。」

考夫曼立刻帶著只有三千五百人的軍隊向薩瑪爾罕出發，這是他手上能動用的所有軍力，但他並沒有遇到太多抵抗，因為布哈拉的指揮官當時起了內鬨，而他們的軍隊也在俄軍接近時就撤退了。隔天早上，城裡的一位代表前去和考夫曼表示，布哈拉的軍隊已經全數撤離，而他們也願意投降。因此，一八六八年五月二日，薩瑪爾罕便被納入俄國領土，而俄軍為此付出的代價，只有兩名士兵喪生、三十一人受傷而已。對俄國人來說，攻下薩瑪爾罕有一個特殊的意義：「將近五百年前，偉大的蒙古領袖帖木兒就是在那裡對莫斯科大公國發動攻勢的。這座傳奇性的城市擁有不少光彩耀眼的偉大建築，其中便包括帖木兒本人的陵墓，因此奪下那裡，也被俄國人視為報了一箭之仇。」中亞地區的居民也深知薩瑪爾罕投降的重大意義，該城陷落對他們在心理上造成很大的影響，也加強俄國人所向披靡的名聲。

考夫曼留下一小支部隊佔領薩瑪爾罕，接著出發去追布哈拉的主要部隊，並在距離布哈拉一百六十公里左右的位置追上他們。雖然雙方人數差距懸殊，但考夫曼優越的戰術，以及身經百戰的士兵依然佔據上風，讓布哈拉的軍隊開始潰散逃亡。然而，他並沒有辦法追擊太遠，因為此時第二支布哈拉軍隊正出其不備地對留在薩瑪爾罕的俄軍發動攻擊。與此同時，城裡的居民也加入布哈拉軍隊的行列，他們之前之所以投降純粹是為了避免自己的城市被摧毀而已。俄軍雖然撤退到堡壘裡，但處境依然不甚樂觀，正當他們決定不投降，而是連同自己直接炸掉彈藥庫時，考夫曼的及時來援解救了他們，他趕回薩瑪爾罕並擊退敵軍，但守在城裡的俄軍依然有五十人喪生，將近兩百人受傷。

這是埃米爾的第三次挫敗，而他擔心自己的首都也將會不保，於是別無選擇只能接受考夫曼嚴格的投降條款，那些條款讓他臣屬於沙皇手下，並讓他曾經強大的汗國成為一個受俄國保護的附庸國。此外，俄國商人也可以自由通過他的領土，並在那裡指定當地的代理商，而且俄國的商品也可以享受優惠的稅率，讓他們的商品比印度進口的商品更有優勢。考夫曼完成了伊格納傑夫十年前曾嘗試透過協商但未能成功的事情，不過伊格納傑夫當年帶回來的資訊，對於此時的考夫曼來說依然非常珍貴。最後，除了支付鉅額賠款外，埃米爾也必須將重要的薩拉夫珊谷地（Zarafshan valley）割讓給俄國，那裡控制了布哈拉的水源，因此也讓他們能夠永久控制著布哈拉。作為回報，只要埃米爾遵守條約，俄國人就會讓他繼續留在王位上，他們還對埃米爾做出不明確的承諾，表示只要該地區恢復穩定，他們就會將薩瑪爾罕歸還給埃米爾。然而，一如他們之前針對塔什干做出的承諾，這個承諾也將不會兌現，直到布爾什維克掌權、「解放」布哈拉，並讓那裡完全併入蘇聯之前，塔什干與布哈拉的狀況都不會有所改變。

只有希瓦汗王仍在其遙遠的沙漠據點裡持續抵抗沙皇的威力，在塔什干的考夫曼以及在聖彼得堡的伊格納傑夫都體認到，如果他們要將希瓦納入俄國在中亞的新版圖裡，就必須大幅改善該地區的聯絡補給線。士兵如果從奧倫堡出發，必須經過艱難的長途跋涉才能抵達突厥斯坦，而他們之前的考察也顯示了，想抵達希瓦甚至更加困難。他們需要的是可以直接連結歐俄、運輸軍隊和物資的路線，而在突厥斯坦境內，他們也需要更好的聯絡線，好讓俄國可以更緊密地掌控該地區。要連結中亞和歐俄，最直接的方式就是在裏海東岸興建一座港口，如此一來士兵和物資就可以沿著伏爾加河南下、橫越裏海，最後抵達該港口；當然，他們也可以從俄軍在高加索地區的據點，用船把士兵和物資運送過去。最後，等希瓦被他們征服、難纏的土庫曼人也被平定後，他們就可以興建一條鐵路橫越沙漠，通往布哈拉、薩瑪爾罕、塔什干以及浩罕。

於是一八六九年冬天，也就是布哈拉屈服於俄國不過十八個月後，一小支俄國軍隊從佩特羅夫斯克（Petrovsk）此一位於高加索地區一側的裏海城鎮啟程，並在幾天後於東岸的克拉斯諾沃德斯克上岸，據說奧克蘇斯河以前就是在這裡匯入裏海的。這整場行動都保持高度機密，因為那些俄國人的任務是要在那裡建立一座永久性的堡壘，而聖彼得堡也不希望英國人在堡壘完工前就先得知他們的行動。為此，負責指揮這場任務的軍官發佈嚴格的指令，要求士兵不得與土庫曼人發生衝突，害怕英國人會透過該地區部族裡的本地間諜獲得風聲。儘管如此，當時正在克拉斯諾佛德斯克（Krasnovodsk）發生的事情，最後還是傳到英國人的耳裡，這個消息讓倫敦和加爾各答都感到非常驚慌。

截至當時，英國政府都仍實行「精明無為」政策，對於俄國近期在中亞地區的擴張行動，頂多只是提出抗議，並指出這些行動違反俄國自己的官方宣言。此外，倫敦也不安地發現，俄國在中亞地區做的事情和英國將信德、旁遮普納入印度領土，以及扶植舒賈沙赫藉此企圖將阿富汗佔為己有的行為，其實並沒有太大的差別（儘管在阿富汗的計畫並未成功），太過強烈的抗議只會讓他人覺得英國偽善而已。然而，在裏海東岸興建一座俄國堡壘並在那裡駐軍，這件事情可就更令人擔憂了，因為在他們的眼裡那也將對阿富汗造成威脅。如此一來，俄國人不只可以對希瓦發動進攻，藉此將那裡納為自己在中亞的領土和附庸國，還可以讓他們大幅拉近他們與赫拉特的距離，而那裡對印度來說就是個戰略重地。

好些時日以來，由亨利．羅林森作為主要代言人的前進派，都呼籲英國政府放棄精明無為的政策。羅林森甚至提議，應該讓阿富汗成為受英國保護的「半附庸國」，以免落入俄國人手裡。一些之前曾支持政府採取被動政策的人，此時也開始質疑自己的立場是否明智，就連副王約翰．勞倫斯爵士也開始重新思考了，他建議英國應該警告俄國，要求他們不得介入阿富汗或其他和印度接壤國家的事務。此外，他們應該也要對聖彼得堡表明：「如果他們繼續向印度擴張，一旦超過某個點，就會和英國在世界各地陷入戰爭。」羅倫斯還提議將中亞地區切分為英國和俄國各自的勢力範圍，而範圍的細節則應由雙方政府進行協商。

不久後，和俄國人進行坦率對話的機會便出現了，當時英國外相克拉倫登勳爵（Lord Clarendon），和俄國外長戈爾恰科夫親王在海德堡（Heidelberg）進行會晤。克拉倫登直言不諱地對戈爾恰科夫說道，俄國近期在亞洲的征服行動，已經遠遠超出他在那份知名備忘錄中所提的範圍，克拉倫登想知道這些行動究竟是亞歷山大沙皇下令進行的，還是現場指揮官逾越指令所造成的結果。這是個令人尷尬的問題，而且這個問題確實需要一個明確的答案，戈爾恰科夫將這個問題歸咎於軍人，說那些軍人都太希望立下軍功了。不過即使是在當時，英國人或許也沒有比之前或是今日的學者更加接近真實。與此同時，戈爾恰科夫也和克拉倫登保證，俄國並沒有繼續向中亞地區進軍的意圖，對印度也絕對沒有非分之想。

此時英國人已經非常習慣看到這種保證和承諾，也很習慣看到俄國人撕毀那些保證和承諾。由於羅倫斯希望能對俄國的進一步擴張設下一個固定的底線，因此克拉倫登便向戈爾恰科夫提議，英俄雙方政府應該在他們持續擴張的帝國之間，建立一個永久中立區，而不是在亞洲建立勢力範圍。於是戈爾恰科夫利克立刻便提議，阿富汗很適合成為這樣一個中立區，因為俄國對那裡並沒有任何興趣。如果英國人真能相信俄國對阿富汗沒有興趣的話，那麼這件事對英國來說，便是一個很好的消息，而克拉倫登也向戈爾恰科夫保證，英國對那裡也沒有領土上的野心。有一度他們看起來確實很有可能達成此一協議，而倫敦和聖彼得堡之間也持續地在進行討論和書信來往，但他們最後卻因為無法確定位置偏遠，而且尚未進行地圖測繪的阿富汗北部邊界（尤其是幾乎完全仍未探勘的帕米爾地區）確切應該經過哪裡，而讓協商停頓下來。因為在所有最積極擴張的俄軍據點裡頭，那裡就是最靠近英屬印度的地方。

截至當時為止，英國的戰略專家在擬定策略時，都會假設開伯爾山口和波倫山口就是俄國入侵印度時最有可能採取的入口。然而，此時他們卻不安地發現，原來在更北一點的地方，在那個他們幾乎毫無所悉的地區裡，居然還有其他山口，有天可能可以讓哥薩克人取道、對印度發動攻擊。他們之所以能得知這則令人不安的情報，得感謝兩位英國的探險家——他們當時剛結束一場非常驚險的旅程，幸運地從中國的突厥斯坦活著回來。他們除了平安歸來外，也帶回一些令人擔憂的訊息：「他們發現俄國正在那裡秘密進行的陰謀。」雖然外交途徑或許已經陷入僵局，但這場大競逐勢必還得繼續進行下去。

第二十五章
絲路上的間諜

當這些事件發生時，中國突厥斯坦在英國人和俄國人的地圖上仍屬未勘之地，而像喀什噶爾和莎車（Yarkand）這樣的綠洲城鎮，其位置也只有被大略標註出來而已。這個地區被高聳的山脈和中亞其他地區隔絕開來，和中國之間則橫亙著廣袤的塔克拉瑪干沙漠，中國突厥斯坦就是人們在這地球上所知最少的地區之一。幾百年前，繁忙的絲路連結了中國和遙遠的羅馬，這條道路就曾經過這個地區，讓這裡的綠洲繁榮一時。然而，這條絲路在很久前就已斷絕，而大多數綠洲也早已被沙漠吞噬，這整個地區於是就這樣消聲匿跡，幾乎被人們遺忘了。

佔據該地區廣大面積的塔克拉瑪干沙漠，對旅行者來說一直是個聲名狼藉的區域，多年以來，包括商人、軍人以及佛教朝聖者在內的許多人，都曾在零星分布的綠洲間迷路，最後不幸葬身於此，整支商隊在那裡消失得無影無蹤的消息也時有所聞。因此，人們在得知塔克拉瑪干這個名字，在當地維吾爾語裡其實是「進去就出不來」的意思時，通常也不會感到意外。也因此，很少有歐洲人去過這個遙遠的地區，因為那裡也沒有東西能吸引他們。

中國突厥斯坦，亦即今日我們所稱的新疆，長期以來都是清帝國的一部分，但中央政府對那裡的控制卻頗為孱弱，因為那裡的穆斯林居民和滿族統治者並沒有共同之處，卻和帕米爾高原遙遠另一端的布哈拉、浩罕和希瓦的同胞族群，擁有非常多相似的地方。當地的穆斯林也因此曾在一八六〇年代初，爆發一場針對統治者的叛亂行動，過程非常激烈，漢人的城市被夷為平地，居民也慘遭屠殺。這場暴亂起初在東邊爆發，但很快便擴散到西部，直到整個突厥斯坦都跟著揭竿起義。就在此時，一位名叫阿古柏（Yakub Beg），自稱是帖木兒嫡傳後代的穆斯林冒險者也來到那裡。阿古柏曾和俄國人交手多次，在過程中表現得非常勇敢出色（他身上有五個彈孔傷痕可以作證），後來曾在喀什噶爾之前的穆斯林君主手下工作（這位統治者當時流亡到浩罕）。那位統治者一直希望有朝一日能將漢人這些異教徒驅逐出去，並奪回自己的王位。

一八六五年一月，阿古柏在一小支軍隊的陪同下，和為他提供庇護的那位君主一起跨過山脈、前往喀什噶爾，卻發現那裡正陷入一片混亂，彼此敵對的派系一邊爭奪王位，一邊抵抗漢人。但阿古柏在兩年內，便以其充滿魅力的領導能力，以及從俄國人那邊學來的歐洲戰術，成功地從漢人和當地的敵人手中奪下喀什噶爾和莎車。據說負責統治那兩地的漢人官員，最後都寧願炸死自己也不願對穆斯林投降。根據一份繪聲繪影但未經證實的紀錄，喀什噶爾的守軍在投降前，還吃光城裡所有四條腿的動物（包括貓和老鼠），甚至連自己的妻兒都沒有放過。

阿古柏後來無情地推翻為他提供庇護的前君主，接著將喀什噶爾定為他的首都，並將佔據的地區稱為哲德沙爾汗國（Kashgaria），而他自己則是該汗國的統治者。阿古柏從喀什噶爾繼續向東征戰，在中國突厥斯坦奪下愈來愈多的領土，不久過後他的統治範圍便擴展到烏魯木齊、吐魯番和哈密，而哈密到喀什噶爾的距離，則有將近一千六百公里。他除了靠自己從浩罕帶來的軍隊維持權力外，也會在當地的族裔群體和部族中雇用傭兵，比如阿富汗人和一些漢人，以及一些從印度軍隊中叛逃、越過山脈而來的士兵。阿古柏將漢人逐出該地區這件事，對當地的穆斯林居民來說並沒有太多好處，因為那只是統治者換了另一人當而已，他們都一樣不喜歡，穆斯林居民和被征服的漢人一樣，也成為那些雜牌軍劫掠、屠殺和強暴的受害者。此外，阿古柏在每個投降的綠洲城鎮和村莊裡，都安排了秘密警察和收稅員，一邊脅迫居民，一邊從居民身上搾取資源。

當羅伯特・蕭（Robert Shaw）這位勇敢的英國旅人，於一八六八年秋天向北翻過山脈時，這就是這個原本由中國統治的地區裡的狀況。當時羅伯特・蕭希望成為史上第一位踏足神秘的喀什噶爾和莎車的英國人，他知道有位佯裝成商人的哈薩克裔俄國軍官已經先他一步抵達那裡，帶走珍貴的軍事和商貿情報。然而，那是在阿古柏掌權之前，而蕭也相信當時的喀什噶爾，可以為積極擴張的英國商人提供很多商貿機會。蕭原本想要成為一位正規軍，在馬爾伯勒（Marlborough）的學院畢業後便進入桑赫斯特（Sandhurst）的皇家軍事學院。但由於他小時候曾得過熱風濕，因此身體健康一直欠佳，最後只能被迫放棄成為軍人的夢想，不過他堅毅的決心依然彌補身體上的缺憾。他在二十歲的時候前往印度，在喜馬拉雅山腳下落腳成為一位茶農，他和一位去過中國突厥斯坦的本地貿易商談過後，便深信那裡有著未被開發的廣大市場，尤其阿古柏征服該地區後，中國便不再對那裡提供茶葉，為印度茶葉提供大好機會。

加爾各答政府當時並不樂見任何離開印度邊界以外的旅行，而英國軍官和官員也都被禁止從事這樣的旅行，他們並沒有忘記柯諾利和史多達特的教訓，一如副王所說的：「如果他們喪命了，我們可沒辦法為他們報仇，而如此一來也會讓我們信譽盡失。」他也認為這種旅行通常都弊大於利，不過一如我們即將看到的，他也曾讓一些為印度政府工作的本地人前去進行特別任務，因為要撇清與他們的關係更加容易。不過羅伯特．蕭並不是政府員工，因此他也不覺得自己會受到這種限制，他先是派一位本地人過去、擔當信使，通知阿古柏的邊境官員他即將前去而且並無惡意。一八六八年九月二十日，羅伯特．蕭便帶著一支滿載茶葉和其他商品的商隊從列城出發。

蕭沒注意到的是，當時有位對手也緊跟在後，那人也是位英國人，名為喬治．海沃德（George Hayward）。年輕的他曾經是一位軍官，熱愛探勘行動，還曾在倫敦皇家地理學院的資助下，進行過一場獨力擔當的考察行程，即將成為皇家地理學會會長的亨利．羅林森對他也是大力支持。官方的說法是，海沃德在那裡是為了探勘拉達克和哲德沙爾汗國之間的山口，但從反俄的羅林森對這趟旅程抱持高度興趣來看，其背後可能也帶有政治動機。確實，探勘和收集情報這兩件事之間的差別，在當時經常是非常小的。然而，不論海沃德的真實目的是什麼，他們兩人無可避免地都很快就會捲入這場中亞大競逐中。

蕭之所以會得知其對手的存在，是因為某人當時告訴他，有位英國人喬裝成阿富汗人正在他們後面輕裝旅行，移動速度很快，距離他們移動緩慢的車隊只有幾天路程而已。蕭聽到此一消息後大為震驚，並匆忙寫了一份字條給這位陌生人，要求他立刻回頭，以免破壞他已經投注這麼多心力的行程，然而海沃德和蕭一樣意志堅決，因此拒絕了他的要求。不過他們兩人依然約定要在海沃德的營地見面，一起討論情況。事實上，他們並非真的處於競爭狀態，因為蕭的目的主要是商業上的，而海沃德則是前往探勘、為山口進行地圖測繪。海沃德並沒有要參與喀什噶爾或莎車的商業競爭，只希望能將那些地方當作進入帕米爾地區進行地圖測繪的基地，畢竟在當時，外界對於帕米爾地區依然一無所知。因此，海沃德同意讓蕭先出發兩星期，而他則先留在邊界處，對喀拉崑崙山的山口和河谷進行探勘。

雖然他們彼此的距離通常不會超過一、兩公里，但那次寒夜裡的會面也將會是他們幾個月內的最後一次會面。由於他們兩人對彼此的出現都非常厭惡，因此從那之後，他們在行動時都會假裝對方不存在，蕭當時還會安慰自己，反正海沃德很快就會從附近消失了。出於謹慎，他先將大量禮物送去給阿古柏的邊境官員（並暗示之後會有更多禮物），也知道海沃德沒有這麼多禮物可以送，甚至沒有將他即將前去的消息先讓他們知道。此外，海沃德也沒有理由能說服阿古柏讓他進到他的領土範圍內，幾乎可以確定的是，他就算沒有被逮補也會被拒絕入境。

蕭於十二月中抵達莎車後，在那裡獲得熱烈的歡迎，但讓他不悅的是，他在兩週後發現海沃德居然也抵達那裡，他顯然嚴重低估這位對手的應變能力和決心。海沃德在完成喀喇崑崙山的探勘工作後，便和邊境的守衛表示他也是蕭的商隊成員（或者至少他後來是這樣說的），接著便趕上他的腳步。他們兩人在莎車時一心一意地只想忽略對方，甚至住在不同的地方，但也沒有忘記要緊密觀察對方的行動。至於當地政府，則是在等待喀什噶爾（那裡距離莎車約一百六十公里）做出進一步指示前，持續對他們兩人進行監控。蕭謹慎地有備而來，加上慷慨大方的禮物，似乎都讓他獲得了回報，因為他在一八六九年一月三日被正式通知，阿古柏將會在喀什噶爾的宮中接見他。蕭將海沃德留在莎車，並在八天後目睹喀什噶爾這座首都偉大的土造城牆浮現在草木稀疏的原野上——他是史上第一位親眼看見那裡的英國人。在地平線上，喀什噶爾的後方聳立著白雪靄靄的帕米爾高原，東邊則綿延著無邊無際的塔克拉瑪干沙漠。不久過後，一支武裝護衛隊前來會見他，帶領他與其商隊穿過城門，進到為其準備的住處。他們告訴蕭，阿古柏會在隔天早上接見他。

到了約定的時間，三、四十位隨從便帶著蕭準備的禮物（包括最新型號的英國武器樣品）走在他後面，一起出發前往王宮晉見國王（阿古柏當時都稱呼自己為國王），他們行經的路上有許多群眾安靜地聚在路邊，他在經過那些群眾後走進王宮的大門。大門後是一連好幾處大型庭院，每個庭院裡都有許多守衛和隨從排排坐著，他們都穿著顏色鮮豔的絲製衣裝。蕭當天晚上在他的日記裡寫道，他們一動也不動地坐著，「看起來就像王宮建築的一部分。」有些守衛身上配備的不是槍枝，而是弓和箭筒，他寫道：「那場景非常新奇有趣。」、「他們的人數、莊嚴肅穆的氣氛，以及華麗的顏色，都讓這個由數千人組成的畫面感覺起來非常的不真實。」最後，蕭與護衛抵達王室接見訪客的房間，那裡是王宮的核心區域。有個人當時就坐在房間裡的地毯上，蕭立刻便知道這人就是令人敬畏的阿古柏——那個帖木兒的後代、征服中國突厥斯坦的男人。

蕭回憶道：「我獨自走過去。」、「當我靠近他時，他跪起身並對我伸出雙手。」蕭想起史多達特在布哈拉犯下的錯誤，他當時就是因為冒犯東方的禮儀而付出高昂的代價，於是蕭先是大力誇贊阿古柏的王宮，他用中亞的方式握了握阿古柏的手，接著被邀請上座。看見阿古柏當時臉上掛著笑容，蕭鬆了一口氣，阿古柏為了開啟話題，詢問他前來的旅程如何。阿古柏回覆時，先是為自己不流利的波斯語道歉，但阿古柏向他保證能聽懂他說的話。蕭想起自己的國家也曾和中國打過三次仗，於是便恭喜阿古柏擊敗中國人，在突厥斯坦重新建立一個穆斯林王國。此時，阿古柏要他坐得更靠近一些，而恭維讚美之詞到此也告了一段落，蕭開始解釋此次前來的原因。蕭表示之所以前去，是為開啟兩國之間的貿易，尤其是自己在經營的茶葉貿易，但他不是英國政府的代表，並為自己帶來的微薄禮物向阿古柏道歉。事實上，那些禮物都是精心挑選的珍品，在大型托盤上排開時，看起來也非常耀眼動人，阿古柏見到後非常滿意，眼睛也睜得老大。

那些禮物的目的是為了增進阿古柏對英國商品的興趣，如此一來他們或許就會希望英國人固定供應商品，為了讓阿古柏有充足的時間好好檢視那些禮物，蕭建議他們可以在之後會面時再進行更詳細的討論，阿古柏對這個提議也很贊同。蕭接著又說，他的波斯語不夠好，因此他認為下次可能會需要翻譯人員，但阿古柏聽了卻說：「你和我之間不需要第三人，友誼是不需要翻譯的。」他一邊說著，一邊伸出手用力抱了抱蕭，還說：「好好玩幾天吧，把這裡和這裡的一切都當作自己家吧，我們第三天再談。」他向蕭保證下次他們會談得更久，而且後續還有很多會面的機會。最後，他召來一位侍從，讓他帶了一件華美的緞衣過來幫蕭穿上。

那天晚上，蕭在日記裡滿意地寫道：「國王親切地把我送走。」國王的熱情接待讓他以為自己和狡滑的阿古柏一見如故，還以為自己已經成功搶在俄國人之前捷足先登，早在中國突厥斯坦落入阿古柏手中前，俄國人就一直積極地想要和這裡進行貿易。蕭已經可以看見他的茶葉商隊就快實現的夢想，商隊將穿越山口、川流不息地向北前進，畢竟喀什噶爾和中國之間古老的商貿連結當時已被切斷，而阿古柏也急需新朋友和商貿夥伴。眾所皆知，阿古柏和聖彼得堡的關係並不好，因為他將漢人驅逐出去後，也廢除伊格納傑夫在《北京條約》中為俄國商人取得的特殊商貿優惠待遇。此外，喀什噶爾當時也流傳著一個傳言，表示俄國人已經將軍隊調到邊境，準備將中國突厥斯坦從阿古柏手中搶奪過去。除了英國外，阿古柏難道還有更好的盟友嗎？再說，英國也都曾戰勝俄國和中國這兩個國家。

然而，幾天過去後，蕭一直沒有收到阿古柏的回音，這才開始覺得事有蹊蹺，無法確定後續會如何發展。又過了幾星期後，蕭發現自己開始沮喪地聯想起柯諾利和史多達特的下場，並開始擔心自己成為人質，或是某種擁有特權的囚犯。雖然他受到非常殷勤的招待，而他們也對他有求必應，但他的行動卻開始受到愈來愈多的限制，到最後他連自己的住處都無法離開，更不用說離開喀什噶爾了。但即便如此，他也沒有浪費時間，他和不少人見了面，並積極地試著從他們那邊盡可能獲取和阿古柏政權有關的政治情報或其他資訊。比方說，他聽說直到他前來為止，喀什噶爾的人幾乎都不知道在印度的英國人的事情，更不用提英國人在亞洲的勢力和影響力。截至當時為止，他們都以為英國只不過是他們隔壁的喀什米爾摩訶羅闍的一個附庸國罷了，而這也很有可能就是俄國人刻意散佈的假消息。

他此時也得知當時有另外兩名旅人也抵達了喀什噶爾，其中一位就是他的對手喬治．海沃德。海沃德後來獲准前往喀什噶爾，但他發現其實只是換了一個地方接受軟禁而已，阿古柏顯然想嚴密地監控他。和蕭一樣，他也受到良好的接待，只不過不論日間或夜裡都被人監視著，因為他在莎車期間曾在未經許可的情況下短暫離開自己的住處，讓那裡的政府顏面盡失。不久過後，海沃德和蕭便透過他們信賴的信使成功地聯絡上彼此，不定期進行一些秘密通信。

另一個剛剛抵達的訪客則是位神秘人，蕭第一次得知這人是因為他收到用英文寫的字條，還對他提出兩項奇怪的要求。他在上頭簽署名字時只寫了米爾扎（Mirza），並聲稱自己是從印度被派到喀什米爾，執行對該地區進行秘密測繪的任務（但他沒有明講是誰派他來的）。他向蕭借一隻錶，並解釋需要一隻錶來進行天文觀察，但他的錶壞了，而天文觀察對他的任務來說又至關重要；他還說，出於同樣的原因他也需要知道歐洲曆法的的確切日期。蕭並不知道這人是誰，同時又害怕可能是阿古柏派來測試他的密探，因此決定不予以理會。蕭在日記中寫道：「我非常懷疑他所言的真實性。」還說如果別人發現那人擁有他給的錶的話，也會讓他被人懷疑、陷入危險中。因此，蕭捎了一份口信給那名剛抵達喀什噶爾的人，遺憾地解釋他並沒有多餘的錶可以借他，透過這個方法他甚至還可以避免告訴那人正確的日期。

然而，蕭不知道那人其實沒有騙他，神秘人名為米爾扎．舒賈（Mirza Shuja），所說的秘密測繪任務也確實就是他當時在做的事情。米爾扎．舒賈是一位印度穆斯林，當時正在英屬印度的政府裡服務，他在前一年離開喀布爾，並在隆冬時節跨越帕米爾高原，那趟旅程非常艱難，剛剛幸運地活著走完那趟旅程。此外，他也完成了他被賦予的任務：「對阿富汗和哲德沙爾汗國之間的路線進行探勘。」他在喀什噶爾最主要的任務，除了盡可能觀察、打聽消息外，就是試圖在地圖上精確標出這座城市的位置，但如果沒有錶的話，他就無法完成這個任務，但他在喀什噶爾又找不到錶。所以當他得知在不久前也有位英國人剛抵達喀什噶爾時，簡直不敢相信自己居然如此幸運，但蕭卻斷然回絕他，對於為英國上司賣命的米爾扎．舒賈而言，一定是個很大的打擊（他後來確實為英國人付出自己的性命）。但米爾扎．舒賈可不是普通人，因為他是經過精心挑選、受過高度訓練的印度菁英，這種印度本地的菁英群體，一般都被稱作「本迪特」（pundits，譯按：源於梵語的詞彙，原意為「擁有知識的人」，指那些進行宗教儀式、輔佐君主的人；後來在英屬印度，又指在法庭中針對印度法律對法官提供建議，或是被訓練來對偏遠地區進行測繪的印度本地人。）

之所以會使用印度本地人擔任探勘者，在印度邊界以外、英國人無法控制的地區進行秘密測繪，其實是因為副王頒布了嚴格的禁令，禁止英國軍官前往那些地區探險。印度地圖測繪局（Survey of India）的任務是為政府提供整個印度次大陸和周邊地區的地圖，但因為上述原因，他們在對阿富汗北部、突厥斯坦和西藏進行測繪的工作上，也遇上很大的阻礙。湯瑪士．蒙哥梅利上尉（Captain Thomas Montgomerie）當時在地圖測繪局工作，於是這位隸屬於皇家工兵部隊（Royal Engineer）的年輕軍官，便想到一個聰明的解決方法。他問自己的長官，為什麼不訓練本地人、讓他們學習秘密測繪的技術，然後再將他們送往那些禁區呢？不論歐洲人偽裝得多好，都還是比那些本地人更容易被人識破，就算那些本地人不幸被人發現了，再怎麼說也比英國人被抓到在那些高度敏感，而且非常危險的地區進行地圖測繪還好，因為至少就政治上來說比較不會讓政府陷入窘境。

或許有些令人意外的是，儘管英國政府和印度政府都決定不捲入中亞事務，但他們還是同意蒙哥梅利的大膽提議，在接下來的幾年裡，包括米爾扎．舒買在內的幾位印度探勘者，便在高度機密的情況下被派往邊境地區，這些印度探勘者全都來自山區，因為過人才智和應變能力脫穎而出。一旦被發現或是遭到懷疑，他們可能會有立即的生命危險，因此他們的存在和活動也都必須盡可能地保持機密。就算是在地圖測繪局裡，人們也都以編號或匿名的方式稱呼他們。他們由蒙哥梅利本人進行訓練，而訓練的地點則在地圖測繪局位於喜馬拉雅山麓的總部——德拉敦（Dehra Dun），他也發明了一些非常聰明的技巧和裝備。

透過徹底的練習，蒙哥梅利會先對他們進行一個訓練：「不論是上坡、下坡或走在平地上，都要用固定的步伐行走。接著，他會教他們如何偷偷地精準計算一天行走的距離。如此一來，他們便能在不引起別人懷疑的情況下，準確地測量極長的距離。」他們通常會假裝成朝聖的佛教徒，因為佛教徒本來就經常會跨越山口，拜訪位在古絲路上的聖地。那些佛教徒都會帶著由一百〇八顆珠子組成的念珠，用念珠來計算祈禱的次數；此外，他們也會使用一種木頭和金屬做的小型轉經筒，一邊行走一邊旋轉。這兩種東西對蒙哥梅利來說都是可以好好利用的工具，他將念珠拿掉八顆珠子，此舉並不會引起他人注意，卻可以讓念珠顆數變成一百這個整數，方便計算。每走一百步，這些本迪特便會撥動一顆念珠，所以當他撥完一整串念珠時就是走了一萬步。

他們每天行走的距離，以及任何其他偷偷觀察到的情報，都會記錄在一個安全的地方以免被他人發現。這個時候轉經筒就派上用場了：「轉經筒珍貴的銅製圓筒裡一般都會放入手抄的禱文卷軸，但他們卻放進空白的紙張，於是轉經筒便成了他們的記錄本，只要打開圓筒頂端就能輕易取得。」今日在印度國家檔案館（Indian State Archives）還能看到一些這樣的轉經筒。不過他們還有一個問題：「指南針該放哪裡呢？」這些本迪特在旅行時需要經常判定方向，蒙哥梅利決定，他們可以把指南針藏在轉經筒的蓋子裡；計算海拔高度時會用到的溫度計則可以藏在朝聖者拐杖的頂端；判讀六分儀時他們也會需要使用水銀找出水平面，而那些水銀則可以藏在寶螺的貝殼裡，需要的時候再倒入朝聖者的托缽裡就行了。他們也在本迪特的衣服裡加上暗袋，並在大多數本地旅人都會攜帶的盒子底部製作一個假的夾層，而六分儀就可以藏在那裡。所有這些器具都是在蒙哥梅利的監督下，在地圖測繪局位於德拉敦的工坊裡製作的。

他們也對本迪特進行完整的訓練，教導他們偽裝以及編造故事的技巧。在那些英國無法管轄、位在邊界以外的地區裡，他們的生命安全就取決於他們假扮成聖人、朝聖者或喜馬拉雅貿易商時能裝得多像。他們的偽裝和藉口必須能撐過幾個月的旅行考驗，而且他們也經常必須和真正的朝聖者及貿易商近距離接觸，有些人一踏上旅途就是好幾年。其中一位還因為「替亞洲地圖提供大量有用資訊」，其貢獻「在當時無人能出其右」，而成為第一位獲頒皇家地理學會金牌的亞洲人。至少有兩人一去不返，還有一人則被變賣為奴（不過最後順利逃脫了）。整體而言，他們的秘密旅程將在接下來的二十多年裡提供大量的地理情報，而蒙哥梅利和他在德拉敦的製圖同事，則會在英國人的中亞地圖裡將情報補進他們無法前去的區域裡。

像米爾扎．舒賈這樣的人為何願意為了大英帝國的主子，甘冒如此大的風險、忍受艱難的旅途呢？關於這個問題至今仍沒有令人滿意的解釋。或許他們是受到蒙哥梅利的引導與鼓舞，而蒙哥梅利又如此以他們的成就為傲，將他們看作自己的孩子；也可能是因為他們知道自己都屬於菁英階級，都是經過精挑細選才被選出執行此一偉大任務；又或許蒙哥梅利對他們灌輸了自己的愛國情懷，讓他們也堅持要在俄國人之前先補齊大競逐地圖上的空缺處。我在之前出版的《世界屋脊的闖入者》（*Trespassers on the Roof of the World*）中，已對幾位本迪特非凡的探勘故事進行描述，因此我無意在此重述。令人難過的是，關於這些本迪特的個人故事我們所知不多，因為他們沒人留下任何形式的回憶錄。不過他們依然在吉卜林的巨作《基姆》中，獲得他們應得的紀念，因為該書中的角色原型，顯然就是蒙哥梅利上尉神秘的手下們。

然而，在一八六九年春天的喀什噶爾，不論是蕭或海沃德都還不知道這些本迪特的存在。他們得知米爾扎此一神秘的印度人已經遭到逮補，還被銬上笨重的木塊，更讓蕭不安的是，阿古柏還詢問他是否曾和那位印度人聯繫過，以及他帶來的兩隻錶是否仍然安在。蕭和海沃德都感到愈來愈不安，因為他們並沒有繼續收到阿古柏的回應，而當時距離蕭和阿古柏的會面也已經過了近三個月的時間。雖然他們兩人都受到很好的照顧，但當他們詢問宮廷官員阿古柏為何久久沒有回音時，卻無法獲得滿意的答覆。事實上，阿古柏之所以會不斷拖延，確實不是沒有原因的——而那個原因就是俄國人。

雖然阿古柏過去曾經對抗過俄國人，但他知道俄國此一位於北方的強大鄰國，對他王位造成的威脅將比中國人還要大得多，畢竟他當初沒有花太多力氣就擊敗了中國人。他也知道俄國人的軍隊正在邊界上集結，他們距離喀什噶爾只需幾天的路程，因此和這兩位暫時仍可以冷落一陣子的英國訪客相比，俄國人才是更需要優先考量的對象。對聖彼得堡來說，阿古柏也令他們有些為難，他們不只擔心喀什噶爾會成為中亞反俄情緒的集結點，也擔心這些穆斯林會在英國的協助和鼓動下嘗試發起一場聖戰，將俄國人從剛取得的領土驅逐出去。鷹派人士迫不急待想在情勢仍對他們有利時，便先進攻哲德沙爾汗國，將其永久納入俄國的掌控之下，由於聖彼得堡擔心失去此一潛力十足的新市場，因此認為進攻的計畫非常誘人。但一如既往地，沙皇和手下官員做出的決策就是他們認為可以全身而退的方案，一旦俄國人入侵哲德沙爾汗國，必定會引起英國人和中國人的警戒（後者仍將該地區視為自己的領土，儘管他們暫時失去了這片地區）。由於俄國人對克里米亞戰爭的慘痛教訓記憶猶新，因此亞歷山大沙皇對於是否要冒這場險，依然不太有信心，因此他們沒有出動軍隊，而是派出一位特使前往喀什噶爾試圖找出別的解決方案。

聖彼得堡最希望達成的目標是讓阿古柏承認條約規範的權益，尤其是伊格納傑夫從中國那邊取得的商貿特權，他們尤其擔心那些特權可能落入英國人手裡；至於阿古柏則是希望俄國人承認他的統治，並保證不會入侵他的邊界，但聖彼得堡並不願意正式承認他的政權，因為如此一來便會永久傷害到俄國與北京間的關係，阿古柏終究會死，但中國人可是會長期存在的。雖然蕭並不知道這些事情，但他剛抵達喀什噶爾時，阿古柏和俄國仍在進行談判。確實，就在他抵達的不久前，一位俄國特使才剛帶著阿古柏的姪子回國，而那位姪子就是阿古柏派往聖彼得堡的特使。然而，亞歷山大卻拒絕接見他，因為他擔心一旦接見，北京和阿古柏便都會以為他承認了哲德沙爾汗國。阿古柏對此非常憤怒，他在得知俄國人並沒有打算承認他的政權後，便決定精心設計一個方法，盡可能引起俄國人的警戒和困擾，藉此展現自己的不悅，於是他轉向了英國人——他知道英國人就是俄國人當時在中亞地區的頭號對手。

雖然他並不知道背後的原因是什麼，但羅伯特·蕭第一次知道此事，是當阿古柏再次召見他的時候，而終於能和國王見面也讓他終於鬆了一口氣。他在四月五日的日記中寫道：「今天我有些新的消息要寫，我和國王進行了期待已久的第二次會面。」雖然阿古柏並不打算解釋這次會面為何拖這麼久，但他這次表現得比第一次會面時更加友善，雖然蕭提醒阿古柏由於他是自行前來喀什噶爾的，因此無法代表英國政府，但阿古柏並不在意，而且還說道：「我把你當作我的兄弟，不論你提出什麼建議我都會接受。」接著他開始進行一些過度誇張的恭維：「英國女王就像太陽，能讓她照耀到的一切事物都感到溫暖。」、「我現在覺得很冷，希望女王的光芒也能照耀到我的身上。」他還說雖然已經從別人那邊聽聞英國人有多強大、多真誠，但蕭是他見過的第一位英國人：「你能前來我感到非常榮幸，我期待你能在自己的國家裡對我提供幫助。」

一番恭維結束後，阿古柏開始進入正題，他和蕭說道：「我在考慮派出一位使節前往你的國家。」

並在之後反問蕭的意見，蕭表示他認為這是一個很好的主意。於是阿古柏接著說道，這樣的話他會派出一位特使，帶一份外交照會前去給「薩希卜閣下」（Lord Sahib，譯按：薩希布源於阿拉伯語，在印度、波斯、中亞一帶，則是尊稱別人時使用的頭銜），而「薩希卜閣下」就是他稱呼副王的方式。蕭對此非常歡迎，還說要對阿古柏挑選的特使進行簡報，並承諾會盡可能讓他的旅程一切順利。他們又對彼此進行一番恭維後，蕭才終於告退，他幾乎不敢相信自己居然很快就可以重獲自由、踏上歸途。不過，他也知道阿古柏以奸詐狡猾聞名，因此他得等到安全跨越邊界後才能真正放下心來。

但還有最後一個問題：海沃德。當蕭和阿古柏會面時，他們完全沒有提到他。有鑒於阿古柏顯然非常想要和英國人成為朋友，因此蕭以為海沃德也很快就能重獲自由、返回印度，只不過可能無法走帕米爾地區的路線，也就是他的贊助者皇家地理學會希望他走的路線。然而，蕭的其中一位僕人卻帶來了「一個可怕的傳言……我將會和一位特使回到印度……而海沃德則會留在這裡當人質，直到那位特使安全回來。」與此同時，他也收到了海沃德請人捎來的話：海沃德憂心忡忡地提到，他聽說阿古柏打算把他留下來。雖然蕭非常不喜歡海沃德（他曾在日記裡稱他為「眼中釘」），但他知道自己不能就這樣把他留下來，任由一位以殘暴和狡猾聞名的東方暴君處置。當時仍被限制在住處、無法自由行動的他，立刻便要人傳話給阿古柏手下的一位高階官員，他和那個官員的關係很好。他提醒他們，「只要有英國人在違背自己意願的情況下被留在這裡」，那麼就算阿古柏派出特使前往印度、尋求和英國建立友好關係，也只是白費心力而已。他知道這樣做很危險，但這個說法確實有效。隔天他接獲通知，不只海沃德，就連那位神秘的米爾扎（阿古柏似乎認為米爾扎和他們是一夥的），也會重獲自由，和他一起返回印度。他的特使則會隨後跟上。

蕭和海沃德回到印度時受到英雄式的歡迎，有些人已經放棄希望，以為他們早已遭遇不測，雖然他們受到監禁，但依然各自帶回大量關於政治、商貿、軍事和地理的情報。那些地理情報也讓他們兩人都獲得探險者的最高獎章：「皇家地理學會的金牌」但米爾扎．舒賈就無法獲得這種獎勵或榮耀了，雖然印度地圖測繪局是因為他的努力才能製作出第一份阿富汗北部和帕米爾地區的地圖（儘管有些粗略），但他們依然不能將他的行動公諸於世。他們必須等到這些本迪特各自完成最後一場任務後，才能公布他們的身分。遺憾的是，米爾扎未能活著看見自己的貢獻獲得認可，因為他後來在另一場前往中亞布哈拉的任務中，於熟睡時遭到殺害。

蕭和海沃德很少抱持相同的看法，但他們在回到印度後卻都認為俄國人正在計畫進攻哲德沙爾汗國、推翻阿古柏，並將他的王國併入俄國的中亞版圖裡。在那之後，俄國人也遲早會經由他們兩人前往哲德沙爾汗國途經的山口繼續向南推進、進入印度北部，而那些山口就是蕭希望自己的茶葉商隊有朝一日可以跨越的門戶。直到當時，加爾各答和倫敦的戰略專家都認為，對於被大砲和其他重裝備拖累，而且需要固定進行糧食和彈藥補給的現代軍隊來說，印度北方廣大的山脈系統是一個難以克服的障礙。然而，蕭和海沃德在來回跨越那些山脈後，卻開始質疑這種想法的真實性，他們主張位在列城東北方的昌隆（Chang Lung）山口，尤其能為敵軍提供一條路線，以走後門的方式前往拉達克，接著再進入印度北部。雖然該山口的海拔高度超過五千四百公尺，但蕭和曾經擔任軍官的海沃德都認為，大砲依然可以用拖行的方式通過那裡。

如果當時的副王還是約翰．羅倫斯爵士（Sir John Lawrence）的話，那麼他們兩人的看法或許就不會引起官方的注意，而且他們兩人還很可能會因為干涉國家事務而受到嚴厲的斥責，因為穆克羅夫特在半個世之前就是被這樣對待的。但約翰．羅倫斯爵士在他們離開印度期間退休了，而繼任的副王也比較年輕，而且能接納不同的意見，這位新上任的印度最高長官名為梅奧勳爵（Lord Mayo），他不只去過俄國，也寫了一部由兩卷書組成的關於俄國的著作。因此，他會希望聽這兩名積極上進的年輕旅人，講述阿古柏、俄國人在帕米爾和喀喇崑崙山口以外地區的陰謀，也不令人意外。

然而，他們提出的警告並非未遭軍隊裡建制派的挑戰，儘管那些人根本連那些他們不斷提及的山口都沒去過。一位戰爭部的上校曾經寫道：「你可以想像一萬名吉爾吉斯人……在除了馬鞍上的東西、什麼都沒帶的情況下，騎馬穿過那些困難的道路。但換成歐洲士兵？他們得帶著大砲、彈藥、醫療補給物資，以及現代軍隊會需要的各種東西，情況完全不一樣。一個國家擁有的資源對於一個國家來說可能是夠的，但對另一個國家來說卻可能是完全不夠的。」雖然蕭和海沃德無法說服負責防衛的長官，哥薩克人將會穿過北邊的山口進入印度的這種說法，但他們依然開啟了一場辯論，讓人們意識到該地區整體而言是可能受俄國入侵的。他們做的事情還不止於此，因為他們也成功地讓副王對阿古柏的外交提議產生興趣，而阿古柏派出的特使也剛好在此時抵達印度。

梅奧勳爵相信印度最適合的防禦策略，並不是採取前進政策或軍事擴張，而是在印度防禦不足的廣闊邊境裡建立一連串對英國友善的的緩衝國。其中最重要的緩衝，顯然就是當時由多斯特．穆罕默德的兒子謝爾．阿里（Sher Ali）所統治的阿富汗，而加爾各答當時與謝爾．阿里的關係也相當不錯。因此，如果能和阿古柏成為盟友，梅奧勳爵就有機會能在這條緩衝鍊上加入一名新成員，如果英國有這兩名強大的統治者作為盟友，就不用擔心俄國人會入侵印度了，假使發生危機，梅奧願意在武器和金錢上對他們提供支援，甚至願意提供軍事顧問。他宣稱只要幾名英國軍官和大量的金援，「我就能為我們的盟友們，將中亞變成一塊熱騰騰的鐵板，讓俄國人在上面燙得直跳腳。」穆克羅夫特多年前也曾向長官提過類似的策略：「英國軍官可以對地方上的非正規部隊進行指揮，從山口高處滾落巨石，藉此對入侵的俄軍進行攻擊。」

梅奧勳爵讓幾位英國外交官稍微偽裝成商貿代表團，要他們跟著阿古柏的特使回到喀什噶爾，負責帶領這支特使團的人則是道格拉斯・福爾希特（Douglas Forsyth）。他們的目標是和這位強大的穆斯林君主進行試探性的接觸（他看起來似乎更想和英國人而非俄國人成為朋友），並調查是否可能建立一條固定來往於喀拉崑崙山兩側的商貿路線。之前約翰・羅倫斯爵士一直擔心建立商隊路線可能會帶來一些政治上的後果，因而總是反對這種計畫；但梅奧勳爵不這麼想，他認為商貿活動是一種將英國勢力延伸到中亞地區，而且風險又最小的途徑。他也認為商貿活動可以打擊俄國人在印度北部疆界以外地區漸增的影響力，以及他們顯然比較劣質的商品。他也沒有忘記如果能打開哲德沙爾汗國的市場，將可以為他們帶來多大的商貿優勢——根據羅伯特・蕭的說法，那裡有高達六千萬名潛在消費者等待英國商隊的到來，他們每人都會喝茶，也都會穿棉花製成的衣服。梅奧邀請蕭加入福爾希特的特使團，而蕭也立刻一口答應。至於比較離群索居的喬治・海沃德則另有其他計畫：「他也正準備再次前往那片未知之地，他的目的地是帕米爾地區，在那裡高聳的山峰以及尚未被畫進地圖的山口背後，就是距離他們最近的俄國據點。」這次，將不再有人阻擋得了他。

第二十六章
冰冷鋼刀架在喉頭的感覺

當喬治．海沃德的計畫傳到政府高層耳裡時，要求他取消行動的壓力如排山倒海而來。在這個沒有法律的荒涼地區裡，歐洲旅人獨自旅行不只非常危險，那裡在政治上也是個高度敏感的地區，不過這也就是本迪特被訓練以及被設想要進行的危險行動。但對於像海沃德這樣的人來說，風險只會讓這些行動變得更吸引人，他曾在寫給羅伯特．蕭的信中揭露：「我將會在中亞的荒野遊蕩，瘋狂地想試試冰冷的鋼刀架在喉頭的感覺。」對其他人來說這種說法聽起來比較像是故作勇敢。但一如他少數幾位朋友都同意的，海沃德是位熱愛冒險的人，儘管事後回頭看，他似乎更像是視死如歸。此外，由於他沒有家累、沒有家室，因此並沒有什麼可以失去的東西，而一旦成功，他的回報也會非常可觀。大家都同意一件事：「海沃德是一流的探險家，也是名技術很好的測繪者，如果他真能活著回來，便可能會帶回極有價值的發現。」

他這次前往帕米爾地區的探勘行動，原本和喀什噶爾那次旅程一樣，會由皇家地理學會贊助，該學會的主席當時由亨利．羅林森擔任，而他們在中亞地區的一些行動除了為地理學研究外，也帶有大競逐的意味。然而與此同時，由於發生了一起事件，海沃德為了避免尷尬，只能不情願地和皇家地理學會保持距離。這起事件也讓他的探勘行程變得更加危險，因為那讓喀什米爾的摩訶羅闍成了他們的敵人，而他往北前進的行程，也必須經過他的領土。這起事件的起因是他之前拜訪了一處名為達迪斯坦（Dardistan）的偏遠地區，那裡並不屬於摩訶羅闍的領土範圍，居住在那裡的達爾德人（Dards）是一個獨立自主的強悍民族，持續與摩訶羅闍衝突。海沃德從達爾德人得知，喀什米爾軍隊幾年前在達迪斯坦的雅辛地區（Yasin area）犯下一連串的恐怖暴行，這些暴行包括將嬰兒拋向空中，然後在他們墜下時將其劈成兩半。後來海沃德將這些罪狀轉告加爾各答《先鋒報》（*The Pioneer*）的編輯，於是他們將這些罪行以海沃德的名字全數刊出，儘管他堅稱這顯然並非原本對他們的指示。無可避免地，摩訶羅闍最後也看到這份報紙，據說看完後非常不悅，但當時的英國政府，其實非常希望這位摩訶羅闍能繼續保持善意、與他們合作。

即使是海沃德也看得出來，這起事件以及他涉入其中，都讓英國政府和皇家地理學會非常尷尬，因此他寫了一封信給皇家地理學會，正式切斷在這起探勘行動期間與學會間的一切連結。他聲明摩訶羅闍在宮中「非常憤怒，他們肯定會透過各種方式，暗地裡對我造成傷害。」雖然風險變得更大了，而他們也強烈建議他延後、甚至放棄這場探勘行動，但他依然執意要按照計畫出發。海沃德主張，由於這起事件現在已經眾所皆知了，因此喀什米爾的統治者想傷害他反而變得更加困難。確實，摩訶羅闍甚至可能還得在他們通過他的領土時提供保護，因為一旦他們受到傷害，外界肯定會直接歸咎於他。但海沃德也表明，由於是自己下的決定，因此這場探勘行動的風險將由他自行承擔。他說希望能在二十二天內抵達雅辛，然後從那裡經由達科特山口（Darkot Pass）進入帕米爾地區。

直到最後一刻，印度副王梅奧勳爵都仍在嘗試說服他改變心意，還警告他說：「如果你依然執意要進行這趟旅程，那麼你便必須了解，你要為此承擔起所有的責任。」但海沃德之前早就已經違抗過官方命令前往喀什噶爾了，因此這次大家也不太可能阻止得了他。畢竟，他並不是政府官員，當時也不再對皇家地理學會負責，已經可以自由行動，因此意志堅定的海沃德便在五位本地隨從的陪同下，於一八七〇年夏天向北方出發，準備跨越摩訶羅闍的領土。海沃德一行人經過摩訶羅闍的首都斯里納加（Srinagar），以及吉爾吉特（Gilgit）這座位於喀什米爾北部邊境的小鎮，平安無事地進入達迪斯坦。雖然穿越用來將這兩個民族區隔開來的無人區也可能會招來雙方對他們的猜忌，但他們最後還是在七月十三日騎馬安全進入了雅辛，並在那裡獲得達爾德人當地首領的熱情接待。那位首領的名字是米爾．瓦利（Mir Wali），海沃德上一次拜訪時就認識他，也相信他把自己當作朋友。

永遠不會有人知道接下來在這個偏僻孤寂、人命如草芥的地方到底發生什麼事情，但海沃德在雅辛短暫停留期間，似乎針對他們應該採取哪條路線離開達爾德人的領土、進入帕米爾地區這個問題，和那位首領起了爭執。據說米爾．瓦利上頭的首領，也就是契特拉（Chitral）地區的統治者，當時曾命令他將海沃德送去見他，接著再讓他繼續行程。然而，當時行程已經延誤的海沃德只想趕快出發、繼續趕路，而前往契特拉就等於往西邊繞行一大段路；再說，那位統治者想見他的動機也很可疑。於是海沃德回絕了此一要求，而接下來的場面，則據說變得非常火爆，根據描述，海沃德甚至還公然使用「不雅的名字」稱呼米爾．瓦利。不過也有些人挑戰了這種說法，並主張當時發生的事情其實是早就已經計畫好的，而他們之所以編造這個故事只是為後來發生的事情找藉口罷了。可以確定的是，海沃德當時帶著一些非常珍貴的禮物，準備之後通過其他地區時送給當地的首領。後來的幾位目擊者則指出，米爾．瓦利、甚至契特拉的統治者，都非常覬覦那些禮物，因此不願看到他們離開自己的領土範圍。

米爾．瓦利此時不但不再要求海沃德更改路線、前往契特拉，甚至還將幾位苦力借給他們，陪他們到約三十公里以北的達科特村為止，因為那裡是他統治範圍的盡頭。海沃德和米爾．瓦利進行表面上看似親切的道別後便離開雅辛，他們在七月十七日下午抵達達科特，並在附近的山坡上紮營，那裡的海拔高度約兩千七百公尺。曾經幫助達爾德人、將喀什米爾人的暴行公諸於世的海沃德，當時並沒有理由懷疑達爾德人會心懷不軌，但當天傍晚他驚訝地得知，米爾．瓦利的幾位手下居然也前去達科特。他們告訴村民之所以被派來，是為了瞭解英國人隔天是否有安全通過達科特山口，但他們似乎並不打算聯繫他，海沃德對此感到非常困惑，因為他沒有預料到會看到他們，而米爾．瓦利在他們道別時也沒有和他提及此事。

讓他感到擔憂的還不只這件事情，他的一位隨從此時也和他透露，就在他們離開雅辛不久前，米爾．瓦利曾試圖說服他趕快逃走。海沃德認為不能大意，於是決定整晚熬夜不睡，以防中了他們的詭計。村子裡的頭人後來描述道：「當天晚上那位先生沒有吃晚餐，只喝了些茶。」海沃德一人在帳篷裡坐著，靠著燭光寫東西，眼前的桌上放著上膛的火槍，他一邊右手寫字，一邊左手還拿著手槍。然而，當天晚上什麼都沒有發生，直到破曉時，一切看似都很正常，營地裡沒有任何異狀，或許他只是杞人憂天罷了。海沃德起身泡了些茶，一整晚處於戒備狀態的他，此時終於因為太過疲憊而睡著了。

這就是米爾．瓦利派來的人一直等待的機會，他們其中一名成員此時悄悄地從附近的樹叢爬進營地，他和其他同夥前天晚上就是躲在那些樹叢裡。他向海沃德的廚師問道，他的雇主是否仍在睡覺，而那名廚師並沒有起疑，得知海沃德還在睡覺後，他便走向海沃德的帳篷，海沃德的一位普什圖僕人此時發現了他並試圖阻止他的行動，但其他米爾．瓦利的手下此時剛好也湧進來，不久後他們的抵抗便遭到制伏。海沃德的隨從全被他們抓起來，而海沃德的雙手則被綑綁起來，頸部還被套上繩索，事情來得太突然，他根本來不及將手伸向武器，那些人將他們的手緊緊綁起後便將他們帶進森林裡。根據村裡頭人的描述（他的說法就是那些歹徒告訴他的），海沃德當時曾試著和他們協商，希望保住自己和隨從們的性命。起初，他提議將行李裡的東西都送給他們，包括當時攜帶的那些禮物，但他們指出，就算他不想給，那些東西也已經是他們的了。海沃德接著又提議，如果他們願意釋放海沃德一行人，他的朋友也可以提供鉅額獎金給他們，但那些人顯然有命令在身，對他的提議不感興趣。

關於接下來發生的事情有兩種版本的記錄，根據其中一個版本，也就是村裡頭人的描述，他們將海沃德的戒指從手指上扯下來，接著歹徒的首領抽出劍，海沃德知道自己大限已到，於是開始喃喃唸著一些話（當時在場的人認為他唸的是禱詞），不久過後，他們便將海沃德一刀斃命，由於海沃德的五名隨從也都遭到殺害，因此現場並沒有目擊證人。那些人接著衝向海沃德的營地，開始尋找他的個人物品以及他攜帶的那些禮物，完成任務後，他們便騎馬回到雅辛向米爾．瓦利進行報告，並將海沃德那些珍貴的禮物也交給了他。另一個關於海沃德遭殺害過程的記錄，據說來自殺害他們的其中一名兇手，而他的說法在當時也廣為流傳：「海沃德在被殺害前，曾要求他們幫他最後一個忙——讓他看太陽從山頭升起。」如果這個故事屬實，那麼米爾．瓦利的手下當時還讓他走到一處高地，太陽升起後，雙手依然被緊緊綁住的海沃德便在那裡靜靜地站著，接著他走回來和那些人說道：「我準備好了。」

這就是維多利亞時代的人們喜歡英雄死掉的方式，海沃德在這個世界上最偏遠的地方、因詭計而遭到殺害的故事，在將近三個月後透過電報從印度傳回倫敦，也在英國掀起一陣轟動。令人意外的是，居然沒有任何一位畫家曾以此一場景進行創作、讓海沃德的故事永傳於世。不過儘管如此，海沃德的故事至少還是被廣受歡迎的詩人亨利．紐伯特爵士（Sir Henry Newbolt）寫進詩篇中。那首詩的名字是〈他在匪賊前倒下〉（*He Fell Among Thieves*），而詩的結尾是這樣的：

拂曉了。他用力站了起來，
走到森林下方他已遭破壞的營地；
他飲下早晨空氣裡甜美的涼意，
殺他的人就在他的周圍站立。
灑在拉斯普爾山（Laspur hills）上的陽光快速擴散，
炫目的白，冷卻了血紅色的雪山山巔；
他轉過身來，東邊的高山截開了太陽，
他看了那金輪最後一眼。
「噢偉大的萬物啊，仰賴大地與太陽的萬物啊，
我活過了此生，我頌揚你、熱愛你。」
一把劍劃了過來。
他的聲音越過了一道又一道山口，
漸漸消散，直至山巒再次沉寂。

不管維多利亞時代的英國人對於海沃德遭殺害一事有多憤怒，如果不派出軍隊前往那些危險的荒野懲罰兇手，他們其實也無計可施，但印度副王並不想這麼做。這起悲劇證明約翰．羅倫斯爵士和其他人都曾提出的論點：「如果歐洲人在某個地區被殺害後，他們將無法報復，那麼打從一開始，他們就不應該讓歐洲人冒險進入那些地區，不論那人是不是自願前去，或是那人有多勇敢都一樣。」但他們還是立刻採取行動，試圖找出這起事件的確切情況，並找回海沃德的遺體對其進行適當的埋葬。很顯然，派人過去現場調查實在太危險了，而且也無法找到有用的資訊，能證明米爾．瓦利是否應該為這起謀殺負起責任，或者是否就像一些人懷疑的，其實是有其他人在背後指使。根據傳聞，喀什米爾的摩訶羅闍，以及契特拉的統治者，都可能和這起事件有關，儘管沒有證據能證明這種說法。

海沃德的遺體後來在其朋友的努力下被人尋獲，那位朋友名為弗雷德里克．德魯（Frederick Drew），是一位英國地質學家，當時正在喀什米爾的摩訶羅闍手下工作。出於個人安全的原因，他無法親自前往雅辛或達科特，於是派了一位訓練精良的英屬印度本地士兵前去盡量調查海沃德被謀殺的事件，並試著尋找他的遺體、將遺體帶回。這位聰明靈活的士兵於是冒著極大的生命危險，成功地在一堆石塊下方找到海沃德的遺體，並將遺體運回吉爾吉特給德魯。他還救回海沃德的一些物品，包括一些書籍、地圖和紙張，這些東西在殺害他的人眼裡都是沒有價值的東西。

十二月二十一日，德魯向皇家地理學會報告，他已經將這位曾獲學會頒發金牌的得主，埋在吉爾吉特堡壘旁邊的花園裡，而特遣部隊也對著墳墓上方開了三槍。不久過後，他們為他立起一塊墓碑，上頭寫道：「紀念G．W．海沃德，倫敦皇家地理學會的金牌得主，在前往帕米爾大草原的探勘途中，於一八七〇年七月十八日在達科特遭殘忍殺害。」那座墳墓至今仍在那裡，而那裡後來也變成吉爾吉特的基督徒公墓，不過如果你想看一眼這座墳墓的話，得先從對面的鞋匠那邊取得鑰匙才行。海沃德在那裡下葬時，據說墓的旁邊有一棵杏樹，但那棵樹此後便再也沒有結出杏果，時至今日那裡只剩一棵垂柳。

至於狡猾的米爾．瓦利則沒有受到應有的懲罰，不過就在不久後，契特拉的統治者便找了個理由，說英國人對海沃德遭殺害一事非常憤怒，因而強迫他交出權力，讓他不得不逃離雅辛。這個舉動原本看似是種懲罰，但人們很快就看出他真正的動機其實是讓自己的親戚統治雅辛。不過米爾．瓦利最後還是為自己的惡行付出代價，他在接下來的幾年裡不斷逃避追殺，最後卻暴力而戲劇性地死在自己的敵人手上——根據一份記錄，他最後被襲擊者逼到懸崖邊，接著縱身躍下。一百多年後，該地區還有很多人記得海沃德的名字，今日的卡科特和當年沒什麼兩樣，還是一樣偏遠。有次我拜訪那裡，村民帶我到一條小溪邊一個荒涼的位置，告訴我那就是海沃德被殺害的地方，而我的嚮導正好就是米爾．瓦利的後裔。雷吉納爾德．熊伯格上校（Colonel Reginald Schomberg）這位英國人，也曾在一九三〇年代途經達科特，根據他的說法，海沃德的手槍、望遠鏡和馬鞍當時依然在當地人家的手中。到了比較近期的一九五〇年代，海沃德當時創作的六幅水彩風景畫則出現在孟買的市集裡，後來被送到倫敦進行拍賣。但一如喬治．海沃德其他的神秘事蹟那樣，我們永遠不會知道這些畫作到底是如何流到市場上的。

長期以來，俄國人一直都在關注英國官員、探險家和其他旅行者在此一被他們視為己方勢力範圍地區（編按：中亞地區）的行動，因此駐塔什干的考夫曼將軍也注意到蕭和海沃德的那幾趟行程（甚至很可能也注意到那位本迪特的存在）。更讓他不安的是梅奧勳爵還派出一個由道格拉斯·福爾希特帶領、表面上出於商貿目的的英國特使團，前往阿古柏的王宮。這位穆斯林君主當時不只對聖彼得堡表現出強烈敵意，還強化與俄國接壤邊界上的軍事據點，並禁止一切俄國商品和俄國商人入境。考夫曼一定以為英國人已經放棄他們的精明無為政策，準備要將哲德沙爾汗國納入自己的保護下，並獨佔和他們的貿易。雖然俄國人當時還不知情，但事實上英國人派出的特使團也並不順利：「他們在抵達莎車後，才得知阿古柏位於哲德沙爾汗國的最東邊，距離他們將近一千六百公里遠，短期之內也不會回來。」有人懷疑阿古柏其實是擔心接見英國人會無謂地引起聖彼得堡的憤怒，所以才故意跑這麼遠的，不論原因是什麼，這支特使團都別無選擇只能空手返回印度。由於他們受到冷落（不論是否為阿古柏刻意為之的），再加上海沃德一行人遭殺害、但英國人又無法復仇，因而讓英國人在中亞地區的尊嚴受到嚴重打擊。

就在此時，聖彼得堡也啟動一系列行動，目的是為了大幅強化在該地區的政治和戰略處境。伊格納傑夫伯爵當時剛被任命為俄國駐君士坦丁堡大使，在他的推動下，俄國單方面撤銷克里米亞戰爭結束後，他們在《巴黎和約》中被迫接受的關於黑海的條款。如果讀者還記得的話，條款禁止俄國的戰艦及海軍設施出現在黑海上。這個消息讓倫敦非常錯愕，因為那道禁令的目的是為了讓俄國艦隊盡可能地遠離土耳其海峽和地中海，藉此保護大英帝國和印度間的關鍵航線。然而，由於其他歐洲強權並未全力支持，因此英國人除了向聖彼得堡宣戰外也無計可施，但英國政府當時又不願意和俄國開戰。

俄國很快就會在一八七一年夏天展開下一場擴張行動，不過由於他們入侵的地區太過偏遠，因此英國人要到三個月後才會得知此事。伊犁這個穆斯林地區，當時剛在起義中推翻漢人的統治並獲得暫時的獨立，而該地區也扼守通往西伯利亞南部非常有戰略價值的山口，那裡雖然與阿古柏的領土接壤，位於喀什噶爾的東北方，卻一直沒有被阿古柏兼併。但考夫曼將軍相信（或至少他是這樣宣稱的），阿古柏當時正準備要併吞該地區，於是他命令自己的軍隊先發制人，以防阿古柏佔領伊犁後對俄國的南部邊界造成威脅。持平而論，蒙古人破壞力十足的軍隊當年確實就是經由這些山口湧入俄國的，因此對俄國的戰略專家來說，該地區就像他們的開伯爾山口。然而，這不是伊犁谷地唯一一個重要之處，考夫曼手下的地質學家都知道，該地區的礦藏非常豐富，也是這個偏遠地區的重要糧倉，而他的將軍們也不可能沒注意到這點。六月二十四日，俄軍穿越山口進入伊犁，儘管前來阻擋他們的守軍人數是他們的兩倍，但俄軍依然擊敗他們。俄軍在隔天進入伊犁的首都固勒扎（Kuldja），儘管俄軍的指揮官並沒有權限這麼做，但他依然宣布將該地區「永久」兼併，聖彼得堡後來進行修正，宣稱這起佔領行動只是暫時性的。

自從被逐出突厥斯坦後，中國即使是最靠近伊犁的據點也都非常遙遠，以至於直到聖彼得堡正式通知前，北京都完全不知道俄國的入侵行動。他們對中方解釋，沙皇的軍隊為大清皇帝從叛軍手中取回伊犁，俄國會持續控制該地直到大清皇帝能再次抵抗阿古柏或其他人為止，這種說法騙不中國人，他們立刻便要求俄國歸還伊犁，聖彼得堡則拒絕此一要求，而中俄兩國的關係也急轉直下。再也不用擔心激怒北京的俄國人決定重新和阿古柏討論政權承認和進行貿易的老問題，一八七二年春天，俄國派出一位高階政治官前往阿古柏位於喀什噶爾的王宮，表示俄國人願意承認他的政權，但阿古柏也必須依據優惠條款，對俄國商品開放市場，並將英國人排除在外，這次的談判非常成功——至少俄國人是這樣認為的。

阿古柏的目標其實是將外國在哲德沙爾汗國的影響力降到最低，他認為達到這個目標最好的方法就是用其中一方的力量制衡另外一方，俄國特使離開後，他便立刻派遣特使前往印度，針對前一年因為不可抗力因素而不在首都一事和英國人表達深切歉意，並邀請他們再次派出特使團前往喀什噶爾和他進行會談。因為俄國人拜訪阿古柏的消息而感到非常緊張的新任副王諾斯布魯克勳爵（Lord Northbrook，梅奧勳爵已經在前一年遭到刺殺），於是欣喜地接受阿古柏的邀請，並在一八七三年夏天派出第二支英國特使團跨越喀喇崑崙山。這支特使團的規模比前一次還要大得多，由文官和軍官、貿易專家、測繪人員以及其他專家組成，而帶領團隊的人則依舊是道格拉斯・福爾希特爵士。他收到的指示是從阿古柏那邊取得與俄國人類似的貿易協議，並盡可能在這個他們所知不多的地區裡，搜集政治、戰略、經濟和科學上的情報。由於有來自指南軍團（Corps of Guides）的步兵和騎兵的護衛，再加上許多翻譯、秘書、職員和僕人，這支特使團一共由三百五十人，以及五百五十頭負責馱運行李的牲畜組成。英國的鷹派評論者一向批評，英國在中亞實行的精明無為政策就是屈服於俄國陰謀的懦弱行為，但就在實施三十年後，此一政策終於也要邁向終結了。

倫敦開始採取較為強硬的路線後，起初似乎帶來一些不錯的效果，平息了英國人對俄國進一步向印度擴張的恐慌：「聖彼得堡前所未見地做出讓步，終結了他們和倫敦長期以來針對阿富汗北方邊界位置的爭執。」英俄兩國對於位在奧克蘇斯河上游的巴達赫尚（Badakhshan）和瓦罕（Wakhan）這兩個偏遠山區的主權，一直都存在爭議，而俄國最靠近英屬印度的據點也就位在這兩個地區裡。倫敦一直都堅持這兩個地區是阿富汗東部的一部分，而聖彼得堡則持相反的意見，並堅稱布哈拉埃米爾對那裡的主權聲張更加合理。然而，在一八七三年一月，俄國人卻出人意料地突然做出讓步，承認這兩個地區都是阿富汗埃米爾的統治範圍，此外，他們也再次確認阿富汗屬於英國而非俄國的勢力範圍。作為回報，俄國希望英國能遏止埃米爾對阿富汗北疆以外地區發動軍事攻擊，或煽動那裡的穆斯林弟兄對俄國人發動戰爭。英國人對此非常高興，以為自己在這場重要的外交戰中獲得了勝利，儘管這份協議並沒有出現在正式條約中，而且俄國人也只是原則上答應了這項協議。確實，即便是當時，他們的邊界在地圖上都只是一條模糊不清的線條而已（那些地圖本身甚至更加含糊），因為他們對於阿富汗東部荒涼的帕米爾地區幾乎一無所知——而這也正是喬治．海沃德之前想要改善的問題。但英國人不知道的是，俄國人在巴達赫尚和瓦罕的讓步，其實不過是個障眼法罷了，目的是為了掩飾他們下一步的擴張行動，而聖彼得堡高層當時正在計畫的下一場擴張，也將會是他們截至當時最大膽的一次。

就在英俄簽署那份關於阿富汗邊界的協議的一個月前，亞歷山大沙皇親自主持一場國務委員會的特別會議，他們在會中決定要對希瓦發動一場全面性的遠征行動。為此，他們已經秘密籌備好幾個月，而針對阿富汗邊界的協議，似乎就為這種行動提供很好的時機，沙皇和他的幕僚認為，對英國人賦予他們想要的東西後，就會讓他們比較難反對俄國佔領希瓦的行為。但英國人已經感覺到事情不太對勁，他們希望聖彼得堡能承諾俄國並沒有在中亞地區進一步擴張的計畫。儘管一支由考夫曼領軍、兵力達一萬三千人的軍隊，當時已經準備好出征希瓦了，但他們依然臉不紅氣不喘地做了承諾，直到最後才承認他們即將發動的出征行動。但即便如此，聖彼得堡當時仍然堅稱，他們並沒有打算永久佔領希瓦這座城市，並對英國外相保證，沙皇已經針對這點下達了「正面的指令」。

和一七一七年以及一八三九年的兩次挫敗相比，俄國人這次勝券在握，因為他們可以同時從塔什干、奧倫堡以及克拉斯諾沃德斯克這三個地方出發、穿越沙漠。由於希瓦的汗王知道俄軍必須進行長途跋涉，因此他起初並不擔心，但隨著考夫曼的軍隊開始進入其領土範圍，他也變得愈來愈緊張。為了對俄國人示好，希瓦汗王釋放被關在希瓦的二十一名俄國奴隸和俘虜，但沒有任何效果。最後，當距離最近的俄國軍隊距離希瓦只剩大約二十公里的路程時，汗王派出他的堂親前去會見考夫曼，並說只要俄軍指揮官同意停止進攻，他們便會無條件投降，永久臣服於沙皇麾下，但考夫曼回覆道，他只願意在城裡進行談判，為了幫助汗王做出決定，俄軍將他們嶄新的德製大砲對準了希瓦的土夯城牆。一八七三年五月二十八日，汗王終於棄城逃亡，而考夫曼則在隔天以勝利者之姿進入城裡。

雖然希瓦淪陷和塔什干、薩瑪爾罕以及布哈拉之前的情況一樣，都是裝備落伍、軍紀渙散的中亞部族被俄軍擊敗，但俄軍這次的勝利對聖彼得堡來說，在心理層面上卻格外重要。那不只幫助他們一雪之前在希瓦以及克里米亞所受到的屈辱，也大幅提升沙皇在整個中亞地區的軍事聲望以及戰無不勝的名聲。此外，控制希瓦後，俄國人也獲得在奧克蘇斯河下游航行的控制權，以及隨之而生的商業利益、戰略優勢，以及對裏海東岸的完全支配。與此同時，他們也填補了俄國南部在亞洲防線的缺口，並讓考夫曼興高采烈的軍隊得以駐紮在距離赫拉特不到八百公里的位置。因為從過去以來，赫拉特一直都擁有很高的戰略價值，是通往印度的門戶，威爾遜、穆克羅夫特、德雷西．艾文斯以及金尼爾這些人的擔憂，終於在半個世紀後看起來愈來愈有道理。駐聖彼得堡的英國大使對外交部警告道，俄國人在攻佔希瓦後便可以取得據點，從那裡「對波斯和阿富汗的獨立造成威脅，從而對我們在印度的帝國帶來長期的風險。」

倫敦和聖彼得堡接著簡短地交換幾份外交照會，而俄國人也再次向英國政府保證其對希瓦的佔領只是暫時的。但到了十一月，《泰晤士報》卻刊出俄國人和希瓦人簽訂的密約細節，根據這份密約，汗王將會臣屬於沙皇，而他的國家也會接受俄國人的保護，英國人知道他們又上當了。俄國人堅稱，由於軍事上的需要、情勢也有所改變，因此他們必須推翻之前做過的一切承諾──不過這個藉口英國人之前早就聽過了。俄國外交部長戈爾恰科夫親王還加上下面這些指責：「他提醒英國人，英國內閣之所以會這樣推論，似乎是因為我們已經多次自發、友好地和他們溝通過我們對中亞地區的看法，尤其表達了我們堅決不會採取征服、兼併政策的態度，而對此我們也進行了明確的承諾。」這種說法當然沒有騙到任何人，但再一次地，除了戰爭之外，英國人對此（或對於俄國的下一步）依然無計可施。

或許是擔心這次的行為可能會超出英國人的容忍範圍，戈爾恰科夫還主動做了另一項保證，他宣稱，「沙皇陛下並不打算對俄國在中亞的現存邊界進行拓展，不論是在布哈拉這邊，或是在克拉斯諾沃德斯克這邊。」但他並沒有提到浩罕，那裡的統治者自從塔什干淪陷後，便因為條約一直和俄國保持著緊密連結。一八七五年夏天，浩罕爆發一場針對俄國人和他們的傀儡汗王的起義行動，卻也給考夫曼大好機會讓他能對這個當時在名義上仍維持獨立的不穩地區，施加更嚴密的控制。八月二十二日，俄軍擊敗叛軍的主要勢力，並在四天後進入浩罕，在城裡升起了俄國的旗幟；他們接著又進行幾場戰役，導致叛軍損失慘重，而安集延（Andijan）和奧什（Osh）這兩座城鎮也相繼落入考夫曼手中；不久後，浩罕汗國正式併入沙皇在中亞的版圖中，並改名為費爾干納省。官方聲明指出，亞歷山大已經「遵從浩罕人民希望成為俄國子民的願望。」於是俄國人便在短短的十年內，兼併了相當於半個美國的領土，並在中亞地區建立一道屏障，從西邊的高加索地區一路延伸到東邊的浩罕和固勒扎。

這件事讓負責防守印度的指揮官非常不安，俄國兼併浩罕汗國後，考夫曼愈戰愈勇的軍隊距離喀什噶爾便只剩不到三百二十公里了，俄國人遲早也會兼併那裡和莎車，從而控制住通往拉達克和喀什米爾的山口。如此一來，俄國就能完全環抱印度北疆，從任何一個地點，或同時從多個地點向南發動攻擊，只有北邊高聳的帕米爾高原和喀拉崑崙山能阻擋他們。一般人直到當時都仍認為，這些高山地區對於使用大砲和其他重裝備的現代軍隊來說是無法克服的障礙，蕭和海沃德則是最先挑戰這種說法的人，但他們的提醒卻遭到專家的嗤之以鼻。此時，其他人也開始表達出類似的憂慮，認為北部的山口可能會受到攻擊，而他們的意見這次將無法這麼容易被忽略。

由印度副王派出，道格拉斯．福爾希特擔任領隊，前往喀什噶爾會見阿古柏的那支特使團，此時已經回到印度。這次他們獲得隆重的接待，而阿古柏對他們做出的許多承諾也遠遠超出之前對俄國訪客的承諾。然而，雖然他們鄭重宣布哲德沙爾汗國和英國的友誼將會長存，同時也期待建立新的貿易伙伴關係，但這些事情最後並沒有實現。英國人和俄國人都以為該地區存在歐洲商品的廣大市場，但這種期待最後也終將破滅，此外，他們很快也會發現阿古柏只不過在敷衍英俄這兩個強大的鄰國，並利用英俄對彼此的猜忌來保障自己的地位，畢竟，東方人也是可以參與這場大競逐的。不過，雖然福爾希特的特使團從這位狡猾的統治者那邊只獲得一些沒有用的承諾，但他們依然成功做到一件事：「阿古柏允許湯瑪斯．戈爾頓中校（Lieutenant Colonel Thomas Gordon）和另外兩位軍官在印度指南軍團的護衛下，於返回印度途中穿越帕米爾地區——那幾乎就是海沃德之前希望能走的路線，只不過方向顛倒過來。」他們的目標和海沃德一樣，都是要對那些從俄國邊界向南通往喀什米爾的山口進行探勘，並將它們畫進地圖裡，同時判斷一支現代軍隊到底是否可能經由那些山口進入印度。

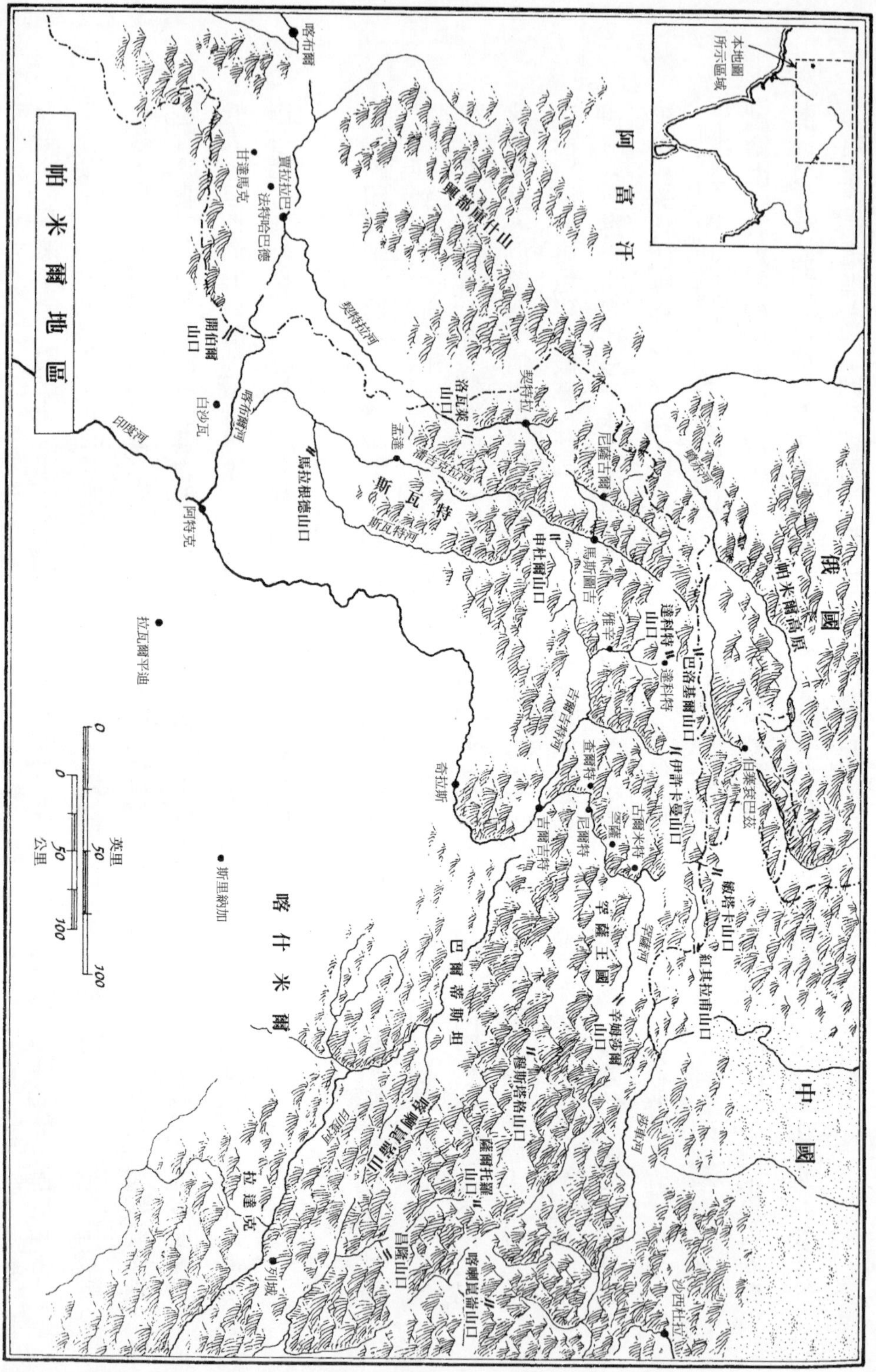
帕米爾地區
本地圖所示區域
阿富汗
俄國
帕米爾高原
中國
喀什米爾
巴爾蒂斯坦
罕薩王國
斯瓦特
拉達克
興都庫什山
喀喇崑崙山
喀布爾
賈拉拉巴
法特哈巴德
甘達馬克
開伯爾山口
白沙瓦
喀布爾河
印度河
阿特克
拉瓦爾平迪
斯里納加
奇拉斯
馬拉根德山口
孟達
洛瓦萊山口
契特拉
契特拉河
尼薩古爾
斯瓦特河
馬斯圖吉
申杜爾山口
雅辛
達科特山口
達科特
巴洛基爾山口
伊許卡曼山口
伯塞袞巴茲
敏塔卡山口
紅其拉甫山口
吉爾吉特河
吉爾吉特
查爾特
尼爾特
古爾米特
罕薩
罕薩河
辛姆沙爾山口
穆斯塔格山口
薩爾托羅山口
喀喇崑崙山口
昌隆山口
列城
沙西杜拉
葉爾羌河
英里 0 50 100
公里 0 50 100

第二十七章
「來自北方的醫師」

雖然戈爾頓中校一行人不時會遇到堆得和馬肚一樣高的積雪，而且經常因為暴風雪而被迫中斷行程，但他們依然在三個星期內騎行大約六百四十公里的路程，成功穿越帕米爾地區。不同於在該地區交匯的其他雄偉山系（比如興都庫什山、喀拉崑崙山和天山），帕米爾地區是由廣大的高原組成的，偶爾才會出現幾座高山或寬闊的谷地。居住在周邊的部族將該地區稱為「班米敦雅」（Bam-i-Dunya），意思是世界的屋脊，那裡幾乎看不見人類聚落、樹木或其他植被。戈爾頓一行人的目的是盡可能在英國人的地圖上，填補此一未勘之地，並解答其他重要的戰略性問題。他們於一八七四年春天帶回來的情報，令所有人都感到非常不安。

只要選對季節，帕米爾地區對現代軍隊來說絕非不能克服的，即使是被大砲拖累的軍隊亦然。確實，沒有什麼東西能阻止俄軍從沙皇在浩罕地區剛取得的據點出發（那裡就在奧克蘇斯河的對岸而已）、跨越河流，經由山口湧入達迪斯坦和喀什米爾，接著再進入印度北部。他們發現其中最脆弱的山口就是巴洛基爾（Baroghil）和伊許卡曼（Ishkaman），它們位於吉爾吉特西北方約一百多公里處，雖然這兩座山口與最近的英國據點、俄國據點的距離都差不多，但從北邊過來會比從南邊過去要容易非常多。戈爾頓在報告中指出，如果英俄要競爭取得這些山口，幾乎可以肯定俄國人會獲勝，因為一年到頭的多數時間裡，想跨越這些山口都不是太困難的事情。當地的一位統治者甚至才剛在幾年前穿過山口，從北邊將大砲運過來——至少據說是如此。

戈爾頓在給上級的報告中總結，如果走巴洛基爾山口、取道契特拉，俄國人可以在十三天內抵達印度邊界；如果走伊許卡曼山口、取道吉爾吉特，需要的時間也差不多。他和其他同行的官員都同意，這兩座山口比昌隆山口還更容易受到入侵，海沃德和蕭原本都以為俄軍佔領哲德沙爾汗國後，昌隆山口就是他們進入印度的後門，至於難以克服的喀拉崑崙山口就不用說了，那裡的難度使節團已經領教過了。戈爾頓認為，雖然在戰爭期間，喀什噶爾或許可以成為俄軍在跨越帕米爾山口時的補給中心，而英軍則可以把那裡當作基地，攻擊俄軍的聯絡線，但就算俄國真能取得喀什噶爾，也沒有比他們現在對浩罕的佔領更令人擔心。因此，和阿古柏維持友好的關係，對印度的利益便至關重要。

除了上述這些外，戈爾登一行人也發現另一個令人不安的事實，他們發現阿富汗和喀什噶爾實際上並沒有在這個廣大的山區裡接壤：「兩者之間還有大約八十公里的缺口。」如果俄國人也發現這點，那麼已經取得浩罕地區的俄國便可宣稱那個缺口地帶也是他們的領土——用道格拉斯．福爾希特的話來說，俄國人可以在阿富汗東部和哲德沙爾汗國之間，插入「一塊窄窄的俄國領土」，藉此讓他們更加靠近印度北部。戈爾登一行人也聽到一些令人擔憂的說法：「雖然英國商人和其他人仍無法進入阿富汗，但俄國特務和商隊卻已經會固定前往阿富汗了。」他們還得知殺害海沃德的兇手米爾．瓦利，因為害怕英國人是來抓他的，因此在他們抵達前便已經逃離該地區。

戈爾登在其軍事報告中呼籲上級立即採取行動，以鞏固英國在通往巴洛基爾和伊許卡曼山口南側地帶的陣地。要達到這個目的，他們可以從喀什米爾興建道路向北通往該地區，而這麼做也可以確保他們對巴洛基爾的控制。英國可以在官方說法中宣稱這條公路是為了在印度和印度北疆地區間拉起商貿路線，「這條路，不只可以吸引到目前仍必須穿越艱難的喀拉崑崙山的東突厥斯坦貿易商，也可以吸引到經由喀布爾與白沙瓦進行貿易的巴達赫尚商人。」然而，這條路的真正目的，其實是讓英國人在俄軍跨過奧克蘇斯河、進犯巴洛基爾和伊許卡曼山口的時候，可以「在最短的時間之內」將軍隊送往北方。

在這樣一個海拔高度多半超過六千公尺的偏遠地區裡，他們要如何才能及時發現俄軍的攻擊呢？除了一些來自浩罕地區的本地貿易商或旅人，可以將俄軍明顯備戰的消息傳回來外，英國人不太可能在俄軍上路前收到警訊。福爾希特提出的解決方法是：「在吉爾吉特任命英國的代理人，吉爾吉特對於英國人來說還算安全，代理人則可以從那裡搜集該地區的情報，『現在那裡對我們來說依然和一本天書沒什麼兩樣。』」他們可以比照先前在一些太危險，或政治上不適合歐洲人進入的地區的作法，雇用當地的間諜，在那裡建立一個固定的情報網絡。福爾希特的建議獲得採納，不過在那之前，一位曾經和戈爾頓同行的人又前去對巴洛基爾和伊許卡曼山口進行一次偵查行動，他不只確認他們原本的看法，而且還回報道，在夏季裡，那裡一路上都有充足的草場可供入侵的軍隊使用。

由於這些令人不安的發現，加爾各答決定鼓動喀什米爾的摩訶羅闍（他和英國人曾簽訂條約成為盟友）向北擴展自己的政治影響力——就算沒有直接將契特拉和辛雅變成他的領土，至少也要將那些地區納入他的勢力範圍，藉此對巴洛基爾和伊許卡曼山口進行某種程度的控制，果有必要征服該地區的話，英國人也會準備好對他提供物質上的支援。然而，在加爾各答和其他地方都有人對這種看法提出質疑，因為有些不太牢靠的傳言指出，那位喀什米爾的統治者已經秘密接收俄國間諜，如果這個傳言屬實，那麼福爾希特向北擴張的行動可能只會讓俄國人變得更靠近印度邊界。雖然福爾希特本人並不懷疑摩訶羅闍對英國的忠誠，但他也提醒印度副王，英國很有可能失去那些被他們認為可以用來對抗俄國擴張的盟友的信任。他聲稱在一部分中亞地區裡，很多人都認為「俄國是正在崛起的強權，注定還會再繼續壯大，而英國也很怕她，既不會做出任何行動來阻止她的擴張，也不會幫其他國家維持獨立自主、避免被俄國併吞。」他還說，這種想法也導致當地一些統治者開始懷疑是否應該改變立場，轉而效忠俄國這個他們認為將會在亞洲「成為強權」的國家。

雖然出現在帕米爾山口另一邊的俄軍讓加爾各答非常緊張，但英國在被俄國人認為是自己勢力範圍的地區裡漸增的軍事和政治行動，也同樣讓聖彼得堡感到擔憂。無意間開啟此一過程的，雖然是表面上並非政府官員、只是獨立旅行的蕭和海沃德，但英國的外交使節當時也已經開始在印度和哲德沙爾汗國間來回穿梭，破壞了俄國在阿古柏那裡取得的優勢，而英國的軍事測繪人員也正積極地將帕米爾山口畫進地圖裡。倫敦和加爾各答正在策劃什麼陰謀呢？隨著這種不信任的循環不斷加劇，英國和俄國的關係亦不斷惡化，有件事變得愈來愈清晰：「雖然阿富汗仍然是這場大競逐的焦點，而開伯爾山口、波倫山口也是敵軍入侵印度最可能採取的路線，但俄國將軍當時可以選擇的路線（如果他們真的希望入侵印度），其實遠比人們截至當時所想像的還要多。」這幅帝國棋盤已經變得愈來愈大，而棋盤上的棋局也即將變得更加激烈。

一八七四年春天，格萊斯頓（Gladstone）的自由派政府倒台後，托利黨以絕對優勢之姿重返執政。當時托利黨的黨魁為本傑明．迪斯雷利（Benjamin Disraeli），他不只衷心相信英國的帝國天命，而且也和維多利亞女王一樣，認為英國應該採取強硬的外交政策，此外，他一直以來都在批評前任首相面對俄國的態度太過軟弱，他決定要矯正這個錯誤。從那之後，他們將會斷然重啟前進政策，而英俄關係也將不斷降溫。自從聖彼得堡在中亞地區取得大片領土後，很自然地，英國內閣便非常關注印度事務。儘管戈爾恰科夫曾於一八七三年做出承諾，但迪斯雷利與其印度事務大臣索里斯伯里勳爵（Lord Salisbury）依然擔心俄國會對他們發動攻擊，在阿富汗取得某種立足點。如果俄國人在阿富汗獲得據點，他們或許就可以從那裡對印度的英國人造成威脅，甚至可以成為入侵印度的跳板。因此，迪斯雷利當時急著想在喀布爾建立一個常駐的英國大使館，而他身邊的鷹派人士，則主張應該也在赫拉特和坎達哈爾都設立類似的機構。

為了執行他的新政策，迪斯雷利首相決定任命李頓勳爵（Lord Lytton）擔任印度副王，取代自由派的人馬諾斯布魯克勳爵（英國政府決定要干涉阿富汗容易引起紛爭的內部事務時，後者便辭去了副王的職位）。諾斯布魯克在返回英國前夕曾警告倫敦，一旦放棄精明無為政策，英國便可能會和這個難以預測的鄰國，爆發「另一場毫無必要、代價高昂的戰爭」。但諾斯布魯克的警告並沒有引起太多注意，英國的政府高層，已經針對新的前進政策對李頓勳爵下達了詳細的指示，而他此時也已經準備好全力執行這個政策了。他的頭幾項任務之一，就是宣布維多利亞女王為印度的女王，藉由此舉，迪斯雷利除了想取悅女王外，也是在「以清楚明瞭的方式」向俄國人傳達一個信號：「英國對印度的承諾是長久的，也是不容質疑的。」換句話說，就是在叫俄國人「收手」的意思。

英國在大約同時期的另外兩個行動，則大幅強化其對印度的控制，其中一個，是在高度機密的情況下，從埃及的赫迪夫（Khedive，譯按：鄂圖曼帝國對埃及總督的稱呼）那邊買下剛開通的蘇伊士運河百分之四十的股權。這條水道將英國和印度間的海上航線路程縮短了約七千公里，而迪斯雷利則希望能確保這條對軍隊和商品來說都非常關鍵的航線，永遠不會受到敵國威脅，更不會被敵國切斷——尤其萬一俄國日後取得君士坦丁堡和土耳其海峽，這條水道便會變得更加重要。英國買下埃及赫迪夫手中的所有股權後，不只有效解決他的破產危機，也讓英國成為蘇伊士運河公司的最大股東。英國和印度間的通訊聯絡，在一八七〇年迎來第二個重要進展：「由印度直通倫敦的海底電纜。」雖然英國五年前完成了陸上的電報線，但這條電報線途經德黑蘭，在戰時非常容易受到干擾，甚至可能會被敵人切斷；相比之下，海底電纜就遠比電報線還安全，《泰晤士報》聲稱：「只要英國能延續海上帝國，這些電纜就不會受到敵人威脅。」、「想要找到那些電纜、將他們從海底撈起，不只需要知道它們的確切位置，而且還需要特別的船隻、適當的工具，以及經過訓練的人員，所需的時間也會比他們能使用的時間還長。這些電纜將會藏在重要的交通動線底下，因此想要找尋那些電纜的船隻也很難不被注意到。」此外，這條電纜的開通，也讓倫敦的中央政府可以比以往還要嚴密地控制印度事務，因為他們此後只需要數小時就能獲得另一端的回覆，但在過去卻可能需要數週甚至數月的時間。

迪斯雷利對新副王李頓勳爵的指示還有：「不只是阿富汗，鄰近的俾路支斯坦也必須納入英國的防禦聯盟中，因為那裡有波倫山口，能從阿富汗通往印度。」當時俾路支斯坦內部正值內部鬥爭，統治者克拉特汗王的王位也受到威脅，加爾各答擔心該地區的動亂，也擔心汗王無法控制那些騷動的部族，因此正考慮將其推翻並換上一位更有能力的人，但這種想法卻遭到當地英國政治官的強烈反對，因為他認為此舉將弊大於利。於是他們決定，讓對俾路支斯坦高層擁有不少影響力的羅伯特．桑德曼上尉（Captain Robert Sandeman）試著說服他們。一八七五年冬天，桑德曼只帶了一把左輪手槍，獨自拜訪了山裡發動騷亂的部族，並在那裡解決了他們與汗王間的糾紛。隔年秋天，為了感謝英國人幫他保住王位，也為了感謝英國人每年給他的大量補貼，汗王同意將伯倫山口、鄰近的軍營城鎮奎達，都永久租借給英國人。

一如預期地，阿富汗則是遠比俾路支斯坦還要難對付，而之所以會有此一問題，有部分原因來自英國之前答應不干涉阿富汗事務的政策。一八七三年，害怕俄國人多過害怕英國人的埃米爾謝爾．阿里（也就是多斯特．穆罕默德的兒子），主動接觸了諾斯布魯克勳爵，提議雙方簽訂一個防禦性條約，以抵抗來自北方的威脅。英國政府則指示副王拒絕這個提議，並針對其他事情譴責謝爾．阿里，可以想見，原本以為英國人是盟友的埃米爾，對於英國人的冷落感到非常憤怒。不久後，埃米爾正和塔什干的考夫曼將軍接觸的消息也傳抵印度，迪斯雷利下令，要李頓試圖挽回諾斯布魯克所造成的傷害，對埃米爾提供他之前想簽訂的條約，但必須加上一個附帶條件：「他必須同意讓英國派出代表常駐喀布爾或赫拉特。」這麼做是為了密切觀察考夫曼在阿富汗王宮裡的動作，因為他們當時高度懷疑埃米爾比較偏向俄國人，因此不能完全信任他。但一如李頓手下那些立場沒這麼鷹派的顧問所提醒的，埃米爾完全無法接受英國官員出現在阿富汗的任何一個地方。埃米爾甚至不同意英國派出臨時性的使節前往喀布爾討論這些事情，還說如果他同意了便沒有立場拒絕俄國的使節，同時堅持會談必須在邊界上，或是在加爾各答舉行。不消說，埃米爾的回應並沒有解除李頓對他漸增的不信任感——當然還有對聖彼得堡的不信任感，因為李頓相信這一切的背後就是俄國人在搞鬼。

他曾在一八七六年九月寫給索里斯伯里的信中提到：「和俄國發生戰爭的可能性大幅提高了，但對印度來說，目前為止並沒有讓我覺得非常緊張。如果真有戰爭，最好也是現在就打，而不是之後才打。我們在這個地區比俄國還要強一倍，也有更好的攻擊和防禦基礎。」他還熱情地提到，萬一發生戰爭，他們便可以煽動印度北疆附近的汗國反抗它們的俄國主子，藉此讓那裡陷入「一片火海」。這種好戰的言論從李頓這樣的人口中說出，看起來或許有點不符合他的形象，畢竟他是個立場偏向自由派，而且有點放蕩不羈的前外交官，對寫詩比對政治更有興趣。但就像大多數那個年代的文人和知識分子，李頓對俄國的獨裁統治制度有著與生俱來的厭惡，由於聖彼得堡對阿富汗的意圖讓他們感到非常不安，再加上大部分人都認為他們無可避免地，終究必須和俄國人再次攤牌（不論是為了阿富汗在中亞攤牌，還是為了君士坦丁堡在近東地區攤牌），因此他們對俄國也變得更加厭惡。

關於這個議題，英國最有資格發表意見的人是亨利．羅林森爵士，他當時不只是印度諮議會（Council for India）此一英國政府的顧問團隊成員，還出版了一本名為《英國與俄國在東方》（*England and Russia in the East*）的書籍，讓英國人對俄國的野心變得更加擔憂。雖然這本書的內容和他以及其他支持前進政策的作者，從威爾遜、麥克尼爾以及德雷西．艾文斯的年代就一直在談的論調相比，並沒有太多創件，但這本書卻對內閣以及負責防衛印度的官員（包括新任的印度副王）很有影響力，就像所有和大競逐有關的文獻一樣，時間點會決定一切。有些書和文章質疑羅林森與其學派的觀點，但當時的媒體大部分都持疑俄立場，因此它們在媒體上很少受到關注。雖然羅林森譴責那些嘲笑他提出警告的人，並說他們是「危險的敵人」，但要說羅林森與其盟友是渴望論戰的瘋子，倒也有失公允，雖然索里斯伯里勳爵認同前進政策，但他絕對不是什麼好戰人士或危言聳聽的人。他曾經和一位憂慮的同事說道：「之所以會有這麼多誤解，其實是因為很多人喜歡使用小比例尺的地圖。如果這位高貴的勳爵使用比較大的地圖，就會發現俄國和英屬印度間的距離不能用手指頭和拇指測量，而要用尺測量。」然而，雖然他有一度確實認為俄國入侵印度的行動可能會成功，但他擔心的是當英國軍隊在其他地方無法抽身時，他們會煽動阿富汗人進攻印度。一如索里斯伯里勳爵之後所說的：「俄國可以對阿富汗人提供印度這個戰利品，但我們什麼都不能提供，因為突厥斯坦沒有什麼東西好掠奪的。」

這種在出版物上發表鷹派觀點的現象，不只是英國前進政策支持者的專利而已。一份聖彼得堡的報紙也針對英國在東方的野心提出警告：「他們會試著將影響力延伸到喀什噶爾、波斯，以及所有和我們接壤的中亞國家裡，然後對我們在亞洲的利益帶來直接的威脅……我們必須保持警戒地觀察他們；針對他們正在準備進行的攻擊，我們也必須快速採取措施。」這種說法就算放在倫敦的報紙上，也完全不會讓人覺得奇怪。駐俄的英國大使館所取得關於中亞動態的情報，大部分也的確就是來自這些聖彼得堡的報紙，儘管那些情報通常都是在事情發生很久後才會見報。

一八七六年，也就是羅林森的書出版的隔年，由捷連季耶夫上校（Colonel M. A. Terentiev）所著的俄國大競逐經典著作《俄國與英國對中亞市場的爭奪》（*Russia and England in the Struggle for the Markets of Central Asia*），也在加爾各答出版了英譯本，一共由兩卷組成。這本書的立場非常反英，還指控英國人正在倫偷對土庫曼部族發放槍枝，讓他們用來對抗俄國。該書也指控，約翰·羅倫斯爵士這位精明無為政策的堅定支持者，之所以會被解除印度副王的職位，就是因為他不夠反俄。捷連季耶夫認為，印度起義之所以沒有成功，只是因為印度人沒有適當規劃、以及沒有外來的援助，他們正繼續因為英國人的苛政和剝削而受苦。捷連季耶夫繼續寫道：「病入膏肓的印度本地人，正在等待來自北方的醫師救治他們。」如果俄國人援助印度人，他們就能讓全印度陷入一片火海，藉此掙脫英國人的枷鎖。捷連季耶夫還宣稱，一旦爆發這種起義，英國人就會發現自己無法依靠本地士兵的支持，但英國人在印度的軍隊主要就是由本地士兵組成的。

關於俄國入侵印度的問題，捷連季耶夫則聲稱，如果英俄兩國開戰，「那麼我們就絕對需要利用俄國在中亞的據點與印度比鄰的優勢。」由於他認為印度本地人的不滿情緒正在沸騰，因此他認為這種軍事行動非常有可能終結英國對印度的統治。至於入侵印度途中會遇上的諸多天然屏障，他也認為不是什麼無法克服的問題，如果連七十年前的保羅沙皇都覺得出征印度是可行的，那麼他們現在的障礙應該比當時更少，因為阻礙他們行動的距離已經縮短了許多。不過後面這個論點其實不怎麼有說服力，因為只要回想一下就會發現，保羅一八〇一年在半瘋狂狀態下派出的征印軍隊，幾乎可以肯定原本應該是會慘敗的，只是因為保羅遭到刺殺，軍隊後來才被匆匆召回罷了。

幾乎不用說也知道，捷連季耶夫對大競逐的看法，和戈爾恰科夫試圖傳達給英國政府的說法是完全相反的。然而，在出版品受嚴格審查管控的俄國，捷連季耶夫的著作之所以能出版，肯定是因為獲得高層的許可。這本書很有可能只是要給俄國國內而非英國讀者看的。但該書也是俄國雙面政策策略的一個典範，一方面，聖彼得堡發出的是安撫性質的官方說法；另一方面，他們給國內民眾看的，卻是具侵略性的非官方說法，而且如果有必要，官方也可以駁斥這種說法。捷連季耶夫的著作顯然反映俄國前進政策學派的思想，因此也非常有價值，因為我們對於駐中亞的俄軍心裡在想什麼，以及奧克蘇斯河以北那片沙皇的新領土裡正在發生的事情，知道的並不多。一位曾用俄文讀過捷連季耶夫原文著作的英國軍官，決定要找出更多答案，但若想知道更多，他只有一個辦法：「前往中亞」。

第二十八章
本那比上尉的希瓦騎行

皇家騎兵衛隊（Royal Horse Guards）的弗雷德里克．古斯塔佛斯．本那比上尉（Captain Frederick Gustavus Burnaby），可不是普通的軍官。首先，他的力量和體格都超乎常人，身高約一百九十三公分、體重約九十五公斤、胸圍達四十七吋的他，以英軍最強壯的男人聞名於世，據說甚至可以單手架起一隻小馬。他的另一個大力士事蹟則是，他可以伸長手臂、用中指和食指夾起一支撞球桿，並讓球桿維持在水平的狀態，而且球桿頂端還能紋風不動。作為一名鄉下人的兒子，他也不是只有發達的肌肉而已，他在語言上很有天份，能流利講至少七種語言，包括俄語、土耳其語和阿拉伯語。最後，他與生俱來就非常熱愛冒險，而且還能將冒險經過寫成生動有力的散文。最後面這兩種特質，也無可避免地讓他和英國傳媒密切接觸，因此他曾在兩次年度長假中，在外國多次擔任《泰晤士報》的特派員或是其他媒體的記者，有次還沿著尼羅河而上，在喀土穆（Khartoum）採訪過戈登將軍（General Gordon）（譯按：喀土穆為今日蘇丹首都，而戈登將軍則曾任蘇丹總督）。

本那比在某次休假期間，決定拜訪俄國統治的中亞地區，但該地區當時據說並不對英國官員或其他旅人開放。於是他前往聖彼得堡直接向戰爭部長米留京伯爵申請許可，希望能經由希瓦前往印度。這是個非常大膽的作法，而且似乎不太可能成功，尤其當時英俄關係並不友好。但只要有機會實現這趟旅行，哪怕只是一點點，他都願意嘗試。不過出於謹慎，本那比並沒有向英國外交部或上司申請這趟旅程的許可——他心裡明白，他們是不可能答應的。

一八七五年十一月三十日，本那比帶著不到四十公斤的行李，從維多利亞車站搭上夜班火車，啟程前往聖彼得堡。到了那裡後，他的朋友都告訴他俄國政府絕不可能允許這趟旅行。其中一人對本那比說道：「他們會覺得你只是被英國政府派來要去希瓦製造動亂的。」、「他們不可能相信居然有軍官會願意自費前往希瓦。」但出人意料的是，他的朋友們都錯了，因為他向米留京提交的請求居然在隔天便獲得回應，當中部分行程也獲得批准。米留京通知他，已經對本那比將途經的地區政府下達指示、對他提供協助，但「帝國政府無法允許他在俄國領土以外的地區旅行」，因為他在俄國控制範圍外的地區旅行時的生命安全他們無法負責。本那比認為這種說法其實頗為模糊：「米留京的意思可能是，他不能前往希瓦這個當時在名義上依然自治的地區（也絕對不能前往梅爾夫，那裡超出俄國人的控制範圍）；但也可能是，他還是可以去，只不過風險要自己承擔。」大多數人遇到這種情況都會覺得米留京指的應該是前者；但本那比卻認為米留京的意思是後者。沒有人知道為什麼米留京會允許他在沙皇的中亞領地旅行，不過他可能是擔心英國政府有樣學樣，也對在印度或大英帝國其他地方旅行的俄國人設下類似的限制（當時俄國人仍可以在那些地方自由移動）。

本那比並非近期第一位試圖前往梅爾夫的英國軍官，很多人都認為如果考夫曼想要攻佔梅爾夫的話，那裡可能很快就會成為英俄衝突的爆發點。喬治．奈皮爾上尉（Captain George Napier）這位印度軍的情報官，前一年曾在波斯東北部地區旅行，針對俄軍從克拉斯諾沃德斯克這個他們在裏海東岸的新據點，進攻梅爾夫時可能會採取的路線，他當時蒐集到大量戰略和政治情報。土庫曼人當時很希望英國人能對他們提供保護、對抗考夫曼的軍隊，雖然他們想邀請奈皮爾前去拜訪梅爾夫，但他最後還是無奈地拒絕邀請，因為他害怕那會引起土庫曼人的「過度期待」。本那比抵達聖彼得堡的前五個月，才剛有第二位軍官抵達赫拉特，希望能拜訪梅爾夫，那名軍官是查爾斯・麥克格雷戈（Charles McGregor），也就是後來負責印度軍事情報的最高長官。但他在最後一刻收到在加爾各答長官的緊急訊息：「他的長官命令他不得繼續前進。」他們擔心眾人都知道麥克格雷戈的職業和情報工作有關，而由他前往梅爾夫這座在戰略上非常敏感的綠洲城鎮，也可能只會讓考夫曼想要盡快攻佔那裡。雖然麥克格雷戈和奈皮爾一樣，針對這個他們所知不多的地區蒐集到很多珍貴的資訊，但他依然因為跑得太遠，而在回到印度後遭到訓斥。

不對任何人負責的本那比，就不會讓這種問題阻礙自己的行動，他先是搭上火車，接著又搭三頭馬車，最後在耶誕節前抵達奧倫堡。本那比在途中還遇見正要返回聖彼得堡的總督與其妻子，他告訴本那比：「你一定要記得絕對不能前往印度或波斯，你必須循原路返回歐俄。」本那比看得出來，那位總督一定是收到米留京下達與自己有關的指令。對於本那比的到訪，那位總督並沒有想要掩飾自己的不悅，而且也不打算為他提供任何建議。雖然他們在路邊會面時，本那比是用英語與他對話的，但很顯然地，聖彼得堡也提醒那位總督他其實會說俄語，而這在當時是很罕見的。不過他並沒有想要阻止本那比繼續前往奧倫堡，而他到底還能再前進多遠似乎也仍是個未知數。但他心裡明白，不論他去到哪裡，俄國人都會密切地監控他，確保他不會看到不該看的東西。本那比在奧倫堡和浩罕之前的汗王見了一面，雖然這位汗王被俄國人放逐到那裡，但他顯然非常喜歡他的新生活，最近才剛幫軍營裡的軍官們證婚。他還得知考夫曼還要求聖彼得堡多派兩隻軍團過去中亞，但沒有說明用途為何。

本那比在雇用一位穆斯林僕人以及馱運行李的馬匹後搭乘雪橇出發，準備穿越雪地，前往約一千公里外、位在鹹海北岸的卡扎拉（Kazala），他希望可以從那裡繼續前往希瓦和梅爾夫，最後再進入阿富汗。一八七六年的冬天是當地人有記憶以來最嚴寒的一次，而他們南行的旅程也非常艱難，必須在暴風雪和雪堆中努力前進。雖然本那比後來不把這件事當一回事，但他曾不慎在露出雙臂的情況下睡著了，因而導致手臂凍傷差點面臨截肢。幸運的是他遇到一些友善的哥薩克人，他們用去漬油用力地幫他按摩手臂才恢復血液循環。其中一位軍人和他說：「要不是因為有酒，你的手可能已經掉下來了，甚至可能連兩條手臂都會失去。」後來的好幾星期裡，本那比都無法好好使用自己的雙手。

本那比在卡扎拉受到俄國軍官的熱情接待，且他們饒富興味地告訴他，他們都非常期待接下來能和英國人爭奪印度。當時有位俄國人一邊拿了一杯伏特加給他，一邊說道：「我們會在早上對彼此開火，然後在休戰的時候一起喝酒。」隔天早上，本那比大膽地向當時讓他借住的總督詢問，若想前往約六百多公里以南的希瓦該怎麼走，對方堅決地告訴他不能直接前往那裡，而必須先前往最近的俄國軍營城鎮佩特羅亞力山卓夫斯克（Petro-Alexandrovsk），在那裡取得前往希瓦的許可。當本那比問總督如果直接前往希瓦會有什麼後果時，總督顯然想嚇嚇本那比，表示在希瓦附近沙漠上遊蕩的土庫曼人和希瓦人一樣危險，並說道：「汗王很可能會命令他的膾子手把你的眼睛挖出來。」

為了保護本那比不受土庫曼人攻擊，總督表示願意提供一小支哥薩克護衛隊。但本那比知道考夫曼的軍隊早已大致平定那些部族，而且奈皮爾上尉之前就已經發現那些部族本來就對英國人頗有好感，因為他們都希望英國人能在俄國攻打梅爾夫時為他們提供援助。本那比在蒐集到他需要知道的事情後，便決定直接前往希瓦，如果可以的話，再試著從那裡經由布哈拉繼續前往梅爾夫。於是他婉拒總督提供的護衛隊，但總督依然為他提供一位嚮導（俄國人三年前征服希瓦時，他正好也擔任過俄軍的嚮導），而那位嚮導的任務顯然就是要確保本那比不會偏離前往佩特羅亞力山卓夫斯克的雪橇路線。然而，對於像本那比這樣一意孤行卻又靈機應變的人來說，那位嚮導的存在並不是什麼無法克服的問題。

本那比發現，如果要前往希瓦，最好的方法就是在抵達佩特羅亞力山卓夫斯克的前兩天從路上岔出。一月十二日，他為自己、隨從和那位嚮導雇了幾匹馬，又另外雇了三匹駱駝運載他們的行李（其中包含一個土庫曼帳篷），接著從卡扎拉出發，表面上是要前往佩特羅亞力山卓夫斯克。他後來寫道：「雖然我雇用駱駝是要前往佩特羅亞力山卓夫斯克，但如果可以避開的話，我一點都不想去那裡。」他知道那裡的指揮官會找出一堆理由，告訴他為什麼無法前往希瓦，至於布哈拉、梅爾夫就更不用想了，就算指揮官同意讓本那比前去，他也會受到嚴格的監視。本那比為了讓隨從站在他那邊，承諾會在經由希瓦抵達布哈拉或梅爾夫之後給他一百盧布。「這個小韃靼人心裡明白，如果我們進到佩特羅亞力山卓夫斯克，他就沒有機會賺到這筆錢了。」而那位嚮導對此則不發一語。

希瓦位在這座冰凍的沙漠的另一端，前往那裡大約需要兩週的時間，由於狂風和寒冷的氣溫太過難受，本那比有時會被迫拿下墨鏡，因為金屬的鏡框會黏在臉上；為了避免雪盲，他也會試著讓眼睛隔著帽子的絨毛往外看。本那比一邊艱難地前進，一邊想起一八三九年俄軍試圖從奧倫堡前往希瓦途中所經歷的苦難，當時他們就是因為太過寒冷而被迫撤退。後來他聽說當時有兩名也在那裡旅行的哥薩克人，就是因為太冷而不幸地死在佩特羅亞力山卓夫斯克和卡扎拉之間的路上，因為他們的制服無法抵擋零下的氣溫，不像本那比一行人所穿的毛草和羊皮衣那樣保暖。

本那比最後抵達那個偏遠的岔口，眼前的道路分別通往佩特羅亞力山卓夫斯克和希瓦。他發現嚮導是名貪財的人，因此開始利用這點試著讓嚮導轉往希瓦的方向前進。本那比知道那名嚮導的妻子有位哥哥住在希瓦附近的村子裡，以販馬為業，於是他表明等抵達佩特羅亞力山卓夫斯克後，打算購買一批新的馬，因為他們的馬都已經精疲力竭了。那名嚮導很快便上鉤了，並發誓他認識一名馬商住在前往希瓦的路上，那人可以提供更好的馬匹。本那比知道那名嚮導可以從中抽取大量佣金，於是接著又說自己後續的旅程可能還需要新的駱駝。起初那位嚮導堅持自己可以把馬匹和駱駝從那個村子帶來給本那比檢查，但一聽到本那比說要繼續前往佩特羅亞力山卓夫斯克後，他的態度便軟化了，最後嚮導同意繞過佩特羅亞力山卓夫斯克直接前往希瓦。但他有個附帶條件：「他堅持本那比必須先取得汗王的許可才能進入希瓦。」於是他們便請附近村子裡的一位穆拉幫他們撰寫一封得體的信，再由信使送去給希瓦的汗王。本那比在信中解釋道，他是一位正在該地區旅行的英國軍官，希望能拜訪這座遠近馳名的城市，並向那裡知名的統治者致意。

隔天，本那比和他的同伴們抵達結凍的奧克蘇斯河的另一邊，那裡距離希瓦的都城約八十多公里，並在那裡遇到兩位被汗王派來迎接他的希瓦貴族。當他們進入希瓦這座城市時，本那比隱約注意到某個像是絞刑台的東西，他的同伴表示，被判有罪的竊賊會被處以絞刑；至於犯下殺人罪的人，則會被以大刀割喉的方式處決，過程就像殺羊一般。至於卡扎拉總督之前提過的那位汗王的劊子手（就是他警告說會把本那比眼睛挖出來的那名劊子手），本那比則是沒有看到。本那比原本還有些害怕，但在進到汗王為賓客準備的住所時，恐懼便立刻煙消雲散了：「那是一幢非常豪華的建築物，裡頭華美炫目的磁磚和裝飾風格，都讓他想到西班牙塞維亞（Seville）的阿拉伯建築，而客廳裡也鋪有精緻的地毯。」雖然當時正值隆冬，但僕人依然用托盤為他送上哈密瓜、葡萄和其他多汁的水果，僕人還告訴他汗王已經下令，不論需要什麼，直說無訪。

隔天早上，他們通知本那比汗王會在當天下午接見他，到了約定時間，他們帶來一匹馬讓本那比可以騎往王宮。配備短彎刀、穿著淺色長版哈拉特（Khalat）絲袍的守衛站在王宮的門口，而興奮的希瓦市民則聚在路邊，想一睹這位高大的英國人。當時已有傳言說他是來自英屬印度的使節，而英屬印度有多富裕的故事，也早在很久前就已經傳遍中亞地區的各汗國。本那比非常謹慎，不希望讓汗王的官員覺得他不是代表英國政府或女王前來的，他們則對本那比能避開俄國人的阻擋表達驚訝之意，其中一人還告訴他：「他們不怎麼喜歡你們英國人呀。」

坐在波斯地毯上的汗王身子靠在幾個軟墊上，一旁還有個裝著木炭的爐子為他的雙腳保暖。汗王看起來大約二十八歲，身材很健壯，一張大嘴裡滿是凌亂但白皙的牙齒，周圍則留著和炭一樣黑的鬍鬚。看見汗王臉上掛著笑容、眼神還閃閃發光，本那比鬆了一口氣，本那比後來寫道：「我當時很驚訝。」、「俄國報紙上總寫著，這位希瓦的統治者如何殘暴、如何邪惡，沒想到他其實是這麼親切的人。」汗王提議要讓本那比坐在自己身邊，接著有人送上茶。經過幾番恭維後，他開始向本那比詢問英國和俄國的關係，以及他們各自的領土有多大、彼此相距多遙遠。

在汗王的同意下，本那比拿出一份地圖，並指出印度、俄國以及不列顛群島分別所在的位置。看到作為征服者的英國，與被征服者印度間的面積差距竟然如此懸殊，而俄國的領土又比英國和印度加起來還要大許多，汗王感到非常的驚訝，為了向本那比表達這點，他用兩隻手在地圖上蓋住俄國的範圍，然後又只用一隻手蓋住印度。本那比對此回覆道，大英帝國的範圍太過遼闊，任何時間裡都有領地處於白晝中，而且只有一部分的領土能被收錄進他的地圖裡。此外，一國的國力也不只是看其領土大小，舉例來說，印度的人口就是全俄國的三倍之多；再說，雖然俄國看起來幅員廣闊、國力強大，但已經在一場戰爭中輸給英國，而之後英俄若再有戰爭，俄國也肯定會被英國擊敗。雖然英國國力強大，但她其實是個愛好和平的國家，更希望和周邊國家維持友好關係。

汗王在沈默一段時間後，改問起俄國在中亞地區的野心，他對本那比表示：「我們這些穆罕默德的信徒，以前都以為英國是我們的朋友，因為英國幫過土耳其蘇丹的忙，但你們也讓俄國人佔領塔什干、征服我，並進軍浩罕。」他預測俄國人下一步就是佔領喀什噶爾、梅爾夫和赫拉特，儘管他們有很多士兵，但卻無法支付薪餉給他們，而他也知道印度是個富庶的地方，表示：「不管你的政府喜不喜歡，你們總有一天會打仗的。」汗王想知道萬一俄國人進攻喀什噶爾，英國人會提供援助嗎？對此，本那比解釋道，他並不清楚英國政府私下對這件事的態度，但對於英國人讓俄國人佔領汗王領土一事，本那比依然表達自己的遺憾，因為那原本其實是輕易就可以避免的。

雖然聖彼得堡聲明已將所有軍隊撤離希瓦，並將權力歸還給希瓦，但在本那比看來，這顯然是場騙局。汗王當時受到俄國人的嚴密控制，他們不讓汗王擁有自己的軍隊，而且儘管汗王要求俄國撤軍，但他們依然在佩特羅亞力山卓夫斯克駐紮四千名兵力，由他們能力出眾的邊疆軍人尼古萊．伊凡諾夫上校（Colonel Nikolai Ivanov）負責指揮，那裡距離希瓦很近，要攻打希瓦也非常容易。此外，希瓦人每年還必須支付一筆不小的貢金給沙皇。關於這點，本那比在穿過王宮、前往接受汗王接見時，也正好看見財務大臣數著要給俄國人的銀幣和盧布鈔票。

汗王此時微微欠身，表示他和本那比的會見已經結束了，於是本那比對汗王的親切接待以及允許他拜訪希瓦表達謝意後，便退了下去，騎馬返回自己的住處。此時人們也開始流傳，本那比已經受到汗王的善意接待，而聚在街邊和屋頂的群眾們，則在他和官方的護衛通過時紛紛充滿敬意地對他鞠躬。汗王已經下令，不論本那比在希瓦的都城裡想看什麼，都要大方為他展示，於是他隔天一早便開始在城裡巡視。他們向本那比展示皇家花園，裡頭有蘋果、梨子和櫻桃樹，還有哈密瓜田和葡萄架；他們也帶他去看了夏宮，每年六月和七月這兩個希瓦最熱的月份裡，汗王都會在那裡進行司法審判；他接著也拜訪了監獄——本那比寫道：「我在這裡看見兩名囚犯，他們的雙腳被木條綑綁起來，脖子和身體則纏繞著笨重的鐵鍊。」他們的罪名是攻擊女性，但他們並不願意認罪。本那比接著問道，如果某人不願承認大家都知道他犯下的罪行，那麼他們會怎麼做呢？結果對方告訴他：「喔，那我們就會用桿子打他，然後在他的嘴裡放鹽，接著再把他丟在炙熱的太陽底下，直到他認罪為止。」那人坦白的說法也證明了一件事：「聖彼得堡為了合理化他們的行動，說他們之所以征服希瓦，是為了將希瓦人民從過去野蠻的做法中解救出來，但那些殘忍的作法，當時顯然並未結束。」

隔天早上，本那比從駱駝市場回來後，發現有兩名表情嚴肅的陌生人在他的住處裡等他。其中一人交給他一封信，表示是佩特羅亞力山卓夫斯克的伊凡諾夫上校給他的，看來俄國人已經發現本那比溜走了。那封信通知本那比，有封緊急電報正在佩特羅亞力山卓夫斯克等他領取，但伊凡諾夫並沒有將電報交給信差直接帶來給他，而是要他親自前往佩特羅亞力山卓夫斯克領取。也因為如此，本那比無法確定那封神秘的電報是誰發給他的，也不知道那封電報有多重要。他只知道那封電報先是傳到塔什干（當時通往中亞的陸上電報線最遠只到那裡），接著再由幾人騎馬接力，橫越將近一千五百公里的草原和沙漠才終於傳抵。俄國人顯然認為那封電報的內容很重要，但本那比當然也可以忽略它，並趕緊前往布哈拉或梅爾夫。然而，他們告訴本那比，伊凡諾夫上校已經對汗王下達嚴格命令，如果本那比已經離開希瓦，便要對其進行追捕，並直接押往佩特羅亞力山卓夫斯克。失望的本那比知道自己別無選擇，只能和那兩位信差一起回去，而他前往布哈拉和梅爾夫的計畫也告吹了，因為俄國人不太可能會再次讓他從他們手中溜走。

本那比離開希瓦前，汗王再次接見了他，並對於他的拜訪行程必須中斷表達遺憾，但汗王也向本那比保證，希瓦上下會永遠歡迎本那比再次到訪。本那比寫道：「他的舉止非常親切，在我離開的時候還熱情地和我握了握手。」當天晚上，本那比一行人還在希瓦一位高階官員家中停留，那位官員曾在俄國人之前攻擊希瓦時被派往印度尋求英國人的支援，儘管他最後沒有達成任務，但他對自己當時看到的一切以及被接待的方式，都留下深刻的印象。他和汗王一樣也對本那比提出警告：「印度就是沙皇最終的目標。」在他看來，英國的士兵遠優於俄國的士兵，但後者在數量上卻佔有優勢。他認為如果俄國人欲入侵印度，他們願意犧牲的士兵人數並不會比英國的守軍還少，「而且還可以再出動雙倍的兵力繼續進攻」。當本那比試著指出，俄國人對英國人並無惡意時，那名官員卻反問他：「如果他們真的這麼喜歡你們，那為什麼他們還會阻止你們的商品進來這裡呢？」比方說，印度茶葉在中亞不是完全遭到禁止，就是被課徵高昂稅率。

雖然本那比明顯為駐紮在突厥斯坦的俄軍帶來許多不便（也讓他們非常尷尬），但出人意料的是，本那比卻在佩特羅亞力山卓夫斯克受到熱情接待，而這很可能是因為他們已經知道電報裡的內容。確實，即使是像本那比這樣勇敢的人，都無法不為電報的內容所震撼：「那封電報是由英軍總司令劍橋公爵元帥（Field Marshal the Duke of Cambridge）發出的，內容是命令他立刻返回歐俄。」伊凡諾夫上校難掩欣喜之情的對本那比說道：「太可惜了，讓你來到這麼遠，又不讓你完成你的任務。」本那比則回覆道：「不論好與壞，任何戰爭都是有結果的。」、「反正我已經親眼看過希瓦了。」但就連這點成就，伊凡諾夫都想要繼續貶低，他說道：「希瓦根本不算什麼。」本那比猜測，聖彼得堡完全沒想到他居然可以在有史以來最寒冷的冬天裡抵達希瓦，於是只好靠英國外交部將他趕出中亞地區。但英國的下議院卻強烈否認這種說法，並堅稱命令他離開中亞是他們自己的決定，因為他們擔心俄國人會誤以為本那比是以官方身分前往那裡的。

本那比在佩特羅亞力山卓夫斯克短暫停留期間，發現伊凡諾夫和其他軍官的言談非常好戰，而且也相信他們與英國無可避免地終將一戰。他們告訴本那比隨時可以攻下梅爾夫，只要聖彼得堡點頭同意即可。本那比還注意到這些軍官的態度，也和中亞所有其他跟他談過話的人一樣，大部分人似乎都認為：「真的很可惜，但我們的利益存在衝突，雖然作為個人我們都是朋友，但誰能在東方成為霸主的問題，必須盡快由刀劍來決定才行。」本那比在佩特羅亞力山卓夫斯克停留期間，正好也遇上希瓦的財務大臣帶著要給俄國人的錢過來，那位大臣還和伊凡諾夫一起吃早餐，殷勤地試著使用桌上的刀叉，並表現出一點都不討厭法國香檳的樣子。

由於本那比已經不可能在中亞繼續旅行了，因此此刻他只希望儘早返國，開始著手書寫這趟旅行以及對俄國為印度帶來威脅的看法。伊凡諾夫已經收到來自考夫曼的嚴格命令：「聖彼得堡當時已經讓這個麻煩的英國軍官看到太多他不該看的東西，因此他必須原路返回。」正好當時有兩名俄國軍官和一群哥薩克人正準備離開佩特羅亞力山卓夫斯克、前往卡扎拉，於是他們也同意讓本那比跟他們一起同行。這個安排正合他意，因為那給他一個特別的機會可以近身觀察哥薩克人在艱難的條件下是如何行軍的，也能為他的書提供更多素材。那趟路程確實非常辛苦，就連哥薩克人都在抱怨，即使他們帶了四加侖的伏特加依然無法減輕路途的艱辛。他們的紀律非常嚴格，即使只犯了輕微的錯誤也會遭到懲罰，其中一名騎駱駝的哥薩克人，就是因為鞍座裝得太慢而遭到鞭打，隊伍中的隊長甚至覺得鞭打得不夠用力，還從哥薩克人手中把鞭子搶過來自己執行處罰。本那比和他們後來花了九天的時間才橫越那片被雪覆蓋的平原，而他對哥薩克人則留下非常高的評價，並寫道：「哥薩克人是一群既優秀、身材又結實的人，體重平均都有十一英石（譯按：約為七十公斤）。」他們在馬鞍裡也攜帶了四十多公斤以上的東西，其中有大約九公斤給馬兒吃的穀物，還有四天份近三公斤作為糧食的餅乾。那些馬匹也非常健壯，載著哥薩克人的馬匹儘管負重一百二十多公斤，當時的條件也非常惡劣，但在將近一千五百公里的路程中，那些馬匹卻不曾腳軟或生病，載著他們走過大部分的路程。本那比還提到，那些馬匹身形並不高大，如果換作在英國可能只會被當成一隻馬球比賽用的小馬。

本那比在卡扎拉短暫停留期間曾聽人說，有另外一萬名俄國士兵正從西伯利亞移動至塔什干備戰，據說是準備用來對付喀什噶爾的阿古柏的，他在向北前往奧倫堡的途中就遇到其中一支部隊的指揮官，當時該名指揮官與其家眷乘坐一架大型雪橇走在部隊前頭，和主要部隊相隔幾公里遠。他也聽說哥薩克人的部隊裡近期爆發許多嚴重事件，而帶頭作亂的人則會遭到槍決。本那比在一八七六年三月底抵達倫敦後便立刻開始進行寫作，他發現自己成了名人，因為包括維多利亞女王在內的所有人都想聽聽他的冒險故事，以及對俄國威脅的看法。雖然內閣之前是靠著總司令劍橋公爵的幫助才讓本那比離開中亞地區，不過這位公爵當時也接見了他。劍橋公爵後來在寫給戰爭部部長的信中提到：「我昨天見到了本那比上尉，我從來沒有跟任何人進行過如此有趣的對話，他是位非常了不起的人物，看上去非常特別，卻又是位堅忍不拔、意志堅定的人。他的經歷非常豐富，唯一讓我感到訝異的是他居然能夠全身而退。」他強烈建議內閣閣員、外交部與印度辦公室的人應該聽聽本那比的故事。

本那比生動的冒險故事在一八七六年晚期問世，書名為《希瓦騎行》（*A Ride to Khiva*），這本書厚達四百八十七頁，其中還包含大量關於俄軍軍力以及他們在中亞可能的行動的附錄。這本書強烈的反俄論調正好切中當時的氣氛，也很快便成為暢銷書，在第一年裡便再刷了十一次。雖然這本書對英俄關係毫無助益，而英國外交部因此也對該書持譴責的態度，但鷹派人士以及多半持疑俄立場的媒體，卻都非常喜歡這種愛國的論調。由於這本書大獲成功，而出版社也先為他的下一本書預付了兩千五百英鎊，本那比於是開始將目光望向土耳其東部荒涼多山的邊境地區，俄國沙皇和鄂圖曼帝國的蘇丹當時在那裡的關係正處於劍拔弩張的態勢。本那比的目標是試圖探究在此一鮮為人知的大競逐戰場角落裡，俄國人到底都在做些什麼，而土耳其人又是否擋得住俄軍從高加索據點對君士坦丁堡的進攻。自從土俄兩國因為土耳其在巴爾幹地區的領土發生嚴重衝突後，兩國關係便迅速惡化，戰爭似乎很快就要爆發，而英國也很有可能會捲入其中。

問題從一八七五年夏天開始浮現：「鄂圖曼蘇丹位於巴爾幹地區的其中一個省份——赫塞哥維納（Herzegovina），當時有個偏遠村莊爆發反抗土耳其統治的起義事件。起義很快便擴散到波士尼亞、塞爾維亞、蒙特內哥羅（Montenegro）以及保加利亞。我們不確定這場起義究竟真的是地方居民的自發行動，還是俄國人策劃的結果。」一八七六年五月，被稱為「巴希巴祖克」（bashi-bazouks，譯按：字面上的意思為「頭腦有問題的人」，引申為「缺乏領導的混亂狀態」）的非正規兵瘋狂屠殺一萬兩千名保加利亞基督徒，而這起屠殺事件也導致這場危機進一步升溫。這起事件幾乎讓所有人對土耳其人提出譴責，並提高俄國沙皇和鄂圖曼蘇丹開戰的可能性，因為沙皇自認是鄂圖曼帝國治下所有基督徒的保護者。英國的反俄人士幾乎全站在土耳其這邊，他們努力地將這件事歸咎於沙皇，指控他從一開始就不該在旁進行煽動；英國首相迪斯雷利初次聽聞保加利亞的屠殺事件時，還說那不過是「咖啡館裡的八卦謠言」；至於格萊斯頓，則是要求土耳其人「收拾行囊」、撤出巴爾幹地區。

隨著東方再次戰雲密佈，本那比於一八七六年十二月從君士坦丁堡出發，準備騎馬橫穿整個土耳其。他抵達土耳其首都的消息，精明的俄國大使伊格納傑夫伯爵當然不可能沒注意到，當本那比抵達位於土耳其東部的要塞城鎮埃爾祖魯姆時，一位官員和他透露，駐在當地的俄國領事已收到一份要求密切注意本那比行蹤的電報。那封電報指出：「本那比上尉在兩個月前離開君士坦丁堡，其目的是在小亞細亞地區（Asia Minor）旅行，他是俄國的敵人。自從本那比離開伊斯坦堡後我們便失去了他的行蹤。我們認為他此次旅行的真正目的是跨越邊界進入俄國。」他們命令那位領事找出本那比的下落，並盡一切代價阻止他進入俄國領土，本那比後來也發現自己的畫像，當時已經顯眼地貼在每個俄國邊境的據點裡了。在看到他需要看到的所有東西，並了解土耳其對突擊的防備有多不周全後，他便縮短原本長達一千六百公里的旅程，接著搭上一艘汽船沿著黑海海岸回到君士坦丁堡，然後再搭火車返回倫敦著手寫作新書，以免又突然爆發其他事件。這本書名為《穿越小亞細亞的騎行》（*On Horseback Through Asia Minor*）的新書，立場甚至比前一本書更加反俄。一八七七年四月，當本那比還在書寫這本書時，俄國向土耳其宣戰的消息傳抵倫敦，當時俄軍已開始穿越巴爾幹地區向君士坦丁堡進軍，同時進入安納托利亞的東部地區。

由於英國再次為了君士坦丁堡陷入戰爭，而反俄情緒也來到最高點，因此本那比的新書再度炙手可熱，一共再刷了七次。本那比接著又前往巴爾幹的前線，雖然表面上是中立觀察員，但他在那裡卻獲得非官方的指揮權，對一支土耳其部隊進行指揮，對抗不久前才和他一起旅行的那些哥薩克人。雖然本那比自發地成功鼓動英國社會的反俄情緒，並讓輿論支持土耳其，但他的身影自此開始便從我們的故事中消失了。

「如果俄國人殺到君士坦丁堡，女王可能會因為羞辱而立刻退位。」維多利亞女王在自己寫給迪斯雷利的信中，要求他要「勇敢起來」。女王對威爾斯王子（Prince of Wales）說道：「如果不跟那些討厭的俄國人打一場仗，我不相信……有任何協議可以長久持續，也不相信我們可以成為朋友！他們會永遠憎恨我們，我們也永遠無法相信他們。」英國社會上的大多數人，都和女王有一樣的感受，儘管他們其實很少有人清楚保加利亞或赫塞哥維納到底在哪裡，更不知道這起事件究竟牽涉了哪些議題。但他們的心情卻在一首愛國歌曲的歌詞裡獲得很好的詮釋，而那首歌當時在音樂廳裡也非常流行，它的歌詞是這樣的：

「我們不想打仗，
但為了愛國我們願意，
我們有軍人、有船艦，

我們還有錢。
我們之前就和那隻熊打過了仗，
我們是真正的英國人，
俄國人是打不下君士坦丁堡的。」

俄國人向君士坦丁堡進軍的速度並沒有一般人預期得快。五個月以來，土耳其人都在保加利亞的普來夫那（Plevna）的要塞裡，勇敢、堅決地進行防禦，讓俄軍犧牲三萬五千名士兵；被說服加入俄軍陣營的羅馬尼亞人，則是犧牲五千人。至於在東邊的戰場上，雖然俄軍的高加索部隊一開始取得幾場勝利，但他們也發現自己面臨的抵抗比聖彼得堡原本預期的還強烈，而前線後方、位於俄國境內的穆斯林部族，此時也爆發民族起義。不過土耳其的抵抗最終還是失敗了，而俄軍則在一八七八年二月幾乎抵達君士坦丁堡城門前，他們長久以來的夢想終於就要實現了。然而，此時他們卻發現，英國的地中海艦隊居然停泊在達達尼爾海峽（Dardanelles）的水面上，這是一記對俄國人直白的警告，要他們不得繼續前進。戰爭當時似乎是不可避免了。

與此同時，駐在突厥斯坦的考夫曼也看到了機會，於是便召集了三萬名士兵——這個數字是俄國有史以來在中亞地區部署人數最多的一次。戰爭剛爆發時，他原本想經由阿富汗進攻印度，他同時派出一支強大的軍事使節團，由尼古萊·斯托列托夫少將（Major-General Nikolai Stolietov）領軍前往喀布爾，希望阿富汗人與他們合作對抗英國人。如果狀況理想的話，阿富汗便能成為他們發動攻擊的跳板，而開伯爾山口則會成為進攻印度的主要入口。他希望攻打印度的軍隊，能由俄國人和阿富汗人組成，而在軍隊出動前，秘密特務也會帶著大量黃金，以及其他可以誘人倒戈的禮物，先為攻擊行動鋪路。考夫曼相信，印度人當時已經準備好發動起義了，一旦他們知道一支龐大的俄國－阿富汗聯軍正在前去支援他們，他們就能引爆那裡的火藥桶。雖然當時英國人還不知道考夫曼在進行什麼計畫，但對英國人而言，俄國－阿富汗聯軍對印度的進攻就是他們的終極夢魘。

然而，當亞歷山大沙皇發現自己可能要和英國開啟另一場戰爭時，最後卻退縮了，因而讓英俄雙方的鷹派人士都非常失望。就在俄軍距離君士坦丁堡只剩兩天路程時，俄國人和土耳其人快速地達成停戰協議。根據協議，保加利亞將從鄂圖曼帝國的統治下獨立，而俄國人則可以獲得安納托利亞東部的大片領土。英國立刻便表達反對之意，他們擔心保加利亞只會成為聖彼得堡的一個附庸國，讓俄國人可以循陸路直接前往地中海。這件事和佔領君士坦丁堡一樣，都能讓他們在戰爭期間對英國與印度間的聯絡動線造成威脅，因此雖然俄國和土耳其已經解除敵對狀態，但英俄之間爆發戰爭的可能性並沒有隨之降低。不只奧匈帝國和英國在保加利亞的議題上站到同一陣線，而且英國還從印度調集七千名士兵前往馬爾他（Malta），希望迫使沙皇撤離在君士坦丁堡門前的俄軍。不過這場危機最後還是在沒有訴諸戰爭的情況下解除了，一八七八年七月，各國在柏林會議（Congress of Berlin）上修改了備受爭議的條約，除了俄國之外，各國對修改後的條約都很滿意。俄國沙皇在強大的壓力下同意撤軍，以換取他們從土耳其人那裡獲得的有限利益；另一方面，鄂圖曼蘇丹則是取回三分之二在戰爭中失去的領土；英國人佔領了賽普勒斯（Cyprus）；而奧地利人則是獲得波士尼亞與赫塞哥維納。聖彼得堡認為他們辛苦獲得的勝利，就是這樣被其他歐洲強權搶走的，而英國人就是導致這個結果的關鍵角色。

俄國人並沒有忘記要為這場挫敗報仇，由於俄國已經沒有和英國開戰的風險了，因此考夫曼入侵印度的計畫也遭到取消，但他派出使節前往喀布爾的計畫依然獲得批准。之所以要派使節前往喀布爾，有部分是為了激起英國人的反應，因為他知道那會讓英國人非常緊張；而另一部分的原因，則是為了看看是否有可能和阿富汗人組成一支聯軍入侵印度，以防他們有天必須重啟這個計畫。當柏林會議仍在進行時，印度便從他們在阿富汗雇用的本地間諜那邊接獲情報，得知俄國人已經派出特使前往喀布爾。據說謝爾．阿里埃米爾曾試圖說服俄國人將特使召回，但考夫曼卻告訴他已經來不及了，甚至還說他必須負責特使們的人身安危，並確保他們能否獲得熱情的接待。當英國人針對這個特使團提出抗議時，俄國外交部卻說他們對此事毫不知情，還堅稱他們並沒有打算進行任何類似的出訪行程。於是「聖彼得堡說一套，而塔什干做另一套」的現象再次發生了。

印度副王李頓得知真相後，對於謝爾．阿里明顯的欺騙行為非常憤怒：「他不斷拒絕接見英國特使，也不願意討論兩國關係，現在又暗地裡歡迎俄國特使到訪。」不過副王並不知道當時謝爾．阿里正承受來自俄國多大的壓力，尤其他當時也因為最心愛的兒子剛過世，而處於非常悲傷的狀態。考夫曼警告他，除非同意和俄國簽署友好協議，否則他們就會積極支持他的姪子阿布杜爾．拉赫曼（Abdul Rahman）和他爭奪王位（阿布杜爾．拉赫曼當時就住在薩瑪爾罕，接受俄國人的保護）。由於比起英國，謝爾．阿里更害怕俄國的力量，因此雖不情願，但也只能順從他們的要求。斯托列托夫將軍完成任務後，便將一些下屬留在當地針對細節進行討論，而他自己則在八月二十四日離開喀布爾前往塔什干。離開前，斯托列托夫將軍曾提醒埃米爾不要接見英國人派來的任何特使，同時也承諾如果埃米爾有需要的話，能為他支援三萬名俄國士兵。

此時李頓勳爵則已接獲倫敦的電報與首肯，決定派出特使前往喀布爾，必要時也可動用武力。他們選擇讓內維爾．張伯倫爵士將軍（General Sir Neville Chamberlain）領導此一特使團，因為他不只對邊境事務擁有經驗豐富，和埃米爾也有不錯的交情。陪同他出訪的還有資深政治官路易斯．卡瓦格納里少校（Major Louis Cavagnari），以及由兩百五十名指南部隊士兵組成的護衛隊（此一人數和斯托列托夫當時帶去的士兵人數正好一樣）。副王於八月十四日，寫了一封告知埃米爾有意派出特使前往喀布爾的信件，希望埃米爾能從邊境給予特使團安全引導，但這封信並沒有收到回覆。於是他下令張伯倫前往開伯爾山口的入口，再由卡瓦格納里少校帶著一小批護衛隊，騎馬前往距離他們最近的阿富汗據點，向對方要求准許進入阿富汗。然而，那個據點裡的指揮官卻說，他已接到命令必須阻止特使團繼續前進，必要時甚至可以動用武力，如果卡瓦格納里不是他們的老朋友的話，他可能早已對特使團開槍了，因為他們當時已經非法跨越邊界。

被埃米爾拒絕後，李頓非常憤怒，於是籲請內閣不要再浪費時間，應該立即授權宣戰，不過倫敦後來決議應該先對埃米爾發出最後通牒，再決定如何行事。他們警告埃米爾除非在十一月二十日日落前，為拒絕英國特使入境卻接見俄國特使一事衷心道歉，否則他們便會立即對他進行軍事行動。與此同時，原本否認斯托列托夫出訪喀布爾的俄國外交部，此時卻提出一個讓英國非常不滿的解釋——他們堅稱斯托列托夫的出訪只不過是一種禮貌性的問候，和他們之前承諾阿富汗不在自己勢力範圍的說法並不衝突。然而，俄國外交部的這種解釋卻只讓情況變得更加惡化而已；此外，這種說法也無法減緩李頓對俄國在阿富汗真正意圖的憂慮，也無法讓他不覺得英國人被當成笨蛋。

直到最後通牒截止的十一月二十日為止，英國人都沒有收到謝爾．阿里的任何回覆，於是他們在隔天便派出三支部隊向喀布爾進軍。十天後，埃米爾的信終於抵達英國人手中，他在信中同意英國人派出特使，卻沒有回應副王的要求，對他們進行道歉。但不論如何，當時都已經來不及了——第二次阿富汗戰爭已經開打了。李頓下定決心要給埃米爾一記難忘的教訓，同時向聖彼得堡表明英國絕不會容忍任何競爭者出現在阿富汗。

第二十九章
巴拉希薩爾的浴血戰

隨著三萬五千名英國士兵快速集結，分別從三個地點跨越邊境、進入阿富汗後，局勢很快便出現變化。英軍的第一個目標是攻下開伯爾山口、賈拉拉巴，以及坎達哈爾，這些目標在經過幾次短暫但激烈的戰役後便達成了。埃米爾在得知英軍入侵後，便匆忙轉向考夫曼將軍求救，請他緊急派出埃米爾認為他之前曾答應過的三萬名士兵。但令埃米爾驚慌的是，考夫曼告訴他當時正值隆冬，因此他無法派兵，並建議他和英軍達成和平協議。當英軍逐漸鞏固陣地、等待加爾各答的進一步指示時，埃米爾決定親自前往聖彼得堡，請求沙皇和其他歐洲強權提供援助。在此之前，他先釋放當時被他軟禁的大兒子雅庫布汗（Yakub Khan），接著任命他為攝政，讓他和英國人繼續拚搏，最後才向北出發，而當時陪同他出發的人，就是斯托列托夫將軍特使團中留下來的最後一位俄國軍官。

然而，埃米爾在抵達俄國邊界後，卻發現考夫曼已下達命令拒絕讓他入境——之前考夫曼說服他簽下的友好條約看來似乎不太管用。可憐的謝爾·阿里不只和英國人陷入戰爭，又被俄國人拋棄，此時已經無依無靠，同時他的精神和健康狀況開始惡化，既不願意進食也不願意服藥，最後在一八七九年二月於巴爾赫過世。幾天過後，英國人收到來自雅庫布汗的訊息，他說父親已經「脫下世間的衣裳，遵從偉大召喚者的聲音，趕往聖慈之地了」。由於雅庫布汗長期以來都反對父親，因此他登基後也給英俄雙方一個重新思考形勢的機會。英國人很快便發現，由於許多部族首領都不是全心支持雅庫布汗，因此雅庫布汗當時也急著想開啟先父之前一直堅拒的討論。

卡瓦格納里寫了封信給雅庫布汗，表達英國政府對於其父過世的哀悼之意，接著又寫了封信提議雙方應該協議停戰，讓英軍撤出阿富汗。這份協議的內容頗為嚴苛，包括：「埃米爾必須將阿富汗的外交決策權讓渡給倫敦、同意英國使節常駐喀布爾或阿富汗境內其他地方，並將印度邊界附近的一些領土割讓給英國，比如開伯爾山口。」事實上，當時英軍已經大致暫停行動了，因為英軍指揮官發現，由於來自地方部族的強烈抵抗、嚴寒的冬季、流行病肆虐，以及運輸困難等問題，英軍的進展並不順利。但埃米爾也知道，一旦春天降臨，英軍在來自印度的援兵支援下要攻入喀布爾只是時間早晚的問題而已。因此他在經歷一番斡旋後，最後同意英國人的大部分要求。相對地，英國人則保證會對他提供保護，幫助他們對抗俄國人，以及一直垂涎阿富汗的波斯，而英國每年也會對他提供六萬英鎊的補貼。

這份條約由埃米爾本人在甘達馬克這座村子裡簽署——四十年前英國在喀布爾的駐軍遭遇慘敗時，有些僅存的士兵就是在這座村子裡最後一次和阿富汗人英勇奮戰。有些不太適當的是，雅庫布汗和他的總司令官在抵達條約簽署現場時，竟然都穿著俄軍制服。雙方最後在五月二十六日簽署條約，但此舉卻讓大多數阿富汗人都感到非常憤怒。該條約名為《甘達馬克條約》，根據條約，卡瓦格納里將會前往喀布爾，成為自從亞歷山大·本恩斯爵士，以及威廉·麥克諾滕爵士於一八四一年冬天慘遭殺害後，第一位駐阿富汗的使節，李頓勳爵很滿意這個結果。堅定的行動終究帶來他們想要的結果：「最後一位俄國人離開了喀布爾，而他們也向阿富汗人展示了考夫曼的承諾根本毫無價值可言。」對此，倫敦和加爾各答皆額手稱慶，持續密切關注中亞和印度事務的維多利亞女王，對於英國能擊敗亞歷山大沙皇尤其感到欣喜。父親曾是拿破崙手下將軍的卡瓦格納里，可能是當時最傑出的邊境軍官，他們將他冊封為爵士，以表彰他在談判過程中獲得的成功，並賦予他所需的身分，好讓他能在雅庫布汗的宮中勝任這個棘手的新職位。但不是每個人對於這份協議都如此樂觀，畢竟和他們簽署條約的對象，可是以狡猾聞名的阿富汗人，有些人認為埃米爾對於英國人的要求退讓得有些太輕易了。他們都還記得，我國上一次在喀布爾策劃類似陰謀、導致印度介入阿富汗事務後，阿富汗人是如何背叛他們的，曾擔任印度副王的約翰．羅倫斯爵士在聽到卡瓦格納里被任命的消息後曾說道：「他們全都會被殺掉的。」但由於當時大部分人都沈浸在勝利的喜悅中，因此他的警告並沒有引起太多注意。

卡瓦格納里爵士出發前往喀布爾的前一晚，接受了曾獲頒維多利亞十字勳章的弗雷德里克．羅伯茲爵士將軍（General Sir Frederick Roberts）的款待，和他共進晚餐，羅伯茲爵士當時也因為參與對阿富汗的戰役而獲頒爵位，但對於英國派駐使節的決定卻懷抱著不少疑慮。羅伯茲原本想敬卡瓦格納里與其人數不多的使節團一杯酒，但發現自己完全無法這麼做，因為他非常擔心他們的安危。羅伯茲爵士在隔天目送卡瓦格納里使節團啟程離去，並於後來寫道：「和他們道別時我的心裡很難過，我們往不同方向沒走幾步路，就又轉過身來和彼此再次握了握手，然後才和彼此永別。」雖然他的朋友和同事都非常擔心，但卡瓦格納里卻自信他們可以處理一切難題。他照著自己的意思只帶了一支規模不大的護衛隊，由五十名步兵和二十五名騎兵組成，全數都來自指南部隊。負責指揮護衛隊的則是華特．漢彌爾頓中尉（Lieutenant Walter Hamilton），他當時才剛因為開伯爾山口的戰役而獲頒維多利亞十字勳章，而卡瓦格納里自己的幕僚則是另外兩名歐洲人，包括一位秘書，以及一位印度軍的醫官。

他們在經歷平淡無奇的旅途後，於一八七九年七月二十四日抵達阿富汗的首都，雖然氣氛有些緊張，但他們依然獲得適當的接待。阿富汗人為他們鳴放禮砲，軍樂隊甚至嘗試演奏英國國歌《天佑女王》（*God Save the Queen*），而卡瓦格納利本人則是騎著大象進入都城。他和同行的夥伴接著被帶往為他們準備、位於巴拉希薩爾城牆內的官邸，那裡距離埃米爾自己的王宮並不遠，一切在接下來的幾週裡都非常順利——直到有天，卡瓦格納里在報告中寫道，有一大批阿富汗士兵在結束赫拉特的戰事後回到喀布爾。據說那些士兵當時都非常不滿，因為他們被積欠三個月的薪餉，而英國使節出現在喀布爾一事也讓他們感到非常憤怒。阿富汗的官員強烈建議卡瓦格納里和他的同伴們，千萬不要離開巴拉希薩爾堡壘的範圍，因為他們認為局勢可能會出現動盪。然而，卡瓦格納里還是在九月二日進行回報，並在信的最後說「一切安好」，但那也是外界最後一次聽見他們的消息。

當加爾各答正焦急地等待來自喀布爾的進一步消息時，聖彼得堡則是努力恢復自己在中亞地區的威望，因為當時俄國使節團才剛離開阿富汗，而俄國和土耳其的戰爭結果也不盡人意。但福無雙至，禍不單行，他們覬覦已久的喀什噶爾以及整個新疆地區，突然又重新落入中國的統治下。清廷的皇帝在歷經多年延宕後，終於開始征討阿古柏，派出大批軍隊向西進軍，命令軍隊務必收復失土。這支軍隊一路在各地從容停留，甚至還自行耕作、收割，供應軍隊自給，最後花了三年時間才抵達目的地。阿古柏在得知清軍逼近後，便快速集結一萬七千名士兵向東前進迎擊清軍。但這次清軍已經不是吳下阿蒙，最後阿古柏的軍隊慘遭擊潰，而他也被迫逃回喀什噶爾，阿古柏後來在一八七七年五月過世，讓受他統治的臣民們都鬆了一口氣。有人說阿古柏過世的原因是中風，有些人則說是遭人下毒，但不論真相是什麼，喀什噶爾最後都在該年的十二月平靜地回到清廷皇帝手裡，而英國、俄國和中國這三個強大的帝國，此時也開始隔著帕米爾地區和彼此遙遙相望，俄國人手中依然掌握的只剩下伊犁地區，以及其最重要的城鎮固勒扎。

喀什噶爾被奪走這件事對俄國人來說（尤其對沙皇在中亞的帝國擘畫者考夫曼來說）肯定是一記重大的打擊，但更糟的還在後頭。考夫曼原本希望能進一步擴張，但這個計畫在俄國近期與土耳其的戰爭期間卻受到阻礙，但當時他已經把所有精力都放在進攻印度的準備工作上。但至少在倫敦和加爾各答的鷹派人士眼裡，俄國人在中亞的野心顯然還不只如此，尤其就像本那比曾提到的，俄國人在他們最新版的內部地圖上，並沒有畫出俄國領土在中亞地區的南界。果不其然，等俄國和英國開戰的立即威脅消除後，他們便開始著手計畫新的一輪行動。一八七八年秋天，俄國參謀官葛羅傑科夫上校（Colonel N. L. Grodekov）騎馬從塔什干出發，經由薩瑪爾罕和阿富汗北部前往赫拉特，並對沿途經過的地區進行謹慎考察。他在赫拉特對這座城鎮的防禦工事進行徹底的視察，並在從那裡回來後宣稱，赫拉特的居民都在期待俄國人的統治。與此同時，其他的俄軍探勘者則忙著探勘卡拉庫姆沙漠和帕米爾地區，至於在更東邊的地方，尼古萊．普雷傑瓦爾斯基上校（Colonel Nikolai Prejevalsky）則在哥薩克護衛隊的陪同下，試著從北邊前往西藏的首都拉薩。

俄國當時正重新展開的行動，負責防衛印度的人看了當然無法放心，一八七九年九月九日，聖彼得堡開始在中亞地區進行擴張——那是他們自從四年前兼併浩罕以來，第一次進行這樣的行動。俄國人這次對格克切佩（Geok-Tepe）這座位於卡拉庫姆沙漠南端的土庫曼據點發動攻擊，那裡大致位在裏海和梅爾夫間的半路上。他們的目標是征服這個難以控制的荒涼地區，藉此鞏固他們從克拉斯諾沃德斯克到梅爾夫之間的南部防線，最後經由那裡興建一條鐵路，和布哈拉、薩瑪爾罕和塔什干連結起來。起初俄國人想用大砲轟炸，讓這座巨大的土夯堡壘投降就範，但等不及的俄國人卻取消砲擊的計畫，改用步兵攻城。為了存亡而戰的土庫曼人於是卯足全力對抗俄國人，由於他們人數大幅超過俄軍，最後讓俄國人只能潰逃。俄軍後來好不容易才擊退追擊的土庫曼人，並橫越沙漠、撤退回到克拉斯諾沃德斯克。這是他們自從一七一七年那次出兵希瓦、運氣不好的行動以來，在中亞地區遭遇最嚴重的挫敗。這次挫敗也大大打擊俄軍的聲望，而負責指揮軍隊的將軍則羞恥地被帶回聖彼得堡。但在那個月裡，傳出壞消息的不只俄國人而已——英國人四天前接收到的消息，也同樣令他們非常擔憂。

第一名得知消息的人是在辛姆拉的弗雷德里克．羅伯茲爵士將軍，九月五日清晨他被妻子叫醒，因為有人帶著一封緊急電報前來，正在屋子周圍徘徊找人簽收電報，羅伯茲撕開信封後，在裡頭發現一則嚇人的訊息。卡瓦格納里從喀布爾派出一位本地籍的人員，那名人員精疲力盡地抵達邊界後說道，駐喀布爾的英國大使官邸已經遭到三支阿富汗叛軍的攻擊，而這位負責傳話的人員離開喀布爾時，英國人仍在持續抵抗著，除此之外便沒有其他消息了。這就是羅伯茲一直害怕會發生，而羅倫斯也警告過的事情。羅伯茲先是通知印度副王令其感到震驚（他之前很支持派出卡瓦格納里前往阿富汗），接著又發送電報給距離喀布爾最近的邊境據點，命令他們盡一切力量和代價，釐清喀布爾究竟發生什麼事。羅伯茲並沒有等太久，他在當天晚上便得知卡瓦格納里的官邸遭叛軍闖入，裡頭所有人在進行毫無意義的抵抗後全遭殺害。

有些護衛隊的成員倖存下來，因為攻擊發生時他們正好在城裡的其他地方，透過他們和其他人的描述，人們後來拼湊出使節團成員生前最後一段時間裡的詳細經歷。那些忿忿不平的阿富汗士兵當時在幾位穆拉的鼓動下，前往巴拉希薩爾要求埃米爾支付薪水給他們，他們還對駐守喀布爾的同袍們奚落了一番，因為他們在剛結束的戰役裡，被英國人這些異教徒給擊敗了，為了安撫他們，埃米爾下令支付一個月積欠的薪水給他們。但他們沒有因此而感到滿足，有些人接著提議他們應該從卡瓦格納里那邊取得剩下的薪水，因為據說他在官邸裡放了不少錢，而且官邸距離他們也不過兩百多公尺的距離，但卡瓦格納里卻拒絕給予他們任何東西。於是他們便對官邸投擲石塊，其他人則開始試著強行進入官邸，而守衛則是開槍回應。誓言報復的阿富汗人於是憤怒地跑回自己的軍營整備，接著再大批回到官邸前，他們對官邸建築全面發動攻擊，但那幢官邸原本就不是設計來抵禦圍攻的，他們似乎沒有從四十年前本恩斯幾乎一樣的屠殺事件中學到教訓。那座官邸被其他建築物圍繞著，而攻擊者也可以從那些建築直接對守在官邸裡的人近距離開火，至於官邸主體卻只由圍牆內的幾座平房組成。

由漢彌爾頓中尉領導的護衛隊，在當天大多數時間裡都成功擋下攻擊者，由於埃米爾的王宮就在附近，因此他不太可能沒聽到那裡的槍擊聲和喧鬧聲，此外，他們也派出信使請求他立刻馳援，雖然頭兩位信使被殺害了，但第三位信使卻突破防線。但雅庫布汗並不打算介入，也不打算清償積欠士兵的薪資，直至今日，他在這起事件中的角色依然不明，不過也沒有真正的證據顯示他有其他意圖。唯一比較可能的解釋是，他只是無力控制那些憤怒的士兵，而且擔心如果試圖介入，他們可能會將矛頭轉向他。與此同時，官邸附近的衝突愈演愈烈，為了擊退那些攻擊者肅清主要建築物周邊，卡瓦格納里於是英勇地帶領士兵進行突擊，最後不幸陣亡。阿富汗人接著帶來兩架小型陣地砲，並近距離對官邸開火，漢彌爾頓立刻帶領一支部隊進行突擊，並在大砲造成更多傷害前奪下那兩座大砲。然而，隨團軍醫卻在參與這場突襲時受到重傷，最後不治身亡。雖然他們試了幾次，但在猛烈的交火下，鎮守官邸的士兵依然無法挪移那些大砲到其他陣地，用它們來對付阿富汗人。

在接下來的幾個小時裡，漢米爾頓中尉和大約七十名依然存活的士兵仍在持續抵抗阿富汗人的攻擊，但幾幢比較靠外圍的建築物卻開始起火了。最後，一些阿富汗人使用梯子成功爬上官邸主建築的屋頂，而守軍則在那裡準備進行最後一搏。雙方接著爆發激烈肉搏戰，但漢彌爾頓和他僅存的英國同袍（也就是使節團的秘書）依然陣亡，留下十幾名指南部隊的士兵繼續搏鬥。阿富汗人此時要求印度人棄械投降，宣稱並不打算傷害他們，阿富汗人只對英國人有敵意而已。但指南部隊的士兵卻不顧他們的呼籲，並在其中一位軍官的領導下進行最後一次突擊，最後也全數陣亡。後來經過確認，至少有六百名阿富汗人在這場長達十二小時的戰鬥中喪生，針對這起事件的官方調查報告指出：「從來沒有哪支軍隊或軍團的事蹟比這一小支指南部隊更加英勇。」、「透過這些事蹟，他們不只為自己的部隊，同時也為整個英軍博得永垂不朽的榮耀。」如果印度士兵當時有資格獲取維多利亞十字勳章的話，幾乎可以確定至少有一個名額可以獲得。指南部隊軍旗上長長的戰績清單，後來也加入了「駐喀布爾大使官邸」（Residency, Kabul）幾個字。

羅伯茲將軍在確認屠殺事件後的幾小時內便啟程前往邊境，準備指揮一支剛匆匆組成的懲戒軍，奉命盡快前往喀布爾。與此同時，上面也下達命令要其他部隊重新佔領英國人剛在《干達馬克條約》

中歸還給阿富汗的賈拉拉巴和坎達哈爾。埃米爾則火速派人傳話給英方，對剛發生的事情表達深刻的遺憾，不過他在得知英國人正向他的首都進軍後，也派出了首席大臣前去攔截羅伯茲，並請求他不要繼續前進，並表示會自行懲罰那些攻擊使節團、導致卡瓦格納里和其他人喪生的參與者。然而，羅伯茲認為首席大臣不過是想將他們的進軍拖到時序進入冬季罷了，這樣一來他也有時間可以讓自己的子民為抵抗進行準備。羅伯茲對埃米爾的提議表達謝意，接著回覆道：「近期這件事發生後，我想除非英軍可以出兵喀布爾、在那裡協助埃米爾陛下，對那些可怕卑劣的行為進行其應得的懲罰，否則大英帝國是不會滿意的。」因此他們會按照印度副王的命令繼續前進，「以確保埃米爾陛下的個人安全，並幫助埃米爾陛下恢復首都的平靜和秩序。」

羅伯茲在沒有遇到太多抵抗的情況下於十月初抵達喀布爾，他在那裡做的第一件事便是前往卡瓦格納里與其手下們身亡的地方，他如此寫道：「官邸的牆上有近距離發射留下的彈孔，證明攻擊者有多堅持，也證明官邸裡的人抵抗了很長的時間。」、「地上到處都有血跡，我們還在某個殘火未滅的餘燼裡，找到一堆人骨。」羅伯茲命令部屬立刻開始尋找其他犧牲者的遺骸，但沒有其他收穫。他的下一步是成立兩個調查委員會，其中一個負責調查埃米爾在這起屠殺事件中真正的角色；而另一個則是找出這起事件的元兇和主要參與者。關於雅庫布汗在這起事件中的角色最後沒有結論，但他們依然指控他「難辭其咎，對於使節團遇到的災難毫不關心」。但雅庫布汗卻在此時宣布退位，表示寧願在英國人的軍營中當個卑微的除草人員，也不要統治阿富汗。最後他們還是勉為其難地採信了他的說詞，並將雅庫布汗與其家人流放到印度。

羅伯茲希望能讓那些殺害英國使節團的人獲得應有的懲罰，還對任何能提供資訊、讓他們判斷誰是兇手的人提供獎賞。毫無疑問地，這種作法也會成為某些人用來報復仇家的途徑，讓一些人在沒有合理證據的情況下遭到指控。但也有些人，則毫無疑問地是有罪的——比如喀布爾的市長，當時便曾帶著卡瓦格納里的頭顱歡天喜地在街頭示眾。最後一共有將近一百名阿富汗人，被吊死在羅伯茲的工兵在巴拉希薩爾堡壘裡頭立起的絞刑台上，那座絞刑台的位置正好俯瞰著卡瓦格納里與其同伴們最後奮戰求生的地點。行刑當天早上，英國士兵拿著上了刺刀的槍站在那些死囚身邊，而一大群阿富汗人則在附近的牆上和屋頂上，安靜地對下方怒目而視。其中一位指南部隊的軍官寫道：「可怕的絞刑台排成長長一列，正對著那座已經成為廢墟的使節官邸，在絞刑台的下方則是一個個手腳被綁起來、被嚴密監視著的囚犯。一聲令下後，每個絞刑台都掛上一具屍體，這些人都是事件的元兇……他們一邊面對著自己犯下罪行的地方，一邊接受絞刑。」

羅伯茲嚴厲的作法在印度引來不少爭議，而他本人也受到廣泛的批評。事實上，李頓勳爵曾告訴他不要手下留情，還在臨行前和他說：「有些事情可以做了之後再由印度副王進行認可和辯護，但不能由諮議會裡的總督下令去做。」李頓當時甚至還考慮要放火將喀布爾燒得片甲不留，不過後來放棄了這個想法。第一個對羅伯茲提出批評的是《印度時報》（*The Times of India*），其宣稱：「很遺憾地，很多無辜的人在尚未確定罪行期間就被吊死了。」四天後，同樣受敬重的《印度之友》（*Friend of India*）則評論道：「羅伯茲將軍恐怕已經為整個國家造成傷害，破壞我們在歐洲人眼中公平正義的名聲。」其他報紙也提出警告，比如其中一份報紙便指出，羅伯茲「種下了仇恨的種子」。麻煩確實也很快便出現了，當年耶誕節發生的事情不只嚴重威脅英國在喀布爾的駐軍，也不祥地讓人想起一八四一年亞歷山大・本恩斯遭殺害後發生的事情。

由於阿富汗人對英國人懷抱的恨意，再加上當時有傳言指出俄國已經派出兩萬名士兵前來支援他們，因此幾個部族此時也開始從北方、南方和西方向喀布爾進軍。帶領這些士兵的是一位高齡九十歲的穆斯林教士，他號召大家發起聖戰、對抗入侵阿富汗的異教徒。羅伯茲在得知此事後決定先發制人，在他們進行會師、聯合攻打喀布爾前，就先前去驅散他們。年邁的埃爾芬斯通當年因為無能和拖延而導致一八四二年那場災難性的挫敗，但羅伯茲可不一樣，他可是位能力出眾的軍人（有人說他是自從威靈頓以來最好的軍人），還因為曾在印度大叛亂中立功而獲頒維多利亞十字勳章。然而，羅伯茲一開始嚴重低估敵軍的人數，因此未能擊敗或驅散他們；此外，巴拉希薩爾堡壘也發生一連串無法解釋的爆炸，造成堡壘部分毀損，因此由六千五百名士兵組成的英軍駐軍，此時只好在謝爾．阿里原本為自己的部隊在喀布爾城外興建的軍營裡駐紮。由各部族組成的阿富汗聯軍，於一八七九年十二月開始對駐紮在那裡的英軍進行猛攻，據說阿富汗軍的人數可能高達十萬人。

雖然阿富汗軍的人數佔絕對優勢，但這次羅伯茲勝券在握，他的士兵不只訓練有素、經驗豐富，而且還配備最先進的後裝式步槍（breech-loading rifles）以及兩座加特林機槍（Gatling Machine Gun），任何靠近英軍陣地的人都別想活命。此外，他們還有十二座九磅野戰砲和八座七磅山砲，而阿富汗人則是一座大砲都沒有。同時，他們也準備了夠用四個月的彈藥，以及足以度過阿富汗漫長冬季的糧食和燃料。為了不讓敵軍利用夜裡偷襲，羅伯茲還有照明彈可以照亮鄉村地區。最後，他也從其中一位線人那邊獲知阿富汗人發動攻擊的確切時間和方式。十二月二十三日凌晨，英軍全體士兵處於待命狀態，他們一邊將手指扣在板機上，一邊凝視著周遭平原的黑暗處。

到了破曉前一小時，一波波阿富汗部族成員突然在視死如歸、被稱為加齊（ghazis，譯按：伊斯蘭世界裡，對發動或參與聖戰的人的稱呼）的穆斯林帶領下，開始衝向英軍陣地。羅伯茲估計他們的人數約有六萬人，他發射的照明彈此時照亮了戰場，讓阿富汗人陷入疑惑，同時也讓他們白色的衣服和頭巾變成容易被英軍步兵和砲兵瞄準的目標。阿富汗人一度曾靠著人數優勢推進到外圍的圍牆邊上，但還來不及越過圍牆就又被打得被迫後退。經過四小時的激戰後，阿富汗人的屍體開始在英軍陣地周圍遍地成堆，而阿富汗人的攻勢也開始失去力道。有些部族成員發現他們不可能打贏英國人後便開始偷偷溜走，其他人則是在羅伯茲的騎兵追擊下開始轉身逃往山丘上。這場戰役在中午前結束，阿富汗人犧牲三千人，而英軍則只有五名士兵喪生。

雖然英軍贏得首都的爭奪戰，但這場戰爭離結束還非常遙遠，只要英國人還留在阿富汗，這個國家就不會有統治者，而恢復穩定的希望也就依然渺茫，同樣渺茫的，還有英國人把阿富汗當作阻擋俄軍入侵印度的屏障的可能性。李頓唯一成功達成的事情就是讓每名阿富汗人都變得非常反英，印度副王此時陷入絕望，不知道下一步該如何是好——就在此時，一個可能的解決方法出現了，雖然這個方法來自一個沒有人想到過的地方。

多斯特．穆罕默德的孫子，亦即已故的謝爾．阿里的姪子——阿布杜爾．拉赫曼，過去十二年來都在薩瑪爾罕流亡，接受考夫曼的保護以及沙皇提供的津貼。雖然阿布杜爾．拉赫曼原本是王位正統繼承人，但謝爾．阿里卻在多斯特．穆罕默德過世後奪走了他的王位，而他也被迫離開阿富汗。考夫曼信心滿滿地認為，他已經大致控制了謝爾．阿里（羅伯茲在喀布爾發現的文件也證實了這點），對於當時的現狀也頗為滿意。然而，謝爾．阿里逝世，以及英國對阿富汗新採取的侵略性政策，卻改變了這個現狀。考夫曼顯然希望趕在英國人前將自己的人選扶植上空缺的王位，於是要求阿布杜爾·拉赫曼立即返回阿富汗，聲張自己與生俱來的繼承權。一八八〇年二月，阿布杜爾·拉赫曼在一小群配備俄國步槍的支持者的陪同下越過奧克蘇斯河，進入阿富汗北部，俄國人也承諾如果有必要的話，他們會提供進一步協助。

這個消息很快便傳到位處喀布爾的羅伯茲耳裡，而隨後的報告也指出，當阿布杜爾·拉赫曼正騎馬向南前進時，北部地區的部族也開始快速加入他的麾下。這位王位競爭者的突然現身，很快便讓倫敦和加爾各答出現議論，因為就在當時，大家也都著急地討論英國應該如何為阿富汗的未來進行規劃。若想永久佔領阿富汗，便得付出包括人員性命和金錢在內的龐大代價，因此他們排除了這個選項。他們的共識是，阿富汗應該分裂成幾個不同的國家，讓俄國人和其他潛在的敵人難以對其進行控制，但更急迫的問題是，他們必須決定在英軍撤出後，喀布爾應該由誰來進行統治。在這個問題解決前，羅伯茲與其士兵顯然都必須繼續留在那裡，由羅伯茲實質接管王位。很顯然地，考夫曼將賭注押在阿布杜爾·拉赫曼的身上，因為考夫曼知道阿布杜爾·拉赫曼能力出眾，而且也受各方歡迎，最後將會獲得足夠的支持並將英國人驅逐出去。如此一來，阿富汗（或至少是一大部分的阿富汗）便會成為俄國的附庸國，或者說考夫曼心裡一定是這樣想的。

但英國人卻對阿富汗有不太一樣的想像。表面上來看，阿布杜爾·拉赫曼受俄國的保護，而他對王位的聲索，也為印度的安全造成嚴重威脅，但他們認為阿布杜爾·拉赫曼心裡更可能其實既不親俄也不反英，只追求阿富汗的利益而已。如果真是如此的話，那麼英國人最好應該歡迎他回來，而不是反對他成為埃米爾，藉此搶在考夫曼之前和他打好關係。此外，從他們對阿布杜爾·拉赫曼所知的一切來看，他似乎是唯一一位擁有能力團結此一充滿不穩定性民族特質和性格的人。同時他也知道俄國人曾不只一次做出承諾，卻又讓之前的埃米爾大失所望，因此他或許會比較希望未來英國人能為他們提供保護或其他協助，因此他們決定讓阿布杜爾．拉赫曼登上王位。他們接下來進行了幾次會談，並達成一份協議，根據該協議，英國人將會從喀布爾撤出，由一位穆斯林代理人來擔任他們的全權代表。作為回報，阿布杜爾．拉赫曼則同意將不和英國以外的外國強權建立關係，而英國則承諾不會干涉由他統治的地區。一八八〇年七月二十二日，四十歲的阿布杜爾．拉赫曼在喀布爾北邊的一座特別興建的杜爾巴裡公開稱王、成為埃米爾，並在稍後以充滿儀式性的方式進入都城。事後證明，他是一位堅忍不拔而且非常有能力的統治者，而且也將會是英國人可以信任的鄰國，不過這並不代表他會對英國低聲下氣。

然而，阿布杜爾．拉赫曼的處境也絕非完全穩固，他只控制喀布爾和阿富汗北部部分地區，阿富汗大部分的其他地區當時仍處於動亂中，而他的即位也並非沒有受到挑戰。此外，他也不敢和將他扶上王位的英國人表現得太過親近，以免像舒賈沙赫一樣被指控為英國人的傀儡、屈服於他們的武力之下。他曾在多年後寫道：「我無法公開表現出我和英國人的友誼，因為我的子民既無知又瘋狂。如果我表現出對英國人的偏袒，我的子民就會說我是名異教徒，居然和其他異教徒聯手合作。」但他手中還是有張王牌，因為英國人確實撤離了，而他也馬上便讓這件事情看起來像他一手造成的。事實上，英國人在把喀布爾的控制權交給阿布杜爾．拉赫曼後，自己也鬆了一口氣，因為當時發生的兩件事情都讓他們不得不趕緊撤離阿富汗。

其中一件，是英國政府本身也有了變動。托瑞黨當時遇到慘敗（主要原因就是他們處理阿富汗危機的方式），而格萊斯頓的自由派政府則在歷經六年的在野後重返執政。之前由迪斯雷利任命為印度副王的李頓勳爵，則是在遭到格萊斯頓的激烈批評後離職，由曾擔任印度諮議會主席的里蓬勳爵（Lord of Ripon）取而代之。其實在托瑞黨的政權垮台前，英國政府便已經決定撤離喀布爾了，但自由派政府此時卻更進一步，誓言會完全放棄迪斯雷利的前進政策。格萊斯頓相信，俄國對印度造成的威脅其實被大幅誇大了，儘管羅伯茲在喀布爾似乎發現考夫曼正在策劃某些陰謀的證據。格萊斯頓認為前進政策只是在對俄國人挑釁、讓他們擔心，並讓他們做出類似的舉動而已。同樣地，他也拒絕公布考夫曼和謝爾．阿里的秘密通信，或是他們簽訂的條約內容細節，以免在英俄關係暫時平穩的時候，孳生不必要的事端。等這些資訊終於在一年後公布於托瑞黨的報紙《標準報》（*The Standard*）上時，它們也早已喪失大部分影響力。

另一個讓羅伯茲與其部隊必須撤離喀布爾更急迫的理由，則是在阿布杜爾．拉赫曼登基成為埃米爾不過六天後，從坎達哈爾傳來的一則可怕消息。他們的麻煩來自赫拉特，那裡當時由阿布杜爾．拉赫曼的堂弟，同時也是王位競爭者的阿尤布汗（Ayub Khan）統治著。阿尤布汗曾宣稱他的目標是將英國人這些異教徒趕出阿富汗，接著再和自己的堂哥爭奪王位。到了一八八〇年六月底，阿尤布汗帶著八千名步兵和砲兵出發前往坎達哈爾（當時那裡駐有一小支英國軍隊），在進軍的路上還獲得各方的支持。這個出人意料的出兵消息傳抵卡達哈爾後，他們便立刻派出兩千五百名英國和印度士兵向西出發、前去進行攔截。但由於情報不足，因此他們並不知道阿尤布汗的軍隊有多強大，也不知道他其實擁有現代化的大砲。更糟的是，被派去支援英軍的阿富汗本地士兵原本應該要效忠於阿布杜爾．拉赫曼，此時卻開始投誠到阿尤布汗的陣營裡，讓他的軍隊人數暴增到至少兩萬人。

雙方後來在邁萬德（Maiwand）這座小村子裡開戰，那裡位在坎達哈爾以西約六十公里的開闊原野上。負責指揮英軍的軍官是喬治・巴洛斯准將（Brigadier-General George Burrows），他接獲的命令是只有在「覺得自己有足夠能力的情況下」，才和阿尤布汗的軍隊開戰。但他並不知道對手的實力，而且也自信英軍不論如何都能以優越的戰術和武器擊敗人數更多的阿富汗軍隊，因此巴洛斯依然決定進攻，等他終於意識到自己的錯誤時早已為時已晚，於是他們經歷了英軍在亞洲最慘烈的一次挫敗。阿尤布汗是一位非常有能力的領導者，也精通現代作戰方式，和巴洛斯不同的是，由於歷經過幾次戰役，因此他善用自己的經驗，在戰役開始前便迅速佔據高地。此外，他的砲兵也受過很好的訓練，導致英國人後來還堅稱那些砲兵根本就有俄國人參雜其中。

雖然人數、戰略和火力都不如人，又飽受高溫和乾渴之苦，但英國和印度士兵依然努力地奮戰，許多戰鬥都是近身肉搏戰，當英軍的刺刀殺到眼前時，阿富汗人由於彈藥不足，甚至開始以丟擲石塊的方式進行攻擊，最後英軍終於在暗夜的掩護下撤回坎達哈爾。等剩餘的英軍抵達坎達哈爾，將此一駭人消息傳回那裡的軍營時，巴洛斯已經損失將近一千名兵力，不過他們也成功殲滅將近五千名敵軍，或讓他們在邁萬德附近的原野上奄奄一息。阿尤布汗在埋葬手下陣亡的士兵（至於英軍士兵的遺體則留給了禿鷹）後，便開始將注意力轉向坎達哈爾，準備向那裡進攻，英軍立刻開始準備面對敵軍的圍城。為了避免英軍內部發生叛變，他們決定採取激烈的措施，先將城裡所有能打仗的阿富汗男性都驅逐出去，最後有超過一萬兩千人被迫離開，許多人甚至是在三千名守軍槍口的威脅下被迫離城的。

印度第一位知道此一緊急狀況的人是辛姆拉的電報收發員，他收到一通緊急訊號。他們不久過後便得知來自坎達哈爾的壞消息，這份電報提到：「巴洛斯將軍的軍隊遭完全擊敗與驅散，軍官與士兵犧牲慘重。」此外還提到陣亡人數不明，因為還有一批批人數不多的生還者仍在陸續抵達。英軍已經進駐堡壘，而剛獲勝、佔盡優勢的敵軍，則準備對英軍進行圍城。英軍慘敗的消息傳回喀布爾時，第一批英軍部隊已經開始啟程返回印度，於是他們立刻中止撤軍計畫。自從羅伯茲的那場大捷後，駐軍的軍營便已補強了不少，於是他們決定由他帶領一萬名士兵前往增援巴洛斯，為坎達哈爾解圍。這趟約五百公里的路程原本需要一個月的時間，因為他們必須隨軍攜帶所有補給物資，而且路線會經過條件嚴酷、充滿敵意的地區。然而，他們卻完成軍事史上最快速的一次行軍，包括步兵、騎兵、輕砲兵、野戰醫院、彈藥，甚至作為食物的羊隻在內的整支部隊，最後在二十天內便抵達坎達哈爾。

阿尤布汗一聽到他們非常害怕的羅伯茲正在趕來，準備為英軍的慘敗報仇後，便嚇得將陣地撤離坎達哈爾附近。阿尤布汗甚至還派人傳話給羅伯茲，堅稱是逼不得已才會在邁萬德和英軍作戰，他向羅伯茲請教，他和英國人之間的事情該如何解決比較好，還堅稱自己想和英國人成為朋友。但羅伯茲可沒有心情和他眉來眼去，在抵達坎達哈爾的幾小時內，他便對阿富汗人在城鎮西邊山丘上的陣地進行偵查，並在隔天早上發動攻擊。從人數來看，這次雙方勢均力敵，不過阿富汗人的大砲佔有優勢，阿尤布汗的部隊起初進行激烈的抵抗，用大砲猛烈攻擊進攻而來的英軍，但很快地，第七十二高地部隊以及第二廓爾喀（Gurkhas）部隊的攻勢便開始奏效。羅伯茲在中午前便取得阿富汗人的所有大砲，而這場戰役也在天黑前便即落幕。英軍只有三十五名士兵陣亡，阿富汗軍卻留下超過六百具遺體在戰場上，而他們在逃亡時也帶走差不多數量的遺體。雖然羅伯茲有些身體不適，但他依然在馬上指揮了整場作戰，偶爾會喝幾口香檳酒維持力氣。

多虧羅伯茲的兩場大捷，英國恢復了他們在中亞地區的軍事名聲，再加上坐在喀布爾王位上的是勢力強大、立場親英的統治者，因此英國政府從阿富汗撤軍的決定此時只剩最後一個障礙，那便是坎達哈爾此一極具爭議性的問題。有鑒於那裡位在從赫拉特通往波倫山口的路線上，許多人都認為英國不應該從那裡撤軍，還提出了警告：「一旦英軍離開那裡，俄國的特務便會緊接著進駐。」就連軍方也拿不定主意，不過所有人都同意一件事：「一旦俄國人佔領赫拉特，他們便應立刻重新取得坎達哈爾。」英國內閣最後決定將坎達哈爾交給阿布杜爾．拉赫曼，而理由則是：「如果英國減少在阿富汗事務的介入，阿富汗人對英國人的敵意就會跟著降低，也就會更願意對抗俄國人，就像他們之前抵抗英國人那樣。」然而，阿布杜爾．拉赫曼在面對英國人的提議時卻顯得有些猶豫，於是他的堂弟阿尤布汗便在英軍撤出不久後便佔領了坎達哈爾。但他並沒有能夠掌控那裡太久，阿布杜爾．拉赫曼後來帶著軍隊沿羅伯茲的南行路線向坎達哈爾進軍，先是取得坎達哈爾，接著又攻下赫拉特，至於阿尤布汗則是出逃到波斯。這兩場勝仗讓阿布杜爾．拉赫曼成為幾乎整個阿富汗的霸主。

雖然過程非常艱辛，但英國人總算成功地根除俄國人在喀布爾的影響力，而且也在阿富汗建立一個還算穩定而且內部統一的緩衝國，並由一位對英國友善的統治者治理。但英國依然無法高枕無憂太久，雖然倫敦或許已經決定放棄在中亞實行前進政策了，但聖彼得堡可沒有打算這麼做。就在最後一批英軍撤出阿富汗的幾個星期內，俄國人便再次有了行動。

第三十章
土庫曼人的最後一搏

如果在一八八〇年十月一日早晨，越過沙漠前往波斯中部伊斯法罕以東的地區，可能會看到一個奇怪的景象。在某個偏僻地點的廢棄井口旁，有名樣貌和舉止顯然都是軍人的歐洲人，正脫掉自己身上的衣服，接著努力穿上亞美尼亞馬販的衣服。當他披上一件縫製的長大衣、戴上一頂黑色的羊皮帽時，和他一起的兩名男人則在旁靜靜看著。他們身上的穿著都很類似，唯一的差別是那兩人是真的亞美尼亞人，而他則是一名英國軍官。隸屬於第五旁遮普步兵隊（the 5th Punjab Infantry）的查爾斯・史都華中校（Lieutenant Charles Stewart）正準備前往波斯東北部的一處偏遠地區（所以才進行偽裝），他希望從那裡監視俄軍在伊朗北方空曠的土庫曼領地裡的動靜，而自古以來被稱作「世界之后」（the Queen of the World）的偉大綠洲城鎮梅爾夫就位在那裡。

幾個月來許多情報人員都陸續進入印度，而此一現象也指出一件事：「俄國很可能要在裏海以東的地區，也就是地理學家所稱的外裏海地區裡，進行大型的軍事行動了。」眾所皆知，一支強大的軍隊當時正在克拉斯諾沃德斯克整備，而負責指揮的人，便是俄國最傑出、資歷最多采多姿的軍人米哈以爾·斯科別列夫將軍（General Mikhail Skobelev），他在近期和土耳其的戰爭中表現非常突出，由於他總會穿著一套耀眼的白色軍服、騎在一匹白馬上進入戰場，因而被譽為「白色將軍」；此外他也以殘酷無情為名，因此土庫曼人都稱他為「老紅眼」（old Bloody Eyes）。作為一位勇敢的領導者，他曾於戰爭期間在土耳其的陣線後方進行秘密偵察任務，甚至還偷偷拜訪君士坦丁堡。

斯科別列夫在此一戰略上非常敏感的地區的現身，對於負責防衛印度的官員來說是件非常值得擔心的事情，因為一八七八年英俄爆發危機期間，為俄軍入侵行動進行總體計畫的人就是他。和俄軍的所有其他軍人一樣，當計畫遭取消時，他也感到非常失望，依然夢想著有天能將英國人逐出印度。在沙皇全力支持下，此時斯科別列夫則提議向東進軍，主掌防衛的英國官員們都捫心自問，他最後會在哪裡停下腳步呢？更麻煩的是，斯科列別夫可能的進攻路線，橫跨了地球上最難抵達、最少人居住的地區，俄軍進軍的消息可能要好幾天，甚至好幾週的時間，才能傳到最近的英國據點，和之前一樣，英國人很可能先從聖彼得堡的報紙上得知那些消息。明顯的解決方法便是派出英國軍官到現場伺機而動，因為奈皮爾上尉之前早已發現，由於土庫曼人希望英國人能成為他們對抗俄國的盟友，因此他們對於英國人都抱持友善的態度。然而，自從放棄前進政策後，倫敦便決定不和他們進一步接觸，因為他們擔心英國在該地區的活動，可能會提供俄國人所需的藉口，讓他們能夠佔領梅爾夫，英國人必須不惜一切代價避免刺激俄國做出這種行動。

禁止英國軍官或政治官前往敏感地區，在大競逐時期並非什麼新鮮事，而且他們也很少允許人們以個人名義前往，就像穆克羅夫特、海沃德、蕭、本那比，以及其他人的先例那樣。雖然他們知道可能造成官方不悅，甚至像本那比那樣被驅逐，但其實沒有什麼東西能真的阻止休假的他們前往想去的地方。確實，只要官方在需要的時候能撇清和他們的關係，軍方對於這種藉由「休假」或其他稍微經過偽裝的冒險行動所帶回來的情報，都是極度歡迎的。我們無法確定英國官方是否曾同意，或暗示史都華上校進行這場計畫，甚至其他更多活動，因為印度事務部圖書館裡關於該時期的檔案中，並沒有留下相關證據。但史都華本人確實曾經承認，他之所以進行偽裝的部分原因，就是要保護自己不被駐德黑蘭的英國外交官發現，因為他們會動用權力阻止他繼續前進。因為傳統上反對前進政策的外交部，在可能激怒聖彼得堡的事情上總是和軍方意見不合。俄國外交部和沙皇手下的將軍們（尤其是塔什干和梯弗里斯的鷹派軍人）之間，也存在類似的對立狀況。

史都華在十一月二十五日抵達穆罕默達巴德（Mahomadabad）這座邊境城鎮，他接下來的情報站就位在那裡。他告訴波斯的政府官員自己是一位來自加爾各答的亞美尼亞人，當時前去購買該地區知名的土庫曼馬。為了維持這個說法的可信度，他開始檢視、打探那位官員飼養的馬匹。與此同時，他也與市集裡的人交往、建立關係，因為在那裡他可以從貿易商，以及幾乎每天往返國界兩側的本地人那邊，得知另一邊的動態，但卻不會引起任何人的懷疑。不過史都華中校不是唯一一位想在外裏海地區南部監視斯科別洛夫將軍舉動的人，他在穆罕默達巴德停留的幾週裡，驚訝地得知有另一位英國人也抵達那裡。那人名為艾德蒙．歐多諾凡（Edmund O'Donovan），是《每日新聞》（*Daily News*）的特派記者，不顧危險地想前來目睹俄國即將和土庫曼人進行的戰爭。歐多諾凡原本想跟隨斯科別列夫的軍隊行動，但這個想法被將軍本人拒絕了，而他現在的目標則是搶在俄軍對土庫曼據點格克切佩發動攻擊前先抵達那裡，但俄軍看來很快就會發動攻勢了。歷經多個月的準備後，斯科別列夫終於展開攻擊。由於波斯人的阻撓，再加上自己生病，因此歐多諾凡的行程有些延誤：「此時歐多諾凡正和穆罕默達巴德的土庫曼聯絡人進行協商，希望能安全前往格克切佩。」

雖然史都華在接下來的三個星期裡，幾乎每天都會看到歐多諾凡，但他決定不要揭露自己的真實身分。史都華肯定偽裝得非常到位，因為就連比大多數人都敏銳的歐多諾凡，居然都稱讚他的英文說得很好。對此，史都華倒是誠實地回覆道：「加爾各答的亞美尼亞人都受過不錯的教育。」直到兩人即將分開時，史都華才終於和歐多諾凡坦承自己的身分，但歐多諾凡是直到史都華拿出護照來，才終於相信史都華說的是真的。歐多諾凡後來將這趟冒險之旅寫成《梅爾夫的綠洲：裏海以東的冒險之旅》（*The Merv Oasis: Travels and Adventures East of the Caspian*）一書，他在書中承認自己完全沒有發現史都華的偽裝。

最後歐多諾凡在一八八一年一月收到獲准拜訪格克切佩的消息，土庫曼人的首領並不清楚報社記者的功能究竟是什麼，以為他是英國政府派來協助他們的人，歐多諾凡立刻出發跨越邊界，希望趕在斯科別列夫之前抵達格克切佩。然而，土庫曼人的邀請終究還是來得太遲，因為歐多諾凡很快就得知俄國人當時已經包圍了那裡的堡壘，並開始進行轟炸。不過他正好來得及從附近的山丘上，用望遠鏡目睹驚慌失措的土庫曼人是如何敗逃的，同時也聽到倖存者講述斯科別列夫是如何無情地下令進行報復和屠殺，因為俄國士兵並沒有忘記他們之前在格克切佩被守軍擊敗的恥辱。

所有這些都給歐多諾凡大量素材，讓他可以針對這座沙漠堡壘的陷落過程，寫出一份又長又生動的新聞稿，而這起事件也將在歐洲引起一陣騷動。那裡雄偉的城牆裡有一萬名土庫曼士兵（多數都是騎兵），以及將近四萬名平民，斯科別列夫自己則有七千名步兵和騎兵，以及六十座大砲和火箭砲台。土庫曼人起初進行了激烈而堅定的抵抗，不斷從城牆上方向俄國人猛烈開火。此外，自從俄國人上一次嘗試攻打格克切佩後，他們便加強了該城的防禦工事，而且負責加強工程的土庫曼人，還對俄國人在裏海地區的防禦堡壘進行一番研究。雖然斯科別列夫的大砲和火箭對城裡造成破壞，但城牆卻依然完好無損。斯科別列夫擔心一旦圍城拖太久，土庫曼人的援軍就會抵達，因此他知道必須採取更激烈的措施。他命令工兵在城牆下方挖洞並在裡頭放置炸藥，藉此破壞土庫曼人的防線，為了加快進度，斯科別列夫每天都坐在洞口測量工兵團隊的工作時間。如果挖掘的速度夠快，斯科別列夫便會熱情地擁抱負責的軍官，並給予伏特加和香檳作為獎賞；如果挖得太慢，負責的軍官則會在下屬面前被痛罵。

一月十七日，當雙方依然在上方激烈交戰時，挖掘坑道的工兵在沒有被發現的情況下，挺進到距離城牆只剩二十多公尺的地方，但此時進度卻慢了下來，因為挖掘坑道的工兵愈來愈難呼吸，不過最後依然完成了那條坑道。他們找了幾名自願的人，將兩噸重的炸藥沿著坑道運到城牆下方的位置，俄軍在一月二十四日接近中午時分引燃炸藥，而攻城部隊則在旁待命；與此同時，斯科別列夫也對城牆的相同位置瘋狂的以大砲和火箭進行轟炸。一聲巨響後，大量的泥土和碎石一飛沖天，在大砲的幫助下，城牆被炸出一道將近五十公尺寬的缺口，立刻導致數百名守軍喪生。俄軍的攻城部隊此時湧入城裡，而在其他地方，他們也在前天晚上趁著夜色在城牆邊放上攀梯，讓斯科別列夫的其他士兵也可以越過城牆進入城裡。為了爭奪堡壘的控制權，雙方接著爆發激烈的肉搏戰，由於土庫曼人對於俄軍的突然現身毫無準備，也被爆炸的威力驚嚇到，因此他們很快便棄守陣地。不久過後，土庫曼人開始倉皇逃竄：「守軍騎馬往沙漠裡騎去，後面還跟著數千名驚慌失措的平民，而斯科別列夫的騎兵則在後頭繼續追殺。」

真正的殺戮此時才正要開始，因為成功破城的俄國人要為之前敗在土庫曼人手下報一箭之仇，俄國人連小孩和老人都沒放過，殘忍地殺害了所有人。據說逃跑的人裡頭一共有八千名遭到殺害，而城裡也有六千五百具遺體，一位隨軍的亞美尼亞通譯後來曾對一位英國朋友透露：「那整個國家到處都是屍體。」、「我自己就看過嬰兒被刺刀刺穿、砍成碎塊。」此外，斯科別列夫還允許自己的士兵（其中許多人都喝醉了）在一連三天裡強暴婦女、燒殺擄掠。後來斯科別列夫為合理化此事，曾宣稱：「我奉為圭臬的原則是，你對敵人屠殺得愈久，接下來的和平也會持續得愈久；你打得愈用力，他們就會安靜愈久。」他宣稱使用這種方法平定麻煩的鄰國，比英國人的方法（也就是羅伯茲在喀布爾公開吊死主謀的作法）管用多了，因為那只會激起憤怒而非恐懼的情緒。確實，將近兩百年來不斷搶劫俄國商隊、攻擊俄國邊境據點，並將沙皇子民擄為奴隸的土庫曼人，從此之後再也不曾造次了。斯科別列夫手下則有兩百六十八名士兵陣亡，六百六十九人受傷，陣亡名單還包括一位將軍、兩位上校、一位少校，以及十位低階軍官，至於受傷的軍官也有四十人。但非官方的數據指出，斯科別列夫手下的傷亡人數其實應該更高，還宣稱俄國人總會低報自己、誇大敵人的損失。

至於神秘的史都華上尉則是在得知格克切佩陷落後，便火速離開穆罕默達巴德此一他在邊境上的情報站。史都華長途跋涉才成為第一個得知消息的人，我們似乎可以確定，他在第一時間便將此一消息傳給德黑蘭的英國大使館。如果他前往邊境的行動並未獲得官方授權，那麼此時史都華應該也覺得可以大方承認了，因為他當時已準備返回，而外交部也已來不及做任何回應了。史都華到德黑蘭後便前往英國大使館，和他之前一直避免見面的大使進行匯報。史都華多年後出版一本記述這場冒險的經過，名為《偽裝下的波斯之旅》（*Through Persia in Disguise*）的書籍，他在書中對自己偽裝成亞美尼亞馬販，在此一敏感地區真正從事的事情顯得非常謹慎。今日收藏在倫敦的印度事務局圖書館裡的大使館檔案，也沒有對這個問題提供進一步的解答，史都華未經授權（如果政府真的沒有授權）的秘密行動並沒有對其職涯造成傷害，因為他在幾個月內便又以大使館工作人員的身分回到波斯邊境，執行一場被他委婉稱為「特殊工作」的任務。

在格克切佩光榮獲勝的斯科別列夫將軍就沒這麼幸運了，歐洲各界對他屠殺土庫曼人的行為表達強烈的抗議，於是沙皇解除了他的指揮權，並將其調往明斯克（Minsk），那裡對任何好戰的軍人來說都像是一灘死水。官方的說法是，斯科別列夫之所以會被調離，是為了平息歐洲輿論，但根據一些人的說法，真正的原因其實並非如此。聖彼得堡的官員擔心，斯科別列夫會誤以為自己的地位不凡而開始展現政治野心（他甚至曾說要邀請他認為俄國最大的敵人——德意志帝國的宰相俾斯麥〔Bismark〕，在雙方軍隊面前與其來場生死決鬥），過度壯大的斯科別列夫顯然需要挫一挫銳氣。當時仍未滿四十歲的斯科別列夫被剝奪再次獲取戰功的機會，然而戰爭就是他活在世上的意義，因此開始夢到自己死在床上而非戰場上，他的這些擔憂在他攻下格克切普後的一年內便實現了：「傳言指出，他在莫斯科拜訪妓院時因為心臟病而突然暴斃。」

俄國人攻佔格克切普這件事並未在倫敦或加爾各答造成過度恐慌（除了疑俄人士外），因為這座偏遠的土牆據點並沒什麼戰略價值。此外，那裡會被俄國人兼併也不完全是出人意料的事情，還有人甚至覺得那些「會擄人的土庫曼人」，自己也為其他人帶來過許多苦難，因而不過是罪有應得，不過俄軍屠殺女人和小孩的行為，依然讓眾人譴責為可惡而毫無必要的行為。但真正讓英國人感到不安的，其實是俄國人是否會繼續向東往梅爾夫進攻，因為從那裡便可以輕易地進入阿富汗、佔領赫拉特。當時還未準備好再次行動的聖彼得堡政府，知道英國人的這些恐懼，也擔心倫敦會先發制人、攻下赫拉特，甚至像一些鷹派人士所呼籲的，或許還會攻下梅爾夫。為了平息英國人的這種恐懼，聖彼得堡發佈一連串聲明，保證自己在外裏海地區沒有其他野心，也絕對無意佔領梅爾夫，沙皇的外交部副部長尼古萊．吉爾斯（Nikolai Giers）說道：「我們不只不想去那裡，很高興的是，那裡也沒有東西會需要我們前去。」對此，亞歷山大沙皇在個人寫給英國大使達費林勳爵（Lord Dufferin）的信中，親自鄭重地保證他已經命令部下永久停止侵略行動。但英國人當時並不知道，亞歷山大很快就會過世——他有次在檢閱完軍隊、騎馬返回冬宮的路上，遭到炸彈刺殺身亡。

有些人希望俄國人最後像英國人一樣放棄在中亞的前進政策，而他們當時也在表面上做了兩個安撫性的行動，讓這種希望看起來變得更加可能。其中一個行動，是他們和波斯針對大部分之前未定界的邊界地區（也就是從裏海一直到格克切佩以東的地區）和平地進行協議，不過再往東的邊界依然沒有確定，名義上屬於波斯，但當時掌握在土庫曼人手中的梅爾夫就位在那裡。俄國人的另一個行動，則是從固勒扎撤出，將其還給中國，儘管眾人都認為他們是百般不願意。自從俄國人於一八六七年，以七百萬美元將阿拉斯加賣給美國後（聖彼得堡認為那裡防守不易，擁有那裡也不符合經濟利益），就沒聽過他們有放棄過哪裡的領土。讀者或許還記得，俄國人在十年前兼併了固勒扎這座城鎮和附近的地區，以避免落入阿古柏的手中（至少聖彼得堡當時是這樣宣稱的）。這種說法確實有點道理，因為固勒扎（也就是中國人稱的伊犁）扼守向北通往俄國的重要戰略路線。雖然俄國之前曾保證，只要北京平定阿古柏、重新取得對新疆的控制，他們就會將固勒扎歸還給中國，但聖彼得堡卻沒有實現這個諾言，於是雙方展開漫長而激烈的外交衝突。

中國最後在一八八〇年春天揚言以武力奪回固勒扎，並開始為此集結軍隊。俄國人當時既不願意，也沒有能力和中國開戰，因此他們依據長久以來以最小風險獲取最大利益的政策，決定進行讓步，並指控北京之所以會突如其然地變得如此好戰，就是因為他們背後有英國人在撐腰。雙方在隔年簽訂《聖彼得堡條約》（編按：又稱《伊犁條約》、《中俄改訂條約》），根據該條約，聖彼得堡同意歸還固勒扎，但保留對固勒扎以西幾塊領土的控制，而中國人也必須支付鉅額的「佔領費用」，以作為俄國人保衛固勒扎的補償。這種在亞洲國家的威脅之下退卻的現象，在俄國人身上簡直前所未見。達費林勳爵宣稱：「中國迫使俄國做了從未做過的事情——交出曾經併吞過的領土。」

如果格拉斯頓和英國內閣因為所有這些事情，就認為聖彼得堡未來對中亞地區真的沒有不良意圖的話，那麼他們的希望也很快就會破滅，因為雖然俄國曾針對梅爾夫鄭重地進行承諾，但依然在高度保密的情況下，很快便開始擬定兼併那裡的計畫。亞歷山大三世在父親遭刺殺身亡後登基，而被他邀請來參加加冕典禮的人，就有幾位來自梅爾夫的土庫曼首領，邀請他們的目的就是希望提醒他們俄國的軍事實力，並讓他們相信繼續抵抗也是枉然的。這個作法很有效，典禮中的壯觀場面，以及到處都能看見的大規模軍隊和大砲，都讓那些首領感到非常敬畏，於是他們在回到梅爾夫這個最後的據點後，便深信抵抗沙皇的軍隊是一件愚蠢的事。與此同時，俄國人在當地雇用的一些特務，也忙著在周圍的城鎮和村莊裡釋放消息，說英國人已經在沙皇的命令下撤出阿富汗。他們宣稱世界上沒有人膽敢違逆沙皇，即使是維多利亞女王亦然，土庫曼人期待英國人會前來協助的希望終究是會落空的。

成功在土庫曼人中播下疑慮的種子後，俄國人接著決定派出一位間諜前往梅爾夫，試著判斷當地的情勢。俄國人希望土庫曼人對發生在格克切佩的事情依然記憶猶新、無心打仗，一旦面對俄軍時也會立刻投降，不再進一步抵抗。然而，萬一土庫曼人決定要奮力一戰，他們也必須對梅爾夫的防衛進行透徹的調查。這是個典型大競逐風格的危險任務，需要過人的勇氣和應變能力，而阿里哈諾夫（Alikhanov）就是他們的最佳人選。

一八八二年二月，一支滿載貨物的土庫曼商隊正從西邊前往梅爾夫的路上，領導商隊的人是一名知名的本地貿易商，他和俄國人私下保持著良好關係。當時陪同他的是六名武裝騎士，全都是土庫曼人，商隊裡還有另外兩名男人，雖然看起來都像是本地商人，實際上卻是俄國軍官。年紀較大的那位是阿里哈諾夫，另外一位則是自願陪他前來的哥薩克少尉。阿里哈諾夫是一位穆斯林，來自高加索地區的貴族家庭，在幾次戰役中表現突出因而被升為少校，並被任命為高加索副王米哈伊爾大公（Grand Duke Mikhail）的隨從副官。和很多高加索人一樣，阿里哈諾夫的脾氣非常急躁，甚至曾和一位高階長官進行過決鬥，並因此受軍法審判、遭降階為步卒，但他依然憑藉勇氣和能力恢復了軍官身分，再次成為少尉。如果阿里哈諾夫能成功完成任務，幾乎可以肯定可以恢復少校軍階。

商隊最後在夜裡進入梅爾夫，這樣一來阿里哈諾夫與其同伴便不會太仔細地被檢查。當時城裡已經有幾位土庫曼長者倒向俄國人，希望屈服於沙皇。俄國人秘密地通知他們即將到來的消息，他們在接待阿里哈諾夫與其哥薩克同伴後，決定在隔天早上宣布有兩位俄國商人抵達梅爾夫，希望在最近的俄國聚落阿什哈巴德（Ashkhabad），以及市集裡的土庫曼貿易商間建立固定的商隊動線，這顯然是一個風險極大的舉動，但阿里哈諾夫也同意他們必須這麼做。當阿里哈諾夫一行人出現在城裡的消息傳開後，在當地引起一陣騷動，所有土庫曼耆老和重要人物也都立刻召開緊急會議，他們命令阿里哈諾夫與其同伴前往大型議事帳篷晉見他們。在此，阿里哈諾夫和那些穆斯林弟兄的親近性就顯得非常有價值了，他已經為此進行準備，讓土庫曼首領中年紀最大的那位，接受他們特地為此帶來的大量俄國製禮物。阿里哈諾夫在氣氛緊張的會議中發表談話，解釋他們前來的原因，並詢問是否可以打開他們的商品賣給城裡的商販。

當其中一位耆老提議兩國政府進行第一次對話時，阿里哈諾夫卻拒絕了這個想法，他輕蔑地問道：「你想要我們回去嗎？」、「我們沒有非要和你們做生意不可，也沒有準備要來來回回好幾趟。如果我們回去的話，你們就再也不會看到我們了。」這是個有點大膽甚至危險的策略，但從那些耆老臉上的表情看來，阿里哈諾夫知道這個方法開始奏效了：「他已經逼著他們成為守方了。」於是阿里哈諾夫繼續施壓，向他們問道：「你們是每次有商隊抵達，就會召開一次會議，還是只有對俄國人是這樣？」眾人陷入一陣沈默。接著一位首領終打破沉默，表示位於梅爾夫和最近的俄國據點間的沙漠地區，由他們無法控制的土匪掌握著，並說道：「我們不希望你們這些偉大的俄國沙皇的商人們發生任何事情。」阿里哈諾夫則回覆道，如果真有土匪愚蠢到居然會想攻擊他們，那麼護送商隊的武裝人員也可以處理這些土匪，聖彼得堡想要的只是確保商人在抵達梅爾夫後的人身安全。

土庫曼人此時也不知道該如何繼續爭論下去了，看到他們彼此間出現分歧，阿里哈諾夫決定好好利用這個機會乘勝追擊。阿里哈諾夫表示如果土庫曼人仍希望阻止他和同伴們進行貿易，那麼他們就會立即打包行李返國，同時無法確定當時對土庫曼人還算友善的新沙皇，在聽到被拒絕的消息後會有什麼反應，但可以想像沙皇應該會非常生氣。對那些耆老來說這可不得了，他們都還記得在格克切佩的慘敗經歷，耆老們接著進行熱烈的討論，最後告訴阿里哈諾夫，他們歡迎他賣掉帶來的商品，如果想要的話也可以永久留在梅爾夫。阿里哈諾夫一邊笑道，一邊努力不表現出太過欣喜的樣子：「但願不用如此。」、「只要兩到三天，就夠我們判斷商機如何了。」事實上，阿里哈諾夫一行人後來在梅爾夫待了兩週，長到足夠他與其哥薩克同伴們對城裡的防禦工事進行秘密勘查：「他們每天清晨都會趁著土庫曼人還熟睡的時候到處走動。」最後，當商隊即將返回俄國時，他們也選了和來時不同的路線，好將這條路線畫在地圖上。

俄國政府此時委派阿里哈諾夫對兼併梅爾夫的計畫進行準備工作，而且最好是以和平的方式兼併，他知道許多土庫曼首領對俄國依然非常敵對，而且也完全反對屈服於沙皇的統治，土庫曼人或許可以同意阿里哈諾夫販賣俄國商品，但投降就是另一回事了。阿里哈諾夫巧妙地利用在梅爾夫時找到的特務和聯絡人，持續對一部分反俄的土庫曼耆老施展詭計，藉此逐漸破壞他們的影響力。最後，阿里哈諾夫在一八八四年二月回報指出，一切都已準備就緒。幸運的是，英國政府當時正好在蘇丹遇到艱鉅的挑戰，因為當地發生對抗英國人的聖戰。一如聖彼得堡很快便會意識到的，格拉斯頓當時最不希望看到的就是和俄國在中亞發生戰爭。

俄國人的第一步，便是佔領特真德（Tejend）此一大約位於梅爾夫以西一百三十公里處的綠洲城鎮。他們之前已經佔領過那裡一次，但後來很快便撤退了，因此土庫曼人在得知他們再次佔領那裡時並沒有感到太憂心。畢竟自從格克切佩陷落後，他們便一直小心翼翼地不對俄國商隊進行攻擊，以免對方以此為藉口對他們宣戰，因此他們並沒有理由擔心俄國人會帶來什麼麻煩。等到土庫曼人原本以為是俄國商人的阿里哈諾夫，穿著俄國皇家軍隊的軍服、帶著一支哥薩克部隊來到城門前時，他們才開始意識到事情不太對勁。當時陪著阿里哈諾夫前來的還有幾位土庫曼首領和顯要人士，他們都已投降並宣示效忠沙皇了。他召來城裡的耆老，建議他們立刻投降，並解釋說當時佔領特真德（他就是從那裡過來的）的軍隊只是一支俄國大軍的先遣部隊而已，後續規模龐大的軍隊已經正在前來的路上，最而且配有大砲。阿里哈諾夫向他們保證，如果同意接受沙皇統治的話，俄國將不會在梅爾夫駐軍，最多只會派出一位總督，幾名輔佐官，以及一支護衛隊而已，如果他們不同意的話，那麼之前在格克切佩發生過的事情就會再次重演。雖然有些土庫曼人想要抵抗，但大多數人此時都已經失去鬥志，其他地方的部族都已經屈服了，所以梅爾夫沒辦法獲得他們的支援，而英國人對他們的困境也不太有興趣，況且據說英國人本來就很害怕俄國人了。經過一番激烈的辯論後，長期在外裏海地區稱霸、一度非常高傲的土庫曼人，終於同意交出他們的首都，屈服於聖彼得堡的統治下。

外裏海地區的總督在給沙皇亞歷山大三世的電報中宣布：「很榮幸能通知陛下，梅爾夫的四個土庫曼部族的汗王，已於今日正式宣示效忠於陛下了，他們每人都代表兩千帳。」他還說道，土庫曼人「知道自己無力統治梅爾夫，也相信光是靠陛下強大的力量，就能在梅爾夫建立秩序和繁榮。」不久後，一支來自特真德的軍隊進入梅爾夫，並佔據了大堡壘。多虧阿里哈諾夫大膽，甚至有些魯莽的外交手段，俄國人在不費一兵一卒，且幾乎沒有付出什麼成本的情況下便獲得勝利。在沙皇親自命令下，阿里哈諾夫馬上便恢復少校軍階，也重獲因為軍法審判而失去的獎牌，他在不久後便升為上校，並被適切地任命為總督，負責統治那座幾乎是獨力為沙皇和俄國兼併而來的城鎮——梅爾夫。

當時已是俄國外交部長的尼古萊．吉爾斯，於二月十五日，亦即亞歷山大得知消息的隔一天，幾乎是以若無其事的方式將梅爾夫陷落的消息告知英國大使。英國人此時終於沈重地發現，儘管聖彼得堡不斷提出保證，但其實不過是在哄騙他們罷了。再一次地，俄國人賭格萊斯頓的自由派政府，在面對這個既成事實時，只會照往常那樣做些抗議。不過英國政府對這個消息也不算太過意外，畢竟他們在蘇丹也有一場重大的危機要處理，因此對此也無能為力。前一年初，英國外相葛蘭維爾勳爵（Lord Granville）就曾提醒維多利亞女王，俄國人正在「試探地往阿富汗邊界移動」，就在梅爾夫投降的一個月前，一位高階的外交部官員也曾警告，發生在蘇丹的暴動事件，「對俄國人以及英國的所有敵人來說，都是在鼓勵他們採取行動。」

梅爾夫投降這件事，不只對俄國人來說是一場勝利，對懼怕俄國的人來說也是如此，因為這個結果他們早就已經準確地預測到了。很快便會成為印度總司令官的羅伯茲將軍，將這起行動描述為「俄國在進軍印度的路上最重要的一步」。鷹派人士警告道，不需多久時間，哥薩克人就會在印度河的河邊餵他們的馬匹喝水了。即使是英國政府，也都承認俄國攻佔梅爾夫這件事對印度造成的威脅，大於先前兼併布哈拉、希瓦和浩罕：「這幾個被俄國征服的汗國，和印度的邊界之間還有廣闊的山脈和沙漠橫亙著；相比之下，從梅爾夫出發，途經赫拉特以及坎達哈爾前往印度河的路上，就沒有這種障礙。」此外，外裏海地區的幾個部族都已經遭到打擊，因此已經沒有什麼東西，能阻止沙皇在高加索和突厥斯坦的軍隊，在聯合指揮下一起對抗印度。讓英國人更加擔心的是，俄國人已經開始興建一條鐵路，向東穿越外裏海地區、前往梅爾夫；很顯然地，等這條鐵路完工後，就可以用來將士兵運送至阿富汗的邊境地區，最後將軍營城鎮和中亞的綠洲城鎮連結起來。

英國政府終於失去了耐心，也不再打算受騙上當，於是他們再次對聖彼得堡破壞承諾、藉由欺騙取得梅爾夫一事提出抗議。英國外交部在一份篇幅頗長的備忘錄中指控，俄國人將沙皇與其部長們不斷鄭重提出的承諾棄之於不顧。俄國人進行回覆時，則忽略破壞承諾的問題，只說兼併梅爾夫並非事先預謀的行動，還堅稱只是應土庫曼人的要求罷了，因為土庫曼人都很想終結無政府的混亂狀態，也希望能享受文明帶來的好處。但聖彼得堡在獲得想要的東西後，此時卻急著想要讓事態冷卻下來，因此他們提議，為了避免未來再發生一樣的問題，英俄政府應該友好地聚個會，討論阿富汗北部以及俄國的中亞領土間的永久界線。儘管有人提出警告，指出俄國是不能信任的，但英國內閣依然認為，不管和聖彼得堡取得什麼樣的協議都聊勝於無，因此他們對俄國人的提議表達了歡迎之意。一旦雙方正式同意界線，那麼俄國人只要越界，就是對阿富汗做出不友好的行為；根據英國和阿布杜爾・拉赫曼簽署的條約，阿富汗的外交政策由英國負責，因此這種行為也就等同於對英國的敵對行為。循此，俄國人在進一步往赫拉特的方向擴張時，可能就會多做些考慮——至少英國內閣是這樣認為的。

經過長時間官方書信往來和爭論後，雙方終於同意派出代表，組成阿富汗邊界聯合委員會（Joint Afghan Boundary Commission），於一八八四年十月十三日在薩拉赫斯（Sarakhs）這座綠洲城鎮聚首。那是一處偏遠而荒涼的地區，位在梅爾夫的西南方，也是阿富汗、波斯和外裏海地區的交界處。他們的任務是透過科學的方式確認永久邊界，從而取代他們於一八七三年在地圖上畫出的模糊舊界線。但俄國人似乎並不急著展開工作，一連用了幾個理由拖延時間，比如帶領俄國任務團的傑列諾伊將軍（General Zelenoy）生了病——這種說法幾乎可以肯定是戰術上的託辭。最後，中亞地區也開始進入嚴寒的冬季，讓將軍與其手下無法在春天前抵達（至少俄國人是這樣堅稱的）。然而，英方的任務團團長彼德・倫姆斯登爵士將軍（General Sir Peter Lumsden），依然在約定的時間抵達會面地點，卻發現俄國人仍然持續軍事行動。他們立刻就發現俄國人的企圖，不論聖彼得堡做了什麼決定，俄軍都決意在邊界委員會展開工作前，將俄國和阿富汗的邊界盡量往赫拉特靠近。由於自由派政府當時仍在執政，而且英國人又忙於蘇丹的戰事，因此俄國人賭倫敦不會願意為了亞洲一塊偏遠荒涼、毫無價值的沙漠地帶和他們開戰，但俄國人很快就會發現，這次他們誤判了自己的對手。

第三十一章
邁向戰爭邊緣

俄國對梅爾夫的兼併，以及在兼併過程中的瞞騙行徑，都在英國的報章媒體上引起熱議，新一代的評論者，當時已經繼承威爾遜、厄卡特和羅林森的衣缽在報章上發表文章。就在倫姆斯登將軍針對俄國人再次行動一事提出警告的不久後，又出現一篇來自駐聖彼得堡的英國武官的報導，該篇報導指出，沙皇的將軍們正計劃使用某些藉口，於春天、「或者一旦我軍大部分被困在埃及和蘇丹後」進攻赫拉特。隨後，又傳來戈登將軍在喀土穆的官邸門口被暴徒殺害的消息，讓全國上下都陷入好戰的氣氛中。鷹派人士相信屬於他們的時刻終於到來了，而一八八五年，也注定是大競逐文獻中一個重要的年份。

在新一代的前進派評論者中，最多產的當屬查爾斯·馬爾文（Charles Marvin），當時他已經出版了幾本關於俄國威脅的著作，其中包括《俄國人向印度進軍》（*The Russian Advance Towards India*）以及《在梅爾夫和赫拉特的俄國人，以及他們入侵印度的能力》（*The Russians at Merv and Herat and Their Power of Invading India*）。馬爾文的另一本著作《勘查中亞》（*Reconnoitring Central Asia*），則對俄國軍官在英屬印度周邊地區的秘密行動和旅行進行詳細的描述。曾擔任倫敦《環球報》（*Globe*）駐聖彼得堡記者的馬爾文，和其他對手相比有個優勢：「他能說流利的俄語，也認識沙皇手下幾名重要的將軍，同時是名文筆流暢、很有說服力的作者，曾在報紙上刊登無數文章，討論俄國人在中亞地區的目標，以及阻止這些目標最好的方法。」

馬爾文最初受到社會大眾以及政府的注意，是在一八七八年五月捲入一場和英國政府洩密案有關的爭議事件。這起事件發生的時間點正好是柏林會議期間，亦即一八七七年的俄土戰爭後，而馬爾文當時則一邊在外交部兼職服務，一邊為《環球報》寫稿。他發現英國政府當時打算將英國和俄國達成的協議內容，洩露給《泰晤士報》，於是便決定將那些內容洩露給自己合作的報紙，最後讓《環球報》搶到世界性的獨家新聞，不過英國政府很快便否認報導的內容，但《環球報》卻在隔天刊出協議的內文。嫌疑重大的馬爾文很快便遭到逮補，並被指控盜取最高機密的文件，不過政府在他家進行搜索後，卻未能發現任何和此案有關的線索，於是馬爾文隨即遭到無罪釋放，而法院的判決也表示馬爾文並沒有違反任何法律——英國當時還沒有《官方保密法案》（*Official Secrets Act*）。事情的真相是，馬爾文其實是把文件的全文背下來。這起事件並沒有為馬爾文帶來任何傷害，因為他在五年內，就會以不到三十歲的年齡成為當時關於英俄事務最暢銷的作者。

馬爾文在一八八五年，也就是所有討論俄國威脅的人都公認的關鍵年份，出版了至少三本書，從不同面向剖析關於俄國的威脅，其中包括新建的外裏海鐵路對印度造成的威脅。還有一本名為《赫拉特城門前的俄國人》（*The Russians at the Gates of Herat*）的書，該書僅用一週便完成從寫作到出版（這也顯示出這本「緊迫」的書沒有什麼新的內容），和其他馬爾文的作品一樣，這本書也非常暢銷，總共賣出六萬五千本。整體而言，馬爾文的論點是：「接連幾屆的英國政府（尤其是自由派政府），就是因為在對聖彼得堡的政策上卑躬屈膝、猶豫不決，才會導致這些麻煩。」針對當時的政府，馬爾文則宣稱：「格萊斯頓先生的內閣，是出了名的喜歡讓步，而深諳於此的俄國，則會設法透過各種詭計來利用這點。」當年出現以大競逐為主題的著作，還包括狄米提厄斯・布爾格（Demetrius Boulger）的《中亞問題》（*Central Asian Questions*）、G・B・梅爾森（G. B. Malleson）的《俄國—阿富汗問題，以及對印度的入侵》（*The Russon-Afghan Question and the Invasion of India*），以及H・蘇德蘭・愛德華（H. Sutherland Edward）的《俄國的印度計畫》（*Russian Projects against India*）——這邊只列出三本。除此之外，坊間還有這些評論家和其他人所寫的無數宣傳冊子、文章、評論和讀者投書，他們大多數都抱持疑懼俄國的立場。

不過除了馬爾文外，在以俄國威脅為主題的作者中，最有名的一位或許根本就不是英國人，而是一位替英國發聲捍衛、立場親英的匈牙利東方學家，名為阿爾米尼烏斯・范貝里（Arminius Vambery）。二十年前，他曾時而偽裝成一位衣衫襤褸的苦行僧，時而偽裝成一位穆斯林聖人，在中亞地區進行一場漫長而大膽的旅行，因為他相信匈牙利人的祖先就是來自那裡。范貝里是一位語言天才，不只原本就熟諳阿拉伯語和土耳其語，還很快便學會該地區的語言，使他在前往希瓦、薩馬爾罕以及布哈拉時不被人發現。那三個地方當時仍未被俄國兼併，但范貝里在回到布達佩斯後相信，俄國人很快就會兼併那些地方。由於匈牙利人對於中亞沒什麼興趣，因此范貝里將注意力轉向英國，希望英國人會注意到他的提醒（尤其是關於印度的部分）。他於一八六四年抵達倫敦後，發現早在他前來之前，英國人就已經聽說他在中亞地區的冒險旅程，於是他立刻便成了一位名人。來自一個貧窮猶太家庭的范貝里，對於自己受到的熱情接待有些不知所措，和他見面的人包括威爾斯王子、巴麥尊，以及迪斯雷利。雖然每個人都想親耳聽聽他以苦行僧身分進行的冒險之旅，但有件事情他失敗了——「讀者應該還記得一如羅林森爵士所發現的，前進政策在當時並不得勢，而除了一些鷹派人士外，范貝里也無法說服任何人認真看待他所提出的警告。」

回到布達佩斯後，范貝里在大學裡成為土耳其語、阿拉伯語和波斯語的教授，並持續大量地向《泰晤士報》和其他英國報紙投書，在中亞的幾個汗國陸續落入俄國手中（並讓俄國人愈來愈靠近印度，也就是范貝里認為俄國的終極目標）的同時，呼籲英國政府對俄國人採取更強硬的態度。但隨著梅爾夫投降，而俄國也沒有真正要停下擴張腳步的跡象，范貝里覺得他等待的時刻終於到來了，於是在一八八五年春天啟程前往倫敦，希望能詳細說明聖彼得堡對印度野心的看法。於是范貝里再次成為名人，只不過這次他會在英國各地發表演說，並且場場都座無虛席，由於范貝里收到的邀請實在太多，以致於必須拒絕大多數的邀約。他在倫敦停留期間，一位愛慕者甚至還給了他一間豪華公寓供其使用，裡頭備有廚師、傭人和一間酒窖。范貝里在倫敦以外地區旅行時，曾不只一次有人將裝滿昂貴珍饈的午餐盒送進他的火車車廂裡，而送來餐盒的人則只會在上頭署名「仰慕者」或「感謝你的英國人」。在那精疲力盡、卻非常開心的三個星期期間，范貝里和當時許多重要人物都見了面，而他在回到布達佩斯後，便開始著手寫作《即將到來的印度爭奪戰》（*The Coming Srtuggle for India*）這本書。該書最後在二十天內完成，而書中的內容基本上之前他也都提過，只不過正好遇上正確的氣氛和時間點。這本書有著搶眼鮮豔的黃色封面，很快便和馬爾文最新的著作一起成為當年的暢銷書籍。

不過大部分這些書都是在梅爾夫陷落後倉促寫成的，除了爭論外，其實並沒有太多特別有價值的內容。這些書的目的是提醒社會大眾「俄國的威脅正在快速增長」，且均高度依賴原本由金尼爾、德雷西・艾文斯、麥克尼爾以及其他人提出的論點和戰略理由。無可否認地，自從那些人提出論點後，俄國人也已經更加靠近印度邊界了。但在這些新一代的分析專家裡，沒有人有軍事實況的一手經驗或了解，只有范貝里真正踏足過這些地區（但那也是許多年前了），但對於現代戰略或戰術則一無所知。的確，梅爾森上校曾在印度軍中服務過，但在非戰鬥部隊（包括衛生和財務單位）中服務多年後也早已退休許久，而他退休前的最後一個職務則是保護邁索爾（Mysore）年輕的摩訶羅闍。

有位分析專家確實知道自己在說什麼，而他的著作堪稱名副其實的大競逐百科全書，但卻沒有獲得太多人喜歡，也沒有讓他賺到太多錢。該書的作者——查爾斯・麥克格雷戈爵士少將（Major-General Sir Charles MacGregor），特別有資格從各個角度來檢視俄國人對印度的威脅。身為印度軍後勤軍務長的麥克格雷戈，同時也是新成立的情報部的部長，他不只參與過多場邊境戰役，也曾在阿富汗和波斯東北部四處旅行，甚至去過薩拉赫斯。不消說，由於工作關係，麥克格雷戈能獲取印度方面在政治或軍事上得知的最新情報。如果有人要針對俄國威脅寫一本決定性的著作，那麼麥克格雷戈就是承擔此一工作的最佳人選，而非馬爾文或范貝里。

直到麥克格雷戈被任命前，英國的軍事情報收集工作一直都處於一種毫無計畫可言的混亂狀態，也比不上俄國井然有序、效率十足的情報體系。新的情報部總部位於辛拉，因為那裡和加爾各答相比更靠近俄國人活動的地區。起初，該部門只有五名工作人員，其中兩名只是兼職工作，還有幾位是英國人信任的本地文職人員和地圖測繪師。該部門主要負責收集、分析俄軍在中亞的部署行動和軍力規模，以及一旦發生戰爭，那些軍隊對印度所造成的潛在威脅。該部門也會安排將相關的俄國書籍、文章或其他文件譯成英文版。政治情報則持續由邊境官員收集，這些官員會將其回報給政治部（該部門實際上就像是印度政府的外交部），而那些邊境官員也都是由政治部雇用的。至於軍事價值很高的地理情報，則主要由位於德拉敦的印度地圖測繪局負責，該組織直到當時都仍持續雇用本地特務或「本迪特」於敏感地區收集地理資訊，對整個印度次大陸進行地圖測繪的工作（包括印度邊界以內與以外的地區），並對地圖進行更新。一如前述，有些年輕軍官和其他旅行者也會貢獻一些軍事、政治和地理上的情報，儘管他們從事的並非官方行動。但事實上，當時的印度並沒有統合情報收集與協調工作的部門，這點和吉卜林在《基姆》中給人留下的印象非常不同。此外，上述三個既存部門（編按：指情報部、政治部、印度地圖測繪局）經常處於彼此敵對、相互猜忌的態勢。

麥克格雷戈作為軍事情報頭子的身分，只是其身為後勤軍務長的其中一個職責而已，但和大多數將軍一樣，他同時也是前進派的支持者，對於這個路線抱持特別熱忱的態度。當麥克格雷戈在一八八二年夏天於倫敦休假時，花了不少時間檢視戰爭部情報組的工作成果，在檔案中梳理出對自己部門有用的資料；但回到印度後，他很快便面臨到政治部（該部門的成員當時多數偏好精明無為政策）、以及印度諮議會部分成員的阻撓和憤慨。麥克格雷戈相信俄國人就是麻煩的來源，且也堅決想展現出在當時的情況下入侵印度是多麼容易的一件事，藉此喚醒在政治部和非軍事部門裡的同事，讓他們不再繼續自滿、鬆懈下去。當麥克格雷戈於一八八三年夏天開始為一本機密手冊收集材料時，心裡就是抱持著這樣的信念，而那本手冊就是後來的《印度防禦》（*The Defence of India*）。

麥克格雷戈花了近一整年的時間收集寫作《印度防禦》所需的資料，除了自己關於俄國軍力和部屬的情報檔案外，也引用了印度軍裡最資深官員與戰略專家的意見。那些麥克格雷戈諮詢的人裡有不少是其友人，比如羅伯茲將軍，第二次阿富汗戰爭期間，麥克格雷戈就曾在他手下擔任縱隊指揮官。

從這些資深官員與戰略專家中，麥克格雷戈想知道一個關鍵問題的答案：「一支由兩萬名士兵組成的俄國軍隊，如果要和一支人數差不多的英國軍隊競逐誰能先抵達赫拉特，那麼俄國人會需要多少時間？」針對其他位於印度邊界附近、可以讓敵軍發動攻擊的關鍵地點，他也都做了一番評估。麥克格雷戈的報告和建議事項全文加總超過十萬字，而且還附上大量附錄、表格，以及一張大型的中亞地圖，最後在一八八四年六月完成出版的準備。

麥克格雷戈警告道，如果俄國人決定進攻印度，可能會同時從五個不同地點發動攻勢。這種可怕的說法之前從沒有人提出過：「一支部隊會前往赫拉特，第二支前往巴米揚，第三支前往喀布爾，第四支前往契特拉，第五支則前往吉爾吉特。」謹慎的計算結果顯示，俄國人可以透過這種方式在印度北部邊界附近，部署九萬五千名正規軍，待其準備就緒便可從上述五個地點湧向印度。麥克格雷戈認為，如果當時的狀況沒有改變，印度軍既沒有人數優勢，也沒有足夠能力抵擋這種攻勢。他宣稱英國和印度政府此時必須堅定作出行動，才能「讓俄國知道攻擊我們是不可能成功的。」他呼籲大幅擴充印度軍，方有可能面對這種威脅。麥克格雷戈也提議英國應該立即佔領赫拉特，以免俄國人也做出一樣的行動，同時也要重新佔領坎達哈爾。他警告任何延誤都可能讓他們付出昂貴的代價，如果赫拉特落入俄國人手中，那麼印度軍的增兵幅度就必須更大；如果坎達哈爾也淪陷了，那麼印度軍也同樣必須增兵。他也指出在邊境與通往邊境的地區興建戰略道路和鐵路，已愈來愈成為一當務之急，因為俄國人當時也正全速將鐵路系統伸向阿富汗。

由於聖彼得堡信用不良，因此麥克格雷戈不認為他們有機會和俄國人達成協議，他主張要阻止俄國人的唯一方法就是正視他們，而且最好和德國、奧地利以及土耳其結盟。麥克格雷戈在自動自發給出這些原本應該是軍事評估的建議時，顯然已超出自己的權責範圍，進入政治家和外交官自認屬於他們的領域裡，而那些領域也絕不應該由軍人插手。然而，麥克格雷戈並不僅滿足於此，因為他在報告的最後還附上極具挑釁意味的字句，就連和他同屬鷹派的其他人，肯定也都必須重讀幾遍才能確定自己沒有看錯他的意思——「我鄭重堅守我的信念：在俄國被逐出高加索和突厥斯坦之前，英俄問題是不可能會有真正解決的一天。」（引文的粗體，是麥克格雷戈在原著中自己加的。）

封面上用紅字印上「機密」字樣的這份報告，原本僅供印度諮議會的成員，以及高階的政府官員或軍官閱讀而已。但在麥克格雷戈的指示下，這本書被交給倫敦幾名仔細挑選的政治人物和編輯，因為他相信如果他們想在亞洲的大競逐中獲勝，就必須先在英國國會贏得這場仗，他決定好好震撼英國政府，讓他們打起精神、趕緊進行這些早該進行的行動。不過麥克格雷戈也知道報告裡的大部分資料，對擬定計畫的俄國人來說都非常有價值，因此他要求收到這份報告的人都必須保密。與此同時，他也呼籲他們運用影響力讓政府在還來得及的時候作出行動。在這之後，麥克格雷戈便開始靜候結果，不過他並沒有等太久。

當時為了蘇丹已經焦頭爛額，而且也非常擔心赫拉特處境的倫姆斯登將軍內閣，認為麥克格雷戈的舉動是明目張膽地破壞他們的威信。英國政府和加爾各答之間開始一連串的電報溝通、要求加爾各答給出解釋。印度政府位於辛拉的印刷部門當時仍在印製這份報告，於是印度副王趕緊下令要求停止印刷，加爾各答盡可能地試著召回那些報告。官方對麥克格雷戈進行訓斥，儘管他們未必贊同他的作法，但印度的高階官員多數都同意他的結論。因為眾所皆知，俄國的皇家軍隊當時也在公開吹噓，不管聖彼得堡的說法是什麼，他們都很快就會征服印度了。確實，這份報告書停印沒多久後，俄國人便展開了下一個行動，而這個行動，也將幾乎導致英俄兩國開戰——毫無疑問地，也將會讓麥克格雷戈、馬爾文、范貝里，以及其他一直做出如此預測的人，都為此沾沾自喜。

雙方之間的引爆點是潘傑（Pandjeh）此一位置偏遠、默默無名的綠洲城鎮，那裡位於梅爾夫和赫拉特之間的半路上，但這座城鎮的名字卻注定很快會成為一個家喻戶曉的地名。英國人一直認為那裡屬於阿富汗，而阿富汗人也是這麼認為的，但俄國人自從兼併梅爾夫後，已覬覦那裡很久了。當英俄雙方在任命邊界委員會之前進行書信往來時，俄國人曾經挑戰過阿富汗對那裡的主權聲張，並堅稱由於俄國已經取得梅爾夫，因此這座綠洲城市也應該屬於俄國人。倫敦方面強烈反對這種說法，因為潘傑就位在通往赫拉特的戰略路線上，而這點顯然也解釋為何聖彼得堡對其會抱持高度興趣，也解釋英軍總司令倫姆斯登將軍在抵達那裡後，發現俄軍正鬼鬼祟祟進行的行動。他很快便發現當他於一八八四末在薩拉赫斯等待冬天過去時，俄國人根本沒有打算派代表與其會面，除非俄國能先從阿富汗人那邊取得潘傑。然而，直到春天到來、冬雪融化，讓俄國能夠調來更多軍隊、確保勝算前，他們都不太可能對潘傑發動進攻。倫姆斯登將這些都匯報給在倫敦的上司，但在倫敦的格萊斯頓和其他閣員此時卻變得愈來愈不安。

知道正在進行的事情冒著極大風險的俄國人，必須小心翼翼地進行，因為聖彼得堡知道英國已經對阿布杜爾．拉赫曼提出承諾（儘管使用的詞彙有些模糊），如果他受到北方鄰國的攻擊，英國將對其提供協助。俄國人無法確定的只是英國人究竟會為了堅守承諾而準備做到什麼地步，英國人有可能會為了一個甚至不屬於他們，而且在英國根本沒人聽過的偏遠綠洲城鎮，而捲入一場全面性的衝突嗎？只要格萊斯頓依然掌權，而蘇丹也依然處於動亂中，英國似乎並不會這麼做。就算英國真的決定介入，軍隊也需要好幾個星期，甚至好幾個月的時間才能抵達那裡。此外，俄國人暗地裡仍在偷偷前進，玩弄他們「一二三木頭人」的老把戲，也就是小心翼翼地觀察英國人對他們每一步行動的反應，同時也針對阿富汗邊界委員會，持續和倫敦進行冗長的書信聯絡，裝出一切正常的樣子。

到了此時，英國人已經知道俄國人在搞什麼鬼了，他們在印度動員兩支軍隊（其中一支由羅伯茲將軍指揮）進行待命，一旦有必要的話他們便會越過阿富汗前去保衛赫拉特。與此同時，倫姆斯登手下的三位工兵軍官，則被派往赫拉特檢查那裡的防禦工事，判斷保衛這座城市的最佳辦法，至於他手下的其他人，則開始猜測俄軍前往赫拉特會採取的路線。麥克格雷戈將軍在寫給羅伯茲的信中提到：「『我們可悲的政府』終於有跡象開始注意疑惡論者們不斷提出的警告了。」與此同時，阿富汗人則派出軍隊前往潘傑（有部分是因為英國人的催促）加強那裡的防禦。俄軍的指揮官科馬洛夫（Komarov）得知這件事時非常生氣，他宣稱這座綠洲城鎮屬於俄國，並命令他們立刻撤離，但阿富汗的指揮官拒絕了他的命令；科馬洛夫於是轉向倫姆斯登，要求他指示阿富汗軍隊撤離，倫姆斯登也婉拒了他的要求。

決意不讓潘傑從自己手中溜走的科馬洛夫此時改變了策略。在英國的施壓下，聖彼得堡於三月十三日鄭重保證，只要阿富汗人克制敵意，俄軍就不會對潘傑發動攻擊。三天後，俄國外交部長尼古萊．吉爾斯再次重申這點，並指出沙皇完全認同這個承諾。維多利亞女王本人稍早前曾發一封電報給亞歷山大沙皇，懇請他避免戰爭帶來的「災禍」。若想合理化進攻潘傑的行為，科馬洛夫此時只剩下一個辦法：「阿富汗人必須被大家視為侵略者。」詭計多端的阿里哈諾夫（他當時在梅爾夫擔任總督）就在此時登上歷史舞台，根據倫姆斯登的陣營所接收到的消息，他曾喬裝成土庫曼人秘密拜訪潘傑，並對那裡的防禦狀況進行研究。此時科馬洛夫任命阿里哈諾夫，負責籌畫讓防衛潘傑的守軍主動開出第一槍，阿里哈諾夫知道阿富汗人既高傲又暴躁，於是他以個人的名義寫了一封措辭無禮的信給阿富汗人的指揮官。阿里哈諾夫在信中對那位指揮官提出許多指控，而其中一項就是批評他膽小懦弱——任何一位阿富汗人絕對都會被這種指控激怒，因為對阿富汗人來說，戰鬥幾乎就是一種生活方式。不過倫姆斯登提醒他這不過是俄國人的把戲，並要求他不要做出回應；如果擅自做出反應，英國人並不會對他提供協助。於是乎，儘管面對激烈的挑釁，阿富汗人依然控制住自己的脾氣，並未扣下板機攻擊俄國人。

儘管聖彼得堡不斷提出保證，但科馬洛夫的軍隊卻持續逼近潘傑，到了三月二十五日，俄軍已經來到距離守軍不到一英里的位置。由於科馬洛夫一直未能激怒阿富汗人主動發動攻擊，於是科馬洛夫對阿富汗人的指揮官發出最後通牒：「如果他沒有在五天內撤出所有士兵，俄國人就會將他們趕出這座科馬洛夫口中理應屬於沙皇的城鎮。」截至當時，倫姆斯登都在密切監控情勢的發展，並將最新情勢回報給倫敦，他在做了一切努力希望避免衝突後，最終還是決定將自己的部隊撤退到一段距離以外，以免捲入俄國人和阿富汗人的戰爭中。因此，接下來發生的事情只有俄國人留有記錄。

當科馬洛夫的最後通牒於三月三十一日截止時，阿富汗人依然沒有退讓的跡象，於是他命令士兵前進，但除非阿富汗人先對他們開火，否則他們絕不能開槍。如果我們能相信阿里哈諾夫的說法的話，阿富汗人最後開了第一槍，打傷了其中一位哥薩克人的馬。這正是科馬洛夫在等待的時機，他宣稱「我們已經流血了」，並命令士兵對集結在射程內的阿富汗騎兵開火，在俄國人的一陣攻擊下，阿富汗人陷入混亂並開始四處逃竄。然而，阿里哈諾夫後來描述，阿富汗步兵當時依然英勇奮戰，隨著俄軍逐漸攻下他們的陣地，阿富汗軍有兩個連全軍覆沒。最終阿富汗軍開始潰逃，總計超過八百人陣亡，其中許多是在逃跑過程中在一條氾濫的河流裡溺斃的；至於科馬洛夫的部隊，則只有四十人喪生或受傷。

俄國人奪下潘傑的消息在一週後傳抵倫敦，英國人對此既憤怒又驚慌，就連英國政府也承認情況已經到了「最危急」的時刻。包括駐倫敦的外國使節在內的大多數人都認為，英俄這兩個強權此時應該無可避免要爆發一場戰爭了。被吉爾斯（以及沙皇本人）擺了一道的格萊斯頓譴責俄國人對阿富汗人的屠殺，並表示阿富汗人明明沒有挑起爭端，但俄國人依然發動攻擊；格萊斯頓亦指控俄國人佔領毫無疑問屬於阿富汗的領土。格萊斯頓告訴下議院的議員當時情況非常危急，不過也並非全無希望，隨著山雨欲來的恐懼橫掃股市，他從激動的國會議員那邊（兩黨的議員都有）獲得一千一百萬英鎊的緊急授權預算——這是自從克里米亞戰爭以來，英國最大的一筆緊急授權預算。外交部準備好了官方的開戰宣言；皇家海軍亦已進入全面戒備狀態，奉命監控俄國戰艦的一舉一動；在遠東地區，英國艦隊奉命佔領朝鮮的漢米爾頓港（Port Hamilton，譯按：亦即位於朝鮮半島西南海域上的巨文島），以那裡作為行動據點，對抗俄國在海參崴強大的海軍據點，以及其他俄國在北太平洋的目標。與此同時，英國也考慮對高加索地區的俄國人發動攻擊，而且最好是在土耳其人的協助下進行。

為了讓沙皇與其部長們確實感受到英國政府的堅定決心，駐聖彼得堡的英國大使也奉命警告吉爾斯，如果俄國再對赫拉特進軍一步，等同對英國宣戰。印度副王擔心這麼做仍無法阻止俄國人，於是準備派出兩萬五千名士兵前往奎達備戰，在那裡等待阿布杜爾·拉赫曼埃米爾的批准，繼續前往赫拉特。與此同時，在德黑蘭的波斯沙赫，對俄國人在距離波斯—阿富汗邊界這麼近的地區發動這些擴張行為，也感到非常的憂心，於是他敦促英國搶在聖彼得堡之前取得赫拉特，並宣布一旦英俄這兩個強大鄰國發生戰爭，他將會嚴守中立。

到了此時，這場危機帶來的震撼已經散布世界各地了。在美國，這起消息讓華爾街陷入一陣震盪，所有人都在討論這兩個強大帝國即將爆發的戰爭。通常頗為矜持的《紐約時報》，在「英國和俄國即將開戰」的標題下方，使用「這就是戰爭」幾個字作為報導的開場白。若不是因為有個人始終保持冷靜，在當時那個所有人都要失去理智的時刻裡，戰爭原本確實很可能是會爆發的。

第三十二章
前往東方的鐵路競賽

當世界上的報紙和政治人物都在預測，地球上最強大的兩個國家即將為了中亞一處偏遠的村莊開戰時，這座村莊所在地區的統治者卻暫時離開王位，前往印度進行國是訪問。俄國人確實可能很擔心阿布杜爾．拉赫曼和接待他的英國人，正在針對他們策劃什麼陰謀，再加上他當時也不在自己的王國裡，這些都加速俄國攻佔潘傑的行動。英國人很可能在埃米爾的同意下佔領赫拉特，而這個可能性也讓聖彼得堡非常擔心，因為就像他們之前對梅爾夫以及當時對潘傑的兼併會威脅到印度一樣，英軍在赫拉特的現身也會威脅到俄國剛在中亞取得的領土。這件可怕的事情甚至可能會讓英國人和阿富汗人聯手起來，將穆斯林汗國從俄國的統治下解救出來。但沙皇手下的將軍們知道，只要佔領潘傑，他們就絕對可以在搶奪赫拉特的競賽中捷足先登。

印度政府的外相摩爾迪默．杜蘭爵士（Sir Mortimer Durand），將潘傑淪陷以及阿富汗軍遭屠殺的消息帶給阿布杜爾．拉赫曼；巧合的是，摩爾迪默的父親，就是在第一次阿富汗戰爭中，將加茲尼的城門炸開的那位中尉軍官。沒有人知道既暴躁又殘忍的埃米爾會對這個壞消息做出什麼反應，大部分人都認為他為了雪恥很可能會要求英國人根據英阿協議，幫助他們攻打俄國人。如果真是如此，那麼除非英國準備放棄阿富汗（他們花了慘痛代價才取得的緩衝國），並讓阿富汗落入俄國人的掌控中，否則一場戰爭應該是無可避免的了。

杜蘭在報告中指出：「我們大約在晚餐的時間收到情資，我立刻便將阿布杜爾．拉赫曼的子民遭屠殺的消息告訴給他知道。」讓杜蘭鬆一口氣，也讓他頗為驚訝的是，與英國、印度和其他地方對此一消息的反應相比，埃米爾聽到消息後非常冷靜，杜蘭寫道：「他請我不要擔心。」、「他說就算兩百、兩千人喪生，都算不上什麼大事。」至於阿富汗軍指揮官的陣亡，「那就更加微不足道了。」當時剛成為印度副王的前英國駐俄國大使達費林勳爵，後來曾如此評論道：「如果不是因為埃米爾當時剛好在我位於拉瓦爾品第（Rawalpindi）的軍營裡，而且又幸運地是位能力十足、經驗豐富、冷靜沈著的君主，光是潘傑發生的事情，在俄國和我們關係緊張的當時，就可能會帶來慘痛的長期戰爭。」

事實其實很簡單：「埃米爾不希望看到自己的國家再次變成戰場，而且這次是兩個彼此不合的鄰國將在他的國家裡開戰。」有些文獻甚至懷疑，埃米爾是否直到當時連潘傑這個村子都沒聽過，但他的克制解除了一場很有可能爆發的危機。儘管如此，在接下來的幾週裡，人們每天都在預期戰爭即將爆發；英國報紙不斷要求政府給俄國一點顏色瞧瞧，而聖彼得堡和莫斯科的報紙則堅持俄國政府應該要兼併赫拉特，並警告英國不要干涉。但在這些的背後，除了阿布杜爾．拉赫曼外，其實還有其他影響力在遏止情勢惡化；事實上，為了潘傑而開戰，不論對哪一方而言都沒有好處（不過赫拉特就是另一回事了）；此外，俄國人這次也看得出來，就算英國當時由自由派執政，但只要他們再前進一步，英國人就會準備開戰。在這整起危機當中，英國外相格蘭維爾勳爵（Lord Granville）和吉爾斯之間，一直保持著順暢的溝通管道，於是局勢逐漸和緩下來，各方同意直到英國、俄國、波斯達成共識前，潘傑都應該維持中立狀態；在那之前，俄軍也必須從這座村子撤離一小段距離；同時，他們也同意雙方應該盡快開啟邊界協商工作；與此同時，戰爭的立即威脅已經逐漸消退，而皇家海軍和駐印英軍也都解除備戰狀態。

阿富汗邊界聯合委員會此時開始運作，但由於雙方存在諸多分歧，因此協商工作一直拖到一八八七年夏天才完成——最後雙方針對大部分邊界簽署協議，只有東部的邊界依然未決。根據這些協議，俄國得以保留潘傑；作為交換，俄國將西邊一處戰略隘口給了阿布杜爾·拉赫曼（因為阿布杜爾·拉赫曼與其英國顧問都亟欲控制那裡）。不過俄國人又一次大致獲得他們想要的東西（儘管俄國將軍都很反對邊界受制），也再次展現其鞏固既成事實的能力。新邊界與俄國於一八七三年協議出的界線大致相同，只是在潘傑地區向南凸出一塊，讓俄國得以更加靠近赫拉特，不過至少避免了戰爭。此外，英國人在回應此事時所展現出的氣魄，也讓俄國人看到，任何針對赫拉特的進一步行動都將被視為對英國宣戰。即便如此，許多評論者依然無法相信，這些舉動可以長期阻止俄國人的進犯行為。但歷史證明他們猜錯了，幾乎直到一個世紀後，俄軍的士兵和坦克才會在一九七九年冬天跨越奧克蘇斯河、進入阿富汗。

再往東一點的地方，亦即帕米爾地區，那裡的邊界依然沒有落定，此一偏遠地區就是今日阿富汗和巴基斯坦的交界處，而當時大競逐的焦點也開始轉向該地區——在接下來的十年裡，英國和俄國都將不斷透過各種手段，在該地區取得軍事和政治上的優勢。不過還有另一個發展也將進一步改變大競逐的遊戲規則，潘傑爆發危機期間，一如某位評論者指出的，格萊斯頓的政府表現出「高明的治國才能、糟糕的躊躇猶疑，或難堪的讓步」——至於是哪一個，則端看你的視角而定。許多英國選民顯然都認為是最後一個選項，尤其這起事件就發生在戈登死於喀土穆的不久後，而大部分人也都把戈登的事件歸咎於英國政府。於是托利黨便在非常希望保衛印度的索爾斯伯利勳爵（Lord Salisbury）的帶領下，於一八八六年八月重返執政。

在很大程度上，多虧有喬治．海沃德和羅伯特．蕭這樣的勇敢旅人，英國人才能注意到跨越帕米爾、興都庫什山和喀喇崑崙山通往印度北部的山口，其實很容易受到攻擊。即便如此，雖然有幾位這樣的先驅進行了幾次旅行，而道格拉斯．福爾希特爵士一行人也曾於一八七四年進行過短暫的勘查行動，但印度北部邊疆與阿富汗以及中國接壤地區的軍事情報，依然非常稀少。不過俄國的探險家（幾乎都是軍人）當時卻已經忙著對奧庫蘇斯河以南廣袤的無人地區，進行地圖測繪和調查，而且根據線報，至少有一位俄國將軍當時已在規劃如何經由帕米爾地區入侵喀什米爾了。為了補救這個缺陷，英國人於一八八五年夏天派出一支軍事測繪隊前往帕米爾地區進行探勘，並對從西邊的契特拉到東邊的罕薩（Hunza），以及更遠的地區進行地圖測繪。該團隊的其中一項首要任務，就是探勘向北通往奧克蘇斯河的幾處山口，並確認那些山口是否會對印度的防禦工作造成威脅。

負責帶領這支團隊的是備受重視的官員——威廉．洛克哈特上校（William Lockhart），他來自麥克格雷戈的情報部門，最後也會成為印度軍的總司令官。團隊包括三名軍官、五名來自本地的測繪人員，以及一位軍事護衛人員。在一八八五年接下來的時間，以及隔年年初的幾個月裡，他們將會對印度北疆以外、從未被探勘過的地區進行地圖測繪。洛克哈特回來後寫了一份份量十足的報告，他在報告中主張，儘管他們之前非常擔憂該地區（尤其是巴洛基爾山口），但那裡的威脅其實比他們想像的還低，不過俄軍的第二進攻主力依然可能會跨越帕米爾地區，前來支援俄軍經由開伯爾和波倫山口進行的全面入侵行動。然而，由於帕米爾山口每到冬季便會因為積雪而封閉，到了夏季河流也會暴漲，因此該地區只有在短暫的春季和秋季裡，才有可能成為俄國入侵印度的通道。不過就算俄軍選對了季節，如果他們派出的軍隊有一定的規模、要攜帶大砲和其他重裝備及補給物資的話，那麼就需要先興建一條軍事道路。洛克哈特認為，俄軍較可能使用的策略是派出四支機動性高的小型部隊。

根據洛克哈特對通往北方山口的初步調查，俄軍很有可能會經由契特拉前來，在一處完全沒有道路或鐵路的地區裡，英軍需要一些時間才能抵達那裡，接著還可能必須同時和契特拉人以及俄國人作戰。因此，洛克哈特在獲得印度副王的完全批准後，和契特拉年邁的統治者阿曼穆爾克（Aman-al-Mulk）簽署了一份防禦協議——這位統治者之前曾被英國人懷疑就是密謀殺害海沃德的元兇。阿曼穆爾克承諾，他會派出兇猛的部族成員對抗入侵的俄軍，直到英軍前來協助為止；作為回報，英國人將提供豐厚的補貼，也會確保王位永遠由他的家族繼承。

洛克拉特的這場探勘行動，不是當時由達費林勳爵下令進行的唯一一次積極行動。隨著自由派政府倒台，英國解除了派遣軍官和文官前往印度疆界以外地區進行任務的禁令。其中一處令印度副王特別擔憂的地區便是新疆，俄國人在那裡似乎已經比英國人搶先好幾步了。根據《聖彼得堡條約》，俄國已經將固勒扎（也就是伊犁）歸還給中國，而中國也同意讓俄國人在喀什噶爾設置領事館。聖彼得堡派遣難纏的尼古萊·佩特羅夫斯基（Nikolai Petrovsky）前往喀什噶爾擔任領事，他是個非常討厭英國的主戰分子，曾發誓不論在政治或商貿上，都會不惜一切代價阻礙英國人進入新疆一步。佩特羅夫斯基在喀什噶爾擔任領事的三年間，憑著自己堅強的意志成為喀什噶爾實際上的統治者，不只威嚇住中國官員，也讓當地的穆斯林居民都非常怕他。中國人非常明白，離他們最近的俄國軍營就在邊界的另外一邊而已，因此一直很擔心喀什噶爾會被聖彼得堡兼併——佩特羅夫斯基也不忘以此恐嚇中國人。中國人在對待佩特羅夫斯基時都十分小心，深怕冒犯他，或是讓俄國人有藉口兼併喀什噶爾，由於沒有英國代表，佩特羅夫斯基得以獨霸喀什噶爾，而他也希望此一獨霸局面得以繼續維持下去。

當時達費林動爵決意終結佩特羅夫斯基獨霸喀什噶爾的局面，以免這種狀態擴及整個新疆。起初印度副王希望為印度商人取得和俄國人一樣的條款，讓他們得以和新疆進行商貿往來，雖然新疆的市場比他們預期的還要小非常多，但那裡當時充斥著俄國粗製濫造的廉價商品，也沒有其他的替代選擇。達費林也希望能讓印度政府的官員永久駐在那裡，表面上該名官員的功能是保護居住在新疆的英國—印度子民的利益（其中有不少人是印度的貸款商及其家屬），不過其真正職責其實是密切觀察佩特羅夫斯基，並回報他和其他俄國人在該地區的活動。這項工作當時由一位富有冒險精神的年輕蘇格蘭貿易商在檯面下進行；這名貿易商經常在列城和喀什噶爾間來往旅行，他的名字叫做安德魯．達爾格雷希（Andrew Dalgleish）。但印度副王依然希望，他們能在那裡有個更堅實的立足點。

被達費林選中進行這場任務、讓英國在喀什噶爾擁有和俄國同等權利的人，是一位經驗老道、經常在中亞旅行的政治官，他的名字有點奇怪，名為內．埃利亞斯（Ney Elias）。埃利亞斯當時是印度政府駐列城的代表，在六年駐列城期間，持續從來自中亞各地（尤其是來自喀什噶爾和莎車）的旅人那邊搜集政治上和其他層面的情報，達爾格雷希是他其中一個最可靠的主要資訊來源。印度副王要求駐北京的英國公使為埃利亞斯取得外交上的任命，安排他接受一位高階中國官員的接見，並和他討論英國在喀什噶爾的代表和貿易權的問題。然而，讓達費林非常惱怒的是，中方竟然拒絕了他的請求，還主張印度和新疆之間的貿易量太小，難以說服他們簽訂特別條約或進行其他安排，不過他們還是同意發放護照給埃利亞斯，儘管這不代表他有被賦予任何外交上的身分。針對中方的冷落態度，有兩個可能的解釋，其中一個可能的原因是，中方對於英國曾在阿古柏統治新疆期間嘗試與其結盟一事，仍懷恨在心；另一個可能的原因則是，詭計多端的佩特羅夫斯基，在當時一如往常地透過賄賂和威嚇兼施的手段，要求中方不得讓埃利亞斯入境。

儘管印度副王的計畫遭到挫敗，但他依然命令埃利亞斯在沒有獲得外交任命的情況下先行啟程，因為埃利亞斯或許能獲得一些第一手的資訊，得知喀喇崑崙山另一側的動態，以及從中得知對英屬印度可能存在哪些威脅。然而，埃利亞斯連列城都還沒抵達就收到第二則來自喀什噶爾的壞消息，中國政府下令達爾格雷希離境，並指出他並未持有護照；在此之前，中國人都對他睜一隻眼閉一隻眼，也一直都很歡迎他，達爾格雷希告訴埃利亞斯，他很確定之所以會被驅逐出境，背後就是俄國領事在搞鬼。如果真是如此的話，那麼埃利亞斯接下來的命運顯然也不會好到哪去；結果確實也是如此，因為他到莎車後就無法再繼續前進了。雖然埃利亞斯在那裡受到類似儀仗隊的歡迎，但也發現那裡的駐箚大臣（譯按：原文為Amban，亦即滿語的「昂邦」，為清帝國在邊疆地區派駐的武官）對他的態度並不友善。雖然埃利亞斯持有護照，但他們依然拒絕讓他繼續前往喀什噶爾，於是埃利亞斯很快便發現，印度副王希望他進行的協商工作已經不可能實現了。埃利亞斯也得知中方之所以出手阻撓的第三個可能原因，他們有一度曾希望英國人在喀什噶爾現身，藉此反制佩特羅夫斯基的強大勢力，但當時中國人已經受夠佩特羅夫斯基此一西方人對他們的欺凌，因此並不希望另一群西方人再來增加他們的負擔。

雖然埃利亞斯的任務必須中止，但他可不打算從莎車空手而歸，於是利用這個機會對政治、軍事上的各種事務都進行第一手的探查，而這些情報他以往都是在拉達克的市集裡透過未必可信的消息來源得知的。印度副王一直都希望促成英國和中國進行某種軍事上的合作，萬一有天俄國入侵新疆，甚至入侵帕米爾地區東部，便能阻止俄軍的行動。他們認為印度軍的軍官或許可以擔任中方的顧問，或者甚至可以指揮中方的軍隊，但當埃利亞斯騎馬進入莎車時，看見在道路兩旁列隊的儀仗隊，再加上後來的其他觀察，他知道這個想法不可能實現。埃利亞斯發現那些士兵裝備簡陋、訓練不足，而且毫無軍紀可言；此外，他們都顯出一副頹喪的模樣，而且還一邊和彼此聊天嘻鬧、一邊吃著水果，甚至對他這個「外國鬼佬」大聲地品頭論足。埃利亞斯在他的日記裡惱怒地寫道：「我們居然想跟這些人結盟抵抗俄國人，我的老天啊！」

不過埃利亞斯被賦予的任務還未結束，印度副王希望他返回印度時能經由帕米爾地區東部，以及奧克蘇斯河的上游地區，包括洛克哈特一行人之前仍未探勘、測繪過的地區。由於中國人對俄國、阿富汗和喀什米爾交界的此一荒涼地區沒什麼興趣，因此他們對此並未提出反對。埃利亞斯不光要探勘此一除俄國人外從來沒有人探索過的地區，還要盡可能地找出當地人（不論是俄國人、中國人、阿富汗人，或者只是地方部族）認定的邊界位置。最後，他也要檢視邊界上那道令人擔心的缺口，這個缺口由未定界以及尚不屬於任何國家的土地組成，位在阿富汗最東邊和新疆最西邊的位置。道格拉斯・福爾希特爵士是第一位回報這道缺口存在的人：「十二年前，他在前往覲見阿古柏，接著又進行勘查後發現了這道缺口。」負責印度防衛事務的官員，一直希望在他們找出方法封鎖那裡、避免遭人入侵前，俄國人都不會發現這個缺口。

埃利亞斯的這趟任務主要都在隆冬時節進行，前後一共花了十七個月的時間，這段期間裡儘管他深受病痛之苦，但依然完成將近五千公里的路程，探勘至少四十座山口。和洛克哈特一樣，他的結論是：「若想發動全面性的入侵行動，俄國人不太可能穿越一個無法支持大規模軍隊的地區，不過政治上的滲透又是另一回事，而他認為那就是俄國人在此一偏遠的北部地區會帶來的主要威脅。至於阿富汗和中國邊境間脆弱的缺口，他則建議應該說服兩國將該缺口補起來，如此一來俄國人只要進入那裡，就會被當作是入侵的行為。」到這裡為止，埃利亞斯的看法都和洛克哈特大致一樣。但關於如何避免俄國人進入契特拉的這個問題，他們兩人的看法就非常不同了。埃利亞斯認為契特拉的統治者完全不值得信任（儘管洛克哈特才剛和他簽訂了條約），一旦遇到俄國人利誘將有倒戈的風險，埃利亞斯警告道：「一個不負責任的野蠻人所給出的承諾，絕對是不可能有效的。」他指出若想預防此一英國的新盟友投向俄國人，只有一個方法：「在他領土的南部邊界駐軍，如此一來，來自後方的威脅就會比來自前方的威脅還大。」印度副王手下的軍官和政治官間意見相左，在大競逐期間一直是個很常見的現象，因為這兩部門間本來就是彼此嫌惡的。然而，對於當時負責防衛印度的官員來說，更重要的當務之急其實是外裏海鐵路，這條鐵路顯然擁有運送士兵和大砲的能力，而俄國的工程師當時也正以令人擔憂的速度向東延伸這條鐵路。

這條鐵路線的工程是在斯科別列夫將軍的命令下，於一八八〇年動工的，當時他正準備進攻格克切佩。在斯科別列夫原本的想像裡，這條鐵路只是用來運送彈藥和其他補給物資運，從裏海地區的港口克拉斯諾沃德斯克穿越沙漠地帶。這條鐵路原本只是一條輕便的窄軌鐵路，讓重裝備可以用引擎車頭，甚至用駱駝進行牽引拖行，跟著部隊一起前進，但此一工程很快便終止了，取而代之的是一條更具企圖心的永久性鐵路。俄國從歐俄將一百六十公里長的標準軌運過裏海，並組成一支特別鐵路部隊，由一位將軍負責指揮，開始進行鐵軌的鋪設工作。最後斯科別列夫移動的速度超越負責建造鐵路的部隊，他沒等鐵路完工就先攻下格克切佩。隨著附近的部族都已平定，鐵路的工程持續進行，並在短短一年後便將軌道鋪到梅爾夫，當時那裡已經向阿里哈諾夫中尉投降了。俄國緊接著又因為潘傑而面臨和英國開戰的可能性，而這個威脅也促使他們成立第二支鐵路部隊，並加速鐵路線的延伸速度。到了一八八八年中，這條鐵路已鋪到布哈拉和薩瑪爾罕，而通往塔什干的最後一段鐵路當時也已開工。

第一個針對俄國的這條新鐵路，以及其對印度造成的戰略威脅提出警告的人，是查爾斯．馬爾文。一八八二年，在這條鐵路還沒有向東延伸太遠，而潘傑的危機尚未出現的時候，他就已經對這條鐵路的威脅提出警告；他尤其提醒，俄國人可能會攻下赫拉特，接著再將鐵路延伸至那裡，藉此鞏固他們在那裡的地位。他主張俄軍的工兵只需幾個月的時間就能完成這條鐵路。自從阿富汗邊界確定後，赫拉特受到的威脅消除了；但即便如此，一旦未來雙方衝突再起，那麼俄國鐵路也依然比英國鐵路還要更接近赫拉特。幾年過後，亦即馬爾文過世後不久，俄國人也變本加厲，將鐵路網向南擴張到潘傑以下的地區。

加爾各答和倫敦此時開始意識到，印度與邊疆間的聯絡線（尤其是道路和鐵路）其實非常不足，有些人開始呼籲英國應該急起直追、趕緊在印度邊疆地區興建類似的鐵路，藉此回應俄國鐵路對印度北部和阿富汗的包圍，而其中最重要的呼籲者就是印度軍的總司令羅伯茲將軍。他在現場進行仔細的研究後，主張印度一向吃緊的國防預算，應該要用來讓指揮官可以快速將士兵調往受威脅的邊境地區，而非用以興建他們可能永遠都不會需要防禦的堡壘和壕溝，羅伯茲在一份給印度副王的報告中寫道：「我們一定要有道路，也一定要有鐵路。」、「這些不是能在短時間內實現的東西，但我們現在為此付出的每一分錢，未來都會給予我們十倍的回報……若想將文明引進一個地方，沒有比道路和鐵路更好的工具；雖然有些我們建議興建的道路和鐵路，可能永遠不會被用在軍事用途上，但在統治這個國家的時候，這些設施對於非軍事的力量就是最好的支援。」長期來看，如果他們能說服阿布杜爾·拉赫曼，那麼羅伯茲會希望他們能將鐵路延伸進阿富汗，通往賈拉拉巴和坎達哈爾，並在阿富汗駐軍。羅伯茲認為，如果不這麼做，俄國人就會逐漸佔領整個阿富汗，像他們佔領潘傑那樣，一步步地兼併整個地區。等到阿布杜爾過世，聖彼得堡便很可能會想在緊接而來的權力鬥爭中，盡可能地從中獲益。

然而，光是將鐵路延伸到阿富汗邊界，都已經不是一件容易的事，因為不是每名印度諮議會的成員，都能被說服這筆龐大的支出確有必要。儘管軍方不斷施壓，但邊境地區在幾年後的鐵路線依然只有不到八十公里，不過道路系統確實有了些改善。為了能讓羅伯茲認為對防衛印度至關重要的鐵路、道路和電報線進行擴張，他們需要一位相信俄國長期威脅確實存在的高層官員，而且此人也必須擁有掃除一切障礙和反對聲音的權力和決心，但在英國政府裡面，這樣的人還未出現。但大約就在此時，一位後來將扮演此角色的人，正橫越俄國的中亞地區，以時速約二十四公里的穩定速度向東前進，而他當時走的就是讓羅伯茲和其他將軍都非常擔憂的那條鐵路。

尊敬的喬治·納撒尼爾·寇松（The Honourable George Nathaniel Curzon）於一八八八年夏天啟程前往中亞，想親眼目睹俄國人到底都在那裡做些什麼，並試著探測他們對英屬印度到底打著什麼算盤；當時寇松還很年輕，是位野心勃勃的托瑞黨後座議員（backbencher，譯按：意指英國國會裡，既非執政黨內閣官員，也不是在野黨領袖或發言人的普通議員）。儘管寇松當時年僅二十九歲，但已經把成為印度副王作為自己的目標，這位出身貴族、正逢適婚年齡的單身漢，將倫敦社交圈拋在腦後，搭著火車橫越歐洲、前往聖彼得堡和莫斯科；他希望先估計一下這些地方的政治氣氛，接著再向南前往高加索地區。寇松從巴庫搭上一艘老舊的外輪船（paddle-steamer）橫越裏海前往克拉斯諾沃德斯克，那艘船的名字是「巴里亞欽斯基親王號」（Prince Bariatinski），還曾擔任過軍隊的運輸艦。寇松個人對中亞地區的勘查以及終生對該地區的熱情，就是在這裡真正開啟的，他接著向東出發，沿著俄國人新建的鐵路橫越橫越沙漠，而他也非常想看看這條鐵路的運作狀態。寇松最後的目的地是塔什干，亦即俄國在整個中亞地區的軍事運作中樞，但他的路線會經過格克切佩、阿什哈巴德、梅爾夫、布哈拉以及薩瑪爾罕。一開始鐵路線有將近五百公里都和波斯的邊界平行，而且非常靠近邊界，由於這條鐵路可以運送士兵和大砲，因此寇松後來評論道，對沙赫來說這條鐵路就像「一把永久懸在他頭頂上的達摩克利斯之劍」（sword of Damocles）；再往東一點的地方，這條鐵路則從梅爾夫開始轉北，往布哈拉的方向前進，而對阿富汗和英屬印度來說，這條鐵路也有著類似的功能，正提醒他們俄軍的存在。

當時這條鐵路的終點是薩瑪爾罕，前往那裡通常需要三天三夜的時間，不過寇松將這趟將近一千五百公里的旅程分成好幾段，等看到所有想看的東西後，才會搭上下一班車繼續前進。在旅途中他會盡可能地將所有能搜集到關於鐵路本身，以及沿線各個綠洲城鎮的所有資訊，都記錄在自己的筆記本裡。如果討論到火車車廂（換句話說，就是鐵路運送士兵和裝備的能力），他發現俄國人此時都會特別守口如瓶；確實，除了能用雙眼觀察到的東西外，其它能取得的資訊相當有限，寇松抱怨道：「想從俄國人那邊……取得精確數據，就像要從桃子的果核中榨出汁一樣困難。」然而，當地政府當然知道他是誰，幾乎可以確定政府事先可能知會主管鐵路的官員和其他人不要和他討論某些話題。即便如此，寇松依然蒐集到關於外裏海鐵路的工程資料，以及其對英屬印度在戰略上的重要性，足以讓他寫出一本篇幅達四百七十八頁的書，該書的書名為《俄國在中亞以及英俄問題》（*Russia in Central Asia and the Anglo-Russian Question*）。

寇松的第一站是格克切佩，八年前斯科別列夫手下的士兵就是在這裡炸開城牆，進入這座土庫曼人的大型據點、屠殺許多逃竄的居民。當列車從沙漠中接近此一貧瘠的地方時，寇松可以看到傾頹的堡壘，那裡周長近五公里的土牆上還留有許多彈孔，他還看見斯科別列夫的工兵當時炸開的大洞，他手下的步兵就是從那裡衝進城裡的。格克切佩車站距離死寂的堡壘不到六公尺，但列車停站的時間只夠他探訪堡壘的一部分而已，他寫道：「荒廢的城裡，地上還看得見駱駝的骨骸，有時甚至是人的骨骸；距離俄軍發動攻擊許久後，人們騎馬橫越原野時，馬蹄都仍會踩到人類的骨骸。」隔著一段距離，他還能看見一座小山丘，當年《每日新聞》的艾德蒙．歐多諾凡就是在那座山丘上，目睹打敗仗的土庫曼人在原野上逃竄的。

曾在整個中亞地區被稱為「世界之后」的古老的梅爾夫，實際上卻頗令他失望，因為那裡已經失去過往的一切光輝。歷經俄國人四年的佔領後，那裡的浪漫情懷已經蕩然無存，而整座城鎮也變得和其他軍營城鎮沒什麼差別，商店裡販賣著廉價的俄國商品，而俱樂部裡則每週舉行一次舞會。曾經讓人聞之喪膽的土庫曼人已經完全遭到馴服；寇松還看到幾名土庫曼人穿著俄國人的制服，以軍官的身分為沙皇服務。他寫道：「我不覺得有其他的場景能比俄國完全征服那裡的程度，還要讓我留下更深刻的印象——八年前在戰場上仍是俄國人兇猛勁敵的這些人，此時居然穿上俄國的制服、為俄國服務，而且還會前往歐洲對他們偉大的白沙皇（Great White Czar）致敬。」

火車從梅爾夫出發後，花了一整天的時間穿越荒涼孤寂的卡拉庫姆沙漠——「那是人類眼睛能看到最可憐的荒野」——接著駛上跨越奧克蘇斯河的大型木橋。即使是在今日，也很少有外國人親眼看過這條河，因為它的河道實在太過偏遠。這個經驗確實讓寇松印象深刻，他寫道：「在我們的面前，在月光中閃爍的是寬闊洶湧的河流，其源頭是帕米爾地區的冰河，穿越兩千四百公里的路程流進鹹海。」他發現馬修．阿諾德（Matthew Arnold）的《索拉伯與羅斯坦》（*Sohrab and Rustum*）的詩句不斷縈繞在他的腦海裡，這首詩的內容，是一位傳奇性的波斯戰士，因為一個可怕的失誤而在奧克蘇斯河畔殺死自己的兒子。當火車正緩慢地通過不斷發出咯吱聲的木橋時，寇松將自己從沉思中抽離出來，開始在筆記本裡記錄道，這座橋建在三千根以上的木樁上，總長超過兩千碼，當初俄國人花了一百〇三天建造，而列車則花了整整十五分鐘才抵達河的對岸。他也聽說，俄國不久後將會花費兩百萬英鎊興建一座永久性的鐵橋，用以取代現在的這座木橋。

布哈拉和薩瑪爾罕都沒有讓寇松失望，除了俄國人外，很少有人看過這些傳說中的絲路城鎮，那裡依然給人一種浪漫和神秘的印象，而寇松也花了不少篇幅在他的書裡描述這兩座城鎮裡令人目眩的清真寺、陵寢和其他知名遺址。他在布哈拉待了幾天，期間還以英國貴賓的身分住在被俄國人稱為「他們的大使館」的地方（因為聖彼得堡當時仍在假裝布哈拉的埃米爾是位獨立的統治者，而非沙皇底下的附庸）。因此，布哈拉城裡僅有大使、幾名護衛與使館職員等人是俄國人，但俄國人在十多公里外的地方駐紮了軍隊（表面上是為了保護鐵路），彷彿也是用以提醒埃米爾自己的處境。

柯諾利和史多達特將近半世紀前，就是在布哈拉城堡前的大廣場上遭到慘忍處決的。寇松寫道：「史多達特和柯諾利被丟進的那個可怕地牢，也就是蟲洞（bug-pit），就在這堆建築物裡的某個地方。」他們向寇松保證那個地牢早已被封起來了，但當他說想要進到城堡裡親眼看看時，一群當地人卻做出手勢趕走了他。由於寇松聽說囚犯會被關在城堡的最深處，「每個人的脖子上都被用鐵圈串在一起……因此既不能站、也不能轉身，連移動都很困難」，因此他強烈懷疑那個蟲滿為患的地牢仍在使用中。在這座聖城裡，確實也還存在其他野蠻的懲罰方法，比如惡名昭彰的宣禮塔刑（Minaret of Death）——包括謀殺犯、竊盜犯和偽造犯在內的罪犯，經常會從宣禮塔頂端被推下來。寇松指出：「這種處決方式會固定在市集日實施，而鄰近宣禮塔的街道和廣場上則會聚集許多群眾。政府人員會大聲喊出受刑犯的罪行以及埃米爾對他的懲罰，罪犯接著會被從塔頂推下來，在空中旋轉好幾圈，最後墜落堅硬的地面、摔成碎片。」為了迎合埃米爾和宗教傳統，俄國人盡量不會干涉當地人的習俗和傳統，雖然奴隸制度依然遭到廢除，但想正式兼併布哈拉，就意味著許多不必要的花費和麻煩。寇松評論道：「俄國人想在布哈拉做什麼都可以。」

在薩瑪爾罕，亦即鐵路當時的終點站，寇松就沒有發現這種假裝獨立的情況，不過俄國人依然不斷宣稱，他們有意將這座城鎮和富饒的土地歸還給布哈拉的埃米爾（俄國人就是從他手上奪走這裡的）。寇松寫道：「不用說也知道，他們根本沒有想要這麼做的打算。」他還語帶譏諷地提到，會做出這種承諾的只有俄國的外交官而已，而會相信這種承諾的也只有英國外交官而已。許多跡象都顯示，俄國人正打算永久佔領這裡；比如他們為總督興建規模龐大、豪華浮誇並附帶庭園的官邸；也興建新的東正教堂；並在距離喧鬧骯髒的舊城區一段路的地方，仔細地規劃了歐洲人的街區。

當寇松沒有在進行其他調查時，會花許多時間在薩瑪爾罕的許多建築瑰寶裡漫步，但許多耀眼的藍色磁磚當時已經正快速毀壞了。他和一百多年後今日的旅客一樣，也站在偉大的雷吉斯坦廣場（Registan）上，目瞪口呆地看著廣場上的建築物——那是中亞地區最精美的建築，放在世界上任何地方也都同樣令人驚嘆。儘管當時那裡處於荒廢的狀態，寇松依然認為那是「全世界最宏偉的廣場」，並將薩瑪爾罕這座城鎮描繪為「亞洲大陸上的奇景」。他責怪俄國人沒有為未來的世代好好保存這個偉大的遺跡，不過幸好在那之後俄國人便改善了這個問題。從薩瑪爾罕出發，寇松搭乘一種叫作塔蘭塔斯（*tarantass*）的馬車，那是俄國人特有的一種交通工具，車體沒有避震彈簧，因此寇松在郵政驛路上度過了顛簸的三十個小時，最後才抵達塔什干。然而，他一見到塔什干總督府裡的現代化設施，很快便忘卻了路途的艱辛；當時供其借宿的是在考夫曼後繼任的總督，而考夫曼則已在六年前過世，遺體就埋葬在塔什干。

寇松此時所在的位置就是沙皇在廣大的中亞帝國裡的核心地帶——從這個特殊的位置，他將試圖探測俄國人對印度的意圖。他發現塔什干是一個完全由軍方統治的大型軍營，他在塔什干停留期間用盡一切機會，想弄清高階軍官（包括接待他的總督在內）是如何看待俄國在亞洲的長期野心。不令人意外的是，他發現他們的態度都特別好戰，尤其是針對英國；不過寇松也知道英國方面不應該太過看重這個現象。他指出：「在這樣一個統治階級全由軍人組成，而且升遷又很慢的地方，戰爭作為唯一能立下功績的途徑自然會受到他們的歡迎，本來就是很正常的事。」他提醒讀者，塔什干長期以來都是「聲名狼藉、運命坎坷的人」的庇護所，「他們東山再起的唯一希望，就在戰場上。」確實，就在寇松抵達塔什干不久前，當地的軍營裡才正流傳可能即將入侵阿富汗的傳言，這種夢想可以讓邊境上的軍人保持清醒。

寇松沿著前來的路線回到倫敦後，便立刻開始坐在案前寫作，他不得不承認俄國的統治確實為中亞地區的穆斯林帶來不少好處，而新的鐵路也可以加速該地區的經濟發展，但外裏海鐵路的存在也大幅改變該地區的戰略平衡。在此之前，俄軍若想進軍印度，必須面對一個幾乎無法克服的任務：「將大量士兵、大砲和其他重裝備進行長距離的運送，而且必須跨越非常艱難的地形。」當這條鐵路從薩瑪爾罕到塔什干，約三百公里的最後一段完工後，就能讓聖彼得堡在波斯或阿富汗邊界上集結多達十萬人的大軍，他們可以從遠至高加索和西伯利亞的地區集結士兵。寇松認為，英國嚴重低估這條鐵路的完整意義，他在給朋友的信中曾經寫道：「這條鐵路讓他們變得非常強大，而且他們是玩真的。」

寇松不認為俄國在中亞地區永無止盡的擴張是某個大型計畫的一部分，也不認為那是為了實現彼得大帝的遺願（當時有人依然如此認為），他寫道：「由於沒有任何物理障礙，而且又必須面對……只知道擊敗對手、不知道外交邏輯的敵人，俄國本來就不得不持續擴張，那就像地球繞著太陽公轉一樣順理成章。」不過就算入侵印度並不是他們朝印度擴張的原始動機，寇松也認為俄國將軍想出來的幾個計畫都顯示，「整個世紀以來，經由中亞進攻印度的可能性一直都存在於俄國政治家的心裡。」他總結道，雖然俄國的政治家和將軍並未想要征服印度，但「他們確實都非常認真地在思考入侵印度，而且背後存在非常明確的目標，只要足夠坦率，許多人都會承認這點。」俄國真正的目標不是加爾各答，而是君士坦丁堡，他宣稱：「只要能讓英國人在亞洲忙不過來，英國人就不會對發生在歐洲的事情有太多異議。」、「簡而言之，這就是俄國政策的總結與本質。」

在此之前，也有其他人抱持相同的論點，但這次之所以不太一樣，是因為在十年內做出此一陳述的人，將會在三十九歲的時候實現自己的企圖，成為印度的副王；儘管如此，這件事還需要一段時間才會實現。不過在這個被寇松稱為「中亞大競逐」的期間裡，他並非唯一一位正在冉冉升起的明日之星，有位年輕的印度軍軍官當時也剛完成在新疆的秘密勘查之旅，而他所立下的功績不久後便會讓一整個世代的英國人都為之驚嘆。

第三十三章 三個帝國的交匯處

隸屬於第一國王重騎兵護衛隊（the 1st King's Dragoon Guards）的法蘭西斯・楊哈斯本（Francis Younghusband），就是在後來被寇松稱作「品格的邊境學院」（'the frontier school of character'）的地方塑造出來的人物，他似乎擁有那個時代的浪漫英雄所需的一切特質。的確，他很可能就是約翰・布肯（John Buchan，譯按：蘇格蘭小說家，曾任加拿大總督）筆下，像理查・漢奈（Richard Hannay）、桑迪・阿布思諾特（Sandy Arbuthnot）這些英雄的範本，這些人物都曾在偏遠地區獨當一面，抵抗那些對大英帝國造成威脅的勢力。楊哈斯本出生在穆里（Murree）此一位於西北邊境省的山區避暑地的一個軍人家庭裡；一八八二年，也就是他十九歲時，被授階進入軍隊裡，接著在印度服務。軍人生涯初期，他被長官認為很適合做情報工作，因此還不到三十歲就已經在邊境和邊境以外地區，執行過幾次成功的勘查行動。不過他的血液裡本來就流著對這種行動的熱情，因為他就是大競逐早期參與者羅伯特・蕭的外甥，而他從小便夢想著要和羅伯特・蕭踏上一樣的人生道路。楊哈斯本最後的成就也將會比羅伯特・蕭更加出色。他在二十八歲的時候就已經是大競逐的老手了；當時他已經可以和一些很少有下屬能接觸到的高層人物，彼此互通機密訊息。他的機密工作讓他能夠得知關於俄國對北方邊疆地區行動的最新情報，而他也很自豪自己將麥克格雷戈的《印度防禦》背得滾瓜爛熟——在當時，這本書被前進派奉為圭臬。

當寇松正悠閒搭著火車旅行時，楊哈斯本中尉也剛結束在亞洲的壯遊之旅；在這趟旅行中，他從東到西橫越了中國，路程長達近兩千公里，而他當時選擇的路線還沒有哪名歐洲人嘗試過。這趟旅程幾乎是個意外，一八七七年春天，當時他剛結束在滿州地區的休假旅行（不過其實是前去搜集情報的），發現和自己的直屬上司馬克．貝爾上校（Colonel Mark Bell）剛好都在北京。貝爾當時正準備獨自展開一趟橫越中國的長途旅行，他的目標是嘗試釐清滿清的統治者是否有能力抵擋俄國人的入侵，楊哈斯本立刻便問上校自己能否陪同進行這個任務。然而，貝爾拒絕了楊哈斯本的請求，他認為那無疑是浪費寶貴的人力。他提議，如果楊哈斯本可以走另一條路線橫越整個中國回到印度的話會更好，這麼做可以避免重複做一樣的事，也讓他們可以對中國的軍事能力描繪出更完整的輪廓。回到印度後，楊哈斯本可以再將自己的發現和結論呈現在另一份報告裡。

這個提議非常慷慨，楊哈斯本馬上就答應了。貝爾接著便踏上旅程，讓楊哈斯本自己向印度發送電報，申請假期延展的必要手續。他的申請獲得印度副王本人的批准，於是這位年輕的軍官便在一八八七年四月四日騎馬離開北京，踏上向西長征、穿越中國沙漠和山區的第一段旅程。這趟旅程最後耗時七個月；最後一段旅程則是在冬季裡跨越當時仍未被人探勘過、通往喀喇崑崙山的穆斯塔格山口（Mustagh Pass）；對於像他這樣一名沒有合適攀登裝備，而且也沒有登山經驗的人來說，這是個非常了不起的成就；楊哈斯本帶回去的珍貴資訊，讓長官們都非常滿意。表面上來看，這趟旅行純粹是出於

路易斯．卡瓦格納里（1841-79）坐在地上被阿富汗首領圍繞著，不久後他便在喀布爾擔任英國外交官時遭到殺害。

通往喀布爾巴拉希薩爾堡壘的入口。牆內座落著英國的外交官邸，1879 年卡瓦格納里和他的護衛隊在這裡被一群叛變的阿富汗士兵殺害。

弗雷德里克·羅伯茲爵士將軍（1832-1914）曾帶領一支懲戒部隊前往喀布爾，為慘遭殺害的卡瓦格納里復仇。

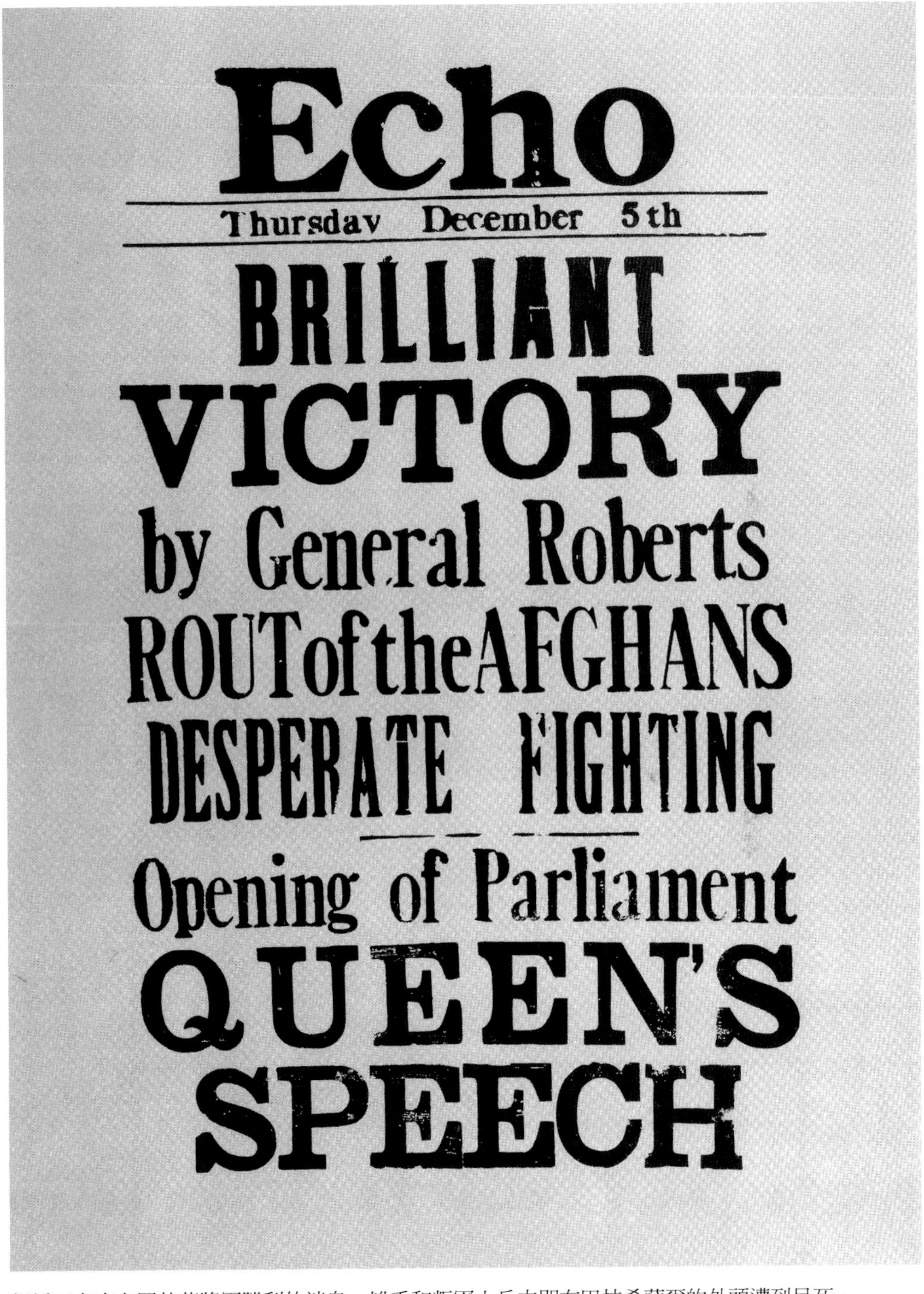

Echo

Thursday December 5th

BRILLIANT
VICTORY
by General Roberts
ROUT of the AFGHANS
DESPERATE FIGHTING

Opening of Parliament
QUEEN'S
SPEECH

報紙正在宣布羅伯茲將軍勝利的消息。兇手和叛軍士兵立即在巴拉希薩爾的外頭遭到吊死。

阿布杜爾·拉赫曼（1844-1901），當俄國人於1880年慫恿他登上阿富汗王位時，他們原本還希望他是一位聽話的埃米爾，沒想到他最後卻成了英國人信賴的鄰居。

當時出自《膨奇》（*Punch*）的一幅諷刺漫畫，描繪阿布杜爾·拉赫曼受到來自兩個強權鄰國的壓力。

除了璞鼎查和本恩斯這些家喻戶曉的名字之外，還有許多次要的參與者也捲入了大競逐之中。這幅照片中，可以看見一位不知名的政治官（沒有步槍的那位），看上去幾乎與旁邊的同伴無異，旁邊還有友善的阿富汗部族成員。

在帕米爾地區一座機關槍旁就位的哥薩克人：這是俄國最後一次向印度前進的場景。

1889 年，榮赫鵬和格隆姆切夫斯基在罕薩北方的知名會面。當時他們一邊喝著白蘭地，一邊討論英俄兩國在中亞地區的對抗。

榮赫鵬（1863-1942），這張照片是1904年他前往拉薩時拍攝的，而此次出兵拉薩，也是這場大競逐的最後一次大型行動。

帝國的姿態：廓爾喀士兵在西藏展示國旗。與預期不同的是，他們並未在此發現俄國人的身影。

地理學上的目的，而他回到印度後，總司令羅伯茲將軍又多給他三個月的假期，好讓他返回倫敦將其在旅途中獲得的科學成果，傳授給備受尊敬的皇家地理學會。楊哈斯本在二十四歲時被選為該學會有史以來最年輕的會員，並在不久後獲頒人人稱羨的學會金牌。高階軍官對多數和楊哈斯本同年齡的年輕軍官都會流露出鄙夷的態度，但那些在大競逐的菁英群體中舉足輕重的人，當時卻已經認可楊哈斯本了。

在接下來的幾年裡，楊哈斯本將變得非常忙碌。沙皇手下的將軍已開始對興都庫什山、帕米爾高原、喀喇崑崙山以及喜馬拉雅山交會，同時也是英國、俄國和中國這三個帝國接壤的高海拔無人地帶表現出興趣，這點令英國人非常擔憂。像尼古萊．普雷傑瓦爾斯基上校這樣的俄國軍事測繪人員和探險家，當時正逐漸深入仍有大範圍未勘之地的地區，比如奧克蘇斯河上游地區、西藏北部。一八八八年，一位俄國探險家最南曾到過位置偏遠、被山脈環繞的罕薩王國，那裡被英國人視為自己的勢力範圍，而且絕對在俄國的勢力範圍之外。隔年，另一位俄國探險家，也就是傑出的格隆姆切夫斯基上尉，在六名哥薩克護衛的陪同下，魯莽地進入罕薩地區。據說當地統治者熱情地接待了他，而他也答應隔年會從聖彼得堡帶著一些有趣的計畫回來。對駐守在邊境上的英國軍官及其位於加爾各答的長官來說，他們長期以來一直很擔心的俄國滲透行動，此時似乎終於開始了。

不久後，他們便聽說有三位旅人（據信全都是俄國人）在經過艱辛的旅程後，越過高度敏感的巴洛基爾山口進入契特拉地區。當時接受英國人資助的統治者於是抓住他們，並將其護送到辛拉，讓他們由印度副王達費林勳爵親自訊問。讓所有人都鬆一口氣的是，他們並非俄國人，而是法國人，帶頭的人則是知名的探險家加布里爾．邦瓦洛（Gabriel Bonvalot）。英國人滿意地聽著他們述說其不幸的遭遇

（例如：如何失去馬匹和行李），這些法國人在春季的時候越過山口，雖然此時的山口理應是最容易跨越的，然而他們還是差點遇難了；英國人聽到他們遇到的困難後感到很高興，因為那也就是俄軍很可能遭遇的情況；然而，英國人對於俄國在政治上對該地區的滲透，依然開始感到愈來愈不安——尤其是像格隆姆切夫斯基這樣的軍官，正試圖與位在俄軍入侵路線上的北方小國統治者建立友好關係。吉卜林在其經典間諜故事《基姆》中，便使用了這個主題；在這本小說裡，沙皇手下的特務假裝成獵人，就是被派去滲透、收買「北方的五個王國」。約翰．布肯在其於一九〇一年寫就、今日鮮為人知的大競逐小說《心不在焉的人》（*The Half-Hearted*）裡，也使用了這個主題；在這本小說裡，俄國人在發現一處秘密山口後便湧向那裡，而故事裡的英雄則用步槍和一顆巨石保衛著山口，因而孤單地死在罕薩地區。

為了回應俄國人在防衛不足的北疆地區的行動（這次不是在小說裡，而是在現實裡），印度副王採取幾項緊急措施，試圖反制滲透或其他擾亂的威脅——這些措施至少會持續到他們和俄國、阿富汗與中國，針對帕米爾地區的邊界達成協議為止。他派出一位經驗老道的政治官，前往位於喀什米爾摩訶羅闍的領土最北端的吉爾吉特；那位政治官便是阿爾格農．杜蘭上校（Colonel Algernon Durand），而他的哥哥就是印度政府的外相摩爾迪默．杜蘭爵士。杜蘭上校將會從這個安全、且對英國人友善的優越位置，監控俄國人在北疆地區的一舉一動，同時試圖和當地的統治者建立良好關係。印度副王同時也公布將會建立一支兩萬名士兵組成的新部隊，而士兵則會由印度各土邦的王公，以及其他擁有軍隊的首領提供；這支軍隊的名稱是帝國部隊（Imperial Service troops），主要目的是保衛印度的邊境。印度總司令羅伯茲將軍最後親自拜訪喀什米爾的摩訶羅闍，針對如何強化、現代化喀什米爾的軍隊一事提供一些建議。藉此，他們希望摩訶羅能守住山口、阻擋俄國人，至少撐到帝國部隊或印度軍前來援助為止。

不過更急迫的是，他們還有格隆姆切夫斯基上尉這個問題要解決，他們知道他當時正在帕米爾地區的某處潛伏著，據說打算不久後便要回到罕薩，和他在前一年認識的統治者敘敘舊。這並非罕薩地區唯一令人擔憂的事情，來自罕薩地區的劫匪多年來持續打劫穿越山脈、在列城和莎車間的偏遠路線上來回旅行的商隊。這不只為英國商品規模不大的流通造成阻礙，更讓印度的軍事首長擔憂的是，如果武裝的劫匪可以這樣在罕薩地區進進出出，那麼俄國人應該也辦得到。加爾各答的官員決定，他們必須找出此一秘密山口的位置，有誰會比最近剛升為上尉的法蘭西斯．楊哈斯本更適合進行這項任務呢？杜蘭上校在吉爾吉特滿意地寫道：「這場比賽已經開始了。」

一八八九年夏天，楊哈斯本收到一份電報，電報內容要求他前往辛拉（也就是情報部總部的所在地）親自聽取外相摩爾迪默．杜蘭爵士的指示。這項命令來得正是時候，因為他希望佯裝成莎車貿易商、前往拉薩的申請才剛遭到拒絕，但俄國的軍事探勘人員，據悉卻已開始把拉薩視為目標了。楊哈斯本的申請之所以遭到拒絕，其中一個原因是蘇格蘭貿易商安德魯．達爾格雷希這位擁有強烈企圖心、且同樣獨自旅行的的人，才剛在前往莎車的路上慘遭砍死。楊哈斯本這次前往辛拉的路上會經過達爾格雷希被殺害的地點，因此會有六位廓爾喀兵，以及一群來自列城的喀什米爾士兵伴其上路。楊哈斯本除了要找出罕薩劫匪使用的那處秘密山口，還會拜訪罕薩的首府並警告統治者，英國政府將不會繼續容忍這種針對無辜貿易商的行為，尤其那些貿易商有許多都是大英女王在印度的子民，運送的也是英國商品；同時，也警告罕薩統治者不要和俄國人有任何來往。

楊哈斯本一行人在一八八九年八月八日離開列城，向北跨過喀喇崑崙山口，前往遙遠的沙西杜拉村（Shahidula）。海拔約三千六百公尺的沙西杜拉村住著許多貿易商，他們會在列城和莎車間的商隊路線上往來，也經常受到劫匪的侵擾。楊哈斯本希望從他們那邊打聽向西通往罕薩的秘密山口的位置——那個山口就是神秘的辛姆莎爾（Shimshal）山口。他的計畫是在自己進入罕薩晉見那裡的統治者前，先讓手下的喀什米爾士兵駐守在那裡、堵住山口的通道。楊哈斯本一行人在離開列城十五天後抵達那座沙西杜拉村，那裡十分荒涼，由一座荒廢的堡壘以及幾個遊牧民族的帳篷組成，貿易商就住在那些帳篷裡。楊哈斯本從他們的首領那邊打聽到，雖然他們曾向中國政府請求保護，讓他們免受罕薩人攻擊，但中方並沒有回應他們的要求。很顯然，北京並不鼓勵印度和新疆間的貿易，尤其是茶葉的貿易，因為那會威脅到他們自己的生意。雖然那座村子名義上落在中國的領土上，但如果英國願意保護他們，那裡的首領願意轉為效忠英國政府。楊哈斯本解釋道，他並沒有獲得授權接受這個提議，但他一定會將這件事轉告給印度副王。不過楊哈斯本告訴那位首領，有一件事是他可以幫忙的，那就是在山口派駐一支裝備精良的部隊，來自喀什米爾的士兵可以幫助他們遏止劫匪的活動。此外，英國政府也指示楊哈斯本進入罕薩，對那裡的統治者提出警告：「如果不停止劫掠的行為，就會招來嚴重的後果。」

楊哈斯本從村民那邊得知，辛姆莎爾山口有個堡壘扼守著，而劫匪當時佔據了那個堡壘。加爾各答已經指示駐在吉爾吉特的杜蘭上校，告訴罕薩的統治者楊哈斯本已經在前去拜訪的路上了；根據條約，罕薩的統治者和喀什米爾的摩訶羅闍（英國的盟友）也是正式盟友，不過楊哈斯本無法確定，在據點裡的劫匪們是否有被告知這件事。然而，由於從楊哈斯本所在的位置沒有其他路線通往罕薩地區，因此他依然決定直接前往那座堡壘，看看自己與其廓爾喀兵會在那裡受到什麼樣的接待。在村莊首領的親自帶領下，楊哈斯本一行人往那座堡壘的方向出發，爬上了狹窄、陡峭的山口，當地的地景一片荒蕪，楊哈斯本寫道：「我想不到比這裡更適合作為盜匪巢穴的地方。」他還指出除了那些村民外，他們整整四十一天裡都未曾再見過其他人。突然間，他們在上方看見劫匪們的棲身處，賊窟位於一處幾近垂直的懸崖頂端，那裡被當地人稱為「通往罕薩的門戶」。楊哈斯本帶著兩位廓爾喀兵以及一位通譯，穿越谷底依然結凍的河流，並將其他廓爾喀兵留在原地，以便在他們必須快速撤退的時候開火掩護；他們接著爬上沿著陡峭岩壁曲折而上的之字形小路。這是個非常大膽的行動，但楊哈斯本知道，在中亞，勇敢通常都會有回報的。

走近懸岩頂端後，他們驚訝地發現堡壘的城門竟是敞開的，乍看之下堡壘裡似乎空無一人，但這只不過是罕薩人的老伎倆罷了，當楊哈斯本和那兩位廓爾喀兵小心翼翼地走近時，城門卻突然從裡面被猛然關上。楊哈斯本寫道，在一剎那間，「整個城牆上就站滿了表情猙獰的士兵，他們一邊大聲喊叫，一邊用火繩槍從十五公尺高的上方對準著我們。」有一瞬間，楊哈斯本擔心他們就要被敵人殲滅了。然而，雖然他們不斷高聲吶喊，但城牆上的人們並沒有開火。楊哈斯本也用當地的語言大喊回去，試著讓他們聽見自己的聲音：「一個人！一個人！」他舉著一隻手指頭向裡面的人表示，他們應該派出一個人來和他談判。

隔了一段時間後，城門打開了，有兩個人從裡頭走出來步向楊哈斯本和他帶來的士兵。楊哈斯本向他們解釋，他正在前往罕薩的路上，準備晉見他們的統治者，那兩人於是回到堡壘裡向他們的首領報告，不久後，楊哈斯本一行人便被邀請入內。此時發生一段九死一生的插曲，因為就在他騎馬穿越城門後，有個人便突然走近抓住馬匹的轡繩，看起來他們似乎上當了，雖然敵人人數比他們多，但那兩位廓爾喀兵依然舉起步槍準備拚死一搏。楊哈斯本後來得知他們的指揮官下令，如果讓楊哈斯本受到一點傷害，他們就不用回來了，因為那會讓整個部隊蒙羞。好在那人只是想開個奇怪的玩笑而已，儘管這個舉動確實非常危險，抓住轡繩的那人開始全身顫動地笑了起來，而包括楊哈斯本在內的其他人，也很快便笑了出來，他們只是想測試楊哈斯本的膽量、看看他會如何反應罷了。此外，他們一直都在等待楊哈斯本的到來，至於應該如何接待他，則沒有收到明確的命令，不過他們之間此時已經化解初次見面的尷尬，相處得很順利，並圍坐在那些盜匪於城裡升起的巨大篝火邊。楊哈斯本之後回憶道：「當我們的小廓爾喀兵拿出一些菸草，一邊擺出他們一貫的燦笑，一邊將菸草送給接待我們的盜匪後，我們便完全贏得了他們的歡心。」

楊哈斯本開始猜想，這些盜匪之所以待在那裡，其實不完全是自願的，而是因為其統治者的命令，他寫道：「他們擔負著所有風險、面對一切危機，但佔據一切利益的卻是他們的首領。他們之所以劫掠，是因為他們有命令在身，不得不這麼做，如果違抗命令的話就會招來殺身之禍。」於是楊哈斯本向他們解釋，英國政府對於貿易商（其中有些是從印度帶著貨物的英國子民）被搶劫、被殺害，甚至被賣為奴隸的現象，感到非常的憤怒，他受命前來和他們的統治者討論，如何終結這種劫掠的行為。那些人專心地聽著楊哈斯本所說的話，接著卻神情緊張地告訴他，劫掠的問題不是他們可以討論的，而這似乎也證實了楊哈斯本的猜測。

隔天，楊哈斯本和他的廓爾喀兵在七位剛交到的罕薩朋友的陪伴下，啟程走上加爾各答急著想要探勘、測繪的那座神秘山口。他們只走了大約十三公里，就遇到罕薩國王薩夫達・阿里（Safdar Ali）派來的代表。他帶著一封信前來歡迎楊哈斯本前往罕薩，並通知他可以在王國裡的任何地方自由通行，等他看夠了，薩夫達．阿里也希望楊哈斯本能以官方賓客的身分拜訪其都城。楊哈斯本給了那位代表一些要送給薩夫達．阿里的禮物，其中包括一條精美的喀什米爾披巾；此外，還附上一張字條，感謝國王的慷慨好客，並表示很樂意在遍訪他的王國後接受國王的邀請。因為楊哈斯本不只想探勘辛姆莎爾山口，也需要知道該地區是否有其他山口，是俄國的軍隊或間諜可能會用來進入罕薩地區的。

第二位信使在不久後便抵達了，這次帶來的信件是託人一路從印度運送過來的，其中一封信是來自楊哈斯本的上司的緊急訊息，通知俄國代表格隆姆切夫斯基已經回到該地區，正往南前往拉達克，信中指示楊哈斯本密切注意他的行動。幾天過後又來了一位信使，這次信件來自格隆姆切夫斯基，不知為何，他得知楊哈斯本也在該地區的消息，於是熱情地邀請楊哈斯本前往他的營帳吃飯。不需別人催促，楊哈斯本隔天一早便啟程前往格隆姆切夫斯基紮營的地方。

楊哈斯本後來寫道：「當我抵達時，一位身材高大、外型俊俏、臉上留有鬍子，身上穿著俄國軍服的男人向我走了過來。」格隆姆切夫斯基在七位哥薩克人的護衛下，熱情地接待他的訪客；當天晚上，等楊哈斯本也在附近紮營後，他們一起共進晚餐。楊哈斯本寫道：「那頓晚餐非常豐盛，俄國人為我提供大量的伏特加。」他們不斷幫楊哈斯本倒酒，一邊吃著，格隆姆切夫斯基一邊也愈來愈直白地談到英俄兩國在亞洲的敵對狀態。他告訴楊哈斯本，俄軍裡不論是軍官或士兵，心裡都只想著入侵印度；為了證明這點，他還把哥薩克人叫到營帳裡，問他們是否想要進攻印度，他們全都興奮地回覆他，並發誓這就是他們最希望實現的事情。他們的反應就和本那比、寇松以及其他人從俄國控制的中亞回來後，在報告中的描寫差不多。

楊哈斯本不得不注意到，在格隆姆切夫斯基的地圖上，有個帕米爾地區的缺口特別用紅色標記出來。很顯然地，俄國人也知道此一無人地帶的存在，那裡是俄國、中國、阿富汗和英屬印度接壤的地方。格隆姆切夫斯基堅稱，俄國人之所以會在亞洲對英國人充滿敵意，完全是英國自找的，因為他們不斷干涉黑海、巴爾地地區，而且還試圖阻撓聖彼得堡自認在那裡的合法利益。等俄國進攻印度時（格隆姆切夫斯基認為這是遲早會發生的事），不會像英國戰略專家以為的那樣，只出動小型軍隊，而會是一支兵力可能高達四十萬人的軍隊。楊哈斯本知道，包括麥克格雷戈在內的英國專家都認為，十萬名兵力就是這種地形上能調動的最大極限。楊哈斯本問格隆姆切夫斯基，一旦俄軍離開鐵路、開始準備跨越保衛印度北部的山脈屏障時，他們打算如何運送規模如此龐大的部隊，並對他們提供補給呢？格隆姆切夫斯基則回覆道，俄國士兵各個均是堅毅不拔的猛士，不會在乎運輸和補給這種問題；士兵對自己指揮官的態度，就像孩子對父親一般，如果歷經一整天的艱辛長征或戰役後，既沒有水也沒有食物，士兵也會坦然接受，繼續打起精神地走下去、戰鬥下去，直到倒地不起為止。

他們的辯論接著轉向阿富汗此一防衛印度的關鍵，以及萬一英俄兩國為了印度發生戰爭，阿富汗會支持哪一方的問題。格隆姆切夫斯基認為，英國人為了自保，老早就應該兼併那裡以及該地區的其他幾個較小的王國，他主張英國人偏好使用的金錢補助和條約，無法保證他們不會背叛英國人。格隆姆切夫斯基宣稱阿布杜爾．拉赫曼埃米爾並非英國人真正的朋友，萬一發生戰爭，只要答應和他一起分享印度豐富的資源，就足以讓他投向俄國人這邊，何況他在坐上王位前，就已經和俄國人一起生活過很長的時間。此外，印度的本地居民只要看到似乎出現外援，他們便會群起反抗英國的殖民統治。不過楊哈斯本也指出，這點其實也是把雙面刃，因為英國人也可以慫恿阿富汗人和其他民族進攻俄國在中亞地區的領土，而布哈拉和薩瑪爾罕傳說中的財富珍寶也足以作為他們的回報。沙皇在裏海以東地區取得的大片領土，其實非常容易遭受外敵入侵，印度最脆弱的地點都有堡壘防衛，但俄國可沒有。於是楊哈斯本與格隆姆切夫斯基就這樣一邊喝著伏特加，一邊爭論到深夜；他們的對話或許充斥各種大話，而未必有科學根據，卻依然充滿幽默感。不過這場對話之所以值得被記錄下來，其實是因為這是第一次有雙方的大競逐參與者，在進行任務的時候於邊境上當面會晤，而這也不會是最後一次。

兩天後，楊哈斯本與格隆姆切夫斯基一起飲用了最後一瓶白蘭地後，準備分道揚鑣。離開前，廓爾喀兵舉槍向格隆姆切夫斯基敬禮；楊哈斯本記錄道，這些廓爾喀兵訓練的精確程度讓這位俄國軍官「嚇了一跳」，因為他手下的哥薩克人儘管非常堅毅剛強，但實際上都是非正規兵。那位廓爾喀士官在接受俄國人的祝賀時，焦慮地對楊哈斯本低聲說道，他應該要告訴身材高大的格隆姆切夫斯基，他們在廓爾喀士兵裡算是比較矮小的，而大部分的廓爾喀士兵其實比格隆姆切夫斯基還要魁武高大。當楊哈斯本告訴格隆姆切夫斯基，那名廓爾喀兵想要這樣騙他的時候，他簡直樂歪了。格隆姆切夫斯基接著命令手下的哥薩克人「拿起劍」（那是他們身上等同於武器的東西），和楊哈斯本真摯地道別，還說有天希望能再次見到他，不論是在和平時期裡的聖彼得堡，或是在戰爭時期的邊境裡。楊哈斯本回憶道，格隆姆切夫斯基當時還說：「不論是哪種情況，我都會熱情地歡迎你的到來。」

當楊哈斯本為了趕在和罕薩統治者會面前，持續對該地區進行探勘時，格隆姆切夫斯基則是向南啟程，動身前往拉達克和喀什米爾，他希望能取得英國領事的許可，讓他可以在那裡度過接下來的冬天（這種事務的實際控制權，掌握在英國領事的手裡）。楊哈斯本已經警告過他，英國人絕不會讓任何一名穿著軍服的俄國軍官，和七名武裝哥薩克人進入拉達克；雖然他並沒有明說，但大家都知道格隆姆切夫斯基是名高度涉入政治競賽的軍官，因此獲得許可的可能性就更低了；然而，格隆姆切夫斯基是個會不顧一切達到目標的人，因此這些並沒有讓他感到灰心。當他在沙西杜拉等待英國人的回覆時，決定利用這段時間向東出發，探索拉達克和西藏之間偏遠的邊境地區，但他並不知道此一海拔高度的冬季有多嚴寒，因此探勘行動最後也以失敗收場；他們失去了馬匹和行李，而飽受凍傷和飢餓之苦的哥薩克人最後則是因為太過虛弱，連步槍都拿不動了。他們幸運地活著回到沙西杜拉，而格隆姆切夫斯基據說直到好幾個月後，都仍要靠著拐杖才能行走。

雖然格隆姆切夫斯基說，就是因為英國人拒絕讓他們進入拉達克，才會害得他們有此遭遇，但這整起事件卻有些神秘，楊哈斯本在這起差點成為悲劇的事件中，確實可能是有些責任的。楊哈斯本在當時一份機密報告中曾寫道，他和在沙西杜拉剛結交的朋友串通，鼓動這些俄國人離開安全的地方，踏上這趟危險的旅程。雖然他未必完全知道這趟旅程有多危險，但也坦承他的目的就是要讓他們一行人「飽受折磨、造成損失」。楊哈斯本後來幾次描述和格隆姆切夫斯基的會面經過時，卻再也沒有提到這點；不過這件事也顯示，雖然大競逐有時會被描繪成一場紳士之爭，但實情並不總是如此。

許多年後，楊哈斯本在俄國爆發大革命後，有天意外地收到一封來自這位老對手的信，隨信附有一本格隆姆切夫斯基寫的書，內容是他在中亞探險的經過。格隆姆切夫斯基告訴楊哈斯本，他在沙俄時期官拜中將，獲頒不少殊榮、權高位重，但布爾什維克於一九一七年沒收了他所有的財產，並把他丟到西伯利亞的監獄裡；多虧日本人他才能逃到波蘭，也就是其家族的發源地。他們兩人的遭遇，形成非常強烈的對比，當時聲望正值高峰的楊哈斯本已被國王封為爵士，而且還是皇家地理學會的主席，各種獎項殊榮加身；但不幸的格隆姆切夫斯基，此時卻窮困潦倒、孤身一人，病得無法下床；在那之後不久，楊哈斯本便得知這位曾讓主掌印度防衛事務的長官膽戰心驚的人物過世了。然而，在我們所關注的這個時期裡，格隆姆切夫斯基為邊境地區帶來的陰影依然十分巨大。

楊哈斯本離開格隆姆切夫斯基，並完成在該地區的探勘行動後，便動身跨越山脈進入罕薩地區，準備和當地的統治者薩夫達．阿里會面。將這樣一個不容易處理而且又責任重大的任務，指派給一名低階軍官，確實是有些不太尋常，但在加爾各答和辛拉的長官都非常看重楊哈斯本。薩夫達．阿里當時在一座名為古爾米特（Gulmit）的村子裡等他；一抵達後，楊哈斯本便獲得十三響禮砲的歡迎（他們還先派出王室官員前去提醒楊哈斯本不要被嚇到），接著則是震耳欲聾的鼓聲和儀式。今日觀光客乘坐的巴士，在沿著喀喇崑崙公路前往喀什噶爾時，就會經過這個村子；這座村子的中央當時立起一座大型棚頂，那其實是英國政府之前送給他們的禮物。楊哈斯本換上重騎兵隊的全套鮮紅色制服，當走近時，薩夫達．阿里走出來迎接他；楊哈斯本知道他就是那名為保住王位，因而殺害自己父母親，且曾將兩位親兄弟推下懸崖的人；商隊人馬會遭到攻擊喪生，背後也是因為他；而現在，他又開始和俄國人在印度的家門口互通款曲——這在加爾各答的官員眼裡，才是最十惡不赦的罪行。

在那座棚頂底下的王位旁，蹲坐著幾排罕薩地區的高層官員，他們全都不發一語、饒富興味地看著這位剛來到的訪客。楊哈斯本很快便知道，除了國王的王位外，那裡並沒有其他椅子；很顯然地，他們也期待楊哈斯本會在薩夫達．阿里面前恭敬地跪下。楊哈斯本在雙方都仍站立著、對彼此噓寒問暖的時候，便快速地派出一位廓爾喀兵（他們此時都穿著漂亮的綠色軍服），前去把在營帳裡的椅子拿來，等那名廓爾喀兵將椅子拿來後，楊哈斯本便要他將椅子放在國王的王位旁；他希望從一開始就表明，此行前來的身分是世界上最偉大統治者的代表，也希望獲得合乎身分的對待。楊哈斯本很快便發現，對付薩夫達．阿里時最困難的地方，就是他誤以為自己是位非常了不起的人物，楊哈斯本指出：「在他的印象裡，統治印度的英國女王、俄國的沙皇，以及中國的皇帝，都跟他附近幾個部族的首領沒有差別。」當像楊哈斯本和格隆姆切夫斯基這樣的特使抵達其王宮後，他會以為他們都是來爭取他的友誼的。其實總體而言，這的確是他們正在做的事情沒錯，然而楊哈斯本卻決定要讓他知道，他其實並沒有自己以為得那樣強大，儘管這麼做也可能將他推向俄國人的懷抱。

首先，楊拉斯本讓薩夫達．阿里知道，英國政府已經察覺他正和格隆姆切夫斯基秘密接觸，如果英國人知道他們當時的進展已經有多深的話，楊拉斯本絕對會更直接地提出這點。不久後，在吉爾吉特的杜蘭上校便得知了一個消息：「薩夫達．阿里已經和格隆姆切夫斯基達成協議，讓俄國人在罕薩地區建立軍事據點，為他訓練士兵，儘管此一協議似乎從未獲得證實。」然而，阻止這種陰謀，是杜蘭而非楊哈斯本的終身任務。楊哈斯本首要的關切，是阻止他們繼續襲擊商隊，好讓他們得以擴展和新疆的貿易，薩夫達．阿里坦然地承認，攻擊商隊的指令確實是他下的；他表示，一如楊拉斯本已經親眼看到的，他的王國「除了石頭和冰雪之外別無他物」，牧地和耕地也都非常稀少，劫掠就是他們唯一的收入來源，如果英國人希望他們停止這種行為，就必須提供補貼，否則他的子民將會沒東西可吃。楊哈斯本指出，這個論點的唯一一個缺陷，就是他們劫掠而來的成果，大部分都由薩夫達．阿里一人霸佔；如果英國對他進行補貼，那麼補貼也同樣只會落入他的口袋。

楊哈斯本告訴薩夫達．阿里，英國政府絕不會同意為了阻止他們劫掠商隊而提供補貼，他寫道：

「我說，女王沒有對勒索行為買單的習慣，而我已經留下一些軍人為商貿路線提供保護，他可以看看接下來他們還能從劫掠行為獲得多少收入。」讓楊哈斯本驚訝的是，薩夫達．阿里聽完之後笑得全身發顫，還讚賞他如此坦白。為了讓薩夫達．阿里知道，他那些揮舞著火繩槍的士兵在面對歐洲人訓練的現代步兵時到底有多不堪一擊，楊哈斯本決定展示一下手下廓爾喀士兵的火力；他命令廓爾喀士兵一起對著位在山谷另一邊、距離他們將近七百公尺的一塊岩石開火（為求自保，薩夫達．阿里要求楊哈斯本必須先被其士兵包圍）。等所有人準備就緒後，楊哈斯本下令開火，那六位廓爾喀士兵的子彈同時打中那塊岩石，而且彈孔的位置都非常靠近，楊哈斯本提到：「這引起了他們的一陣騷動。」

但薩夫達．阿里對廓爾喀士兵的表現不以為然，此時正興致勃勃地想進行新的遊戲，他覺得對岩石開火實在太無聊了，正好對面懸崖的小徑上有位男人正拾級而下，於是他要求楊哈斯本命令手下的廓爾喀人對他開火。楊哈斯本聽後笑出來，並解釋道他不能這麼做，因為他們一定會擊中那名男子，薩夫達．阿里說道：「就算真的打中又如何？」、「再怎麼說，那人是屬於我的，我想怎樣就怎樣。」他的這席話也驗證楊哈斯本在和他談話時對其留下的負面印象。楊哈斯本後來曾寫道：「我知道他就是個壞蛋，根本配不上統治像罕薩人這樣優秀的民族。」國王開始變得愈來愈傲慢、要求也愈來愈多，於是楊哈斯本覺得受夠了，他已經對國王提出警告了，而且也想趕在大雪封住山口前繼續往南前進，以免自己與手下被困在罕薩一整個冬天。楊哈斯本一行人最後在十一月二十三日啟程前往吉爾吉特，而楊哈斯本和薩夫達．阿里幾乎已沒有任何往來。不難想像的是，格隆姆切夫斯基已讓薩夫達．阿里相信已獲得俄國的保護，才會讓他覺得自己可以予取予求也不會有任何危險；即便如此，他也不是第一位錯把信任放在沙皇使者身上的亞洲統治者。

楊哈斯本與其手下在一八八九年耶誕節的前夕抵達印度。他們在離開近五個月期間，共跨越十七座山口，其中包括兩處此前無人發現的山口；他們同時也發現包括辛姆莎爾在內的幾處山口，對於像格隆姆切夫斯基這樣的人，以及任何決心翻越的人來說，其實都不是太難進入的地方。楊哈斯本和那六名廓爾喀士兵分開的時候到了，他對這些廓爾喀人讚譽有嘉，在他的大力推薦下，那位中士和下士都獲得升遷，而其他人則獲得金錢上的獎勵。楊哈斯本寫道：「當我們和彼此道別時，他們的眼裡都泛著淚水。」在稍作安頓後，楊哈斯本開始針對這趟旅行準備一份詳盡的機密報告，他在報告中指出，若要避免薩夫達．阿里邀請俄國人進入罕薩地區，英國除了對其發動軍事行動外別無他途。楊哈斯本關注的另一件事情，則是應該如何補上帕米爾地區那道約八十公里寬的缺口；格隆姆切夫斯基前年就是透過那裡，從北方進入罕薩地區的。當時英國人沒有能力預防俄國人在那裡插旗、宣稱對該地區的主權，但如果他們能讓阿富汗的邊界，和中國在中亞的領土接壤的話，那麼就能直接消除這塊三不管地帶，並且搶在此一危機發生前先發制人。楊哈斯本自告奮勇前去調查這處缺口，然後試著和喀什噶爾的中國官員解決這個問題；令他高興的是，加爾各答同意他提出的計畫，因為印度政府當時對北方地區的安危感到愈來愈憂心。一八九〇年夏天，楊哈斯本再次啟程前往邊界地區，他將會離開印度超過一年的時間，而在這趟調查之旅結束前，他也將會捲入和俄國人的對抗中，最終幾乎在中亞地區導致一場戰爭。

這次陪同楊哈斯本一起出發的，是一位來自政治部，而且會講中國話的年輕同事，他的名字是馬繼業（George Macartney）。當時二十四歲的馬繼業比楊哈斯本年輕兩歲，他和楊哈斯本一樣，注定會在中亞的大競逐中成為一位傳奇人物。他們在接下來的兩個月裡，將會一起穿越整個帕米爾地區，在英國的地圖上將空缺補上，並試著瞭解居住在當地的幾個小型部族，效忠的究竟是阿富汗還是中國；在這樣一個不適人居、不論是阿富汗人或中國人都不會踏足的地區裡，當地人通常是不會效忠於任何一方的。即使是在秋季，天氣有時依然非常寒冷，連楊哈斯本和馬繼業帳篷裡臉盆裝的水都會結凍，而在高海拔地區長時間活動，也讓他們的身體變得非常虛弱、容易疲倦——用今天的方式來稱呼，就是所謂的高山症。楊哈斯本曾提到，他並不羨慕那些被派來佔領該地區的俄國士兵們，不論那些士兵停留的時間是長是短；他還指出，俄軍肯定會想繼續向南尋找氣候更舒適的地區。

到了十一月，由於楊哈斯本與馬繼業已無法繼續在帕米爾高原進行任何工作，於是他們兩人騎馬前往喀什噶爾。自從埃利亞斯五年前那次運氣不佳的任務以來，倫敦和北京的關係已經和緩不少，而中方也同意讓他們兩人在喀什噶爾過冬，甚至還為他們提供住所。那個住所被稱為奇尼瓦克（Chini-Bagh），也就是「中國庭園」的意思，最後也會成為英國的領事館，在英俄角力的最後幾年裡成為重要的情報站；在接下來的二十六年裡，那裡也會成為馬繼業的家。然而，就算中國人願意忘記英國人之前曾如何滲透阿古柏、也願意歡迎這兩位英國人的到來，但喀什噶爾城裡依然有個人，對他們的到來抱持高度戒心——這人便是俄國領事尼古萊．佩特羅夫斯基；在過去的八年來，一直成功地讓英國人無法踏入新疆一步。

儘管佩特羅夫斯基對剛抵達的楊哈斯本與馬繼業懷抱敵意，但依然小心翼翼地將這種敵意隱藏起來。他唯一關切的事情，便是找出他們來此的目的，以及他們和中國官員的討論內容。佩特羅夫斯基慷慨地款待他們，也針對雙方政府在亞洲的角色進行不少論述；他顯然想要將他們趕出新疆，但未能如願，楊哈斯本在提到他的時候如此寫道：「在這樣一個沒有別人可以陪伴我們的地方裡，他還算是位頗讓人愉快的人。」、「但他就是那種我們必須努力對抗的俄國外交人員。」讓楊哈斯本震驚的是，佩特羅夫斯基完全不會感到良心不安，還坦承只要情況需要會撒謊欺騙別人；他還表示，他認為英國人實在是太天真了才沒有這麼做。不過楊哈斯本和馬繼業也發現，他是個消息特別靈通的人，不只對新疆瞭若指掌，對英屬印度也是如此；此外，他也擁有一個間諜網絡，觸角遍佈四面八方。

楊哈斯本收到的指令，是試圖說服中方派兵前往帕米爾高原，佔領當時緊鄰中國邊疆據點以西的地區，並宣稱中國對該地區的主權，藉此至少能填補一部分的缺口。楊哈斯本和中方進行的討論似乎進展的很順利，讓他覺得可以和上級報告這段缺口很快就會被填補起來了，而且除非俄國人「非常公開地進行侵略」，否則俄國也將無法通過帕米爾高原向印度進軍。很自然地，楊哈斯本希望和中方的討論不會被外人得知，但他還沒擺平佩特羅夫斯基，雖然楊哈斯本可以在帕米爾的山口擊敗俄國對手，但這裡可是佩特羅夫斯基的主場，佩特羅夫斯基才是這裡的老大；後來佩特羅夫斯基曾誇口道，楊哈斯本和中國道台間的談話內容，當時馬上就有人轉告給他知道了。這種說法在多年後，也獲得研究這段歷史的蘇聯歷史學家哈爾芬的支持；他宣稱佩特羅夫斯基當時已經知道英國人的目的，並對聖彼得堡的官員發出警示。接下來發生的事情，似乎也支持這種說法。

一八九一年七月，當楊哈斯本和馬繼業還在喀什噶爾的時候，倫敦開始接到消息指出，俄國人當時正計畫出兵兼併帕米爾地區；俄國的外交部長對此則極力否認，並指稱這種說法完全是子虛烏有。但僅僅一週後，俄國外交部長便承認俄國派出的一支軍隊，當時正在前往帕米爾地區的路上，目的是為了「注意並匯報中國人和阿富汗人正在該地區從事的活動」。俄國發起行動的傳言很快便傳到楊哈斯本和馬繼業的耳裡，雖然他們完全不相信佩特羅夫斯基，但他們並沒有懷疑他是否背著他們做了些什麼。不過楊哈斯本依然立刻啟程前往帕米爾地區、試圖找出真相，並將馬繼業留在喀什噶爾，監控那裡的狀況（尤其是佩特羅夫斯基的一舉一動）。然而，一如我們所知的，這些都已經太遲了，楊哈斯本很快便發現傳言都是真的，雖然中方承諾會派出軍隊，但俄國人已經搶在中國人之前先抵達那裡，一支由四百名哥薩克人組成的軍隊，已經從北邊進入了帕米爾高原上的這道缺口，奉命以沙皇之名佔據那裡。八月十三日，楊哈斯本即將在帕米爾高原上某處偏遠的地方，直面入侵而來的俄國人。

第三十四章
帕米爾高原上的引爆點

法蘭西斯．楊哈斯本後來寫道：「當我從帳篷向外望時，看見大約二十名哥薩克人和六名軍官騎馬經過，前面還帶著俄國的國旗。」除了這些剛抵達的俄國人以及楊哈斯本帶來的一小群隨從外，並沒有任何人居住在那裡。這個地區位在俄國邊界以南約兩百四十公里處，被該地區的遊牧民族稱為伯寨袞巴茲（Bozai Gumbaz）；在英國人眼裡，該地區屬於阿富汗的一部分。楊哈斯本立刻便派出一名手下帶著他的名片前去俄國人紮營的地方（他們距離俄國人的紮營處大約八百公尺），並邀請他們的軍官過來吃點東西。他們很快便接受邀請，因為他們顯然也想知道楊哈斯本為什麼會出現在這裡。不久後，幾名俄國軍官便騎馬前來楊哈斯本簡陋的營帳，而帶領他們一行人的上校，身上則別著聖喬治動章（那幾乎就是俄國版的維多利亞動章）。

他們的會面過程氣氛友善，甚至還有點歡樂，楊哈斯本沒有伏特加招待賓客，只有從喀什噶爾帶來的俄國葡萄酒。那位上校的名字是雅諾夫（Yanov）；楊哈斯本提及俄國人正要兼併整個帕米爾地區的傳言；還解釋道，針對這麼嚴肅的事情，很擔心自己如果只回報地方上的傳言，可能會在加爾各答和倫敦引起不必要的擔憂，於是想向雅諾夫詢問此一傳言的真實性。雅諾夫的回答非常明確，楊哈斯本描述道，「他當時拿出一份地圖，向我展示上面用綠色標示出的一大片地區，一路延伸到英屬印度的河流流域。」那片地區包含許多無疑屬於阿富汗和中國的領土，但他們此時卻宣稱那片地區是沙皇的。楊哈斯本小心翼翼地避免討論此一舉動的含義，只對雅諾夫提到，「俄國人的胃口有點大啊」；上校聽後笑了出來，但又繼續說道，這「只是個開頭而已」。這些俄國人在楊哈斯本的營帳裡待了大約一小時才離開，表示他們還得準備自己的營帳，不過雅諾夫上校在離開時，也邀請楊哈斯本當天晚上過去和他們共進晚餐。

當天晚上的氣氛同樣非常熱絡：「在其中一座低矮的俄國帳篷底下（過夜睡覺時，三人必須共用一頂帳篷），他們七名軍官一起蹲在一張桌布周圍。雖然楊哈斯本滿意地注意到自己的帳篷有床、桌椅，比俄國人的更大、更舒適，不過俄國人在飲食上倒是毫不吝嗇。他寫道：『接下來的晚餐之美味，簡直讓我大吃一驚，就像他們驚嘆於我帳篷裡的佈置一樣。』端上桌的有湯、燉菜，『是來自印度的本地隨從似乎永遠學不來的東西』，還有調味料、醬料以及新鮮的蔬菜。尤其是蔬菜，對楊哈斯本來說那簡直是難以置信的奢侈品（今日在巴基斯坦北部旅行的人，大概也都會有類似的感覺）。除了一定會有的伏特加外，還有葡萄酒和白蘭地。」

楊哈斯本很快便發現為何雅諾夫等人會如此得意，除了宣稱整個帕米爾地區都是沙皇領土外，他們當時也「剛結束一場跨越印度分水嶺、進到契特拉地區的襲擊行動」，他們分別不同的山口進入和離開，而且一邊前進一邊進行地圖測繪；但在負責防衛印度的官員眼裡，這個地區絕對是他們的勢力範圍。雅諾夫甚至還對楊哈斯本提到，很驚訝英國人居然沒有派駐任何代表在契特拉，但那裡對印度的戰略價值明明就很重要，而且似乎很滿意於依靠和當地統治者簽訂的條約。雅諾夫在地圖上指出，他們已經騎馬去過非常敏感的達科特山口的頂端，從那裡俯瞰雅辛谷地；如果從雅辛出發，他們輕易就能前往吉爾吉特。楊哈斯本知道，光是這件事就能嚇壞英軍的將領們，但楊哈斯本很快就會發現，令人擔憂的事情並不僅止於此。

到了午夜，他們在為維多利亞女王和亞歷山大沙皇乾杯後散會了，包括雅諾夫上校在內的俄國軍官，都堅持要護送楊哈斯本回到他的營帳；到了那裡後，他們又對彼此恭維了一番、聲明他們的友誼，最後才和彼此道別。俄國人在隔天一早拔營，準備往北與主要部隊會合，並報告他們在這個偏遠地點和一位英國情報官的相遇過程；楊哈斯本則繼續留在那裡，因為俄國人有所不知的是，他其實正在等待一位同事前來伯寨袞巴茲和他會合。那位同事，是來自萊恩斯特軍（the Leinsters）、冒險精神十足的戴維森中尉（Lieutenant Davidson）；楊哈斯本曾在喀什噶爾見過他，並決定讓其調查俄國人在更西邊地區的行動。在戴維森趕往吉爾吉特（亦即當時距離他們最近的英國據點），對在印度的長官報告俄國人的入侵行動前，楊哈斯本需要知道他到底有哪些新發現。

三天後，當楊哈斯本準備就寢時，驚訝地聽見遠方傳來馬蹄聲，從帳篷望出去，在明亮的月光下看見大約三十名哥薩克人停了下來。他一邊穿衣一邊派出一位手下前去詢問他們前來的目的，那名手下回來後告訴楊哈斯本，雅諾夫上校有緊急的事情想和他說，於是楊哈斯本邀請雅諾夫和助手進入帳篷裡。雅諾夫表示欲告知一些不太愉快的事情：「他奉命前來護送楊哈斯本，離開當時已經是俄國領土的地區。」楊哈斯本抗議道：「但我不在俄國領土上啊。」並表示伯寨袞巴茲是阿富汗的領土，雅諾夫嚴厲地回覆道：『你可以認為這裡是阿富汗的領土，但我們認為這裡屬於俄國。』楊哈斯本問道如果不願意離開會如何，雅諾夫則滿臉不安地回覆道將以強迫的方式逼他離開，楊哈斯本告訴他：「你有三十名哥薩克人，而我孤身一人，所以我只能遵命而已。」但楊哈斯本只願在強烈抗議的情況下離開，而且也會將他們的不法行為回報給英國政府，讓政府決定究竟應該採取什麼行動。

雅諾夫感謝楊哈斯本願意讓這項討厭的任務變得容易一些，而對於自己必須執行這個命令他也表達了個人深切的遺憾，尤其是他們才剛在不久前建立了非常友好的關係。楊哈斯本向他保證不會怨恨他，而會怨恨那些做出這項不正當命令的人。不過，楊哈斯本詢問雅諾夫是否要吃點東西，他很樂意請廚師弄些晚餐，畢竟雅諾夫與其助手騎了這麼遠；雅諾夫聽後大為感動，給楊哈斯本一個大大的擁抱，感謝他的仁慈。雅諾夫表示，要一位軍官對另一位軍官進行這種更應該由警察執行的任務，實在令他非常不舒服；他還說原本還希望楊哈斯本已經離開了，這樣他們兩人就不用陷入這種難堪的局面。

為了表達對楊哈斯本的欣賞，雅諾夫提議楊哈斯本可以自行前往邊界，而不必由他們陪同；不過，只有一個條件：「雅諾夫的上司嚴格命令，楊哈斯本被視為擅自侵入俄國領土，必須從中國而不能從印度邊界的口岸離境；此外，有幾處山口是楊哈斯本不能擅自進入的。」這些要求背後的原因並不明確，但可能是為了盡可能延遲俄國人展開行動、以及楊哈斯本被驅逐的消息傳回印度，也可能部分是為了報復英國人之前拒絕讓格隆姆切夫斯基在拉達克過冬，甚至可能是因為他們猜測楊哈斯本在那之後發生的事件中也扮演某個關鍵角色。由於楊哈斯本相信自己能找到俄國人尚不知曉、不在禁止名單上的山口，因此答應遵守這個條件，並鄭重地簽署一份聲明。

此時已經過了午夜一段時間，雅諾夫與其助手感激地享用楊哈斯本提供的晚餐，不過他們並沒有在那個氣氛有點詭異的場合停留太久。隔天早上，當楊哈斯本準備啟程前往中國邊界時，雅諾夫前來他的營帳再次感謝他寬宏地接受這個狀況，並給了他一塊野鹿的後腿肉作為離別禮物。然而，雖然雅諾夫的上司希望楊哈斯本能繞遠路，藉此讓印度政府晚一點知道他被驅逐的消息，但最後他們顯然要失望了，因為楊哈斯本在和俄國人告別的一小時內，便派出一位手下將當時發生的事情，以及聖彼得堡在世界屋脊上的最新動態的詳細報告，儘速帶往吉爾吉特。至於楊哈斯本本人則騎馬向東前往中國邊界，希望從那裡找到某處不在雅諾夫禁止名單上的山口返回印度。不過楊哈斯本並不趕時間，還在罕薩以北的中國邊境逗留一陣子，希望能和戴維森見上面，同時監控俄國人是否有進一步的動作；這是這場大競逐最迷人的時刻，而二十八歲的楊哈斯本也樂在其中。

戴維森在幾天過後出現了，楊哈斯本寫道：「我看見一人騎馬從遠方出現，他戴著尖頂的帽子、穿著高筒靴，我一開始還以為又有哪名俄國人來拜訪我了，但那人其實是戴維森。當時他正在返回突厥斯坦的路上；和我相比，戴維森受到了俄國人更加傲慢的對待。」俄國總督在那裡親自對戴維森進行審問，並押著他前往中國邊境後才肯將其釋放。不過他被逮補、監禁的經歷，也帶來一個很有用處的結果，楊哈斯本提到，逮補他的人在將其押往北方的過程中，選了一條英國官員或探勘者此前從未走過的路線。楊哈斯本和戴維森接著啟程返回吉爾吉特，而他們選擇的山口是幾位友善的牧羊人告訴他們的；這是楊哈斯本最後一次看見戴維森這位好友，因為戴維森將在接下來的偵查行動中因為傷寒而過世。楊哈斯本後來寫道，戴維森是一位非常勇敢、堅毅的軍官，擁有「一位偉大探險家的一切條件」。

這起事件的消息此時已經傳抵倫敦，而英國政府在決定應該如何處理俄國最新的擴張行動時，也努力地將此一消息掩蓋下來。然而，傳言很快便經由印度傳到英國的媒體圈，《泰晤士報》甚至還報導楊哈斯本已在和入侵者的一次衝突中喪命。這個說法很快便遭到否認，但俄國人在阿富汗領土上對兩位英國軍官做出霸道行為的過程，當時已經無法繼續隱瞞了，媒體、國會以及社會大眾，都被這個消息激怒了，反俄情緒再次來到高點。即將成為英國外相的自由派上議院議員羅斯伯里勳爵（Lord Rosebery），甚至還將伯寨袞巴茲（亦即楊哈斯本遭俄國人攔截的那個貧瘠地區）稱作「興都庫什山的直布羅陀」。印度總司令羅伯茲將軍則告訴楊哈斯本，他認為對俄國人出擊的時刻已經到了，他說道：「我們已經準備好了，但他們還沒。」與此同時，羅伯茲將軍也下令動員一支軍隊，以防俄國人對帕米爾地區的佔領行為引起戰爭。

其他鷹派人士也加入論戰，當時正在喀什米爾和拉達克旅行的《泰晤士報》特派員奈特（E.F. Knight）如此寫道：「俄國人打破所有的條約規範，至今卻仍未獲得懲罰。」、「由於契特拉接受的是我們的保護以及印度政府的補貼，因此俄國人進軍契特拉的領土，就是蓄意採取行動，一般人也都認為這種行動跟宣戰無異。」他警告英國明明就保證會在這些國家受外敵入侵時提供保護，如果英國坐視不管，那麼「當地人就一定會對我們失去信心」，他們最後會認為俄國比英國更強，所以「我們才會害怕抵抗俄國」，也因此他們無可避免地便會倒向俄國人。他總結道：「如果我們依然無動於衷，那麼接下來就很有可能會出現一些針對我們的陰謀，甚至是更公開的敵意。」來自契特拉的機密情報似乎也確認了他的這種預感——那些情報指出，楊哈斯本被從阿富汗驅逐出境的消息，已經嚴重破壞英國人在契特拉人心目中的名聲；在牽涉俄國人的事務上，他們也不再信任英國人了。一如前述，他們對於罕薩的統治者薩夫達．阿里也有相同的疑慮：「他們知道他個人更加傾向聖彼得堡。」

在索爾斯伯利勳爵的命令下，英國駐聖彼得堡大使，亦即直率的羅伯特．莫里爾爵士（Sir Robert Morier），對俄國在帕米爾地區的侵略性舉動提出強烈抗議。除了挑戰俄國對帕米爾地區的主權聲張外，也要求他們針對不當地將楊哈斯本和戴維森驅逐出境一事，完整地進行道歉；此外他還警告，除非他們立即道歉，否則「這個問題就會變成嚴重的國際事件。」沙皇和他的部下沒有料到英方竟會做出如此憤怒的回應，同時他們也得知一支印度軍的軍隊已經在奎達集結了，這些都讓他們開始感到驚慌。俄國當時國內的狀況也不太好：「俄國大部分地區都飽受飢荒之苦，以及嚴重的政治動盪，因此俄國的經濟無法支撐與英國進行全面性的戰爭。」所以雖然俄國百般不願意，但最後還是決定收手，即便俄國軍方非常不滿，但聖彼得堡依然將軍隊撤出，並撤銷他們對帕米爾地區的主權聲張，等待日後再對邊界進行永久性的協議。整起事件的責任最後都落到可憐的雅諾夫上校身上——俄國指控他逾越上級命令，自行宣布兼併帕米爾地區、驅逐楊哈斯本。後來人們才知道，為了補償雅諾夫成為代罪羔羊，亞歷山大沙皇親自送了一枚金戒指給他，並悄悄地晉升他為將軍；不過英國依然獲得俄國的道歉，而且至少在當時，俄軍也撤出帕米爾地區。

俄軍認為這場危機是英國人自找的，俄國人堅稱就是因為英國政府決意分裂他們在中亞的帝國，俄國才會不得不決定兼併帕米爾地區。為了尋找證據，他們引用麥克格雷戈將軍的鷹派著作《印度防衛》，這本書原本應該是機密文件，但不知為何流入俄國人手裡，還被譯成俄文。甚至直到近期的一九八七年，都仍有俄國學者重提麥克格雷戈那本被遺忘已久的著作，藉此證明「英國戰略家長年來的夢想」。雷奧尼德．米特羅欽（Leonid Mitrokhin）曾在他的《三個任務的失敗》（*Failure of Three Missions*）一書中，引用麥克格雷戈的觀點，亦即英國應該「讓俄國瓦解成好幾個部分，讓俄國長期無法為我們造成危害」。事實上，從麥克格雷戈的原文來看，他的呼籲很明顯是只有在俄國攻擊印度的情況下，英國才應該這麼做，但這個前提卻被米特羅欽，以及以前的沙皇刻意忽略了，甚至可能根本就不存在於俄文版中。

然而，即使英國堅定的行動，以及聖彼得堡對於戰爭的畏懼，當時都讓俄國人不得不讓步，但雅諾夫與其哥薩克士兵當時侵入到距離契特拉和吉爾吉特只有幾小時路程的地方，依然讓負責防衛印度的長官非常緊張。依照過往經驗來看，俄軍只會把這件事視為暫時的挫敗，不久過後便會再次開始偷偷地往南進入帕米爾地區和興都庫什山，像是一場永無止盡的「一二三木頭人」遊戲。一如某位評論者指出的，雖然加爾各答沒有人會再把帕米爾地區，視為俄國全面入侵印度的合適路徑，但敵方的代表或小型部隊在該地區現身，依然會在英俄開戰的時候成為「影響深遠的禍根」。《泰晤士報》的奈特寫道，最好的解答就是「在我們這邊關上大門」，而這也就是英國人當時正準備進行的事情；由於在所有的北方小國裡，罕薩被視為最容易遭受入侵的地方，因此他們決定從罕薩開始。從那時起，隨著英國人發動攻擊，薩夫達·阿里的命運已經由不得自己作主了。

印度副王不用多久便想到將薩夫達·阿里趕下王位的藉口，他在過去的幾月來都在製造麻煩，顯然以為俄國人會在他需要的時候為其撐腰。楊哈斯本的喀什米爾部隊從辛姆莎爾山口撤離後（這座山口在冬季裡會變得不適人居），他便重新開始襲擊列城與莎車間的商隊路線，以及其他附近的聚落。薩夫達·阿里甚至還愚蠢到抓走一位來自喀什米爾境內一個村子裡的喀什米爾人，並將其賣給奴隸商；此外他還大肆宣傳試圖控制其惡行的英國人為敵人，而俄國人和中國人則被其視為朋友。接著在一八九一年春天，也就是雅諾夫出現在罕薩以北的帕米爾高原上的不久前，在吉爾吉特的杜蘭上校得知，薩夫達・阿里正計畫佔領垂涎已久、位於查爾特（Chalt）的喀什米爾堡壘。杜蘭出兵前去切斷罕薩一側的繩索橋，又增兵前去喀什米爾的軍營，因此成功阻止薩夫達・阿里的計畫，雖然很顯然地，薩夫達・阿里遲早會再次嘗試，甚至可能還會尋求俄國人的援助。最後薩夫達・阿里成功說服鄰近小國納加爾（Nagar）的統治者，與其一起對抗愛管閒事的英國人，以及附庸在英國人之下的喀什米爾人。

一八九一年十一月，在杜蘭上校的命令下，一小支由廓爾喀人與喀什米爾人組成的軍隊集結於吉爾吉特，準備向北進軍罕薩和納加爾。與此同時，喀什米爾人則抓到一位薩夫達・阿里派來的間諜，當時那位間諜正在刺探英軍在喀什米爾的兵力。間諜對訊問他的人透露了薩夫達・阿里正在進行一項精巧的新計畫，準備突襲查爾特的軍營：「幾名來自罕薩、身上藏有武器的男子，將會背著許多東西、裝成來自吉爾吉特的苦力（他們和吉爾吉特人長得很像），於夜裡在堡壘裡找尋掩護。等進入堡壘後，他們將突襲毫無防備的守城士兵，並盡可能為伏於附近的薩夫達・阿里的軍隊爭取時間，好接在他們後面一湧而上。」

當時顯然就是杜蘭的軍隊正要移動的時候，這支軍隊由將近一千名廓爾喀、喀什米爾士兵（全都是正規軍），以及幾百名帕坦的築路兵組成，跟著部隊移動的還有一支山地砲兵部隊、七名工程師，以及十六位英國軍官。有些地方的路途非常艱辛，他們花了一星期以上的時間才抵達查爾特，儘管那裡就在吉爾吉特北方不過三十多公里的位置而已；而那裡也將會是他們和罕薩以及納加爾作戰的前進基地。杜蘭在查爾特收到一封來自薩夫達・阿里的奇怪的信，當時薩夫達・阿里已得知英國人正往邊界進軍；他在信中宣稱，查爾特「對我們來說，甚至比我們妻子睡衣上的絲帶還要重要」，因此要求英國人將這座城鎮移交給他。此外，他還警告杜蘭，如果英國人要進入罕薩地區，就得準備好面對三個國家：「罕薩、俄國和中國」；他宣稱「有男子氣概的俄國人」已經承諾前來協助他，對抗「跟女孩子沒兩樣的英國人」；他還表示已下令，如果杜蘭與其軍隊膽敢進入罕薩，就要士兵把杜蘭的頭放在盤子上帶去見他。與此同時，馬繼業在喀什噶爾也得知，薩夫達·阿里派了特使前去見俄國領事佩特羅夫斯基，提醒格隆姆切夫斯基曾答應會提供的援助；他們也對中方官員提出類似的要求，希望中方能提供武器和資金。

十一月一日，杜蘭的工程師臨時搭建了一座橋樑，讓英軍得以跨越罕薩河，並繼續向東前往薩夫達·阿里在山裡的都城；那座都城今日被稱作巴爾提特（Baltit），不過在當時就叫作罕薩。英軍進軍的速度很慢，因為士兵必須在一連串幾乎垂直的深谷裡爬上爬下，等他們爬到頂端時，敵軍躲在石造壕溝裡的狙擊手便會展開射擊，因此英軍必須制服那些狙擊手才能繼續安全地前進。然而，他們遇到的第一個大型障礙是尼爾特（Nilt）的石砌堡壘（那裡屬於納加爾的統治範圍），由於堡壘擁有厚重的城牆以及許多微小的槍孔，據說那裡和許多亞洲人的軍事據點一樣，都是難以攻破的；確實，杜蘭的七磅山砲完全無法破壞這座堡壘，而手下的廓爾喀神槍手也無法打中躲在細縫後的守軍。令杜蘭更困擾的是，英軍僅有的一座機槍一直卡彈，而自己又受了傷，使其不得不交出指揮權；但他在交棒前下達命令，要求由芬頓·艾爾摩上尉（Captain Fenton Aylmer）帶領的挖掘工兵炸開主城門——和杜蘭的父親六十年前炸開加茲尼城門一樣，這是項極度危險的行動。曾參與這次出征的奈特寫道，接下來發生的事情，「將會成為印度戰爭史上最英勇的其中一次行動，被人們長久銘記著。」

為了避免守軍靠近槍孔，英軍發動猛烈的炮火攻擊；在這樣的掩護下，艾爾摩上尉與其帕坦勤務兵及兩名中尉，安全地抵達城牆邊。他們背後有一百名廓爾喀士兵，已經準備好在攻破城門時湧向城裡。當跟著艾爾默一起行動的中尉，拿著手槍不斷對牆上的槍口近距離射擊時，艾爾默與其勤務兵帶著炸藥，在槍林彈雨中快速地衝向主城門邊上。他們在那裡放置火藥棉的厚板，並小心翼翼地用石頭蓋住火藥，好讓爆炸威力能更集中；最後，他們兩人在點燃引信後，便沿著城牆快速奔跑，直到和炸藥相隔一段安全距離後，才在那裡靜靜等待；結果炸藥並沒有爆炸——引信的火熄了。

就在此時，艾爾摩被子彈擊中了——他的小腿被近距離擊中，褲子和小腿都被彈藥燒傷了；儘管如此，他依然爬回城門邊，試著再次點燃引信，他用刀子修剪引信、點燃火柴，又試了幾次後才重新點燃。守城的士兵也知道他的目的，於是開始從上方朝他丟擲石塊，其中一塊砸中他的手，傷勢非常嚴重。艾爾摩再次沿著城牆爬回安全的地方，等待炸藥爆炸。這次引信沒有讓他失望，奈特寫道：「我們聽見巨大的爆炸聲蓋過槍聲，還感覺到大量濃煙直衝而上。」淹沒在大片煙塵和碎石中的整座城門解體後，廓爾喀士兵便在負傷的艾爾摩以及兩名中尉的帶領下衝進城裡，並開始和守城士兵進行激烈的肉搏戰。起初攻城的軍隊發現自己人數大不如人，戰況非常吃緊，而且由於爆炸造成的煙塵和混亂，部隊主力也沒有意識到廓爾喀士兵此時已經進到城裡了，因此仍在不斷對城牆和槍孔猛烈開火。其中一位中尉伯伊斯拉貢（Boisragon）知道，如果其他士兵再不跟上，他們就會在城裡遭敵軍殲滅，於是便衝回傾頹的城門求援，卻也因此暴露在己方和敵方的炮火下；多虧有他的行動，不久過後，其他士兵也跟著一起衝入堡壘裡。

奈特一覽無遺地目擊接下來發生的事情，他在聽到爆炸聲後，便爬上一座山脊的頂端，從那裡俯瞰煙塵漫天的城鎮，「就像一張地圖在我腳下鋪開」。他在其著作《三個帝國的交匯處》（*Where Three Empires Meet*）中描述道：「狹窄的巷弄裡人聲鼎沸、一片混亂，被淹沒在煙塵中依稀難辨，但我們不久過後便意識到，城裡已經打起來了。」但很顯然地，城外的人還沒有意識到這件事。突然間，他和同伴們聽到一陣陣歡呼聲從底下傳來，於是他們儘管「在爬上山後上氣不接下氣」，但也激動地加入了歡呼。此時他們從展望點看見軍隊主力正從城門湧入，逼得守軍開始翻越城牆、從只有他們知道的秘密出口逃竄。

英軍只犧牲六名士兵，就成功攻下堅不可摧的尼爾特，並讓敵軍損失超過八十人。奈特在不久後撞見艾爾摩，雖然他身上佈滿血跡，被一名手下攙扶著，但奈特發現，儘管艾爾摩在城裡又受了更多傷，但他卻「和往常一樣開心」。奈特寫道：「當艾爾摩衝向城門時，一定知道非常可能就此喪命。」而他的英勇奮戰，也讓雙方軍隊都留下深刻的印象。其中一位對英國人比較友善的本地首領，當時目睹了英軍對城門的攻勢，他後來曾和奈特說道：「這是場偉人們的戰役，而不只是一般人的戰役。」英國政府顯然也認同這種觀點，因為艾爾摩和伯伊斯拉貢後來都獲得維多利亞勳章。不過雖然尼爾特意外地失守了，但敵軍在英國人往罕薩的都城前進時，仍持續對他們進行騷擾和反抗。最後在十二月中，入侵的英國人再次遇到阻礙，而且比尼爾特的堡壘更難克服。

敵人這次把整座山坡都變成軍事要塞，那裡佈滿防禦工事，估計有四千人駐守，完全鎮守著位在三百多公尺下方、英國人必須通過的河谷，如果沒有先擊退高處的敵人就試著在河谷裡繼續前進，顯然與自殺無異。儘管英軍不斷勘查，卻依然無法找到接近敵軍陣地的路線，和在尼爾特一樣，如果英國人不希望被迫放棄這次行動、也不想被迫撤軍，那麼就會需要一些激烈的對策，而且此時要英軍撤軍是不可能的。最後英軍從一處沒人意料到的地方找到突破口；有天晚上，一位喀什米爾士兵冒著生命危險，成功爬上向上通往敵軍陣地的陡峭岩壁，而沒有被敵軍發現，隨後他告訴長官只要有一群意志堅定且富攀岩經驗的廓爾喀士兵，就可以通過這條路線前往敵軍所在的位置。他報告道，有些地方實在太過陡峭，連守軍都很難發現從那裡爬上去的軍隊，也很難向下對他們開火。他們用雙筒望遠鏡仔細檢查那條路線後，決定實施此一大膽的計畫——不過那也是因為英軍似乎已經別無選擇了。

英軍開始盡可能地偷偷安排進攻事宜，因為英軍內部有大量在當地雇用的背伕，敵人的臥底可能也存在其中。英軍為展現出撤退的模樣，命令兩百名帕坦人（這些帕坦人主要用來修路，而非作戰主力）開始打包行囊；與此同時，進攻日確定是十二月十九日的晚上；帶領攀登隊的則是當時被政治部派來支援且擅長登山，年僅二十七歲的約翰．曼諾斯．史密斯中尉（Lieutenant John Manners Smith）。只有曼諾斯．史密斯精挑細選的五十名廓爾喀士兵，以及五十名喀什米爾人被告知這場即將展開的危險任務。行動當晚，英軍在其他士兵中挑選出最優秀的槍手，讓他們在月亮升起前，盡可能悄悄移動到距離敵軍陣地將近五百公尺，可以俯瞰敵營的優勢位置；在夜幕掩護下，他們也將兩座七磅山砲移到那裡。與此同時，攀登隊則開始無聲地穿過河谷，前往懸崖底部一處敵軍無法看見的地方，準備從那裡開始攀登。幸運的是，敵軍剛好也選在當晚進行固定舉辦的慶祝活動，慶祝時所發出的聲音剛好蓋過英軍這些行動所發出的聲音。

槍手和砲手在破曉時，開始對敵軍在河谷對面的防禦工事連續開火，他們集中瞄準的位置就是那些最有可能看見士兵從下方爬上來的地方。如果攀附在岩壁上的士兵被發現的話，砲火也必須變得更加猛烈，否則曼諾斯．史密斯與其一百名士兵便很難有機會生還，更不用說抵達他們的目的地。就在開火半小時後，攀登隊開始他們漫長而危險的攀爬行動，奈特寫道：「從我們所在的山脊上，可以看見一小條由士兵組成的細流，正逐漸往上蜿蜒，一下轉向右邊一下又轉向左邊，遇到無法跨越的障礙時，又會往下移動一些，然後在其他地方繼續嘗試。」他還描述道，他們看起來很像「一條由螞蟻組成的零散隊伍，正在凹凸不平的牆面上向上爬行」；同時奈特也認出在前頭的是曼諾斯．史密斯，「矯健得就像一隻貓一般」，爬在其他士兵的前面。然而，他們在爬到距離谷底大約兩百四十公尺的地方時，卻遇上很大的麻煩；曼諾斯．史密斯停了下來，「他知道在上方的懸崖，他們是絕不可能爬上去的，而且俯瞰全局的我們也更能看出這點。」不知為何，他們選了一條錯誤的路線。除了返回原點外，攀登隊別無選擇，他們浪費了兩個小時的時間；不過神奇的是，敵軍截至當時都仍未發現他們。

曼諾斯．史密斯沒有再浪費時間，一邊掃視岩壁，一邊觀察在哪邊走錯了，幾分鐘後，他在守軍沒察覺的情況下，對河谷對面的軍隊打了信號，表明自己將會重新嘗試攀登。奈特和其他士兵緊張得幾乎無法呼吸，看著攀登隊再次開始緩慢地往上爬，這次他們選了一條正確的路線，過程中沒有遇到任何障礙。對位於河谷對面的英軍來說，時間彷彿定格一般顯得極為漫長，接著曼諾斯．史密斯和幾位身手矯健的士兵便爬到距離最近的防禦工事不到六十公尺的位置。就在此時，有人發出警示，掀起一陣騷動：「英軍陣營裡顯然存在敵方間諜，從河谷對面看到攀登隊的行動，於是想透過大喊的方式提醒守軍。」意識到危機之後，駐守在最靠近懸崖邊防禦工事裡的士兵，不顧當時仍然猛烈的砲火，奮不顧身的向前跑去，並開始對下方的攀登隊投擲巨石。

石塊砸中幾位士兵並造成重傷，但奇蹟似地居然沒人因此跌下懸崖；幸運的是，大部分攀登隊的成員都已通過最容易暴露在風險下的位置，因此石塊只會在他們頭頂上方飛過，卻無法對他們造成任何傷害。攀登隊裡的其他幾位中尉軍官，此時也和曼諾斯．史密斯會合，奈特寫道：「那兩位軍官高超地調動手下士兵，一邊尋找機會，一邊在落石間冷靜判斷，從一個點移動到另一個點，一點一點地慢慢往上爬。」同時描述道，接著「我們看見曼諾斯．史密斯中尉如何快速往上爬，抵達第一個防禦工事的下方，接著再繞到右邊，最後站在一旁的平地上。」沒過多久，動作迅捷的廓爾喀和喀什米爾士兵也登上平地與曼諾斯．史密斯會合，而他們的廓爾喀彎刀和刺刀，則在冬天的陽光中閃閃發亮。攀登隊分散成一個個小組，開始移動到一個個防禦工事，接著再從後方進入，殺的守軍措手不及；起初守軍奮力迎戰，但他們也逐漸意識到，自己不可能抵擋得了這些訓練有素的士兵，因此有人開始逃離陣地，守軍很快便陷入恐慌，所有士兵都開始潰逃。這些潰逃的士兵有些被攀登隊追上，有些則被河谷對面的槍手和砲手擊中，最後整個山坡上佈滿了屍體和傷兵。

敵方看見自己的據點再次淪陷，同時也意識到俄國人和中國人並沒有前來支援，便知道大勢已去。當時罕薩的首都就在前方不到三十多公里，一路上士兵不是棄械投降，就是逃回首都。在這場勝仗中表現傑出的曼諾斯．史密斯，後來獲頒維多利亞勳章（那是這場為期三週的戰役中的第三面勳章）；此外，幾位印度兵也獲得印度功績勳章（Indian Order of Merit），也就是當時本地士兵能取得的最高獎章。與此同時，薩夫達．阿里則在能俯瞰都城的王宮裡，急忙地打包自己的財產、準備逃亡；他心裡也明白，格隆姆切夫斯基的承諾只是一席空口白話罷了。英軍進軍的速度因為山區地形而慢了下來，等他們靠近罕薩的都城時，薩夫達．阿里早已往北逃亡，並且沿路放火燒毀經過的村莊。套用奈特的說法，英軍原本以為他的王宮裡會「滿是從商隊那邊劫掠而來的各種戰利品」；然而，他們抵達後卻大失所望，薩夫達．阿里帶著自己的妻小以及依然效忠於他的隨從，將幾乎所有值錢的東西都帶走了，據說還找了四百名苦力揹負那些財寶。英軍在王宮裡仔細搜索後，依然在一道假牆後發現一座秘密軍械室，裡頭藏有俄製步槍；王宮裡也有俄國出產的居家用品（例如：茶壺和出版物），以及一幅亞歷山大三世沙皇的畫像；英軍還發現薩夫達・阿里和俄方、中方政府的大量書信（其中許多仍未拆封），甚至還有楊哈斯本和吉爾吉特間的通信，是國王的特務在一八九一年的帕米爾危機期間攔截到的。

英國人當時亟欲抓捕薩夫達・阿里，害怕他會嘗試尋求外援，或造成其他危害，於是連忙派出一批騎兵前去追捕他，希望能在其進入中國甚至俄國前攔截到他。但薩夫達・阿里畢竟比追兵了解那些被大雪覆蓋的山口，因此最後成功逃到新疆，而喀什噶爾的中國官員也將薩夫達・阿里抵達的消息通報給馬繼業。英國人將薩夫達・阿里同父異母的兄弟推上王位後，必須決定下一步該怎麼走，他們應該留下來，還是應該撤軍呢？英軍擔心一旦撤軍，便會被外界視為軟弱而非寬宏大量的表現，於是最後決定留下。除了在當地駐紮一小支英軍，藉此阻絕諸如格隆姆切夫斯基、雅諾夫一類的入侵者外，他們也指派一位政治官永久駐留該地，協助新的統治者進行決策；於是罕薩和納加爾（納加爾年邁的統治者獲准繼續留在王位上）便在實質上成為英屬印度的一部分了。據說俄國外交部長吉爾斯在聽到消息後，曾憤慨地說：「他們在我們面前用力關上大門。」

這次被英國人捷足先登了，但就算英國人對於在罕薩的勝利感到滿意或安心，這種狀況也不會持續太久，因為在印度北疆的其他地區，俄國人又再次展開行動。外界逐漸意識到，俄國軍方的影響力重新壓過外交部，即使是近期才被聖彼得堡政府斥責的雅諾夫，據報也都回到帕米爾地區。到了一八九三年夏天，俄軍又和阿富汗人發生兩次衝突，並在他們宣稱是俄國領土的地區，摧毀了一座中國堡壘。雖然俄國人這次並沒有和英國人進行正面衝突，但駐吉爾吉特的杜蘭，以及駐喀什噶爾的馬繼業似乎都很確定一件事：「不論會帶來什麼後果，俄國人正計畫在英國人能準備反擊前，先行佔領帕米爾地區。」阿富汗人和中國人也無法讓人放心，因為他們抵抗俄國入侵的意志正快速瓦解當中。

即使是格萊斯頓，也開始感到憂心了——由於托瑞黨在一八九二年的大選之中落敗，因此格萊斯頓當時剛在英國重返執政。當時擔任他的外相，同時也將會成為下一任英國首相的羅斯伯里勳爵，曾經提出警告：「局勢現在已經進入到了難關，英國女王的政府不能繼續保持純然的被動。」格萊斯頓的解決方法，是催促聖彼得堡同意組成一個聯合邊界委員會，也就是俄國人曾假裝樂見的想法。然而，一如羅斯伯里所警告的，俄國軍方顯然想延遲任何關於邊界的協議，直到他們佔領所有想要的地區為止。俄國人佔領伯寨袞巴茲（也就是前一次帕米爾危機的引爆點）的消息，也再次呼應羅斯伯里的警告。但事情還沒完，長期被許多戰略家視為比罕薩更容易被俄國滲透的契特拉，當時又出現一場嚴重的危機：「契特拉年邁的統治者過世後，當地便因為家族內部對王位的鬥爭而陷入混亂，導致契特拉在接下來的三年內換了五名統治者。」

截至當時為止，英國人都仰賴和契特拉的條約，藉此將哥薩克人或其他英國不樂見的人阻擋在外；但阿曼穆爾克駕崩後，英國人便不再那麼自信這種安排能持續下去，因為這取決於他的十六名兒子最後誰會登上王位；與此同時，哥薩克人也很有可能會填補這個真空狀態（至少有些人是這樣認為的）。駐吉爾吉特的杜蘭警告道：「由於俄國人在帕米爾地區設有據點，陷入混亂狀態的契特拉對我們來說，就會是一個非常危險的鄰居，對俄國人的陰謀和干涉措施來說，則會是一個非常誘人的施展場域，這是我們無法容忍的。」如果我們可以透過聖彼得堡的媒體進行判斷的話，那麼英國人確實有各種理由需要擔心。《光明報》（*Svet*）呼籲，俄國人應該興建一條軍事公路向南穿越帕米爾地區，並在帕米爾和興都庫什的山口上升起俄國國旗，甚至要求將契特拉納入沙皇的「保護」之下。雖然這種呼籲和外交部的說法南轅北轍，卻也毫無疑問地，說出了俄軍每位軍官和士兵的心聲，甚至也很有可能呼應了戰爭部長本人的想法。

根據研究該時期的蘇聯歷史學家哈爾芬的說法，沙皇底下的部會首長和幕僚，對於應該在帕米爾地區採取什麼行動也無法取得共識。他堅稱，俄國人對於杜蘭和楊哈斯本這樣的英國政治官的行動，以及英國對罕薩、納加爾的兼併，都感到非常的緊張，儘管自由派政府重新掌權一事，一如往常地也讓他們安心了一些。雖然以戰爭部長為首的鷹派人士，都在敦促沙皇採取積極擴張的態度，但以吉爾斯為首的鴿派人士，卻偏好採用外交途徑來解決爭端，並指出俄國內部當時也有許多嚴重的問題（光是饑荒就奪走五十萬人的性命），因此不可能與英國正面衝突。再說，反正日後發生戰爭，俄國隨時都能取得那些地區，他們為什麼要急著選在這個時候就和英國發生爭端呢？當然英國人當時對於這些討論並不知情，有鑒於俄國報章媒體上充斥著好戰的言論，而聖彼得堡又一向說一套做一套，因此我們也很難責怪當時英國人會如此不安。

與此同時，契特拉的王位鬥爭仍在持續進行中，而且一次比一次還要更加血腥。英國人在爭端中起初保持中立，希望支持最後勝出的統治者，但他們很快就發現自己也被捲入最激烈的局勢中，想要再次脫身將會比之前還要困難許多。

第三十五章
契特拉爭奪戰

直到今日，契特拉都仍和當年一樣偏遠，在圍繞契特拉的空曠谷地裡，只聽得見老鷹憂鬱的叫聲、偶爾會經過的吉普車聲，以及源自冰河的湍急洪流，流經陡峭峽谷時所發出的轟隆巨響。然而，在中亞大競逐的年代裡，途經此地的人，有時也會聽到一種不祥的聲音：「火槍的爆裂聲」。當時這個地區並不歡迎外來的陌生人；除非受到統治者的邀請，否則歐洲人是不敢冒險進入那裡的，而且就算進去也一定會帶上武裝護衛隊。

前往契特拉的路程至今依然不算好走，如果從東邊的吉爾吉特出發，必須搭乘吉普車經歷約三百多公里、驚心動魄的車程（幾乎全程都必須使用低速檔），沿著只有一個車身寬的狹窄車道前進，而且一旁就是令人頭暈目眩、幾百公尺深的山谷，這條路線也經常會因為某些路段坍方而中斷好幾天；然而，這趟車程並非沒有回報，因為它穿越的地區擁有世界上最壯麗的山景，除非有人想在深度及腰的積雪裡苦行，否則在冬季裡，這條公路（如果我們還能稱它為「路」的話）便會暫時封閉，而且公路的最高點——海拔約三千六百公尺的申杜爾山口（Shandur Pass），也會被白雪覆蓋。除了坐飛機外，想抵達契特拉的唯一一個替代路線，就是從南邊經由斯瓦特（Swat），沿著一條犧牲了五百條人命才興建而成的公路前去。即便如此，在冬季裡，電報線的柱子有時依然會被埋在雪裡，而電報線距離積雪甚至不到三十公分。但不管走哪條路線，旅客在抵達那裡的時候，都會知道那裡肯定就是契特拉，因為曾經作為王宮的雄偉契特拉堡壘，就聳立在河流的轉折處——而本章描述的事件，大部分就發生在這座堡壘裡。

阿曼穆爾克於一八九二年八月逝世後，第一位奪得王位的是他的兒子阿富祖爾（Afzur），他當時正好就在契特拉，並立刻殺害幾名同父異母的兄弟，以免他們與其競爭王位；但阿曼穆爾克最大的敵手，其實是他的哥哥尼贊姆（Nizam）——當時正在雅辛打獵。於是阿富祖爾帶著一大支部隊，出發前去尋找尼贊姆，希望也能除掉他。然而，尼贊姆的動作很快，已經逃到吉爾吉特，在那裡尋求英國人的保護，英國政府同意為他提供保護，並且靜待王位鬥爭的結果。就在此時，第三位競爭者也加入戰局——阿曼穆爾克的弟弟謝爾（Sher），當時以阿布杜爾·拉赫曼賓客的身分，在喀布爾流亡（阿布杜爾·拉赫曼對鄰國契特拉抱持高度興趣）。阿布杜爾·拉赫曼非常希望看到自己屬意的人選登上王位，於是在他的鼓動下，謝爾便帶著一小群支持者偷偷地啟程前往契特拉。謝爾接著透過詭計，將阿富祖爾引誘到堡壘兼王宮的城門，並在那裡槍殺他，於是契特拉人便開始轉向效忠這位新的王位繼承人，儘管此一狀況並沒能維持太久。

尼贊姆在吉爾吉特聽到自己的弟弟被殺害後，便立刻啟程返回契特拉，試著從叔叔那邊奪回其繼承權，當時英國人認為尼贊姆比起謝爾等其他人而言是更好的人選，因此選擇支持尼贊姆。大量追隨者在尼贊姆向西進軍的過程中加入了他的行列，其中包括一千兩百名被謝爾派去阻擊他的契特拉士兵。他們在謝爾短暫統治期間就已看穿，當初對他們承諾的房子、土地、財富和嬌妻，其實全都是場謊言；謝爾知道自己能留在王位上的機會微乎其微，於是快速地逃回到阿富汗。尼贊姆一抵達契特拉的都城便立即宣布自己才是父親的合法繼承人，英國人正式承認他的統治，並在看見他們支持的對象登上王位、契特拉也再次恢復穩定後，便鬆了一口氣通——往印度的另一扇大門，也在俄國的眼前關上了。

然而，加爾各答注定無法一直高枕無憂，不到一年後，契特拉便再次陷入混亂。這次的受害者輪到尼贊姆：「有次他和自己同父異母的弟弟阿米爾（Amir）一起打獵，卻在旅途中遭到阿米爾刺殺。」其實尼贊姆原本想要用傳統的方式除掉阿米爾，卻遭到英國人勸阻。魯莽的阿米爾於是宣布自己將成為兩年多以來，契特拉的第四位新國王，但他顯然並不足以擔當此一職位；與此同時，阿米爾也透過政治官古爾頓中尉（Lieutenant Gurdon），要求加爾各答立即承認其統治地位（在尼贊姆的要求下，古爾頓當時駐在契特拉）。古爾頓知道，由於阿米爾刺殺了尼贊姆，因此加爾各答是絕對不會承認其合法地位的，於是古爾頓開始拖延時間，並表示只有印度副王能進行如此重大的宣布，而他仍在等待副王的回覆；與此同時，古爾頓也提醒吉爾吉特，一旦阿米爾發現英國人將會懲罰而非承認其統治地位，可能會製造一些嚴重的麻煩。也有傳聞指出，阿米爾當時已在尋求其他盟友和他一起對抗英國人了。

幸運的是，阿米爾尋求的盟友並非俄國人，而是位在契特拉南方的烏姆拉汗（Umra Khan），亦即今日被稱作斯瓦特的地區在當時的統治者。傳言很快便傳到吉爾吉特：「據說阿米爾以為的新盟友，正準備出動三千名帕坦士兵進攻契特拉。」人們私底下傳言，雖然烏姆拉汗表面答應支援阿米爾，但其實是想兼併契特拉。不過不論烏姆拉汗的動機為何，對英國人來說，有件事是確定的：「如果俄國人想要利用這個局面，那麼通往印度北部的大門便再次被微微地打開了。」距離契特拉最近的英國據點就是吉爾吉特；當地駐紮的英國高階軍官，當時已經變成由軍醫轉任政治官的喬治．羅伯森少校（Major George Robertson），由他接替杜蘭的位置。羅伯森意識到，古爾頓中尉當時置身在巨大的危險中，而這個在戰略上非常重要的國家，也很有可能會陷入動盪，因此他立刻便帶著能召集到的四百名士兵啟程前往契特拉。抵達契特拉的都城後，他將無力治國的阿米爾拉下王位，並暫時以阿米爾最年幼的弟弟取而代之（雖然那男孩當時只有十二歲，但頭腦非常聰明）；與此同時，古爾頓也對烏姆拉汗提出嚴厲警告，命令他和軍隊掉頭離開，並表示如果烏姆拉汗沒有在一八九五年四月一日前撤軍（亦即四週後），一支英國勁旅便會從白沙瓦穿過其領土，向北前去討伐並將他逐出契特拉的領土；古爾頓還告訴他，英國已經動員這支勁旅，如果有需要的話隨時都能出征。

就在此時，情勢突然變得對羅伯森與其士兵非常不利，出人意料地，謝爾此時從阿富汗回來加入戰局；雖然他原本不太可能和烏姆拉汗走得太近，此時卻成為他的盟友。兩人已經達成協議：「如果他們能成功擊退英國人，便會共同瓜分契特拉。謝爾將會登上王位；而烏姆拉汗則會獲得垂涎已久、位在契特拉南部的領土。」雖然他們是否真有打算實現這些承諾，在當時還是個未定數，但他們的聯軍卻為羅伯森人數不多、位於契特拉的部隊帶來嚴重威脅。意識到危機後，羅伯森將其士兵移進堡壘，萬一敵軍採取圍城戰術，那裡就是最適合抵抗敵軍的地方；這麼做也讓契特拉人深深地感到自己被冒犯了，因為這座據點同時也容納著王宮、後宮以及國庫，看到堡壘被歐洲軍官以其喀什米爾與錫克士兵佔據，簡直就是奇恥大辱。羅伯森起初獲得大多數契特拉人的支持和贊同，因為他們並不喜歡烏姆拉汗與其驍勇善戰的帕坦士兵，也完全不希望自己的家園被他們佔領；然而，羅伯森卻因為霸佔王宮而失去他們對他的好感。

戰爭在三月三日展開，當時堡壘裡收到傳言：「謝爾正帶著一大群支持者，逐漸接近契特拉。」由於羅伯森並不清楚敵軍的規模和實力，也不知道謝爾確切的目的為何，因此決定派出一支偵查隊前去調查。由於他是政治官而非職業軍人，因此他將軍營的防衛工作交由柯林．坎貝爾上尉（Captain Colin Campbell）負責。但帶領偵查隊的坎貝爾嚴重低估敵軍的戰力；他和手下的喀什米爾士兵在歷經一場激烈的戰役後死傷慘重，只能暫時撤回堡壘裡。坎貝爾自己也受了重傷，而另一名軍官則傷重不治；後來這位年輕的醫官因為在猛烈的砲火中，將一位傷勢危急的士兵揹回堡壘裡，而獲頒維多利亞勳章。這起戰役最後讓英軍犧牲二十三人，並造成三十三名官兵受傷，在偵查敵軍戰力的過程中付出高昂代價，也嚴重影響軍營裡的士氣。

事情還不只如此，一小支喀什米爾部隊當時在羅伯森不知情的情況下，由兩名英國中尉領軍從吉爾吉特出發，準備將羅伯森急迫需要的彈藥帶往契特拉，卻中了契特拉人的埋伏。他們在犧牲幾名士兵後，抵達一處由石屋組成的小型聚落，在那裡找尋掩護；在那裡被包圍幾天後，有天一位信使舉著白旗前來，告訴他們謝爾派他前來下令停戰。信使告訴那兩名英國軍官，他們在契特拉和羅伯森的部隊交戰後，已經恢復友好關係了，而謝爾也保證會讓他們安全地繼續前進。於是雙方達成停火協議，兩名英軍中尉中較年長的那位也和敵軍指揮官會面，而敵軍指揮官和其他契特拉資深官員，也向他保證停戰的提議是出自真心的；為了表現出真誠的樣子，他們甚至還為英軍提供他們亟需的食物和飲水。那兩名英國軍官知道，他們不可能永遠這樣僵持下去，而且也不太可能有援軍前來，因此他們除了相信契特拉人外，並沒有其他選擇。

這場中亞式的騙局接下來有了非常不尋常的發展，契特拉人的指揮官宣布，為了慶祝他們剛達成的協議，他的手下將會在英軍陣地前方的開闊場地上，為他們表演一場馬球比賽，而那兩名英國軍官則會以貴賓的身分受邀前去觀賽。他們不希望冒犯那些契特拉人，於是答應了這個邀請，但他們依然謹慎地將自己安排在士兵掩護得到的位置，以防受騙上當。比賽在沒有任何異狀的情況下展開了，但契特拉人在比賽一結束後便開始跳舞，彷彿那是他們的習俗一般；突然間，幾名契特拉人擋在兩位中尉以及掩護他們的槍手間，短暫地阻擋了射程。這是他們精心規劃的結果，兩位英國軍官在這短暫的空檔中被制伏了，喀什米爾士兵見狀後立即開火，卻為時已晚；契特拉人將那兩位軍官拖在後面，趕往一道石牆背後尋找掩護。少了軍官指揮，喀什米爾人很快便被攻破，大部分人最後都慘遭殺害。那些原本要送去給羅伯森的彈藥來不及被摧毀，於是盡數落入敵軍手裡，這些彈藥在不久後便會派上用場。

與此同時，契特拉的情況正在持續惡化當中，此時羅伯森與其士兵被一群人數遠多於他們的敵軍包圍，那些士兵配有現代化的步槍，但幸好沒有大砲。除了五名英國軍官，以及將近四百名的本地士兵外，羅伯森在城裡還有超過一百名的非作戰人員，其中包括僕人、文書職員，以及一些追隨他的契特拉人。他們必須解決所有人的伙食，但城裡的食物只夠他們支撐一個多月，因此每人的食物配給都減半了；此外，他們的彈藥也不夠，每位士兵只有大約三百發子彈。不過面積大約六十七平方公尺的堡壘就佇在契特拉河岸邊，因此至少可以確保供水無虞。這座堡壘由厚重的石塊建造而成，城牆高約七、八公尺，厚度則有兩公尺半，堡壘四個角落都設有一座結實的高塔，塔身比城牆高出大約六公尺；第五座高塔則突出於河面上，目的是為了保護運水的人，而且他們當時又建了一座有遮蔽的通道通往河邊，距離大約是二十步的路程。以上就是關於堡壘強度的資訊。

這座堡壘也有幾項嚴重弱點：「它的周圍有一叢高大的樹木，狙擊手可以輕易地從樹上對堡壘裡開槍，因此駐守在另一邊城牆上的士兵，便很容易從背後遭到攻擊；為了保護他們不被射殺，他們必須建造土夯的亭子以及厚重的木門作為掩護。堡壘外圍還有幾個土夯的附屬建築物，非常靠近城牆邊，既阻擋了守軍的火線，也為攻城的敵軍提供了掩護。堡壘當初在規劃建造的時候，也沒有把現代化的步槍考慮進去，因為如果敵人佔據河對岸能俯瞰堡壘的高聳峭壁，就能輕易地使用步槍對堡壘進行射擊。堡壘的另一項弱點，則是在建造時使用大量的木材，因此敵軍一但使用火攻將一發不可收拾。」英軍將非作戰人員組織為管火的警戒和巡視隊，睡覺時一旁也會放著裝滿水的皮袋；為了提振士氣，也為了表示英軍對敵軍的反抗，他們臨時縫製了一張英國國旗，並將其懸掛在其中一座高塔上；與此同時，他們也在深夜裡偷偷派出信得過的信使，前去離他們最近的英國據點，將英軍被圍攻的消息傳遞出去。

敵軍除了不斷狙擊、奪走幾名士兵的性命外，在第一個月裡並沒有對堡壘發動大型攻勢；雙方甚至一度進行了和平談判，但謝爾要求英國人必須撤出契特拉，也保證會讓他們安全離去。羅伯森知道包圍他們的敵軍人數遠高於他們，也知道他們處於弱勢，因此決定假裝配合，希望盡可能地拖延時間，讓援軍來得及為其解圍；此外，羅伯森也刻意讓敵軍得知雖然他們彈藥充足，但食物短缺的問題已經愈來愈嚴重，他希望藉此讓謝爾和烏姆拉汗（他們當時已經在契特拉會師了）以為，堡壘裡的人很快就會因為飢餓而被迫投降。不過敵軍很快就知道羅伯森的目的，並突然停止與其接觸，他們接著對堡壘認真地發動幾次攻擊，甚至還多次嘗試使用火攻，但英軍最後都成功地擊退一波波攻勢；儘管如此，契特拉人仍持續擴張防禦工事，距離城牆愈來愈近。到了四月五日，敵軍攻佔一座老舊的避暑小屋，那裡距離堡壘只有五十公尺左右；隔天他們又在距離主城門只有四十公尺左右的位置，用厚重的木材興建了防禦工事。

緊接著發生的事情，是截至當時為止他們遇到最嚴重的威脅。四月七日，敵軍先是攻擊通往河邊那條有遮蔽的通道，而躲在樹叢裡的槍手也不斷猛烈開火，但這些行動只是為了轉移英軍的注意力，讓一小群士兵可以爬上另一邊的城牆而不會被發現。敵軍選了一個很好的時間點，因為當時風非常強勁，幾分鐘內東南側的高塔便陷入火海（主要是因為高塔裡使用了木製的托樑）。羅伯森知道如果不趕緊撲滅火勢，那座高塔很快就會倒塌，並在城牆上撞出一處缺口；由於敵軍人數多於他們，想要守住牆上的缺口幾乎是不可能的事。在羅伯森的親自帶領下，所有能空出手的人都被帶去救火了，敵軍在他們試圖撲滅火勢的同時，也對他們猛烈開火，最後導致兩人喪生、九人受傷；羅伯森本人的肩膀也中彈了。但五個小時後，英軍還是成功撲滅了火勢。

當時的情況可謂千鈞一髮，不過更危險的還在後頭。四天後，英軍在夜裡聽見被敵軍佔據的避暑小屋中傳出狂歡熱鬧的聲音，吵鬧的鼓和笛子聲，不時被敵軍嘲笑堡壘裡的英軍的叫聲給打斷。接下來的每個夜晚裡，都會傳來這樣的喧鬧聲，而英軍花了一些時間才終於意識到敵軍當時在玩什麼把戲。英軍幾乎可以肯定敵軍當時正在挖掘一座地道，通往距離堡壘最近的城牆邊，而之所以要發出喧鬧聲，就是為了掩蓋挖掘地道的聲音，至於挖掘地道的目的，則是為了利用從運送彈藥的英軍部隊那邊繳獲的炸藥，藉此炸開堡壘的城牆。當天晚上，有位哨兵回報隱約聽到地底下有人正在使用鐵鎬的聲音，但軍官們並沒有聽到任何聲音，但到了隔天早上，他們發現那位哨兵說的沒錯。契特拉人的工兵當時距離城牆已不到四公尺，一般來說他們可以使用反布雷的方式對付這種威脅，然而那座地道當時距離他們已經太近，因此無法實施這種戰術。英軍沒有時間可以浪費了，以免敵軍知道他們已經發現地道而提早引爆炸藥，他們只有一個方法：「必須馬上對那間避暑小屋發起進攻，摧毀掉那座地道。」

英軍選出四十位錫克士兵以及六十位喀什米爾人，在一位英國中尉軍官的帶領下進行這場任務。當天下午四點，他們以迅雷不及掩耳的速度悄悄打開東邊的城門，讓負責攻擊任務的士兵直接衝向避暑小屋。敵軍被此一突如其來的行動嚇到了，只擊斃兩名英軍；攻擊部隊在不到幾秒的時間裡，便進到小屋裡，裡頭的三十多名敵軍士兵一看到英軍的刺刀便嚇得落荒而逃；他們安排了幾人固守陣地，以防敵軍發起反攻，而英國軍官和其他人則開始急忙搜尋進入地道的入口。他們很快就在庭園牆壁的後面找到地道入口，並從裡頭拖出至少二十二名契特拉人，他們的眼睛都因為無法適應白天的光線而瞇了起來，錫克士兵接著用刺刀將他們一一處決，不過中尉軍官最後留下兩名活口，因為上頭命令必須帶回幾名俘虜詳加訊問。攻擊部隊接著引爆敵軍留下的炸藥，摧毀了那座地道，其爆炸威力之大，讓那位英國軍官都跌了個踉蹌，甚至好幾名錫克士兵的鬍子和頭巾邊緣也燒焦了。

他們接下來要面對的是這場行動中最危險的部分：「在敵軍猛烈開火的情況下，讓攻擊部隊安全回到堡壘裡。」多虧英軍士兵在城牆上開火掩護，他們奇蹟似地沒有傷亡安全回到堡壘。雖然這場突襲行動讓英軍一共犧牲八名士兵，卻毫無疑問地挽救了更多人的性命——甚至可以說他們解救了整個英軍部隊。看到士兵從城門回到堡壘裡，原本在其中一座高塔上觀察整起行動的羅伯森便趕緊衝下來向士兵們道賀，他後來寫道：「那些錫克士兵依然非常興奮，紛紛擠向前來描述自己殺了幾人，並展示他們血跡斑斑的刺刀和濺滿鮮血的臉龐。」他提到錫克士兵「看起來都像是處於一種宗教的狂喜狀態」。此時英軍已被包圍四十七天了，他們沒有收到任何關於外界動態的消息，甚至連之前派出的信使有沒有成功抵達目的地都不知道；食物、彈藥的存量都已經嚴重不足，部隊裡的士氣也愈來愈低落，而且很多人拿到的步槍本來就不是新的，到了此時也已經無法作動了。羅伯森和其他軍官心裡明白，如果援軍再不來，他們很快就會被迫投降，或是被敵軍攻破。但成功破壞地道這件事，也為他們帶來一絲希望，英軍在訊問那兩名俘虜後得知，從吉爾吉特過來的路上曾發生一些戰役，英軍每人都在想，這是否代表援軍終於在前來的路上了？他們很快就會知道答案。

雖然在契特拉的英軍無法知道，但當時有兩支英軍部隊正趕往契特拉，其中一支從南邊來，另一支則從東邊過去。英軍被圍困的消息剛傳到印度時，派兵前往斯瓦特和契特拉的準備工作仍在緩慢地進行中，因為外界並不認為羅伯森會馬上就遇到危險。況且，英國方面已對敵軍定出期限，要求他們在四月一日前撤軍，而英國也以為敵軍會遵從此一要求。然而，當他們開始得知羅伯森與其人數不多的部隊已遭圍攻，而從吉爾吉特運送彈藥過去的部隊也遭埋伏攻擊、兩名軍官落入謝爾手裡，這種原本鬆懈自滿的狀態突然便轉變成一陣恐慌。此類幾位英國軍官帶著效忠於他們的本地士兵，在某處位置偏遠、風景如畫的堡壘裡抵擋狂瀾的畫面，也讓他們想起近期在蘇丹發生的悲劇。《畫報》（*The Graphic*）宣稱：「這就是喀土穆的事件再次重演。」那些記憶力稍好的人，都還記得本恩斯、麥克諾滕、卡瓦格納里、柯諾里、史多達特，以及其他因為東方人的詭計，而在印度境外遇難的人物。主管防衛事務的官員害怕這次會和喀土穆那時一樣，援軍主力部隊出現得太晚，因此決定從吉爾吉特派出第二支規模較小的部隊。

駐守吉爾吉特的英軍當時愈來愈擔心，事端可能會從契特拉向東邊蔓延開來，因此他們可以從軍營裡調動的士兵，只有四百名錫克先鋒兵（Sikh Pioneers）。雖然這些士兵主要用來修築道路，但因為他們健壯結實的體格，也被當作軍人訓練，亦都展現出可敬的軍人模樣；此外，他們將由能力過人、邊境經驗豐富的詹姆士．凱利上校（Colonel James Kelly）領軍。即便如此，雖然又有四十名喀什米爾挖掘工兵以及兩門山砲加入他們的行列，但對於這樣一項艱難的任務來說，這支部隊的規模依然小得可憐。不過出人意料的是，原本和英國敵對的罕薩和納加爾，卻願意提供英軍九百名非正規兵，也因而扭轉了英軍的頹勢。凱利手下的一位軍官，曾經稱那些非正規兵是「傑出的軍人」、「他們是吃苦耐勞、體格強壯的山民，不曾感到疲勞。」英國人感激地接受罕薩和納加爾政府提供的士兵，並在吉爾吉特對他們發放現代化步槍；為了避免將其誤認為敵軍，英國人也發了紅布給他們，讓他們纏繞在帽子上；他們之中的一百人將歸於凱利的部隊，而其他人則會在英軍撤退的時候駐守在各山口。

凱利幾乎沒有時間可以準備軍隊、擬定計畫，他收到的命令是立刻出發，因為如果想避免羅伯森與其士兵落得和戈登將軍一樣的下場，每一天、甚至每個小時都很關鍵。前方的路並不好走，在超過三百公里的路程中，等待他們的是深厚的積雪、世界上最惡劣的地形；他們必須徒手穿越那些地區、那些給馬走的道路和峽谷，而且上方還可能有守株待兔的狙擊手。為了以最快的速度前進，凱利的部隊並沒有攜帶帳篷；他們最後在三月二十三日離開吉爾吉特；一週後，羅伯特．羅爵士少將（Major-General Sir Robert Low）領軍的一萬五千人援兵主力部隊也從白沙瓦向北出發。於是趕往契特拉救援的征途，就這樣展開了。

法蘭西斯．楊哈斯本上尉也跟著羅少將的軍隊一起出發；他之前曾以政治官的身分在契特拉服務過一段時間，這次也受《泰晤士報》的邀請擔任特派記者，跟著部隊進行採訪。楊哈斯本的看法和一些人不太一樣，他不認為這場危機是俄國人在背後主導的，但他也把這次出兵的動員過程視為一場預演，以應對未來俄國人在印度北疆的行動。這支部隊由三個步兵旅、兩個騎兵旅、四個山砲的砲兵連，以及幾個比較小的單位組成；很多人認為英方其實根本無需派出如此龐大而笨重的編制，何況在這起行動中，速度比火力更重要。不過部隊啟程後的移動速度非常快，並且一連進行幾場快速的戰役，擊敗幾處防守嚴密的敵軍陣地。羅少將的士兵於四月三日，對海拔一千公尺左右、通往斯瓦特的馬拉根德山口（Malakand Pass）發動攻擊，烏姆拉汗當時在那裡派駐一萬兩千名帕坦士兵；英軍在西邊的另一處與馬拉根德平行的山口發起佯攻，讓那些帕坦士兵有些意外；於是那些帕坦士兵奮力回擊，但他們當時面對的是英國最精銳的步兵部隊，其中包括國王皇家步槍隊（King's Royal Rifles），以及戈登高地部隊（Gordon Highlanders），因此最後依然被迫潰逃，留下許多陣亡士兵和傷兵在原地。在這場關鍵的戰役裡，英軍的死傷人數只有七十人。

兩天後，一支指南騎兵隊在光天化日下，成功攔截了一支兩千人的敵軍部隊，一陣屠殺後，剩餘的敵軍開始四散潰逃，而英軍則沒有受到太多損傷。四月十三日，指南步兵隊的一個營和人數遠多於己方的敵軍交戰，最後以自損十多名官兵，殲敵六百人的戰績大獲全勝——不過在這場戰役中喪生的也包括一位英軍上校，他當時站在一處能綜觀全局的地方指揮軍隊作戰，卻突然遭到子彈射穿腹部。四天後，敵軍士氣快速瓦解，而烏姆拉汗的追隨者則準備在其位於孟達（Munda）的王宮兼據點裡進行抵抗；但他們在發現自己根本沒有機會擊敗英軍後，便開始往山林裡逃竄。羅少將手下的軍官在那個軍事堡壘裡發現一封信，來自一間位於孟買的蘇格蘭公司；根據楊哈斯本所述，那間公司提議對烏姆拉汗提供一些「昂貴的設備，包括武器和彈藥，比如價值三千七百盧比的馬克沁機槍（Maxim Gun），以及三十四盧比的左輪手槍」。但事實上，這些東西最後都沒有送來，因為英國的政治官早已收到風聲，而那間公司也已遭勒令離開印度了。

令人擔心的是，他們截至當時都仍未聽到在契特拉被圍攻的英軍部隊的消息，沒有人知道究竟發生了什麼事，但羅伯森與其士兵們很可能早已全部遇害了；他們也不知道凱利上校的部隊當時移動到什麼地方了。不過既然孟達當時已在英軍掌控之下，羅少將的部隊前往目的地的路途，現在就只剩下一個障礙了：「海拔三千公尺、被白雪覆蓋的洛瓦萊山口（Lowarai Pass），也就是從南邊進入契特拉的門戶。」只要他們能跨過那座山口，就只需要和時間賽跑就行了，看看他們和凱利從東邊過去、人數不多的部隊，誰會先抵達那裡。由於全英國都正焦急地關心戰況，因此羅少將與其手下的軍官們，都決意要率先抵達契特拉。

與此同時，凱利與其手下則在艱苦地穿越山脈，起初他們沒有遇到任何反抗，因為契特拉人完全沒料到居然有人會在這個季節裡，循著這條艱難的路線而來。凱利的部隊在三月三十日跨過海拔約三千公尺的雪線，而路程也開始變得愈來愈困難，他們在大雪中努力前行時，對士兵發放了墨鏡，以免發生雪盲問題；由於他們沒有帳篷，因此夜裡只能在外露宿。這對被雇來運送軍隊口糧的苦力來說，實在太難受了，因此他們在雪地上的第一晚，就帶著載滿貨物的馬匹逃跑了，不過他們最後還是遭到追捕，從那時起便受到嚴密的監視。但凱利一行人依然沒有看到敵軍的蹤跡。

凱利一行人的第一個考驗，將會在兩天後登場：「海拔約三千六百公尺的申杜爾山口。」為了帶著兩門山砲跨越這座山口，他們每人都知道這將會是一項非常困難，甚至不可能完成的任務。他們的第一次嘗試失敗了，因為運送大砲和彈藥的驢子已經精疲力竭不願再前進；當時已有兩頭驢子隨著背上背負的重要物資一同滾下約三十公尺高的斜坡，跌進非常深的積雪中差點救不回來。對於人類來說，跨越山口的路程也沒有簡單到哪裡去，有些人已經全身濕透、開始凍傷；他們發現自己陷在積雪裡動彈不得，有些地方的積雪甚至達到腋下高度；如果契特拉人有派兵駐守這座山口的話，英軍部隊應該早已全軍覆沒。四月三日，也就是兩天後，他們再次進行嘗試，並且這次凱利將部隊分成好幾組；率先前往被雪覆蓋山口的是兩百名吃苦耐勞的錫克先鋒兵，他們的任務是清出一條讓大砲可以通過的道路；凱利的工兵則製作雪橇，讓他們可以在隔天將大砲運上山口；他們在等了漫長的十二小時後，於當天深夜得知錫克兵已成功越過山口了。這場行動非常危險，而且也讓部隊暫時被分隔在山口的兩側，使其非常容易遭受攻擊。隔天一早，他們便開始進行將大砲拖上山口的危險任務，過程中有時甚至必須將大砲從雪橇上抬起，並用人力將大砲搬運過深及腰部的積雪。最終凱利一行人依然在入夜前完成了任務。

這是個非常了不起的成就，如果沒有莫大的勇氣和傑出的領導力，這項任務是不可能完成的，但他們也付出了一些代價，因為凱利的軍醫隔天便治療了至少五十五名雪盲和凍傷的士兵。但奇蹟似地，他們依然沒有看見敵軍的蹤影，而在兩天後，剩下的士兵也都安全地通過了申杜爾山口，此時凱利一行人距離契特拉只剩大約一百公里了。但從那時起，他們必須一路奮戰，因為敵軍在隔天突然發現了他們的存在；截至當時為止，契特拉人把所有力氣都放在圍城上，最近又必須開始面對羅少將部隊帶來的威脅。在接下來的戰役裡，凱利的山砲發揮極大用場；到了四月十三日，他在通往契特拉的路途上已經擊敗兩處主要陣地上的敵軍。雖然凱利一行人依然沒有聽聞關於被圍困的羅伯森部隊的消息，但五天後，他們距離契特拉只剩不到兩天的路程，而從各種跡象來看，敵軍早已逃離該地。

與此同時，羅伯森的部隊不知道援軍正在前來的路上，因此堡壘裡的氣氛變得非常低落。許多士兵都處於生病或受傷的狀態，而軍官也只能宰馬為食，沒人擺脫得了動物屍體腐爛的惡臭，以及數百人累積的排泄物和尿騷味。突然間，一切都結束了；羅伯森第一次得知敵軍已然瓦解的消息，是在四月十八日的夜裡：「據報當時有個人爬上城牆大喊，但沒有人聽得清楚他在喊什麼，那人接著退回暗處，顯然害怕自己會被開槍射殺。不過他在不久後又回來了，這次駐守在城牆上的士兵清楚地聽到他喊的內容，羅伯森在關於這場圍城事件的記錄中寫道：『他的聲音斷斷續續地穿過城牆，表示圍城的士兵已經全部跑光了。』」但他當晚依然不敢大意，猜想這很有可能是敵人的詭計。

隔天早上破曉之際，羅伯森派出一支重裝部隊前去確認實際狀況，他們不久後便確認敵軍確實已經消失，但不知道原因為何。他們趕緊託人傳話給凱利，並在當天晚上就收到回覆：「凱利希望能在隔天抵達契特拉。」雖然凱利的部隊已經跨越申杜爾山口，但契特拉人依然認為規模這麼小的軍隊，是不可能將其趕出據點的，因為他們認為那些據點是難以攻破的。此外，烏姆拉汗也答應增派兩千名帕坦士兵前去支援謝爾，好一起對堡壘發動最後攻勢，但這個承諾並沒有實現，因為烏姆拉汗自己在南邊的戰事亦十分吃緊，於是謝爾與其剩餘追隨者也逃走了。這場為期一個半月、讓守軍損失四十一名士兵的圍城行動終於結束了。

凱利的部隊於四月二十日進入契特拉時，發現羅伯森與其士兵看起來就像「會行走的骷髏」。吉爾吉特的部隊比羅少將先一步抵達契特拉——羅少將的前導部隊當時仍在洛瓦萊山口上艱難行軍。雖然敵軍已經逃走了，但沒人會懷疑凱利跨越山脈時的勇氣，也沒人會質疑他在與敵人作戰時的傑出表現，讓契特拉人不得不放棄這場戰役。圍城危機解除的消息傳抵倫敦後，有些報紙稱讚凱利完成的是「史上最了不起的戰役之一」，而此一說法也的確很少人會否認。一週後，率先從南邊抵達契特拉的人是楊哈斯本上尉，當時臨時為《泰晤士報》擔任特派記者的他，比羅少將的部隊還要超前許多；與其一同前往的還有好友羅得里克．歐文少校（Major Roderick Owen），歐文少校當時代表勒克瑙的《先驅報》（*Pioneer*）前來報導。出於謹慎，他們並沒有尋求羅少將的許可，就直接騎馬穿越敵軍的地區，因為他們知道請求一定會遭到拒絕。當天晚上，他們和羅伯森和凱利一起共進晚餐，並且一起享用了屋裡珍貴的最後一瓶白蘭地（那幢房子在阿曼穆爾克統治期間就是楊哈斯本的官邸，當時則成為謝爾進行統治的總部）。英國軍官對敵軍（尤其是帕坦人）的英勇作戰表達了高度讚許；然而，所有人都同意，真正的英雄其實是堅毅的錫克先鋒兵——在羅伯森和凱利的軍隊裡都有他們的身影，但他們在種姓制度裡卻屬於最低的階層，在作戰時則展現出堅忍的態度和高超的戰技。堡壘裡的狀況愈糟、敵軍的砲火愈猛烈，錫克士兵就愈想要擊敗對手，楊哈斯本後來寫道，真正解救整支軍隊的其實是這些錫克士兵。

不久後，烏姆拉汗也逃離戰場的消息便傳到了契特拉，他用十一頭驢子從王宮裡拉走各種金銀財寶，安全地抵達阿富汗境內，讓追兵無法抓到他。不過烏姆拉汗在逃亡前，也釋放了那兩位在馬球比賽中被俘虜的英國中尉軍官（謝爾後來將那兩位軍官交付給他）。被俘虜期間，他們受到良好的對待；

烏姆拉汗對於他們中了這種見不得人的詭計，甚至還向他們道歉，羅伯森指出：「烏姆拉汗表現得就像一位紳士一般。」此外，烏姆拉汗也比謝爾幸運許多，謝爾在逃離都城的十天後，便不幸地遇到某位敵人；那名敵人切斷了他的糧援，逼得他餓到只能投降，最後再將他及其一千五百名追隨者交給英國人。後來謝爾被放逐到印度，在印度期間他曾激動地提到烏姆拉汗：「我再也不想看到這人，他用承諾搞垮我們，然後又像隻狐狸一般逃走。」不消說，烏姆拉汗在阿富汗避難時，也曾在提到謝爾時說過類似的話。

來自契特拉的消息也讓英國舉國歡騰，因為每個人都很害怕發生最糟的情況，欣喜若狂的維多利亞女王，馬上便將由醫轉政的羅伯森醫師冊封為爵士；凱利也獲得爵位推薦，但最後成為女王的侍衛，並獲頒巴斯的三等勳章（CB）。雖然凱利未能獲得爵位（儘管很多人都認為那是他應得的獎勵），但凱利帶著一支雜牌軍英勇橫越山脈的知名事蹟，依然會永遠被軍人記住。此外，英國政府也發出十一面傑出服務勳章（DSO），而亨利．偉丘奇（Henry Whitchurch）則因為在圍城剛開始時的偵察任務中，將一名垂死的同袍軍官揹回堡壘，而獲頒維多利亞十字勳章；最後，幾位印度的本地軍官和士兵，也都因為傑出的表現而獲頒勳章或獎項，而參與這次戰事的所有官兵，也都額外獲得六個月的薪餉，以及三個月的休假。羅伯森在關於這起戰役的記錄中，稱其為「一場不太嚴重的圍城事件」，但就算真是如此，參與其中的軍人，後來有一位成為陸軍元帥，至少九位成為將軍，還有幾位則獲頒爵位；從職涯的角度來看，契特拉顯然是個值得寫進履歷裡的地名。

他們現在有個關鍵問題需要解決：「該拿契特拉怎麼辦呢？英國人應該像罕薩那樣將其兼併嗎？還是恢復其獨立地位，讓某位親英君主進行統治？」此一問題將會在軍事圈和政治圈裡成為激烈的辯論主題，而前進學派也無可避免地，無法和偏好精明無為政策的人士達成共識。為了不讓俄國人碰觸那裡，英國人已經佔領罕薩，而契特拉也是一樣，但光在前一個月裡，帕米爾地區的情勢就已經有了劇烈變化。在圍城的緊張情勢下，幾乎沒人注意到倫敦已和聖彼得堡完成一項協議，終於確定俄國在中亞地區的領土，以及阿富汗東部間的界線；此外，讓英國戰略家長期以來非常擔憂的帕米爾地區的那道缺口，也終於被填補起來。在阿布杜爾．拉赫曼的同意下，一條原本不屬於任何一方、向東延伸到中國邊界上的狹窄走廊，現在成了阿富汗的領土，雖然這條走廊的寬度在有些地方甚至不足十多公里（那是英國和俄國在中亞地區最接近彼此的地方），卻能確保英俄雙方的領土不會接壤；無可否認的是，此一協議也讓俄國人永久取得帕米爾地區的大部分領土。但英國人知道，如果聖彼得堡有天決定佔領那裡，英國本來就是幾乎沒有能力阻止的。從英國的觀點來看，至少雙方現在有一條被正式承認的邊界，是聖彼得堡不能跨越的——當然，戰爭期間就另當別論了。

很自然地，這份協議也和契特拉的問題很有關係。前進學派主張，因為新的邊界讓俄國人變得離通往契特拉和印度北部的山口更近了，因此他們變得比以往更需要留住這塊領土。印度政府也同意這種看法，並向倫敦提議在契特拉建立一個永久的軍營，同時從白沙瓦興建一條戰略公路，跨越馬拉根德山口、通往那裡，因為如果要在危機發生時，將部隊從印度移動到契特拉，僅剩的另一條路線就是經由吉爾吉特，但一如凱利已經發現的，即使到了春末，這條路線也仍會被積雪封鎖著（而且從印度通往吉爾吉特的道路也是如此）。然而，雖然存在這些支持保留契特拉的言論，羅斯伯里勳爵的自由派內閣卻決定不再捲入契特拉的事務。因此英國內閣駁回加爾各答的決定，下令不論是軍隊或政治官都不得駐在該地區，他們其中一個理由是：「維持這樣的軍營，以及興建並保護一條會經過敵對區域（也就是由帕坦人控制的領土）三百餘公里的公路，將會需要一筆非常龐大的開銷；此外，倫敦也主張，這種道路很可能會變成雙面刃，也為入侵者提供不少便利。」

不到兩個月後，由於自由派政府倒台，而索里斯伯里勳爵又再次回鍋擔任首相，因此英國政府的決定又出現逆轉。對於印度來說，更重要的或許是：「寇松被任命為外交副大臣了，他強烈呼籲首相保留契特拉，並且警告一旦英國撤出，俄國人便很有可能會佔領那裡。就算俄國人不這麼做，英國的撤軍行動也會被邊境部族認為是種軟弱的表現，尤其俄國才剛取得帕米爾地區。當時印度北部的一部分地區，已開始醞釀一些嚴重的騷亂，而撤出契特拉只是在鼓勵他們相信英國人是可以被擊退的。」寇松的論點最後佔上風，英國政府決定保留契特拉，他們將會在那裡永久駐紮兩個營的印度步兵團、山砲兵以及工兵，也會另外在馬拉根德山口，以及通往北方路線上的其他地點駐紮兩個營。

鷹派在辯論中勝出了，而接下來發生的事情，顯然也顯示出他們呼籲保留契特拉的行為是正確的。一八九八年春天，隸屬於第六十步槍兵團（the 60th Rifles）的拉爾夫・柯博德上尉（Captain Ralph Cobbold）在帕米爾地區進行「射擊之旅」時，從在那裡遇到的一位俄國邊境官員那邊得知，他們已經收到命令：「如果英軍撤出，他們就得立刻佔領契特拉。」他們已經對此擬定了「非常完整的計畫」，而偽裝身分的俄國軍官也已經拜訪過契特拉，對那裡的防禦工事和交通路線做了偵查。柯博德遇到的那位官員還指出，入侵契特拉的計畫「在費爾干納總督的餐桌上，是很常被討論到的話題」；其他俄國官員則告訴他，他們認為當時俄國和阿富汗的邊界「純粹是臨時的邊界」、「絕不會是永久的」。他們對於英國和阿富汗這側的事情瞭若指掌的程度，也讓柯博德留下深刻印象，他認為這是因為「俄國政府在印度邊界上，一直擁有廣大的諜報體系」；他還說：「偽裝身分、受俄國人信任的人，一直都在俄國邊境、喀布爾和契特拉間來回活動，而這也有助於他們獲得各種可能符合國家安全的資訊。」柯博德亦指出，他遇過的俄國官員「都無比期待著戰爭的到來」。

一如前述，在邊境服務的俄國官員，長期以來都有此類好戰的論述，那是一種維持士氣的方法，而入侵計畫的準備工作，以及情報的收集，在大多數軍隊裡，也都不過是幕僚人員日常工作的一部分而已。此外，讓英國人得知這些資訊，也能有效地刺激英國在印度地區，派駐遠大於實際需求的軍隊。這都是大競逐的一部分，不論此一來自帕米爾地區的傳言有多少真實性，聖彼得堡最後都嚴守這份協議，並沒有再繼續往阿富汗或印度擴張。俄國人已經獲得想要的大部分東西，他們不只鞏固南方漫長的邊界，萬一要和英國開戰，他們也掌握了優勢。將近一個世紀後，沙皇在中亞地區的帝國終於來到頂點，但過去經常受騙上當的英國人，卻依然無法相信真是如此。這場大競逐的最後一輪，當時即將就要展開了，而戰場也將會再次東移——這次，將會輪到西藏此一不對外人開放、被世界上最高山脈保護著的神秘禁地。

第三十六章
邁入終局

雖然英國人並不知情，但剛即位的尼古拉沙皇心裡，其實有個比兼併契特拉、甚至征服印度，都還要更偉大的願景。在他的財務大臣偉特伯爵（Count Witte）極具說服力的影響下，尼古拉沙皇希望趕在其他掠奪者佔領遠東地區前，取得遠東地區豐富的資源和廣大市場；如此一來，遠東地區將成為尼古拉沙皇的印度，俄國將會成為一個偉大的經濟與軍事強權。偉特知道如何善用有關俄國美好未來的願景，來滿足沙皇的夢想，他宣稱：「從太平洋的海岸，到喜馬拉雅山的巔峰，俄國將不只會主宰亞洲的事務，也將會主宰歐洲的事務。」他的偉大計畫可以讓俄國獲得更多資源，卻不會有戰爭的風險——至少他是這麼認為的。要從英國人手中搶走印度是一回事，但要掌控印度的貿易則是另一回事。

偉特的計畫也包括修築一條世界前所未見的偉大鐵路，這條鐵路將會橫越俄國全境，從西邊的莫斯科通往東邊的海參崴和旅順（Port Arthur，譯按：亦即亞瑟港，為包括俄國在內的西方世界，過去旅順的稱呼），全長七千兩百公里。事實上，這條鐵路當時也已經開工，同時從兩端開始興建，儘管至少需要十二年的時間才能完工。根據偉特計算，這條鐵路完工後便可在歐洲和太平洋地區之間，來回運送商品和原物料，所需時間不到水路的一半。因此他推論這條鐵路能吸引到的，將不只有俄國人的商貿運輸，也包括其他國家的交通需求，因此將會嚴重威脅到英國人的經濟動脈，也就是海上的航線。但這條鐵路的意義還不只如此：「它將可讓俄國開採西伯利亞豐富、但仍未被利用的資源，因為這條鐵路會經過西伯利亞不適人居的荒地。」來自過度擁擠的歐俄地區的所有居民，也可以沿著鐵路向東移居，在鐵路的工地裡、鐵路沿線的新城鎮裡工作。戰爭期間，這條鐵路也會扮演非常關鍵的角色，因為它可以以每小時約二十四公里的速度，將軍隊和彈藥快速運往遠東戰區，而不用擔心受到英國或其他國家海軍的干擾。」

然而，偉特提供給容易受影響的尼古拉沙皇的願景，還不僅止於此。一八九三年，也就是尼古拉登基的前一年，有位詭計多端、名為德爾智（Peter Badmayev），當時在聖彼得堡擔任蒙古語教師的布里亞特蒙古人（Buryat Mongolian，譯按：為蒙古人的一支，主要分布在貝加爾湖以東的地區），曾向亞歷山大三世提出一項野心勃勃的計畫，將包含西藏、蒙古在內的一部分中國領土，都收歸俄國人的統治。他向沙皇保證，可以藉由煽動當地人發起大規模起義行動，對抗原本就已衰弱無力、不得民心的滿清政府；如此一來，他們不需浪費一兵一卒便可達到目的，而且需要付出的代價也相對小非常多。為了實現這個計畫，德爾智還提議設立一間由他本人營運的貿易公司，而那間公司的真正目的則是煽動當地居民揭竿抵抗外來統治者；不過，亞歷山大最後拒絕了這個計畫，還說這個計畫「太不切實際……很難相信有成功的可能性」。但這並沒有阻止偉特伯爵在亞歷山大過世後重新提起這項計畫，用以激起尼古拉的擴張美夢，而且這次沙皇似乎有些動搖。德爾智的公司以兩百萬盧布的資本額成立了，而尼古拉也向其戰爭部長——庫羅帕特金將軍（General Kuropatkin）表達，希望將西藏納入俄國領土範圍內。因此，加爾各答會在這個時期，接收到愈來愈多關於俄國間諜的報告，或許也不只是巧合而已；那些間諜，通常都是尼古拉沙皇統治下、在聖彼得堡和拉薩間旅行的布里亞特蒙古人。這一切，似乎都和那名神秘的德爾智有些關聯。

不論德爾智在西藏和蒙古進行的是什麼陰謀，歐洲列強當時也都在其他遠東地區，瘋狂瓜分垂死的滿清帝國，亦都忙於投入各種行動。較晚加入這場殖民競賽的德國人，擔心讓其他強權獨佔這個世界的市場和資源，此時也急忙展開殖民行動。他們首先需要做的就是，在中國北部的海岸線上為新成立的遠東艦隊尋找一處海軍基地和加煤站。兩名德國傳教士於一八九七年十一月在中國被土匪殺害的事件，給了德國一個機會；威廉二世（Kaiser Wilhelm）的軍隊以復仇為藉口，佔領覬覦已久的膠州（也就是後來所稱的青島）；對此，北京別無選擇只能允許德國租借青島九十九年，並給予德國採礦和鐵路的特權。在接下來的混戰裡，德國和法國又進一步取得其他特權，而一直以中國守護者自居的俄國，則取得旅順此一海軍基地和不凍港及其周邊腹地。俄國人接著又取得一個關鍵的戰略特權：「中方同意讓俄國興建一條鐵路，將旅順與當時半完工的西伯利亞鐵路連結在一起。」美國也加入遠東地區的瓜分行動，於一八九八年取得了夏威夷、威克島（Wake）、關島，以及菲律賓，這些俄國、德國和日本都垂涎已久的地區。

雖然這件事發生在大競逐場域的邊緣地帶，但當時發生在印度的一些事件，卻也將為這場競賽本身帶來非常深遠的影響：「喬治．寇松這位反俄的頭號大將，被任命為印度副王了。」當時年僅三十九歲，且剛取得貴族身分的寇松，完成了從小就一直懷抱的夢想。不用說也知道，鷹派人士對此都非常高興，因為針對俄國對印度的威脅，寇松的態度一直都廣為人知。他堅信聖彼得堡的終極企圖，就是控制整個亞洲地區，而且他們會一步一步完成這個目標。這是一個永無止盡的過程，因此他們在每個階段裡都必須嚴加抵抗。寇松寫道：「如果我們讓俄國實現這些企圖，英國也依然更有資格；對此，英國無需被迫地去保衛已取得的東西，或抵抗那些小型的軍事侵入，因為那些其實都是一個更大計畫的一部分。」此外他也相信，只要英國能堅定做出行動，他們是可以阻止俄國人繼續壓境的。他宣稱：「我也不會承認，有什麼不可抵抗的命運，將會讓俄國像在喀布爾或君士坦丁堡那樣，也在波斯灣立足。在亞洲的某條線以南，俄國的未來，更多是端看我們如何進行選擇，而不是端看俄國自己有多少能耐。」不用說也知道，他被任命為印度副王一事，將會在聖彼得堡引起一陣騷動。

寇松認為，波斯（尤其是波斯灣一帶）尤其容易受到俄國人的進一步滲透。聖彼得堡已經開始想在該地區取得港口，甚至想為波斯沙赫，從伊斯法罕興建一條鐵路通往海岸地區。一八九九年四月，寇松在寫給印度事務大臣喬治．漢彌爾頓（George Hamilton）的信中提到，光是要抵抗俄國人走陸路對印度發動攻擊，就已經夠讓人擔憂了，現在他們還得擔心俄國人從海上而來。他呼籲內閣對聖彼得堡和德黑蘭表明，英國絕不允許波斯南部落入任何外國勢力的掌控中。俄國也不是唯一對波斯灣展現出興趣的國家，因為德國和法國當時也都開始挑戰英國人在該地區的優勢地位。但英國內閣似乎並沒有因此而感到不安，於是寇松寫了封信給漢米爾頓：「我不認為索里斯伯里勳爵能被說服去拯救波斯，他可能連動動手指都不會願意……我們正在慢慢地——不，我想我可以說，我們正在快速地邁向這樣一個結果：『我們在這個國家的影響力，將會完全消失。』」寇松也很擔心阿富汗——儘管英國和阿布杜爾．拉赫曼之間長期以來都有條約，和俄國也有針對北疆邊界的協議。原因是，加爾各答當時已開始接收到情報指出，外裏海地區的俄國官員（包括阿什哈巴德和梅爾夫的總督）當時正試圖直接和阿富汗的埃米爾聯繫，而不是依照聖彼得堡之前同意的，透過倫敦的外交部與之聯絡；阿布杜爾．拉赫曼最後拒絕了俄國人，因而解決了一場危機。然而，中亞大競逐的焦點此時卻轉向西藏，因為印度政府收到情資，達賴喇嘛派出的特使在一年內便拜訪了聖彼得堡兩次，而沙皇也熱情地接待了他。

這位特使是一位布里亞特蒙古人，名叫阿冠．朵爾季耶夫（Aguan Dorjiev，譯按：中文譯名另作德爾智）；俄國人總是堅稱他來往俄國的行程純粹是宗教性的，也沒有任何政治上的意義；無可否認的是，沙皇在西伯利亞南部，確實有很多信奉藏傳佛教的布里亞特子民；因此，一位基督徒元首和一位佛教徒統治者之間的來往，有什麼能比宗教上的接觸，還更加理所當然的呢？但寇松並不相信這種說法；他堅信朵爾季耶夫根本就不是單純的和尚，而是在代替尼古拉沙皇威脅英國在亞洲的利益；他們後來也發現朵爾季耶夫也是彼得．德爾智的好友，而後者當時成了沙皇的顧問，負責對西藏事務提供建議，因此也證實了寇松的猜測。我們幾乎不可能知道真正的實情為何，但今日大多數的學者都認為，英國人當時的擔憂基本上是毫無根據的，而且尼古拉自己也有太多問題要煩惱，根本無暇顧及西藏。但威爾海姆．菲爾西納（Wilhelm Filchner）這位備受尊崇的德國旅行家兼中亞學者，曾在一九二四年宣稱，從一九〇〇年至一九〇二年間，聖彼得堡曾經全力試圖將西藏納為俄國的領土。菲爾西納在他的《亞洲風暴：一位外交密使的經驗》（*Storm Over Asia: Experiences of a Secret Diplomatic Agent*）中，詳細描述了一位名叫策仁丕勒（Zerempil）的布里亞特蒙古人的行動，這人甚至比德爾智或朵爾季耶夫都還更加神秘，但和他們都存在密切的關聯；菲爾西納宣稱，策仁丕勒被俄國總參謀部的「印度組」用來將武器走私進入西藏。如果策仁丕勒這人真的存在（據說他曾以幾個不同的名字和身分行動），那麼他便成功地躲過了英國情報部門的眼線，因為當時的檔案並沒有提到過這個人。

然而，讓新上任的印度副王（編按：寇松）終於相信，拉薩正和聖彼得堡互通款曲的，其實並不是俄國人，而是西藏人自己的行為。他曾寫信給達賴喇嘛兩次，提及貿易和其他事務的問題，但達賴喇嘛的信兩次都在未開封的情況下被退回；而且達賴喇嘛和俄國人的關係似乎很好，就連聖彼得堡的報紙也都開始如此宣稱。一方面，寇松確實感到非常擔憂，深怕他們在其背後訂定密約；另一方面，他也覺得自己受到侮辱，因為英國政府居然被達賴喇嘛這種在政治上無足輕重的人物給冷落了。到了一九〇三年初，他相信對印度政府來說，唯一有效的方法就是派遣一位特使團前去拉薩（如有必要也可使用武力），找出俄國人究竟在那裡進行什麼行動，並為英國和西藏的關係建立一個堅實、恰當的基礎。

寇松發現，當時剛與布爾人（Boers，譯按：亦即南非的白人移民後裔）打完一場令人難堪、不得人心的戰爭，並從中解脫的英國政府，並不願意再次冒其他險——尤其在中亞地區，俄國人還可能進行反擊，因而增加了不少風險。不過寇松在當年四月依然取得內閣的批准，得以派出一小支有武裝護衛的使節團，前往位於西藏境內、距離邊界不遠的崗巴宗（Khamba Jong），在那裡試圖和藏人會談。被寇松選派帶領此一使節團的政治官，之前曾在中亞地區立下令他非常欣賞的功績，那人便是楊哈斯本少校；當時四十歲的他還因為這場任務而被升為上校。然而，那些藏人並不願意協商（除非協商改在邊界另一側的英國領土上舉行），並退回到了堡壘裡（崗巴宗的「宗」字，就是堡壘的意思）。特使團在和當地人僵持了幾個月後被召回印度，不僅沒有完成任何任務，還搞得自己臉上無光。

印度副王在受到西藏這個弱小鄰國的第二次冷落後，決定說服倫敦同意派出第二支特使團。這次特使團將由一千名軍事護衛陪同，而且也會更深入地進到西藏內部。寇松相信如此展示武力，必定可以讓西藏人順服；但他們也下達嚴格命令：「特使團最遠只能前往江孜（Gyantse）這個雄偉的堡壘城鎮（亦即通往拉薩的半路）。」與此同時，聖彼得堡和北京（北京是西藏名義上的統治者）也會正式收到關於英國打算派團拜訪的通知。俄國人在得知英國遣使入藏後立刻提出強烈抗議，但英國政府並未理會俄國的抗議，還強硬指出他們的行動純粹是暫時性的，和俄國對中亞廣大地區的永久兼併完全不同。英國再次選擇由楊哈斯本帶領此次特使團，而廓爾喀和錫克士兵組成的護衛團則由另一位准將指揮。這支特使團於一九〇三年十二月十二日穿越山口進入西藏，隊伍前頭還有一位印度兵舉著英國國旗；隊伍後方則跟著一萬名苦力、七千頭驢子、四千頭犛牛的縱隊，在雪地裡運送特使團的各種行李，其中還包括給軍官享用的香檳；於是這場英俄大競逐的最後一次出擊、同時也是英國史上最具爭議性的其中一起事件，就這樣展開了。與此同時，當時在中亞似乎正處於顛峰的俄國人，則將會在那裡迎來一連串驚人的挫敗；在那些挫敗中，這兩起事件也將標注著英俄雙方在亞洲的對抗，終於要開始邁入結局了。

就在楊哈斯本的特使團朝著北邊的江孜前進時，亞洲的其他地方也發生了許多事情——尤其是在中國。一九〇〇年夏天，庚子拳亂在歐洲列強的驚詫中爆發了；拳亂的爆發源於中國人對「洋鬼子」（編按：拳民當時以該詞彙泛指英、法等歐洲人）的恨意，因為歐洲人趁其衰弱之時，用條約取得多處通商口岸，以及其他在商貿和外交上的特權。這起拳亂起初在天津爆發：「民眾當時殺害了基督教會的傳教士，並處死了法國領事，最後在六國派出救援部隊、佔領北京後，才終於平定。」儘管這場騷亂雖然結束了，卻依然在滿州地區帶來影響深遠的結果——俄國人擔心他們在那裡剛興建的鐵路，在義和團拳民掌控下將會不保，因為那些暴民認為興建鐵路破壞了人與生俱來的和諧，而這就是近期乾旱和水災的元兇。為了保護在滿州地區昂貴的投資（至少聖彼得堡是這樣堅稱的），俄國人必須立刻將十七萬人的大軍調往該地。這可能是亞洲有史以來最多兵力集結的其中一次案例，因而讓在該地區存在利益的其他列強都繃緊神經——其中尤以日本為最。

義和團拳亂平定後，在冗長的談判過程中，各方都對聖彼得堡進行施壓：「既然危險已經消除，俄國就應該將軍隊撤離。」俄國人顯然極度不願撤軍，不過最後還是同意了，但會以三階段分次進行；最後俄國只進行第一階段的撤兵行動，因為在當時，偉特伯爵和其他立場較溫和的部長，都被尼古拉沙皇的親信漸漸剷除了，而後者偏好的是更具侵略性的外交政策。新上任的內政部長宣稱：「打造出俄國的並不是外交，而是刺刀。」、「我們也必須用刺刀而非筆墨，來決定和中國、日本的問題。」愈來愈明顯地，當時俄國人和他們之前在亞洲常見的作法一樣，打算在滿州繼續留下來；對英國人來說，這不過是聖彼得堡又一次食言；但對日本人來說，這卻是引發戰爭的最後一根稻草。

過去好幾個月來，日本人一邊看著俄國的陸軍和海軍在遠東地區愈來愈茁壯，一邊也感到愈來愈擔憂；這個發展，直接威脅到日本在該地區的利益。日本人尤其緊張地注意到，俄國人正不斷試著滲透朝鮮，因而可能讓他們非常靠近日本自身的海岸線；此外，日本人也知道必須和時間賽跑，一旦西伯利亞鐵路完工，俄國人就能在戰爭期間從歐洲將大量軍隊、重型大砲，以及其他戰爭物資運送到亞洲。因為這些原因，日軍司令部在經過一番掙扎後，決定進行英國人在中亞地區從未冒險做過的事情，不論這個決定是否明智：「日本人決定正面迎戰俄國人帶來的威脅。」一九〇四年二月八日，日本在沒有事先警告的情況下發動突襲，目標正是俄國位於旅順雄偉的海軍基地，於是日俄戰爭就此爆發。

楊哈斯本的特使團，是在接近古魯（Guru）這座位於前往江孜的半路上的小村莊時，得知日俄戰爭爆發的消息的；當時他們距離江孜只剩大約八十公里。楊哈斯本與其護衛隊在沒有傷害任何一位藏人的情況下，就成功克服三個主要障礙：「海拔四千兩百公尺的則里拉山口（Jelep Pass）、藏人在他們路線上興建的一道防禦牆，以及位於帕里（Phari）的堡壘（當地海拔約四千五百公尺，據說是世界上最高的堡壘）。」他們沒有歷經任何戰鬥就攻克了這些障礙。就在此時，西藏人的態度開始改變了，而一群武裝和尚也從首都拉薩抵達古魯，他們受命前來阻止英國人繼續前進。跟著那些和尚前來的還有一千五百名西藏士兵，他們配有火繩槍和護身符——每一個上頭都有達賴喇嘛的個人印信。西藏人的神職人員向其保證，這些護身符能讓他們不怕子彈。

楊哈斯本的護衛隊指揮官——詹姆士·麥克唐諾（James Macdonald），很快便將其廓爾喀和錫克士兵移動到藏人周圍的陣地，藉此完全包圍他們。英國人接著派出菲德烈·歐康諾爾（Frederick O'Connor）這位會說藏語的情報官，前去要求藏人放下武器；但那位藏人指揮官並沒有理會他，只是兀自喃喃唸著一些歐康諾爾聽不懂的話。此時麥克唐納下令藏人放下武器，如果有必要的話也可使用武力強制執行，而被派往執行任務的印度兵，則開始試著從藏人手上搶走那些火繩槍。對藏人指揮官來說，這已經超出界線了，於是他從衣袍底下拿出一把左輪手槍，對靠近他的一位印度士兵開槍並擊中其下巴，並下令士兵開始戰鬥。那些藏人立刻向護衛隊發起衝鋒，卻一一被訓練有素的廓爾喀和錫克士兵開槍擊倒。在四分鐘內，藏人舊式的軍隊就在現代武器的猛烈火力下瓦解了，最後有將近七百名裝備不足、衣衫襤褸的藏人，倒臥在原野上死去或垂死掙扎。

楊哈斯本寫道：「那是個非常恐怖、非常嚇人的過程。」呼應了當時所有官兵的感受。但領導特使團的他並未參與這場殺戮，而且也希望能在沒有流血的情況下取得勝利。我們不知道麥克唐納為何沒有在看到事態的當下，便立即下令停火，於是英軍就這樣持續開火，而那些藏人或許不知道到底發生了什麼事，還在原野上慢慢地走開。麥克唐納當時可能有試著制止士兵開火，只不過聲音被機關槍和其他噪音掩蓋過去了；當時負責指揮機關槍的中尉，曾在寫給雙親的信中提到：「我希望以後可以不用再對走著離開的人開槍。」這起屠殺事件的消息傳到倫敦後，也激起自由派輿論的憤怒，儘管特使團裡的醫生，當時都日以繼夜地試著盡量解救受傷的藏人；那些藏人表現得非常勇敢，儘管有些人的肢體已經嚴重殘缺。有位失去雙腳的藏人，甚至還可憐地和醫生打趣：「下次我應該會成為英雄，因為我再也跑不了了。」楊哈斯本提到，那些傷患難以理解「為什麼我們前一天還想殺死他們，隔天卻又試著救他們。」藏人以為自己會立刻被射殺。

隨著英國人繼續向江孜前進，藏人的抵抗行動也變得更加強硬，絲毫沒有鬆懈下來，藏人的傷亡人數也持續攀升。在距離江孜約三十多公里、景色壯觀的紅佛像峽谷（Red Idol Gorge）裡，特使團又屠殺了兩百人，最後才得以安全通過。後來英國人在海拔約四千八百公尺的嘎洛山口（Karo Pass）進行了激烈的戰役，最後殺害四百名藏人，而這也可能是歷史上海拔高度最高的一場戰役；英方則只有五人陣亡、十三人受傷。由於藏人出人意料的抵抗（根據德國旅行家菲爾西納的說法，抵抗行動是由神秘的策仁丕勒組織安排的），倫敦猜想藏人不太可能會同意在江孜和楊哈斯本進行談判；因此，楊哈斯本收到指示警告藏人，如果沒有在指定的時間內進行談判，英軍將繼續往拉薩進軍。由於在藏人心中，拉薩是非常神聖的地方，因此英國人認為這樣便能迫使藏人坐上談判桌；然而，指定的期限到了之後，藏人依然沒有想要進行談判的跡象。於是十天後，也就是一九〇四年七月五日，英軍繼續往拉薩進軍，對於能進到這座世上最神聖的城市，全體官兵都感到非常興奮，而日俄戰爭的爆發也消除英軍對聖彼得堡可能做出反擊的擔憂。

英國人若想繼續前進，就必須先攻下座落在江孜鎮上方，一處懸岩頂端的雄偉堡壘；麥克唐納先是集中火力、用大砲在城牆上轟出一個大洞，接著在清晨四點發動攻勢。由約翰．葛蘭特中尉（Lieutenant John Grant）帶領的攻城部隊，在黑暗中匍匐前進，並開始冒著生命危險爬上城牆上的那道缺口，但藏人很快便發現了他們，並開始向他們投擲巨大石塊。手裡拿著左輪手槍的葛蘭特，原本幾乎已經爬到那道缺口，此時背後卻被一顆石塊擊中；儘管受了傷，但這位年輕的廓爾喀軍中尉又嘗試了一次；這次，他在下方整個英軍部隊的注視下，躲過了如冰雹般落下的石塊，成功爬進那道缺口裡。葛蘭特進到堡壘裡，後頭還緊跟著幾名廓爾喀兵，接著開槍擊斃了幾名守軍；不久後，攻城部隊的其他人也都穿過了缺口。於是一場激烈的戰鬥就此展開了，英軍的目標是拿下這座據說外人不可能征服的藏人據點，戰鬥一直持續到接近傍晚的時間，英軍才終於突破藏人的抵抗；原本還英勇奮戰的守軍，此時則開始逃竄，紛紛從秘密的地下通道溜走，或是用繩索爬下城牆。守軍的死傷人數超過三百人，而英軍則只有四人喪生、三十人受傷。葛蘭特後來獲頒維多利亞十字勳章，而那也是唯一一枚因為發生在西藏的戰役，而頒發的維多利亞十字勳章。

江孜陷落的消息傳抵拉薩後，在當地引起一陣驚慌，因為藏人自古以來就認為一旦那座堡壘落入侵略者手裡，西藏將岌岌可危。現在這件事終於要發生了，英國人在克服藏人的最後一次抵抗後，抵達了河面寬闊、流速湍急的雅魯藏布江岸邊——這條河流就是他們和拉薩間的最後一個障礙。英軍最後花了五天的時間，才用帆布船成功渡河，過程中還有一名軍官、兩名廓爾喀兵被河流沖走；西藏的首府拉薩長期以來都和外界斷絕聯繫；現在通往那裡的道路終於被打開了。兩天後，也就是一九〇四年八月二日，英國人在附近的山丘上第一次看見這座聖城，楊哈斯本在馬鞍上轉過頭來，對著情報官只講了一句話：「嘿，歐康諾爾，我們終於到了。」十五年前楊哈斯本還是一位年輕中尉的時候，曾夢想要偽裝成莎車的貿易商、進到拉薩，但其長官認為這個想法太過危險，因此拒絕了他；從那時起，陸陸續續又有幾名歐洲旅行家試圖前往拉薩，最後都不得其門而入。隔天，楊哈斯本只帶著一小支護衛隊，穿著全套外交官禮服，騎馬進入這座聖城。

第三十七章
競賽結束

與此同時，俄國人在東方的戰爭進展得並不順利，日本人於七個月前對旅順發動突襲時，很少有人相信他們能敵得過尼古拉沙皇的軍隊。除了強大的太平洋艦隊外，俄國還有一百萬名正規軍、以及兩百萬名後備軍人可以徵召，而日本只有二十七萬名正規兵和五十三萬名後備軍人。因此俄國人頗有信心可以打倒此一當時剛崛起、由「黃猴子」組成（他們都是這樣稱呼日本人），竟膽敢挑戰俄國的亞洲國家。畢竟，俄國在亞洲擁有豐富的軍事經驗，也從未有哪個亞洲國家能抵擋得了他們的攻勢。

日軍起初對俄國在旅順的海軍基地發動攻擊時，顯然想要摧毀俄國的艦隊，就像他們三十七年後想摧毀美國在珍珠港的太平洋艦隊那樣；最後，日本的十艘驅逐艦只破壞了三艘停泊在外海的俄國戰艦（其中有艘破壞得特別嚴重）。幾個小時後，日軍發起第二次攻勢，這次破壞了另一艘戰艦以及三艘巡洋艦，並在朝鮮海岸邊擊沉了第四艘巡洋艦和一艘砲艇。由傑出的東鄉上將（Admiral Togo）所領軍的日本戰艦，雖然受到俄軍在岸上的猛烈炮擊，卻沒有太多損傷；雖然日本未能擊沉俄國的太平洋艦隊，但依然嚴重破壞他們的士氣。雙方政府在隔天對彼此宣戰；這場戰爭將會持續十八個月，並間接導致帝俄於十三年後滅亡。

俄國人從那時起似乎便一直諸事不順，他們在戰爭初期就失去了總司令，而俄國海軍的指揮艦也在戰爭開打後，便因為日軍在旅順港外海設下的水雷而遭炸毀。俄軍很快便發現自己幾乎被困在防守嚴密的海軍基地裡，而日軍則靠著優越的戰術和領導力在海上取得優勢；日軍在陸地上也很快便開始佔上風，一連在幾次戰役中擊敗了俄軍，儘管日軍自己也傷亡慘重。到了五月，俄軍在鴨綠江被日軍擊敗，而日軍則佔領了大連這座商港，那裡距離旅順大約只有三十公里；與此同時，聖彼得堡在情急之下，竟決定派出俄國的波羅的海艦隊，繞過半個地球前往遠東地區解救被圍攻的旅順港。

在這趟史詩級的航程中，俄國戰艦又捲入一場國際事件，因而讓英國人的恐俄情緒升到高點，幾乎導致兩國開戰。由於情報訛誤，再加上士兵太過緊張、經驗不足，俄軍水手在北海的濃霧中，對著一支拖網漁船隊開火；不可思議的是，俄軍竟以為那艘船是日軍的魚雷艇；其中一艘被俄軍擊沉，另外五艘也被砲彈擊中並造成一些傷亡；在驚慌中，那些俄國戰艦甚至還對友軍船艦開火；俄軍以為自己成功擊退日軍的攻擊後，便繼續向前航行。這起事件後來被稱為多格灘事件（Dogger Bank Incident）；倫敦針對這起事件對聖彼得堡憤怒地提出抗議，而四艘英國巡洋艦則在比斯開灣（Bay of Biscay）的另一邊緊盯俄國艦隊；與此同時，一支規模龐大的英國海軍也迅速地進行備戰。特拉法加廣場（Trafalgar Square）和首相官邸外頭，都出現反俄的示威活動，而駐英的俄國大使本肯朵爾夫伯爵（Count Benkendorff）離開大使館時，則被民眾噓聲以待。尼古拉沙皇最後難堪地道歉，並承諾提供大量賠償，才平息英國人的怒火，避免了一場戰爭。然而，對於這支派往解救旅順的俄國艦隊來說，這卻是個不太吉利的開端。

為了爭奪海軍基地，日俄雙方此時在陸地上開啟了激烈的戰鬥。日軍的第一次進攻死傷慘重，最後遭到擊退；他們接著又進行兩次進攻，也同樣以撤退收場。但由於日軍的工兵在防禦工事底下挖掘地道，又派出偵察兵在熱氣球上觀察敵營弱點，因而得以逐漸包圍俄軍陣地；此外，日軍在攻下一座能俯瞰旅順港的山丘後，也能直接對下方的守軍進行砲轟。由於俄軍部隊已有近半數士兵陣亡或負傷，而援軍看來也不太可能即時抵達，因此俄軍官兵的士氣都非常低落；雖然許多軍官都仍希望戰到最後，但州長卻擔心部隊發生叛變，因而決定和日軍指揮官商討投降條款。一九〇五年一月二日，旅順在歷經一百五十四天包圍後終於投降；在此前夕，州長還對尼古拉沙皇發出最後一則訊息：「偉大的沙皇啊，請饒恕我！我們已經盡可能地做了一切努力。您可以審判我們，但請您寬宏為懷。」

旅順這座東方的雄偉據點讓給日本人後，俄國人的名聲在全世界（特別是在亞洲地區）都受到不小的打擊，但日本為聖彼得堡帶來的羞辱當時才正要開始而已。二月十八日，雙方展開規模最大、最血腥的一次戰役，而當時彼此爭奪的，就是位於旅順北方約四百公里的鐵路中心：盛京（Mukden，譯按：源於滿語，是當時西方人對盛京的稱呼，而盛京即為今日的瀋陽）。俄軍的專家認為那裡的防禦工事是堅不可破的；然而，雖然日俄雙方的兵力旗鼓相當，大約都有三十萬人，但日軍卻有幾件事佔上風。首先，日軍才剛打完一場轟轟烈烈的勝仗；儘管傷亡慘重，但其擊敗俄軍的心願依然非常堅決，發了瘋似地用刺刀和手榴彈進行近距離肉搏戰。雖然俄軍最近才剛吞下敗仗，也沒人會懷疑他們的英勇，但真正關鍵的還是日軍指揮官的優越的能力。在不到一個月的時間裡，雙方便經歷了現代史上為期最長、戰況最慘烈的戰鬥，而盛京最後還是落入日軍手裡，不過大多數俄軍都還是成功逃往北方。在這場被形容為俄國史上最慘烈的戰役裡，俄軍總計犧牲了兩萬七千名官兵，但他們要面對的屈辱並未結束——只不過這次輪到俄國海軍。

向東展開漫長航程的俄國波羅的海艦隊，於馬達加斯加停靠時收到旅順和盛京陷落的消息。旅順的陷落也消滅了他們出征的主要目的，但他們依然決定繼續前進，目標是從日本人手中奪回海上支配權，藉此阻止日軍對陸地上的軍隊進行增兵或補給。波羅的海艦隊最後在五月中駛入戰區，從此也開始受到日軍特務緊盯，東鄉元帥則在那裡靜待疲憊的俄軍上門。五月二十六日早晨，日俄雙方的艦隊在日本和朝鮮間的對馬海峽相遇，俄軍在此次交戰中遭遇到挫敗。在短短幾小時內，俄軍便遇上海軍史上最慘烈的一次敗戰，一共失去八艘戰艦、四艘巡航艦、五艘佈雷艦，以及三艘運輸艦；另外有四艘戰艦被迫投降，三艘巡航艦則在中立的港口裡尋求庇護，船上的船員也一併遭到拘禁。有將近五千名俄國海軍士兵陣亡；日軍只損失三艘魚雷艇以及一百一十名官兵的性命。這是場令人非常震驚的勝利，聖彼得堡徹底遭到羞辱，而尼古拉沙皇在東方建立新帝國的美夢也徹底粉碎了。

日俄戰爭至此在實質上等同結束了，不過擁有大量後備軍人的俄國卻還未被擊敗，不過也已經不再有意志繼續投入這場戰事。由於經濟上的困境，以及戰場上和海上的一連串挫敗，再加上民眾對尼古拉沙皇獨裁統治也已不再抱有任何期待，都讓俄國到處陷入政治和社會的動盪，也因此俄國政府此時需要出動所有軍隊來平息高漲的革命浪潮，以免沙皇的王位受到威脅。俄國並不是唯一一個希望終結遠東戰事的國家，雖然日本人獲得空前勝利，但也知道自己無法在漫長的持久戰裡對抗俄國此一龐然大物，因為俄國擁有無窮無盡的人力；這場戰爭已經讓日本人的資源非常吃緊，不可能讓戰事遙遙無期的持續下去。

因此，當美國提議為雙方調停時，日俄兩國的政府都非常高興。於是在一九〇五年九月五日，日俄雙方在美國新罕布夏州（New Hampshire）的樸茨茅斯（Portsmouth）簽訂和約，可說在實質上終止沙俄在亞洲的前進政策。根據條約，日俄雙方同意撤出滿州地區，將其交還給中國統治；旅順和緊鄰的腹地，以及俄國興建的鐵路的控制權，則被移交給日本；朝鮮獲得獨立地位，不過仍屬於日本的勢力範圍；美俄成功說服日本讓其放棄之前提出鉅額賠款的要求，而除了薩哈林島（Sakhalin Island）南部外，俄國人不需割讓任何領土。然而，聖彼得堡依然幾乎失去過去十年來，透過有力的軍事和外交行動在東北亞地區所獲得的一切；此外，這場戰爭也永遠打破了白人比亞洲人優越的迷思。

雖然日本人阻止俄國在亞洲的最後一次擴張行動，但西藏人卻無法阻止英國人進犯。如果讀者還記得，一九〇四年夏天，楊哈斯本上校在沒有受到任何抵抗的情況下，騎馬走在一小支部隊前面、進入拉薩；不過如果楊哈斯本和印度副王寇松勳爵，期待能在拉薩找到有關俄國陰謀的證據的話，那麼他們恐怕要失望了。拉薩不只沒有俄製武器的軍械庫、沒有政治顧問、沒有幫藏人訓練士兵的教官，也沒有尼古拉沙皇和達賴喇嘛之間存在任何友好條約的跡象。不過從其他證據來看，尼古拉確實可能對達賴喇嘛提供某種承諾（很可能透過朵爾季耶夫牽線）：「如果英國人入侵西藏，尼古拉便會前來提供援助。」此一說法是當時中方一位高階外交官員，在和駐北京的英國大使談話時提出的；一位沙皇的前外交官在革命後出版的回憶錄裡，也有提到類似的說法。如果尼古拉真有給出這種承諾，那很有可能是因為他壓根就不認為英國會入侵西藏，因此也不會需要實現這個承諾。

楊哈斯本更關切的，是接下來該怎麼做；他之所以會被派來西藏，並不只是為了尋找俄國陰謀的證據，也是為了讓英國取得在西藏的政治和貿易特許權。但楊哈斯本卻在此意外地遇到一個問題，所有人都知道只有達賴喇嘛可以代表西藏進行協商，但他卻消失了；達賴喇嘛在英國人即將抵達拉薩時，便逃離布達拉宮（那裡是他統治整個西藏的地方），據說當時正在前往蒙古的路上；楊哈斯本原本打算追上去，但找不到藏人願意告訴他達賴喇嘛的逃亡路線。有點令人意外地，這個情況最後是由中國人解決的（當時英國依然承認中國擁有西藏的主權，儘管幾乎只是名義上的）。北京和聖彼得堡一樣，在聽到英國人宣布有意進入西藏時，也進行了強烈抗議；然而，無法將英國人逐出西藏的中國人，也不希望給他們任何留下來的理由。於是中國正式廢黜達賴喇嘛（理由是他在人民需要他的時候沒有堅守王位），並任命個性友善且年邁的攝政王擔任統治者，於是他們就可以展開讓英國人從西藏撤軍的協商工作。

接下來發生的事情，我已經在《世界屋脊的闖入者》中描述過了，該書記錄了西藏是如何被迫對外開放的，而我也不會在此多加詳述。我們在此只需要知道一件事就夠了：「英國特使團在達到目的（或至少楊哈斯本是這樣認為的）後，於九月二十三日返回印度。然而，在楊哈斯本離開的期間，英國政府的態度也開始出現變化，而這有部分便是因為俄國在遠東地區的戰敗，展露出其原本不為人知的弱點。由於出現了新的魔王，英國人原本對俄國的恐懼，終於也逐漸消退了——而這個新魔王便是正在積極擴張的德國。的確，當德國對亞洲的野心開始具有威脅性的時候，有些英國人也已經開始將俄國視為對抗德國的潛在盟友了；他們必須不計一切代價，避免聖彼得堡投向德國人的懷抱。於是，為了避免引起俄國恐慌，楊哈斯本從西藏強行取得的大部分收穫（比如英國官員前往拉薩的獨家通行權），都被大幅稀釋了；此外，英國政府也公開譴責楊哈斯本，表示其逾越上級指示。至於藏人對英國人的讓步行為是怎麼想的，則沒有被記錄下來。

接著在一九〇五年十二月，自由派迫使托利黨交出執政權，由亨利．甘貝爾－班納曼爵士（Sir

Henry Campbell-Bannerman）領導的新內閣，衷心決意和俄國人永久達成和解。新的外相愛德華・葛雷爵士（Sir Edward Grey）在上任不久後，便針對兩國在亞洲長期以來的分歧，對聖彼得堡進行試探；他們必須克服數十年來雙方對彼此的猜忌。由於來自鷹派以及來自印度政府的強力施壓，英國政府總會對俄國人的提議抱持高度懷疑的態度；而類似地，聖彼得堡也會受到來自反英人士（尤其是軍方）的施壓。的確，自從俄國在遠東地區慘敗後，有些俄國人便開始進行一些荒唐的討論，認為可以藉由入侵印度雪恥，因為很多人都相信，是英國人煽動日本人對他們發動攻擊的；就英國輿論來說，有個主要的障礙，那便是尼古拉在本質上是獨裁政權。尼古拉在一九〇五年那場短命的革命後，引進了俄國的第一個議會，亦即杜馬（Duma），也因而稍微軟化英國人的態度，但他在不久後便又解散了議會，也再次讓英國人的態度強硬起來。但儘管如此，英俄雙方政府依然亟欲永遠解決所有的亞洲問題，因為此一問題多年來已經吸走他們太多心力和資源。

英俄的談判延續了好幾個月，過程相當累人，而且只侷限討論三個國家：「西藏、阿富汗和波斯——這些國家都對印度的防禦至關重要。」愛德華・葛雷爵士和俄國外交部長亞歷山大・伊茲沃爾斯基伯爵（Count Alexander Izvolsky），在不斷歷經分歧和挫折後，終於在一九〇七年八月達成協議；英俄之間的大競逐，此時快速地邁向終點。這份協議不只是為永久解決兩國間在該地區的分歧，也是為了阻止德國向東擴張（不過協議中很謹慎地並沒有提到這點）。與此同時，英國也表示將不再反對俄國控制土耳其海峽——英國現在最害怕的，是德國染指土耳其海峽。

八月三十一日，伊茲沃爾斯基伯爵和英國駐俄大使亞瑟・尼可森爵士（Sir Arthur Nicolson）在高度機密的情況下，於聖彼得堡簽署歷史性的《《英俄條約》》（Anglo-Russian Convention）。關於西藏的問題，兩國同意放棄干涉其內部事務，也不會尋求鐵路、道路、開礦或電報等特許權，亦不會在西藏派駐代表，而只會經由其宗主國中國和拉薩接觸；俄國人也正式承認，阿富汗屬於英國而非俄國勢力範圍，保證不會在阿富汗派遣代表，並承諾透過倫敦處理一切和喀布爾的政治關係，但俄國將可以和阿富汗自由貿易；至於英國，則是保證不會改變阿富汗的政治狀態。此外，英國人也知道，聖彼得堡擔心英國和阿富汗聯合對抗沙皇在中亞的統治，因此英國也鄭重地承諾永遠不會這麼做，同時也會勸阻喀布爾對俄國做出敵對行為。

關於波斯的協議則比較複雜一些。雖然雙方都承諾會尊重波斯的獨立性，也會讓其他國家和波斯自由貿易，但他們也同意將其切分為兩個不同的勢力範圍，並在中間設立中立區。俄國將會獲得北部和中部地區，包括德黑蘭、大不里士和伊斯法罕；而英國則會獲得南部地區，包括通往波斯灣的關鍵入口。一如愛德華．葛雷爵士的評論：「從紙面上看，這是個平等的交易。波斯境內通往印度的區域，都能保證不會受到俄國滲透；而通往俄國的區域，也能保證不會受到英國滲透。」不過他認為，英國其實還是佔了些便宜，愛德華．葛雷爵士寫道：「我們在實務上並沒有放棄任何東西，我們並不希望在波斯追求前進政策。英國人如果在波斯擴張，對俄國所帶來的威脅，也不會像俄國在波斯擴張對印度所帶來的威脅那麼大。」他還提到：「伊茲沃爾斯基伯爵要花這麼大的力氣，去說服俄國的將軍做出如此大的讓步，也就不怎麼令人意外了，因為我們放棄的東西，對我們來說幾乎是沒有實際價值的。」

然而，並非所有英國人對這份新條約的看法都是如此。英國的鷹派人士和俄國的鷹派一樣，都譴責這份條約是在賣國。其中最認同這種觀點的，就是天生反俄的寇松勳爵——他在和內閣起爭執後辭去了副王一職，當時已經回到倫敦。對於英國政府廢除楊哈斯本和藏人辛苦取得的條約一事，他原本就已經非常憤怒了；對於這份《英俄條約》，他則宣稱：「它放棄了我們多年來努力想取得的東西，而且是魯莽地完全放棄……一個世紀以來的努力就這樣被犧牲了，卻幾乎沒有換來任何回報。」寇松抗議道，俄國在波斯取得的勢力範圍實在太大了，而且包含所有主要城市，而分配給英國的範圍不只小，而且也沒有經濟價值；至於關於阿富汗的協議，英國則是全無所獲；而條約裡關於西藏的條款，則等同於「完全屈服」。當時已經七十六歲的另一位反俄老將——范貝里，也同樣對條約進行譴責，他從布達佩斯寫了一封信給英國外交部（由於他為英國皇室的服務，英國外交部會支付他一小筆津貼）：「我一點都不喜歡這份條約。你付出了這麼大的代價，卻只能換到暫時的和平，而且這種羞辱也不會提升英國在亞洲的名聲。你在面對討厭的敵人時太過小心翼翼了，但英國並不需要如此。」

至於波斯人和阿富汗人，在得知倫敦和聖彼得堡以這種可恥的方式瓜分他們，卻沒有諮詢過他們的意見後，對於這份協議也沒有高興到哪裡去。西藏人對條約的看法我們則不太清楚，因為楊哈斯本離開後，拉薩就沒有人可以留下記錄了。但不論批評的人是怎麼想的，一九〇七年的《英俄條約》，都終於終結英俄兩國間的大競逐，英俄兩個敵對的帝國，終於來到各自擴張的終點。不過在印度和在英國，人們對於俄國的意圖依然抱持疑慮——尤其是對波斯的意圖，因為聖彼得堡仍在持續收緊對波斯的控制。但這還不足以讓印度的政府感受到嚴重的威脅，至少俄國此一強權已經被制伏了。英國花了近一世紀的時間，雙方也都犧牲了許多勇士的生命，但最後依然透過外交手段解決了這個問題。

不過真的解決了嗎？當英國人和俄國人於一九一四年八月，以盟友的身分在亞洲和歐洲並肩作戰時，看起來似乎確實是如此。當他們聯手起來阻止德國人和土耳其人進入他們在亞洲的領土和勢力範圍時，英俄這兩個世仇便快速拋下僅存的疑慮。印度士兵和哥薩克人有史以來第一次並肩作戰，而不是在亞洲內陸的山脈和沙漠兩側對著彼此怒目相視。他們的共同目標就是將這些新的敵人，從高加索地區、波斯和阿富汗驅逐出去——這些地方，就是通往英屬印度和沙皇的中亞領土的導火線。

然而，尼古拉的時間不多了。戰爭對他的人民以及俄國的經濟，都帶來難以忍受的負擔，也給了「在俄國內部的敵人」一個等待已久的機會。一九一七年十月的俄國大革命，導致從波羅的海到高加索的整個東部戰線宣告瓦解，布爾什維克立刻撕毀沙皇政府簽署的所有條約，英國曾經寄與厚望的《英俄條約》，在一夜之間便成一張廢紙。大競逐其實根本沒有結束；由於列寧宣示以馬克思主義的真理點燃東方，因此這場競賽注定會以新的樣貌、新的力道再次開打。但那是另一個故事，而且我也已經在別的地方講述過了。

聖彼得堡和倫敦間的帝國鬥爭結束至今，已經超過八十年。在這廣大的角力場上，也已經發生一些重大的變化，而角力也仍在持續著。一如今天我們在新聞標題上看到的，政治上的角力仍在進行中，但它們太過複雜也充滿變動，因此我不會在此詳述。但有個變化，卻可能讓大競逐的參與者都感到非常驚訝：「這個曾經不對外國人開放的禁地，終於開啟了大門。今日要前往契特拉，已經相對容易許多，而契特拉灰色的石砌堡壘，至今仍聳立在河流的彎曲處；同樣變得更容易抵達的，還有罕薩，也就是曼諾斯．史密斯衝上岩壁，因而獲得維多利亞十字勳章的地方。幸虧有蘇聯國際旅行社（Intourist），遊客今日也可以拜訪布哈拉——也就是柯諾里和史多達特被埋葬在堡壘前方廣場下的那座城鎮，而希瓦、薩瑪爾罕以及塔什干，遊客也同樣可以前往（雖然塔什干在一次地震之後已經大規模重建了）。在本書寫作期間，中國也開始允許遊客前往喀什噶爾、莎車和拉薩，儘管沒人知道這個政策能持續多久。」

有些曾經可以通行的地區，現在卻封閉起來——比如散佈著骨骸的喀喇崑崙山口，曾經是穿越山脈、從印度北部進入中國的主要路線，今日則被喀喇崑崙山公路取代了。一座孤寂的紀念碑，屹立在這座古老山口的某處，紀念著達爾格雷希於一八八八年在此被殘忍砍死，儘管已經有好多年沒人看過那座紀念碑了，而最後一個經過那座紀念碑的商隊，已經是一九四九年的事情了；不過這位年輕蘇格蘭人的遺體，在他被殺害的當時就被帶回，並被埋葬在列城的英國行政長官的小屋後方。雖然大競逐裡最有名的一些參與者的長眠處今日並不可考（比如穆克羅夫特、本恩斯、麥克諾滕以及卡瓦格納里），但我們依然可以拜訪其他人的墳墓。為俄國擘劃征服中亞地區的考夫曼將軍，被埋在塔什干舊東正教堂的附近；喬治．海沃德埋葬在吉爾吉特少有人造訪的歐洲人公墓；而楊哈斯本則是在利切特敏斯特（Lytchett Minster）小小的多塞特（Dorset）教堂庭院裡長眠。

不論是在英國或俄國，大競逐的參與者們都很清楚自己在做什麼，因為那是個充滿帝國自信、毫不掩飾愛國主義，而且堅信基督教文明比所有其他文明都還優越的時代。現代的歷史學家佔了後見之明之便，可能會質疑俄國當年對印度是否真有威脅，尤其俄軍若要入侵印度，便必須先克服巨大的障礙；但對於本恩斯、璞鼎查、波廷格、本那比和羅林森來說，這種威脅似乎再真實不過，而且也一直都存在著。的確，從印度的歷史來看，他們的恐懼並非沒有根據，一位俄國將軍曾難掩心喜地指出，印度在歷史上曾受過二十一次來自西邊和北邊的入侵，其中有十八次是成功的，我們難道沒有理由認為一支強大的俄軍不會同樣成功嗎？同樣地，像考夫曼、斯科別列夫、阿里哈諾夫和格隆姆切夫斯基這樣的人也都擔心，除非將中亞各汗國都納入俄國，否則英國人最後一定會將其兼併到印度的帝國版圖裡。

至於印度人呢？他們的意見從未被諮詢過，在英俄大競逐的過程中，也從未被考量進去。然而，他們和邊界另一邊的穆斯林一樣：「為這場帝國鬥爭付出鮮血的，主要就是他們這些本地人。」印度人想要的只是獨立自主、不被外界干涉而已，而英國人於一九四七年打包行李、離開印度後，他們也終於達到此一目的。但中亞的人民就沒這麼幸運了，一百多年來，遼闊的俄國就像個紀念碑一般存在那裡，紀念著那些沙皇時代大競逐的英雄；蘇俄一直到一九九一年，才隨著共產主義在全球潰散而終於瓦解。

然而，英國的大競逐英雄卻沒有這種紀念碑，地圖上也幾乎看不出他們付出過的所有心血與犧牲；他們今日只存在於無人閱讀的回憶錄、偶爾出現的地名上，以及關於這場被遺忘已久的競賽、頁面泛黃的情資報告裡。

一九九〇年一月　倫敦

致謝

四十年前，當我還是一名十九歲的中尉時，我讀了費茲羅伊 麥克林（Fitzroy Maclean）關於中亞之旅的那本經典著作：《接近東方》（*Eastern Approaches*）。這本令人陶醉的書，內容充滿冒險故事和政治，故事背景則是史達林治下最黑暗的年代裡的高加索和突厥斯坦，對我影響非常之深，無疑地也影響了很多其他的人。從那時起，我對於一切能取得的關於中亞的資訊都求知若渴；那裡一對外國人開放之後，我也開始前往那裡旅行。因此我之所以會寫出四本關於中亞的書（包括最新出版的這本），有部分應該要算是費茲羅伊爵士的責任（有些人可能會說「應該要歸咎於他」），儘管可能只是間接的。循此，我需要對他表達深切的感激，是他讓我踏出了邁向第比利斯和塔什干、喀什噶爾與和闐的第一步。關於中亞，至今還沒有哪一本書寫得比《接近東方》更好；甚至直到今日，我在拿起這本書的時候都仍會興奮得微微顫抖。

然而要拼湊出這本書的故事，我必須更加感謝那些曾參與大競逐的了不起的人物們，也要感謝他們記錄下了他們在沙漠和高山裡的冒險故事和不幸遭遇。他們的記錄，為這本書提供了大部分的故事——如果沒有他們，這個故事就絕無可能以這樣的形式被述說出來。還有幾位大競逐的參與者留下了自傳，這些資料也同樣非常珍貴。關於這場競賽的政治和外交背景，我則大量引用了關注該時期的歷史學者的最新研究，他們也惠我良多。我也必須感謝印度事務辦公室圖書館（Indian Office Library and Records）願意對我開放許多來自這個巨大的英國帝國史資料庫的記錄和其他材料。

我最需要感激的，或許是我的妻子凱絲（Kath），她對一切事物的細心態度，為這本書、以及我前面幾本書的寫作和研究，在各個階段裡都提供了非常多的貢獻；我一邊寫，也會一邊將寫好的故事先交給她試讀。她除了幫忙準備五張地圖的草稿之外，也彙編了索引。最後，能由蓋兒　皮爾奇斯（Gail Pirkis）擔任我的編輯，真的是非常幸運的一件事。她那專業的鷹眼、鎮定的幽默感，以及始終如一的機智，在這本書邁向付梓的幾個月裡，都提供了非常大的幫助。值得額外一提的是，蓋兒在為香港的牛津大學出版社工作時，也曾將好幾本關於中亞的重要著作（其中至少有兩本是大競逐的英雄寫的），從幾乎被遺忘的狀態之中解救出來，並以迷人的新版本將它們重印面世。

參考書目

關於大競逐的文獻，在各個面向都是汗牛充棟的。下列書單儘管絕對稱不上完整，但包含了我在進行研究、書寫本書時，覺得最有價值的著作。其中許多著作都早已絕版，只能在專門的圖書館裡找到，或是必須花費鉅資取得。雖然阿富汗戰爭、克里米亞戰爭、近東問題（the Eastern Question）、英俄關係以及日俄戰爭，都與大競逐緊密關聯，但它們各自都是獨立且重要的主題，有大量文獻專門進行討論。因此，我只列出那些我認為最有價值的著作；此外，為了保持精簡，我也沒有在此列出我曾引用過的，來自當時報紙的報導和文章，但我通常會在書中行文處表明那些報導的出處。出於同樣的原因，也因為一般讀者不太可能會有興趣，我並未列出我所引用的政治與機密部的檔案編號；那些檔案今日都典藏於印度事務部圖書檔案（the India Office Library and Records）中。下列所有著作都出版於倫敦，除非另有標注。

Abbott, Capt. James, *Narrative of a Journey from Heraut to Khiva, Moscow and St Petersburg, during the late Russian invasion of Khiva.* 1843.

Adam, Mme, *Le Général Skobeleff.* Paris, 1886.

Addy, Premen, *Tibet on the Imperial Chessboard.* Calcutta, 1984. Adye, Gen. Sir John, *Indian Frontier Policy.* 1897.

Alder, Dr Garry, *British India's Northern Frontier, 1865-1895.* 1963.

——*Beyond Bokhara. The Life of William Moorcroft.* 1985.

Alder, L., and Dalby, R., *The Dervish of Windsor Castle. The Life of Arminius Vambery.* 1979.

Alexander, Michael, *The True Blue. The Life and Adventures of Colonel Fred Burnaby, 1842-85.* 1957.

Ali, Mahfuz, *The Truth about Russia and England. From a Native's Point of View.* Lucknow, 1886.

Allen, W. E. D., and Muratoff, P., *Caucasian Battlefields. A History of the Wars on the Turco-Caucasian Border, 1828– 1921.* Cambridge, 1953.

Anderson, M. S., *Britain's Discovery of Russia, 1553-1815.* 1958.

——*The Eastern Question, 1774-1923.* 1966.

Andrew, C., and Noakes, J., *Intelligence and International Relations, 1900-1945.* Exeter, 1987.

Andrew, Sir William, *Euphrates Valley Route to India, in connection with the Central Asian and Egyptian Questions.* 1882.

'An Indian Army Officer', *Russia's March towards India.* 2 vols. 1894.

'An Old Indian', *Russia Versus India. Or observations on the present political relations of England with the East.* 1838.

Anon., *Invasions of India from Central Asia.* 1879.

Anon., *Notes on the Relations of British India with Some of the Countries West of the Indus.* 1839.

Anon., *Russia's Next Move Towards India.* 1885.

Anon., *The Dardanelles for England. The True Solution of the Eastern Question.* 1876. Argyle, Duke of, *The Eastern Question.* 2 vols. 1879.

Armstrong, T. (ed.), *Yermak's Campaign in Siberia.* 1975. 'Arthur Vincent', *The Defence of India.* 1922.

Baddeley, John F., *The Russian Conquest of the Caucasus.* 1908.

Baker, J. N. L., *A History of Geographical Discovery and Exploration.* 1931.

Baker, Col. Valentine, *Clouds in the East. Travels and Adventures on the Perso- Turkoman Frontier.* 1876.

Barr, Lt. W., *Journal of a March from Delhi to Peshawur and from thence to Cabul with the Mission of Lieut.-Colonel Sir C.M. Wade.* 1844.

Bartlett, E. A., *Shall England Keep India?* 1886. Barton, Sir W., *India's North-West Frontier.* 1939.

Baskakov, V. (trans.), *A History of Afghanistan.* Moscow, 1985. Baxter, W. E., *England and Russia in Asia.* 1885.

Becker, S., *Russia's Protectorates in Central Asia. Bokhara and Khiva, 1865-1924.* Cambridge, Mass., 1968.

Bell, Maj. Evans, *The Oxus and the Indus.* 1869.

Bell, James S., *Journal of a Residence in Circassia during the Years 1837, 1838 and 1839.* 2 vols. 1840.

Bell, Col. M. S., *Afghanistan as a Theatre of Operations and as a Defence to India.* Calcutta, 1885.

Bellew, Surg.-Maj. H.W., *Journal of a Political Mission to Afghanistan in 1857.* 1862.

——*From the Indus to the Tigris, a Journey through the Countries of Balochistan, Afghanistan, Khorassan and Iran in1872.* 1873.

——*Kashmir and Kashgar. A Narrative of the Journey of the Embassy to Kashgar in 1873-74.* 1875.

Benyon, Lt. W. G. L., *With Kelly to Chitral.* 1896.

Beresford, Col. C. E., 'Russian Railways towards India', *Proceedings of the Central Asian Society.* 1906.

Blanch, Lesley, *The Sabres of Paradise.* 1960.

Blood, Gen. Sir Bindon, *Four Score Years and Ten.* 1933.

Bonvalot, Gabriel, *Through the Heart of Asia. Over the Pamirs to India.* 2 vols. 1889. Boulger, Demetrius, *England and Russia in Central Asia.* 2 vols. 1879.

——*Central Asian Portraits.* 1880.

——*Central Asian Questions. Essays on Afghanistan, China and Central Asia.* 1885.

Bower, Capt. Hamilton, *Diary of a Journey Across Tibet.* Calcutta, 1893.

Bremner, Robert, *Excursions in the Interior of Russia, including Sketches of the Character and Policy of the Emperor Nicholas.* 2 vols. 1839.

Bruce, R. I., *The Forward Policy and its Results.* 1900. Buchan, John, *The Half-Hearted.* 1900.

Buckland, C. E., *Dictionary of Indian Biography.* 1906.

Burnaby, Capt. Frederick, *A Ride to Khiva. Travels and Adventures in Central Asia.* 1876.

——*On Horseback through Asia Minor.* 2 vols. 1877. Burnes, Sir Alexander, *Travels into Bokhara.* 3 vols. 1834.

——*Cabool. Being a Personal Narrative of a Journey to, and Residence in, that City in the Years 1836, 7 and 8.* 1842.

Burslem, Capt. R., *A Peep into Toorkistan.* 1846.

Cameron, Lt.-Col. G.P., *Personal Adventures and Excursions in Georgia, Circassia and Russia.* 2 vols. 1845.

Campbell, Sir George, *The Afghan Frontier.* 1879. Caroe, Sir Olaf, *The Pathans, 550 BC-AD 1957.* 1958.

Cazelet, E., *England's Policy in the East. Our Relations with Russia.* 1876. Chakravarty, S., *From Khyber to Oxus. A Study of Imperial Expansion.* Delhi, 1976.

Chavda, V. K., *India, Britain, Russia. A Study in British Opinion, 1838-1878.* Delhi, 1967.

Chirol, Sir Valentine, *The Middle Eastern Question, or Some Problems of Indian Defence.* 1903.

Chohan, A. S., *The Gilgit Agency, 1877-1935.* Delhi, n.d. (1980s).

Churchill, R. P., *The Anglo-Russian Convention of 1907.* Cedar Rapids, USA, 1939. Clayton, G. D., *Britain and the Eastern Question. Missolonghi to Gallipoli.* 1971.

Cobbold, Ralph, *Innermost Asia. Travel and Sport in the Pamirs.* 1900. Coen, T. C., *The Indian Political Service.* 1971.

Collen, Lt.-Gen. Sir E., *The Defence of India.* 1906. Colquhoun, A. R., *Russia Against India.* 1906.

Colquhoun, Capt. J., *Essay on the Formation of an Intelligence Department for India.* 1874.

Conolly, Lt. Arthur, *Journey to the North of India, Overland from England, Through Russia, Persia and Affghaunistaun.* 2 vols. 1834.

Cory, Col. A., *Shadows of Coming Events.* 1876.

Costin, W. C., *Great Britain and China, 1833-1860.* Oxford, 1937. Cotton, Sir S., *The Central Asian Question.* Dublin, 1878.

Curzon, Hon. George N., *Russia in Central Asia.* 1889.

——*Persia and the Persian Question.* 2 vols. 1892.

——*The Pamirs and the Source of the Oxus.* 1896.

——*Frontiers.* Oxford, 1907.

Custine, Marquis de, *Journey For Our Time. Russia in 1839.* 1953.

Dabbs, Jack, *History of the Discovery and Exploration of Chinese Turkestan.* The Hague, 1963.

Dacosta, J., *A Scientific Frontier.* 1891.

Dallin, D., *The Rise of Russia in Asia.* New Haven, USA, 1949. David, Maj. C., *Is A Russian Invasion of India Feasible?* 1877.

Davies, C. C., *The Problem of the North-West Frontier, 1890-1908. With a Survey of Policy since 1849.* Cambridge, 1932.

Davis, H. W. C., *The Great Game in Asia, 1800-1844.* Raleigh Lecture, 1926. Dekhnewala, A., *The Great Russian Invasion of India.* 1879.

Dictionary of National Biography. Oxford, 1921.

Dilke, Sir C., and Wilkinson, W., *Imperial Defence.* 1892. Dobson, G., *Russia's Railway Advance into Central Asia.* 1890.

Durand, Col. Algernon, *The Making of a Frontier. Five Years' Experience and Adventures in digit, Hunza, Nagar, Chitral and the Eastern Hindu Kush.* 1899.

Durand, Sir Henry, *The First Afghan War.* 1879.

Edwardes, Maj. Herbert, *A Year on the Punjab Frontier, in 1848-9.* 2 vols. 1851. Edwardes, Michael, *Playing the Great Game. A Victorian Cold War.* 1975.

Edwards, H. S., *Russian Projects against India, from Czar Peter to General Skobeleff.* 1885.

Ellenborough, Lord, *Political Diary, 1828-30.* 2 vols. 1881. Elliott, Maj.-Gen. J. G., *The Frontier, 1839-47.* 1968.

English, Barbara, *John Company's Last War.* 1971.

Entner, M.L., *Russo-Persian Commercial Relations, 1828-1914.* Gainsville, USA, 1965. Evans, Col. George de Lacy, *On the Designs of Russia.* 1828.

——*On the Practicability of an Invasion of British India.* 1829.

Eyre, Lt. Vincent, *The Military Operations at Cabul, which ended in the Retreat and Destruction of the British Army, January 1842.* 1843.

Fairley, Jean, *The Lion River: The Indus.* 1975.

Faris, Selim, *The Decline of British Prestige in the East.* 1887.

Fisher, A. W., *The Russian Annexation of the Crimea, 1772– 1728.* Cambridge, 1970. Fleming, Peter, *Bayonets to Lhasa. The British Invasion of Tibet in 1904.* 1961.

Forsyth, Sir Douglas, *Report of a Mission to Yarkand in 1873.* Calcutta, 1875. Forsyth, E. (ed.), *Autobiography and Reminiscences of Sir*

Douglas Forsyth. 1887.
Fraser-Tytler, Sir W. K., *Afghanistan. A Study of Political Developments in Central Asia.* 1950.
Frechtling, L. E., 'Anglo-Russian Rivalry in Eastern Turkistan, 1863-1881', *Journal of the Royal Central Asian Society.* Vol. XXVI. 1939.
Fredericks, P. G. *The Sepoy and the Cossack.* 1972.
Geyer, Dietrich, *Russian Imperialism. The Interaction of Domestic and Foreign Policy, 1860–1914.* Leamington Spa, 1987.
Gillard, David, *The Struggle for Asia, 1828-1914.* 1977.
Gleason, J. H., *The Genesis of Russophobia in Great Britain.* Cambridge, USA, 1950. Glover, M., *A Very Slippery Fellow. The Life of Sir Robert Wilson, 1777-1849.* Oxford, 1977.
Golder, F.A., *Russian Expansion on the Pacific, 1641-1850.* Cleveland, USA, 1914. Goldsmid, Col. Sir F., *Central Asia and its Question.* 1873.
——*Eastern Persia.* 2 vols. 1876.
Gopal, S., *British Policy in India, 1858-1905.* Cambridge, 1965.
Gordon, T. E., *The Roof of the World.* Edinburgh, 1876.
——*A Varied Life.* 1906.
Grant Duff, M. E., *The Eastern Question.* Edinburgh, 1876. Greaves, R. L., *Persia and the Defence of India, 1884-1892.* 1959.
Green, Col. Sir H., *The Defence of the North-West Frontier of India, with Reference to the Advance of Russia in Central Asia.* 1873.
Grover, Capt. John, *An Appeal to the British Nation on Behalf of Colonel Stoddart and Captain Conolly, Now in Captivity in Bokhara.* 1843.
——*The Bokhara Victims.* 1845.

——*The Ameer of Bokhara and Lord Aberdeen.* 1845.

Habberton, W., 'Anglo-Russian Relations concerning Afghanistan, 1837-1907', *Illinois Studies in the Social Sciences.* Vol. 21. 1937.

Hall, L., *A Brief Guide to Sources for the Study of Afghanistan in the India Office Records.* 1981.

Hanna, Col. H. B., *Can Russia Invade India?* 1895.

——*India's Scientific Frontier. Where is it? What is it?* 1895.

——*Backwards or Forwards?* n.d. (1895).

——*The Second Afghan War, 1878-79-80.* 3 vols. 1899-1910. Harris, J., *Much Sounding of Bugles. The Siege of Chitral, 1895.* 1975.

Harrison, J. A., *The Founding of the Russian Empire in Asia and America.* Miami, USA, 1971.

Havelock, Capt. H., *Narrative of the War in Afghanistan.* 1840.

Haxthausen, Baron A. von, *The Tribes of the Caucasus. With an Account of Schamyl and the Murids.* 1855.

Hayward, George, 'Journey from Leh to Yarkand and Kashgar'. Read Dec. 13, 1869 *Journal of the RGS.* 1871.

——'Letters from Mr G. W. Hayward on his Explorations in Gilgit and Yassin'.

Read Nov. 15, 1870. *Journal of the RGS.* 1872.

Heathcote, T.A., *The Afghan Wars, 1839-1919.* 1980. Hellwald, F. von, *The Russians in Central Asia.* 1874.

Henze, P. B., 'Fire and Sword in the Caucasus. The 19th century resistance of the North Caucasian Mountaineers', *Central Asian Survey.* Oxford, 1983.

Heumann, Capt., *Les Russes et les Anglais dans L'Asie Centrale.* Paris, 1885. Holdich, Sir Thomas, *The Indian Borderland, 1880-1900.* 1901.

——*The Gates of India.* 1910.

Holdsworth, M., *Turkestan in the 19th Century. A Brief History of the Khanates of Bukhara, Kokand and Khiva.* Oxford, 1959.

Hopkirk, Peter, *Trespassers on the Roof of the World. The Race for Lhasa.* 1982.

——*Setting the East Ablaze. Lenin's Dream of an Empire in Asia.* 1984. Hoskins, H. L., *British Routes to India.* New York, 1928.

Hsu, I. C. Y., *The Ili Crisis.* Oxford, 1965.

Hue, F., *Les Russes et les Anglais dans L'Afghanistan.* Paris, 1885. Hunt, Capt. G. H., *Outram and Havelock's Persian Campaign.* 1858. Hutchinson, A. H., *The Next Battlefield.* 1871.

Hutton, J., *Central Asia: From the Aryan to the Cossack.* 1875.

Ingle, H. N., *Nesselrode and the Russian Rapprochement with Britain, 1836-1844.* Berkeley, USA, 1976.

Ingram, Edward, *The Beginning of the Great Game in Asia, 1828-1834.* Oxford, 1979.

——*Commitment to Empire. Prophesies of the Great Game in Asia, 1797-1800.* Oxford, 1981.

——*In Defence of British India. Great Britain in the Middle East, 1775-1842.* 1984. James, Lionel, *With the Chitral Relief Force.* Calcutta, 1895.

Jelavich, B., *A Century of Russian Foreign Policy, 1814-1914.* Philadelphia, USA, 1964.

Jerningham, H. E., *Russia's Warnings. Collected from Official Papers.* 1885. Kalmykow, A. D., *Memoirs of a Russian Diplomat. Outposts of the Empire, 1893-1917.* New Haven, USA, 1971.

Kaye, Sir John, *History of the War in Afghanistan.* 2 vols. 1851. (Revised in 3 vols., 1874.)

——*Life and Correspondence of Major-General Sir John Malcolm.* 2 vols. 1856.

——*Lives of Indian Officers.* 2 vols. 1867.

Kazemzadeh, F., *Russia and Britain in Persia, 1864-1914.* New Haven, USA, 1968. Keay, John, *When Men and Mountains Meet.* 1977.

——*The Gilgit Game.* 1979.

Kelly, J. B., *Britain and the Persian Gulf, 1795-1880.* Oxford, 1968.

Kessler, M. M., *Ivan Viktorovich Vitkevich, 1806-39. A Tsarist Agent in Central Asia.* Washington, USA, 1960.

Khalfin, N. A., *Russia's Policy in Central Asia, 1857-63.* (Condensed and translated from the 1960 Moscow edn.) 1964.

Khanikoff, M., *Bokhara, its Amir and its People.* (From the Russian.) 1845.

Khiva. A Narrative of the Russian Military Expedition to Khiva under General Perofski in 1839. (From the Russian.) Calcutta, 1867.

Kinneir, J. M., *Geographical Memoir of the Persian Empire.* 1813.

——*Journey through Asia Minor, Armenia and Koordistan in 1813-14.* 1818. Kipling, Rudyard, *Kim.* 1901.

Knight, E. F., *Where Three Empires Meet.* 1894.

Kostenko, Capt. L. F., *Description of the Journey of a Russian Mission to Bokhara in 1870.* (From the Russian.) Secret and Political Department, India Office, n.d. Krausse, A., *Russia in Asia.* 1899.

Kuropatkin, Col. A. N., *Kashgaria. Historical and Geographical Sketch of the Country, its Military Strength, Industries and Trade.* (From the Russian.) Calcutta, 1882.

——*Les Confins Anglo-Russes dans L'Asie Centrale.* (From the Russian.) Paris, 1885.

Lai, Mohan, *Journal of a Tour through the Punjab, Afghanistan, Turkestan, Khorasan and Part of Persia.* Calcutta, 1834.

——*Life of the Amir Dost Muhammed Khan of Kabul.* 2 vols. 1846.

Lamb, A., *Britain and Chinese Central Asia. The Road to Lhasa, 1767-1905.* 1960. 'Late Resident at Bhagulpore', *The Dangers of British India from French Invasion.* 1808.

Lawrence, Sir George, *Forty-three Years in India.* 1874.

Lobonov-Rostovsky, Prince A., *Russia and Asia.* New York, 1933.

Lockhart, Col. William, *Confidential Report of the Gilgit Mission, 1885-6.* 1889. Longworth, J. A., *A Year Among the Circassians.* 2 vols. 1840.

Lunt, James, *Bokhara Burnes.* 1969.

MacGregor, Col. C. M., *Narrative of a Journey through the Provinces of Khorassan and on the N. W. Frontier of Afghanistan in 1875.* 2 vols. 1879.

——*Wanderings in Baluchistan.* 1882.

——(Gen. Sir Charles), *The Defence of India.* Simla, 1884.

MacGregor, Lady (ed.), *The Life and Opinions of Major-General Sir Charles MacGregor.* 2 vols. Edinburgh, 1888.

MacKenzie, D., *The Lion of Tashkent. The Career of General M. G. Cherniaev.* Athens, USA, 1974.

Maclean, Sir Fitzroy, *Eastern Approaches.* 1949.

——*A Person from England.* 1958.

——*To Caucasus. The End of All the Earth.* 1976. McNeal, R. H., *Tsar and Cossack, 1855-1914.* Oxford, 1987.

McNeill, Sir John (anon.), *Progress and Present Position of Russia in the East.* 1836. Macrory, Sir Patrick, *Signal Catastrophe. The Retreat from Kabul, 1842.* 1956.

Malcolm, Sir John, *History of Persia from the Most Early Period to the Present Day.* 2 vols. 1815.

——(anon.), *Sketches of Persia from the Journals of a Traveller in the East.* 2 vols. 1827.

Malleson, Col. G. B., *History of Afghanistan.* 1878.

——*Herat: The Granary and Garden of Central Asia.* 1880.

——*The Russo-Afghan Question and the Invasion of India.* 1885. Malozemoff, A., *Russian Far Eastern Policy, 1881-1904.* Berkeley, USA, 1958.

Marriott, J. A. R., *The Eastern Question.* 1917.

——*Anglo-Russian Relations, 1689-1943.* 1944.

Marvin, Charles, *The Eye-Witnesses' Account of the Disastrous Russian Campaign against the Akhal Tekke Turkomans.* 1880.

——*Merv, the Queen of the World, and the Scourge of the Man-Stealing Turkomans.* 1881.

——*The Russian Advance towards India.* 1882.

——*The Russians at Merv and Herat, and their Power of Invading India.* 1883.

——*The Russian Railway to Herat and India.* 1883.

——*The Russian Annexation of Merv.* 1884.

——*Reconnoitring Central Asia.* 1884.

——*The Region of Eternal Fire. An Account of a Journey to the Petroleum Region of the Caspian in 1883.* 1884.

——*The Railway Race to Herat.* 1885.

——*The Russians at the Gates of Herat.* 1885.

——(trans, and ed.), *Colonel Grodekoff's Ride from Samarkand to Herat.* 1880. Mason, Philip, *A Matter of Honour. An Account of the Indian Army.* 1974.

Masson, Charles, *Narrative of Various Journeys in Balochistan, Afghanistan and the Panjab, including a Residence in those Countries.* 3 vols. 1842.

——*Narrative of a Journey to Kalat.* 1843. Masters, John, *The Lotus and the Wind.* 1953.

Maxwell, Col. Leigh, *My God – Maiwand! Operations of the South Afghanistan Field Force, 1878-80.* 1979.

Mayer, S. R., *Afghanistan. Its Political and Military History … and an Appendix on the Prospects of a Russian Invasion of India.* 1879.

Mehra, P., *The Younghusband Expedition. An Interpretation.* 1968.

Menon, K. S., *The 'Russian Bogey' and British Aggression in India and Beyond.* Calcutta, 1957.

Meyendorff, Baron, *Voyage d'Orenbourg à Boukhara fait en 1820.* Paris, 1826. Michell, Robert (trans.), *A Narrative of the Russian Military Expedition to Khiva, conducted by Prince Alexander Bekovitch Cherkasskiin 1717.* 1873.

Miller, C., *Khyber. British India's North-West Frontier.* 1977.

Monteith, Lt.-Gen. W., *Kars and Erzeroum, with the Campaigns of Prince Paskiewitch in 1823 and 1829, and an Account of the Conquests of Russia Beyond the Caucasus.* 1856.

Moorcroft, William, and Trebeck, G., *Travels in the Himalayan Provinces of Hindoostan and the Punjab.* 2 vols. 1841.

Morgan, Gerald, *Ney Elias. Explorer and Envoy Extraordinary.* 1971.

——*Anglo-Russian Rivalry in Central Asia: 1810-1895.* 1981.

Morrell, J. R., *Russia and England. Their Strength and Weakness.* New York, 1854. Morris, James, *Pax Britannica.* (Trilogy.) 1968, 1973, 1978.

Morrison, J. L., *From Alexander Burnes to Frederick Roberts. A Survey of Imperial Frontier History.* Raleigh Lecture, 1936.

Moser, L., *The Caucasus and its People, with a Brief History of their Wars, and a Sketch of the Achievements of the Renowned Chief Schamyl.* 1856.

Muraviev, Nikolai, *Journey to Khiva through the Turkoman Country, 1819-20.* Calcutta, 1871.

Napier, Capt. G. C., *Collection of Journals and Reports received from Captain the Hon. G. C. Napier, Bengal Staff Corps, on Special Duty in*

Persia. 1876.

Nazem, Hossein, *Russia and Great Britain in Iran, 1900-1914.* Teheran, 1975.

Nemirovitch-Dantchenko, V. I., *Personal Reminiscences of General Skobelleff.* (From the Russian.) 1884.

Nevill, Capt. H. L., *Campaigns on the North-West Frontier.* 1912.

North, Lt.-Col. R., *The Literature of the North-West Frontier. A Select Bibliography.* Peshawar, 1945.

O'Connor, Sir Frederick, *On the Frontier and Beyond.* 1931.

O'Donovan, Edmond, *The Merv Oasis. Travels and Adventures East of the Caspian, 1879-80-81.* 2 vols. 1882.

'O.K.' (Mme Olga Novikoff), *Russia and England, from 1876-1880.* 1880. Pahlen, Count K. K., *Mission to Turkestan, 1908-09.* 1964.

Parliamentary Papers, 'Russian Agents in Persia and Afghanistan.' Vol. 40. 1839.

Pasley, R., *'Send Malcolm!' The Life of Major-General Sir John Malcolm, 1769-1833.* 1982.

Piassetsky, P., *Russian Travellers in Mongolia and China.* 2 vols. (From the Russian.) 1884.

Pierce, R.A., *Russian Central Asia, 1867-1917.* Berkeley, USA, 1960. Popowski, J., *The Rival Powers in Central Asia.* 1893.

Pottinger, G., *The Afghan Connection. The Extraordinary Adventures of Major Eldred Pottinger.* Edinburgh, 1983.

Pottinger, Lt. Henry, *Travels in Beloochistan and Sinde.* 1816.

Prejevalsky, Lt.-Col. Nikolai, *Mongolia, the Tangut Country and the Solitudes of Northern Tibet.* 2 vols. (From the Russian.) 1876.

——*From Kulja across the Tian Shan to Lob Nor.* (From the Russian.) 1879. Prioux, A., *Les Russes dans L'Asie Centrals.* Paris, 1886.

Quested, R. K. I., *The Expansion of Russia in East Asia, 1857– 1860.* Kuala Lumpur, 1968.

Rahman, Abdur, *The Life of Abdur Rahman, Amir of Afghanistan.* 2 vols. 1900. Ramazani, R. K., *The Foreign Policy of Iran, 1500-1941.* Charlottesville, USA, 1966. Ravenstein, E. G., *The Russians on the Amur.* 1861.

Rawlinson, Sir Henry, *England and Russia in the East.* 1875. Rawlinson, Canon G., *A Memoir of Sir Henry Rawlinson.* 1898.

Rayfield, Donald, *The Dream of Lhasa. The Life of Nikolay Przhevalsky, 1839-88, Explorer of Central Asia.* 1976.

Roberts, Field Marshal Lord, *Is An Invasion of India Possible? Confidential Report.* Madras, 1883.

——*Forty-One Years in India.* 2 vols. 1897.

Roberts, P. E., *History of British India. Under the Company and the Crown.* 1921.

Robertson, Sir George, *Confidential Report on a Journey to Kafirstan.* 1894.

——*Chitral. The Story of a Minor Siege.* 1898.

Robinson, G., *David Urquhart. Some Chapters in the Life of a Victorian Knight-Errant of Justice and Liberty.* Oxford, 1920.

Robson, B., *The Road to Kabul. The Second Afghan War, 1878-1881.* 1986. Rodenbough, Brig. T. F. (US Army), *Afghanistan and the Anglo-Russian Dispute.* New York, 1885.

Romanovski, M., *Notes on the Central Asiatic Question.* (From the Russian.) Calcutta, 1870.

Russell, R., *India's Danger and England's Duty.* 1885.

Russian Missions into the Interior of Asia. 1. Nazaroff's Expedition to Kokand. 2. Eversmann and Jakovlew's Account of Buchara. 3. Captain Muraviev's Embassy to Turkomania and Chiva. 1823.

Sale, Lady, *Journal of the Disasters in Afghanistan.* 1843.

Schofield, Victoria, *Every Rock, Every Hill. The Plain Tale of the North-West Frontier and Afghanistan.* 1984.

Schuyler, Eugene, *Turkistan. Notes of a Journey in Russian Turkistan, Khokand, Bokhara and Kuldja.* 2 vols. 1876.

Seaver, George, *Francis Younghusband. Explorer and Mystic.* 1952. Seton-Watson, Hugh, *The Decline of Imperial Russia, 1855– 1914.* 1952.

——*The Russian Empire, 1801-1917.* Oxford, 1967.

Seton-Watson, R. W., *Disraeli, Gladstone and the Eastern Question.* 1935.

Shakespear, Sir Richmond, 'A Personal Narrative of a Journey from Herat to Orenburg, on the Caspian, in 1840', *Black-wood's Magazine.* June 1842.

Shaw, Robert, *Visits to High Tartary, Yarkand and Kashgar.* 1871.

Showers, Maj.-Gen. C. L., *The Central Asian Question, and the Massacre of the Cabul Embassy.* 1879.

——*The Cossack at the Gate of India.* 1885.

Shukla, R. L., *Britain, India and the Turkish Empire, 1853-82.* Delhi, 1973.

Sidebottom, J. K., *The Overland Mail. A Postal Historical Study of the Mail Route to India.* 1948.

Simond, C., *L'Afghanistan. Les Russes aux portes de L'Inde.* Paris, 1855. Singer, André, *Lords of the Khyber.* 1984.

Skobeleff, Gen. M. D., *The Siege and Assault of Denghil Tepe.* (From the Russian.) 1881.

Skrine, C. P., and Nightingale, P., *Macartney at Kashgar. New Light on British, Chinese and Russian Activities in Sinkiang, 1890-1918.* 1973.

Skrine, F. H., and Ross, E. D., *The Heart of Asia. A History of Russian Turkestan and the Central Asian Khanates.* 1899.

Spiers, E. M., *Radical General. Sir George de Lacy Evans, 1787-1870.* Manchester, 1983.

'Stepniak', *The Russian Storm-Cloud. Russia in Her Relations to Neighbouring Countries.* 1886.

Stewart, Col. Charles, *Through Persia in Disguise.* 1911.

Stuart, Lt.-Col., *Journal of a Residence in Northern Persia and the Adjacent Provinces of Turkey.* 1854.

Stumm, H., *Russia's Advance Eastward.* (From the German.) 1874.

——*Russia in Central Asia.* (From the German.) 1885.

Swinson, A., *The North-West Frontier, 1939-1947.* 1967.

Sykes, Sir P. M., *A History of Afghanistan.* 2 vols. 1940.

Terentiev, M. A., *Russia and England in Central Asia.* (From the Russian.) Calcutta, 1876.

Thomson, H. C., *The Chitral Campaign.* 1895. Thorburn, S. S., *Asiatic Neighbours.* Edinburgh, 1894.

Tikhvinsky, S. L. (ed.), *Chapters from the History of Russo-Chinese Relations, 17th to 19th centuries.* (From the Russian.) Moscow, 1985.

Trench, Capt. F., *The Russo-Indian Question, Historically, Strategically and Politically Considered.* 1869.

Tynianov, Y., *Death and Diplomacy in Persia.* (From the Russian.) 1938. Urquhart, David, *Turkey and its Resources.* 1833.

——*England, France, Russia and Turkey.* 1834.

——*England and Russia.* 1835.

——*The Spirit of the East.* 2 vols. 1839.

——*Diplomatic Transactions in Central Asia.* 1839.

——*The Progress of Russia in the West, North and South.* 1853.

Valikhanov, Capt. C. (*et al.*), *The Russians in Central Asia.* (From the Russian.) 1865. Vambery, Arminius, *Travels in Central Asia.* 2 vols. 1864.

——*Sketches of Central Asia.* 1868.

——*Central Asia and the Anglo-Russian Frontier Question.* 1874.

——*Arminius Vambery, His Life and Struggles.* 2 vols. 1883.

——*The Coming Struggle for India.* 1885.

'Vladimir', *Russia on the Pacific, and the Siberian Railway.* 1899.

Warburton, Sir Robert (anon.), *The Russian Warning.* Privately printed. Peshawar, 1892.

Waters, Brig.-Gen. W., *'Secret and Confidential'. The Experiences of a Military Attaché.* 1926.

Weil, M., *L'Expédition de Khiva.* Paris, 1874.

Westmacott, Capt. G. E., *Indian Commerce and Russian Intrigue.* 1838.

Wheeler, Col. Geoffrey (trans.), 'British Policy in Central Asia in the Early Nineteenth Century. The Mission of Richmond Shakespear'. Translation and review by G. Wheeler of article by N. I. Khalfin on 'British Expansion in Central Asia' in *Istoriya SSSR. Central Asian Review.* Vol. VI, No. 4. 1958.

Whitteridge, Sir Gordon, *Charles Masson of Afghanistan.* Warminster, 1986.

Wilson, Sir Robert, *A Sketch of the Military and Political Power of Russia in the Year 1817.* 1817.

Wisely, G. A., *Table of Distances in Russia, Central Asia and India.* 1885. Wood, Maj. H., *The Shores of Lake Aral.* 1876.

Wood, Lt. J., *A Journey to the Source of the River Oxus.* 1841. Worms, Baron H. de., *England's Policy in the East.* 1877.

Wright, Sir Denis, *The English Amongst the Persians. During the Qajar Period, 1787- 1921.* 1977.

Yapp, Malcolm, *Strategies of British India. Britain, Iran and Afghanistan.* Oxford, 1980.

Yate, Lt. A. C., *England and Russia Face to Face in Asia. Travels with the Afghan Boundary Commission.* Edinburgh, 1887.

Yate, Maj. C. E., *Northern Afghanistan.* Edinburgh, 1888.

Younghusband, Col. Sir Francis, *Confidential Report of a Mission to the Northern Frontier of Kashmir in 1889.* Calcutta, 1890.

——*The Heart of a Continent.* 1896.

——*India and Tibet.* 1910.

——*Wonders of the Himalaya.* 1924.

——*The Light of Experience.* 1927.

Younghusband, G. J. and F.E., *The Relief of Chitral.* 1895.

Zimmerman, Lt. C., *Khiva. Memoir on the Countries about the Caspian and Aral Seas.*(From the German.) 1840.

國家圖書館出版品預行編目資料

帝國的野心：十九世紀英俄帝國中亞大競逐／彼德・霍普克（Peter Hopkirk）著；李易安譯. -- 初版. -- 新北市：黑體文化出版：遠足文化事業股份有限公司發行，2022.04
面；　公分. --（黑盒子；3）
譯自：The Great Game: The Struggle for Empire in Central Asia
ISBN 978-626-95866-0-8（平裝）
1.人文史地　2.中亞史
734.01　111004530

特別聲明：
有關本書中的言論內容，不代表本公司／出版集團的立場及意見，由作者自行承擔文責。

黑體文化　讀者回函

黑盒子 3

帝國的野心：十九世紀英俄帝國中亞大競逐

The Great Game: The Struggle for Empire in Central Asia

作者・彼德・霍普克（Peter Hopkirk）｜譯者・李易安｜責任編輯・林敬銓｜封面設計・許晉維｜出版・黑體文化｜社長・郭重興｜總編輯・龍傑娣｜副總編輯・徐明瀚｜發行人兼出版總監・曾大福｜發行・遠足文化事業股份有限公司｜電話・02-22181417｜傳真・02-22188057｜客服專線・0800-221-029｜E-Mail・service@bookrep.com.tw｜官方網站・https://www.bookrep.com.tw｜法律顧問・華洋國際專利商標事務所・蘇文生律師｜印刷・崎威彩藝有限公司｜排版・菩薩蠻數位文化有限公司｜初版・2022 年 4 月｜定價・850 元｜ISBN・978-626-95866-0-8｜